Bisher von Kera Jung erschienen:

Keine wie Sie
Keiner wie Er
Keiner wie Wir

Urteil: Leben:
Creatio ex nihilo
Hoffnung

Erstens kommt es anders
… und zweitens als man denkt
… und zweitens, als man denkt – Special

Sophias Dreams

Der Antityp

Miss Iron und Mr. Steel

Twisted Game
The Unforgivable Words (1)
The Unforgivable Words (2)

Starke Frau was nun?

KERA JUNG

URTEIL LEBEN

BAND 2

Feuer und Wasser / Urteil Leben – 2
Deutsche Erstausgabe Dezember 2013
3. Auflage Oktober 2014
© Kera Jung
Kera.Jung@gmx.de
Facebook:
https://www.facebook.com/pages/Kera–Jung/107377139457014
https://www.facebook.com/pages/Urteil–
Leben/170251946425537

Alle Rechte vorbehalten!

Umschlaggestaltung: Sabrina Dahlenburg
Umschlagillustration Feuer und Wasser: Kristel Boyaval-Niemeyer
Lektorat: Belle Molina
Co–Lektorat: Patricia Zimmermann
Korrektorat: Ingrid Kunantz,
Co–Korrektorat: Sonja Deacon
Satz Ebook: Mike Sand
Satz Print: Sophie Candice
Erschienen im:
A.P.P.-Verlag
Peter Neuhäußer
Gemeindegässle 05
89150 Laichingen

ISBN Print: 978-3-945164-01-3
ISBN e-Book: 978-3-945164-05-1

*Dieser Roman wurde unter Berücksichtigung der **neuen**
deutschen Rechtschreibung verfasst, lektoriert und korrigiert.*

Feuer und Wasser

Roman

Danksagung:

Mein besonderer Dank gilt Mike Sand und Patricia Zimmermann, die dem DS eine Stimme und dessen atemberaubenden Fluchfähigkeiten verliehen haben.

Danke weiterhin an: Placebo für ‚*Twenty Years*‘, Staind für ‚*Outside*‘ und ‚*Fade*‘, Limp Bizkit für ‚*Behind blue eyes*‘, Daniel Powter für ‚*Bad Day*‘, Lifehouse für ‚*Storm*‘ – UND – ganz besonders:

Papa Roach für ‚***Last Resort***‘.

Danke *DIR*, für deine unschlagbaren Fähigkeiten in Latein!

Danke Peter, weil du diesen Irrsinn seit Jahren mitmachst und trotzdem an mich glaubst.

Danke Bethy, weil du immer da bist, obwohl wir nachgewiesenerweise irre und die Sektenmitglieder nun mal Sektenmitglieder sind.

Vielen, vielen Dank an Belle, die so kurzfristig eingesprungen ist – mir somit das Leben rettete –, mich mit ihrer Arbeit beim Lektorieren auf so manch tolle Idee brachte und trotz 500 Blicken und 200 Augen (pro Seite) aufrecht überlebte. Ganz besonders aber danke, weil ich nicht der einzige Andrew bin.

Vielen Dank Andrea und ganz besonders Kristel für euren unglaublichen Einsatz.

Danke Susanne, weil ich dich IMMER quälen darf.

Und last, but not least, vielen, vielen Dank an die Probeleser: Andrea, Julika, Natascha, Mette, Anna und Sabrina, die sich auf der Suche nach Fehlern die letzten Tage und Nächte um die Ohren geschlagen haben.

Für Euch!
... weil Ihr daran glaubt.

Anmerkung der Autorin

*Urteil Leben ist eine sehr dichte, inhalts– und umfangreiche **Saga**,
die in **fünf** Teilen erzählt wird.
Hauptsächlich spielt sie in der Zeit vom:*

15. März bis zum 22. Mai

*des gleichen Jahres.
Das Werk einem bestimmten Genre zuzuordnen,
ist faktisch unmöglich.
Von Romanze, über Drama, Thriller
bis hin zur Komödie wird hier jedes Thema bedient.
Dieser – der erste – Teil:*

Feuer und Wasser

*… ist in der Hauptsache eine Romanze und behandelt
die Ereignisse innerhalb des Zeitraumes vom:*

15. März bis zum 02. April

*Zum besseren Verständnis war es im hinteren Teil des
Buches erforderlich, die eine oder andere Anmerkung
vorzunehmen.
Diese findet sich immer im VORFELD des aktuellen
Kapitels.*

Vorwort

Die meisten Menschen geben sich mit dem zufrieden, was sie sehen.

Kaum jemand macht sich die Mühe, hinter die Fassade zu blicken, denn das ist anstrengend, zeitaufwendig, und das Resultat fällt in den allermeisten Fällen recht irritierend aus.

Unsere Spezies besteht nun einmal im überwiegenden Maße aus Blendern, die sich nur zu gern selbst täuschen lassen. Das bewahrt uns davor, unser Gegenüber tatsächlich zu kennen, was nicht selten ein Segen ist ...

Und auf gleiche Art pflegen wir die heiß geliebten Klischees und glauben, eine Sachlage sofort zu durchschauen, sobald einige symptomatische Faktoren aufeinandertreffen.

Wir seufzen gelangweilt, denken uns: Mein Gott, schon fünfmal gesehen, dreimal in einem Song gehört und mindestens siebenmal davon gelesen.

Oftmals liegen wir mit diesem so vorschnell und leichtfertig getroffenen Urteil sogar richtig. Eines der vielen Gesetze, die das Leben schreibt: je länger wir in ihm zubringen, desto exakter meinen wir, dessen Paragrafen zu beherrschen.

Manchmal jedoch ... manchmal stellt sich bei näherer Betrachtung heraus, dass nichts so ist, wie es anfänglich scheint.

Und vielleicht lernen wir aus derartigen Situationen, noch einmal hinzuschauen, wider besseren Wissens einen weiteren Blick zu wagen, wo der erste vermeintlich ausreichend war.

Verschwendung?

Nun ... gut denkbar, andererseits könnte es doch aber sein, dass man mit jenem zweiten Versuch Dinge entdeckt, die man nie für möglich gehalten hätte.

Wagen Sie ihn!

Neue Seiten

Montag, 15. März

1

Die Quartalszahlen sanken im Vergleich zum Vorjahr um einen halben Prozentpunkt. Nichts Dramatisches ...«

Andrew schaut abrupt auf und sieht mit Genugtuung, wie Smith zusammenfährt. Wenn auch nur gedanklich, lassen die plötzlich in akuter Geschwindigkeit auf dessen Stirn ausbrechenden Schweißperlen keine Zweifel offen.

Niemandem am Konferenztisch ist die Unterbrechung aufgefallen. Es läuft, wie er es gewohnt ist: schnell, effizient, kaum merklich.

»... aber selbstverständlich inakzeptabel ...« Smith wagt einen vorsichtigen Blick in seine Richtung, und der junge Mann senkt knapp den Kopf. Das Zeichen für den Versager, das Ruder gerade noch einmal herumgerissen zu haben. Dann und wann ist es erforderlich, Andrews Vorstandsmitglieder daran zu erinnern, dass dieser Konzern unter seiner Führung steht. Er allein urteilt darüber, ob ein Verlust als dramatisch zu bewerten ist oder nicht. Dabei geht es ihm nicht unbedingt um das halbe Prozent, das sie an Gewinn einbüßen mussten, obwohl diese Nachricht bei den Aktionären mit Sicherheit nicht auf Gegenliebe stoßen wird. Nein, es ist die Anmaßung eines Urteils, die Andrew unangenehm aufstößt. Smith weiß, dass sein Posten ebenso unsicher ist, wie der aller übrigen Belegschaftsmitglieder, denn Mr. Norton schließt keine Freundschaften. Das hat er nie, und er wird gewiss nicht in seinem Unternehmen mit derlei Absonderlichkeiten beginnen. Zumal ihm dieser Kerl absolut unsympathisch ist, wie nahezu jeder Bewohner dieses Planeten. So soll es sein.

»... vermute ich, Einsparungen bei den internen, weniger erfolgsrelevanten Kostenfaktoren wären angezeigt. Mein Augenmerk liegt auf ...«

Erneut hebt der junge Chef den Blick, und diesmal hält der Redner merklich inne.

Beinahe noch verhasster als Insubordination ist Andrew Zeitverschwendung. Mutmaßungen *bedeuten* pure Verschwendung, und zwar *seiner* Zeit. Er war innerhalb der letzten Jahre nicht derart erfolgreich, weil er andere damit hausieren lässt. Dieses Meeting ist laut Terminplan bereits seit einer halben Minute beendet. Womit Andrews Anwesenheit nicht mehr vertretbar und Smiths Geschwafel nicht nur ärgerlich, sondern *destruktiv* ist.

»Ich denke, alle anstehenden Themen wurden abgehandelt.« Wie üblich spricht er äußerst gedämpft. Das fördert die Konzentration seiner Zuhörer und sichert ihm deren ungeteilte Aufmerksamkeit. »Irgendwelche Fragen?«

Ein rein rhetorischer Satz. Niemand ist dumm genug, ihn als Aufforderung zu werten. Nach fünf Sekunden nickt er knapp in die Runde und begibt sich zur Tür. »Mr. Norton?«

Eilfertig hastet Smith zu ihm, Andrew setzt seinen Weg jedoch unbeirrt fort. »Smith.« Er ist kein Mann vieler Worte, denn die entsprächen gleichfalls einer Verschwendung von Zeit und Energie.

Schweigen ist Gold. »Eine kurze Anmerkung zu meinem Memo.« Man könnte die beiden Herren für gute Bekannte halten. Obwohl der Ältere von ihnen soeben um seinen Jahresbonus kämpft – welchen sein Boss ihm bereits vor zwei Minuten gestrichen hat –, wenn nicht sogar sein Job in akuter Gefahr ist – den der Konzernchef gnädigerweise noch einmal unangetastet lassen wird. Smith versieht seine Aufgaben bestimmt nicht schlechter als die anderen Versager, die seinem engsten Stab angehören. Wenngleich dessen sonstige Praktiken bei ihm keineswegs auf Gegenliebe stoßen. Doch selbst Andrew Norton ist unter Umständen großzügig. Vorausgesetzt, es verursacht keinerlei Kosten und er kann in der Zukunft einen Gewinn für sich kalkulieren.

»Ich denke, für die notwendigen Einsparmaßnahmen könnte ich Ihnen bis morgen eine weitere Expertise vorlegen ...« Sie haben den Aufzug erreicht. Als die silbernen Türen aufgleiten, nickt der junge Mann knapp. »Um acht auf meinem Schreibtisch.«

»Kein Problem, Sir.«

Das lässt Norton unkommentiert, er wendet allerdings den Blick nicht ab. Und so sieht er unverhohlenen Hass, als Smiths Fassade etwas zu früh fällt. Denn erst eine Sekunde später schließen sich die Türen.

Ja, der Versager hasst ihn. Wie jeder andere seiner Angestellten, davon ist Andrew sogar überzeugt. Und auch das ist kein Zufall.

Beliebte Firmeninhaber – Vorstandsvorsitzender in seinem Fall, seit drei Jahren sind sie an der New Yorker Börse notiert – garantieren gewiss ein angenehmes Betriebsklima, jedoch weder Leistung noch Gewinn. Für eine anheimelnde Atmosphäre sorgt er mit überdurchschnittlicher Bezahlung. Indem er hart, unnachgiebig und strikt ist, garantiert er exorbitante Erträge. Die Tatsache, dass die Holding unangefochtener Marktführer ist, und zwar in *allen* Sparten, die sie bedient, gibt seiner Strategie recht.

Außerdem hat Andrew Norton es auf diese Art mit achtundzwanzig zu Amerikas jüngstem Selfmademilliardär gebracht.

2

Angekommen in der Tiefgarage, eilt er zu seinem Wagen und blickt im Gehen auf die Uhr.

Zeit ist Geld.

Andrew mag Geld, daher befindet er sich immer in akuter Zeitnot.

Unvermittelt wird er von einem Widerstand blockiert, der wie aus dem Nichts vor seiner Brust aufgetaucht ist. Ohne nachzudenken, greift er zu. Erst dann schaut er mit Verblüffung und leichtem Ärger hinab und entdeckt ein Mädchen. Klein und zierlich, kaum größer als ein Meter sechzig. Eines das übrigens unentwegt versucht, sich aus seinem Griff zu winden. »Das kann ich selbst!«

Der Kopf ist gesenkt, mehr als dunkles, volles Haar, ein winziges, bleiches Ohr und den oberen Teil ihrer Stirn macht er nicht aus. Andrew denkt nicht daran, ihre Zurechtweisung zu respektieren. Stattdessen hilft er der Person, die offensichtlich nicht in der Lage ist, gefahrlos Tiefgaragen zu durchqueren, wieder auf die Beine. Sobald sie steht, befreit sie ihren Arm mit einem Ruck und weicht zurück.

»Sind Sie in Ordnung?« Es klingt monoton, ausnehmend verhalten und wenig bis überhaupt nicht interessiert. Wie üblich.

Nach einer ganzen Weile sieht sie auf. Andrew wird mit grünen mandelförmigen Augen konfrontiert, deren Anblick ihn für einen sehr flüchtigen Moment verwirrt. »Ja!« Atemlos, gepresst und dennoch derart aggressiv, dass er sie ein weiteres Mal mustert, obwohl er eigentlich längst weitergehen müsste. Mit zur Seite geneigtem Kopf betrachtet er die Remplerin genauer. Sie ist in der Tat äußerst klein. Und jung. Möglicherweise zwanzig, einundzwanzig. Ein gewöhnliches Mädchen mit einer ungewöhnlich ablehnenden und seltsamen Mimik.

Zeit zu gehen, Norton!
Richtig.

Bevor er seinen Weg jedoch fortsetzen kann, hat er bereits den nächsten Tabubruch begangen. Mit milder Überraschung hört er sich fragen: »Darf ich Ihnen vielleicht behilflich sein?«

Prompt meldet sich erneut jene *innere* Stimme, die Andrews Drill Sergeant (DS) und Terminkalender ausmacht.

Norton, du Idiot! Was soll DAS denn? Bist du zum verkackten Helden in Strumpfhosen mutiert? Schieb den Stock wieder in deinen Arsch, wo er hingehört und beweg ihn. Du hast Termine – es geht um all die putzigen grünen Scheinchen, mit denen du deinen weichen Babypopo abputzen kannst! Schon vergessen? In einer halben Stunde steht das Essen mit Saunders auf dem Plan, danach musst du bei Dearinger auf der Matte stehen. Um vier ...

›Ruhe!‹

Das ist eine andere Stimme. Eine, die Andrew nur sehr selten vernimmt. Er hat nie viel mit ihr zu schaffen; meistens ist er froh, wenn sie ihm nicht in die Quere kommt. Doch genau diesen Moment hat sie gewählt, um sich in Erinnerung zu rufen.

»Nun?«, hakt er nach.

Nichts geschieht. Nur diese erstaunlich geformten Augen, aus denen eine nie zuvor gesehene Ablehnung spricht, blicken zu ihm auf. Und abermals vergeht eine empörend lange Zeit des Schweigens, bis sie überraschend giftig zischt: »Personalabteilung!«

Andrew nickt. »Sie kennen den Weg?«

Lunch, Norton! Wir haben Rushhour, willst du dich VERSPÄTEN, weil du noch deine goldenen Wallelocken richten musstest?

Oh, da ist es wieder! Eines der drei Worte, die der junge Konzernchef hasst, ebenso wie Verschwendung und Insubordination.

In den achtundzwanzig Jahren seines Lebens war er nie unpünktlich, und er hat es eilig! Neben den Terminen mit diesem Trottel Saunders und seinem Banker, Dearinger, der sich für bedeutend cleverer hält, als er in Wahrheit ist, steht am Abend ein Kurztrip nach Dallas auf seinem Terminplan. *Andrew hat keine Zeit,* und dieses Mädchen kostet ihn genau die!

»Fahren Sie mit dem Aufzug in die zweiundzwanzigste Etage«, erklärt er ihr, ohne seine wachsende Anspannung erkennen zu lassen. »Dort folgen Sie den Hinweisschildern.«

Als sie bejahend den Kopf bewegt, meint er, ihre Gesichtsfarbe sei unterdessen sogar noch heller geworden. *Kränklich* bleich. Sofort setzt das professionelle Kalkulieren ein.

Blass? Kränklich? Wenig Vitalität? Fazit: nicht belastbar!

Dennoch spricht er wieder, wenngleich er längst in seiner Limousine sitzen sollte, und ganz bestimmt nicht die Absicht hat, einen Plausch mit dieser Unbekannten zu halten. »Um welche Position bewerben Sie sich?«

Prompt ist dieser unmögliche Hassblick zurück, und sie sieht eilig zu Boden. Andrew runzelt die Stirn. Warum *kommuniziert* sie nur nicht mit ihm? »Und?«

Kaum fährt sie zusammen, bereut er seinen scharfen Ton auch schon – zumindest bis sein privater Folterknecht erneut auf ihn einbrüllt.

Norton, du Idiot! Das Essen! Alzheimer?

Keineswegs, doch er kann das Mädchen ja nicht einfach stehen lassen, oder? Der Gedanke ist noch nicht vollständig zu Ende gedacht, da fragt er sich bereits einigermaßen ratlos, wieso denn nicht? Eine Antwort will sich nicht einstellen, und deshalb mustert er die Kleine abermals in der Hoffnung auf Erleuchtung. Nun ja, sie erscheint sehr zart. Ihr dunkles Haar – außerordentlich langes und in unzählige, kaum gebändigte Locken gewelltes, wie er am Rande registriert – ist im Nacken zusammengebunden, und im Dämmerlicht der weiträumigen Tiefgarage wirkt sie sogar äußerst fragil. Alles in allem kein Grund, weshalb er sich mit ihr beschäftigen sollte. Und selbst wenn die zukünftige Miss World vor ihm posieren würde, wäre es nicht von Interesse. Andrew Norton pflegt derartige Belange strikt voneinander zu trennen: Es gibt eine Zeit für die Arbeit – die macht ungefähr neunzig Prozent seines Daseins aus – und es existiert eine Periode für die *anderen* Dinge. Die werden heute Abend aktuell, sobald er in Dallas eintreffen wird ...

Als das Mädchen nach wie vor nicht die geringsten Anstalten unternimmt, ihm auf vernünftige Weise Auskunft zu erteilen, fährt er es wieder an.»Ich hatte gefragt, um welche Position Sie sich bemühen! Antworten Sie gefälligst!« Dabei wird er keineswegs laut, in Wahrheit erhebt Andrew niemals die Stimme.

Doch wie üblich verfehlt der abweisende, herablassende und dennoch völlig unbeteiligte Tonfall seine Wirkung nicht.

Denn wieder geht ein sichtlicher Ruck durch sie, dann hebt sich überraschend das kleine Kinn und ihm funkelt glühender Hass entgegen. Als sie antwortet, klingt sie fest und bestimmt.»Ich bewerbe mich um eine ausgeschriebene Stelle als Assistentin. Mein Termin ist in fünfzehn Minuten bei Mrs. Shore von der Personalabteilung, ich heiße Josephine Kent, und wer bitte sind *Sie?*«

Das verschlägt Andrew für die Dauer eines Wimpernschlages die Sprache, obwohl er die Ursache nicht exakt benennen kann. Ist es ihre offensive Art oder diese Augen, die ihn zunehmend und absolut irrational faszinieren? Womöglich liegt es an der Tatsache, dass dieses Mädchen *in der Tat* Miss World sein könnte? Mit der makellosen Haut, dem dichten, unendlich langen Haar und den sanft geschwungenen zart rosa Lippen? Auf jeden Fall ist Andrews Interesse, dass genau sie genommen wird, mit einem Mal exorbitant. Und zwar nicht als die Gehilfin *irgendeines* Chefs ...

Als sein innerer Planwächter sich abermals meldet, wischt er ihn entschlossen beiseite und reicht ihr die Hand. »Bitte verzeihen Sie meine Unhöflichkeit. Mein Name ist Andrew Norton. Und wenn ich das richtig verstanden habe, beabsichtigen Sie, meine neue Assistentin zu werden.«

3

Je blasser und entsetzter sie wirkt, desto breiter gestaltet sich sein Lächeln.

Miss Kent schluckt, der Hass in ihrem Blick nimmt noch einmal zu. Doch schließlich scheint sie sich zu besinnen und mit den jüngsten, höchst unangenehmen Entwicklungen zu arrangieren. Worauf Andrew nur gewartet hat. Er kennt die Frauen und deren Fähigkeit zur Genüge, sich den Gegebenheiten optimal anzupassen. Zögernd greift sie nach seiner Hand.

Die folgende Berührung besiegelt das, was Andrews Unterbewusstsein bereits längst akzeptiert hat: Dieses Mädchen wird ihm gehören.

Alles Weitere ist ausschließlich eine Frage von P&T.

Planung und Taktik

Endlich befindet er sich wieder in alten und vertrauten Gefilden. Eile ist geboten, und dennoch muss er dafür sorgen, dass er sie nicht verliert. Prompt verzieht sich Andrews Mund zu einem charmanten, verbindlichen Lächeln. Es erscheint immer dann, wenn er gezwungen ist, eine Person für sich einzunehmen. Häufig kommt so etwas nicht mehr vor. Je erfolgreicher man ist, desto seltener sieht man sich genötigt, um das Wohlwollen seiner Mitmenschen zu buhlen. »Ich denke, Sie sollten sich jetzt in die zweiundzwanzigste Etage begeben, vorausgesetzt, Sie wollen Ihren Termin nicht versäumen.«

»Ja, ... Sir.« Heiser räuspert sie sich, versucht, ihre – für ihn unerklärliche – Ablehnung zu zähmen. »Einen schönen Tag noch, Sir.«

Andrew nickt. »Den wünsche ich Ihnen auch.«

»Ja.« Allerdings unternimmt sie keine Anstalten zu gehen, sondern mustert ihn ein wenig ... verwundert? Möglicherweise.

»Zu den Aufzügen geht es dort entlang«, informiert er die junge Frau und weist ihr den korrekten Weg – direkt unter dem überdimensional großen Pfeil mit der Aufschrift:

Zu den Aufzügen

Etwas desorientiert sieht sie in die von ihm gezeigte Richtung.

Doch dann blinzelt sie zweimal heftig und setzt sich unvermutet in Bewegung.

Nicht einmal zwei Meter weit kommt das seltsame Mädchen, bevor es erneut den Halt verliert und verzweifelt mit den Armen rudert, um das Gleichgewicht zurück zu erlangen.

Diesmal ist er vorbereitet und greift schneller zu. »Haben Sie Schwierigkeiten beim Laufen?«, erkundigt er sich interessiert.

»Nein, Sir.« Es klingt bissig und sie unterhält sich längst wieder mit dem düsteren Asphalt.

Weshalb schaut sie ihn denn nur nicht an? Andrew neigt den Kopf, um sie genauer in Augenschein zu nehmen. »Miss Kent?«

Es kostet sie sichtlich Überwindung, ihn endlich mit ihrer visuellen Aufmerksamkeit zu beehren, aber wenigstens tut sie es. »Nein, Sir, ich bin nur ausgerutscht.«

»Das ist mir nicht entgangen«, nickt er langsam. »Geschieht so etwas häufig?«

Rasch erstellt er eine Kalkulation der finanziellen Begleiterscheinungen, welche die Einstellung einer Person mit solchen Makeln zwangsläufig mit sich bringt: unvorhersehbare Arztbesuche, aufwendige Untersuchungen, Krankenhausaufenthalte, Fehlzeiten.

Gesamturteil: ineffizient.

Nun ja, höchstwahrscheinlich kann sein Unternehmen eine unproduktive Kraft für eine begrenzte Dauer verschmerzen.

Wieder signalisiert ihre Mimik grenzenlose Ablehnung. »Nein, Sir!« Sie betont es, als wolle sie in Wahrheit 'Nein, Arschloch!' sagen. »Ich stolpere nicht ständig! Hier ist es ziemlich glatt, und ich trage wohl die unpassenden Schuhe.«

Andrew blickt an ihrer Jeans hinab – Himmel, wann hat sich das letzte Mal jemand derart gekleidet in dieses Gebäude gewagt? – und sieht spitz zulaufende Halbstiefel, die über die Hosensäume ragen. Stiefel im ewigen Sommer Floridas. Dieser Anblick ist ihm vollkommen neu. »Nun«, beginnt er zögernd und schürzt die Lippen. »Mit dieser Vermutung dürften Sie richtig liegen.«

Hektisch streicht sie eine Strähne hinter ihr Ohr, die sich bei ihrem unfreiwilligen Stunt aus dem Zopf gelöst hat. »Ich bin erst vor Kurzem nach Florida gezogen!«, bemerkt sie schnippisch.

»Und ...?«

»Ich hatte noch keine Gelegenheit, mich dem Klima entsprechend neu einzukleiden!« Jetzt verschwindet der Hass, und ihre Wangen färben sich rot. Eine ausnehmend liebliche Veränderung in dem sonst so blassen Gesicht.

Ich hatte kein Geld, um mich dem Klima entsprechend neu einzukleiden.

Das wollte sie eigentlich sagen, und Andrew verachtet sie deshalb keineswegs.

Sie ist pleite, kommt wahrscheinlich frisch vom College und befindet sich offensichtlich auf Jobsuche. Demnach versucht sie, etwas an ihrer desaströsen Situation zu ändern. Problematisch ist nur, dass sie nach wie vor in dieser Tiefgarage steht und keinerlei Anstalten unternimmt, sich zu ihrem Vorstellungsgespräch zu bemühen. Daher fasst er sich kurz. »Sollten Sie Interesse an einer Beschäftigung in diesem Unternehmen haben, würde ich Ihnen empfehlen, sich langsam *zu den Aufzügen zu begeben!* Unpünktlichkeit wird hier nicht toleriert!«

Die Augen werden groß. Unvermutet macht sie kehrt und eilt davon. Erstaunt beobachtet Andrew, wie sie zehn Schritte später schlitternd zum Stehen kommt – die Arme verwandeln sich wieder in Windmühlenflügel – und zu ihm herumfährt. »Ähm, bitte entschuldigen Sie, Sir ... Mr. Norton. Auf Wiedersehen!«

Als Antwort tippt er auf seine Uhr und nickt mit erhobenen Augenbrauen. Eine erneute tatsächlich gefährlich anmutende Kehrtwende erfolgt. Beinahe überzeugt, dass ihr gesteigertes Tempo sofort den nächsten Unfall provozieren wird, schaut er der schmalen Gestalt nach, bis sie die kleine Treppe erreicht. Dort angelangt sieht sie noch einmal über ihre Schulter zu ihm. Das Rot verschwindet, so schnell es aufgetaucht ist, sie fährt hastig herum und betritt endlich jenen Fahrstuhl, den ihr zukünftiger Chef nur wenige Minuten zuvor genutzt hat.

4

Kaum haben sich die Türen vor ihr geschlossen, bewältigt er die verbliebenen Meter bis zu seinem Wagen.

Im Gehen nimmt Andrew das Handy aus der Tasche. Sein Blick fällt auf Johnson, der ihm wie üblich die Tür aufhält und er nickt beim Einsteigen. geistesabwesend

»Gail, canceln Sie meinen Termin in Dallas ... keine Begründung ... nein ...« Seine Stirn legt sich in Falten. »Blumen, ohne Karte ... dann verbinden Sie mich mit Mrs. Shore von der Personalabteilung ... Mrs. *Shore von der Personalabteilung!* ... Danke!«

Er wartet. *»Trust Hol...«*

»Norton. Sie haben demnächst ein Gespräch mit einer gewissen Josephine Kent?«

Ein Aufkeuchen antwortet am anderen Ende und es dauert ärgerliche drei Sekunden, bevor die Person sich besinnt. *»Ja, Sir, d...«*

»Die Dame wird als meine neue Assistentin eingestellt!«

Wieder vergehen mehrere Herzschläge, ehe die unangenehm piepsige Stimme zu vernehmen ist. *»Aber ich ...«*

»Arbeitsbeginn morgen!«

Hörbar schluckt sie – ein widerliches Geräusch. *»Selbstverständlich, Sir. Wir werden jedoch die Sicherheitsü...«*

»Das erledige ich selbst!«

»Sehr wohl ...«

Informieren Sie Miss Kent über die hiesigen Bekleidungsvorschriften. Eine Vorauszahlung wäre ...« Die Krater auf Andrews Stirn vertiefen sich. »Vergessen Sie das, und teilen Sie mir umgehend den Verlauf des Gespräches mit!«

»Wie Sie wün...«

Andrew betätigt bereits die nächste Kurzwahl. Längst hat Johnson den Wagen aus der Tiefgarage gelenkt, der grelle Sonnenschein schafft es allerdings nicht durch die dunkel getönten Scheiben.

Andrew meidet strikt alle neugierigen Blicke. »Finch, ich will ein Grand Screening über eine gewisse Miss Josephine Kent. Nähere Angaben erhalten Sie in der Personalabteilung. Und klären Sie die Angelegenheit in Dallas!«

»Welche Höhe, Sir?«

Andrews Überlegung währt genau eine Sekunde. »Zehntausend.«

»Das Appartement?«

Wieder ist die Denkpause kaum andauernder als einen Wimpernschlag. »Einen Monat. Die Kopie der Verschwiegenheitsvereinbarung zu ihren Händen.«

»Code B?«

»Positiv. Nur um jedes Risiko auszuschließen.«

»Möchten Sie das vorläufige Ergebnis des Screenings per Mail?«

»Selbstredend!«

Und schon hat Andrew die nächste Kurzwahl aktiviert.

»Gail. In zwanzig Minuten kontaktieren Sie mich auf meinem Handy. Vorher sagen Sie Dearinger ab! ... *Absagen!* ... Ja!«

In diesem Moment hält Johnson vor dem ‚*Diners Club'*. Bevor er aussteigt, richtet sich der Konzernchef flüchtig an seinen Fahrer.

»Maximal eine halbe Stunde!«

5

Als Andrew das Restaurant betritt, eilt ihm die Empfangsdame entgegen. »Mr. Norton!«

Der Angesprochene nickt knapp, ohne dass seinem Gesicht eine Regung zu entnehmen ist. »Cloe.«

»Ihre Verabredung ist bereits eingetroffen«, wird er lächelnd informiert. »Darf ich Sie zu Ihrem Tisch begleiten?«

Tyler Saunders, ein Mann in den Dreißigern mit breitem Schnauzbart und Bürstenhaarschnitt, erhebt sich schwerfällig. Es gelingt ihm mehr schlecht als recht, seine Schweinsäuglein offenzuhalten. Auf den roten hängenden Wangen tummeln sich unzählige geplatzte Äderchen und seinen opulenten, mit massenweise Fett angereicherten Bauch trägt er wie eine Kugel vor sich her. Das Jackett spannt verdächtig.

Wie kann man sich nur so gehen lassen?

Diese untragbare Gestalt ist viel zu grobschlächtig, um Andrews unverhohlene Abneigung zu registrieren. Wäre es anders gewesen, würde es ihn übrigens auch nicht interessieren. Er trifft diesen Kerl ohnehin nur, weil sein Vater ihn darum gebeten hat.

Beim Setzen schenkt er ihm kaum Beachtung. »Saunders.«

Der lacht dröhnend und der gehaltvolle röchelnde Husten erzählt Andrew eine schauerliche Geschichte von seiner Nikotinsucht. Definitiver Krebskandidat. Darüber hinaus ist er zu schwer, die Gelenke werden innerhalb der kommenden fünf Jahre ihren Dienst quittieren. Abgesehen davon, dass er sich mit jeder

Zigarette und jedem Steak, das er in sich hineinstopft, mehr zu einem Herzinfarkt mit spätestens fünfunddreißig verurteilt. Eine wandelnde Leiche.

<u>Gesamturteil:</u> ineffizient in höchster Potenz.

»Mir geht es gut, Andy«, grunzt er, obwohl dem nichts ferner liegt, als sich nach dessen unwertem Befinden zu erkundigen. Das ist sowieso offensichtlich, der Bastard gibt sich nämlich aktuell dem nächsten Hustenanfall hin. Viel bemerkenswerter macht sich die vertrauliche Art aus, in der er es wagt, sein Gegenüber anzusprechen. Niemand, einschließlich seiner Familie, war bisher lebensmüde genug, sich so etwas zu erlauben. Andrews Augen sind unvermittelt groß und Saunders grinst unter seinem ständigen Geröchel.

»Erkennst du mich denn nicht? Ich bin´s, Saundy!« Mit einem fleischigen Daumen tippt er sich an die Brust. Als Andrew noch immer nicht reagiert – mit Ausnahme der riesigen Sehorgane versteht sich –, schlägt er mit der flachen Hand auf den Tisch. »Hey!«

Andrew spürt die Blicke der übrigen Gäste und gleichzeitig ein völlig unbekanntes Gefühl in sich aufsteigen. Doch bevor er darauf reagieren kann, erscheint Mary, um die Bestellung für die Getränke aufzunehmen und rettet den übergewichtigen Kretin.

Zunächst.

»Das Übliche.« Es kommt nüchtern.

»Sehr wohl, Sir. Und was darf ich Ihnen bringen, mein Herr?«

Saunders, frisch erholt von seinem letzten Anfall, begutachtet die junge, hübsche Bedienung eindeutig zu lange und begehrlich, als es jeder gute Geschmack erlaubt, weshalb Andrew sich plötzlich bei dem verstörenden Wunsch ertappt, seine Faust in die feiste, unansehnliche Visage zu schmettern.

Der Impuls ist deshalb verstörend, weil Mr. Norton für gewöhnlich nicht zu Zornesausbrüchen neigt. Entgleisungen jeglicher Art sind ihm fremd, denn er verabscheut alle irrationalen, da emotional motivierten Handlungen.

»Saunders, was wollen Sie trinken?« Sein dumpfes, kaum vernehmliches Knurren reißt den Bastard aus seiner Versunkenheit. Verwirrt blinzelt er. »Häh?«

»Was. Wollen. Sie. Trinken?«, wiederholt er noch etwas leiser und gibt damit nicht mehr, als ein gefährliches Hauchen von sich.

Für drei atemlose Herzschläge nimmt Saunders Andrews Anblick in sich auf. »Bud. Ein Budweiser!«, stottert er schließlich.

»Sehr wohl, Sir.« Mary beeilt sich zu verschwinden, Andrew jedoch macht keine Anstalten, das bedrohliche Starren zu beenden. Die Augen wirken inzwischen überdimensional weit aufgerissen. Fünfzehn Sekunden währt der visuelle Kampf, dann blinzelt das fette Schwein.

Ineffizient!

Da haben kleine Mädchen tausendmal mehr Courage ...

Widerwillig verbannt Andrew auch diesen ungebetenen und völlig irrationalen Gedanken aus seinem Kopf und konzentriert sich auf den rückgratlosen Amateur. »Weshalb wollen Sie so dringend mit mir sprechen, dass Sie meinen Vater über Wochen am Telefon terrorisieren mussten?«

Mary bringt Andrews Martini und es kostet sie sichtlich Überwindung, sich an Saunders Seite zu stellen, um ihm sein Bier einzuschenken. Für keinen Moment nimmt Norton den Blick von ihm und fällt dabei den nächsten, total verstörenden, wenngleich befreienden Entschluss: Eine falsche Bewegung und der Knabe wird die Abkürzung durch die Scheibe nehmen. *Diners Club* hin oder her. Wahrscheinlich darf Andrew danach für den Rest seines Lebens kostenlos hier essen.

Aber sein Gegenüber bewegt sich nicht und atmet hörbar auf, als die Bedienung wieder gegangen ist. Möglicherweise ist er doch nicht so ahnungslos, wie zunächst vermutet.

»Und?« Andrews Mimik und Ton erzählen von ausgesuchter Kälte.

»Nun ...« Nervös rutscht Saunders auf seinem Stuhl hin und her. Inakzeptabel für einen Mann wie den jungen Konzernchef. Hinzu kommt, dass die ersten Schwaden widerlichen Schweißgeruchs zu ihm hinüber wabern. »Sie ...« Eine Verbesserung, er hat sich auf die förmliche Anrede besonnen. »... wissen ja, dass ich derzeit in der LCA tätig bin ...«

Norton wartet ...

»Na ja ...« Das nächste Zögern treibt Andrews so verwirrende aktuelle Gefühlslage in unerwartete Sphären. Dieser grobe Tölpel stiehlt ihm *seine Zeit!* »... Ich ...«

In diesem Moment wird das Leben des fetten, stinkenden Weichlings erneut gerettet. Diesmal durch den Summton von Andrews Handy, der soeben ertönt. Mit einem erhobenen Finger bedeutet er Saunders, zu warten.

»Norton!«

»Ja, Sir, Mrs. Shore ...«

»Und?«

»Ich sollte Sie über den Ausgang des Vorst...«

»Und?« Das kommt schärfer und die Personalchefin spricht schneller.

»Die Dame wird morgen um acht Uhr die Stelle antreten, Sir.«

Erleichtert schließt er die Lider, ... um sie umgehend wieder aufzureißen.

Währenddessen steht der DS in seiner Ecke und betrachtet ihn mit vor Entgeisterung aufgerissenem Mund, was Andrew leicht erstaunt, denn sprachlos hat er den bisher nur sehr selten erlebt.

»Mr. Norton?«

Eilig besinnt er sich. »Belehrungen?«

Diesmal bildet er sich ein, ihr eilfertiges Nicken zu *hören.* *»Ich habe Miss Kent über die Bekleidungsvorschriften unterrichtet ...«*

»Reaktion?« Sein Blick fällt auf Saunders, dessen Ohren mit einem Mal doppelt so groß zu sein scheinen und er richtet sich abrupt auf. »Ich melde mich in fünf Minuten!«

Während er nach Sasha, dem Zahlkellner, winkt, der sofort heraneilt, macht er seine Abfuhr für den abstoßenden Mann perfekt. Dabei sieht er ihn nicht an, sondern reicht indes seine Mitgliedskarte weiter.

»Sollten Sie einen Job suchen, wenden Sie sich an die Personalabteilung meines Unternehmens. Viel Glück!«

Reglos beobachtet der Fettwanst, wie der steinreiche Konzernchef sein Glas leert und darauf wartet, dass ihm seine Karte wieder ausgehändigt wird. Sobald die erforderliche Unterschrift geleistet ist, geht er wortlos.

Noch nie hat Andrew den *Diners Club* nach einem so kurzen Aufenthalt verlassen und das, ohne zuvor seinen üblichen Lunch eingenommen zu haben. Was nichts anderes bedeutet, als dass er seit zwanzig Jahren zum ersten Mal pünktlich um halb eins kein Steak zu sich nimmt.

Allein dafür gebührt dem Kerl die Todesstrafe.

6

Kaum sitzt Andrew in seinem Wagen, hat er das Handy am Ohr. »Norton!«

»Ja, Mr. Nor...«

»Die Reaktion?«

Ihr Zögern treibt ihn abermals an den Rand der Verzweiflung. Warum können die Leute simple Fragestellungen nicht auch simpel beantworten?

»Sie schien nicht sehr glücklich mit dieser Information, wenn Sie mich nach meiner persönlichen Meinung fragen ...«

Genau das hat er getan! »Der Arbeitsvertrag ist unterschrieben?«

»Ja, Sir.«

»Alle übrigen erforderlichen Unterlagen liegen vor?«

Erneut zögert sie, und Andrew beißt sich auf die Zunge, um die Frau nicht anzufahren. *»Ich konnte die Sicherheitsü...«*

»Ich hatte bereits angemerkt, dass ich mich dieses Details selbst annehme!«

»Ja, Sir.«

Er hält die Augen geschlossen, seine Stirn liegt wie so häufig an diesem Tag in tiefen Falten. »Ihre Adresse!«

Am anderen Ende herrscht verblüfftes Schweigen. Erst nach einigen Sekunden ist sie wieder zu vernehmen. *»Ich wohne ...«*

»Miss Kents Anschrift!« Himmel, wie kann ein Mensch allein nur derart dämlich sein? Und hierbei handelt es sich um die Personalchefin des Unternehmens. Warum ist er bisher nicht in Konkurs gegangen?

»Oh, Verzeihung Sir, ein Missverständnis ...« Inzwischen klingt sie etwas atemlos.

»Die Adresse!«

»Jawohl, Sir. Einen Moment bitte.«

Seufzend lehnt er den Kopf zurück.

»Sir?«

Andrew wartet ...

»Ist es nicht ratsam, Ihnen die Daten per Textnachricht zu übermitteln?«

Oh, scheinbar besteht doch noch Hoffnung! »*Das* wäre sinnvoll«, haucht er knurrend in den Apparat. »Warten Sie! ... Sollte sich in den nächsten Tagen ein Tyler Saunders bewerben ... Haben Sie sich das aufgeschrieben?«

»Einen Moment bitte ... Würden Sie den Namen wiederholen?«

Mit zusammengebissenen Zähnen tut er ihr auch diesen Gefallen. »T–Y–L–E–R S–A–U–N–D–E–R–S.« Das müsste selbst einem Analphabeten genügen.

»Ist noti...«

»Möglicherweise beruft er sich auf mich. Es erfolgt *keine* Einstellung. Verstanden?«

»Jawohl Sir.«

Gerade will Andrew das Telefon in seinem Jackett verstauen, als es abermals summt.

»Sir, Sie hatten mich veranlasst, Sie ...«

»Die Angelegenheit hat sich bereits erledigt. Morgen früh wird sich eine Miss Kent bei Ihnen einfinden – Ihre Nachfolgerin. Ich wünsche, dass Sie die Dame angemessen in ihr Aufgabengebiet einweisen.«

»Sehr wohl, Sir.«

Erneut wird die glatte Haut auf Andrews Stirn in eine Kraterlandschaft verwandelt. »Wann ist Ihr letzter Arbeitstag?«

»In zwei Wochen, Sir.«

»Wird die Zeit ausreichend sein?«

»Nun, wenn sie über das erforderliche Wissen ...«

»Ja oder nein?« Vielleicht ist seine Aussprache das Problem. Zehn Jahre linguistisches Training genügen anscheinend nicht; Andrew sollte dringend einen Auffrischungskurs in Betracht ziehen.

»Ja, Sir.«

Er neigt den Kopf zur Seite und blickt starr geradeaus. »War das ein Seufzen, Gail?«

»Ich würde es nicht wagen, Sir ...«

In Gedanken sieht er alte, kluge Augen hinter einer Halbmondbrille und warmes, blondes Haar, das stets in dieser adretten Kurzhaarfrisur liegt. Seine Mundwinkel zucken leicht.

»Wiederhören.«

»Auf Wiederhören, Sir.«

Schon sind die Lider wieder geschlossen, und er öffnet sie erst, als sein Chauffeur ertönt. »Wir wären dann da, Sir.«

Nein, sie befinden sich nicht vor Andrews Haus, sondern vor einer Boutique, die Damenkleidung veräußert.

»Warten Sie hier!«

Keine wie auch immer geartete ungewohnte Reaktion erfolgt, obwohl die Situation in ihrer Gesamtheit mit Sicherheit nicht alltäglich ist. Johnsons Miene bleibt so unbewegt, wie die seines Chefs.

»In Ordnung, Sir.«

7

»Eine Karte, Sir?«

Unschlüssig betrachtet er die Verkäuferin. Ist es üblich, eine Nachricht mitzuschicken? Normalerweise tätigt Andrew nicht selbstständig seine Einkäufe. Das ist der Erste seit ...

Nun, äußerst langer Zeit. Aber wenn er diesen hasserfüllten, absolut nicht unterwürfigen Blick in seine Überlegungen miteinbezieht, ist die Idee vielleicht nicht schlecht. »Ja.«

Die Angestellte reicht ihm eine der vorgefertigten Grußkarten. Nach kurzer Besinnung schreibt er:

Miss Kent!
Ich wünsche, dass Sie an Ihrem
Arbeitsplatz
in angemessener Kleidung erscheinen.
Ihr heutiges Auftreten lässt mich
bezweifeln,
dass Sie über die erforderliche
Ausstattung verfügen.
Nutzen Sie den Inhalt dieser Lieferung, um
die Zeit bis zu Ihrem ersten Gehaltsscheck
zu überbrücken.
Andrew Norton

8

Als er am Schreibtisch in seinem Haus sitzt, kommen ihm die ersten ernsthaften Zweifel und nicht nur an seinem Verhalten, das heute derart wenig nachvollziehbar und schädlich ausgefallen ist. Der DS hält inzwischen nicht nur dauerhaft den Mund geöffnet, sein Blick verspricht darüber hinaus auch nichts Gutes. Andrew gelingt es jedoch, ihn weiterhin aus seinem vordersten Bewusstsein zu drängen; die Abrechnung kommt ohnehin, da sollte er die Ruhe vor dem Sturm so lange wie möglich auskosten.

Stattdessen sieht er *ihre* Augen vor sich. Ja, sie sind sehr grün und von diesem seltsamen Hass erfüllt.

Daneben zeugen sie jedoch von jeder Menge Unschuld. Er hat ihre Gestalt zierlich und schlank in Erinnerung – nun ja, wohl eher dürr.

Zum Vergleich ruft er sich Lara ins Gedächtnis: blondes Haar, volle Brüste, aufreizendes Lächeln und jederzeit perfektes Make-up. In der kurzen Zeit, in der er seine Bekanntschaft zu ihr pflegte, hat er sie nie anders erlebt. Doch genau das ist der Deal, Teil des Handels, den er mit der jeweils aktuellen Frau für die gewissen Stunden eingeht. Eine gibt es immer; er sorgt für ihr Auskommen, sie für sein Vergnügen.

Andrew lernte Lara bei einem geschäftlichen Brunch kennen, auf dessen Besuch er nicht wie normalerweise verzichten konnte. Sie befand sich in Begleitung eines seiner Geschäftspartner, dessen Gattin bei den Kindern zu Hause geblieben war. Mehr als zwei eindeutige Blicke waren nicht erforderlich, bevor die Dame begriff, dass sie bei Andrew Norton den weitaus größeren Gewinn zu erwarten hat. Im Grunde ist seine frischgebackene Ex–Geliebte wie er: stets auf ihren Vorteil bedacht, berechnend, kalt und professionell. Eine Woche lang feilten sie an den Bestandteilen ihres Abkommens, dabei erwies sie sich als äußerst zäher Verhandlungspartner. Völlig in Ordnung.

Allerdings kaufte er das Appartement zum ersten Mal in einer anderen Stadt als Tampa. Das war eine Komponente des Vertrages, weil Lara dort seit Jahren sesshaft ist. Manchmal ist er durchaus zu Kompromissen bereit, auch wenn die Fahrtzeit seine Pläne sehr ungünstig beeinflusste. Der DS war dementsprechend missgestimmt …

Verstohlen wagt er einen visuellen Ausflug in dessen Ecke und verzieht das Gesicht. Denn der Soldat verschränkt demonstrativ die Arme, nickt lauernd und sein Grinsen verspricht nach wie vor jede Menge Ärger.

... Nein, der DS mag Andrews Eskapaden in Sachen Mädchen keineswegs. Jedoch hält das seinen Schützling nicht davon ab, sie dennoch beizubehalten. Selten, aber mit Kontinuität. Lara hat ihn nie enttäuscht. So, wie er seinen Verpflichtungen nachkam, hielt sie sich an ihre. Doch es kostete ihn lediglich einen Wimpernschlag und keinen zweiten Gedanken, um diese Verbindung zu lösen. Außerdem verspürt er nicht das geringste Bedürfnis, noch einmal persönlich mit ihr zu sprechen.

In der Vergangenheit hat Andrew gelernt, dass es am sinnvollsten ist, derartige Dinge Finchs' fähigen Händen zu überlassen. Eine Abfindung je nach Dauer der Beziehung ist immer empfehlenswert, und er pflegt, die Damen für mindestens einen weiteren Monat unter Beobachtung zu belassen. Eine reine Vorsichtsmaßnahme, er hatte bisher allerdings nie den Eindruck, darauf verzichten zu können.

Es gilt, seinen guten Ruf zu wahren.

Die Verschwiegenheitserklärung, welche die jeweils aktuelle Bettgenossin unterschreiben muss, mag eine gewisse Abschreckung darstellen. Aus Erfahrung weiß er jedoch, wie eine gekränkte Frau reagieren kann. Weshalb ihm leider auch bekannt ist, wie wenig sich die vermeintlich beleidigte Dame für seine Anwälte interessiert, die sie bei Vertragsbruch in die Mangel nehmen würden. Fraglos beabsichtigt er nicht, sich von einem zweitklassigen Weib, mit dem er einige Stunden das Bett geteilt hat, gesellschaftlich vernichten zu lassen.

Dieses Mädchen ist nur so völlig anders. Im Vergleich zu Lara wirkt sie wie die sprichwörtliche Naivität. Von ihrer offensichtlichen Abneigung gegen ihn ganz zu schweigen. Obwohl Andrew diesbezüglich ein eigenartiges Gefühl hat. Denn ... das war nicht alles.

Unwirsch ignoriert er das bellende Gelächter des DS. Nein, es *war* nicht alles!

Dennoch ... besitzt er das Recht, sich ihr zu nähern? Was er beabsichtigt steht außer Frage: eine kurzlebige Liaison, die über Sex nicht hinausgeht. Er wird sie angemessen finanziell entschädigen, und wenn er genug von ihr hat, die Verbindung wieder lösen.

So wie üblich.

Doch ist es fair, mit diesem Plan an ein Mädchen heranzutreten, das sich vielleicht seine romantischen Träume von der 'Liebe' noch bewahrt hat?

Nun, das mit Sicherheit nicht, aber das Leben ist nun einmal nicht gerecht. Sie hat ihn auf eine sehr, sehr seltsame und verstörende Art berührt, was eine höchst ungewohnte Erfahrung darstellt. Sonst sind die Frauen aus seinen Gedanken verschwunden, sobald deren Appartementtür hinter ihm zufällt.

Andrew will dieses Geschöpf, das so fremdartige Reaktionen in ihm hervorruft. Wenngleich ihm nicht wohl bei der gesamten Angelegenheit ist.

Neue Seiten mag er nämlich überhaupt nicht. Diesbezüglich hält er es wie sein DS: Altbewährtes sollte man am besten dabei belassen. Der Tag hat so viel Unbekanntes für ihn und in seinen unantastbaren Ablauf gebracht. So etwas war seit fünf Jahren nicht mehr der Fall. Und soweit er sich erinnert, stand heute keine Übernahme eines maroden Konzerns auf der Agenda, wie bei der letzten Änderung seines so strikt eingehaltenen Rhythmus'. Stattdessen hat er nur einem Mädchen auf die Beine geholfen und unbeabsichtigt eine Kettenreaktion ausgelöst. Allein die Tatsache, dass er jetzt *hier* sitzt, ist bereits ein Novum!

Andrew kann die Verursacherin des Ganzen doch unmöglich ungeschoren davonkommen lassen!

9

Als er seinen E–Mail–Ordner checkt, ist Finchs Nachricht eingetroffen.

Von: M.Finch ‹Finch_ss@trustholding.Inc.com›
Betreff: Josephine Kent
Datum: 15.03.20**; 17:05:15 PST
An: Andrew Norton ‹andrewnorton@trustholding.Inc.com›

Sir,

anbei die ersten Angaben über o.g. Person.

Weiteres in Kürze.

Mit bestem Gruß

M. Finch

Das Gesuchte findet er im Dateianhang:

Subjekt: Kent, Josephine,

Wohnhaft: Flower 7, Appartement 2/47, Tampa 32201
geb.: 30. September 19**, Milbridge / Maine
Fam.-Stand: ledig
Vormaliger Wohnort: Milbridge / Maine
Eltern:
Vater: unbekannt
Nähere Informationen folgen.
Mutter: Kent, Phoebe, Mary wohnhaft Tampa/ Florida
Nähere Angaben folgen.
Großvater: Kent, Carter, wohnhaft: Milbridge / Maine
Großmutter: Kent, Mary, geb. Hallow, wohnhaft: Milbridge / Maine
Nähere Angaben folgen.
Kto. 856 324 366 Pacific State Bank
Saldo per. 15–03–2012 / 17:03:38
$ – 1,45
Kontenverlauf des letzten Jahres folgt.
Telefon: keines
Mobil: 1574/ 364 247 52

Zunächst keine Auffälligkeiten feststellbar.

10

»Miss Kent.«

Sein Blick ist starr auf die dürftigen, wenig aussagekräftigen Informationen gerichtet.

»Miss *Josephine* Kent ...« Andrew lauscht dem Klang ihres Namens, und diesmal sieht er nicht die Augen vor sich, sondern volle, zartrosa Lippen.

Süß. Diesen Mund zu erobern, *das* muss es sein ...

Bei ihrer kurzen Begegnung trug sie eine dieser lächerlichen (und in Andrews Holding bei Todesstrafe verbotenen) Collegejacken. Doch darunter konnte er genau ihre Brüste ausmachen. Nicht prall und üppig wie Laras, stattdessen klein und fest.

In seiner Fantasie steht er plötzlich mit ihr in der Dusche. Jeden Zentimeter dieser hellen Haut seift er ein, von der er bisher nicht mehr als die Hände und das Gesicht zu sehen bekommen hat. Wie fühlt es sich an, diesen fragilen Körper unter seinen Fingern zu spüren? Wie ist es überhaupt, in einem derart engen Raum mit einer Frau zusammen zu sein? Nackt, allein ... so *intim* ...?

Norton, du bist kein vierzehnjähriger Pickelhaufen! Pump das Blut zurück in deine hohle Birne, es reicht!

Der DS hat sich entschlossen, endlich einzugreifen. Seufzend schlägt Andrew die Lider auf und verbannt eilig das Mädchen aus seinen Gedanken. Dann macht er sich daran, wenigstens einen Teil der Arbeit aufzuholen, die er heute so sträflich vernachlässigt hat ...

Ein phänomenales Chaos

Dienstag, 16. März

1

»Komm, Schätzchen. Wir müssen uns beeilen, dein Daddy wartet.« *Strahlend sieht er zu seiner Mommy auf.*

Sie ist so schön!

Die schönste Frau der Welt – Daddy sagt das auch immer.

Doch er geht diese Straße nicht gern entlang, sie ist dunkel und hier stinkt es so komisch. Jeden Abend nehmen seine Mommy und er den gleichen Weg und jedes Mal läuft er ein bisschen schneller. Mommy auch. Ständig sieht sie sich um und wirkt dabei so ängstlich.

Andrew mag es nicht, wenn seine Mommy sich fürchtet.

So rasch er kann, setzt er einen Fuß vor den anderen. Wenn sie erst in dem großen Raum mit den vielen Lichtern angelangt sind, ist Mommys Angst verschwunden.

Dort befindet sich nämlich sein Daddy.

Den Stein sieht er erst, als er ihm nicht mehr ausweichen kann. Die neuen Schuhe drücken ein wenig, aber das hat der kleine Junge seiner Mommy natürlich nicht gesagt. Sie waren teuer, wenn er ihr erzählt, dass sie schon wieder zu klein sind, wird sie traurig sein. Und er mag es nicht, wenn Mommy traurig ist ...

Mit der Schuhspitze bleibt er an dem Stein hängen, genau dort, wo es drückt. Noch beim Fallen spürt er, wie der Stoff seiner Hose am linken Knie reißt und sich etwas Klebriges, Warmes an seinem Bein ausbreitet. Schon kniet seine Mommy besorgt neben ihm. »Hast du dir wehgetan?«

Bevor er antworten kann, ist da plötzlich diese heisere Stimme.

»O là là, Baby ...«

Als er den Kopf hebt, blickt er direkt in blaue, kleine und böse Augen.

Er will rufen: »Mommy, pass auf! Mommy, pass auf! Pass auf!« Aber er kann nicht. Sein Mund weigert sich, ihm zu gehorchen. Er will sich bewegen, aber er spürt seine Beine nicht mehr ...
»Nein!«

2

Der übliche Schrei hat ihn geweckt.

Als er seine bebenden Hände auf die Stirn legt, ertastet er den gewohnten kalten Schweiß, und die Wangen sind nass von den vertrauten, ungewollten Tränen. Stöhnend schließt er die Lider, während er wie ein Karpfen nach Luft schnappt.

›Oh, scheiße Norton. Du bist im Arsch!‹

Im Arsch – das beschreibt die Gesamtlage hervorragend.

Es gibt Leute, die träumen von Geld, andere von Macht. Andrew besitzt Geld und Macht, sein größter Wunsch ist es, eine einzige Nacht durchschlafen zu können.

Nur eine Einzige!

Schnauze, Idiot!

Ah, der DS ist eingetroffen. Wie nett.

Reiß dich zusammen, Norton, du abgefuckter Idiot!

›Jawohl, Sir!‹

Atemtechnik!

Gehorsam versucht er, tief und gleichmäßig zu atmen, zwingt den Sauerstoff in seine Lungen, hält ihn, zählt bis fünf und stößt die Rückstände behutsam wieder aus. Es dauert eine Weile, bevor es funktioniert. Doch irgendwann ist er in der Lage, die Hände von den Augen zu nehmen. Eher desinteressiert sieht er zu seinem Wecker.

3:24 am

Als Johnson das Gerät auf seine Anweisung hin kaufte, stellte Andrew die korrekte Weckzeit ein. Nur für alle Fälle. Bisher ist er jedoch noch nie in die Verlegenheit gekommen, das Signal zu hören. Übrigens auch nicht von dessen Vorgängern. Er kommt ihnen immer zuvor.

Phänomenal, Norton, du Idiot! Genau drei Stunden und siebenundzwanzig Minuten geschlafen. Mehr als jede Hure, du Glückspilz!

Er nickt. Das ist nicht sein schlechtester Schnitt. Und die relativ kurze Nachtruhe birgt in sich durchaus Vorteile: Während seine ehrenwerten Versager von Vorstandsmitgliedern in ihren Betten liegen, ist er längst hellwach und an der Arbeit. Ganze Firmenübernahmen tätigte Andrew schon des Nachts. Die globalen Zeitzonen machen es möglich. Ja, er muss nicht Einstein sein, um zu wissen, dass seine nächtliche, eher unfreiwillige Freizeit bedeutenden Anteil an seinem Erfolg trägt.

Und um ehrlich zu sein, ist er überhaupt nicht sicher, ob dieser längst verstorbene Nobelpreisträger tatsächlich der Bessere von ihnen beiden gewesen ist.

3

»Haben Sie für den heutigen Tag bereits Pläne, Sir?«

Während Andrew über diesen äußerst interessanten und völlig irrelevanten Satz nachdenkt, mustert er seinen Chauffeur ausdruckslos. Selbstverständlich hat er Pläne, sein Tag besteht daraus – nun, der größte Teil der Nacht auch. Bei den meisten wird Johnson allerdings weniger von Nutzen sein. »Weshalb fragen Sie?«, erkundigt er sich verhalten und mit scheinbar nicht vorhandenem Wissensdurst.

Der Wagen – einschließlich Fahrer – hat ihm rund um die Uhr zur Verfügung zu stehen, ohne dass ihm dämliche Fragen gestellt werden.

Johnson bleibt wie üblich gänzlich unbeeindruckt. Gelassen betrachtet er seinen Chef. »Ich will die Limousine in die Waschanlage ...«

»Das dauert doch keine Ewigkeiten!«

»Nein, Sir.« Immer noch unbeteiligt. Kein Hass oder katzbuckeln. Dieser Typ muss irgendein Absorptionsrezept besitzen, zu diesem Schluss kam Andrew schon vor Jahren. Denn an seinem Chauffeur prallt alles ab. Ein winziger Teil von ihm mag den Mann tatsächlich für diese Fähigkeit.

Kaum hat er den Aufzug betreten, beschleunigt sich sein Herzschlag. Angekommen in der fünfunddreißigsten Etage, dröhnt es mittlerweile beständig.

Vor der Tür seines Vorzimmers realisiert Andrew in letzter Sekunde, dass sein Mund leicht geöffnet ist. Er hält inne, die Hand bereits auf dem Knauf und schließt die Augen.

Es ist ein Mädchen! Nur ein kleines Mädchen wie du, Schneewittchen! Disziplin, Norton, oder willst du, dass ich deinem jungfräulichen Hintern eine Lektion erteile?

»Jawohl, Sir!« Dafür kassiert der Konzernchef von seinem DS eine drohende Faust. Doch darauf kann er sich momentan nicht konzentrieren, er holt nämlich soeben tief Luft ...

... und öffnet dann die Tür.

4

Als Erstes wird er mit Gails erhobenen Augenbrauen konfrontiert.

Es gibt genau eine Person auf dieser Welt, von der Andrew Norton sich eine derartige Geste bieten lässt. Und die nutzt dieses Privileg gerade schamlos aus. Sein Problem ist demnach weniger die Grimasse seiner Assistentin, als vielmehr der Grund dafür. Im Normalfall genügt diese ärgerliche Mimik, um ihm seine Verfehlung ins Gedächtnis zu rufen. Heute ist er sich jedoch nicht der geringsten Schuld bewusst.

Das überdenkt er für einen flüchtigen – sehr kurzen – Moment, bevor er seine Aufmerksamkeit der eindeutig denkwürdigeren Attraktion an diesem Dienstagmorgen zuwendet.

Da ist sie!

Was er von ihrer Kleidung ausmacht, wirkt zunächst einmal vielversprechend: Ein schwarzes, eng anliegendes Top mit breitem Ausschnitt, darüber eine figurbetonte blaue Kostümjacke. Ob dazu ein Rock oder eine Hose gehört, kann Andrew aus seiner derzeitigen Perspektive nicht feststellen. Denn sie sitzt hinter dem zweiten vorhandenen Schreibtisch. Und ihm geht endlich auf (unter dem grimmigen Gebrüll des DS), dass er soeben Gefahr läuft, das Gesicht zu verlieren.

Bisher war Andrew völlig nonchalant. Seit genau sechs Herzschlägen befindet er sich im Raum, kein Zögern verriet seine innere Aufgewühltheit. Doch jetzt droht er, die Kontrolle einzubüßen. Eilig tritt er an ihren Tisch. »Miss Kent.«

»Guten Morgen, Sir.« Es kommt fest, wenngleich sie schon wieder sehr blass ist. Den Händedruck erwidert sie allerdings erst, nachdem sie für mindestens zehn Sekunden seine Hand angestarrt hat. Und sie löst ihn, kaum dass der Kontakt hergestellt wurde.

Er beschließt, dies fürs Erste zu ignorieren. »Ich hoffe, Sie hatten bereits Gelegenheit, sich einen Überblick über Ihr zukünftiges Aufgabengebiet zu verschaffen?«

»Ja, Sir.« Dass sie ihn dabei wie üblich nicht ansieht, ärgert ihn derart, dass die nächste Bemerkung ausnehmend knappgehalten ist. »In fünf Minuten in meinem Büro!«

Das »Ja, Sir«, erfolgt fast nicht wahrnehmbar. Er will ihr Kinn heben, sie zwingen, ihn anzuschauen, beherrscht sich aber im letzten Moment. Dem grollenden DS sei Dank. »Wie bitte?«

Unvermittelt richten sich ihre Augen auf ihn. »Ja, Sir!«

Da ist er wieder, der hasserfüllte Blick! Andrew nickt genau einmal und das schwerlich sichtbar, die Miene ist eisig. »Fünf Minuten.«

Auf dem Weg in sein Arbeitszimmer ignoriert er Gail. Die gibt inzwischen nicht nur ihre grausamen Augenbrauen zum Besten, jetzt steht ihr auch noch der Mund offen.

Andrew hat nicht den geringsten Schimmer, was in diese Frau gefahren ist.

5

Das Chefzimmer umfasst dreißig Quadratmeter und ist beinahe gänzlich in Weiß gehalten. Einzig der blaue Teppich hebt sich von dem lichten Flair ab. Hierbei handelt es sich übrigens nicht um die normale, industrielle hoch belastbare Variante, sondern um flauschiges, hochfloriges Material.

Der riesige, dunkle Schreibtisch dominiert den Raum, an der rechten Seite residiert eine helle Ledercouch mit kleinem Glastisch und zwei passenden Sesseln. Etliche Grünpflanzen komplettieren die Einrichtung. Andrew mag es anspruchslos, jeglicher überflüssige Schnickschnack widert ihn an, genau wie Zeitverschwendung. Ausschlaggebend sind Funktionalität und Effizienz. Hübsche junge Mädchen hin oder her. Noch bevor er sitzt, hält er bereits das Telefon in der Hand. »Hat Smith sich gemeldet?«

»Nein, Sir.«

Mit starrer Miene betrachtet er die Oberfläche seines Tischs. Die Arbeitsfläche ist klar und übersichtlich geordnet:

Neben Flachbildschirm, Tastatur und Maus befindet sich hier nur eine gläserne Schale, in der wohl üblicherweise Stifte gelagert werden. Sie ist jedoch immer leer. Unordnung, gar Chaos duldet er nämlich auch nicht. Ein Memo im DIN–A4 Format wäre ihm daher mit Sicherheit nicht entgangen.

»Dann kontaktieren Sie ihn. Ich will ihn in ...« Andrews Zögern währt eine Sekunde, »... sechzig Minuten sprechen.«

Während er telefoniert, schaltet er seinen Computer ein. Sobald das Gespräch beendet ist, begibt er sich an die Arbeit und ist kurz darauf in Statistiken, Quartalsberichten und Analysen vertieft.

6

Nach einer Weile sieht er zufällig auf die Uhr, und im nächsten Augenblick hält er das Telefon wieder am Ohr. »Miss Kent!«

Seine Assistentin seufzt. *»Sie kommt sofort, Sir!«*

Dieser Morgen offenbart sich ihm mit jeder Menge Überraschungen. Zum einen hat er bereits mehr gesagt, als unter Umständen in einer ganzen Woche und zum anderen musste er doch gerade tatsächlich von Gail ein *Arschloch–Sir!*, entgegennehmen. Das verspricht, interessant zu werden. Er lehnt sich zurück, bringt die Fingerspitzen beider Hände in der Mitte zusammen und beobachtet die Tür.

Es vergeht eine Minute ...

Keine Miss *riesige Augen, in denen man sich verlieren kann,* Kent erscheint.

Noch einmal sechzig Sekunden folgen.

Bislang tauchte Miss *ich weiß, dass Sie in Wahrheit ein Idiot sind,* Kent, nicht auf.

Offenbar widersetzt sie sich wahrhaftig seinen Anweisungen! Nun, das ist garantiert eine unerwartete Entwicklung. Andrew macht soeben Anstalten, in den Apparat zu knurren, als es endlich klopft. »Ja ...« Das klingt bemerkenswert gedämpft.

Nach einer weiteren Ewigkeit steht sie im Raum.

Blasses Gesicht, endloses, wallendes, dunkles Haar – mühsam im Nacken gebändigt – gesenkter Blick. Schwarzes Top mit breitem Ausschnitt, die schmalen Schlüsselbeine liegen offen, darüber ein hübsches blaues figurbetontes Jackett, ein eng geschnittener, knielanger Rock und ...

Nichts.

Fassungslos starrt er ihre nackten Füße an und erholt sich nach beachtlichen fünf Sekunden vom größten Schock. »Gail!« Zum ersten Mal seit ... nun, eigentlich jeher, erhebt sich innerhalb dieser Wände seine Stimme.

»Ja, Sir?« Wieder das *Arschloch–Sir!*

Er ist nicht sicher, was ihn an dieser unvorstellbaren Situation mehr aus der Bahn wirft: Die bloßen – *äußerst langen und wohlgeformten* – Beine des Mädchens, Gails Ton oder die Augenbrauen seiner Sekretärin, die jetzt fast den Haaransatz berühren.

»Was ist das?« Anklagend zeigt er auf die bedeutend jüngere weibliche Person im Raum, deren Gesicht mittlerweile sogar ziemlich bleich wirkt.

Mit verschränkten Armen und weit nach hinten gelehnt, mustert Gail die Frau neben sich. »Hmmm ... Adrette junge Dame, sehr ansprechendes Äußeres, ausnehmend intelligent?«

»Danke! Was noch?«

Fragend neigt seine bald pensionierte Assistentin den Kopf. »Sir?«

Anstatt zu antworten, lehnt Andrew sich abrupt zurück und betrachtet für einen langen Moment die beiden Verschwörerinnen. Okay ...

»Miss Kent, setzen Sie sich!« Damit deutet er zum Stuhl vor seinem Tisch, und sie gehorcht, ohne den Blick zu heben.

»Welche Schuhgröße tragen Sie?«

»4,5«, nuschelt sie.

»Wie bitte?«

Unvermittelt starrt sie ihn an. »Ich. Trage. Die. Schuhgröße. 4,5, Sir!«

»Gail, besorgen Sie ein Paar Schuhe für die adrette junge Dame«, weist Andrew an, wobei er das fragliche Subjekt nicht aus den Augen lässt. Kaum ist seine Sekretärin verschwunden, knurrt er, diesmal sogar erstaunlich leise und bedrohlich. »Erklärung!«

Das Mädchen wird noch etwas blasser – und das stellt tatsächlich ein Phänomen dar – schaut zu Boden und sagt ... nichts.

Nichts!

»Miss Kent, eine Erklärung!«

Schweigen.

Langsam schließt Andrew die Lider.

Atmen, Norton, du beschissener Idiot!

Er holt tief Luft – hält sie für fünf Sekunden – und stößt sie behutsam wieder aus. Und nebenbei wundert er sich ein wenig, nie zuvor war er nämlich gezwungen, außerhalb seines Schlafzimmers auf jene Technik zurückzugreifen.

Dieses Wesen hat die Wirkung eines seit vierundzwanzig Jahren wiederkehrenden Albtraums auf ihn!

Als er sicher sein kann, nicht auf der Stelle zuzuschnappen, versucht er es erneut, die Augen bleiben sicherheitshalber geschlossen. »Miss Kent, das ist Ihre letzte Chance. Das wäre dann Ihre Dritte und damit genau zwei mehr, als jedem Schwachkopf in diesem Unternehmen jemals zugestanden wurden. Ich verlange eine Begründung, weshalb Sie sich anmaßen, in einem derartigen Aufzug in meinem Büro zu erscheinen!«

Endlich scheint ihr der Ernst der Lage aufzugehen, denn sie antwortet doch tatsächlich, wenngleich ziemlich gedämpft. »Ich habe keine passenden Schuhe zu der neuen Kleidung. Daher musste ich mich hier umziehen. Aber ich konnte meine Stiefel nicht dazu tragen ... Sir.«

Erschöpft massiert er seine Schläfen und nickt. »Jetzt kommen wir der Sache schon näher. Und wieso wählten Sie nicht eines der anderen Ensembles, die ich Ihnen zukommen ließ?«

»Weil ich auch zu denen keine passenden Schuhe besitze ... Sir.« Diesmal kein *Arschloch–Sir.*

Plötzlich kursiert eine verachtenswerte Zahl in Andrews Kopf. Verachtenswert, aufgrund des Vorzeichens ...

– 1,45.

$ minus 1,45!

›Norton, du bist so ein riesiger Idiot!‹

Verwirrt sieht er das Mädchen an. »Warum haben Sie nichts gesagt?«

»Was hätte ich denn sagen sollen, Sir?«

Ja, Norton, du Trottel. Was hätte sie denn sagen sollen? He?

Mit mäßigem Interesse erwidert sie seinen Blick, es fehlt nur noch das beiläufige Trommeln ihrer Finger auf dem Tisch. *Und? Antwort! Norton!*

Ein Klopfen an der Tür unterbricht die unerträglich peinliche Situation und lässt ihn aufsehen. »Ja?«

Kurz darauf steht ein Mann im Raum.

Smith!

Den hat Andrew vergessen! Verdammt! Neben all dem Gebrüll, Atemtechnikübungen außerhalb seines Schlafzimmers und sonstigen Phänomenen, die ihm heute bereits widerfahren sind, vergisst er seit Neuestem auch verboten viel.

Erneut betrachtet er Miss *ich erwarte eine Antwort!* Kent. Unmöglich kann sie sich ohne Schuhe diesem intriganten Versager präsentieren.

Seiner Miene ist allerdings nichts von alledem zu entnehmen, als er das übliche knappe Nicken bemüht. »Smith?«

Neugierig schaut er zu dem Mädchen ... und strandet dort, die Augen werden groß, Andrews zeitgleich riesig. Seine visuelle Botschaft ist unzweideutig: Wage es, sie anzusprechen, und ich schlage dich windelweich. Wage es, sie anzu*rühren,* und du bist tot, Ratte!

Dem flohverseuchten Nager entgeht die akute Gefahr. »Ich nahm an, wir hätten einen Termin, Sir.« Beiläufig nähert er sich, wobei er ausschließlich Miss *unschuldig und schuhlos,* Kent anstarrt.

Nachdem er warnend zu dem vor Schreck leichenblassen Geschöpf gesehen hat, tritt Andrew eilig um seinen Schreibtisch, stellt sich genau zwischen Stuhl und Tisch und verdeckt damit die Sicht auf das Desaster darunter. Auf Miss Kent übrigens auch.

Prompt reckt Smith den Hals – in seinem Gesicht liefern sich Aufregung und Enttäuschung einen erbitterten Kampf. »Das Memo sollte mir bereits um acht vorliegen«, bemerkt Andrew eisig.

»Das Memo ... ja« Der Kretin hat sich in beachtlicher Geschwindigkeit gefangen. »Es liegt derzeit bei meiner Assistentin und soll Ihnen in der kommenden halben Stunde zugestellt werden.« Zentimeter für Zentimeter verlagert er beim Sprechen das Gewicht, um ein weiteres Mal einen Blick auf das Mädchen zu erhaschen.

Andrew folgt seiner Bewegung in synchron gespiegelter Abfolge. Schließlich schielt der Bastard in einem Akt der Verzweiflung an seinem Chef vorbei – und ist erfolgreich. Der Umfang der Augen vergrößert sich erneut und er fährt sich zu allem Überfluss mit der Zunge über die Unterlippe. Das lässt bei dem Vorstandschef der ehrenwerten Holding das nächste Phänomen des Tages eintreten:

Mordlust.

»In fünf Minuten auf meinem Schreibtisch «, wispert er.

Flüchtig verharrt Smith, dann nickt er und verlässt eilig das Zimmer. Nicht jedoch, ohne die Kleine noch einmal mit eindeutiger Absicht gemustert zu haben.

7

Stille beherrscht den Raum mit der flauschigen blauen Auslegeware.

Es hat den Eindruck, als würde keiner der beiden atmen. Andrew hat die Lider geschlossen, das Haupt gesenkt und übt sich angestrengt im Massieren seiner Schläfen.

Erst nach einer geraumen Weile mustert er die scheinbar erstarrte Miss Kent aus dem Augenwinkel. »Sie gehen hinaus und warten bis Gail mit Ihren Schuhen eingetroffen ist!«

Kaum ist das letzte Wort gesprochen, schießt die junge Frau auch schon aus dem Stuhl empor, stürzt in atemberaubender Geschwindigkeit an ihm vorbei in Richtung Tür und ... schlägt der Länge nach hin. Deutlich vernimmt Andrew das satte Krachen, als ihre Stirn frontal und mit Wucht gegen die Kante der nur angelehnten Tür prallt.

»Verdammt!« Einen Herzschlag später ist er bei ihr, wobei er die plötzlich in sich aufkeimende Übelkeit strikt ignoriert. Sie liegt reglos am Boden, und für einen Sekundenbruchteil glaubt er tatsächlich, sie sei ohnmächtig. Doch als er den schmalen Körper behutsam auf den Rücken dreht und in ihr leichenblasses Gesicht sieht, wirft sie stöhnend die Finger vor die Augen. »Oh, Mist!«

»Könnte man so sagen ...« Vorsichtig nimmt er ihre Arme herunter und beäugt argwöhnisch die Schwellung, die sich in rasantem Tempo entwickelt. »Das dürfte blau werden.«

Jetzt erst geht ihm auf, dass sie zwischenzeitlich erstarrt ist. Das Blut hat vollständig ihren Kopf verlassen, die Lippen besitzen keine Tönung mehr und anscheinend hat sie die Atmung eingestellt.

»Josephine?« Sie schluckt, atmet aber immer noch nicht; entsetzt fixiert sie ihn. »Josephine?« Besorgt beugt er sich über sie. »Fehlt Ihnen etwas?«

»Loslassen. Bitte!« Beträchtliche Panik schwingt in diesen Worten mit.

Andrew braucht einen Augenblick, bevor er versteht und sie aus seinem Griff entlässt. Kaum ist das getan, holt sie bebend Luft und ein wenig Farbe flutet ihren Teint. Die Hände jedoch sind abwehrend erhoben, und sie fixiert ihren Chef, als sei der ein höchst gefährliches Raubtier. Unvermittelt und mit Sicherheit ungewollt weicht er rückwärts. Sobald ihr genügend Bewegungsfreiheit eingeräumt ist, wirft sie sich herum, springt auf und will völlig planlos aus dem Raum fliehen. Der Unfall scheint vergessen, was sich als ziemlicher Fehler erweist, denn nach nur zwei Schritten geben ihre Beine nach.

Diesmal gelingt es ihm, rechtzeitig einzugreifen, um einen erneuten Anschlag auf die tatsächlich edle Tür zu verhindern. Und dann hält er sie endlich in seinen Armen, schließt für einen winzigen Moment die Lider und genießt das überwältigende Gefühl, ihr so nah zu sein, wobei er fasziniert den blumigen, so frischen Duft einatmet. Dann erst betrachtet er sie und sieht, dass sie abermals von Leichenblässe gezeichnet ist. Er erkennt das Entsetzen und den Schrecken und weiß zum ersten Mal seit ... zwanzig Jahren nicht, wie er sich verhalten soll. Ein Teil von ihm will sie küssen, an nichts mehr denken, sie fester an sich ziehen und nie wieder loslassen.

Er begehrt dieses Mädchen, wie er niemals zuvor etwas begehrt hat, und würde sofort jede Aussicht auf eine einzige friedliche Nacht mit sechs Stunden erholsamen Schlaf gegen einen Kuss tauschen.

Norton, hier Houston! Alles in Ordnung oder haben wir ein Problem?

Nein, *nichts* ist in Ordnung! Nie war das weniger der Fall! Faktisch ist Mr. Andrew Norton außer Kontrolle, und das in seinem Kopf vorherrschende Chaos bereitet ihm bodenlose Angst.

Doch da gibt es noch den anderen Teil in ihm, der will sie behutsam zur Couch tragen, sie zärtlich streicheln und fragen, warum sie solche Furcht vor ihm verspürt. Nichts liegt ihm ferner, als ihr wehzutun. Er möchte erfahren, weshalb sie so entsetzt und panisch wirkt, will diesen grausamen Ausdruck aus ihrem Blick verschwinden lassen. Andrew ahnt, dass ein Mann die Verantwortung dafür trägt, dass sie derzeit in seinen Armen liegt und sich verzweifelt bemüht, Luft in ihre Lungen zu bekommen, was ihr jedoch nicht gelingt, weil der Schock ihre Atemwege blockiert.

Als er das erfasst hat, weiß er auch endlich, was zu tun ist. Panikanfälle, die einem der simpelsten Überlebensreflexe berauben, sind ihm nicht gänzlich unbekannt.

»Josephine!« Sein fester, autoritärer Ton bleibt nicht ohne Wirkung. Instinktiv sieht sie ihn an. »Hörst du mich?«

Ihr Nicken erzählt von grenzenloser Verzweiflung.

»Atme ein. Jetzt!«

Sie versucht es, und es gelingt ihr tatsächlich, etwas Sauerstoff in sich aufzunehmen. Aufmunternd nickt er. »Halte die Luft an, und zähle bis fünf. Jetzt!«

Als sie gehorcht, lächelt Andrew. »Sehr gut. Und ausatmen. Jetzt!«

Das läuft weniger gut. Heftig schüttelt sie den Kopf, ihr Mund ist fest zusammengepresst.

»Oh verdammt!« Kurz entschlossen trägt er den schmalen Körper zur Couch. Ihre Lippen sind inzwischen blau und der entsetzte Blick lässt ihn nicht mehr los.

In diese ausweglose Situation platzt das nächste Klopfen. Bevor Andrew reagieren kann, steht dieser Idiot Smith wieder im Raum. »Mr. Norton, ich ...« Er hält inne, als er die Szene erfasst: die Kleine auf dem Sofa, während der Konzernchef sich über sie beugt.

»Raus!« Es kommt so leise und drohend, dass die Atmosphäre unterschwellig zu vibrieren scheint.

»Aber Mr. Norton, Sie ...« Das klingt nicht danach, als würde den Mann die Tatsache berühren, dass er seinen Boss offenbar gerade in flagranti mit der Assistentin erwischt hat. Was für ein Bastard!

Zum zweiten Mal erhebt Andrew an diesem Tag – und gleichzeitig seit mehr als zwanzig Jahren – seine Stimme. »Raus!«

»Jawohl, Sir ...« Das breite Grinsen ist nicht zu übersehen, selbst wenn Andrew gewollt hätte. Angespannt wartet er, bis der Kretin die Tür geschlossen hat, dann erst wagt er, sie anzusehen. Nicht ohne Angst – doch dafür ist jetzt keine Zeit. Langsam färbt sich nämlich auch ihr Gesicht blau. Ein Anblick, der ihm den Rest gibt. In kopfloser, grenzenloser Panik schüttelt er die fragile Gestalt. »Josephine! Atmen!«

Längst kämpft er nicht mehr nur gegen ihren Tod, sondern auch gegen seine unaussprechliche Furcht und das, was diese in ihm auslöst. Er will fliehen, sich an einem dunklen, sicheren Ort verkriechen und warten, bis alles gut wird. Denn eines steht fest: Ist er verantwortlich, wird es schiefgehen! Wie immer! Und als Nächstes wird die Welt untergehen und er ...

Norton, du verweichlichter Idiot! Pump deine Eier auf und reiß dich zusammen!

Er kann nicht. Nein!

Benutze einmal in deinem verschissenen Leben deinen Verstand!

Verzweifelt blickt Andrew auf, direkt in ihre vom Todeskampf gezeichneten Augen. Der Blick wird glasig, die Hautfarbe ist inzwischen komplett bläulich. Sie braucht Sauerstoff! Doch wie soll er nur dafür sorgen, dass sie den bekommt?

Norton! Idiot! Aufwachen!

Und endlich macht es *Klick*.

Andrew bleibt keine Zeit, erleichtert aufzuatmen. Er winkelt ihren Kopf an, zwingt mit Daumen und Zeigefinger den Mund auf, holt tief Luft und bläst sie hinein.

Was für eine Ironie!

Seitdem er sie zum ersten Mal sah, will er diese Lippen berühren, mit Sicherheit jedoch nicht in dem verzweifelten Versuch, Sauerstoff in ihre Lungen zu pumpen, um sie am Sterben zu hindern. Prüfend sieht er auf. Besser – aber noch nicht gut. Und schon wiederholt er die Prozedur ... blickt auf ... holt Luft ... pumpt sie erneut in ihren Mund ... und noch einmal ...

... noch einmal ...

... noch einmal ...

Unzählige Male absolviert er diesen Vorgang, bis ihre Haut langsam den bläulichen Ton verliert.

»Josephine! Atme!« Der zierliche Kopf wird heftig hin und her geschleudert, als er sie abermals schüttelt, doch er bemerkt es kaum.

Und dann – endlich – schnappt sie schaudernd und mit einem kräftigen Keuchen nach Luft.

8

Wieder ist er vor ihr zurückgewichen, denn Andrew ahnt, dass ihre Atemverweigerung etwas mit seiner direkten Nähe zu tun hat.

Hastig richtet sie sich auf. »Sorry!«

»Wie lange geht das schon so?« Nach wie vor ist er aufgewühlt, das Zurückliegende war nicht leicht – für ihn. Für Miss Kent scheint es ja nicht sonderlich bemerkenswert. Dafür, dass sie soeben beinahe gestorben wäre, wirkt sie nämlich äußerst gefasst. Selbstverständlich hält sie es auch nicht für erforderlich, ihrem Chef zu antworten – aber das kennt er ja bereits.

Angestrengt versucht er, sich zu beruhigen und begreift dabei so langsam, dass die Situation sich für ihn geändert hat. Ein denkbar ungünstiger Zeitpunkt – ja – allerdings kann er nicht verhindern, dass ihn die neueste, wundersame Erleuchtung gerade jetzt trifft, während er dabei zusieht, wie allmählich die Farbe in ihr Gesicht zurückkehrt.

Er will dieses Mädchen für sich. Keine Angelegenheit wie mit Lara oder einer der übrigen Frauen.

Anders.

Neu!

Vielleicht könnten sie die Wochenenden miteinander verbringen, eine Reise unternehmen.

All die Dinge tun, die er noch nie mit einer weiblichen Person verbunden hat und die bisher nie in seinem Leben Platz hatten. Eventuell wird sie dann und wann sogar in seinem Haus übernachten. In einem der Gästezimmer, zweifelsohne – unvorstellbar, sie bei sich im Bett zu haben, damit sie von seinem allnächtlichen Gebrüll geweckt wird. Sein Schlafzimmer gehört nur Andrew. So war es immer.

Nun ja. Fast.

Unter Umständen wird es ein wenig länger funktionieren als die üblichen drei Monate. Ein halbes, möglicherweise ein ganzes Jahr? Dass er ihrer irgendwann überdrüssig wird, steht fest. So war es bei allen früheren Damen auch. Nun ja, diesem absonderlichen Gedanken wird er sich später widmen, zumal er momentan ohnehin nicht weiß, wie das möglich sein soll. Erst einmal gilt es, ihr Vertrauen zu gewinnen, Zeit mit ihr zu verbringen, ihr zu vermitteln, dass er nicht der Unhold ist und für den sie ihn offensichtlich hält. Zumindest nicht von jener Sorte, denen sie wohl in der Vergangenheit begegnete.

Doch eines kann und sollte er nicht mehr leugnen: Er will genau sie – Josephine Kent.

Die macht übrigens keine Anstalten, ihn anzusehen. Beharrlich starrt sie auf ihre Finger, die sich mal wieder im Schoß verkrampft haben. Andrew muss unbedingt etwas sagen, nur leider fällt ihm partout nicht ein, *was!* Und so nimmt er schließlich behutsam ihre linke Hand, achtet allerdings darauf, nur deren Innenseite zu berühren. Das jedenfalls hat sie vorher schon geduldet. Sie fährt zusammen, atmet aber weiter und Andrews erneut aufgekeimtes, panisches Herzklopfen legt sich ein wenig. Sein Räuspern klingt noch immer bemerkenswert rau.

»Josephine?«

Als sie endlich zu ihm aufschaut, hört er wie Gail das Vorzimmer betritt. Verdammt! Eilig steht er auf, obwohl er nicht die geringste Ahnung hat, warum! Als sie im Raum erscheint und er ihre erhobenen Augenbrauen wahrnimmt, weiß er es. Das steigert seine Stimmung auch nicht sonderlich. Auffordernd hält er seiner Assistentin die Hand entgegen.

»Die Schuhe!«

»Wie bitte?«

Seine Miene ist eisig – ebenso wie der Ton. »Die Schuhe, Gail!«

Ärgerliche zwanzig Sekunden vergehen, bevor sie ihm die Tüte reicht. »Bitte, Sir. Ich hoffe, sie passen.«

Das übliche knappe Nicken erfolgt von Andrews Seite. »Sie können dann gehen.«

Frecherweise wird diese Anweisung zunächst ignoriert. Immer wieder sieht sie zum blassen Mädchen auf der Couch und erst, als er drohend die Augen aufreißt, macht sie langsam kehrt und verlässt das Büro. Jedoch nicht, ohne ihn zuvor noch einmal äußerst streng gemustert zu haben.

Das darf nicht wahr sein! Leider muss die Ahndung dieser bodenlosen Frechheit warten, vorerst hat er sich der verschreckten Miss Kent zu widmen und vor allem deren Schuhen. Es handelt sich um irgendwelche blauen Dinger – Pumps nennt man die, glaubt Andrew zumindest zu wissen.

Nach wie vor hat sie nicht aufgesehen, und einen Moment lang steht er ziemlich ratlos vor ihr.

»Josephine?«

Sie wirkt wie versteinert, daher geht er nach flüchtigem Zögern in die Knie und versucht selbst sein Glück. Eine ungeahnte Herausforderung, wie sich kurz darauf erweist, ihr Fuß scheint nämlich nicht die richtige Form für den Schuh zu besitzen. Was hat Gail denn für einen Dreck gekauft, das ist doch definitiv die verkehrte Größe! Andrew droht soeben, auf gesamter Linie zu versagen – was ihn einigermaßen verunsichert. So etwas geschieht ihm nie! Aber dann vernimmt er ein seltsames, unbekanntes Geräusch. Nicht, dass es unangenehm wäre, ganz im Gegenteil: Es klingt sogar in höchstem Maße reizend.

Versuchsweise blickt er auf und siehe da! Mit vorgehaltener Hand kichert sie.

Das Mädchen lacht ihn tatsächlich aus!

Dafür, dass seine Assistentin an ihrem ersten Arbeitstag auf seiner Couch sitzt und sich über ihn lustig macht, bleibt er bemerkenswert gelassen. Verlegen grinst er. »Was habe ich übersehen?«

»Es ist der falsche Fuß!«

Stirnrunzelnd betrachtet er den Schuh und seufzt. Ja, Norton, du Idiot! »Darf ich allein?«, wispert es direkt über ihm und er sieht wieder auf.

Ihr Blick ist flehend und Andrew von einer Sekunde zur anderen zu keiner sinnvollen Antwort mehr fähig. Genau genommen handelt es sich überhaupt nicht um Augen, sondern Waffen! Riesige, grüne, glänzende, so arglos wirkende Mordwerkzeuge!

Beim nächsten Herzschlag steht er, irgendein verborgener Instinkt hat sich plötzlich in ihm gemeldet. Eine Warnung. Dies ist nicht ... *normal!* Sie bringt Seiten in ihm zum Vorschein, die ihm bislang völlig unbekannt waren. Er vernachlässigt seine Arbeit, seine Aufgaben und Verpflichtungen; in ihrer Nähe vergisst er seine Stellung, was er, *wer* er ist.

Oberste Regel: Lass unter keinen Umständen zu, dass dein Leben durcheinandergebracht wird! Dulde kein Chaos!

Doch diese Miss *ich wirke so unschuldig, aber in Wahrheit bin ich gefährlicher als Nitroglyzerin,* Kent ist soeben im Begriff, Andrew in ein *bodenloses* Chaos zu stürzen.

Distanz!

Unwillkürlich weicht er noch einmal rückwärts. Schon besser, als habe diese unvorstellbare Anziehungskraft ein wenig nachgelassen und es gelingt ihm, einige Male tief Luft zu holen, bevor er wieder spricht. »Miss Kent?« Über ihre unbefangene Miene kann er sich derzeit nicht freuen. »Fühlen Sie sich wieder gut?«

»Ja, Sir.«

»Möchten Sie einen Arzt aufsuchen?«

»Nein, Sir.«

»Dann empfehle ich Ihnen, sich an Ihre Arbeit zu begeben.«

Josephine nickt sichtlich verwirrt. »Ja, Sir.«

Als sie aufsteht, distanziert er sich um einen weiteren Schritt, hält sich von allem, was ihm gefährlich werden könnte, tunlichst fern. Sie wirkt wie eine Sirene, die ihn selbst jetzt mit ihrer gesamten Erscheinung zu rufen scheint: das endlose, unendlich dichte Nixenhaar, die Augen, die ihn zwar momentan nicht betrachten, von deren Existenz er leider dennoch weiß. Dann diese langen Beine und das darüber: Der Rock ist exakt auf Figur geschnitten, und verdammt, die Frau hat Figur!

Andrew gestattet sich keinen erneuten Blick zu ihr, sondern begibt sich hinter seinen Schreibtisch, denn hier ist sein Platz!

Genau das! Goldig, dass dir das endlich aufgeht! Sieh zu, dass du sie entfernst! Betonschuhe, Müllsack, Sudantrip – egal! Nur raus hier, du Pussy!

»Sir?«

Bevor er es verhindern kann, hat er aufgesehen, und der DS lässt ein lautes Knurren verlauten. »Ja?«

»Wegen der Kleidung und dieser Schuhe ...« Sie senkt die Lider. »Ich erstatte Ihnen den Betrag, sobald ich meinen ersten Scheck ...«

Ist das ihre verdrehte Vorstellung von Humor? »Raus!«

Ihr Kinn fliegt in die Höhe, und obwohl die Wangen augenblicklich jede Farbe verlieren, scheint sie fest entschlossen. »Nein, Sir! Ich möchte das jetzt bitte klären!« Und dann geschieht das, was das Fass zum Überlaufen bringt: Das Mädchen schließt die bereits geöffnete Tür und nähert sich seinem Tisch. Hat er sie nicht soeben unmissverständlich aus dem Büro gewiesen?

»Raus!« Das kommt sehr leise.

Miss Kent bleibt, wo sie ist. »Sir, ich muss wirklich darauf bestehen ...« Sie wird immer blasser, die Lippen beben, ihre gesamte Erscheinung offenbart pures Entsetzen, doch sie weicht keinen Zentimeter zurück.

Langsam erhebt er sich, der starre Blick verlässt sie nicht. »Hinaus!«

»Sir, aber ich möchte das klären ...«

Andrew tritt um den Tisch.

»... ich kann das unmöglich ...«

Als er drohend auf sie zugeht, setzt sie sich rückwärts in Bewegung. Die kleinen Hände sind erhoben und zeigen offen in seine Richtung ...

»... annehmen ...« Ihre Augen weiten sich vor Schreck ... »... das ist nicht meine Art ...« Mit nach vorn geneigtem Kopf treibt er sie zur Tür. »... Ich muss darauf bestehen, dass ...«

Das Holz stoppt schließlich ihren Rückzug.

»... ich ... die ... entstandenen ... Kosten ... zurückzahlen ... darf ...« Die letzten Worte kommen als kaum vernehmliches Hauchen.

Als ihre Handflächen seine Brust und ihre Nasenspitzen sich beinahe treffen, schluckt sie hörbar. Mit starrem Blick mustert er das Häufchen Elend, das sich für derart stark hält. Gott, er ist so zornig und sie so unvorstellbar süß ...

Inzwischen strahlen ihre Wangen gleißende Hitze ab, und er spürt ihre Berührung durch das leichte Material seines Hemdes. Ein Faktor mehr, als er verkraften kann. »Verdammt!«, hört er sich murmeln. Ihre Lippenpaare sind so nah, dass nur Millimeter zur Vereinigung fehlen. »Wenn du nicht augenblicklich den Raum verlässt, vergesse ich mich«, haucht er. »Hast du eine ungefähre Vorstellung, was passiert, sollte das eintreffen?«

Sie schluckt erneut, wagt nicht zu atmen, aber das ignoriert Andrew, der ausschließlich den verlockenden Mund fixiert.

Dann wendet sie sich blitzschnell um und beginnt, panisch am Türknauf zu zerren. Er tritt zurück, um ihr die Flucht zu ermöglichen, und als sie die Tür hinter sich geschlossen hat, betrachtet er für einen langen, verwirrten Moment das Holz.

Schließlich wirft er seinen Kopf in den Nacken und lacht leise. Übrigens auch etwas, was in diesen Räumlichkeiten und darüber hinaus in allen anderen, in denen er sich innerhalb der vergangenen knapp fünfundzwanzig Jahre aufhielt, so noch nie vorgefallen ist.

Okay, Miss *ich habe keine Ahnung, mit wem ich mich gerade angelegt habe,* Kent.

Die Runde geht an ihn.

Wieder an seinem Schreibtisch versucht Andrew, sich auf seine Arbeit zu konzentrieren. Allerdings will ihm das nicht so recht gelingen, denn die Statistiken und Diagramme erscheinen ihm mit einem Mal so ... *sinnlos*.

Norton, du Made! Reiß dich zusammen und komm zu dir!

Er bemüht sich, ertappt sich jedoch nach zehn Minuten verblüfft dabei, wie er gedankenverloren aus dem Fenster blickt.

Wenn du weiterhin wie Schneewittchen die Vögelchen auf den Bäumchen anglotzt, wirst du das Flittchen entlassen müssen!, knurrt es in seinem Kopf und lässt ihn sichtlich zusammenfahren. Eilig wendet er sich seinem Computer zu, das Gesicht ist die übliche beherrschte Maske, doch in seinem Innern toben die Selbstvorwürfe.

Verdammt noch mal! Er darf sich nicht gehen lassen, schließlich ist er hier der einzige Mensch mit einem funktionstüchtigen Gehirn. Versagt er, ist es vorbei.

Aber ein Fortlassen steht nicht auf der Agenda, er *kann* sie nicht aus seinem Leben verbannen. Alles, nur nicht das! Nach flüchtiger Überlegung greift Andrew zum Telefon.

»Ordern Sie Smith zu mir! In fünf Minuten!«

Als Nächstes beauftragt er Finch fernmündlich, die Nachforschungen über die Kleine zu erweitern. Und sobald er das Gespräch beendet hat, klopft es abermals. Dieser Tag geht darüber hinaus mit Sicherheit als derjenige in die Annalen ein, an dem mit Abstand am häufigsten an seiner Tür um Einlass gebeten wurde.

»Ja.«

Es ist der miese Versager – natürlich. Diesmal ist Andrew dessen mutmaßliches Erscheinen nicht mehr völlig entfallen. Langsam kommt er wohl zu sich.

»Setzen!« Er weist zum Stuhl vor seinem Schreibtisch.

Als die Ratte Platz genommen hat, mustert der junge Konzernchef sein Gegenüber. Es handelt sich um einen jener Männer, die ihn durch ihr bloßes Erscheinungsbild abstoßen. Kurzes Haar, eng stehende Augen, eine große Nase, schmaler Oberlippenbart über kaum sichtbaren Lippen, schwaches, abfallendes Kinn und maßgeschneiderter Anzug. Seine Frau ist in seinem Alter – Anfang fünfzig – die Sprösslinge längst erwachsen, doch Smith war nie ein Kind von Traurigkeit und macht aus seinen Affären kein Geheimnis. Andrew kamen in der Vergangenheit etliche Beschwerden von Assistentinnen und Schreibkräften über seine vorwitzigen Finger zu Ohren. Offenbar ist der Kerl unter seinem Geschlecht einer der Jäger und Sammler. Und wenn dessen Chef nicht alles täuscht, dann hat der Typ soeben ein neues Objekt der Begierde ausgemacht, das er sich gern in seinen Trophäenschrank stellen würde.

»Ich habe heute Morgen Ihr Memo auf meinem Schreibtisch vermisst«, beginnt der Vorstandsvorsitzende kalt.

Überrascht reißt Smith die Lider auf. »Ich wies Caren ausdrücklich an ...«

»Irrelevant! Mich beschleicht der unerfreuliche Eindruck, Ihr Wort wäre neuerdings nicht vertrauenswürdig.«

Smiths Lächeln wird sanft und geduldig. »Ich denke, Sie überschätzen die gesamte Angelegenheit ein wenig. Diese Expertise ist keineswegs von hoher Brisanz, es handelt sich lediglich um die Kalkulation einiger Einsparpotenziale ...«

»Irrelevant!«, wiederholt Andrew verhalten und fügt kaum vernehmlich ein »Das Gespräch ist beendet.« hinzu.

Als Smith aufsteht, ist der Hass in seinem Gesicht sprichwörtlich.

Gut.

»Wollen Sie noch etwas anmerken?«, erkundigt Andrew sich und ignoriert das entnervte Aufstöhnen des DS.

»Selbstverständlich nicht, Mr. Norton«, grinst der Versager und schickt sich an, das Büro zu verlassen.

»Das Memo!«

Unter Andrews drohendem Blick landet auch das endlich auf dessen Schreibtisch – ausnehmend langsam übrigens, dann neigt die Ratte lächelnd den Kopf, macht kehrt und stolziert aus dem Zimmer.

Eine Zeit lang fixiert Andrew die Tür, die sich gerade hinter seinem größten Widersacher innerhalb der Holding geschlossen hat.

Er war schon besser.

Für einen Außenstehenden mag die kurze Auseinandersetzung klar zu seinen Gunsten entschieden worden sein. Doch Smith erhielt bedeutend mehr Freiraum für seine Frechheiten, als jemals zuvor ein Mensch in diesen Räumen. Und damit sind alle knapp 3000 gemeint. Das sieht Andrew überhaupt nicht ähnlich. Der DS ist auch nicht begeistert.

Habe ich dir schon mal gesagt, dass du ein verdammter Idiot bist, Norton? Mit deinen Gedanken steht es wie mit deinem verdammten Blut: Sie sind überall, nur nicht dort, wo sie hingehören! Ich warne dich, du verträumte Arschgeburt!

Blödsinn!, widerspricht er ärgerlich. Aber als Gail den Anruf seines Vaters ankündigt, ist Andrew nicht verblüfft, wie es eigentlich der Fall sein müsste, sondern bemerkenswert froh. Das Ergebnis einer Fehde mit dem DS steht nämlich nicht zur Debatte – der haushohe Sieg ist dem sicher.

Er ordert einen Kaffee – sein Hauptnahrungsmittel – und nimmt dann das Gespräch entgegen.

Übrigens ist das gleichfalls ein Phänomen: Andrews Dad, Stephen Norton, ruft seinen Sohn äußerst selten an. Im Allgemeinen sehen sie sich nur ein, maximal zweimal jährlich.

»Dad, wie geht es dir?«

»Sehr gut! Ich will mich nach dem Ausgang deines Treffens mit Mr. Saunders erkundigen.«

Mit zur Seite geneigtem Kopf beobachtet Andrew, wie sich die Tür öffnet.

»Wie ich bereits vermutet hatte, war es nicht halb so brisant, wie er dir Glauben machen wollte ...« Das ‚Dad' verschluckt er in letzter Sekunde, denn eine schmale Gestalt schiebt sich soeben in den Raum. In den winzigen Händen jongliert sie eine Tasse und sieht dabei aus, als rechne sie jeden Moment mit einer Explosion.

Wetten, dass sie es versaut und stolpert?, denkt er plötzlich.

Ich halte dagegen!

›Gut! Wie wäre es mit einem Deal?‹

Das Porzellan klirrt verdächtig, als sie hinter sich die Tür schließt ...

Lass hören, Norton, du Idiot!

Betont langsam tastet sich das Mädchen zu Andrews Tisch vor. Der Blick ist natürlich wie immer gesenkt. Diesmal fixiert sie die

Nitroglyzerin-Tasse. Noch fünf Meter bis zum Touchdown ...
›Fällt sie, spreche ich sie nicht an.‹
Hmmm. Und wenn sie enttäuscht?
– Vier Meter –
›Dann überrede ich sie, mit mir zum Lunch zu essen ...‹
– dreieinhalb Meter. –
Du bist ein verdammter Scheißoptimist, Norton, du Idiot.
– Drei Meter. –
Aber ich habe eine Schwäche für Scheißoptimisten.
– Zweieinhalb Meter –
Bin dabei. Norton, du Idiot.
– Zwei Meter –
›Okay ...‹
Heimlich kreuzt Andrew die Finger ...
»... wie wäre es, wenn du uns am Wochenende endlich einmal besuchst ...«
– Anderthalb Meter –
»... *Julia würde sich so freuen, dich zu sehen* ...«
– Ein Meter –
»... *Andrew* ...?«
– Ein halber Meter –
»... *Andrew!*«
– Touchdown! –

Tja, das macht dann wohl einmal Lunch mit Mr. Norton. Sofern es ihm gelingt, sie zu überreden – was bereits feststeht, schließlich gelingt ihm alles. Als die Tasse unversehrt vor ihm steht, bedeutet er seiner neuen Assistentin mit einem Nicken, sich zu setzen. Sie unternimmt natürlich keine Anstalten, zu gehorchen. Warum auch?

»... *Andrew, bist du noch da?*«

Unvermutet geht ein Ruck durch seinen Körper. »Ja. Bitte entschuldige ... ja, Wochenende ist vielleicht eine gute Idee ...«

Norton, du Riesenidiot!

Energischer deutet der unter Ignoranz aller übrigen störenden Einflüsse zum Stuhl, die Augen weiten sich drohend.

»*Das ist dein Ernst? Eventuell bin ich sogar in der Stadt! Ich soll dich von Sarah grüßen* ...«

Miss *ich bin so verdammt süß,* Kent seufzt resigniert und nimmt endlich Platz.

»Danke.« Als Andrew sie anlächelt, ziehen sich auch ihre Lippen zaghaft nach oben.

›Yeah!‹

Du bist ein verschissener Hornochse! Sie macht nur ihren Job, und du strahlst sie an, als wäre sie ein verdammtes Glücksbärchi!

›Und wenn schon.‹

»... deine Schwestern werden am Wochenende auf jeden Fall ...«

»Hmmm ...Vielleicht werde ich dann tatsächlich bei euch vorbeischauen ...«

WAS? Oh Scheiße! Er ist echt irre geworden!

»...Oh, Andrew, das wird eine Freude! Es tut mir leid, ich muss ...«

Dieser Mund! Er kann diesen außergewöhnlichen Geschmack nicht vergessen. »... Hmmm ...« Und sie sieht Andrew nicht an. »... Natürlich ...«

»Andrew, mit wem redest du denn? Ich sagte bye!«

Ruckartig richtet der sich abermals auf. »Ja, bye!«

Fantastisch, du Idiot! Jetzt glaubt Stephen auch endlich, dass du dem Wahnsinn verfallen bist! Du hast keine Zeit, du musst arbeiten! Lass mich nachsehen ... Nein, keine Weihnachten, deine Julia hat nicht Geburtstag, es steht auch keine Hirnamputation an ... und niemand von der Brut ist endlich abgekratzt ... was zur Hölle willst du bei ihnen?

›Wovon sprichst du?‹

Stöhnend rauft der DS sich das Haar, wenngleich nicht mehr viel zum Raufen vorhanden ist. *Ich geb's auf. Du bist und bleibst ein Arschloch, Norton!*

Das ist wirklich nichts Neues, und es gibt wichtigere Dinge, auf die der sich derzeit konzentrieren muss. Denn ihr Blick ist längst wieder auf den Tisch gerichtet, die Hände versteckt sie unter dem massiven Holz.

Höchstwahrscheinlich werden sie dort unaufhörlich ineinander geknetet.

Andrew räuspert sich. »Miss Kent ... Ich denke, wir sollten die Gelegenheit nutzen, um uns miteinander bekannt zu machen.«

Verwirrt hebt sie den Kopf – für eine ganze Sekunde –, dann betrachtet sie abermals die Maserung der Tischplatte. Was fasziniert sie bloß derart? Existiert irgendein geheimes Muster? Verborgene Informationen, die nur sie entschlüsseln kann? Nachrichten von Aliens, wie diese seltsamen Kornkreise?

Norton!

»Miss Kent!« Diesmal hat Andrew die Stimme erhoben. Treffer! Erneut blickt sie auf. Bleich – selbstverständlich. »Sie sollten mich ansehen, wenn ich mit Ihnen spreche. Das gebietet allein die Höflichkeit!«

Schon ist sie noch blasser. »Es tut mir leid.«

Er nickt. »Kein Problem! Überprüfen Sie nur Ihr Verhalten!«

»Jawohl, Sir.«

Seufzend lehnt Andrew sich zu ihr vor. »Das ist eine Bitte. Ich befürchte, unsere Zusammenarbeit dürfte sich etwas schwierig gestalten, wenn Sie sich standhaft weigern, mich anzusehen.«

»Das lag nicht in meiner Absicht, Sir.« Nach wie vor kreidebleich und neuerdings auch noch verschreckt. Perfekt! »Ich wollte nur nicht ...« Sie holt tief Luft. »Sie müssen denken, ich sei verrückt oder so was. Es ist eigentlich nicht meine Art, ständig hinzufallen ...«

»Nein?«

Prompt kehrt der Trotz zurück. »Nein! Und ich muss nochmals darauf bestehen, die Kos...«

Seine Augen werden groß. »Kein weiteres Wort!«

»Aber Sir ...«

Andrew lehnt sich noch etwas weiter vor, den wütenden Aufschrei des DS ignoriert er dabei geflissentlich. »Ich warne Sie!«, knurrt er leise. »Ein weiteres Wort und Sie sind fristlos entlassen!«

»Das ist Erpressung!« Kaum gesagt scheint ihr aufzugehen, dass sie zu laut geworden ist. Denn sie schluckt hörbar, atmet einmal tief durch – um sich zu beruhigen, vermutet Andrew – und sieht ihn an. »Warum müssen Sie mich unbedingt demütigen?«

Abrupt lehnt er sich zurück und betrachtet sie ungläubig. »Ich habe nicht die geringste Absicht, etwas in dieser Art zu erreichen.«

»Aber das tun Sie!«, widerspricht sie heftig. »Die ganze Zeit!«

Der DS hat sich zwischenzeitlich erholt.

Ha! Norton, du Glückspilz! Ich hätte es ja nicht für möglich gehalten, aber die ist genauso dämlich wie du! Das kann unmöglich ein Zufall sein! Ihr beide seid füreinander geschaffen! Jetzt glaube ich es auch! Jimmy, wo ist der verdammte Gaul, auf dem unser Sonny in den Sonnenuntergang reiten darf?

Ohne Schwierigkeiten ignoriert Andrew die Stimme, die in seinem Kopf wohnt, denn plötzlich ist er zornig. So ausufernd, dass er den Ausbruch kaum verhindern kann. Und die Wunder hören hier noch lange nicht auf ...

»Sollte ich Ihnen zu nahe getreten sein, bitte ich, das zu entschuldigen«, beginnt er leicht gepresst. »Ich sah mich gezwungen einzugreifen, weil ich glaubte, Sie stünden kurz vor dem Erstickungstod. Der ganze Wirbel, die Cops, die Fragen, die schlechte Publicity. Ich muss an meinen Ruf denken. Das Ableben meiner Assistentin in meiner Gegenwart wäre nicht sehr schmeichelhaft für mich. Wenn ich Ihre Pläne damit unterwandert habe, bitte ich Sie auch dafür vielmals um Vergebung!«

Sofort hebt sich das winzige Kinn mitsamt Kopf, und ihre Miene wird kühl. »Hätten Sie mich in Ruhe gelassen, wäre das überhaupt nicht passiert!«

»*Was?*«, ruft er aus – das nächste Phänomen. »Wie darf ich denn das verstehen?«

»Sie dürfen mir nicht so nahekommen«, verkündet sie mit bemerkenswerter Verdrossenheit. »Ich mag das nun einmal nicht!«

»Das ist mir nicht entgangen«, versichert Andrew frostig.

»Dann vermeiden Sie so etwas in Zukunft!«, empfiehlt sie freundlich.

Reiße dich zusammen, du riesiges Rindvieh! BSE? Verdammte Scheiße!

Andrew versucht es – wirklich! Aber seine Zähne sind fest zusammengepresst, ebenso verhält es sich mit den Fäusten. Tatsächlich fällt es ihm äußerst schwer, überhaupt einen Ton von sich zu geben, wenngleich seine Bemühungen am Ende von Erfolg gekrönt sind.

»Wenn eine weibliche Person in meiner Nähe zu stürzen droht, schreite ich helfend ein«, stößt er hervor. »Ich habe nicht vor, diesen Reflex zu unterbinden, nur weil Sie nicht in der Lage sind, eine normale, menschliche Geste zu verkraften. Laufen Sie achtsamer, dann dürfte diese Art von Zwischenfällen unterbleiben!«

Sie ist wieder bleich geworden, doch Andrew läuft sich gerade erst warm. »Ich hatte auf keinen Fall das Bestreben, Ihnen zu nahe zu treten«, knurrt er. »Aber ich beabsichtige auch in Zukunft, Ihnen das zu Leben retten, wenn es empfehlenswert erscheint! Bei Ihrer Kleidung handelt es sich um Dinge, die Sie zur Ausübung Ihrer Tätigkeit benötigen. Ich werde keineswegs dulden, dass meine Assistentin die Besucher dieser Holding *in Lumpen empfängt!*«

Diesmal fährt sie sichtlich zusammen.

Ja, zeig ihr, wer der Boss ist!

Damit erwischt der DS den ‚Boss' in genau der richtigen Stimmung. »Und jetzt holen Sie Ihre Jacke!«, kommandiert er. »In einer Minute sind Sie zurück! Beeilung!«

Sie schießt aus ihrem Stuhl empor und stolpert zur Tür. Andrews Mitleid hält sich in Grenzen. Der konzentriert sich derweil auf die Uhr, greift dabei zu seinem Jackett, kündigt Johnson per Handy sein baldiges Eintreffen an und sieht sie vierzig Sekunden später wieder in den Raum hasten.

Ohne Jacke. Es herrschen angenehme siebenundzwanzig Grad, daher ist ihr Kältetod wohl eher ausgeschlossen.

»Darf ich fragen, wohin wir gehen?« Das kommt leicht hysterisch.

Mit zur Seite geneigtem Kopf betrachtet er die kleine und tatsächlich sehr attraktive Frau.

Gesicht, Lippen – *Norton, du Idiot!* – Kostümjacke, Rock, Schuhe und zurück: Schuhe, Rock, Kostümjacke, Top ... Hals ... Top ... Kinn ... Top, *Norton, du Idiot!* Winziges Kinn, süße Lippen ... Lippen ... so *süße* Lippen, *Norton, du notgeiler Sack, es reicht!*, Wangen, inzwischen ziemlich rot, Aug... – Stirn.

»Nein«, sagte er schließlich. »Sie dürfen nicht!« Und damit tritt er ins Vorzimmer. »Folgen!«

10

Er rauscht an Gail vorbei – deren Augenbrauen rangieren in der Region des Haaransatzes – lässt ihr dabei ein »Termin von Hargreve verschieben!«, zukommen und reißt die Tür auf.

Der flehende Blick, den die aufsässige Miss Kent der ältlichen Assistentin hinter seinem Rücken zuwirft, entgeht ihm keineswegs.

Im nächsten Moment befindet sich Andrews Nasenspitze geschätzte 0,2 Millimeter von ihrer entfernt. Sie lehnt sich tatsächlich vor Schreck zurück.

»Raus!«, wispert er.

Der DS klatscht sich vor Begeisterung auf die Schenkel. *Dass ich das noch erleben darf!*

›Du hast ja keine Ahnung!‹

Sie stolpert an der Schwelle und kann sich jedoch gerade so fangen. Andrew ignoriert auch das. »Aufzüge!«, knurrt er, sobald sie sich im Flur befinden.

Wenn er auf das Versiegen seines Zornes gewartet hat, wird er enttäuscht. Im Gegenteil, der steigert sich mit jeder Sekunde. Beim Betreten des Fahrstuhles straft er wie üblich die bereits versammelten Menschen und deren neugierige Blicke mit Nichtachtung. Ihm ist scheißegal, was sie denken!

Neuerdings geht dir ziemlich viel am Arsch vorbei, richtig?

›Yeah, Sir!‹

Während der Fahrt starrt Josephine ausdruckslos vor sich hin, selbst ihre Lippen sind wieder weiß. Wahrscheinlich glaubt sie, ihr Chef bringt sie soeben zu ihrer Hinrichtung. Soll sie nur, er wird sie mit Sicherheit keines Besseren belehren.

Der DS jault vor Freude. *Für einen winzigen Moment dachte ich, es wäre mit dir vorbei, aber anscheinend warst du nur im Urlaub! Im Unautorisierten, wie ich nicht vergessen habe.*

›Ganz genau, und ich bin grandios erholt zurück, mein Freund.‹

In der Tiefgarage hemmen sie die bekannten Laufschwierigkeiten, denn sie tippelt betont vorsichtig den glatten Betonboden entlang. Ungerührt marschiert Andrew vor ihr zum Wagen, achtet jedoch tunlichst darauf, ihr nicht die geringste

Fluchtmöglichkeit zu lassen. Nicht, dass ein derartiges Manöver in diesen Schuhen sehr Erfolg versprechend sein würde ...

Doch dann kommt der kritische Moment, in dem hinter ihm das ungleichmäßige *Klack!, Klack!* ihrer Absätze verstummt, stattdessen ein *Ratsch!* ertönt und er zunächst einen dumpfen Aufprall und wenig später einen leisen Schrei vernimmt. Gegen seine Überzeugung fährt er herum und stöhnt. Wie nicht anders zu erwarten, ist sie gestürzt. Selbstverständlich. Ohne darüber nachzudenken, eilt er zu ihr, um ihr beim Aufstehen behilflich zu sein, aber der DS greift in letzter Sekunde ein.

Sie will nicht angetatscht werden, schon wieder vergessen? Die Wünsche einer Dame sollten immer respektiert werden!

Oh, das ist ihm doch tatsächlich für einen winzigen Augenblick entfallen. Also verschränkt Andrew die Arme und sieht lächelnd zu ihr herab. »Haben Sie Probleme, Miss Kent?« Ihr Blick hätte einen Toten noch einmal umbringen können. Das schallende Gelächter des DS ertönt in seinem Kopf.

Irre! Das ist so irre! Ich hab mich ewig nicht so gut amüsiert. Nachdenklich runzelt er die Stirn. *Das wird immer besser: Ich glaube glatt, so gut hab ich mich noch NIE amüsiert!*

›Ich auch nicht‹, grinst Andrew, obwohl ihm das verräterische Glitzern ihrer Augen leider nicht entgeht und wider Willen durchaus zusetzt. Kaum steht sie leidlich, setzt er seinen Weg fort. Dabei lauscht er dem *Klack, Klack, Klack – Stolper – Klack, Klack, Klack – Stolper –* hinter sich.

Ein weiterer Unfall bleibt aus, ohne Zwischenfälle erreichen sie kurz darauf Johnson. Andrew nennt ihm das Fahrtziel und mustert schließlich seine schreckensbleiche Begleitung. »Einsteigen!«

»Nein!« Ihr Kinn befindet sich wieder dort, wo sich in besseren Zeiten die Nase aufhält.

Demnach weigert sich Miss Kent, mit ihrem Chef in einem Auto zu fahren?

Klar! Weil du ein fremder Mann bist, und die kann sie nicht ausstehen!

Fremder Mann? Das mag zutreffen, doch darüber hinaus ist Andrew derzeit ihr Boss. Und wenn auch nur im übertragenen Sinne, gehört sie momentan ihm. Er hat nicht die Absicht, diese Gelegenheit ungenutzt verstreichen zu lassen.

»Ich gehe davon aus, dass Sie gestern Ihren Arbeitsvertrag unterzeichnet haben, Miss Kent?«, erkundigt er sich in der üblichen monotonen Stimmlage.

Das verwirrt sie sichtlich »Ja, Sir ...«

»Und selbstverständlich haben Sie zuvor gelesen, was sie im Begriff zu unterzeichnen waren?«

»Ja, Sir.«

Andrews Lächeln gestaltet sich ausnehmend sanft. »Dann dürfte Ihnen der Passus 15a nicht entgangen sein, welcher besagt, dass Sie mich während Ihrer Arbeitszeit und nach vorheriger Absprache auch darüber hinaus zu Geschäftsgesprächen, Meetings, Bildungsreisen und geschäftlichen Events zu begleiten haben, sofern ich einen derartigen Bedarf anmelde.« Sein Blick wird drohend. »Einsteigen!«

Natürlich reagiert Miss Kent nicht – etwas anderes würde Andrew auch verwundern. Mit geneigtem Kopf geht er auf sie zu, die Augen gefährlich geweitet. Sie hält sich sehr lange, erst, als die beiden nur noch zwanzig Zentimeter trennen, wirbelt sie herum und steigt ein.

Er lehnt sich hinab und sieht zu ihr in den Wagen. »Durchrutschen!«

Sie gehorcht mit furchtsamer Miene und Andrew lässt sich seufzend neben sie auf die Rückbank gleiten. Als er aufsieht, hat sie sich in die hinterste Ecke verkrochen, wobei sie keineswegs wie ein Mensch wirkt, schon gar nicht wie eine Frau, sondern eher wie ein in die Enge getriebenes, zu Tode erschrecktes Tier.

Die Wut kehrt zuverlässig zurück, denn er ist davon überzeugt, nichts getan zu haben, was ihn als Vergewaltiger oder Serienmörder ausgewiesen hätte. Sie sollte sich schnellstens an seine Gesellschaft gewöhnen, jedenfalls empfiehlt er ihr das im Stillen. Dabei weiß er doch längst, dass sie sich zu ihm hingezogen fühlt. Auch wenn sie derzeit so weit wie möglich von ihm entfernt kauert und ihn mal wieder mit ihrem feindseligen Blick traktiert. Andrew geht sogar noch einen Schritt weiter und mutmaßt, dass ein Teil ihrer völlig überdrehten Reaktionen genau darauf zurückzuführen ist. Sie mag ihn – einen Fremden! Obwohl sie eigentlich gegen seinesgleichen eine tiefe Aversion hegt. Das ist ihm zwischenzeitlich gleichfalls bewusst geworden: Hierbei handelt es sich nicht um Abneigung, sondern um abgrundtiefen Hass. Sie verabscheut die Männer. Aber Andrew hasst sie nicht ...

Der DS hat ihm entgeistert gelauscht, und es dauert einen Moment, bevor er zum Sprechen in der Lage ist. *Du bist ja ein verdammter Philosoph!*, haucht er schließlich. *Und in all den Jahren ist mir das entgangen!*

Perfekt! Er liebt es, von seinem DS auf den Arm genommen zu werden.

Die Trennwand ist geschlossen, womit sie in dem kleinen Raum allein sind. Auch das dürfte einen Teil ihrer Panik ausmachen. Aber wenigstens droht sie nicht zu ersticken, und irgendwann wispert es neben ihm tatsächlich: »Würden Sie mir bitte sagen, wohin wir fahren ... Sir?«

Andrew stöhnt.

Nein! Wage ja nicht, auf diese abgefuckte Nummer hereinzufallen! Das ist miese Show! Was meinst du, wie schnell die rennen würde, wenn sie sich mit ihrem zugedröhnten Hirn zusammenreimen könnte, wie sie die verdammte Tür aufbekommt!

Ja, manipulieren konnte der DS seit jeher auch sehr gut. Und wie so häufig ist sein Rekrut dankbar für dessen Einmischung. »Nein, das kann ich nicht.«

Ihr Atem beschleunigt sich, und als er schlagartig aussetzt, wendet er sich ihr abrupt zu. »Miss Kent!«

Erschrocken zuckt sie zusammen und holt tief Luft.

Ha! Das wird er sich merken: Unvermittelt anfahren, dann atmet sie vor lauter Schreck. Für eine Weile lauscht er ihren unregelmäßigen Atemzügen und entscheidet schließlich, dass es sicher ist, sie anzusehen. Nach wie vor besitzt ihr Gesicht die Farbe frisch gehauenen Kalks, die Lippen sind kaum zu erkennen und die Augen groß. Perfekt!

»Ich denke, es ist an der Zeit, einige grundlegende Dinge zu klären«, beginnt er kalt und erntet wie üblich nicht die winzigste Reaktion.

Die derzeit spannendste Frage lautet, wie lange sie dieses: '*Ich sehe dich nicht, also bist du in Wahrheit auch nicht anwesend*', durchhalten wird.

»Ich habe eine attraktive Assistentin eingestellt, die für mein Vorzimmer ein Gewinn ist, und kein verschrecktes Lamm! So, wie Sie wirken, erwecken Sie eher den Eindruck, als wären sie unlängst einem Anschlag auf Ihr Leben entgangen. Nicht einmal mit äußerst blumiger Fantasie könnte man auf die Idee kommen, dass Sie Freude an Ihrer Tätigkeit hätten!«

Wieder macht sie nicht die geringsten Anstalten, etwas zu erwidern, doch ihr Kinn hebt sich unmerklich.

Yeah! Zwing sie, Idiot!

»Für Ihre qualifizierte Arbeit allein würde ich Ihnen nicht dieses exorbitante Gehalt zahlen. Ihr Anblick soll mir und meinen Geschäftspartnern den Tag versüßen, und Ihr momentanes Verhalten lässt den Zucker ziemlich bitter schmecken!« Diesmal fährt sie zusammen und auf ihren Wangen erscheinen hektische rote Flecke. »Also nehmen Sie verdammt noch mal Ihre Hände auseinander und setzen Sie sich normal hin! In Ihrer Nähe wird mir ständig suggeriert, ein Triebtäter zu sein und das *irritiert* mich!«

Und tatsächlich richtet sie sich ein wenig auf, die Finger jedoch bleiben, wo sie sind: verkrampft in ihrem Schoß. Großzügig sieht er darüber hinweg, wenngleich der DS missbilligend knurrt.

»Ich will mich in Ihrer Gesellschaft wohlfühlen, unter anderem gehört es auch zu Ihren Aufgaben, mich zu motivieren. Haben Sie das so weit verstanden?« Stoisch ignoriert er das Gelächter seines DS und hat nur Augen für Miss *bleich und dennoch sexy* Kent.

Die räusperte sich heiser, senkt den Kopf, was im Grunde das nächste Vergehen darstellt und haucht schließlich »Ja, Sir.«

Was für ein seltsames Wesen! Keine ihrer Reaktionen ist kalkulierbar. In der einen Sekunde scheint sie kampfbereit wie eine Amazone und in der folgenden wirkt sie beinahe devot.

Sie ist mit Abstand die attraktivste Person, der Andrew jemals begegnet ist, und setzt alles daran, dies zu vertuschen. Nicht das geringste Make-up findet sich auf ihrem Porzellanteint, nicht einmal Mascara oder etwas Lippenstift. Sie hat es nicht nötig, er ist trotzdem davon überzeugt, dass sie darauf verzichtet, um nicht aufzufallen. Aussichtslos, Baby, denkt er, du bist und bleibst atemberaubend. Egal, wie angestrengt du versuchst, das zu verbergen. Ich weiß, es ist grausam sich der Wahrheit zu stellen, aber du wirst sie eines Tages akzeptieren müssen. Besser du tust das früher als später, denn ich könnte mir vorstellen, dass du sonst irgendwann unweigerlich in akute Schwierigkeiten gerätst.

Bescheiße dich nicht selbst! Das ist sie doch bereits!

Dem kann Andrew nicht zustimmen, zumindest nicht vollständig. Er ist an ihr interessiert – okay, das ist milde ausgedrückt und trifft dennoch den Kern. Allerdings hat er nicht die Absicht, sie in sein Bett zu zerren und am nächsten Morgen mit einem Fußtritt vor die Tür zu befördern.

Nicht mehr.

Entnervt schließt er die Augen, aber das zunehmende Gelächter des DS konnte er mit dieser Geste leider noch nie ausschließen.

Mühsam konzentriert er sich auf seine eigenen Gedanken, die sich ausnahmslos um sie drehen. Jeder will sie, weshalb er auf die Kleine aufpassen müssen wird. Johnsons Blick ist Andrew ebenso wenig entgangen, wie der aller anderen Männer, denen sie auf dem Weg zum Wagen begegneten.

Klar! Ich lach mich kaputt! Du markierst dein Revier, du Hornochse und du bist jämmerlich genug, dir irgendeinen schwulen Scheiß einzureden. Komm zurück in die Gegenwart und verlasse das Wunderland, Alice! Es reicht! Das Letzte klingt ziemlich drohend und Andrew schlägt unwirsch die Lider auf.

Fein, auch das ist ein Grund, Smith hat er nämlich nicht vergessen und dessen Taktiken sind ihm bestens bekannt. Also bleibt es doch beim Aufpassen.

Erst jetzt geht ihm auf, dass er sich inmitten einer Unterhaltung befindet, in der sich der zweite Part verdammt undeutlich ausdrückt. »Wie bitte?«, erkundigt er sich verhalten, wenngleich ihre Erwiderung bereits gefühlte Ewigkeiten zurückliegt.

»Ja, Sir.«

»Miss Kent, ist es zu viel verlangt, mich anzusehen, sobald Sie mit mir sprechen?«

Prompt hebt sich der Kopf und er wird mit brennenden, hasserfüllten, grünen Augen konfrontiert.

Perfekt!

Schnauze! Was hattest du bei deinem Higgins–Vortrag erwartet? 'Türlich flennt sie! Alles läuft nach Plan!

Der DS hat wie immer recht. Er will Andrew – Brute – Norton sein, demnach muss er wohl damit leben, dass sie nicht jauchzend neben ihm sitzt. Sonst kümmert es ihn ja auch nicht.

Guter Gedanke, Alice!

Andrew ignoriert ihn und konzentriert sich wieder auf dieses seltsame Gespräch, das im Grunde überhaupt keines ist. »Mir ist durchaus bewusst, dass Sie zumindest am Anfang noch ein wenig unerfahren sein dürften. Selten werden Chefassistentinnen direkt vom College engagiert. Es ist ein Experiment, doch ich hege nach wie vor die Hoffnung, dass Sie mich nicht enttäuschen. Kämpfe ich hierbei auf verlorenem Posten?«

»Nein.«

»Wie bitte?«

»Nein, Sir!« Kein Arschloch Sir.

Oh, offensichtlich war er erfolgreich. Obwohl Andrew nicht unbedingt weiß, womit eigentlich. Sie in ihre Schranken gewiesen zu haben? Nun ja, vermutlich wird er gleich dahinterkommen, wie überzeugend er wirklich gewesen ist. Denn in diesem Moment hält der Wagen.

Sie sind angekommen.

Alte und neue Dämonen

1

Johnson hat in einer der teuersten Einkaufsmeilen Tampas gehalten.

Alle namhaften Designerläden sind hier vertreten. Ungewöhnlich, sicher, doch genau die stellen heute Andrews Ziel dar.

»Bitte!«, sagt er, nachdem sie den Wagen verlassen haben, und steuert mit ihr das erstbeste Geschäft an, in dessen Schaufenster Damenbekleidung ausgestellt ist.

PRADA

Ein Mann in Livree öffnet ihnen die Tür, und sobald sie eingetreten sind, kommt eine junge, für Andrews – neuen – Geschmack zu grell geschminkte Blondine auf sie zugestürzt. Nach flüchtigem Blick auf das Mädchen pendelt sich ihr professionelles *Ich–arbeite–auf–Provision–und–du–mein–Junge–siehst–so–aus–als–könntest–du–meinen–nächsten–Urlaub–in–der–Karibik–finanzieren Lächeln auf Andrew ein.*

»Willkommen! Mein Name ist Claire. Womit darf ich Ihnen behilflich sein?«

Er bedenkt sie mit dem üblichen knappen Nicken. »Die junge Dame wird eingekleidet. Zehn verschiedene, alltagstaugliche Kombinationen, einschließlich passender Schuhe, Handtasche und Jacke!«

Das Strahlen wirkt langsam beängstigend. »Selbstverständlich, Sir. Setzen Sie sich! Ich werde die Modelle vorbereiten. Was darf ich Ihnen anbieten. Kaffee? Tee? Wasser? Ginger–Ale?«

Fragend sieht Andrew zu seiner fassungslosen Assistentin, die natürlich nicht antwortet. Nach kurzer Bestandsaufnahme des bleichen Gesichtes entscheidet er, dass Miss Kent definitiv etwas Flüssigkeit gegen den Schock benötigt.

»Einen Kaffee und ein Ginger–Ale für Miss Kent.«

Nachdem Claire verschwunden ist, betrachtet Andrew abermals die Kleine. Sie ist mal wieder leichenblass, mit bebenden Händen und weit aufgerissenen Augen, die stur das Schaufenster anvisieren.

Seltsames Wesen.

Er beschließt, ihr ein bisschen zu helfen. »Miss Kent?«

Langsam wendet sie sich zu ihm um, ihr Blick drückt reine Fassungslosigkeit aus.

Yeahhhhh!

Der DS ist schon mal begeistert.

»Warum tun Sie das?«, stößt sie hervor.

Andrews Stirn legt sich in Falten. »Ich kann Ihnen im Moment nicht ganz folgen. Tue ich was?«

Mit einer ausholenden Bewegung umfasst sie den Verkaufsraum und sieht ihn schließlich wieder an. »*Das!*«

»Ich erwarte von Ihnen ein makelloses Auftreten, und es ist meine Pflicht, zu gewährleisten, dass Sie in der Lage sind, meinen Forderungen zu entsprechen.« Seine Schultern heben sich um einen kaum merklichen Bruchteil.

Sie schüttelt den Kopf. »Wenn Sie andeuten, dass ich nicht über sehr viel berufliche Erfahrung verfüge, stimme ich Ihnen zu. Aber ich habe noch nie von irgendeinem Arbeitgeber gehört, der seine Angestellte in eines der teuersten Geschäfte der Stadt schleift, und ...«

»Ich habe keineswegs angedeutet, sondern festgestellt«, bemerkt Andrew knapp. »Mit *irgendeinem Arbeitgeber mögen Sie richtig liegen, nur trifft diese Bezeichnung auf mich nicht zu. Ich bin es gewohnt, für meine Mitarbeiter zu sorgen.*«

Haa! Scheiße Norton, der war gut! Der war wirklich prächtig!

Nach wie vor bewegt sich ihr Kopf mechanisch hin und her. »Nein ... Das ist total falsch! Es ist nicht ...«

»Genug!«, wispert Andrew eisig. »Setzen!«

Es ist, als hätte er nichts gesagt, denn Miss Kent spricht einfach weiter »... richtig. Sie wollen mich ... *demütigen? Wieder?« Die letzten Worte scheint sie flüchtig überdenken zu müssen, dann reißt sie entsetzt die Augen auf und zu dem bleichen Teint gesellt sich ein mattes Grau. »Nein!«, haucht sie. »Es ist etwas ganz anderes ...«*

»Setzen!« Inzwischen ist er nur noch schwerlich zu hören, was möglicherweise der Grund ist, weshalb Miss Kent ohne Unterbrechung fortfährt.

»... Sie wollen mich *kaufen! Deshalb habe ich überhaupt die Stelle bekommen. Diese Mrs. Shore kann mich nicht ausstehen. Sie hat mir kaum Fragen gestellt oder in meine Zeugnisse gesehen. Sie wollte mich nicht!«* Stöhnend schließt sie die Lider. »*Natürlich! Wie konnte ich nur so dumm sein! Sie wollte mich nicht, aber Sie ... Sie ... Sie ...«*

Das genügt. Im nächsten Moment hat Andrew sie auf einen der Stühle gedrückt und stützt sich auf dessen Lehnen. Das Gesicht nähert sich ihrem – immer noch bleichen – und er stoppt erst, als sich ihre Lippen beinahe berühren. Prompt hält die Kleine die Luft an, doch das ist ihm derzeit völlig egal.

»Scharf beobachtet«, flüstert er. »Allerdings ist mir keineswegs entgangen, dass dies nicht auf Gegenseitigkeit beruht. Damit kann ich leben. Aber merke dir eines und merke es dir gut: Du bist meine persönliche Assistentin, kein Mädchen aus der Poststelle. Wenn ich der Ansicht bin, dir ordentliche Kleidung zu kaufen, damit du mein Unternehmen in angemessener Weise repräsentierst, dann wirst du das hinnehmen! Und es interessiert mich einen Scheißdreck, ob dir das passt oder nicht! Hast. Du. Das. Verstanden?«

Sie schluckt, die Augen sind riesig – und nicht nur ihre – Andrew steht ihr diesbezüglich in nichts nach. »Wenn du gehen willst«, knurrt er weiter, »tu dir keinen Zwang an. Ich werde dich bestimmt nicht aufhalten ...«

Haaaa! Der war sogar noch besser! Scheiße ist das irre!

Sie rührt nicht den winzigsten Muskel, ihr Blick ist gesättigt von Entsetzen, auch das kann Andrew momentan nicht tangieren.

Als er fortfährt, berühren sich ihre Lippen bei jeder Silbe, die er formt. »Solltest du dich jedoch entschließen, bei mir zu bleiben, wirst du dich bemühen. Du wirst meine Anwesenheit ertragen und mich ansehen, wenn ich mit dir spreche. Sind wir uns so weit einig?«

Ihr Nicken wirkt zwar hölzern, aber es erfolgt wenigstens.

»Letzte Chance, Josephine. Sag nein, geh und du bist mich los ...«

Begeistert schlägt sich der DS mit der Hand aufs Knie. *Boaaaaaa! Das ist besser als jedes Kino! Was für eine Vorstellung!*

Sie bleibt, wo sie ist und sie atmet garantiert. Um genau zu sein, geht ihr Atem jetzt etwas hektisch, wenngleich sie ihn mal wieder mit tödlichstem Hass anfunkelt. Sieh an ...

»Dann sind wir uns einig ...« Er haucht einen sanften Kuss auf ihren Mundwinkel, richtet sich auf und mustert sie kühl. »Ich habe nicht vor, Sie zu kaufen, sondern beabsichtige lediglich, Ihnen zu vermitteln, dass Sie mich als Ihren Vorgesetzten zu respektieren haben.«

Damit wendet er sich ab und bedankt sich bei der Gehilfin, die soeben die Getränke bereitgestellt hat.

2

Für die nächsten zwei Stunden sitzt Miss Kent wie festgenagelt auf ihrem Stuhl und rührt sich kein einziges Mal. Das Ginger–Ale steht verwaist auf dem kleinen Beistelltisch. Andrew jedoch schlürft seinen Kaffee, gibt vor, sich an den Models nicht sattsehen zu können (obwohl keines auch nur annähernd mit dem Mädchen neben ihm konkurrieren kann) und nickt hin und wieder beifällig. Sobald ihm eines der Stücke besonders gut gefällt, fragt er Josephine nach ihrer Meinung. Zunächst erfolglos. Nach einem drohenden *Baby, entweder du antwortest mir jetzt oder wir veranstalten den Lippenzirkus noch einmal* Blick, lässt sie sich sogar zu einem zustimmenden, wenn auch hölzernen Nicken herab.

Als die beiden aus dem Geschäft treten, bleibt sie neben Andrew stehen und starrt ausdruckslos vor sich hin. Inzwischen ist der leicht entnervt. Es muss doch möglich sein, sie zu knacken, verdammt!

Also ich will dich ja nicht bremsen, Alice–Baby, im Moment bist du allerdings meilenweit davon entfernt. Wie wäre es mit etwas Arbeit? Zur Abwechslung? Obwohl ich deine Eroberungsfeldzüge echt genieße! Ehrlich!

So sieht der DS aber nicht aus, dennoch ignoriert Andrew entschlossen den Wink mit dem Zaunpfahl. Er hat ganz andere Probleme – seit vierundzwanzig Stunden, um genau zu sein. Denn es ist mittlerweile elf Uhr dreißig. Gestern um diese Zeit lief sie ihm in die Arme und seitdem ist seine Welt so ziemlich auf den Kopf gestellt. »Miss Kent?«

Mit sichtlicher Anstrengung schaut sie ihn an. »Ja?«

Er lächelt. »Würden Sie mir die Ehre erweisen, mit mir den Lunch einzunehmen?«

Ihre Augen werden groß – vor Entsetzen. Natürlich.

Klasse, mach sie fertig!

Das ist überhaupt nicht der Plan! Andrew will, dass sie ihn kennenlernt, und wie soll das funktionieren, wenn nicht in seiner Gesellschaft? Da sie diese nicht freiwillig sucht, muss er sie ihr eben aufzwingen.

Logisch!

Mit zur Seite geneigtem Kopf mustert er sie. »Miss Kent? Ich habe den Eindruck, Sie haben Probleme mit Ihrem Gehör.«

Das Mädchen holt tief Luft. »Nein Sir, dem geht es ausgezeichnet, vielen Dank!«

»Wollen wir dann?« Wie selbstverständlich nimmt er ihren Arm und sie verkrampft sich augenblicklich. Doch Andrew lehnt sich zu ihr hinab und wispert in das kleine, helle Ohr: »Ich beabsichtige, mit Ihnen am helllichten Tage eine belebte Einkaufspassage entlangzugehen. Es ist eine Frage der Höflichkeit, Ihren Arm zu halten, mit Sicherheit werde ich nicht unbedingt vor Ort über Sie herfallen.
Sie nehmen sich jetzt zusammen und erwecken zumindest den Anschein, als könnten Sie meine Gegenwart ertragen!« Damit verstärkt er den Druck seiner Finger, und sie lässt sich tatsächlich mitziehen – wenngleich mit sichtlichem Widerwillen und mal wieder leichenblass.

»Unweit von hier befindet sich das Restaurant, in dem ich für gewöhnlich esse«, erzählt er beiläufig. »Es sind zwar mehr als zehn Minuten Fußweg, doch ich dachte mir, an einem so herrlichen Tag können wir einmal auf den Wagen verzichten.«

Eine Erwiderung erfolgt nicht, sie weigert sich jedoch auch nicht zu gehen, eine hysterische Szene bleibt gleichfalls aus. Und sie atmet! Als er halbwegs überzeugt ist, dass sie derzeit eine Flucht nicht in Betracht zieht, lockert Andrew seinen Griff ein wenig.

Kein Wort fällt während ihres ‚Spaziergangs'. Das Wetter ist außergewöhnlich schön, und selbst Miss Kent kommt nach einer Weile nicht länger umhin, ihrer Umgebung mehr Aufmerksamkeit zu schenken, als sie tatsächlich will. Immer wieder huscht ihr Blick neugierig zu den Auslagen. Soweit er das einschätzen kann, benimmt sie sich damit zum ersten Mal auch nur annähernd wie das weibliche Wesen, das sie ja eigentlich ist. Nun, in Gedanken streicht er das eigentlich, denn sie *ist* definitiv feminin, oh ja, und wie!

An einem bestimmten Geschäft hat sie in der Tat etwas gesehen, was sie interessiert.

Nicht stehen bleiben, Norton, du Idiot! So versaust du den ganzen Effekt!

»Wollen wir das näher in Augenschein nehmen?« Ohne auf ihre Erwiderung zu warten, zieht er sie zum Schaufenster und stellt dort nicht sonderlich überrascht fest, dass es sich um ein Buchgeschäft handelt. Bisher hat er von ihr nicht den Eindruck, als sei sie materiell eingestellt. Eine neue Erfahrung: Andrew ist eher die Art von Frauen gewohnt, die sogar zwanghaft geldsüchtig sind. Kein Problem, er hat sich nie der Illusion hingegeben, eine von ihnen wäre mit ihm aufgrund seiner bestechenden Persönlichkeit zusammen gewesen.

So soll es sein.

Falls es dir entgangen ist, Alice, sie scheint auch nicht die Absicht zu haben, sich mit dir einzulassen. Außerdem wird sie ihre Liebe zu deinem Geld schon noch entdecken. Keine Bange.

›Wir werden sehen.‹

Ha! Mit Sicherheit! Warte ab!

›Exakt, abwarten.‹

Hab ich was verpasst? Seit wann gehörst du zu den Fantasten unter uns? Sie ist genau wie alle anderen! Besser, du findest dich damit ab, bevor dein zartes Herz in Mitleidenschaft gezogen wird.

Andrew zwingt sich, dem keine Beachtung zu schenken, obwohl es ihm zunehmend Schwierigkeiten bereitet.

»Wollen wir hineingehen?«

Sie schaut ihn zwar an, jedoch mit hochgradigem Argwohn. Was hat er getan, dass sie hinter jedem Satz einen versteckten Angriff wittert?

Hast du es immer noch nicht begriffen? Sie kann dich nicht ausstehen! Sie hält dich für ein perverses, notgeiles, scheißreiches Schwein, das ihr nur an die Wäsche will! Womit sie ja wohl ins Schwarze getroffen hat, wenn wir mal ehrlich sind, oder?

Wieder ignoriert Andrew den DS, doch als er abermals zu sprechen beginnt, klingt er versehentlich etwas grober als beabsichtigt. »Miss Kent! Ist es denn so kompliziert, mir zu antworten?«

Sofort erlischt das Lächeln.

Schnapp! Klappe zu und dicht. Perfekt!

Mühsam erwidert sie seinen Blick. »Nein, Sir.«

»Nein, es ist nicht zu kompliziert mir eine Antwort zu geben, oder nein, Sie möchten nicht in dieses Geschäft gehen?«

»Beides!« Damit wendet sie sich ruckartig von der Auslage ab.

»Wissen Sie«, bemerkt Andrew kühl, nachdem er sie mit festem Griff um ihren Arm am Fliehen gehindert hat. »Ich glaube Ihnen nicht. Und bei der Gelegenheit informiere ich Sie gleich darüber, dass ich auf *Aufrichtigkeit äußersten Wert lege.*«

Ohne ein weiteres Wort zerrt er sie in den Shop.

3

Es handelt sich um eines der gehobenen Buchgeschäfte, passend zur Einkaufsmeile, in der sie sich momentan befinden.

In dem ausladenden Raum sind mehrere kleine Tische mit bequemen Sesseln angeordnet. Nur zwei Leser halten sich im Moment hier auf, ein Herr mittleren Alters hastet eilig zu den Neuankömmlingen.

»Guten Tag! Wie kann ich Ihnen behilflich ...?«

»Wir möchten uns nur umsehen«, wird er verhalten und unpersönlich von dem jungen, hochgewachsenen Mann informiert. Verwirrt mustert der Verkäufer dessen Begleiterin, denn die taxiert beharrlich den mit dunklem Teppich ausgelegten Boden. Dann besinnt er sich. »Wenn Sie meine Hilfe benötigen ...«

»... informieren wir Sie«, unterbricht Andrew ihn eisig.

Nach einem letzten besorgten Blick zu Miss Auster verschwindet der aufdringliche Angestellte endlich und ihr Begleiter beugt sich zu ihr hinab. »Entweder Sie sagen mir jetzt, was Sie interessiert oder ich kaufe das gesamte Geschäft und zwinge Sie, jedes einzelne Buch zu lesen!«
Ihr Kopf fährt hoch, Verblüffung macht sich auf ihrem Gesicht breit. Und als sie zu kichern beginnt, muss auch er lächeln. »Ich glaube nicht, dass das eine große Strafe wäre«, erwidert sie grinsend, und plötzlich funkeln ihre Augen, die Wangen werden von einem sanften Rouge geflutet, die Lippen sind leicht geöffnet und sie *lächelt.*
Tatsächlich!
Reiß dich zusammen, Norton! Du starrst sie an wie ein Idiot! Ahh, ich wusste, dass ich etwas übersehen habe. Dann versuche wenigstens, deine Idiotie wie üblich zu tarnen!
Er hat recht, momentan benimmt Andrew sich reichlich atypisch. Norton – Bewahrer der drei Ks: kühl, kompromisslos, kalkulierend – lässt sich von keinem Lächeln aus dem Konzept bringen.
Richtig.
Diesmal stockt ihm jedoch der Atem, und es gibt nichts, was er zunächst dagegen tun kann. Und als er sich endlich fängt (wie gewohnt mit donnernder, drohender Unterstützung seines DS), ist es bereits zu spät: Das wundervolle Strahlen ist Geschichte und ihre Miene wachsam.
Vorbei!
Es ist ja nicht so, als hätte ich dich nicht gewarnt, Norton, du hirnverbrannter Hund!
Aber er hat nicht auf ihn gehört und nun ist ihr vorsichtiges Auftauen der nächsten Eiszeit gewichen. Eilig entscheidet Andrew zu ignorieren, dass sie ihm mal wieder die Antwort verweigert.
»Zu den englischen Klassikern?«
Scheiße, Mann! Sie hält dich für einen schwachsinnigen Sitzpisser! Darauf verwette ich meinen gepflegten Arsch! Na ja, wo sie recht hat ...

Ganz bestimmt ist Andrews Nachgiebigkeit nicht unbedingt ein Gewinn für das zukünftige Chef–Assistentinnen–Verhältnis. Aber schließlich kämpft er gleich an zwei Fronten, denn es gibt auch noch das Andrew–Josephine–Verhältnis aufzubauen, was ihm momentan erheblich wichtiger ist.

Weil sich dein Erbsenhirn wieder mal in deine Hose verzogen hat. Schlappschwanz!

Nein! Andrew will zu allererst ihr Vertrauen erringen, und er ahnt, dass dieses Ziel bedeutend schwieriger erreichbar ist, als sie in sein Bett zu bekommen. Sie kann sich seinem Einfluss nicht entziehen, daran zweifelt er für keine Sekunde. Trotz ihrer unnahbaren, abweisenden Art hat sie sich bereits zu sehr verraten.

Damit magst du richtig liegen. Aber nach spätestens fünf Minuten im holden Liebesglück wirst du das glitschige Zünglein aus ihrem Hals nehmen müssen, weil das bei der Sauerstoffspende ziemlich stören würde.
Norton – du Idiot, sieh sie dir an! Sie ist ein Wrack! Sie ist im Arsch! Stöhnend schlägt der DS sich mit der flachen Hand an die Stirn. Mann, du könntest jede haben! Was willst du gerade mit ihr?

Er weiß es nicht. Keine Frau, die Andrew kennengelernt hat, übte auch nur annähernd eine derartige Faszination auf ihn aus. Allein diese grünen Augen genügen, um ihn anhaltend zu fesseln. Sie stellt Dinge mit ihm an, die noch keiner gelungen sind, und dabei hat bisher nicht einmal ein Kuss stattgefunden.

Haaaaaaa! Du kannst nicht mehr denken, das ist es! Norton ist endgültig ins Alicelager gewechselt und erkundet versonnen das Wunderland. In Ordnung, das ist ja nichts Neues. Du bist süchtig danach, sie flachzulegen, mein Junge! Mehr nicht! Ja, Himmel! Dann fick sie gefälligst, sieh zu, dass sie nicht aus Versehen krepiert und wir haben es endlich hinter uns. Das hält ja keiner aus!

Nein.

Der Blick seines Sergeants wird drohend. *Nein? Bist du jetzt von allen guten Geistern verlassen, Norton, du beschissener Idiot? Mann, bring deinen Hormonhaushalt ins Gleichgewicht, damit dieser Horror ein Ende nimmt! Wie lange gedenkst du, deine Pflichten derart vernachlässigen zu können?*

Keine Zeit mehr für einen Blick auf die Uhr? Dann sollte der gute alte DS dir mal helfen: Es ist Dienstag, zwölf Uhr mittags und du stehst in einem Buchladen und versuchst das Flittchen davon zu überzeugen, nett zu dir zu sein! Bist du irre?
Vorsicht! Pass auf, wie du sie nennst!
Bellend lacht der DS auf. *Es sind alles Flittchen! Schon vergessen? Komm zu dir! Wirf unser Geld für das nächste Luxusappartement hinaus, stopfe ihr ein paar Scheine in den unersättlichen Rachen und vögle sie, wenn es sich nicht umgehen lässt. Aber beende diesen Scheiß!*
Unwillkürlich haben sich Andrews Fäuste geballt, die Augen sind längst geschlossen, die Kiefer fest aufeinander gepresst und ohne davon zu wissen, stößt er ein tiefes Knurren aus.
›Sie *ist nicht wie die anderen! Sie hat nichts mit ihnen gemein! Lass sie in Ruhe!*‹
Zu spät erkennt er, dass das Streitobjekt keine fünfzig Zentimeter von ihm entfernt steht und von der Existenz des höhnischen Kerls in Andrews Kopf leider nicht einmal etwas ahnt. Und als er die Lider aufreißt, wird er erwartungsgemäß mit ihrem zu Tode erschrockenen Gesicht konfrontiert.
Oh, perfekt!

4

Entsetzt und offensichtlich mal wieder zu keiner Reaktion fähig, starrt sie ihn an – und was tut Andrew?
Andrew Norton, der sich schon lange nicht mehr von irgendeiner Situation vereinnahmen ließ, geschweige denn, dass es anderen Menschen je gelungen wäre, ihn aus dem Gleichgewicht und seiner allgegenwärtigen Überlegenheit zu bringen? Er tut es ihr gleich. Zum ersten Mal seit vierundzwanzig Jahren fehlen ihm tatsächlich anhaltend die Worte. Nicht wie gestern in der Tiefgarage, diesmal geht es tiefer, ist nachhaltiger und verheerender. Der junge Mann hat nicht die geringste Ahnung, was er sagen oder tun soll, um zu verhindern, dass sie in der nächsten Sekunde fluchtartig das Geschäft und sein Leben verlässt.
Dann halt einfach deine beschissene Fresse und das Problem ist gelöst!
Genau *das veranlasst ihn dazu, doch etwas von sich zu geben.*

Das ist verdammte Insubordination!

Hmmm, ist ihm bekannt und gleichermaßen völlig egal. Behutsam löst er zunächst seine Fäuste und danach die Kiefer.

»Es tut mir leid.« Wenigstens das kommt im üblichen verhaltenen, gleichgültigen Ton.

Sie antwortet nicht, ihr Blick liegt allerdings noch immer auf ihm. Was findet er in den grünen Augen? Angst und Entsetzen – ja. Aber das ist nicht alles. Entdeckt er nicht auch Interesse, vielleicht sogar Verständnis?

Verständnis? Du hast sie angeknurrt wie ein tobsüchtiger Werwolf! Da würde nicht einmal eine Verständnis zeigen, die nicht total irre ist!

Doch Andrew beachtet ihn nicht. Plötzlich will er dieses Geschäft verlassen, in dem der Inhaber nur wenige Meter von ihnen entfernt darauf lauert, ihm irgendeinen uralten Schinken anzudrehen, um seinen Tagesumsatz zu sichern. Raus aus diesem stickigen Raum, in dem es unmöglich ist, mit Josephine zu sprechen und dahinter zu gelangen, wie viel er mit seiner unbeherrschten Reaktion wirklich zerstört hat.

Zerstört? Du kannst bei dem Flittchen nichts zerstören, es ist nämlich nichts vorhanden!

Aber genau das bezweifelt Andrew. Wäre ihre Meinung tatsächlich so negativ, würde sie spätestens jetzt flüchten. Doch das tut sie nicht.

Ja, weil ihr der Schreck die verdammten Muskeln gelähmt hat, du Psycho!

›Möglich. Es gibt jedoch eine Alternative ...‹

Und welche soll das sein, Alice, die du noch immer im Wunderlande weilst?

›Möglicherweise *will* sie nicht gehen.‹

Oh Scheiße, nun geht das wieder los!

Als Andrew sich abermals zu ihr hinab lehnt, weicht sie nicht zurück.

Schockstarre! Schon vergessen, dass sie irre ist?

»Wollen wir gehen?«

Ein simpler Satz, jedoch hat sich dessen Bedeutung für Andrew fundamental geändert. Er lässt ihr die Entscheidung, zieht zum ersten Mal in Betracht, sich ihrem Willen zu beugen.

Wenngleich er noch immer ernsthaft bezweifelt, dass er dies am Ende auch tun würde, sollte ihr Entschluss gegenteilig ausfallen. Die Frage lautet nämlich nicht länger, ob sie gemeinsam mit ihm durch diese Tür gehen wird oder nicht.

Mit einem Mal ist der Einsatz um ein Vielfaches höher. Und ein Blick in ihre Augen bestätigt, dass ihr die Brisanz der Situation nicht entgangen ist. Für einen anhaltenden Moment mustert sie ihn.

Du hast ihr eine Frage gestellt und sie spielt taube Nuss! Norton, du Idiot! Was machst du denn?

Diesmal beschränkt Andrew das Knurren auf seinen Geist.

HALT ENDLICH DEINE VERDAMMTE SCHNAUZE!

Es funktioniert! Der DS verstummt.

Als sie schließlich nickt und »Ja« sagt, weiß Andrew, dass dies ihre erste wirklich ehrliche Antwort an ihn gewesen ist. Und er realisiert darüber hinaus etwas anderes:

Sie will nicht mehr vor ihm fliehen. Zumindest im Moment.

5

Als sie vor dem Geschäft stehen, ist dieses bizarre Gefühl von Schicksal noch immer vorhanden.

»Lunch?«, erkundigt er sich verhalten.

Sie nickt und setzt sich sofort in Bewegung, ohne dass Andrew ihren Arm nehmen kann, was sich als grober Fehler erweist. Denn die glatten Gehwegplatten stellen nicht unbedingt einen Gewinn für ihren ohnehin mangelnden Gleichgewichtssinn dar. Keine zwei Schritte später verwandelt sich das Klack! Klack! wieder in ein Ratsch! Doch bevor es zum Aufprall kommt, hat er sie aufgefangen.

Scheiß drauf!

Als er sie diesmal im Arm hält, bricht schließlich die verbliebene Barriere.

Ihre Blicke versinken ineinander und plötzlich ist alles verschwunden: Die belebte Straße, auf der sich wenige Herzschläge zuvor Passanten an ihnen vorbeischoben, gleichfalls die Autos, die sich hupend und stinkend dicht an dicht drängten, sind fort.

Es gibt nur Andrew und Josephine.

Das Weitere geschieht, als sei es vorherbestimmt – vielleicht trifft das ja sogar zu. Behutsam berührt er ihre Wange, sie schließt ergeben die Augen und ihr Atem beschleunigt sich hörbar.

Nichts kann das Unheil aufhalten und die lauernden Katastrophen in letzter Sekunde abwenden, die keiner der beiden auch nur im Entferntesten erahnt. Selbst wenn sie in die Zukunft blicken könnten ...

... weder Andrew noch Josephine wären in der Lage, das Kommende zu vereiteln. Das Schicksal hat gesprochen und die Lawine ist endgültig ins Rollen geraten.

Unaufhaltsam und gnadenlos.

Er betrachtet ihren vollen, roten, so einladenden Mund und ist überzeugt zu sterben, sollte er sie nicht sofort küssen. »Josephine ...« Während er sich zu ihr hinablehnt, senkt er bereits die Lider.

Es wird ein intensiver Kuss, der verhalten beginnt und sich langsam und stetig bis zur Explosion steigert. Andrews Hirn ist wie leer gefegt, sobald er die seidige Haut berührt hat. Ihr süßer, unverbrauchter Duft steigt ihm in die Nase und umnebelt seine Sinne noch zusätzlich.

Anfänglich hält sie still, doch als er seine Lippen sanft bewegt, tasten sich ihre Finger zögernd in sein Haar. Seine Hand befindet sich längst in ihrer so atemberaubenden und dichten Lockenpracht. Die andere hat sich wie von selbst um ihre Taille gelegt. Er zieht sie fester an sich, küsst sie heftiger, fühlt die weichen, zarten Rundungen ihres Körpers an seinem, streichelt bald fordernder, leidenschaftlicher – und vergisst. Seine Finger in ihrer dunklen Mähne werden zur Faust, die ihren Kopf hält, als verspüre er plötzlich Angst, sie könne verschwinden.

Möglicherweise trifft das sogar zu.

Es wird besser, ungeahnt – *ungekannt* –, und mit einem Mal will Andrew alles von ihr. Nicht irgendwann, sondern auf der Stelle! Jedes Gewissen, jeder *Gedanke* an die Unmöglichkeit seines Benehmens ist erfolgreich beiseitegeschoben, während er am Saum ihres Tops nestelt, und verzweifelt versucht, darunter zu gelangen.

Erst, als er ihre nackte, glatte Haut spürt und sie leicht zusammenfährt, wird er schlagartig in die Realität zurückkatapultiert.

Er ist Andrew Norton. Und er befindet sich am helllichten Tag in einer Einkaufspassage – was bereits eher seltsam anmutet. Darüber hinaus ist er soeben im Begriff, das Mädchen in seinen Armen zu entkleiden – was definitiv zu weit geht! Unabhängig von dem Phänomen, das sich dahinter verbirgt.

Andrew muss sich zusammenreißen. Sofort!

Mit unvorstellbarer Überwindung löst er sich von ihr, umfasst erneut die schmächtige Taille und lehnt die Stirn gegen ihre. Dabei bemüht er sich angestrengt und vor allem unbemerkt, zu Atem zu kommen. Ähnlich wie sie. Ihr Brustkorb hebt und senkt sich rapide, die Augen sind geschlossen und die schmalen Finger nach wie vor in seinem dunklen Haar vergraben.

Er ist restlos überwältigt. *Das ist nicht die Art von Begehren, das er im Normalfall in Gegenwart einer attraktiven Frau empfindet. Es scheint wie eine Präsenz, die sich von ihm nicht beherrschen lässt. Irgendwo tief in seinem Unterbewusstsein, sucht ein kleiner Teil von ihm verzweifelt nach einer Möglichkeit, dieser Straße und den vielen störenden Menschen zu entkommen, um mit einem Wimpernschlag an einen Ort zu gelangen, wo er das eben Begonnene fortsetzen kann.* Mit enormen Anstrengungen schluckt er hektisch dagegen an.

Denn die Situation gestaltet sich noch weitaus komplizierter. Abgesehen von ihrer Angst, die mit Sicherheit zurückkehren wird, vom DS, der garantiert nicht weit ist, von der Tatsache, dass Andrew überhaupt nicht in der Lage ist, mit ihr zusammen zu sein, zumindest nicht in der Nacht, weil er da meistens mit Schreien beschäftigt ist ... Unabhängig von all diesen nicht unerheblichen Schwierigkeiten, befinden sie sich auf zwei Ebenen, die ein Zueinanderkommen üblicherweise ausschließen.

Er ist ihr Chef, sie seine Assistentin.

Wenigstens diese Hürde will er mit einem Mal endgültig überwinden.

Der Wunsch bricht aus ihm heraus, ohne dass er ihn zuvor überdenken und analysieren oder das Pro und Kontra diskutieren kann. »Schenk mir diesen Nachmittag, Josephine ...«

»Was?«, haucht sie. Ihre Lider heben sich und Furcht schleicht sich in ihr Gesicht.

»Schenk mir diesen Nachmittag, Josephine«, wiederholt er heiser. »Lass uns für heute vergessen, wer wir sind. Bitte.«

Spontan fällt Andrew keine Situation ein, in der er innerhalb der vergangenen vierundzwanzig Jahre um etwas gebeten hat. Für ihre Zustimmung würde er jedoch sofort auf die Knie gehen. Nachdenklich betrachtet sie ihn. Miss Kent nimmt sich sehr wohl Zeit, das Pro und Kontra abzuwägen. Und das ist *nicht gut!*

»Bitte«, wispert er erneut.

»Was kommt danach?«, erkundigt sie sich bemerkenswert nüchtern.

Er hebt die Schultern. »Warum finden wir es nicht heraus, Josephine?«

»Josie.« Es klingt klar und fest, und sie hält seinen Blick, was bis vor wenigen Minuten noch unvorstellbar war.

Lächelnd neigt er den Kopf zur Seite. »Josie ... Ich glaube, das gefällt mir.«

Endlich verziehen sich ihre Mundwinkel nach oben – leider nur flüchtig. »Es ist ein Fehler, das weißt du?«

»Es fühlt sich nicht so an«, widerspricht er vage.

»Nein ... Aber ...« Jetzt zeigen sich doch diese elenden Zweifel, und die grünen Augen verdunkeln sich. »Ich habe Angst ...«

Andrew nickt. »Ich auch.«

Seltsame Geständnisse an einem Dienstagmittag, an dem er *eigentlich überhaupt nicht hier sein dürfte.* »Lass uns gehen«, sagt er kurz entschlossen, entlässt sie widerwillig aus seiner Umarmung und nimmt behutsam ihre Hand. Als er sie forschend mustert, lächelt sie abermals.

Sie lächelt!

Wie aus dem Nichts sind die Menschen zurück, die Autos, die Häuser, die Geschäfte, der Lärm, die Hektik ... die Realität. Dies ist keineswegs der Ort, an dem er mit Miss Kent den Nachmittag verbringen will. »Vertraust du mir?«, erkundigt er sich verhalten.

Abwägend betrachtet sie ihn und nickt schließlich zögernd. »Ich denke schon.«

Erleichtert greift er zu seinem Handy. »Johnson ...?«

6

Kein einziges Mal lässt er ihre Hand los.

Weder während sie auf den Chauffeur warten noch, als er Gail anruft. Auch nicht, als der Wagen kurz darauf vorfährt und schon gar nicht beim Einsteigen. Diesmal verzieht Josephine sich nicht in ihre Ecke, stattdessen sitzt sie neben ihm und sieht ihn unverwandt an.

Als sie aussteigen, greift er den kleinen Picknickkorb, den Johnson besorgt hat, und nickt ihm zu. »Ich rufe Sie an.«

Der Mann antwortet mit der gleichen unbewegten Miene wie immer. »Sehr wohl, Sir.«

Also was seinen Fahrer angeht, ist daran, dass dessen Boss die Absicht hat, an einem Dienstagmittag mit seiner Assistentin, die er seit genau sechsundzwanzig Stunden kennt, am Strand von Tampa ein Picknick abzuhalten, nichts Ungewöhnliches zu erkennen.

Das interpretiert Andrew als gutes Omen.

Als die beiden den weichen Sand betreten, zögert sie zum ersten Mal.

»Was hast du?«

Josie wirkt leicht verlegen. »Ich dachte nur, es wäre vielleicht besser, die Schuhe auszuziehen.«

»Das ist keine schlechte Idee.« Resolut stellt er den Korb ab und geht vor ihr in die Knie. »Fuß!« Gehorsam winkelt sie das linke Knie an, schwankt selbstverständlich und hält sich unwillkürlich an seinen Schultern fest. Forschend sieht Andrew zu ihr auf – doch diesmal ist sie blass geworden.

Ignorieren!

Eilig konzentriert er sich auf seine Aufgabe und entfernt den ersten Schuh. »Fuß!«, kommandiert er erneut und sie hebt den Zweiten.

Als auch der Geschichte ist, steht er auf, nimmt behutsam ihr Gesicht zwischen seine Hände, wartet geduldig und ein wenig angespannt, bis ihr Atem wieder einsetzt, und küsst dann jenen Mund, der seine Gedanken nicht mehr verlässt. *Vorsichtig!* Obwohl er eigentlich etwas ganz anderes möchte. Dann lächelt er. »Komm!«

Er greift Schuhe und Korb mit der einen, ihre Hand mit der übrigen und zieht sie hinab zum Meer.

7

Es wird der schönste Nachmittag seines Lebens.

Sie ist nicht länger das Mädchen, das er in den vergangenen vier Stunden erlebt hat, sondern versonnen, entspannt und mit einem leichten Lächeln auf den Lippen. Keine Spur ist von dem berüchtigten Hass zu finden, den er inzwischen durchaus zu fürchten gelernt hat.

Vier Stunden! Unfassbar! Ihm erscheint es wie Wochen.

Gemeinsam sitzen sie am Strand, geredet wird nicht, das Schweigen ist allerdings keineswegs unangenehm, eher herrscht stumme Einigkeit. Längst hat er sich seines Jacketts entledigt und sie sich ihrer Kostümjacke. Auf diese Art ist er dahintergekommen, dass sie ein ärmelloses Top trägt. Die helle Haut hebt sich in scharfem Kontrast von dem schwarzen Stoff ab, und allein dieser Anblick stellt die atemberaubendsten Dinge mit ihm an, was übrigens wieder einmal ein beachtliches Phänomen beschreibt.

Zeit, der Wahrheit ins Gesicht zu sehen: Auch er ist nicht mehr der Gleiche. Denn Andrew Norton ist sein Unternehmen derzeit furchtbar egal, ebenso die Tatsache, dass er das Mädchen neben sich überhaupt nicht kennt. Alles, was noch bis gestern sein gesamtes Leben bestimmte, ist mit einem Mal gegenstandslos geworden.

Doch am meisten verwundert ihn, dass er sich nicht unwohl fühlt.

Offenbar ist – zumindest für den Moment – völlig uninteressant, was es kosten wird, sie zu behalten.

Solange sie nur bleibt.

8

Es sind ihre Augen ...

Er könnte sie stundenlang ansehen. Tage, Wochen, Monate. Allerdings nicht jetzt, erkennt er, denn sie nimmt lächelnd sein Gesicht zwischen ihre kleinen Hände und sagt ...

»Andrew?«

Der runzelt die Stirn, als er tatsächlich etwas Warmes an seiner

Haut spürt. Sanft und zärtlich – ungewohnt. Schließlich schläft er. Gut, soeben ist er im Aufwachen befindlich, dennoch ist das total falsch!

Im Normalfall ist dieser Prozess damit verbunden, dass Andrew Norton in Schweiß gebadet ist und sich diese verhassten weibischen Tränen auf seinen Wangen tummeln. Nicht zu vergessen die beklemmende Atemnot, die ihn jetzt eigentlich foltern müsste ...

Noch nie hat er von verwirrend schönen, grünen und überhaupt nicht mehr hasserfüllten Augen geträumt oder von einem lächelnden Mädchen, das ihn liebevoll berührt. Und niemals zuvor hat eine Frau seinen Namen auf diese Art ausgesprochen. Niemand, um genau zu sein. Unabhängig davon, ob im Traum oder der Realität.

»Andrew?«

Da! Exakt das meint er. Normalerweise ist beim Aufwachen immer der DS zur Stelle, der dafür sorgt, dass er sich *zusammenreißt* und endlich seine *Scheißatmung unter Kontrolle bekommt.*

Standhaft weigert er sich, die Lider zu heben. Dann wäre nämlich der Zauber gebrochen und das gilt es, unter allen Umständen zu vermeiden. Andrew ist weder geläufig, wo er sich derzeit befindet noch welches Datum man heute schreibt. Allein das gestaltet die gesamte Situation so irreal. Das Rauschen stammt eindeutig von Wellen, die intervallartig an ein Ufer getrieben werden. Seine Geruchsnerven nehmen den Duft von Salzwasser auf. Eine sanfte Brise umgarnt ihn zärtlich und die Sonne wärmt ihn. Was bedeutet: Es ist Tag, er liegt am Meer, und wenn ihn nicht alles täuscht, dann sitzt neben ihm das faszinierendste Geschöpf, dem Andrew jemals begegnet ist.

Das kann nur eine Fiktion sein! Eine Fantastische, um genau zu sein. Nein, er will nicht aufwachen.

Stattdessen tastet er sich suchend vorwärts, bis er auf unbekleidete, seidige Haut stößt. Er sucht behutsam weiter und realisiert, dass es ein Arm ist ... eine Schulter ... ein Hals ... Kinn ... Kopf ...

Blitzschnell kombiniert er: Andrew – unmöglich sexy ausgesprochen; nackte weiche Haut; Kopf; Mund ...

Kuss!

Instinktiv greift er energischer zu, zieht den schmalen Körper zu sich hinab und berührt kurz darauf warme und weiche Lippen. Das Rauschen in seinem Kopf ist mit einem Mal zu laut, um es allein der Meeresbrandung zuzuschreiben, und er unternimmt nicht die geringsten Anstalten, sich dagegen zu wehren. Warum sollte er? Dies stellte in der Gesamtheit den besten Traum seines Lebens dar.

Fest packt er das dichte, seidige Haar an ihrem Hinterkopf und sorgt dafür, dass ihr keine Fluchtmöglichkeit bleibt. Mit einem Ruck liegt sie und er ist über ihr, noch immer, ohne die Augen zu öffnen oder den Kuss zu unterbrechen. Stattdessen verstärkt er den Druck, erzwingt sich Einlass in ihren Mund; eine Hand legt sich um ihr Kinn. Andrew hört sein Stöhnen in weiter Ferne, registriert nur am Rande die Enge, die sich in den unteren Regionen seines Körpers ausbreitet und reagiert.

Kein Gedanke! Nicht jetzt! Mit dem Knie zwingt er ihre Beine auseinander, die Hand wandert zielstrebig an ihr hinab, bis sie abermals den Saum ihres Tops findet.

Oh, verdammt, die Haut ist heiß! Kurz darauf hat er den BH gefunden, zerrt ungeduldig den Stoff beiseite und stöhnt erneut, als er die weiche Erhebung darunter endlich pur spürt. Er will, dass sie ihn fühlt, sie soll erkennen, wie sehr er sie begehrt, und entsprechend reagieren. Fordernd drängt er seine Hüften an ihre. »Josie ...«, seufzt er an ihrem Mundwinkel.

Erst, als sie ihm nicht antwortet, dämmert Andrew, was ihm in seinem Anfall aus wilder Leidenschaft bisher völlig entgangen ist: Keine kleinen, zärtlichen Hände befinden sich in seinem Haar oder an einem anderen Teil seines Körpers. Tatsächlich rührt sie sich überhaupt nicht.

Weitaus brisanter: *Sie atmet nicht!*

Zweifellos weiß er, dass er sie ansehen muss, um dahinter zu gelangen, was genau mit ihr nicht in Ordnung ist. Doch das will er nicht. Oh nein! Unbestritten ist Andrew Norton ein Idiot, aber noch lange kein *solcher*.

Nur wenn er nichts unternimmt, dann liegt ihr Erstickungstod durchaus im Bereich des Möglichen.

Das Schlucken fällt ihm schwer, die Kehle ist wie zugeschnürt und in seinem Magen brennt literweise überschüssige Säure, als er seine Finger von ihr nimmt.

Auf drei. Okay?

Nein!

Eins.

Verflucht, was soll er nur tun?

Zwei.

Er kann nicht! Nein! Alles in ihm wehrt sich dagegen, und dennoch fehlt jede Alternative.

Drei! *Jetzt!* Als er die Lider hebt, stöhnt er vor Anstrengung.

Ihre Augen stehen weit offen, der Blick ist starr. »Josie?« Seine Stimme zittert.

Keine Reaktion. Doch viel akuter: keine Atmung!

»*Josie!*«, brüllt Andrew und schüttelt sie. »*Atme!*«

In die Pupillen kehrt so etwas wie Leben zurück und sie mustert ihn ausdruckslos, holt jedoch nach wie vor keine Luft!

Weil sie irre ist, du Idiot! Du wolltest ja nicht hören und veranstaltest erst einmal einen lustigen Trockenfick am lauschigen Meeresufer! Aber ich bin nicht nachtragend! Also lass das verdammte Geflenne!

Dankbarkeit flutet Andrew. Selten ist er erleichterter gewesen, seinen DS zu haben. ›Was ...?‹

Frag nicht so dämlich! Das Gleiche, wie heute früh, als du wenigstens noch ein bisschen von deinem Verstand im Schädel und nicht alles davon in der Hose gebunkert hattest!

Natürlich ... warum ist er nicht selbst darauf gekommen?

Weil du ohne mich aufgeschmissen bist! Und jetzt los! Los! Los! Ich hab nicht den Eindruck, dass es sich das Flittchen leisten kann, allzu viele Hirnzellen zu verlieren.

›Ja ... Jawohl, Sir.‹

Wieder zwängt er mit Daumen und Zeigefinger ihre Kiefer auseinander, winkelt den Kopf an und beginnt mit der alt bewährten Mund–zu–Mund–Beatmung.

Diesmal braucht er bedeutend länger, und als sie nach drei Minuten endlich mit einem tiefen Keuchen Luft holt, ist Andrews Hemd durchnässt. Erschöpft lässt er sich neben ihr nieder, wischt sich mit bebender Hand über Stirn und Wangen und registriert mit

Entsetzen, dass es sich bei der klebrigen Feuchtigkeit nicht nur um Schweiß handelt.

Verdammter Scheiß!

Wie konnte er sich derart vergessen? So etwas wäre schon bei einem normalen Mädchen ein Risiko. Himmel, er kennt sie seit einem Tag! Bei Josie war sein Überfall ... *saudämlich!*

Ha! Nun mal halblang! Ich bin der Letzte, der deine kleinen Stunts mit der Nutte unterstützt. Aber sie war vorhin nicht gerade zimperlich, und begleitet hat sie dich auch, ohne um sich zu schlagen. Und jetzt mimt sie das unbefleckte Blümchen–Rühr–Mich–Nicht–an! Was soll der Scheiß? War doch klar, was kommt!

›Ich wollte gar nicht ...‹

Wen belügst du hier eigentlich? Mach nur so weiter! Du hast nicht mehr alle Tassen im Schrank, aber ich bin noch ziemlich hell in meinem alten Schädel. Und wenn du die Schlampe nicht durchnehmen willst ...

›Hör auf!‹

Der DS hebt eine Augenbraue und knurrt: *Wer hat dem Flittchen soeben das Leben gerettet?*

›Das warst du ...‹

So sieht's aus! Hätte ich dir nicht mal wieder den verdammten Arsch gerettet, würdest du jetzt neben einer Leiche liegen! Hast du das vergessen?

›Nein ...‹

Ohne mich bist du chancenlos! Du baust nur Scheiße! Warum hast du sie überhaupt hierhergebracht? Du weißt, dass sie irre ist! War doch klar, dass das nicht gut geht ...

›Aber, ich dachte ...‹

Schnauze! Gedacht wird hier nur von einem und der bin ich! Sind wir damit nicht immer gut gefahren?

›Schon, aber ...‹

ABER, *du Idiot? Aber? Du bestreitest also, dass du verschissener Rest einer Fehlgeburt nicht einen bekotzten Cent auf deinem Konto hättest, wäre ich nicht gewesen, nachdem deine arme Mommy abgekratzt ist?*

Andrew kann sein Zusammenzucken nicht verhindern. Das ist nicht die übliche Taktik – der DS wird beleidigend, ja, doch er zieht niemals die M–Karte.

Er muss ihn wirklich verärgert haben, und eines steht fest: Es ist schwer, mit einem gut gelaunten Drillsergeant auszukommen, mit einem mies aufgelegten allerdings fast unmöglich. Und momentan scheint der gute Mann vor Zorn zu rauchen.

Rauchen vor Zorn? Ich? Mein Junge, du hast mich noch nicht erlebt, wenn das eintrifft! Aber das wirst du, solltest du das Flittchen jetzt nicht zurück in die Crackbude schaffen, aus der es gekrochen ist. Beweg dich!

Er hat recht, es dämmert bereits. Denn wenngleich es angenehm warm ist, zeigt der Kalender erst März. Seine Uhr bestätigt die Vermutung, dass es inzwischen nach fünf ist. Nicht mehr lange und es wird dunkel sein. Andrew wirft Josie einen raschen Blick zu. Sie atmet ruhig und gleichmäßig und sieht hinaus aufs Meer.

Ansprechen. Irgendwie sollte er sie ansprechen, und ... noch viel wichtiger: Er muss sich entschuldigen.

Ha! Wofür denn? Du hast sie geküsst! Geküsst! Zumindest dazu hatte sie dir ja bereits die Erlaubnis gegeben, oder?

Ja, doch Andrew hat viel mehr getan, und egal, was der DS auch sagt, damit ist er zu weit gegangen. »Josie?«

»Ja?« Das kommt ruhig, beinahe unbeteiligt, und sie macht keine Anstalten ihn anzusehen.

»Es tut mir sehr leid«, beginnt Andrew zögernd. »Ich hätte das nicht tun dürfen. Es war ...«

»Nein, es ist alles in Ordnung.« Immer noch teilnahmslos.

Argwöhnisch betrachtet er ihr Profil.

»Ich habe dich geweckt, weil es bald dunkel wird«, fährt sie in diesem gleichgültigen Ton fort. »Ich dachte, wir sollten vielleicht los ...«

Offensichtlich will sie nicht über diesen Vorfall reden, was Andrew nicht ungelegen kommt. Geschehen ist geschehen. Sein Verhalten war nicht sonderlich gentlemanlike, im Grunde ist jedoch *nichts passiert. Sie hat nicht die 'Neinkarte' gezogen und er ist aus dem Schneider.* »Musst du zurück ins Büro? Um deine Sachen zu holen, meine ich?«

»Ja.« Es klingt verträumt. »Ja, ich bräuchte noch meine Tasche ...«

Der Ton lässt Andrew abermals aufhorchen, und er mustert das Mädchen erneut. Doch es zeigt nicht die geringste Regung. Möglicherweise ist das ihre Art, mit den Dingen umzugehen und er sollte sie wohl nicht länger mit diesem Thema behelligen.

Er nimmt sein Handy und informiert Johnson.

9

Josephine lächelt kein einziges Mal.

Weder, als Andrew ihr (unter den wütenden Protesten des DS) die Schuhe anzieht noch beim Einsteigen in den Wagen und gleichfalls nicht während der Fahrt, im Aufzug oder im Vorzimmer. Jede Frage beantwortet sie auf die gleiche, höfliche und gleichmütige Weise.

Wenig später lehnt er in der Tür zu seinem Büro und beobachtet, wie sie in dem verlassenen und stillen Raum ihre Tasche und jene Sachen zusammensucht, mit denen sie am Morgen zur Arbeit erschienen ist. Noch am Mittag, darauf würde er wetten, wäre sie bei seinem forschenden Blick aus der Fassung geraten. Diese neue Josie scheint keine Verlegenheit zu kennen, ihn übrigens auch nicht.

»Auf Wiedersehen«, sagt sie schließlich, als sie wieder vor ihm steht, dabei jedoch die Wand direkt hinter ihm fixiert.

Er neigt den Kopf, will sie zwingen, ihn anzusehen. »Josie?«

»Ja?« Unvermindert starrt sie durch ihn hindurch.

»Soll ich dich besser heimbringen?«

»Nein«, erwidert sie langsam und mit tief gerunzelter Stirn. »Ich bin mit meinem eigenen Wagen hier.«

»Das ist gut ...«, murmelt er. »Denke ich jedenfalls.«

»Ja«, antwortet sie mit der gleich bleibend monotonen Stimme. »Ich gehe dann jetzt ...«

Vermutlich benötigt sie Zeit, um die Dinge zu verarbeiten. Doch er muss unbedingt noch etwas sagen, bevor ...

Nein! Lass sie. Morgen wirst du merken, ob sie nachtragend ist. Aber keine Angst, sie wird sich beruhigen. Das tun sie alle.

Ja, so ist es wohl wirklich das Beste. »Dann ... gute Nacht.«

Nach einem mechanischen Nicken tritt sie in den Flur hinaus. Obwohl Andrew ihr die Tür aufhält, hat sie für ihn nicht den flüchtigsten Blick übrig. Besorgt beobachtet er, wie sie zu den Aufzügen geht.

Unverwandt fixiert sie dabei den Bereich vor sich, die Haltung wirkt seltsam verkrampft, der Gang steif. Irgendetwas stimmt nicht mit ihr, und das ist allein seine Schuld!

Ha! Deine Schuld? Leidest du abgesehen von Blutarmut im Kopf und Hirnschwund inzwischen auch an Amnesie? Das Flittchen war schon im Arsch, als es gestern Mittag hier auftauchte! Du hast alles getan, was du konntest! Sie ist alt genug, sie kann selbst für sich sorgen!

Und genau das wagt Andrew, zu bezweifeln.

Zehn Minuten wartet er, bevor auch er in die Tiefgarage fährt. Nur um zu vermeiden, ihr noch einmal zu begegnen. Währenddessen legt sich immer wieder seine Hand auf den Türgriff, und der DS muss schwere Geschütze auffahren, um ihn davon abzuhalten, ihr zu folgen.

Du siehst sie morgen früh! Reiß dich zusammen, du Idiot!

Aber zwischen jetzt und dem nächsten Morgen liegt eine verdammte Scheißnacht! Und mit einem Mal verspürt Andrew eine ziemliche Scheißangst vor der Scheißnacht.

Schlappschwanz!

Sicher. Möglicherweise liegt es daran, weil er am Nachmittag zum ersten Mal seit vierundzwanzig Jahren geschlafen hat.

Ohne vom M–Albtraum geweckt zu werden. Noch besser: Es war ein *schöner* Traum. Er handelte von ihr.

Dämlicher Hosenscheißer!

Seufzend beschließt Andrew, ihn zu ignorieren.

10

»Nach Hause!«, ordnet er wenig später im üblichen Tonfall an.

Unbeteiligte Miene Johnson antwortet ungerührt wie immer. »Sehr wohl, Sir.«

In der Limousine lässt Andrew sich in die Polster sinken, lehnt den Kopf zurück und schließt die Augen. Er könnte schwören, ihren Duft in der Nase zu haben, als hätte der sich innerhalb der kurzen Zeit bereits unauslöschlich mit dem Material verwoben.

Hmmm, und ich würde schwören, dass sich jetzt auch noch dein Geruchssinn verabschiedet ...

Auch das ignoriert Andrew, der nebenbei versucht, die bevorstehende Nacht aus seinem Bewusstsein zu verbannen, die etliche Stunden in der Zukunft liegt. Vor Mitternacht geht er niemals zu Bett. Stattdessen macht er sich daran, sich mit dem vergangenen Tag auseinanderzusetzen, der sich so gänzlich von allen anderen unterscheidet, an die er sich zurückerinnern kann ...

Und dann geschieht etwas, was dieses Datum wahrhaftig zum bisher ungewöhnlichsten seit vierundzwanzig Jahren werden lässt.

Nach wie vor verzweifelt bemüht, nicht an sie zu denken und unter dem spöttischen Gejohle seines DS auf ganzer Linie scheiternd, reißt ihn Johnsons Stimme völlig unerwartet aus seiner Konzentrationsübung.

»Sir!«

Entgeistert *fliegen Andrews Lider auf.* Dass dieser Mann während der Fahrt spricht, ist mit Sicherheit ein Phänomen.
»Ja?«

»Das dürfte Sie vielleicht interessieren.« Zum ersten Mal, seitdem er ihn kennt, klingt sein Chauffeur nicht unbeteiligt. Johnson hat bereits die Geschwindigkeit gedrosselt, und der junge, derzeit leicht verwirrte Konzernchef beobachtet stirnrunzelnd, wie er den Sicherheitsgurt löst.

Was zum Henker ...?

Bevor er sich nach dem mentalen Befinden seines Fahrers erkundigen kann, wird Andrews Aufmerksamkeit von den Geschehnissen vor dem Wagen in Anspruch genommen. Und in den kommenden fünf Sekunden ist er dem grausamsten Emotionscocktail seines Lebens ausgeliefert. Panik, Angst, Zorn und Hass prügeln gleichzeitig auf ihn ein und paralysieren ihn. Jede Bewegung ist undenkbar und sein Blick wie festgefroren auf das gerichtet, was seinen Angestellten veranlasste, sich völlig wider dessen Natur zu verhalten.

Der Weg zu seinem Haus am Rande der Stadt führt unter anderem durch einige dunklere, enge Straßen. In einer solchen sind sie zum Halten gekommen.

Zuerst sieht Andrew nur die Gruppe aus sieben oder acht jungen Männern – alle von Kopf bis Fuß in Jeans bekleidet und eindeutig furchtbar amüsiert. Angetrunken vermutlich. Nicht ungewöhnlich, wenn die Dämmerung längst Geschichte ist und sich die Nacht über die Stadt gelegt hat. Doch dann macht er eine schlanke, dunkelhaarige Gestalt unter ihnen aus.

Sie trägt ein kobaltblaues Kostüm, Haltung und Blick wirken statuenhaft. Die Augen, von denen Andrew weiß, dass sie von einem verstörenden Grün sind, fixieren einen imaginären Punkt am Ende der Gasse.

Immer noch in den unendlichen fünf Sekunden seiner Schockstarre gefangen, spürt er die Übelkeit in sich aufsteigen und gleichzeitig das unwiderstehliche Verlangen, jeden Muskel erschlaffen zu lassen.

Glücklicherweise ist er kein kleiner Junge mehr und kontrolliert seinen Körper inzwischen besser. Daher gelingt es ihm alles zurückzudrängen, was derzeit danach trachtet, ihn zu überwältigen, und er tastet schließlich nach dem Verschluss des Sicherheitsgurtes.

Noch während er aus dem Auto stürzt – Johnson befindet sich längst auf dem Weg – registriert er fassungslos, dass sie nicht reagiert. Sie geht auch nicht weiter oder versucht es zumindest. Miss Kent tut überhaupt nichts!

Warum tut sie nichts?

Kurz nach seinem Chauffeur erreicht Andrew die Meute. Das Eintreffen der beiden älteren Männer bleibt zunächst völlig unbemerkt. Die Schockstarre konnte er in der Zwischenzeit hinter sich lassen, Wut und Hass sind geblieben. Und das in außergewöhnlicher, derart vernichtender Intensität, wie er sie noch nie erlebt hat. Die Kerle scheinen zu beschäftigt mit der 'süßen, sprachlosen Puppe, die jemand aufgezogen und vergessen hat, zurück in den Schrank zu stellen', um ihrer Umgebung Beachtung zu schenken. Soeben unternimmt der Erste Anstalten, sie zu packen.

Als Andrew dessen Hand einen herben Schlag versetzt, fährt der vielleicht zwanzigjährige Mann entgeistert zu ihm herum. In den dunklen Augen macht sich unverkennbar jene trübe Schläfrigkeit bemerkbar, die man unweigerlich mit dem Konsum von zu viel Alkohol in Verbindung bringt.

»Du wolltest sie doch nicht etwa mit deinen Dreckspfoten anrühren, oder?« Gleichzeitig zieht Andrew das Mädchen hinter sich. Jetzt sieht sie ihn endlich an und ein Ausdruck der Erleichterung huscht über ihr Gesicht.

Johnson – kein Leichtgewicht und seines Zeichens in

Kampftechniken alles andere als unbedarft – hat bereits zwei der vorwitzigsten Gestalten am Kragen beiseite genommen. Sie scheinen zu betrunken, um sich zur Wehr setzen zu können, nicht, dass dies bei seinem Chauffeur einen Unterschied gemacht hätte. Auch Andrew ist kein Leichtgewicht – zu viel Zeit in der Nacht, die er mit dem Training verbringt. Unter den begeisterten Anfeuerungsrufen seines DS versteht sich.

Er bedenkt den Grabscher mit einem sanften Lächeln, insgesamt scheint dieses Exemplar nüchterner zu sein als dessen Spießgesellen. Grimmig und erstaunlich mutig knurrt er. »Nimm deinen Scheißarsch und verschwinde!«

Andrews Grinsen wird breiter, während er aus den Augenwinkeln zu dem Mädchen blickt. »Auto!«

Erst ist sie verwirrt, aber dann begreift sie, macht abrupt kehrt und stürzt zum Wagen. Sofort setzt ihr einer der Kerle nach, doch Andrew bekommt ihn rechtzeitig am Ärmel zu fassen, bevor er sich außer Reichweite flüchten kann. »Vergiss es!«

»Hey, ihr Arschlöcher! Besorgt euch eure eigene Nutte, die gehört uns!« Das ist wieder der Erste, und für dessen widerliche Bemerkung landet Andrews Faust in der hässlichen Visage. Zufrieden vernimmt er das Knirschen, als Knochen unter der Wucht zerbersten. Zwei andere Typen haben beschlossen, lieber das Weite zu suchen. Nur einer der beiden Verbliebenen macht Anstalten, seinen am Boden liegenden Bruder zu rächen, dessen Gesicht übrigens ziemlich blutverschmiert ist. Ein weiterer steht mit weit aufgerissenem Mund daneben, offensichtlich noch damit beschäftigt, die Situation in Gänze zu analysieren.

»Du Scheißtyp hast Dan die *Nase gebrochen!*« Mit seltsam geballten Fäusten geht der mutige Rächer auf Andrew los.

»Was du nicht sagst«, murmelt der. Hinter ihm ertönen dumpfe Schläge und kurz darauf gedämpfte Schreie. Johnson verhindert soeben erfolgreich die Flucht der Deserteure.

Mit gerunzelter Stirn beobachtet der Typ, wie seine 'Brüder' die Tracht Prügel ihres Lebens beziehen. Erst nach einer Weile besinnt er sich Andrews Gegenwart und betrachtet ihn fassungslos. »Wir haben sie zuerst gesehen!« Es kommt vorwurfsvoll, die Rache für seinen Freund ist mit einem Mal nebensächlich geworden.

»Falsch!«, wispert Andrew, dessen Augen sich mittlerweile zu beachtlicher Größe geweitet haben.

Der offensichtliche Selbstmordkandidat gibt sich Mühe, so etwas wie ein verschlagenes Grinsen zu kreieren. »Oookay ... Du hast es nicht anders gewollt.« Und damit hebt er erneut seine lächerlichen Fäuste, mit denen er auf diese Art absolut nichts ausrichten kann – abgesehen davon, dass er sich die Handgelenke bricht. Allerdings bleibt Andrew nicht viel Zeit, sich mit dem Witzbold auseinanderzusetzen. Inzwischen brodelt der Zorn in ihm und ist kurz davor, überzukochen.

Er hat noch eine dringende Angelegenheit mit Josephine zu klären und dieser Todessehnsüchtige hinderte ihn daran!

Als der mit seiner rechten Faust in einem weiten Bogen ausholt, versetzt Andrew seinem Gegner einen brutalen Hieb in den Magen. Wie ein nasser Sack geht er zu Boden. Lautlos – sehr gut. Dann sieht sich um. »Johnson!«

Der Angesprochene bearbeitet soeben den zweiten der beiden Jungen, hält in der Bewegung inne und richtet sich auf. »Ja, Sir.«

Es kommt mit unbewegter Miene.

So, wie Johnson nun einmal ist.

11

Als Andrew zu Josephine ins Auto steigt, ist sein Siedepunkt bereits weiträumig überschritten.

Er nennt dem Chauffeur die Adresse und atmet zweimal tief durch, bevor er sich zu ihr wendet. Nun, zumindest versucht er das, denn sie starrt aus dem Fenster und unternimmt nicht die geringsten Anstalten, *ihn* anzusehen.

»Erklärung!«, fordert er verdächtig leise.

Keine Reaktion.

Ich weiß nicht, wie du das einschätzt, aber ich habe den beschissenen Eindruck, dass dein Superflittchen dir gerade wieder eine Antwort schuldig bleibt.

Das ist Andrew nicht entgangen.

Mein Vorschlag: Zeig ihr endlich, WER DER BOSS IST! Falls du dazu überhaupt noch die Eier hast!

Darum geht es nicht! Um ehrlich zu sein, ist ihm völlig egal, dass er ihr Chef ist. Keineswegs gleich ist ihm jedoch, dass sie sich beinahe *getötet hätte!*

Übertreib nicht so maßlos! Gut, sie hätten sich ein bisschen mit ihr beschäftigt, aber umbringen? Nein! Ich kenne die Sorte, die nehmen sie der Reihe nach durch und lassen sie dann laufen. Die gehörten nicht zu der ganz üblen Fraktion.

Diesbezüglich weiß Andrew zufälligerweise mehr als der geschätzte DS. Allein der Gedanke daran, was ihr hätte geschehen können, lässt diese seltsame Übelkeit zurückkehren. Grauenvoller als zuvor.

»Sieh mich gefälligst an, wenn ich mit dir spreche!« Das kommt sogar noch leiser, doch sie rührt sich nach wie vor nicht. »Josie, verdammt! Was hast du dir dabei gedacht?«

Keine Antwort. Sehr behutsam atmet er ein, wartet die üblichen fünf Sekunden, atmet aus und fühlt sich schließlich bereit für einen erneuten Anlauf. »Ich warne dich. Wenn du mir jetzt nicht sagst, warum du mich belogen hast, dann ...«

Ja! Was dann? Wirfst du sie auf die Straße, wohin sie gehört? Ich hoffe es, denn so langsam verliere ich die Geduld!

Andrew ignoriert ihn mit außerordentlicher Leichtigkeit. »... passiert tatsächlich ein Unglück! Du hast nicht die geringste Ahnung, wie wütend ich bin ...«

Das scheint sie endlich zu erreichen. Miss Kent blickt zwar weiterhin aus dem Fenster, doch ihre Stimme ertönt plötzlich im Innern der Limousine. Ruhig und anscheinend völlig unbeteiligt. »Mein Wagen wollte nicht anspringen.«

»*Und?* Weshalb hast du mich nicht angerufen oder ließest dir vom Pförtner ein Taxi rufen oder ...« Andrew hebt die Hände und lässt sie erschöpft sinken. »Es gibt tausend Alternativen, als sich allein auf die Straße zu wagen.«

Sie senkt den Kopf. »Ich ... habe kein Geld für ein Taxi ...«

Entgeistert starrt Andrew sie an, doch im nächsten Moment schließt er ergeben die Augen. Natürlich hat sie das nicht, in Wahrheit besitzt sie genau *minus* 1,45 Dollar! Hat er das wirklich schon wieder vergessen?

Klar hast du das, weil es dich ÜBERHAUPT NICHTS ANGEHT! *Mann, wenn das Flittchen keine Moneten hat ...*

Sie leben in zwei völlig verschiedenen Welten, geht ihm gerade auf.

Die Vorstellung, dass Josie sich kein Taxi leisten kann und deshalb gezwungen ist, sich in der gefährlichen Dunkelheit einer Großstadt durch deren zwielichtigste Gegend zu bewegen, ist für ihn nicht greifbar. Was wird die Fahrt kosten? Fünf Dollar? Vielleicht sechs? Woher soll er es genau wissen, Andrew Norton nutzt niemals einen Mietwagen, er hat Johnson. Aus Mangel an fünf oder sechs Dollar wäre sie fast von diesen schmierigen Typen ...

»Fein!«, knurrt er. »Und weshalb hast du mich nicht angerufen?«

Schweigend fixiert sie die Nacht vor dem Fenster, was Andrews Wut erneut zum Sieden bringt. »Was ist das für ein beschissenes Auto, wenn es nicht anspringt? Entweder du besitzt einen zuverlässigen Wagen oder überhaupt keinen! Warum hast du mich nicht informiert? Ist dir entgangen, was da draußen beinahe geschehen wäre? *Und* würdest du mich verdammt noch mal ansehen, wenn ich mit dir spreche!«

Haha! Norton, du bist so ein Idiot!

Er hat genug, und zwar von beiden. Dem DS lässt er ein freundliches Grollen zukommen, das er gleich laut ausstößt, damit Miss *ich treibe meinen Boss durch meine Ignoranz in den Wahnsinn und das interessiert mich einen Scheißdreck! Kent es auch hört. Dann zwingt er ihren Kopf am Kinn herum.*

Ihre Augen wirken teilnahmslos und er versteht gar nichts mehr. Sie hat doch eben noch mit ihm gesprochen. Ganz normal!

Entzückend! Ist dir aufgefallen, dass deine Kriterien, was NORMAL betrifft, in den letzten Stunden enorm gelitten haben?

Wieder bemüht er sich mit äußerster Anstrengung, den DS nicht zu beachten und Josie dazu zu bewegen, ihn wahrzunehmen, vor allem jedoch, ihm *zuzuhören. Das ist Andrew Norton nicht gewöhnt! Wenn er etwas sagt, dann lauscht man! Dieses Mädchen scheint das partout nicht akzeptieren zu wollen! Er hat Ängste um sie ausgestanden, verdammt, ihm ist immer noch übel. Und sie besitzt die Dreistigkeit, ihn zu ignorieren! Als er anhebt, ähnelt seine Stimme dem düsteren Knurren eines sehr zornigen Bären – nur bedeutend leiser.*

»Solltest du dich noch ein einziges Mal in eine derartige Situation bringen, dann sorge ich dafür, dass du keinen Schritt mehr selbstständig unternimmst! Offensichtlich ist dir egal, was mit dir passiert! Mir nicht! Mich würde interessieren, wie du es überhaupt bis hierher geschafft hast!«

Ihr Blick klärt sich ein wenig. »Ist es noch weit bis zu meinem Appartement?«

»*Was?*«

»Ich möchte jetzt heim«, erwidert sie, wieder in diesem seltsamen, unbeteiligten Ton. Ihr scheint zu entgehen, dass Andrew ihr Kinn nach wie vor wie in einer Schraubzwinge hält, sie kann den Unterkiefer nicht ungehindert bewegen, weshalb die Worte nur undeutlich kommen. Hastig entlässt er sie aus seinem Griff, und selbst das bleibt ohne nennenswerte Reaktion. Als sie fortfährt, wendet sie sich nicht von ihm ab, sieht jedoch durch ihn hindurch und klingt, als hätte es keine Unterbrechung gegeben, nur das Nuscheln fehlt.

»Ich habe die Situation falsch eingeschätzt und hätte nicht allein auf die Straße gehen sollen. Aber ich besitze kein Handy und jemanden anzurufen, fiel mir nicht ein. Ich wollte nur nach Hause. Wenn ich dir Ärger bereitet habe, dann tut es mir leid.«

Ärger bereitet?

»Josephine.« Inzwischen spricht er sehr leise, langsam und ausnehmend deutlich, während seine Hände sich zu Fäusten ballen. »Mein Ärger, wie du es auszudrücken pflegst, ist mir scheißegal! Begreifst du das nicht? Ich kann nicht verstehen, weshalb du ...«

Yeah, Alice, was wirfst du ihr denn vor? Dass sie nach Hause gehen wollte? Hast du jetzt total den Verstand verloren?

Ja, es ist wahr, Andrews Anklage ergibt überhaupt keinen Sinn. Tatsächlich ist er – abgesehen von der Gewissheit, dass man sie ihm beinahe genommen hätte – wütend auf sie, weil sie ihn nicht um Hilfe bat!

Flittchen, du erinnerst dich?

Aber so *ist* sie nicht! Davon ist Andrew überzeugt. Dennoch breitet sich neben seiner Wut etwas Weiteres in ihm aus und das wirkt sogar noch verheerender: Enttäuschung.

Warum empfindet er so viel für sie? Aus welchem irrationalen Grund auch immer das überhaupt geschehen ist. Und weshalb kann sie seine Gefühle nicht erwidern?

Das ist nicht fair!

Obwohl es das Letzte ist, was er will, muss er sie gehen lassen. In den wenigen Stunden, die er Josie jetzt kennt, hat sie sein Leben so gründlich auf den Kopf gestellt, dass er sich nicht mehr zurechtfindet. *Er durfte sogar schlafen! Und dieses Wunder soll bereits wieder vorbei sein?*

Blabla! Das sogenannte Wunder entspringt deinem verwirrten Geist! Wer weiß, was für deinen beschissenen Schlaf tatsächlich verantwortlich war. Vielleicht die Luft, die Stille, das kotzromantische Rauschen der Wellen, die Möwenscheiße, oder was weiß ich. Wen interessiert das denn auch?

Natürlich. Der DS leidet nicht unter den Albträumen, Andrew schon.

»Wir sind da, Sir«, meldet sich in diesem Moment Johnson, der scheinbar keine großen Schwierigkeiten mit der fatalen Gesamtsituation hat, denn er klingt wie immer. Doch Andrews Herz beginnt unvermutet zu rasen, jetzt muss er sie nämlich verlassen. Er wird sich verabschieden und dann ...

Reiß dich verdammt noch mal zusammen! Deine Heulerei hält ja keiner aus!

Scheiß drauf!

»Ich begleite dich bis zur Haustür!« Damit steigt er aus, umrundet die Limousine und öffnet für sie die Tür. Ohne Zögern folgt sie der Aufforderung und sieht ihn diesmal sogar an. »Ich kann allein laufen.«

Trocken lacht Andrew auf. »Nach allem, was ich in den letzten vierundzwanzig – gut sechsunddreißig – Stunden erlebt habe, wage ich das akut zu bezweifeln. Wo entlang?« Er wartet nicht auf eine Erwiderung, sondern packt ihren Arm und schickt sich zum Gehen an.

Nachdem Miss Kent sein Gesicht einer intensiven Betrachtung unterzogen hat, setzt sie sich wortlos in Bewegung.

Jetzt erst nimmt er seine Umgebung bewusst wahr: Sie befinden sich in einer der günstigeren Wohngegenden Tampas. Die im Motelstil gehaltenen Appartementhäuser wirken alt und heruntergekommen. Ein Hausflur ist nicht vorhanden, stattdessen sind die Wohnungen direkt von den Treppenaufgängen erreichbar. Nicht ansprechend, aber so kann Andrew sie wenigstens bis zu ihrem Appartement begleiten. Mit einem Mal quälen ihn enorme Zweifel, Josie unbeschützt in dieser Kloake zurückzulassen. Auf dem kurzen Weg bis zu ihrem Haus entdeckt er mindestens zehn Leute, die sich gerade in irgendeinem Rauschzustand winden. Wahlweise Alkohol oder Drogen vermutlich. Es ist schmutzig und stinkt erbärmlich nach Urin, Erbrochenem und verdorbenen Essen.

»Seit wann wohnst du schon hier?«, stößt er hervor, als er seine Stimme wiedergefunden hat.

»Nicht sehr lange.« Sie sieht ihn nicht an.

»Hattest du in naher Zukunft vor, diesen Umstand zu ändern?«

»Es ist okay.«

Es ist billig – das meint sie. Warum hat er bisher keinen Gedanken daran verschwendet, wie sie lebt?

Weil es dich einen Scheißdreck angeht! Du bist nicht die verschissene Mutter Theresa! Sie kommt klar, lass sie in Ruhe!

Kurz darauf stehen sie vor ihrer ‚Tür', wenn man das zerkratzte Etwas so nennen will. Sie bietet ungefähr so viel Schutz vor der Außenwelt wie eine dünne Lage PVC Folie. Dann spürt er ihren Blick auf sich und erwidert ihn. Miss Kent bedenkt ihn mit dieser neuen, leicht weggetretenen Miene.

Damit ist Andrew wohl entlassen.

Aber nicht so schnell, *Miss ich kann es überhaupt nicht erwarten, endlich meinen aufdringlichen Chef los abzuwimmeln, der mir heute ungelogen drei Mal das Leben gerettet hat! Kent!*

»Aufschließen!«, fordert er dumpf.

Wortlos gehorcht sie.

Das reicht jetzt. Alles andere grenzt an Belästigung. Obwohl ich nicht sicher bin, dass die irre Nutte was davon bemerken würde.

»Josie?«

Andrew sagt es sanft, und der ungewohnte Ton verfehlt seine Wirkung nicht. Fragend, jedoch nicht ängstlich hebt sie den Kopf, als er sich ihr nähert.

Nein, Norton!

Ihre Augen werden groß.

Er ignoriert beide und nimmt behutsam ihr Gesicht zwischen die Hände. »Schlaf schön!«, wispert er und haucht einen Kuss auf ihre Lippen. Sorgfältig vergewissert er sich, dass sie atmet, bevor er einen Schritt zurückweicht.

»Ich denke, du solltest dringend einen Wohnungswechsel in Betracht ziehen!«

Eine Antwort darauf bleibt sie ihm wie üblich schuldig. Sie tritt in das Dunkle, das hinter der Tür lauert, wirft ihm einen letzten, unsicheren Blick zu und nickt behäbig.

»Bye ...«

Andrew wartet, bis sie die Tür geschlossen und von innen den Sicherheitsriegel vorgeschoben hat, erst dann geht er langsam zum Wagen.

Sicher ist sicher.

Rückschläge

Mittwoch, 17. März

1

Moooommmmmyyyyyyy!
»NEIIIIIIN!«
Keuchend schreckt Andrew hoch und starrt wild um sich, während er die zweite Hürde bis zum vollständigen Wachsein nimmt. Dann wirft er die Hände über seine Augen, ertastet den ekelhaften Schweiß auf der Stirn und die Nässe auf den Wangen. Im Raum ist nur ein hektischer, angestrengter Atem zu hören. Sauerstoff! Er braucht dringend etwas Sauerstoff! Verdammt, er erstickt gleich!
Reiß dich zusammen, Norton, du Idiot! Luft holen!
Mühsam gehorcht er.
Na, geht doch! Luft anhalten, bis fünf zählen!
Andrew hält den ohnehin nicht vorhandenen Atem an. Eins ... zwei ... drei ...
Und plötzlich sieht er ihre Gestalt vor sich, spürt wieder, wie es sich anfühlt, sie in den Armen zu halten, ihre warme, weiche Haut unter seinen Händen, ihr volles, seidiges Haar, der unvergleichliche Duft ...
Norton, du Idiot! Bist du total irregeworden ...?
»Ach, leck mich am Arsch ...«, murmelt er.
Denk an sie!, beschwört er sich, los, komm schon!
Es funktioniert, denn sie ist zurück ... die Augen ... besser ... die Lippen ... *noch* besser ... die zarte Brust in seiner Hand ... Ohne es zu wissen, seufzt er sehnsüchtig. Gott, sie ist so süß!
Ich soll dich am Arsch lecken, Norton, du kleiner, mieser Versager?, wispert der DS ehrfürchtig. *Könnte sein, dass du das noch bereust, mein Junge. Worte sind so schnell gesagt und deren Nachwirkungen so verdammt langwierig, oh ... yeah. Aber glücklicherweise bin ich ja nicht nachtragend. Und uns beiden ist bekannt, dass dein Verstand momentan abwesend ist.*
Das klingt nachdenklich bis väterlich gütig.

Mach verflucht noch mal, dass du endlich aus dem Bett kommst, du fauler Sack!

Und *das* klingt nach einem ziemlich wachen DS.

Seufzend schlägt Andrew die Lider auf.

Warum kann er ihn kein einziges Mal in Ruhe lassen?

Die Antwort darauf bleibt selbstverständlich aus, doch Andrew weiß, dass es ohnehin kein Entrinnen gibt. Daher wandert sein Blick schließlich resigniert zur Uhr, was gleichzeitig den offiziellen Beginn seines Tages markiert.

3:10 AM

2

Gelassen bringt er die Routine hinter sich.

Frühstück: ein Kaffee, Eier mit Speck, eine Grapefruit, ein Glas Orangensaft.

Eine Stunde im Fitnessraum (zwanzig Minuten Lauftraining, zwanzig Minuten Gewichte stemmen, zwanzig Minuten Lauftraining). Der DS ist eher mäßig zufrieden.

Duschen, anschließende Rasur.

Ankleiden: weißes Hemd, graue Hose, dunkelblauer Binder, kein Jackett.

Emailkontrolle – noch keine neue Nachricht von Finch, der Mann lässt sich Zeit.

Ein weiterer Kaffee – die Müdigkeit macht ihm heute definitiv mehr zu schaffen als üblich.

Pünktlich um sieben Uhr fünfundvierzig steigt Andrew zu Johnson in den Wagen.

»Guten Morgen, Sir!«

Ende der Routine ...

Als Erstes fällt ihm der Dodge Coronet in der Tiefgarage auf.

Nicht der Umstand, dass er ihn nie zuvor gesehen hat, lässt Andrew abrupt stehen bleiben und das Gefährt wie eine Erscheinung anstarren, sondern dass es so unglaublich alt ist. So rostig. So ... *unverantwortlich.* Das ist kein Auto, das ist ein Haufen Altmetall auf vier Rädern, den irgendwer vergessen hat, auf den Schrottplatz zu fahren und ihm die letzte Ehre zu erweisen. Wer ist so dämlich und wagt sich mit *diesem* Teil auf die Straße? Faktisch kann Andrew sich nicht vorstellen, dass es überhaupt noch *fahrtüchtig* ist. Und seit wann werden die Angestelltenparkplätze seines Unternehmens als Abstellfläche für gestorbene motorisierte Monster genutzt? Warum wird das geduldet? Angewidert verzieht er das Gesicht und setzt seinen Weg fort, plötzlich wieder von dieser neuen Aufregung ergriffen, die er bis gestern Morgen nicht kannte.

Reiß dich zusammen, Norton, du Idiot!

Der Aufzug ist leer und Andrew nutzt die Zeit, um in die fünfunddreißigste Etage zu gelangen, für konzentrierte Atemübungen.

Einatmen ...

›Du wirst völlig entspannt den Raum betreten.‹

Ausatmen ...

›Du wirst dir nichts anmerken lassen.‹

Einatmen ...

›Deine debile Grimasse bleibt auch aus!‹

Ausatmen ...

›Halt verdammt noch mal deinen Herzschlag unter Kontrolle!‹

Einat...

Pling!

Die Fahrstuhltüren gleiten auf und er zwingt sich, nicht zu eilig den Flur bis zu seinem Büro zu überwinden. Die Guten–Morgen–Grüße der Angestellten, die ihm von allen Seiten entgegen schallen, ignorierte er sogar konsequent.

Was wollen diese Menschen von ihm? In Wahrheit ist er überhaupt nicht anwesend! Mit grenzenloser Anspannung greift er kurz darauf zum Türknauf.

Norton, du Nachgeburt! Reiß dich zusammen!

›Ach, Ruhe!‹

Damit öffnet er und erblickt:

Gail.

Ausschließlich.

Er benötigt exakt drei Sekunden, um die Fähigkeit zu sprechen wiederzuerlangen. »Wo ist sie?«

»Miss Kent ist nicht erschienen, Sir.«

»Alle Termine absagen!«

Womit die Tür geschlossen ist und Andrew sich bereits wieder auf dem Weg zu den Aufzügen befindet.

Verdammt! Warum hat er nicht auf seine innere Stimme gehört?
Was ich immer sage, Norton, Arschl...
Oh, doch nicht *du!*
Sie war gestern Abend eindeutig nicht in Ordnung. Wie genau hat sie sich ausgedrückt?
'Ich wollte nur nach Hause.'
Andrew fetzt das Handy aus der Tasche. »Gail, finden Sie heraus, ob sie sich krankgemeldet hat!«
Als er in der Tiefgarage anlangt, ruft seine Assistentin zurück.
»Sie hat sich nicht krankgemeldet, Sir ...«
Da fehlt eine Information. »Aber?«
»Sie hat gekündigt, Sir.«
Seltsam, überrascht ist er nicht. »Wann war das?«
»Vor wenigen Minuten, Sir.«
Andrew beendet das Gespräch und knurrt Johnson ein »Miss Kent!« entgegen, als der ihm die Wagentür aufhält.

3

Warum müssen die Straßen an einem gewöhnlichen Mittwochmorgen nur so verdammt verstopft sein?
Können diese Leute nicht zu Hause bleiben, die Bahn nehmen, den Bus oder was sonst noch so fährt? Laufen wäre auch eine Alternative! Zufällig hat Andrew es nämlich eilig!
Ja, Norton, du Idiot, genau! Wir bemühen uns um die Angestellten, die sich bei uns unverzichtbar gemacht haben. Ob nun mit ihrer Arbeit, oder damit, dass sie gehorsam den Mund aufmachen, wenn wir unsere Zunge hineinstecken wollen, was?
›Ruhe!‹
Weißt du, Norton, ich halte ja im Allgemeinen meine Schnauze ...
›Das ist mir neu.‹
... aber ich denke, dass du soeben im Begriff bist, einen verflucht beschissenen Fehler zu begehen.
›Lass es!‹
... Du reißt gerade alles ein, was du dir mit meiner Hilfe aufgebaut hast. Was genau tust du hier eigentlich?
›Ganz einfach, ich hole sie zurück.‹

Aber darauf verzichtet die Nutte dankend! Will das denn nicht in deinen dämlichen Schädel? Sie hat keinen Bock für dich zu arbeiten! Lass sie in Ruhe!

›Nein.‹

Norton, du Hornochse! Sie ist ein egoistisches Flittchen und damit nicht einmal den Dreck unter deinen Fingernägeln wert! Ein Nichts! Lass sie dort, wo sie hingehört. In ihrem von Ratten verseuchten Drecksloch von einem Appartement und komm endlich wieder zu dir!

›Nein!‹

Stöhnend rauft sich der DS das nicht vorhandene Haar. *Oh Mann! Warum tust du Idiot nicht, was ich sage?*

›Weil sie ohne mich nicht überleben wird.‹

Haaaaa! Das ist der schlimmste Fall von Selbstbetrug, der mir jemals untergekommen ist! Du bist hier derjenige, der glaubt, ohne sie zu krepieren. Und für diese irrsinnige Vermutung hast du dir mit Abstand die ungeeignetste Person ausgesucht, die du nur finden konntest! Sie wird dir nicht helfen, weil sie sich schon selbst nicht helfen kann!

›Da erzählst du mir nichts, was ich nicht bereits wusste.‹

»Wir sind da, Sir!«

Andrews »Warten Sie hier!« dürfte für Johnson relativ unverständlich gewesen sein

Er ist längst aus dem Wagen gesprungen, bevor der ganz zum Stehen kommen kann.

Bei Tageslicht wirkt das Areal sogar noch unfreundlicher.

Jetzt sieht er nämlich die Müllberge, welche die Dunkelheit am vergangenen Abend so nett verborgen hat. Es tummeln sich tatsächlich Ratten darauf, während schmutzige Kinder in dem spielen, was wohl mal ein von freundlichen Gemeindemitgliedern gespendeter Sandkasten war. Argwöhnisch fragt Andrew sich, wie viele benutzte Junkiespritzen in dem Dreck vergraben sind und erschaudert.

Was ist das nur für eine Gegend?

Kaum hat er ihre Wohnungstür erreicht, beginnt er auch schon, auf das poröse Material einzuhämmern. Aus dem Appartement dringt nicht der geringste Laut. Kein Problem, er hat keine Skrupel sich gewaltsam Zutritt zu verschaffen, wenn es sich als notwendig erweist.

Der Lärm hat die 'Nachbarn' aufgeschreckt. Rechts von Andrew blinzelt ein fetter, unrasierter Mann mit Zigarette im Mundwinkel und im verblichenen Unterhemd um die Ecke. »Was 'n los?«

Andrew ignoriert ihn und hämmert weiter. Nach einigen Minuten genießt er die Audienz der gesamten Nachbarschaft, einschließlich einer hochschwangeren Frau, die verdächtig nach Whisky riecht und torkelnd auf ihn zukommt. »Sie is nich da«, informiert sie ihn. »Sie is abeiten.«

»Nein, ist sie nicht!«, knurrt Andrew und etwas lauter: »Josephine! Wenn du jetzt nicht *sofort* die beschissene Tür öffnest, trete ich sie ein!«

»Hey Mister!« Das ist wieder Mr. Unterhemd, der gnädigerweise die Zigarette aus dem Mund genommen hat. »Das is verboten! Ich kenn mich aus bei die Gesetze! Das is Haus...« Er runzelt die Stirn, scheint intensiv darüber nachzugrübeln, wie genau sich das Delikt nennt, dessen sich der Fremde in dem teuren Anzug gleich schuldig machen wird. »Wohnungsdiebstahl!«, schreit er schließlich begeistert.

»Josephine!«, brüllt Andrew. »Letzte Chance!«

Ob es nun die Drohung ist oder ihre Angst, dass die ehrenwerte Hausgemeinschaft zum Angriff auf ihn übergehen könnte, sei dahingestellt. Im Grunde ist ihm ihre Motivation auch völlig egal, denn in diesem Moment wird der Sicherheitsriegel zurückgezogen und sie öffnet ihm einen Spalt weit. Eilig schiebt er den Fuß dazwischen – für alle Fälle.

Nur ein winziger Bereich ihrer Stirn ist auszumachen, aber was Andrew dort erkennt, genügt ihm. Nach einem entschlossenen Ruck steht er in einem kleinen Raum und tritt die Tür zu, ohne den Blick von ihr zu nehmen. Sie ist bleich – nun bleicher – die Augen rot und geschwollen. Offenbar fiel ihr die Kündigung wohl doch nicht leicht.

Norton, du Idiot! Das war DER Job! Kann mir persönlich nicht vorstellen, dass jemand in diesem Alter schon mal einen Besseren hatte!

»Warum hast du das getan?« Als er auf sie zugeht, weicht Josie zurück. Sein Kopf ist wieder gesenkt, die Lippen zusammengepresst und er starrt sie drohend an. Er verlangt Antworten und er wird nicht gehen, bevor er sie auch bekommen hat.

Hahaha! Norton, du Idiot. Das will ich sehen! Ich will ECHT sehen, wie du dich vom Acker machst, wenn sie dir die FALSCHEN Antworten gibt!

Gut, er wird nicht eher verschwinden, bevor er sie dazu gebracht hat, ihre verdammten Sachen anzuziehen und sich zur Arbeit zu bequemen – wohin sie seiner bescheidenen Meinung nach um diese Uhrzeit gehört.

Oh Mann, ich geb's auf!

Das Fenster stoppt ihren Rückzug. Abwehrend hebt sie die Hände, während Andrew unbeirrt auf sie zuschreitet. Erst, als ihre Handflächen seine Brust berühren, bleibt er stehen.

»Warum. Hast. Du. Das. Getan?« Doch sie erwidert nichts, und er schließt die Augen, versucht angestrengt, seinen Zorn beiseitezudrängen, was sich als keineswegs simpel darstellt. Ein Gedanke beherrscht ihn und lässt ihn für keine Sekunde los. Sie wollte ihn also verlassen? Einfach so? Als wäre nichts gewesen?

Ha! Norton, du Idiot! Was ...

›SCHNAUZE!‹

Andrew schlägt die Lider auf. »Josephine, ich werde gleich wahnsinnig. Rede gefälligst mit mir!«

Das scheint sie zu überzeugen, denn sie holt bebend Luft und wispert: »Aber ich kann doch unmöglich noch bei dir arbeiten.«

»Warum?«

»Weil ... das nicht die geeignete Basis ist, um ...«

»Nein?«, haucht er. »Was wäre denn eine geeignete Basis?« Als seine Hand sich unter ihr Kinn legt, schließt sie die Augen, holt tief Luft und sieht ihn wieder an.

»Das gestern hätte nicht passieren dürfen ...«

»Diese Erkenntnis kommt reichlich spät.« Behutsam streichelt er sie mit seinem Daumen.

»Es war ein Fehler ...«

»Das ist ausschließlich deine Meinung ...« Seine Finger schieben sich in ihr verboten langes Haar.

»Ich, ich habe falsch reagiert ...«

Er neigt den Kopf zu ihr hinab. »Nein, ich habe dich überfordert. Das tut mir sehr leid ...« Vorsichtig senkt er seine Lippen auf ihren Mund, bis sie sich fast berühren. Ein Beben geht durch ihren Körper und der Blick ist schreckensgeweitet.

»Aber, ich kann ...

»Mir ist scheißegal, was du kannst oder nicht, Josie«, wispert er. »Ich werde nicht dulden, dass du gehst. Es sei denn, du willst mich wirklich verlassen. Sage mir, Miss Kent, willst du das?«

Hörbar schluckt sie. »Ich weiß es nicht ...«

»Das schreit nach einer Entscheidungshilfe ...« Seine Lippen überbrücken den letzten Millimeter.

4

Andrew geht viel zu heftig vor, doch die Furcht, sie verloren zu haben, diese Panik, die in ihm wütet, seitdem er sein Büro betreten hat, lässt ihm keine andere Wahl. Er drängt sie gegen das Fenster, bis sich ausschließlich ihre Hände zwischen ihnen befinden. Und er wartet nicht, bis sie sich ihm ergibt.

Das Mädchen gehört ihm, verdammt, und er wird nicht zulassen, dass sie ihn verlässt. Sollte sie seinen Kuss nicht erwidern, wird er danach freiwillig in die Hölle fahren – im Moment sind ihm sämtliche Konsequenzen verboten egal. Er braucht sie!

Leise schluchzt sie auf und schmiegt sich an ihn. Alles wirkt ein wenig unbeholfen, sie hat bisher nicht sehr häufig geküsst oder war einem Mann großartig körperlich nah. Dennoch geschieht es mit deutlicher Bereitschaft. Er lässt sich von ihr mitziehen und versucht nebenbei, seine Angst zu besiegen, die immer noch stark und übermächtig in ihm tobt. Nur um sie mit seinem stürmischen Vorgehen am Ende nicht doch zu verschrecken.

Eine Eingebung versichert ihm, dass diese Möglichkeit durchaus besteht.

Auch jetzt – jederzeit.

Als er sie endlich freigibt, sind Josies Lippen geschwollen und ihr Atem geht flach und hektisch. Andrew bemüht sich wenigstens, nicht zu laut zu keuchen, was ihm einiges abverlangt. »Du wirst mich nicht verlassen«, presst er rau hervor. Sie hat den Blick gesenkt und macht fruchtlose Anstalten, ihn wegzuschieben. Warum tut sie das? Er *hätte* sie gegen ihren Willen geküsst, wäre das erforderlich geworden, weil er ahnt, dass er sie auf diese Art umstimmen kann. So weit ist es glücklicherweise nicht gekommen. Weshalb benimmt sie sich denn nicht normal, damit er weiß, woran er bei ihr ist? Diese Person verwirrt ihn und das wirft einen Menschen wie Andrew völlig aus der Bahn. Der Druck ihrer Hände verstärkt sich und sie stößt gehetzt die Luft aus. Allerdings hat er nicht die Absicht, sie loszulassen. Stattdessen überwindet er die letzte Distanz und sie ist endgültig gefangen.

»Sag, dass du bei mir bleibst«, fordert er, noch immer heiser.

Mit geschlossenen Augen kämpft sie gegen ihn an, ohne je eine Chance gehabt zu haben. »Ich akzeptiere deine Kündigung nicht ...«, informiert er sie als Nächstes.

»Das. Kannst. Du. Nicht. Tun!« Verzweifelt versucht sie, ihn von sich zu schieben.

»Ach nein?«

»Nein!« Ihre Lider fliegen auf und sie starrt ihn wütend an, ihr kommen die Tränen; Andrew vermutet, dass ihr Zorn die Ursache ist. »Wenn du mich nicht sofort loslässt, schreie ich!«

Verhalten und durchaus amüsiert lacht er auf. »Ich glaube nicht, dass sich jemand dafür interessieren würde. Aber nur zu! Versuch es! Schreist du, küsse ich dich!«

Seine Arme legen sich fest um den fragilen Körper, hindern sie daran, sich zu bewegen. Doch Josie wütet weiter, das Weinen nimmt zu, während ihre Fäuste wild auf ihn einschlagen. Mit einer Hand fängt Andrew ihre Gelenke ein, um auch das zu unterbinden. Inzwischen ist sie ein einziges Beben. Sie zittert unkontrolliert, die durchsichtigen flüssigen Perlen strömen nur so an ihren Wangen hinab, und irgendwann ergibt sie sich endlich. Hemmungslos schluchzend sinkt ihr Kopf an seine Brust.

Erst als er meint, dass es sicher ist, gibt er sie behutsam frei und streichelt ihr Haar, wobei er inständig hofft, das Richtige zu tun.

»Es wird alles gut«, hört er sich dabei sinnigerweise murmeln. »Es wird wirklich alles gut.«

Wen er davon zu überzeugen beabsichtigt, ist ihm schleierhaft. Josie oder sich selbst – möglicherweise sie beide. Denn plötzlich will er tatsächlich verzweifelt, dass alles gut wird, man kann ohne Übertreibung behaupten, dass dies sein augenblicklich größter Wunsch ist.

Ihr Weinen steigert sich zusehends, bald ist sie in ihrem Heulkrampf restlos gefangen, womit sie sich in seinen Armen fallen lässt und er gezwungen wird, fester zuzupacken, damit sie nicht zu Boden stürzt. Was geschieht gerade mit ihr? Andrew hat nicht die geringste Ahnung, in Wahrheit weiß er momentan nur eines mit Bestimmtheit: Er darf sie nicht verlieren!

Was immer dieses Wesen an sich hat, mit ihr fühlt er sich wohl – eine Vokabel, die bis vor wenigen Stunden nicht in seinen Wortschatz gehörte und die er womöglich nicht einmal definieren konnte. Darüber hinaus gibt es einen weiteren, durchaus relevanten Grund:

Bei ihr bekommt er Schlaf.

SCHLAF!

Das mag für jeden beschissenen Durchschnittsmenschen nicht der Rede wert sein. Doch für ihn ist es mehr als nur ein Wunder: Es beschreibt den Himmel schlechthin.

Josephine Kent besitzt die Macht, ihm dieses Paradies zu bereiten, ergo ist sie urplötzlich das Wichtigste in seinem Leben, und er wird ihr alles andere unterordnen. Ihm bleibt überhaupt keine Wahl, bis gestern Nachmittag hat nämlich er nicht zu hoffen gewagt, auch nur ein einziges Mal ohne zu schreien aufwachen zu dürfen. Sie ist seine Rettung und er muss sie halten! Egal was es ihn, vielleicht sogar sie kostet ...

Er kann sich nicht mehr an das Gefühl erinnern, ausgeschlafen zu sein. Diese lähmende Müdigkeit ist allgegenwärtig. Sie gehört zu seinem Tagesablauf wie der DS. Ihm wird ständig nachgesagt, er sei der ultimative Frauentyp. Die Art von Mann, den die Frauen ansehen und dahinschmelzen. An dieser Aussage hegt er einige Zweifel, denn Fakt ist eines: Höchstwahrscheinlich fristet Andrew Norton als der Mensch mit den schwärzesten Augenringen auf Erden sein Dasein.

Er *ist müde!*

Und dieses Mädchen, das im Moment hemmungslos schluchzend in seinen Armen liegt, ist der Schlüssel zu seinem Schlaf! Seine persönliche Erlösung – wer auch immer sie ihm gesandt hat, tat es nicht grundlos. Inzwischen glaubt er fest daran.

Nur geht es seinem privaten Wunder zumindest derzeit nicht sonderlich gut. Das muss er korrigieren, und zwar so schnell wie möglich. Suchend sieht er sich in dem armseligen, düsteren Raum um und nimmt sein Umfeld damit zum ersten Mal überhaupt bewusst wahr.

Es gibt faktisch nichts!

Da sind ein Bett, eine einfache Anrichte mit drei Schubfächern und einer Schranktür, die halb aus den Angeln hängt, eine kleine Nische, was wohl die Küche darstellen soll und eine zweite Tür. Vermutlich geht es dort ins Bad. Keine Couch, kein Tisch, kein Stuhl.

Andrew, denkt er sich mit einem Anflug von Beklommenheit und leichtem Vorwurf, du solltest besser für deine Rettung sorgen.

Es entspricht nicht unbedingt den üblichen Anstandsregeln, eine Alternative existiert leider nicht, daher setzt er sich mit ihr auf das Bett und hält sie, während sie sich beruhigt.

Irgendwann wird sie tatsächlich still und erst jetzt wagt er einen Blick zu ihr hinab. Josies Augen bleiben geschlossen, eine Hand ist in seinem Hemd festgekrallt, die andere liegt zwischen seiner Brust und ihrem Kopf. Ein kleines, verwirrtes Kind.

Nur dass dieses ‚Kind' verdammt beängstigende Reaktionen in ihm auslöst. Im Moment zumindest ist Andrews Drang mit Abstand am größten, sie vor allem zu beschützen, was ihr schaden könnte, auch vor sich selbst. Behutsam hebt er ihr Kinn, wartet, bis sie ihn ansieht, und versucht sich in einem Lächeln. Es zu arrangieren fällt ihm nach wie vor schwer, doch etwas Artverwandtes bringt er wohl zustande, denn sie weicht nicht zurück. »Geht es dir besser?«

Einige Male blinzelt sie heftig. »Nein! Ich glaube nicht.«

»Okay. Was kann ich tun?«

Prompt wird ihre Miene flehend. »Nimm meine Kündigung an!«

»Nein!«

Sie holt tief Luft. »Andrew ...« Hat sie eine ungefähre Ahnung, wie sich sein Name aus ihrem Mund anhört? Angestrengt schluckt er an den unterschiedlichen Emotionen, die wieder in ihm wüten: Zorn, weil sie ihren dämlichen Wunsch, ihn zu verlassen scheinbar nach wie vor nicht aufgegeben hat. Verwirrung über das Gefühlschaos, das sie mit einem winzigen Wort in ihm auslöst.

Angst vor den Plänen, die sich in seinem Geist formen. Wilde, befremdliche und zeitgleich atemberaubend interessante Szenarien darüber, was er unternehmen wird, damit sie ihn nicht verlässt. Festhalten ist dabei das mit Abstand Vertretbarste.

»Wie stellst du dir das vor?«, fährt sie fort, es klingt beinahe unbekümmert. »Gail wird in einer Woche in den Ruhestand gehen und ich kann nicht für meinen Chef arbeiten und ihn gleichzeitig ...« Erst an diesem Punkt gerät sie ins Straucheln. »Gleichzeitig ...«

Mit angehaltenem Atem wartet er darauf, dass sie den Satz zu Ende führt. ›Was? Sag schon, Baby. Ich will, dass du es sagst! Sag es! Sag es, verdammt noch mal!‹

Sie ist rot geworden und versucht, den Kopf zu senken, doch sein Finger unter ihrem Kinn hält unerbittlich dagegen. »Was?«

»Ich weiß es nicht«, wispert sie. »Ich glaube, ich ... *mag dich*. Aber wenn du mich zwingst, wenn du so nah bist ... Du hast keine Ahnung ... Ich ersticke! Ich ... ich ...« Unvermutet verschwindet die Röte und nicht nur die: Alles Blut scheint ihren Schädel zu verlassen, und innerhalb von Sekunden ist sie leichenblass. »Das darfst du nicht tun! Du musst respektieren, dass ich so was nicht will!«

»In Ordnung, ich werde es versuchen«, nickt er langsam.

»Versuchen?«, echot sie.

Andrew seufzt. »Was wäre dein nächster Schritt gewesen, hätte ich dich nicht zurückgehalten?«

Sie zögert. »Dann hätte ich ..., dann wäre ich ... gegangen.«

»Und genau das werde ich nicht zulassen!«

Hass lodert in ihren Augen auf, ungezähmt und grenzenlos vernichtend. Obwohl sie in seinen Armen liegt, könnte die Abweisung in ihrer Stimme nicht klarer ausfallen. »Du kannst mich nicht zwingen! Das ...«

»Kann ich nicht?« Sein Flüstern klingt eiskalt und ihr Ausdruck wechselt von wütend und dominant auf ängstlich. Verdammt! Das wollte er überhaupt nicht erreichen, sie soll doch nur bei ihm bleiben!

Warum treibt sie ihn immer wieder bis zum Äußersten, wo exakt das weder ihr noch ihm gut tut? »Es ist unfair, wenn du das tust«, stellt sie leise fest.

Andrew holt tief Luft und schließt die Lider. Das ist ihm bekannt, aber lässt sie ihm denn eine andere Wahl? Dieses Mädchen scheint nicht zu begreifen, dass er es vor sich selbst schützen muss! »Ich werde versuchen, es zu unterlassen«, bringt er mit einiger Mühe hervor, und als er sie ansieht, begegnet er ihrem forschenden, jedoch nicht länger furchtsamen oder ablehnenden Blick. Stattdessen wirkt sie plötzlich kalkulierend. »Wirst du das?«

»Ja.«

»Du hast mir nicht erklärt, wie das funktionieren soll. Wusstest du das noch nicht? So etwas klappt *niemals!* Wir können nicht miteinander arbeiten und gleichzeitig ...« Und erneut verstummt sie an der elementarsten Stelle.

»Wer sagt das?«, erkundigt er sich. »Die strikten Regeln? Die Moral? Die Ethik? Wer bestimmt, was wir tun dürfen und was nicht? Wer legt das fest?«

Es dauert eine geraume Weile, bevor sie sich entscheiden kann, darauf zu antworten. »Ich fühle mich nicht wohl bei dem Gedanken ...«

Seufzend gibt er vor zu überlegen. »Mein Vorschlag«, beginnt er schließlich langsam. »Solange wir uns im Büro befinden, halte ich mich von dir fern ...«

Das genügt Josie nicht ganz. »Du versprichst, dass du mich nicht mehr zwingen wirst.«

»Was meinst du?«

Und prompt ähnelt sie wieder einer Leiche. »Du bedrängst mich immer«, wispert sie. »Du treibst mich in die Enge und dann ...«

Leise lacht er auf, so froh, dass sie wenigstens momentan keine Angst zu haben scheint. Außerdem atmet sie. Erst jetzt erkennt er, dass er in den vergangenen Minuten ein unvorstellbares Risiko eingegangen ist. Und er glaubt ermessen zu können, wie gravierend es für sie beide ist, dass sie nicht in einem ihrer Panikanfälle untergegangen ist. Obgleich Josie dieses spezielle Wunder vermutlich derzeit entgeht. »Ich kann nichts dafür, dass es dir gefällt. Es ist deine Schuld, wenn du dich weigerst, es dir einzugestehen und nicht meine, weil ich es früher als du erkannt habe ...«

Interessanterweise wird sie daraufhin wütend und angriffslustig. Erkläre ihm einer diese Frau!

»Aber ich werde nicht ...«, fährt sie ihn an und zwingt sich sichtlich zur Mäßigung. »Ich kann nicht mit dir ... *niemals!*«

Heftig schüttelt er den Kopf. »Das weiß ich ... Ich meine, ich dränge dich nicht oder unternehme auch nur einen Versuch in dieser Richtung. Ich bin fähig zu warten, bis du bereit bist. Das gestern war ... ein Fehler. Es tut mir sehr leid.« Eindringlich betrachtete er sie. »Glaubst du mir?«

»Deine Geduld wird irgendwann aufgebraucht sein!«, stellt sie mit einer Endgültigkeit fest, die ihn kurzfristig in Panik versetzt. Doch dann sagt sie einen Satz, der Andrew weitaus mehr zu denken gibt. »Ihr Männer braucht den Scheiß! Ihr könnt nicht anders!«

»Und ihr Frauen braucht ihn nicht?« Sie wagt nicht, ihn anzusehen, wenngleich ihr Ton das Gift von einhundert Nattern enthält. »Nein! Sie tun es ... damit ihr zufrieden seid!« Oh, es klingt so böse, so hasserfüllt und gleichzeitig spröde und spöttisch, wie aus dem Mund einer uralten vom Leben gezeichneten Greisin. *Hey! Du armes Baby, willst du mir weismachen, dass dir dieser winzige Umstand bisher entgangen ist!*

Andrew lehnt sich etwas zurück, um sie ansehen zu können und sich gleichzeitig etwas von ihr zu entfernen. Zu viel Gefahr geht momentan von ihm aus. »Josie ... wie oft genau warst du mit einem Mann zusammen?«

Jetzt ist sie definitiv rot. Intensiv und Marke karibischer Sommer oder afrikanischer. Bevor jedoch jeder Millimeter ihres Gesichts davon vereinnahmt werden kann, wird sie wieder bleich.

Fassungslos beobachtet Andrew dieses Schauspiel, auch wenn es ihm kaum gelingt, dem in Realzeit zu folgen.

Die flüchtige hochgradige Verlegenheit wird wieder von jenem Hass abgelöst, der ihm aus den grünen Augen entgegen springt. Aber neben all dem, was er nicht im geringsten versteht, hat er eines inzwischen begriffen:

Er hält gerade die atemberaubendste Frau in den Armen, der er jemals begegnet ist. Es ist nur eine Vermutung, eine höchst unangenehme übrigens, doch er nimmt an, dass er ihr bereits hoffnungslos verfallen ist. Und sie hat tatsächlich noch nie ...? Sie ist *wirklich* absolut unberührt und gehört ihm? Oh, und wenn er zwanzig – Andrew runzelt die Stirn, okay, okay zwei – Jahre warten muss. Er *wird* es tun!

Es ist ein heiliger Schwur.

Dann betrachtet er sie erneut, jetzt im Lichte der jüngsten Erkenntnisse, und seufzt ergeben. »Du bist so süß.« Zärtlich küsst er die vollen Lippen, und als er sie wieder mustert, ist ihm, als umarme er plötzlich eine ganz andere Person. Einen Schatz! Eine Kostbarkeit! Und er wird auf sie aufpassen! Oh ja!

»Warum ...?«

Er neigt den Kopf zur Seite. »Hmmm?«

Wie so häufig bedarf es eines tiefen Luftholens, bevor sie fortfahren kann. »Ich meine, du hast doch bestimmt viele Frauen. Warum ...?«

»Was?«

Sie will den Blick senken, was er selbstverständlich nicht zulässt. Es ist zu faszinierend, das Strahlen dieser fantastischen grünen Augen zu beobachten, das ist nämlich zwischenzeitlich zurückgekehrt. »Ich weiß, wie ich aussehe ...«, murmelt sie.

»Ich habe keine Ahnung, worauf du hinaus willst.«

»Die anderen sehen doch ... sie sind viel attraktiver und das alles.«

Sie hat tatsächlich nicht den geringsten Schimmer, welche Reaktionen sie bei seinesgleichen auslöst? Andrew hat das völlig falsch eingeschätzt, realisiert er plötzlich. Josie versucht nicht, unattraktiv zu sein, sondern *hält* sich dafür. Wie kann es sein, dass ihr in einundzwanzig Jahren noch nie ein Mann erklärt hat, wie atemberaubend sie ist? Lächelnd küsste er sie, und es fühlt sich mit jedem Versuch richtiger, perfekter von höheren Mächten gewollter an. »Du bist mit Abstand die schönste Frau, der ich jemals begegnet bin.«

Sie antwortet nicht, und so bekommt er Gelegenheit, sich die absonderliche, bis vor Kurzem unvorstellbare Gesamtsituation begreiflich zu machen: Derzeit befindet er sich in einem heruntergekommenen Appartement auf einem Bett, dessen Geburtsstunde vor etlichen Jahrzehnten gewesen sein muss. Im Arm hält er eine hinreißende Schönheit, die keine Ahnung davon hat, wie bezaubernd sie ist. Nebenbei ist sie der Ansicht, Sex diene ausschließlich dem Vergnügen des männlichen Parts.

Sie trägt ein verwaschenes T-Shirt, das ihr mehrere Nummern zu groß ist und eine ausgebeulte Jogginghose – nicht dass dies ihrer Attraktivität abträglich sein würde. Berührt er sie unüberlegt, leidet sie manchmal unter Erstickungsanfällen und Panik, aber sie reagiert auf ihn, und sie hat gesagt, dass sie ihn mag. Ach so, nur um alle Faktoren zu berücksichtigen: In ihrer Nähe konnte er das erste Mal seit vierundzwanzig Jahren ruhig und zufrieden schlafen.

Vermutlich ist es an der Zeit, die Dinge in die Hand zu nehmen. Erneut sieht Andrew sich in dem kleinen Raum um. »Josie, du musst aus diesem Drecksloch raus!«

»Was?«

Das kommt schon wieder äußerst protestierend, doch diesbezüglich ist er zu keinem Kompromiss bereit. Der Anblick der Nachbarn und der Ratten hat ihm genügt. Obwohl er persönlich nicht ganz sicher ist, wer nun den tierischen Nager und wer einen menschlichen Bewohner darstellt. Die Übergänge verlaufen scheinbar fließend. »Du kannst nicht weiterhin hier hausen!«, bemerkt er strikt. »Es ist zu unsicher. Ich suche dir ein ...«

»Nein!« Diesmal schiebt sie ihn erfolgreich von sich und steht hastig auf. »Ich werde nicht umziehen!«, verkündet sie ziemlich mutig, findet Andrew. »Es ist billig, die Leute sind nett ...«

Ungläubig lacht er auf. »Nett? Josephine, deine Nachbarschaft besteht aus einer Bande von Alkoholikern, Rauschgiftabhängigen und arbeitslosen Quartalssäufern!«

Prompt verringert sich der Umfang ihrer Augen. »Das kannst du nicht wissen. Du kennst sie nämlich gar nicht!«

»Ach nein? Du vergisst, dass ich soeben das gesamte Gebäude mit meinem Gehämmer in Alarmbereitschaft versetzt habe.«

Trotzig verschränkt sie die Arme. »Ich lasse mich nicht von dir aushalten. Vergiss es!«

Mit einigen Mühen widersteht er dem dringenden Wunsch, mit ihr zu diskutieren. Das ist der falsche Moment, wenn es überhaupt jemals einen richtigen gibt. »Wie du meinst. Dann geh dich jetzt anziehen. Ich habe nicht den ganzen Tag dafür Zeit, Assistentinnen aus ihrem unautorisierten Urlaub zu holen.« Sie fährt zusammen, doch er verspürt nicht das geringste Mitleid.

»Aber ...«

»Geh!« Ihrem unsicheren Blick begegnet er mit seinem lang erprobten drohenden, und auch diesmal bleibt die Wirkung nicht aus. Seufzend senkt sie den Kopf und begibt sich in den Verschlag, der sich Bad schimpft.

Norton, du Riesenidiot ...

›Oh nein ...‹

Oh doch. Und du ahnst nicht einmal wie sehr. Also fassen wir die Ereignisse des heutigen Tages so weit zusammen: Du verdonnerst das Flittchen ...

›Wie bitte? Ich denke, dir ist da etwas entgangen.‹

Okay, der Punkt geht an dich. Du verdonnerst das lebensunfähige und selbstmordgefährdete Mädchen dazu, weiterhin für dich zu malochen. Du hast sie gegen ihren Willen geküsst und ziemlich bedrängt ... Klar so weit?

›Ich habe sie nicht gegen ihren Willen geküsst!‹

Aber du hättest, du Sackgesicht, und daher läuft es im Endeffekt aufs Gleiche hinaus. In Ordnung, wäre möglich, dass ich bei ihr eventuell ein bisschen überreagiert habe. Vielleicht sollten wir uns die Kleine sichern ...

›Da gibt es nichts zu sichern. Sie gehört mir!‹

Ja, ja, ganz deiner Meinung. Was wirst du in Sachen Appartement unternehmen?

›Daran arbeite ich noch.‹

Du weißt, dass sie alles tut, was du willst, wenn du sie nur auf die richtige Art überredest?

›Soll heißen?‹

Das ist der Grund, weshalb du mich eben doch brauchst, Norton, du Anfänger. Fängst du es clever an, frisst sie dir aus der Hand! Sie weiß NICHTS! Du musst sie nur an der korrekten Stelle berühren und schon ist sie total willenlos.

›Atemlos wolltest du sagen, wohl eher atemlos. Und ehrlich, ich habe nicht die Absicht, sie ständig mehr tot als lebendig ...‹

Oh heilige Scheiße! So viele Frauen später und du bist so dämlich! Das ist ja das Kunststück! Ist dir entgangen, dass sie keinen Bock hatte, dich zu küssen? Und was ist passiert? ›Sie hat mich doch geküsst!‹

Ich werde verrückt! Er wacht auf! Das versuche ich dir, die ganze Zeit beizubringen! Sie kann nicht anders, ist dir völlig verfallen!

Wenn du es richtig anstellst, hast du sie – hmmm, lass mich nachdenken. Deinen Irrsinn hinzuaddiert ... – in zwei Tagen schreiend unter dir.

›Ich will sie nicht nur ...‹

Das ist mir schon klar. Aber vergiss niemals eines, mein Junge: So lange, wie du diese Tatsache nicht in sie hineingevögelt hast, gehört sie dir nicht wirklich. Was wäre zum Beispiel geschehen, wärst du gestern zu spät gekommen?

Andrew wird blass. Wären diese verdammten Hurensöhne erfolgreich gewesen ... Im Geiste sieht er die schönen, seltenen und so unschuldigen Augen vor sich und wagt nicht, sich vorzustellen, wie groß das Ausmaß der Zerstörung dieser ohnehin total kaputten Seele ...

Genau, Norton, du Idiot! Das kommt etwas ungeduldig. *Jetzt denk mal an Smith, Johnson, scheiße Mann, jeden! Sie alle wollen sie dir wegnehmen, und wenn du nicht verflucht aufpasst, dann ist ein anderer Schwanz schneller ...*

›Nein!‹

Reg dich ab, Prinzessin! Ich bin ja gerade dabei, das Problem zu lösen – wie immer. Schon vergessen? Wir müssen sie an uns binden, und zwar so, dass sie überhaupt nicht mehr in die Verlegenheit gerät, jemand anderen kennenzulernen. Gecheckt?

Ja!, knurrt Andrew.

Wie war das, sie ist derzeit ohne Auto?

Andrew reißt die Lider auf. ›Ich werde ihr eines kaufen.‹

Und deshalb bin ich da, du gottverdammte Blindschleiche! Nein, du stiftest ihr natürlich keines! Bist du wahnsin... oh, falsche Frage! Warum wirst du unser Geld denn nicht sinnloserweise für einen chromlastigen Schlitten aus dem Fenster werfen, mein kleiner Hosenscheißer?

Grübelnd verengen sich Andrews Augen. ›Sie könnte unbemerkt verschwinden.‹

Es gibt also noch Hoffnung! Was tust du stattdessen?

›Johnson?‹

Ich bin begeistert!, jubelt er trocken. *Aber was du ihr kaufst, und zwar pronto, ist ein Handy. Warum, mein Junge?* Der DS mustert Andrew wie ein geduldiger Lehrer in der Grundschule.

›Damit sie erreichbar ist?‹

Fast richtig. Wichtig ist, stets zu wissen, wo sie beabsichtigt, sich um ihr goldiges Leben zu bringen.

›Aber wie soll ich denn auf sie aufpassen?‹ Andrew ist erneut am Verzweifeln. ›Ich meine, das gestern ...‹

Später. Nur noch eines: Wie wäre es mit einem Blick in den Kühlschrank?

›Warum ...‹

$ –1,45? Aufwachen, Norton, du Riesenarschloch! Du hast sie angeschleppt, dann sieh zu, dass du langsam deine Gehirnwindungen zum Arbeiten und den Mist mit ihr zum Funktionieren bringst! Ich schwöre, lange schaue ich mir das nicht mehr an! Das klingt wie ein ziemlich entnervter DS, was bedeutet, Andrew hat den Bogen bereits wieder überspannt. Leider kann er sich momentan damit nicht befassen, ihm geht nämlich gerade auf, woran er bisher noch gar nicht gedacht hat. Ja, verdammt! Essen! Was isst sie denn eigentlich?

In diesem Moment öffnet sich die Tür des Verschlages, der sich Badezimmer schimpft, sie tritt heraus, und Andrew ist für die nächsten Sekunden abgelenkt.

Bezaubernd!

Heute trägt Josie ein recht kurz geschnittenes, buntes Kleid mit schmaler Taille und weitem Rock. Zweifellos stammt es aus der Kollektion, die sie gestern gekauft haben. Es wurde zügig geliefert. Darüber befindet sich eine leichte blaue Jacke – die Farbe tendiert dazu, Andrews Favorit zu werden – und hohe Sandalen. Ihr Haar hat sie wie üblich zu einem Zopf in den Nacken gebunden.

Sie ist schlicht atemberaubend, doch daneben auch verflucht blass und viel zu dünn. Bis vor zwei Minuten hätte Andrew das auf ihren seelischen Zustand geschoben. Inzwischen, dank der Hilfe des DS, glaubt er, den wahren Grund gefunden zu haben. Als er sich auf sie zubewegt, blitzen bei ihr sofort Angst und Argwohn auf. Mist!

Abrupt bleibt er stehen und hebt die Arme. »Ich wollte nur ...«, murmelt er und geht bedeutend langsamer weiter, sodass sie immer seine Hände sehen kann. Josie atmet zwar nicht auf, scheint sich jedoch ein wenig zu entspannen.

Als er sie erreicht, löst er behutsam die Spangen, die ihre Frisur halten, und tritt einen Schritt zurück, um sie mit zur Seite geneigtem Kopf zu betrachten. »Du siehst ... hinreißend aus, Baby«, bekennt er mit ziemlich belegter Stimme.

Bereits wieder fasziniert mustert er ihre Augen, die sich ungläubig, überrascht und ein bisschen spöttisch weiten. Aber gleichzeitig wohnt jener Glanz in ihnen, den man mit einem solchen Kompliment im Normalfall bei einem Mädchen erzeugt. Sie will es nicht glauben, schon gar nicht mögen, doch ein Teil von ihr, eben die Frau, reagiert zumindest wie die übrigen. Was dazu führt, dass er mehr tut als ursprünglich geplant. Denn er überwindet die Distanz, umarmt sie vorsichtig und küsst sie.

Verhältnismäßig unerwartet trifft ihn die glühende Leidenschaft, mit der sie ihm begegnet, sobald der übliche, anfängliche Widerstand überwunden ist. Eine Barriere, die er mittlerweile als poröse Wand identifiziert hat, ähnlich der Beschaffenheit ihrer Appartementtür. Okay, *etwas* ist ein wenig untertrieben. Vor Überraschung und seiner zwangsläufigen Reaktion auf sie fällt ihm das Atmen plötzlich sehr schwer. Erregung überwältigt ihn und Andrew vergisst alles. Unter anderem Dinge, die er nun einmal nicht vergessen *darf.*

Für eine selige Minute gibt es nur sie und ihn. Er packt ihr Haar, zieht sie an sich, glaubt bald in diesem süßen Kuss zu ertrinken, der nach so viel mehr verlangt. Sie ist anschmiegsam, willig, warm. Und egal, wie intensiv es wird, sie folgt ihm, wie ein scheues Reh, das in dem vermeintlichen Jäger seinen Beschützer ausgemacht hat. Er hört sie seufzen, sich nebenbei übrigens auch und zwingt sie näher. Ohne davon zu wissen, tastet er sich an ihrem verheißungsvollen Körper hinab, erreicht nur einen Augenblick später den Saum ihres Rocks und überwindet ihn zielstrebig ...

Zeitgleich erschlaffen die eben noch so zärtlichen Arme um seinen Hals.

Verdammt!

Hastig und dennoch widerstrebend lässt er sie los und wird mit ihrem starren, leblosen Blick konfrontiert, in dem sich nur langsam aber stetig die Panik breitzumachen droht.

Norton, du Arschloch! Jetzt hör zu! Sieh sie fest an!

›Was glaubst du, was ich gerade mache ...?‹

Schnauze! Befiehl ihr, einzuatmen! »Josie atme ein!« Sie gehorcht.

Luft anhalten! »Halte die Luft an und zähle bis fünf!«

Augen auf, sofort! Sonst erkennst du nicht, ob sie noch bei dir ist! »Schau mich an!«

Flatternd fliegen die Lider auf.

Ausatmen! »Josie, ausatmen!«

Quälende zwei Sekunden vergehen, in denen sie ihn anstarrt. Dann teilen sich ihre Lippen und er zwingt sich trotz hohlem Gefühl im Magen zu einem Lächeln. »Besser?«

Als sie zögernd nickt, wird er ernst. »Was war der Grund?«

Josie schweigt, aber dieser seltsame flehende und gleichzeitig hasserfüllte Ausdruck spricht Bände. »Wir versuchen es wieder«, versichert er ihr, obschon er momentan nichts weniger will.

Erneut antwortet ihm ein Nicken, ihre Miene impliziert jedoch eher ein Kopfschütteln.

»Was hast du?« Behutsam, als wäre sie aus einem feingliedrigen, leicht zerstörbaren Material, streicht er eine Strähne hinter ihr Ohr. Wenigstens zuckt sie nicht zurück.

»Ich kann das einfach nicht!«, stößt sie widerwillig hervor.

»Gib dir – uns – Zeit, okay?« Als sie den Kopf senkt, hebt er vorsichtig ihr Kinn. »In Ordnung?« Sie sagt nichts, doch er verzichtet auf weiteres Nachhaken und sucht stattdessen angestrengt nach einem Themenwechsel. Denn er hat es wie so häufig versaut. Es ist nicht ihre Schuld – nur seine, vielleicht sollte er endlich begreifen, dass man in Sachen Josie Kent anders vorgehen muss als bei einer gewöhnlichen Frau. Schon allein ihre fragile Figur – sie ist so verdammt zart!

Was ihn wieder zu seinen ursprünglichen Überlegungen bringt und die erhoffte Ablenkung gleich mitliefert. Wie viel wird sie wiegen? Fünfzig Kilogramm? Wahrscheinlich weniger. »Was hattest du zum Frühstück?«, erkundigt er sich verhalten.

Als er nur Verwirrung in ihrem Gesicht findet, überfällt der Zorn Andrew erneut.

»Josephine!«, knurrt er mit großen Augen. »Essen! Diese Geschichte, bei der man den Mund aufmacht und etwas hinein schiebt, damit man überlebt. Wann. Hast. Du. Zuletzt. Gegessen?«

Jetzt wird sie rot, aber eine Antwort? Fehlanzeige!
»Josie!«
»Gestern!« Ein gewisser Trotz ist nicht von der Hand zu weisen.
»Wann ge...« Ergeben schließt Andrew die Lider. »Am Strand?«
Sie schweigt – natürlich, doch ihr Blick wird zur Abwechslung abfällig.
»Dieses Sandwich?«
Auch darauf bleibt sie ihm die Erwiderung schuldig. Er holt tief Luft. Fünf Sekunden halten. Ausatmen. Dann erst sieht er sie wieder an und nimmt gleichzeitig ihre Hand. »Nun, ich denke, Miss Kent, es ist höchste Zeit für ein anständiges Frühstück ...«

Machtspiele

1

Unbewegte Miene Johnson wartet genau dort, wo Andrew ihn zurückgelassen hat.

Das winzige Lächeln, mit dem er Miss *ich bin die personifizierte Versuchung,* Kent bedenkt, entgeht Andrews Aufmerksamkeit keineswegs. Und er glaubt, in ihrem beiläufigen Blickwechsel etwas auszumachen. Wie eine versteckte Botschaft. Verbergen die beiden irgendetwas vor ihm? Der Gedanke, dass sie hinter seinem Rücken miteinander kommunizieren, lässt sofort den Argwohn in die Höhe schnellen, und seine Miene fällt dementsprechend eisig aus. Andrew zischt dem Fahrer das Ziel entgegen und hält Josie selbst die Wagentür auf. Kaum hat er neben ihr Platz genommen, liegt seine Hand bereits auf ihrem nackten Bein. Erst sieht sie hinab und dann in sein Gesicht.

Fragend.

Er hebt eine Augenbraue. »Wir sind noch nicht im Büro, richtig?«

Das Nicken erfolgt etwas verzögert – aber es kommt. »Richtig.«

Los, Norton, du Idiot, mach da weiter, wo du aufgehört hast. Du bist längst nicht am Ziel oder ist dir Johnson schon wieder entfallen?

Mit Sicherheit nicht. Aufmerksam studiert Andrew ihre Mimik. Nein, sie ist nicht ängstlich, ein wenig Argwohn, eine Prise Hass, doch das ist bei dieser Frau ohnehin der Standard. Sehr gut. Es ist auch besser, wenn sie diese dumme Furcht endlich hinter sich lässt, dazu gibt es nämlich nicht den geringsten Anlass. Er hat nicht die Absicht, Momente wie diesen ungenutzt zu lassen. Dafür ist sie mit Abstand zu süß und er von ihr zu besessen.

Mühelos hebt er sie auf seinen Schoß, und noch bevor sie sitzt, spürt Andrew, wie sie sich verkrampft. Doch er ignoriert es, umarmt sie stattdessen und schaut sie schließlich eindringlich an. »Atme, Josephine!«

Sie gehorcht, obgleich mit sichtlicher Mühe. Andrews Blick wird beschwörend und in gleicher Manier färbt er auch seinen Tonfall. »Ich werde dir nichts tun. Du brauchst vor mir keine Angst zu haben. Verstehst du das?«

Wieder erfolgt dieses zögernde Nicken, doch die Abneigung in ihren Augen nimmt zu. Mit etwas Anstrengung gelingt es ihm, selbst das zu missachten und er küsst sie lächelnd. »Das Problem ist nur ...«, murmelt er dabei. »... dass du so unglaublich sexy bist, Baby.«

Eilig senkt sie den Kopf. Warum sieht sie ihn denn nicht mehr an?

Weil sie schüchtern ist, schon vergessen, Norton, du grenzdebiler Vollpfosten? Und ich persönlich bin der Ansicht, dass dies nicht die schlechteste Eigenschaft ist, die unser kleines Mädchen haben kann.

Damit hat er nicht ganz unrecht. Doch andererseits hilft Andrew ihre Verlegenheit absolut nicht weiter. Wie soll er wissen, was er darf und was nicht, wenn sie nicht mit ihm kommuniziert?

Langsam vortasten. Ich schätze, das ist bei dem Fl... Baby die einzige Möglichkeit. An dich binden, schon vergessen?

Das hat er keineswegs. Ehrlich gesagt lässt Andrew der Umstand, sie so nah bei sich zu haben, alles andere als kalt.

Ha! Nein, so was aber auch!

›Ruhe!‹

Ohne den Blick von ihr zu nehmen, platziert er seine Hand wieder auf ihrem Bein. »Okay?«

Das Nicken ist diesmal kaum erkennbar. Langsam streichelt er sie und tastet sich weiter nach oben. Ihr Atem beschleunigt sich. Das klingt in Ordnung, wenn man den wachsenden Widerwillen in ihren Augen mal außen vorlässt. »Okay?«

Fasziniert beobachtet er, wie Josie die Lider schließt. Verdammt! Sie ist wirklich unglaublich schön. Die vordringliche Blässe hat sich aus ihrem Gesicht verzogen und einige hektische rote Flecken sind auf ihren Wangenknochen erschienen. Es gefällt Andrew gerade bei ihr ausnehmend gut. Vielleicht, weil er derjenige ist, dem es bisher als Einzigem gelang, eine derartige Reaktion bei ihr zu provozieren. Und eines weiß er mit Sicherheit: Er wird der Einzige bleiben.

Recht so, Norton! Ich denke, ein wenig Spielraum bleibt dir noch ...

Mit äußerster Vorsicht nimmt Andrew erneut die Hürde ihres Rocksaumes und berührt die glatte Haut darunter. Sofort setzt ihre Atmung aus. Verdammt! Aber kaum hat er seine Hand zurückgezogen, entspannt sie sich. In Ordnung, unter dem Rock ist Sperrgebiet.

Zumindest im Moment, Norton, mein kleiner Pfadfinder ...

Ja – und Andrew ist ein bisschen schlauer.

Längst stehen ihre Augen wieder offen, das Entsetzen, das kurzfristig darin aufgeblitzt ist, hat sich jedoch verflüchtigt, und der Widerwille ist nach wie vor anwesend, aber nicht mehr so exorbitant. Sie lernt! Noch gestern wäre sie nicht in der Lage gewesen, sich allein aus dieser Falle zu befreien. Jetzt atmet sie fast normal. Nur fast, weil sie etwas hektischer als gewöhnlich Luft holt und intensiv seine Lippen fokussiert. Sie will geküsst werden! Es hat ihr gefallen!

Na ja, ich schätze, das beruht auf Gegenseitigkeit.

Was ist das für eine dämliche Bemerkung? Andrew gefällt so ungefähr alles, was mit ihr zu tun hat. Leider darf er es nicht übertreiben, denn er hat so eine Ahnung, dass die winzigste unüberlegte Bewegung die beiden an den Anfang zurückkatapultieren kann. Und ehrlich, dorthin will er ums Verrecken nicht zurück! Sie soll allerdings unbedingt bei ihm sein, und zwar so nah und so häufig wie es irgendwie geht. Es muss doch einen Weg geben, die Dinge miteinander zu kombinieren!

Äußerst vorsichtig umfasst er ihr Kinn, der Hass erscheint umgehend und sie hält die Luft an. Warum das nun? Verwirrt mustert er sie, findet jedoch nicht die gefürchtete Panik. Ist das ihre normale Reaktion? Obwohl er bezweifelt, dass dieses Wort in ihrem Zusammenhang überhaupt anzuwenden ist.

Er hatte es noch nie mit einer Frau zu tun, die es gleichzeitig liebt und hasst, sobald er sie berührt. Wie zum Henker soll er da unterscheiden, wann sie aus welchem Grund wie reagiert?

Hände!

Ja, das ist eine Möglichkeit. Er nimmt sie an den Armen und platziert die schlanken Finger in seinem Haar. »Greif zu!«

Als sie gehorcht – und zwar ohne jeden Skrupel – schließt Andrew flüchtig die Augen und beißt die Zähne zusammen. Oh, verdammt! Nur mühsam bringt er ein Räuspern zustande, das nicht Auskunft über sein inneres Chaos gibt. »Sollte ich einen Fehler begehen, lässt du los!«

Josie nickt, dabei streift ihr Liebes-/Hassblick wieder seinen Mund. Er weiß wirklich nicht viel, in Wahrheit herzlich wenig, sofern man seinem DS Glauben schenken darf, doch wenn dieses Mädchen nicht geküsst werden mag, wird er freiwillig auf das bisschen Schlaf verzichten, das ihm geblieben ist.

Okay Baby, alles geklärt. Du willst, ich ohnehin. Let's go!

Sein Griff um ihr Kinn wird etwas fester, als er sich ihrem Gesicht nähert. Langsam und behutsam.

Zu langsam.

Wenigstens für Josies Geschmack. Der Druck ihrer Hände in seinem Haar nimmt unvermittelt zu, und einen Wimpernschlag später berühren sich ihre Lippenpaare. Ihr süßer Duft steigt ihm in die Nase, die zarte Haut ihrer Lippen verwöhnt seine und dann seufzt sie auch noch!

Wie, bitte, soll er das durchstehen? Er ist nur ein Mann, verdammt!

Ja, aber der Irren ist das nicht bekannt, du MANN! Also reiß dich zusammen verflucht, und ... was weiß ich ... zähle! Darin hast du ja Übung.

Doch Josie wartet nicht, bis Andrew damit beginnen kann. Miss *ich glaube, Küssen erhebe ich zur Königsdisziplin* Kent wird mit jeder Sekunde leidenschaftlicher. Unwillkürlich packt auch er ihr dichten Locken, hört sich tief seufzen und betet um Beherrschung, während er sie längst verloren hat.

Oh, verdammt, du Testosteronbombe! Du musst dich ablenken!

Keine Chance! Vorbei! Overkill!

Dann mach einen Cut! Norton, du Idiot! Sofort oder willst du alles versauen?

Nichts liegt ihm ferner. In seiner Not zerrt er sie an ihren dicken Strähnen zurück und blickt in ihr schmerzhaft verzogenes und keineswegs überraschtes Gesicht. »Es tut mir leid.« Andrew hasst es, vor ihr derart zu keuchen. Nach einigen tiefen, beruhigenden Atemzügen sieht er sie an. »Du darfst mich nicht so überfallen.«

Prompt werden ihre Augen wieder groß: diesmal gesättigt von Schuld und Genugtuung. Seltsames Wesen. »Sorry«, wispert sie.

Er grinst. »Das ist nicht unbedingt ein Grund sich zu entschuldigen.« Erneut küsst er sie, so sanft, wie er es in dieser Situation zustande bringt. »Ich wollte dich nur vorwarnen.«

Darauf weiß sie erst gar nichts zu erwidern, und jetzt lacht er laut. »Es ist kein Fehler, in mir diese Gefühle auszulösen, Josie«, versichert er ihr. »In Wahrheit ist das ziemlich gut.«

Doch sie schüttelt energisch den Kopf. »Nein, es tut mir leid, ich bin zu weit gegangen, ich glaube, ich habe nicht gedacht.«

Scheiße!

Ich hab's dir gesagt, Norton, und jetzt hast du den Dreck!

Unvermutet ist Andrew ernst. »Es ist wichtig, dass du tust, was du willst! Ich muss lernen, mich besser zu beherrschen. Wenn du gegen das ankämpfst, was in dir vorgeht, dann ...« Verzweifelt sucht er nach den geeigneten Worten. Auch so etwas Neues, verdammt! Woher soll er wissen, wie man das so ausdrückt, dass es nicht wieder schief geht und er die Sachlage noch bedeutend mehr dramatisiert? Sofern das überhaupt möglich ist. Die Frauen, mit denen er sich bisher umgeben hat, waren Profis, die alles daran setzten, bei ihm eine derartige Wirkung zu provozieren. Trocken lacht er auf. Nicht, dass dies nur einer von ihnen jemals geglückt wäre. Da muss erst dieses Mädchen kommen, das nicht einmal weiß, was es tut. Ihr gelingt, was keine zuvor auch nur ansatzweise vollbracht hat. Mit einer unbedarften Berührung treibt sie Andrew Norton zum Äußersten.

Wow!

Verdammt!

Ja, was denn nun?

Im Moment verdammt, später wow! Das trifft es wohl am ehesten. Doch zurück zu seinem Lehrprojekt:

EINFÜHRUNG IN DIE UNENDLICHEN WEITEN DES SEX.

»Ich war nicht darauf vorbereitet, verstehst du?« Eindringlich mustert er sie. Josie hat sich zwischenzeitlich gefangen und bringt es sogar fertig, ihn anzuschauen. Ihr Blick besteht momentan aus einer Mischung von Verlegenheit und Trotz. »Ich reagiere mehr als üblich auf dich. Das ist nichts Schlechtes, es ist gut – selten.«

»Aber ich wollte dich nicht quälen!«

Fassungslos sieht er sie an, und dann lacht er schallend, was ein Fehler ist, ihre Augen verengen sich nämlich abrupt und blitzen. Nicht liebevoll – *wütend.*

Mist!

Eilig, bevor sie sich in ihren neuesten Anfall hineinsteigern kann, zieht er sie an sich und küsst ihre Stirn. »Du hast mich nicht gequält, sondern mich ... kalt erwischt. Verdammt kalt, um genau zu sein. Du gefällst mir zu sehr, wir müssen uns vorsehen, weil du sonst wieder ...«

»Dann war das nicht falsch?«, erkundigt sie sich – aktuelle Blickzusammenstellung: Erleichterung und Verärgerung.

Seltsames Wesen.

Andrew schüttelt den Kopf. »Nein, das war verflucht richtig, Baby. Du hast keine Vorstellung, wie richtig ...« Ihm fällt auf, dass sie nach wie vor auf seinem Schoß sitzt, was sich auf seinen derzeitigen emotionalen Zustand nicht unbedingt hilfreich auswirkt, und er platziert sie seufzend neben sich. »Wir sind da.«

2

Andrews bissige Miene zu Johnson, der ihnen die Tür aufhält, spricht Bände. Der Mann scheint die Botschaft zu verstehen, denn sein Nicken für Miss *ich verdrehe sogar jedem verschissenen Chauffeur den Schädel,* Kent gestaltet sich flüchtig und knapp.

Jetzt gilt es, den Rest der Welt davon zu überzeugen, dass sie ihm gehört.

Ja, und damit werden wir sofort beginnen, Norton, du Windelträger. Patschehändchen! Folgsam greift er die zierliche Hand, und als ihm das ein erstauntes Blinzeln einbringt, hebt er wie üblich eine Augenbraue. »Noch nicht im Büro, erinnerst du dich?« Dann erwidert er ihr zögerndes Lächeln und zieht sie mit sich.

Johnson hat ein hübsches kleines Café in der Innenstadt ausgewählt. Nicht weit entfernt von dem Geschäft, in dem die beiden gestern neben vielem anderem Josies sexy Kleid gekauft haben. Andrew trinkt seinen schwarzen Wachmacher, während das Mädchen unter seiner Aufsicht vier Waffeln mit Ahornsirup, ein Glas Orangensaft und gleichfalls einen Kaffee zu sich nehmen muss. Nach der zweiten Waffel gibt es eine kurze Krise, sie weigert sich nämlich, zu essen. Doch ein drohender Blick seitens

Andrews genügt, damit sie eilig ihren senkt und das nächste Backwerk in Angriff nimmt. Eine weitere Verbesserung: kein verbaler Protest. Josephine wird schon begreifen, dass es das Beste ist, ihm widerstandslos zu gehorchen. Auf diese Art geht es ihr bedeutend besser und ihm auch, ganz nebenbei.

Als sie fertig ist, beschließt Andrew, dass es an der Zeit ist, sich ein wenig mit ihr zu unterhalten. »Weshalb besitzt du eigentlich kein Handy?«, erkundigt er sich beiläufig. Er hatte am gestrigen Abend noch einmal in Finchs Zwischenbericht gesehen. Darin war eindeutig eine Mobilfunknummer vermerkt.

Sie wird blass. »Ich hab es in Orono vergessen.«

»Du hast nicht bei deinen Großeltern gelebt?«

»Nein, während des Studiums wohnte ich in Orono.« Es kommt schnippisch.

»Aus welchem Grund bist du hierher gezogen?« Langsam begreift Andrew. Wenn er ein Thema anschneidet, das ihr nicht gefällt, wird sie trotzig, manchmal erscheint sogar Hass. Er beginnt, diese speziellen Fragen zu speichern. Vermutlich sind ihre Antworten nicht ehrlich oder nicht umfassend genug.

»Meine Mutter lebt in der Stadt ...«, faucht sie schließlich.

»Warum wohnst du nicht bei ihr?«

Prompt verschwindet die Abneigung und ihre Erwiderung kommt so unbekümmert wie ein Sommerfalter in der lauen Brise. »Oh, das Haus ist viel zu klein!« Egal, was ihr widerfahren ist, es betrifft nicht Tampa. Also zurück in den Osten ...

»Und deine Großeltern? Wie war es bei ihnen?«

Diesmal wirkt ihr Lächeln wehmütig, und er atmet auf. Der Gedanke, mit ihrem Großvater abrechnen zu müssen, hätte ihm nicht sonderlich gefallen. Nicht, dass er deshalb nicht gestorben wäre, wenn Andrew ihn als das Schwein entlarvt hätte, das ihn derzeit daran hindert, mit ihr glücklich zu sein. »Sie sind ... sehr besorgt«, meint sie. »Besonders mein Grandpa. Als meine Mom hierher zog, blieb ich bei ihnen, und ich glaube ... na ja, ich schätze sie haben vergessen, dass ich ihre Enkelin bin und nicht die Tochter. Ihnen gefiel nicht, dass ich allein am College war, obwohl das totaler Blödsinn gewesen ist!« Die letzten beiden Sätze kommen widerwillig.

Erstens: Josies Großvater ist Andrew sympathisch. Fast fühlt er sich ihm verbunden. Der Mann passt definitiv auf seine Enkeltochter auf. Zweitens: Das Problem liegt eindeutig in Orono ...

»Wo lebtest du während deines Studiums? Bewohntest du dein eigenes Appartement?«

»Ja, auf dem Campus. Aber allein ...«

»Und hattest du einen Freund ...?«

Treffer! Seitdem er sie kennt, hat Andrew noch nicht so viel lodernden Hass in ihren Augen gefunden, und das soll tatsächlich etwas heißen. Also ein zu aufdringlicher Typ. Wie aufdringlich? Seine Hände beginnen leicht zu beben und er versteckt sie eilig unter dem Tisch.

»Nein!«

Sie hat ihn abgewiesen und der Typ sah das anders! Wie weit ist er gegangen? Es war definitiv keine Vergewaltigung, soviel weiß Andrew inzwischen. Hat das Schwein sie verfolgt? In die Enge getrieben? Zu Handlungen genötigt, die sie nicht wollte? Womöglich *begrapscht?* Unvermutet sieht er eine dunkle, schmale, stinkende Gasse bei Nacht vor sich. Das Mädchen allein und ängstlich, gejagt von diesem Stalker. Hat er sie womöglich angesprochen?

Oh, là, là, Baby ...

So laufen die Dinge doch im Allgemeinen ab, oder? Bevor die Monster zuschlagen. Diesmal nicht mit einem Messer, aber ...

Norton, du Mimose! Reiß dich zusammen!

Er holt tief Luft. Richtig. Hastig kontrolliert er Josies Miene, ihr scheint sein kurzfristiger Aussetzer allerdings entgangen zu sein. »Du willst mir nicht ernsthaft erzählen, dass sich niemand für dich interessiert hat.« Glücklicherweise klingt er auf den Punkt genau so spöttisch wie beabsichtigt.

Diesmal senkt das Wesen mit den nicht nachvollziehbaren Stimmungsschwankungen den Blick. »Doch ...« Ihr Murmeln ist fast unverständlich.

Andrew neigt den Kopf zur Seite. »Wie bitte?«

Hastig sieht sie auf. »Doch!«

Sehr schön, Norton – Higgins. Deine Erziehungsmaßnahmen zeigen Wirkung.

»Und?«, hakt er nach.

»Ich war nicht interessiert!«

Ein Fauchen, aber egal. Jetzt folgt nämlich die Masterfrage: »Und er hat sich einfach so abweisen lassen?«

»Nein!« Definitiv ein Zischen und die Augen blitzen grell vor Hass. Nicht die Art, wie sie ihn mustert, sondern grenzenlose, beißende, todbringende Abscheu, in der mit Sicherheit auch nicht die leiseste liebevolle Note vorhanden ist. Längst befinden sich fest geballte Fäuste in seinem Schoß, doch bisher kontrolliert er wenigstens seine Stimme. Irgendwie. »Was hat er getan?«

Josies verwirrte Miene lässt darauf schließen, dass Andrew wohl keineswegs so gefasst ist, wie er gern glauben will. Fernab von seinem üblichen Standard. Im Normalfall merkt ihm niemand seinen Zorn an, weil er nämlich überhaupt keinen empfindet. Abermals seufzt er – diesmal innerlich. Nichts, was mit diesem Mädchen zu tun hat, entspricht seinem üblichen Standard. Aber sie ist ihm die Antwort schuldig geblieben und diesmal lässt er sie nicht vom Haken. Es ist zu wichtig. »Was hat er getan?«

Längst betrachtet sie wieder das Tischtuch. »Er wollte es nicht kapieren. *Nur ein Date, Josie! Eines* ...«

»Aber du hast nicht eingelenkt ...?«, erkundigt er sich sanft und mit einem gewissen Stolz. Sie schüttelt den Kopf, ohne ihn zu heben. »Und ... gab er sich mit der Abfuhr zufrieden?« Josie entgegnet nichts, sondern starrt weiterhin nach unten. »Josephine!«

Hastig sieht sie auf. »Er hat es nicht verstanden ...«, sagt sie leise. »Er kapierte nicht, dass ich ...«

»Dass du was ...?«

»Dass ich nicht mit Männern ...«

Ihr Problem bestand also bereits zuvor; dieser Hurensohn hat es nur noch verstärkt. »Und dann hast du die Stadt verlassen?« Geflohen wäre wohl die korrektere Bezeichnung.

Sie nickt.

»Und heute wolltest du wieder gehen?«

Erneut bejaht sie, diesmal mit reichlich Trotz untermalt.

»Wie oft bist du schon gegangen?«

»Einige Male ...«

»Wie oft?«

Hörbar atmet sie aus, und als sie antwortet, ist das Zischen zurück, einschließlich eines Fauchens. Eine Kombination, die Andrew bislang ebenfalls noch nicht kannte. »Einige Male, das sagte ich bereits! Warum habe ich gerade das Gefühl, verhört zu werden?«

Der Ton ist wirklich unangenehm und schmerzt in seinen Ohren. Schon läuft er Gefahr, etwas Grobes zu erwidern, doch dann besinnt er sich. Sie will partout nicht über dieses Thema reden, was er verstehen kann. Auch er behält die Tatsache für sich, dass er eine wandelnde Leiche ist. Gut, im Grunde tauscht er sich für gewöhnlich überhaupt nicht mit fremden Menschen aus. Und da zu besagter Kategorie so ungefähr jeder Homo sapiens auf diesem Planeten gehört, hat Andrew meist so ziemlich seine Ruhe.

Sofern man von dem DS mal absieht.

Sein Dad schickte ihn nach jenem Ereignis vor mehr als zwei Jahrzehnten in ‚Therapie'. Niemals wird er diesen beschissenen Idioten von Quacksalber vergessen, der ihn in den folgenden vierundzwanzig Monaten behandelte, um seinem Vater und seiner Stiefmutter dann Andrews vollständige Genesung zu verkünden. Zu diesem Zeitpunkt stand der kurz vor dem Wahnsinn, was Doktor Quacksalber selbstverständlich entging. Ungefähr zur gleichen Zeit tauchte erstmals der DS auf: *Er* hat den damaligen Jungen gerettet, nur das Problem mit dem Schlafen konnte er nie lösen. Niemand ist sich im Klaren darüber, weder Andrews Eltern noch dessen Geschwister – gut, Julia bedingt. Aber nur das Notwendigste. Auch seine ehemaligen Geliebten erfuhren nie davon. Es ist sein Geheimnis und geht keinen etwas an. Mr. Norton – Konzernchef – hat niemanden zu interessieren! Ausschließlich deshalb lässt er Josie gewähren, obwohl sie sich ihm irgendwann öffnen muss. Denn nur so werden sie ihr Problem langfristig gesehen lösen können.

Er ruft die Bedienung, eine Mittvierzigerin mit aufdringlicher Miene und schlecht gefärbtem blondem Haar, um zu zahlen.

3

Als die beiden aus dem Café treten, will Josie zum Wagen gehen, doch Andrew wählt einen anderen Weg.

Norton, du Idiot! Hand! Sie muss wissen, zu wem sie gehört!

Das ist Andrew für einen Moment entfallen. Es fühlt sich so ungewohnt an, denn normalerweise zelebriert er keinen öffentlichen Körperkontakt, im Gegenteil, Nähe ist ihm in den allermeisten Fällen eher lästig. Hastig nimmt er die kleine Hand und registriert erfreut, dass er diesmal keinen erstaunten Blick dafür erntet. Lächelnd haucht er einen sanften Kuss auf ihren Mund, sein Ärger über ihren Ausbruch im Café ist beinahe vergessen. Beinahe ...

Er muss ihr unbedingt beibringen, ihm zu vertrauen. Sonst werden sie noch enorme Probleme bekommen. Außerdem hat Josie ihm nicht zu widersprechen. Niemandem räumt er diese Freiheit ein, was auch Miss *ich treibe meinen Boss allein mit meinem kurzen Rock in den Wahnsinn!* Kent mit einbezieht.

Sie schlendern die Einkaufsstraße entlang, bis Andrew das gesuchte Geschäft gefunden hat und sie hineinzieht. Verwirrt sieht das Mädchen sich um, sagt jedoch nichts, während er mit dem Verkäufer verhandelt, sich die verschiedenen Exemplare vorführen lässt und am Ende für das Hochwertigste entscheidet.

Selbstverständlich.

Es sendet ein GPS–Signal aus, alles andere ist ihm relativ egal. Ab diesem Moment wird er jedenfalls wissen, wenn Miss *ich habe eine Affinität, mich ständig in lebensbedrohliche Situationen zu bringen,* Kent, in Schwierigkeiten gerät.

Wieder draußen bleibt er stehen und reicht ihr das Handy.

»Einstecken!«

»Nein!«

Was? Mit aufeinander gepressten Lippen starrt Andrew sie an. »Josie, steck das ein, verdammt!«

Ihre Augen verengen sich. »Nein. Ich kann mir selbst ein Handy kaufen.«

Bellend lacht er auf. »Du kannst dir noch nicht einmal etwas zu Essen leisten!« Dann fordert er drohend: »Einstecken!«

Sie reagiert nicht, außer, dass sie munter und ziemlich kampflustig zurückstarrt.

Norton, du Idiot! Zwingen, erinnerst du dich?

Soweit Andrew weiß, leidet er nicht an Alzheimer! Natürlich erinnert er sich, verdammt! Unvermittelt nimmt er ihren Arm und zieht sie neben das Schaufenster, durch das der Verkäufer bereits neugierig schielt.

Er schiebt sie an die daneben liegende Hauswand und stemmt die Hände links und rechts von ihrem Kopf dagegen. »Steckst du es jetzt ein?«, erkundigt er sich schließlich beiläufig.

»Nein.« Trotzig hebt sie das Kinn und funkelt ihn mutwillig an.

Fein, Miss ich habe scheinbar immer noch nicht begriffen, dass ich auf Mr. Norton hören soll, Kent. Du hast es nicht anders gewollt.

Seine Lippen nähern sich ihrem Mund. »Einstecken!«, wispert er, kurz bevor sie sich treffen.

»Nein«, flüstert sie zurück, doch der legendäre Hass–/Leidenschaftsblick ist längst eingetroffen. Und mittlerweile weiß er den hervorragend zu deuten, wenngleich er ihn nicht im Geringsten versteht. Beim nächsten Schritt berühren sie sich, seine Hüften drängen sie an die Hauswand und sie ist gefangen. Schon zum zweiten Mal an diesem Tag, und Andrew kann nicht behaupten, dass ihm derartige Situationen nicht eine gewisse Freude bereiten. Auch wenn er sie leider nicht ausnutzen darf. Aber daran arbeitet er ja gerade. Sanft küsst er die einladenden Lippen, sofort befinden sich ihre Finger in seinem Haar und Josie entweicht ein eindeutig wohliger Laut. Doch bevor sich die gesamte Geschichte vertieft, nimmt er den Kopf zurück und wird mit Augen konfrontiert, aus dem ihm lodernder Hass und glühende Leidenschaft entgegensprühen. Verdammt!

»Steck das elende Handy ein!«

»Nein ...« es klingt wie eine Frage.

Er presst sich noch weiter an sie und ihre Lider senken sich über dieses undenkbare emotionale Desaster. Das dunkle Seufzen entwaffnet Andrew vollständig, und er fragt sich verzweifelt, wer hier eigentlich mehr Macht besitzt.

Oh! Mann! Norton, du Beischlafbettler! Das hatte ich dir doch gesagt! Sie ist dir absolut hörig. Du kannst alles von ihr verlangen. Wenn du nur weißt, wie! Also streng gefälligst deinen Schädel an! Du bist der Erste, der sie geküsst hat ...

›Und der Einzige.‹

Sicher, sicher! Aber sie ist einundzwanzig Jahre alt und war noch nie mit einem Kerl zusammen. Hast du eine Vorstellung, was in ihr vorgeht? Sie will, dass du sie fickst! Scheiß drauf, wie sie dich ansieht oder was du kleiner Pimmel meinst, da zu sehen! Gib dir Mühe!

Okay ... Sanft beißt Andrew in ihre Unterlippe, bevor er haucht: »Steck es ein, Josephine. Ich schwöre dir, ansonsten bettelst du in einer Minute darum, es nehmen zu dürfen.«

Für ein paar Sekunden passiert nichts, abgesehen von dem üblichen Hassblick, der ja laut DS ausschließlich Produkt von Andrews Einbildung ist.

Aber dann geschieht wahrhaftig ein Wunder, und Andrew beginnt, an seinem bisherigen Urteil und gleichfalls den Bedenken zu zweifeln. Denn sie senkt endlich ihre Arme, greift das Handy und lässt es in die kleine schwarze Handtasche an ihrer Seite gleiten.

»Braves Mädchen«, wispert er und nimmt ihr Gesicht in seine Hände. Doch er küsst sie nicht wild und leidenschaftlich, obwohl sich ihre Finger längst wieder in sein Haar gestohlen haben. Josie hat ihn in diesem Café angeschrien, nicht wahr?

Als sie sich sehnsüchtig gegen ihn drängt, löst er sich von ihr. »Ich denke, wir sollten jetzt besser ins Büro fahren«, informiert er sie gelassen und übergeht den fassungslosen Ausdruck ... und den Hass – natürlich. »Ich kann es mir nicht leisten, einen weiteren Tag zu vertrödeln.«

4

Kaum sitzen sie wieder im Wagen, befindet Josie sich auf Andrews Schoß – dort, wo sie hingehört. Ihm bleiben schließlich nur noch maximal zehn Minuten, und er hat nicht die Absicht, etwas davon zu verschenken. Daher küsst er sie, sobald sie unterwegs sind. Flüchtig. Dann mustert er sie streng, allerdings mit einem gewissen Verständnis. »Du solltest meinem Urteil trauen.«

Ihre Augen verengen sich, offenbar ist sein Friedensangebot nicht verständlich genug angekommen. »Ich kann es nicht leiden, wenn du dein Geld für mich ausgibst!«

Andrew nickt. »Das ist mir nicht entgangen. Vernünftig betrachtet habe ich mein Geld jedoch nicht in Josie, sondern in Miss Kent investiert. Der Vorfall am gestrigen Abend wäre vermeidbar gewesen. Diesbezüglich stimmst du mir zu?«

Sie stöhnt entnervt, doch dann murmelt sie ein »Ja.«

»Wie bitte?«

Nach einem hastigen Räuspern (einschließlich der üblichen Aversion in ihrem Blick) wiederholt sie sich, diesmal deutlicher. »Ja.«

Seltsames Wesen.

»Hätte ich dafür gesorgt, dass du ein Handy hast, wäre es dir möglich gewesen, Hilfe zu holen. Deine Eltern beispielsweise. Richtig?«

Die Antwort erfolgt sofort. »Ja.«

Er nickt erneut. »Also ist das weniger ein Geschenk von Andrew an Josie, als vielmehr eine überaus notwendige Leihgabe von Mr. Norton an seine Assistentin. Was mich betrifft, ist die Angelegenheit damit erledigt.«

Darauf weiß sie tatsächlich keine Erwiderung.

Norton, du Arschgeige, das Auto ...

Ja, richtig! Wie beiläufig platziert Andrew seine Hand auf ihrem Bein. Die Reaktion ist vorprogrammiert, aber er ignoriert alles. Während er spricht, wandert sie höher – nicht unter den Rock! – ohne Frage.

»Dein Wagen steht im Moment in der Tiefgarage?«

Sie bejaht, offenbar nicht vollständig bei der Sache.

»Was ...« Ergeben schließt er die Augen. Was ist er doch für ein Idiot! Selbstverständlich! Weshalb ist ihm dieses rostige Ungeheuer nie zuvor aufgefallen? Ganz simpel: weil es nie zuvor dort stand! »Das kannst du vergessen!«, knurrt er schließlich und sieht sie wieder an.

»Was?«

»Dein Auto! Es ist nämlich keines!«

Prompt schiebt sich Josies Kinn vor. »Natürlich ist es das! Es hat mich von Orono bis hierher gebracht ...«

Sie ist eintausendfünfhundert Meilen durch die Staaten gereist? Ohne Schutz, mit dieser Rostlaube? Und sie ist hier angekommen? Lebend, nicht in einem Leichensack? Ihm wird übel, wenn er nur darüber nachdenkt!

Nein, sie ist eindeutig lebensuntüchtig! Irgendwie scheint sie Gefallen daran zu finden, sich in lebensgefährliche Situationen zu bringen. Er darf ihr keine Entscheidungen überlassen! Das grenzt ja an Beihilfe zum Selbstmord! Aber Andrew bleibt ruhig – mit Mühe.

Ich bin begeistert, Norton, du Niete. Offenbar kommst du

endlich zu dir ...

»Du kannst dieses Fahrzeug nicht mehr nutzen. Es ist unzuverlässig.«

»Nein, das Benzin ist mir nur ausgegangen«, erwidert sie bedeutend zurückhaltender.

Oh, das wird ja immer besser! Langsam kämpft er doch mit seiner Beherrschung. »Also nur, um das zusammenzufassen ...«, grollt er. »Du bist nicht nur mit dieser Schrottmühle auf den verdammten Straßen unterwegs, nachdem du damit einmal die Staaten durchquert hast. Nein! Darüber hinaus fährst du auch noch mit einem beinahe leeren Tank los, ist das korrekt?«

Sie ist blass geworden, doch das hindert Josie nicht daran, ihn erneut anzuzischen. »Es ist ein *gutes* Auto!«

Entschieden schüttelt er den Kopf. »Falsch, Josephine! Es ist überhaupt keines. Das Teil konnte man vor dreißig Jahren so bezeichnen. Wie war das mit dem Benzin?«

»Ich hatte kein Geld!« Ihre Augen blitzen vor Verachtung, Zorn und all den Dingen, die ihn wie üblich total aus der Bahn werfen und so reißt er seine drohend auf.

»Fuck! Dann hättest du vielleicht mal etwas sagen müssen! Das sieht man dir nämlich nicht an der Nasenspitze an!«

Eine patzige Antwort bleibt aus, stattdessen schaut sie nach unten und schweigt, aber ihre Hände haben sich inzwischen zu kleinen Fäusten geballt.

»Du wirst es nicht mehr nutzen!«, setzt er noch eins drauf und erreicht endlich ihren Zenit.

Prompt starrt sie ihn wütend an. »Das. Ist. Mein. Auto!« Diesmal gerät das Zischen beachtlich lauter – und durchdringender. Umso leiser klingt Andrew. »Ich werde nicht dulden, dass eine meiner Angestellten mit einer solchen Schrottlaube ihr Leben riskiert. Auch Sie nicht, Miss Kent!«

Sie macht Anstalten wieder zu fauchen, besinnt sich allerdings und schließt die Lider. »Er. Ist. Sicher!«

Bellend lacht er auf. »Wenn die Schrottmühle sicher ist, bin ich der Papst! Außerdem besitzt du ja ohnehin kein Geld für das Benzin. Also wie gedenkst du, zur Arbeit und nach Hause zu gelangen?« Mit zur Seite geneigtem Kopf und erhobenen Augenbrauen mustert er sie. »Irgendwelche Vorschläge?«

»Da fährt ein Bus ...«, seufzt sie.

»Josie!« Nur mit Mühe hält er sich davon ab, sie abermals zu schütteln. In diesem Augenblick fahren sie jedoch in die Tiefgarage und er hebt sie resigniert von seinem Schoß. Das muss er unbedingt klären, bevor sie im Büro und er mattgesetzt ist – zumindest für die kommenden Stunden. Seine Zähne sind fest aufeinander gepresst, er hat beachtliche Schwierigkeiten, sie auseinander zu bekommen, um wenigstens halbwegs verständliche Worte zu formen. »Du hast nicht wirklich vor, heute Abend wieder zu laufen?«

»Mir bleibt wohl ...«

Jetzt schüttelt er sie tatsächlich. Hat es schon einmal so viel Unvernunft gegeben? »Du wirst garantiert nicht zu Fuß durch die Straßen irren! Und wenn es das Letzte ist, was ich tue, das werde ich zu verhindern wissen. Ich werde dir ...«

»Nein!«

Inzwischen ist der Wagen zum Stehen gekommen. Als Johnson die Tür öffnet, bedeutet sein Chef ihm zu warten. »Einen Moment.« Dabei lässt er das Mädchen nicht aus den Augen. »Was nein?«

Sie hat doch ernsthaft die Arme verschränkt und starrt ihn wütend an. »Ich will nicht, dass du mir ein Auto kaufst!«

»Das lag überhaupt nicht in meiner Absicht, Miss Kent«, knurrt er leise. »Mir ist nicht entgangen, dass du es ablehnst, von mir Geld anzunehmen. Ich sagte dir, dass ich deine Wünsche respektieren werde.«

»Willst du nicht?«, erkundigt sie sich verwirrt.

»Keineswegs«, erwidert er gelassen und dann küsst er sie – behutsam, selbstverständlich. »Wir sollten jetzt aussteigen.«

5

Bevor sie gehen, sieht Andrew sich noch einmal um.

»Um eins!« Das gilt seinem Chauffeur, dann nimmt er schweigend Josies Hand und führt sie über den glatten Asphalt. Erst, als sie auf den Aufzug warten, setzt er erneut an. »Johnson wird dich ab sofort zur Arbeit bringen und auch heimfahren.«

Ihr fassungsloser Hassblick ist inzwischen eher Programm. »Aber ...«

Der Fahrstuhl trifft ein und die Kabine ist glücklicherweise leer. Andrew weiß, ihm bleiben noch zwanzig, maximal dreißig

Sekunden bis zur Lunchpause ... Mit einem Ruck zieht er sie an sich. Zum Teufel mit der Vorsicht! »Oh nein, Miss Kent, kein aber.« Damit drängt er sie gegen die Wand, wird wieder mit dieser Abneigung konfrontiert, die aus den grünen, mandelförmigen Augen auf ihn einschlägt – und ignoriert sie erfolgreich. »Gehst du heute Mittag mit mir essen?« Sie nickt, längst betrachtet sie ausschließlich seine Lippen. Die Flecken auf den Wangen sind zurück und die kleinen, so eifrigen Finger tasten sich wie auf Kommando in sein Haar. Fest – fast schon schmerzhaft.

Seltsames Wesen – denn derweil tötet sie ihn mit ihrem Blick und mustert ihn gleichzeitig mit kaum verhohlener Erwartung. Egal wie irre sie sich benimmt, das gibt Andrew den Rest. Er packt diese wundervollen dichten Locken, biegt den zierlichen Kopf nach hinten und küsst sie. Kurz darauf vermischt sich ihr halb protestierendes, halb leidenschaftliches Stöhnen mit seinem und er presst heftig seinen Unterleib an sie, drückt seine Lippen intensiver auf ihre. Oh verdammt, wenn sie alles so bereitwillig lernt, wie das, dann ... Andrew kann nicht verhindern, dass sie ihn spürt, sie sind sich zu nah. Ihr muss deutlich werden, wie sehr er sie begehrt, was sie aber nicht zu stören scheint. Also hat sie keine Angst vor ihm. Schlagartig verdoppelt sich die Hoffnung, und er versucht verzweifelt, diese sofort einzudämmen.

Zu schnell. Zu früh. *Viel* zu gefährlich ...

Das betet er sich vor, während sein Kuss gieriger und zügelloser wird und er immer fester ihr Haar packt. Sie verwandelt ihn in ein wildes Monster, er ist total außer Kontrolle, unfähig, aufzuhören. Wenn nur allein eine solche Winzigkeit Derartiges mit ihm anstellt, wie musste es erst sein, sie zu besitzen? Die Vorstellung allein ist ...

Pling!

Einen Wimpernschlag später steht er neben ihr. Ruhig und gelassen. Josie hat sich nicht ganz so gut im Griff. Ihre Lippen sind halb geöffnet und sie atmet in kurzen, hektischen Stößen.

Und natürlich: Als die Türen aufgleiten, blickt Andrew in Smiths höhnische Visage. Zunächst gilt dessen Aufmerksamkeit ausschließlich seinem Chef – wie immer einschließlich dieses dünnen, verräterischen Lächelns.

Doch dann schaut er zur Femme fatale, die sichtlich versucht, ihre Fassung wieder zu erlangen, und beginnt augenblicklich zu strahlen. Als er aber ihren aufgelösten Zustand registriert, wird seine Miene abschätzend. Einige Male sieht er zwischen den beiden hin und her. Josie blinzelt ausdruckslos, panisch bemüht, sich unter Kontrolle zu bekommen. Ein wissendes Grinsen breitet sich auf der verhassten Visage aus.

Andrew bedenkt ihn mit seinem eisigsten Nicken. »Smith.«

Dessen beleidigende Miene bekommt nicht den geringsten Kratzer. »Mr. Norton.«

Dann konzentriert er sich wieder auf Miss *mein Boss hat mich gerade halb bewusstlos geküsst, und meine Lippen sind nicht nur geschwollen, sondern an einer winzigen Stelle sogar etwas blutig,* Kent.

Entschlossen tritt Andrew zur Tür. »Miss Kent?« Sie wirft dem Versager einen eiligen Hassblick zu, senkt den Kopf und hastet aus dem Aufzug. Das Funkeln, mit dem der Chef seinen Widersacher diesmal bedenkt, ist nicht mehr drohend, stattdessen ein Versprechen und zeitgleich die Marschrichtung:

Sie gehört mir! Halt dich von ihr fern, du mieses Schwein! Ansonsten mach ich dich fertig! Smith erwidert die Kriegserklärung, ohne mit der Wimper zu zucken. *Du glaubst, hier die größte Nummer zu sein, aber trifft das auch bei dem Mädchen zu? Den Mund ein wenig zu voll genommen, Norton? Testen wir es aus, wie wäre es damit?*

Andrew schwört sich, diesen Kretin nicht mehr aus den Augen zu lassen. Besser: Er wird endlich dafür sorgen, dass aus dem Konzern verschwindet. Leider ist es keine Alltäglichkeit, sich eines Vorstandsmitgliedes zu entledigen.

Hierbei kann man nicht einfach eine Kündigung ausstellen und ihm einen Tritt verpassen. Nur ... ließ Mr. Norton sich schon jemals von diesen dämlichen wirtschaftlichen Gepflogenheiten bei der Umsetzung seiner Pläne behindern?

Nein, garantiert nicht! Das ist einer der Gründe, weshalb er der jüngste und erfolgreichste Unternehmer in den gesamten Vereinigten Staaten ist. Eben weil er sich nicht von dahergelaufenen verschissenen Idioten unter Druck setzen lässt. Smith hat den Bogen überspannt und er wird ihn entfernen. Ende!

Doch eines nach dem anderen, es gibt derzeit so einige Dinge, die er zu erledigen hat. Zunächst einmal muss er seine Assistentin an ihren Arbeitsplatz geleiten und dafür sorgen, dass sie mit ihrem süßen Hintern genau dort bleibt, bis er ihr sagt, dass sie ihn wieder erheben darf – um ihn zum Lunch zu begleiten.

Als Andrew die Tür zum Vorzimmer öffnet, werden die beiden von Gail erwartet. Ohne verzerrte Augenbraue, stattdessen mit beifälliger Miene für ihn – seine Noch-Assistentin ist auf ihn stolz! – und einer mitleidigen für Miss *ich bin mir nicht sicher wohin ich sehen soll*, Kent. Andrew wirft der älteren Frau einen bedeutsamen Blick zu, den sie sofort erwidert.

Offenbar hat sie von gestern zu heute die Seiten gewechselt, und ihr ist wohl aufgegangen, dass sein Mädchen eine Gefahr für sich selbst darstellt. Wenn Gail seine Rettungsversuche unterstützt, wird er den Geschäften vielleicht wie gewohnt nachgehen können ... Ist er nicht anwesend, kann sie auf Josie aufpassen. Dann fällt ihm ein, dass Gail in einer Woche in den Ruhestand gehen will. Soweit ihm diese Prozedur bekannt ist, wird sie ab diesem Moment der Arbeit fern bleiben. Das ist ein Problem, mit dem er sich ausgiebiger beschäftigen muss ... Er ignoriert Miss *ich bin inzwischen so rot, dass man ein Ei auf meiner Wange braten könnte,* Kent und widmet sich ausschließlich der baldigen Pensionärin.

»Einen Kaffee, bitte!«

Nach wie vor ist ihr Blick von der verschwörerischen Sorte. »Selbstverständlich, Sir.«

Ohne sich zu seiner persönlichen Rettung umzusehen, geht Andrew in sein Büro. In Wahrheit hat er tatsächlich keine Zeit zu verlieren, denn es gibt jede Menge zu erledigen.

Kaum sitzt er an seinem Schreibtisch, hält er schon den Apparat in der Hand und bestellt Finch zu sich. Kurz darauf öffnete sich die Tür und seine Assistentin – also, die ältere – tritt ein. Er bedeutete ihr, hinter sich zu schließen und wenig später stellt sie die Tasse vor ihm ab. »Danke, Gail. Nehmen Sie Platz!«

Ihre Stirn legt sich in Falten, aber sie gehorcht kommentarlos. Noch nie hat sie auf diesem Stuhl gesessen – normalerweise bespricht er die notwendigen Dinge mit ihr im Vorzimmer oder regelt die Angelegenheiten telefonisch.

Doch normal ist seit gestern äußerst unnormal. Alles ist anders.

»Haben Sie den Eigentümer des Appartementhauses ausfindig machen können?«, erkundigt er sich verhalten.

»Ja, Sir. Das fragliche Objekt befindet sich im Besitz eines Konsortiums, das die Rechte vom früheren Eigner übernommen hat. Zwangsverwaltung ...«

Das erklärt vieles – sowohl den heruntergekommenen Zustand als auch die Tatsache, dass niemand wirklich Gedanken an die Auswahl der Mieterschaft zu verschwenden scheint. »Dann steht es zum Verkauf?«

»Nun, als Veräußerung würde ich das nicht unbedingt bezeichnen. Das Konsortium sucht verzweifelt nach einem Übernahmewilligen. Der Wert der Immobilie bewegt sich faktisch bei null, die Grundstückspreise sind in diesem Bezirk weit im Keller. Dazu die Mieter, die nicht sehr regelmäßig zahlen. Die allgemeine Verfassung des Hauses wird als hochgradig baufällig eingestuft ... Die Expertise liegt vor Ihnen, Sir.«

Nachdenklich nickt er. Miss Kent hin oder her, hierbei handelt es sich um eine Fehlinvestition, selbst wenn sie zunächst keine Kosten verursacht. Er hat es nicht so weit geschafft, weil er sein Geld aus dem Fenster wirft. Andererseits ... Mit annehmbaren Bewohnern und hergerichteten Appartements kann man daraus ein Vorzeigeobjekt in dieser heruntergekommenen Gegend machen.

Auf seinen guten Ruf als Samariter der Armen legt er äußersten Wert. Image ist alles, das zumindest wird sich nie ändern. Andrew verabscheut diese Wohltätigkeitsveranstaltungen, auf denen sich die fetten übersättigten Millionäre mit einem großzügigen Scheck alljährlich ihr Gewissen erleichtern. Daher nimmt er auch so gut wie nie an ihnen teil. Das hier ist ein wunderbares Projekt, um seine Bemühungen im sozialen Bereich wieder einmal ins Licht der Öffentlichkeit zu rücken. Doch seine Pläne haben sich von gestern Abend – als er Gail den Auftrag per Mail zukommen ließ – zu heute dramatisch geändert. Er will, dass Josie zu ihm kommt, denn solange sie dort lebt, wird er keine ruhige Minute mehr erleben. Das bedeutet einen Kurswechsel. Er wird später ausgiebig darüber nachdenken müssen. Andrew lehnt sich zurück.

»Ihnen ist gewiss nicht entgangen, dass Miss Kent einige ... Schwierigkeiten hat?«

»Nein, Sir.« Es erfolgt ohne Umschweife oder Wertung.

»Einzelheiten werde ich Ihnen nicht nennen. Größtenteils, weil sie mir selbst nicht bekannt sind. Aber ich kann mit Bestimmtheit sagen, dass man sie nicht aus den Augen lassen darf. Sie neigt dazu, sich in ... gefährliche Situationen zu bringen.«

Das lässt Gail unkommentiert, doch er sieht, dass sie seine Meinung teilt. Die nächsten Worte wählt Andrew mit Bedacht, bemüht, ihr so wenig wie möglich zu offenbaren. »Ich beabsichtige, sie unter ständiger Kontrolle zu halten ...«

Prompt befindet sich die Braue wieder am Haaransatz. »Ständige Kontrolle, Sir?«

»Ja, sie ist ... krank. Verstehen Sie, was ich damit andeuten will?«

Nach kurzem Zögern nickt sie langsam. »Ich glaube schon, Sir ...«

»Verlasse ich die Firma, ist sie allein und unbeaufsichtigt. Und diese Vorstellung behagt mir absolut nicht. Wäre es möglich, dass Sie während meiner Abwesenheit ...?«

Der Blick wird leider immer argwöhnischer. »Ich bezweifle ernsthaft, die geeignete Person für diese Aufgabe zu sein, Sir. Vielleicht sollten Sie besser professionelle Hilfe zurate ziehen ...«

Andrews Antwort erfolgt eisig. »Sie benötigt keine professionelle Hilfe, Gail, sondern jemanden, der sich um sie kümmert! Ich habe die Absicht, dieser jemand zu sein. Also verschonen Sie mich mit ihren absurden Ratschlägen!«

Nun geht das Kinn in die Höhe und sie mustert ihn kühl. »Wie Sie meinen, Sir. Ich muss Sie im Übrigen darauf hinweisen, dass ich am heutigen Nachmittag nicht zugegen sein werde. Meine ... Unterstützung ist daher nicht verfügbar.«

»Weshalb sind Sie nicht hier?« Das ist völlig falsch, denn Gail ist immer anwesend. Es hat noch keinen Tag gegeben, an dem sie fehlte. Gut, abgesehen von ihrem Jahresurlaub, von dem sie sich manchmal nicht abbringen lässt. Leider.

Jetzt wird ihr Ton schneidend. »Mr. Norton! Ich hatte Sie bereits vor Monaten darüber informiert, dass ich heute einige Dinge meinen Ruhestand betreffend zu erledigen beabsichtige. Das bedeutet, dass ich in genau ...« mit erhobenen Augenbrauen und gespitztem Mund blickt sie auf ihre Uhr, »... zweiundzwanzig Minuten – also um zehn Uhr – das Gebäude verlassen werde.«

Andrew schließt die Lider. Ja, sie hat so etwas erwähnt. Verdammt! Ungünstiger könnte es überhaupt nicht kommen!

Norton, du Nichtskönner! Was interessiert es dich, ob die alte Fregatte da ist? Was ist die oberste Direktive? Na? Wir machen uns von niemandem abhängig! Wie oft soll ich dir das noch einbläuen? Scheiß drauf!

›Richtig.‹ Schon betrachtet Andrew sie abermals. Während der gesamten Konversation war nichts von dem, was sich in seinem Kopf abspielt, auch nur annähernd auf seinem Gesicht abzulesen.

»Sie sind morgen wieder hier?«

»Ja, Sir.«

»Das wäre dann alles. Sagen Sie die auswärtigen Termine für heute ab!«

Sie hat sich bereits erhoben, und Andrew ignoriert ihren forschenden Blick. »Das hatte ich schon am Morgen auf Ihre Anweisung hin erledigt, Sir.« Damit verlässt sie den Raum.

Auch das ist richtig. Nun, in all dem Chaos ist es ja nur zwangsläufig, das ihm das eine oder andere entfällt.
So wie es aussieht, muss er alles selbstständig bewältigen, was vielleicht sogar gut so ist. Es hat seine Vorteile, allein zu agieren. Zumindest ist man auf diese Art vor Fehlern und Dilettantismus gefeit und darüber hinaus, sich fälschlicherweise auf Fremde zu verlassen. In den allermeisten Fällen ist man dann nämlich irgendwann zwangsläufig tatsächlich verlassen – wie ihm soeben wieder einmal wunderbar demonstriert wurde.

Düster starrt er vor sich hin.

Professionelle Hilfe! Oh ja, Andrew kennt sich mit der beschissenen ‚professionellen Hilfe' aus. Sein Vater hat seinerzeit auch auf die PH gesetzt und seinen Sohn den Haien zum Fraß vorgeworfen! Unwissend, wie der gern einräumt, doch am Ende kommt es auf das Gleiche heraus. Keiner dieser sogenannten Psychiater, die in Wahrheit nur verschissene übereuerte Kummerkastenonkel darstellen, wird Josie zu nahe kommen. Dieses Problem löst er selbst! Und zwar besser und effektiver, als es einer dieser Bastarde jemals zustande bringen könnte!

Richtig, Norton, du Idiot. Das Mädchen verarzten wir allein. Damit sind wir stets am besten gefahren, oder?

›Jawohl, Sir!‹

Recht so! Norton, du Klappspaten. Du tust das, was ich dir sage und dann werden wir das Kind schon schaukeln. Wie immer, richtig?

›Richtig!‹

Weshalb sich unser Jüngelchen jetzt wieder an die Arbeit begeben sollte! Wir haben genug Zeit verloren, avanti!

›Jawohl, Sir!‹

Andrew nippt an seinem nur noch lauwarmen Kaffee und keine drei Sekunden darauf ist er in die Mängelauflistung des maroden Appartementhauses in der Flower Sieben vertieft …

Das Summen des Telefons reißt ihn wenig später aus seinen Gedanken.

»Ja?«

»Ich werde jetzt gehen, Sir.«

»Ja.«

Andrews Mundwinkel heben sich spöttisch. Gail mag zwar der Ansicht sein, hier die Fäden zu ziehen. Das funktioniert aber nur so lange, wie sie sich innerhalb dieses Gebäudes aufhält. Entschließt sie sich zur Desertion, sieht Andrew sich durchaus in der Lage, die Dinge auch allein zu bewältigen. Wenngleich sie das nicht für möglich hält.

Weitere zwanzig Minuten später hat er Kontakt zu dem Bankenkonsortium hergestellt und kaum ist dieses Gespräch beendet, summt erneut der Apparat. Diesmal nimmt er nicht ganz so selbstverständlich den Hörer ab. »Ja?«

»Sir?« Verdammt! Selbst am Telefon und obwohl nur mit ‚Sir‘, klingt sie unvorstellbar sexy. Viel zu entzückend, als gut für ihn ist.

»Ja?« Mit Mühe verbeißt er sich ein Lächeln.

»Sir, ein Mr. Finch ist hier. Er sagt, er habe einen Termin.« Normalerweise hätte Andrew sie bereits nach dem vierten Wort unterbrochen. Er hasst Zeitverschwendung. Doch in diesem einen Fall macht er eine Ausnahme. Niemand außer seinem Sicherheitschef und Miss *ich ahne nicht einmal, wie sexy ich klinge,* Kent wird es jemals erfahren.

»Dann schicken Sie ihn herein!«

»Jawohl, Sir.«

»Und … Miss Kent?«

»Ja, Sir?« Ha! Fantastisch!

»Bringen Sie dem Herrn bitte einen Kaffee.«

»*Jawohl, Sir.*« Das will er sehen! Ob sie ohne Unfall die Tasse zum Tisch bekommt. Okay, wenn das Worst Case–Szenario eintritt, wird es nur den alten Security–Mann treffen. Der verkraftet so etwas spielend.

Doch kaum öffnet sich die Tür, ist Andrews gute Stimmung schlagartig Geschichte. Nicht Finchs Eintreten ist das Problem, sondern die Tatsache, dass alles, was er von dem zu Gesicht bekommt, ein breiter, unförmiger Rücken ist. Im Allgemeinen hat Andrew keine Probleme mit seinem Sicherheitschef. Obwohl der keineswegs den üblichen Anforderungen entspricht. Er ist weder durchtrainiert noch groß oder schlank.

Seine gesundheitliche Minderwertigkeit ist bereits an seiner Brille zu erkennen, deren Gläser mindestens die Stärke von fünf Dioptrien aufweist. Andrew ist davon überzeugt, dass dies nicht die einzigen körperlichen Einschränkungen sind, mit denen er sich herumplagt. Finch ist Ende vierzig, klein, mit Bierbauch, einer Halbglatze, wachen blauen Augen, einer knollenförmigen Nase und einem Schnauzbart, der eine schlecht operierte Hasenscharte nur ungenügend verdeckte. Die Aussprache ist aufgrund des Geburtsfehlers immer ein wenig unsauber, und seine Kleidung erweckt den Eindruck, als hätte er sie sich aus der Altkleidersammlung zusammengeramscht. Doch dessen ungeachtet ist er der fähigste Leiter von Andrews unternehmensinterner Sicherheitsabteilung, den der je beschäftigt hat. Seit knapp fünf Jahren ist er für den Konzern tätig und hat bisher nie versagt.

Rücken–Finch macht derweil keine Anstalten sich umzudrehen. Irgendwann räuspert Andrew sich vernehmlich, was der fette Heini anscheinend vernimmt, denn er fährt abrupt herum, während das Schloss hinter ihm einrastet. »Guten Tag, Mr. Norton.«

»Finch!« Andrews Ton ist mal wieder voll Eis, wofür er einen verwunderten Blick kassiert. Doch dann hebt der Alte gleichmütig die Schultern und setzt sich. »Sie wollten mich sprechen, Sir?«

»Ja ...« Vergeblich versucht der Konzernchef, seinen Ärger zu bezwingen. In all den Jahren hat er Finch kein einziges Mal die Kontrolle über dessen gleichbleibend teilnahmsloses Auftreten verlieren sehen. Und wer hat diese grandiose Erfolgsserie beendet? Natürlich!

Miss *ich muss aber auch jedem beschissenen Mann den Kopf verdrehen!* Kent!

Wenn man vom Teufel spricht ... In diesem Moment öffnet sich die Tür und sie erscheint – nach wie vor im kurzen bunten Sommerkleid, mit offenem Haar, atemberaubend und *sein!*

›Mein, Finch!‹

Der hat sich zu ihr umgewandt, während Josie behutsam die Tasse zu den beiden Männern trägt. Seine Lippen verziehen sich zu einem Grinsen, während sich die Züge des Vorstandsvorsitzenden gleichzeitig verhärten. Arschloch!

Als sie den Tisch erreicht, ist ihr Aufatmen hörbar. Vorsichtig stellt sie das Porzellan vor dem fetten Sicherheitsidioten ab und dann lächelt sie ihn an!

Sie lächelt ihn tatsächlich an!

Norton, du Blindgänger, reiß dich zusammen! Sie macht nur ihren Job! Wie war das mit dem Versüßen?

›Sicher! V–e–r–s–ü–ß–e–n! Es war aber nie die Rede davon, gleich seinen ganzen Körper in Honig zu wälzen!‹

Oh Mann, ich geb's auf!

»Sie können dann gehen!«

Miss *ich werde nachher ein äußerst intensives Gespräch mit meinem Boss führen, weiß es nur noch nicht,* Kent wirft ihm einen fragenden Blick zu, der neben der Verwirrung auch leichte Furcht erkennen lässt. Doch Andrew geht nicht darauf ein. Er ist derzeit zu außer sich. Nachdem sie ihn ausgiebig beäugt hat, wird sie bleich. Und jetzt passiert wieder etwas, was sie zu dem seltsamsten Wesen macht, dem er jemals begegnet ist: Kaum ist die Furcht in ihren Augen greifbar, wird sie durch Zorn ersetzt und ihr »Ja, Sir!«, klingt äußerst aufgesetzt, bevor sie auf dem Absatz kehrtmacht und aus dem Raum rauscht.

Für einen grausamen Moment befürchtet Andrew, dass sie fallen wird. Kein echtes Problem – nun, für sie möglicherweise schon, für ihn mit Sicherheit nicht. Dann kann er wenigstens ihre dämlichen Benimmregeln im Büro umgehen und sie auffangen oder ihr zumindest wieder aufhelfen. Doch er sitzt hinter dem Schreibtisch und Finch davor. Der Invalide wäre trotz Übergewicht schneller.

Und wenn dieser Penner auf die Idee kommt, sie mit seinen gichtkranken Krallen anzurühren, wird er zwangsläufig eines sehr grausamen Todes sterben.

Der alte Kerl übrigens betrachtet Andrew derweil forschend und erahnt scheinbar seinen nahenden Tod. Denn als sich die Tür hinter Josie geschlossen hat, atmen beide Männer hörbar auf.

Das ist gerade noch einmal gut gegangen ...

6

»Ich habe einige Dinge zu erledigen!«

Diesmal macht sich der Vorstandsvorsitzende nicht erst die Mühe, die Drohung aus der Stimme zu entfernen. Finch zuckt mit keiner Wimper. In jeder anderen Situation hätte Andrew ihn dafür beglückwünscht. Sein Sicherheitschef gehört nicht zu den Männern, die sich einschüchtern lassen. Unbeeindruckt mustert er ihn, wartet eindeutig auf Fakten. Langsam senkt sich Andrews Wutpegel.

»Ich hege die Absicht, einige unliebsame Bewohner aus einer meiner Immobilien zu entfernen. Was haben Sie vorzuschlagen?«

»Wie schnell möchten Sie, dass dies eintrifft?«

Nun, im Grunde interessiert Andrew derzeit nur das Verschwinden *einer* Person. Der Rest der Mieterschaft ist ihm im Moment relativ egal, die dürften selbst das Weite suchen, wenn er erst einmal mit der Modernisierung begonnen und die monatlichen Kosten drastisch erhöht hat. »Heute Abend soll ein bestimmtes Appartement unbewohnbar sein.«

Finch betrachtet ihn mit seinen scharfen und klugen Augen. »Das ist realisierbar. Sollten Sie allerdings auf die Entfernung der anderen Mieter keinen allzu großen Wert legen, und wenn die Immobilie nicht in Mitleidenschaft gezogen werden darf – wovon ich ausgehe – dann fallen endgültig vernichtende Maßnahmen, wie beispielsweise ein Brand ...«

Hastig geht Andrew dazwischen, als er an die Kinder denkt. »Nein! Nichts, was Leben gefährden könnte. Ich möchte nur, dass besagtes Appartement unbewohnbar ist.«

Mit gerunzelter Stirn überdenkt der ältere der beiden Männer diesen Einwurf. »Die Inszenierung eines Wasserschadens wäre eine Option«, meint er schließlich zögernd. »Obwohl sich die Schäden immer erst langfristig als verheerend erweisen. Natürlich kommt auch ein fingierter Einbruch in Betracht. Die ... Person wird ihre Wohnung verwüstet vorfinden. Niemand betritt einen Raum, der demoliert wurde und in dem sich unter Umständen noch die Täter befinden. Und mit Sicherheit keine ... Frau?« Wieder trifft Andrew dieses forschende Mustern.

Der nickt. »Letzteres sagt mir mehr zu. Bis zum späten Nachmittag muss das erledigt sein.«

»Es handelt sich um die Flower Sieben?« Finchs scharfer Blick offenbart nicht die geringste Wertung, ebenso wenig wie Andrews.

»Exakt.«

»In Ordnung.«

»Als Nächstes will ich Smith so komplikationslos wie möglich aus dem Unternehmen entfernen.«

Der Alte hebt die Schultern, wie immer total unbeeindruckt. »Diesbezüglich sehe ich die wenigsten Schwierigkeiten.«

»Soll heißen?«

Er lehnt sich zurück. »Mr. Smith ist kein Mann, der diffizil agiert. Entsprechende Indizien liegen mir bereits in ausreichender Menge vor.«

Das ist endlich einmal eine positive Nachricht. »Wie stehen die Dinge in Dallas?«

»Keine Probleme, Sir.«

Masterfrage: »Gibt es neue Erkenntnisse im Fall Kent?«

»Es existieren weder Polizeiakten noch Protokolle über Krankenhausaufenthalte, abgesehen von einigen Behandlungen in der Notaufnahme.«

Andrew schaut auf. »Bitte?«

Beschwichtigend hebt Finch die Hände. »Nie etwas Ernsthaftes. Kleinere Verletzungen. Sieht mir eher nach jemandem aus, der zu Missgeschicken neigt.«

Ja, damit hat er den Nagel auf den Kopf getroffen ...

»Außerdem scheint sie an Asthma zu leiden.«

So werden ihre Anfälle entschuldigt? Wie clever! Wieder findet Andrew nur das bestätigt, wovon er persönlich bereits seit Jahrzehnten überzeugt ist: Ärzte gehören alle einer Sekte an.

Sie sind nichts anderes als Dilettanten, die sich einer eigenen, für die ungebildeten unter den gewöhnlichen Menschen unverständlichen Sprache bedienen, um zumindest den Eindruck zu erwecken, auch nur die entfernteste Ahnung von dem zu haben, was sie tun. Was natürlich keineswegs der Realität entspricht!

Asthma! Perfekt!

Düster starrt er vor sich hin, dann fällt sein Blick eher zufällig auf den Sicherheitschef und er besinnt sich. »Das war zunächst alles.«

Finch leert seine Tasse und erhebt sich. »Ich benachrichtige Sie, sobald die Angelegenheit erledigt ist.«

Andrew ist gleichfalls aufgestanden, denn er hat nicht die Absicht, den Fetten mit Miss *ich habe den Angestellten meines Bosses angelächelt, und mir dafür jede Menge Ärger eingehandelt,* Kent allein zu lassen. Wenn der alte Mann über das unübliche Benehmen seines Chefs verwirrt ist, kann er das hervorragend überspielen. Als die beiden ins Vorzimmer treten, bedenkt Finch das Mädchen mit einem knappen Nicken. »Miss Kent.«

Sie lächelt nicht. »Auf Wiedersehen, Sir.«

Erst, nachdem sich die Tür hinter dem Dicken geschlossen hat, begibt Andrew sich wieder an seinen Schreibtisch, ohne Josie die geringste Aufmerksamkeit zu schenken. Schließlich hat sie ihn verärgert! Das Büro jedoch lässt er offen stehen. Noch einmal wird er sie nicht unbeaufsichtigt lassen.

Das ist ihm zu riskant.

7

In den kommenden zwei Stunden kümmert Andrew sich intensiv um Smiths Memo.

Im Grunde ist es tatsächlich nicht von Relevanz, doch er ist der Ansicht, diesmal besonders sorgfältig die Arbeit seines Noch–Mitarbeiters überprüfen zu müssen. Abgesehen von seinem Zorn, rein objektiv betrachtet ist das, was dieser Stümper abgeliefert hat, schlicht und ergreifend eine Sauerei. Die Daten wurden wahllos und ungeprüft zusammengetragen, sind teilweise unvollständig und in keinem Fall mit Fakten belegt. Andrew kann sogar exakt nachvollziehen, wann er dieses Machwerk erstellt hat. Demnach nimmt Smith die Anweisungen seines Vorgesetzten nicht ernst. Nun, das ist eine Tendenz, die der zu korrigieren gedenkt – und zwar augenblicklich.

»Miss Kent!«

Die steht sofort auf und eilt zu ihm hinüber. Sie bemüht sich, soviel muss er ihr lassen, und wenn sie schnell läuft, dann hebt sich ihr Rock noch ein Stückchen höher. Auch das lässt er in seine Bewertung mit einfließen. Nun, er wird sehen ...

»Bestellen Sie Mr. Smith zu um vier in mein Büro.« Andrew blickt nicht von den Unterlagen auf.

»Ja, Sir.«

»Wie bitte?«

»Ja, Sir!« Das *Arschloch–Sir*, aber immerhin.

»Wenn Sie das erledigt haben, machen Sie sich fertig.«

»Entschuldigung?« Ihr verwirrter Ton zwingt ihn schließlich zum Aufsehen. »Zeit für den Lunch Miss Kent, schon vergessen?«, erkundigt er sich mit erhobener Braue.

»Nein, Sir.« Sie lächelt zaghaft, obgleich die Augen mal wieder erzählen, dass sie ihn am liebsten enthaupten würde. Doch er geht ohnehin nicht auf ihr Friedensangebot – was es wohl darstellen soll – ein und sie verschwindet erneut.

Kurz darauf hört Andrew sie mit Smiths Sekretärin verhandeln und registriert zufrieden, dass sie sich nicht abwimmeln lässt.

Zwei weitere Minuten später erhebt er sich, greift nach seiner Brieftasche und tritt zu ihr ins Vorzimmer.

»Fertig?«

Flüchtig blinzelt sie ihn an. »Ja, Sir.«

Andrew nimmt den Blick nicht von ihr, während Josie die Anrufe in das Schreibzimmer seines Büros umleitet. Dann hält er ihr die Tür auf und sie drückt sich so weit wie möglich an ihm vorbei in den Flur.

Schätze, du hast noch einen langen Weg vor dir, Romeo!

Das mag zutreffen, stört ihn jedoch nicht. Er hat sie bei sich und das ist – wie er interessiert zur Kenntnis nimmt – zunächst einmal genug.

Es ist Mittagszeit und der Aufzug dementsprechend gefüllt, was ihn ärgert, denn er würde nämlich gern genau dort fortfahren, wo er vor dreieinhalb Stunden aufhören musste.

Verdammt! Sie hat den Invaliden angelächelt, schon vergessen?

›Nein, natürlich nicht, aber ...‹
Kein aber! Halt dich gefälligst an meine Anweisungen!
›Jawohl, Sir ...‹

Missverständnisse

1

Angekommen in der Tiefgarage kann Andrew ihre Hand nicht nehmen, weil es auch hier nur so von Leuten wimmelt.

Sie müssen sehr langsam gehen, da Miss *es wäre besser, wenn ich mir ganz schnell einfallen lasse, wie ich mich mit meinem Boss wieder gut stelle,* Kent nicht wirklich sicher auf hohen Absätzen ist. Offensichtlich hat sie mit derartigem Schuhwerk keine Übung. Nun, er nimmt an, dass sich ihre Schwierigkeiten mit der Zeit geben werden, sobald sie dauerhaft auf diese furchtbaren Stiefel verzichtet.

Johnson erwartet sie bei geöffneter Wagentür, bedenkt seinen Boss mit einem knappen »Sir!« und ignoriert das Mädchen vollständig. Das will Andrew ihm auch geraten haben!

Als sie sitzen, mustert er Josie auffordernd, bisher hat er kein Wort in deren Richtung verloren, und sie seufzt ziemlich entnervt.

»Hör zu, ich weiß, dass du wütend bist ...«

»Kann man so sagen.«

»Aber ich habe keine Ahnung warum!«, faucht sie noch etwas entnervter.

»Nein?«

Ihre Augen verengen sich. »*Nein,* ich habe keinen Schimmer, was ich falsch gemacht haben soll! Wenn du es mir nicht sagst, werde ich es wohl nie erfahren. Und dann kann ich es auch in Zukunft nicht lassen!«

Ein wahres Wort, Norton, du Idiot. Wie soll sie sich benehmen, solange sie nicht weiß, was du von ihr verlangst?

Gut, dieses Argument lässt Andrew gelten. »Du hast einen meiner Angestellten *angelächelt!«*

»Ja, und?«

»Und?« Kaum hat er das geknurrt, weicht sie auch schon vor ihm zurück.

Oh, verdammt! Hastig ordnete er seine Gesichtszüge und versucht die Stimme milder zu färben.

»Josie, du hast keine Ahnung, welche Wirkung du auf Männer ausübst, das weiß ich. Würdest du jedoch bitte, bitte aufhören, sie auch noch zu provozieren?«

Sie hat sich ein wenig entspannt, aber die Verwirrung (und der übliche Hass) bleiben. »Du sagtest gestern ...«

»Ja, bei den *Gästen*, nicht bei meinen *Angestellten*! Und selbst bei Ersteren musst du ja nicht so maßlos übertreiben!«

Stirnrunzelnd beobachtet sie ihn, doch dann hellt sich ihre Miene auf. »Du bist *eifersüchtig*!«

Andrew fragt sich, warum sie grinst, er entdeckt nicht den geringsten Witz an dieser Angelegenheit. »Ja, natürlich bin ich das«, grollt er. »Wie auch nicht? Jeder will dich, verdammt! Das ist unerträglich!«

»Aber ich mag sie nicht und von wollen kann keine Rede sein!«

Das kommt so heftig, dass Andrews Stimmung sofort umschlägt. Mit zur Seite geneigtem Kopf betrachtet er sie. »Das glaube ich dir nicht ...«

Josies Stirn legt sich in tiefe Zornesfalten. »Darauf darfst du wetten, denn sollte ich jemals einen von euch Sc...«

Bevor sie weitersprechen kann, hat er sie auf seinen Schoß gezogen. Die Ablehnung ist sofort vor Ort, aber zuverlässig auch das andere. »Ich glaube es nicht«, wiederholt er ein wenig störrisch und seufzt dann verhalten. »Ich liebe es, wenn du so bei mir sitzt. Das solltest du immer tun.«

Sie antwortet nicht, unternimmt jedoch auch keine Versuche, sich von ihm zu befreien. Ihre Hände befinden sich auf Andrews Schultern, doch schiebt sie ihn *nicht* von sich.

Ihm fällt ein, dass sie ihm noch etwas schuldet und bevor Andrew es erwägen kann, hat er seinen vordringlichsten Wunsch bereits geäußert. Er ist ohnehin seit Neuestem ständig präsent. »Küss mich!« Er hält die Luft an, hebt aber im nächsten Moment herausfordernd den Blick und ist erfolgreich.

Sie will es! Neben dem Hass ist da nämlich tatsächlich auch das andere. Die Frage ist, ob Josephine Kent einsieht, dass sie sich danach sehnt. Wenn nicht – nein, er wird jetzt nicht darüber nachdenken, was in diesem Fall geschieht oder wie er dann möglicherweise reagieren soll. Gleiches gilt für die Möglichkeit, sollte sie mal wieder das Atmen einstellen. Trotzdem will ihm einfach nicht gelingen, diese Gefahr weit genug zu verbannen, um nicht permanent unter der Angst zu leiden.

Mist!

In Josies Miene spiegelt sich das wider, was in ihrem Innern vorgeht. *Soll ich oder soll ich nicht?* Und Andrew ertappt sich dabei, dass er sie anfeuert: J*a, komm, trau dich!*

Dann senkt sie tatsächlich behutsam den Kopf, bis ihre Lippen sich beinahe berühren, ähnlich, wie er es zuvor getan hat. Noch einmal weicht sie zurück, jedoch nicht verschreckt, eher kontrolliert und ein absonderlicher Ausdruck huscht über ihr Gesicht. Zum ersten Mal ist entscheidend, was sie will. Andrew glaubt sogar, so etwas wie Zuneigung zu erkennen, bevor sie abermals nach unten schaut und ihm die Gelegenheit raubt, ihre Augen zu kontrollieren.

Als sie ihn tatsächlich küsst, legt er unwillkürlich die Hände auf ihre Hüften und schließt die Lider.

Lass sie zappeln! Gib nicht sofort nach!

Fantastisch! Warum denn nicht?

Oh Mann, Norton, was bist du für ein gottverdammter Idiot! Sie will dich! Mach es ihr schwer, sie hat ihn schließlich angelächelt, nicht wahr?

Ja. Das hat sie wirklich … Stöhnend beherrscht er sich und spürt mit nicht wenig Erstaunen, wie ihr Kuss intensiver wird, die Lippen sich fordernder bewegen, sie enttäuscht seufzt ...

Nicht nachgeben, noch nicht!

Irgendwann wispert es an seinem Mund. »Andrew ...«

Sehr schön, jetzt klär die Angelegenheit. Ein für alle Mal!

»Wirst du es wieder tun?« Insgeheim beglückwünscht er sich zu seiner unbeteiligten Stimme.

»Nein ...«

»Wem gehörst du?«

Ihr Zögern währt fünf elende Sekunden, dann kommt es. »Dir ...«

Damit ist das Hinauszögern hinfällig. Wie ein Ertrinkender presst er seine Lippen auf ihre, packt ihre dichten, seidigen Locken, zieht sie näher und wird mit diesem unbändigen Verlangen nach ihr konfrontiert, das er bisher so nicht kannte. Es genügt ihm nicht, er will so viel mehr und dabei geht es nicht vorrangig um Sex.

Es ist, als wolle er sie mit Haut und Haaren an sich schweißen, dafür sorgen, dass sie niemals verschwindet. Es raubt ihm den Atem, neben diesem unvorstellbaren Kuss, der zu der unerträglichen Gesamtlage grandios mit beiträgt. Und als er sich in einem unbedachten Moment zum dritten Mal seitdem sie sich kennen Zugang zu ihrem Mund erzwingt, erneut die Süße schmeckt, die nur sie bereithält, ist er wieder kurz vor dem Verlieren. Doch der DS duldet nicht, dass Andrew sich allzu ausufernd dieser besonderen Ekstase hingibt. Der wählt genau diesen, absolut ungeeigneten Zeitpunkt, um seine dämlichen Tipps an den leidenschaftlichen Mann zu bringen und versaut damit die gesamte entrückte Stimmung.

Ich würde dir empfehlen, die Situation zu nutzen. Sie hat nämlich gerade ihre Barrieren fallen gelassen.

Klasse! Behutsam tastet Andrew sich an ihren Hüften zu ihren Beinen hinab, und diesmal lässt er sich nicht von dem Stoff aufhalten, und er ahnt, dass in Wahrheit nicht der DS für diesen Vorstoß verantwortlich ist, sondern nur er und seine ungezügelte Gier danach, mehr von ihr zu haben, *alles!*

Kaum berührt er seidiges Fleisch, verlassen die Finger sein Haar und sie rührt sich nicht. Scheiße!

Weiter, Norton. Weiter!

Die Haut ist samtig, straff, jungfräulich und fühlt sich wunderbar an. Obwohl er überhaupt nicht überzeugt ist, gewinnt abermals die gewissenlose Seite in ihm. Er wagt sich in Richtung Josies Körpermitte vor, ertastet glatten Stoff und überwindet auch diesen. Schlagartig verschwinden die Lippen, ihr Atem ist nicht länger zu hören, und als er die Lider aufreißt, sieht er ihre hasserfüllten und gleichzeitig zutiefst bestürzten Ausdruck.

»Atme!«

Ihre Hände krallen sich in seinen Schultern und sie schüttelt heftig den Kopf.

»TU ES!«

Erneutes Kopfschütteln.

»Josephine!« Die unverhüllte Panik hat gleich zwei Domizile gefunden: Josies Augen und Andrews Stimme. Sie bäumt sich ein wenig auf, der Blick bleibt unverwandt in seinem und der Vorwurf in ihrem raubt Andrew noch zusätzlich den Atem. Als sie schließlich mit scheinbar übermäßiger Anstrengung bebend Luft holt, kann er seine Erleichterung nicht verbergen.

Gut gemacht ... weiter!

Nein!

Doch! Was willst du? Ewig Händchen halten. Tu es!

Andrews Hand ist noch immer dort, wo das Grauen seinen Ursprung nahm. Nur dass das Grauen in Wahrheit keines ist, im Gegenteil: Er *sehnt* sich danach, sie zu berühren, vertraut wie so häufig seinem DS und lässt seine Finger in federleichter Bewegung auf und abgleiten. Wieder erstarrt sie.

»Atmen, Josie!« Es kommt gepresst.

Diesmal braucht sie bedeutend länger, doch sie gehorcht, trotz wilder Furcht und grenzenloser Abneigung.

»Bekämpfe deine Angst!«, flüstert er rau. »Vertrau mir! Du *musst* mir vertrauen!«

Und, oh Wunder! Sie nickt.

Genau! Kein Nein, kein Hör auf! Kein, ich hasse dich! Norton, die ist nicht normal, also übersieh den anderen Bullshit und mach!

Andrew schließt die Augen, während er behutsam einen zweiten Finger unter den Stoff ihres Höschens gleiten lässt. Egal was der DS sagt, er kann mit ihren visuellen Botschaften nicht umgehen – nicht in einer derartigen Lage.

Aber als er endlich auf heiße, bisher unberührte Haut trifft, hält er überrascht und peinlich hörbar die Luft an. Verdammt! Sie begehrt ihn ganz offensichtlich. Warum wehrt sie sich dagegen?

Unwirsch schwenkt der DS eine Hand. *Konzentration, du Idiot! Sieh sie an! Sonst merkst du doch nicht, ob es ihr gut geht! Wenn man es so bezeichnen will.*

Richtig. Andrew öffnet die Lider und betrachtet sie. Josie atmet noch, ihr Körper ist allerdings erstarrt.

»Küss mich!«, fordert er erneut, ohne darüber nachzudenken.

Die Panik ist nicht verschwunden, auch nicht der Hass, dem er sich wohl oder übel stellen muss. Dennoch legt sie ihre Lippen auf seinen Mund und kämpft gegen all das an, was zwischen ihnen steht.

Andrew streichelt weiter und langsam scheint sie sich zu entspannen, der Griff in seinem Haar wird wieder fester, ihr Kuss fordernder.

Hab ich's nicht gesagt? Alles eine Frage des Timings.

Und wieder blendet er alles aus, unvorstellbar überwältigt von der Situation. Oh nein, ihre Atmung versagt diesmal keineswegs, tatsächlich wird sie immer hektischer, die Hände grober, das Happening ihrer Lippen leidenschaftlicher ... Andrew ist versucht, wirklich und wahrhaftig die Kontrolle zu verlieren. So kurz vor dem Ziel, eigentlich schon dort, mit diesem drängenden Wunsch ihr nah zu sein und damit allem, was er jemals wollte. Bisher wusste er das nicht. Ja, er braucht nur sie ... und ist ein froher Mann.

Zähle, du froher Mann! Wage es ja nicht ...

Verdammt! *Zählen!* Momentan kann Andrew sich an keine beschissene Ziffer erinnern ... Wie war das, eins? Möglich. Und dann? Er ist so ahnungslos wie ein Baby. Zeit, dem Spiel ein Ende zu setzen, bevor er Dinge tut, die er ernsthaft bereuen würde. Leider. Widerwillig zieht er seine Finger zurück und beendet mit einem sehnsüchtigen Seufzen den Kuss.

»Wir sind angekommen, Darling.« Jetzt berühren seine Lippen ihre nur flüchtig, sehr sanft und zärtlich und schließlich hebt er sie von seinem Schoß. »Ich habe nicht die Absicht, Johnson eine Gratisvorstellung zu geben oder hattest du etwas in der Richtung vor?«

»Nein!«

Andrews Schmunzeln wird breiter. »Wir können das jedoch jederzeit wiederholen, wenn du magst. Möchtest du?«

»Ja ...« Sie hat den Kopf gesenkt.

»Wie bitte?«

Als sie aufsieht, blitzen ihre Augen. »Ich. Könnte. Mir. Vorstellen. Das. Noch. Einmal. Zu. Wiederholen.«

Andrew ignoriert ihren Zorn, in Wahrheit amüsiert er sich sogar darüber. »Stets zu Ihren Diensten, Miss Kent.«

Das scheint sie zu besänftigen, denn ein zaghaftes Lächeln ist die Antwort.

In diesem Moment öffnet der Chauffeur die Tür.

2

Cloe empfängt sie an der Rezeption.

»Mr. Norton!« Sie mustert Miss *ich glaube, ich weiß gar nicht, wie sehr ich Mr. Norton, Sir, will* Kent, als Nächstes ihre verlinkten Hände und die Miene verhärtet sich unmerklich.

»Darf ich Sie zu Ihrem Tisch geleiten?« Andrew nickt, sein Blick jedoch liegt auf Miss *ich glaube, mein Boss ist hier nicht der Einzige, der eifersüchtig ist,* Kent. Deren Augen haben sich verengt und sie blitzen wie häufig, wenn sie wütend ist. Aber wenigstens betrifft ihre Verärgerung diesmal nicht ihn. Die schießenden Dolche in Richtung Empfangsdame sind unübersehbar.

Ha! Ich fasse es nicht, die Nummer wird immer besser!

Da muss Andrew ihm ausnahmsweise recht geben. Dass Josie ihre Eifersucht ausgerechnet auf die farblose Cloe lenkt, amüsiert ihn nur noch mehr. Dabei ist es egal, ob unscheinbar oder nicht: Es gibt definitiv keine Frau, die ihn von jener an seiner Seite ablenken kann. Langsam beginnt er, an seinem Einjahresplan zu zweifeln. Will er sie wirklich wieder hergeben?

Im Grunde halte ich mich ja aus dieser Geschichte raus. Zu irrsinnig. Jetzt gehst du allerdings zu weit!

Zum jetzigen Zeitpunkt möglicherweise. Er wird diesen Gedanken später erneut aufgreifen.

Genau! Verschieb das auf später. Du weißt ja gar nicht, ob ihr zusammenpasst. Vielleicht stellt sie sich ja als Niete im Bett ...

Andrews interner Lachanfall lässt den DS grimmig verstummen. Sie ist unter Garantie der Hauptgewinn. Und sollte sie sich tatsächlich als Lusche herausstellen, ist das allein *seine* Schuld! Es liegt an ihm, sie so in die Thematik einzuführen, dass sie ihr Spaß bereitet. Und bisher scheint er es richtig angefasst zu haben.

Ohne mich wärst du chancenlos gewesen! Vergiss das nicht!

Seufzend pflichtet Andrew ihm sogar in diesem Belang bei. Niemals hätte er gewagt, heute schon so weit zu gehen. Doch es hat funktioniert, was ihn immer noch umwirft. Wenn er allerdings ganz ehrlich ist, nur zu sich selbst (und dabei das widerliche Gelächter seines DS ignoriert), erkennt er, dass dieser seltsame Einjahresplan bereits seit gestern der Geschichte angehört, und der neuerdings ewig verwirrte Teil in ihm fragt sich beklommen, wie das bloß passieren konnte. Überzeugt ist er davon nicht und sehr froh auch nicht. Die Dinge werden ihm aus der Hand genommen, und ihm ist bislang nicht klar, wie er darauf reagieren soll.

Sie nehmen an Andrews üblichem Tisch Platz und er bestellt bei einer gleichfalls am Boden zerstörten Mary die Getränke. Martini für den Konzernchef, Wein für die junge Assistentin. Die Cola hat sie nach seinen missbilligend erhobenen Augenbrauen eilig zurückgezogen. Braves Mädchen. Er kann nicht wirklich erwarten, dass sie sich mit den Gepflogenheiten seines Lebens auskennt. Begreift sie jedoch alles so schnell, wie das Küssen, dürfte sie keine großen Anpassungsschwierigkeiten haben. Josie währenddessen bedenkt Marys sich entfernenden Rücken mit dem obligatorischen Dolchblick, bevor sie Andrew fixiert. Selbstverständlich mit dem gewohnten Hass garniert, diesmal allerdings aus anderen Gründen. »Sie sind alle in dich verliebt!«, wirft sie ihm vor.

Nachsichtig lächelnd schüttelt er den Kopf. »Falsch. Sie *glauben* vielleicht, es zu sein, doch sie sehen nur das Äußere. Sie wissen nichts. Geld? Ja, das ist bekannt. Mehr? Nein! Ich mag, wie es ist.« Abrupt verstummt er. Offenes Gespräch, Norton? Seit wann das? Dieses Wesen bringt ihn zum unüberlegten Plappern und das ist äußerst gefährlich.

Dann bekomm dich schnellstens wieder in den Griff, du Idiot!

Leider scheint Josie mit ihrem Verhör gerade erst begonnen zu haben, und solange sie ihre Fragen so beiläufig hält, schuldet er ihr Auskünfte. Sie muss ihn ja schließlich auch kennenlernen, oder?

Bist du irre? Wenn sie dich richtig kennenlernt, rennt sie schreiend bis in den nächsten Bundesstaat! Na ja, wäre ja nichts Neues ...

Andrew hat keineswegs die Absicht, ihr *alles* von sich zu offenbaren, nur die unverfänglichen Dinge. Diesen Gedanken honoriert sein DS mit einem zweifelnden Schnauben.

»Kommst du oft mit Frauen in dieses Restaurant?«

Er bemüht ein schmales Lächeln. »Ich war noch nie mit einer Frau hier, Josephine.«

»Und warum hast du *mich* dann hierher gebracht?« Diesmal wirkt sie nicht wütend, sondern eher neugierig.

»Weil du etwas Besonderes bist.«

Das verwirrt sie sichtlich und sie schaut sich ein wenig zu aufgesetzt im Raum um, bevor sie tief Luft holt und ihn wieder ansieht. »Für mich bist du auch etwas Besonderes, das kannst du mir glauben.«

Er überhört den Spott und nimmt ihre Hand. »Ich weiß.« Ihre Blicke versinken ineinander und für die nächsten Minuten herrscht Schweigen am Tisch. Worte sind überflüssig. Zumindest Andrew grübelt ausgiebig über dieses Phänomen nach, und wenn er Josies Verhalten in die Kalkulation mit aufnimmt, ihren Hass, der auch jetzt, wie immer, in den grünen Augen lebt, dann begreift er, dass sie gleichfalls von den Ereignissen überrollt wird und sich offensichtlich nicht wehren kann. Oder es nicht will.

Es gelingt ihm, problemlos beides nachzuvollziehen, wenngleich ihm derartige Schwächen normalerweise anwidern.

Nach einer Weile werden sie von Sasha unterbrochen.

»Willkommen, Mr. Norton ... Miss.« Erstaunt mustert er Josie, fängt sich jedoch schnell wieder und verteilt die Karten.

Andrews Bestellung erfolgt wie üblich, ohne die Auswahl zu beachten. Er isst immer das Gleiche. »Steak, Medium, Salat.«

Das Mädchen braucht ein wenig länger. Schließlich entscheidet es sich für einen großen Salat. Der Kellner macht Anstalten zu gehen, doch Andrew hält ihn zurück. »Den Salat etwas kleiner, dazu ein Steak. Keine Chilisoße, stattdessen mit ...« Er runzelt die Stirn.

»Pilzragout?«, schlägt Sasha eilfertig vor. Nach kurzer Überlegung nickt Andrew dies ab und konzentriert sich auf Miss *ich will mich tatsächlich aushungern,* Kent, die ihn mal wieder wütend anstarrt. Aber wütend ist besser als hasserfüllt. Auch das hat er inzwischen begriffen. »Ich habe nicht viel Hunger!«

Sein Ton ist eisig und er verstärkt den Druck seiner Hand, die ihre immer noch hält. »Du wiegst vielleicht 45 Kilogramm! Du bist zu dünn, weshalb du essen musst! Ein Salat ist wohl kaum ausreichend, für jemanden, der den ganzen Tag arbeitet!«

Sie öffnet den Mund um etwas zu erwidern, entschließt sich im letzten Moment dagegen und seufzt resigniert. Andrew ist zufrieden. Anscheinend sieht sie endlich ein, dass es für alle Beteiligten einfacher ist, sich seinen Wünschen zu fügen.

Mary bringt die Getränke und die Eifersucht lenkt Josie von ihrer Wut ab.

Sehr gut.

Er will nicht, dass sie seinetwegen Zorn verspürt, das verkompliziert die Dinge, und außerdem mag er es viel lieber, wenn sie so ist wie auf der Herfahrt. Okay, abgesehen von ihrem Fast–Ersticken.

Nein, Norton, du Idiot. Tatsächlich! Ich bin gerührt!

›Ruhe!‹

Nachdem die Bedienung verschwunden ist, mustert Josie ihn forschend. »Hattest du schon viele Freundinnen?«

»Einige.«

»Aber mit keiner bist du hierher gegangen?«

»Mit keiner.«

»Waren es ...« Sie zögert. »Waren es immer Frauen aus deinem Unternehmen?«

Fassungslos staunt Andrew über sie, dann lacht er auf. »Nein. Es war noch *nie* eine Frau aus der Trust. Für gewöhnlich trenne ich das Geschäftliche und mein Privatleben strikt voneinander.«

»Aber diesmal nicht«, stellt sie leise fest.

Schlagartig ist er wieder ernst. »Nein, Josephine. Diesmal nicht.«

»Oh!«, murmelt sie und er nickt zustimmend.

»Oh, trifft es so ungefähr.«

»Ja ...« Damit breitet sich erneut einvernehmliches Schweigen zwischen ihnen aus. Offenbar haben es beide nicht so sehr mit dem Reden.

Schließlich wird das Essen serviert und Andrew behält recht, wie er mit einem versteckten Grinsen feststellt. Das Steak ist erstklassig wie immer – nicht zu groß und nicht zu klein für Josie –, und sie isst alles auf, einschließlich ihres Salates. Als sie ihr Besteck niederlegt, sieht sie auf und studiert ihn schweigend. »Weißt du, es ist unhöflich, eine Frau so anzugrinsen!«, meint sie irgendwann verdrossen.

Er beißt sich auf die Innenseite seiner Wangen und versucht, die dämliche Grimasse von seinem Gesicht zu verbannen.»Selbstverständlich pflichte ich dir bei, Miss Kent.«

Ihre Augen verengen sich, vermutlich sind seine Bemühungen wohl nicht sehr erfolgreich gewesen. »Dein Wein«, bemerkt er verhalten. »Du hast ihn noch nicht getrunken.«

Ihr Blick fällt auf das Glas, das vor ihr steht. Die Teller wurden inzwischen abgeräumt. »Ich trinke eigentlich keinen Alkohol.«

»Versuch ihn, er ist sehr gut«, ermuntert er sie. Gehorsam nimmt sie einen skeptischen Schluck und hebt erstaunt eine Braue. Beim Nächsten ist alle Vorsicht vergessen. Mit angehaltenem Atem beobachtet Andrew, wie sie trinkt und ihn schließlich erstaunt ansieht. »Ich wusste nicht, dass er so gut schmeckt!«

»Nicht jeder«, schränkt er ein. »Es gibt nicht viele Personen, die in der Lage sind, den passenden Wein zum Essen auszuwählen.«

»Du schon?«

Andrew neigt lächelnd den Kopf. »Ich denke ja.«

»Natürlich.«

»Wie meinst du das?«

»*Natürlich* kennst du dich mit Weinen aus«, erklärt Josie, wieder leicht grantig. »Wenn du nur in solchen Restaurants isst.«

Andrew betrachtet das geschmackvolle Ambiente des Raumes. »Ich denke nicht, dass meine Weinkenntnisse auf die Auswahl meines Stammrestaurants zurückzuführen sind«, bemerkt er schließlich. Anstatt zu antworten, hält sie sich lieber an ihr Glas. Bald ist es halb leer und ihr Gesicht gerötet. Er ist versucht, eine ganze Flasche zu bestellen. Sie scheint Alkohol tatsächlich nicht gewöhnt zu sein. Verflucht, warum müssen sie zurück ins Büro?

Geht das schon wieder los?

Nein! Es war eher eine rhetorische Frage. Andrews Ton fällt etwas kurz angebunden aus. »Trink aus, wir sollten gehen!«

Mary hat seinen erhobenen Finger bereits gesehen und wenig später ist sie mit seiner Kreditkarte verschwunden. Josie beschäftigt sich inzwischen weiter mit der Vernichtung ihres Weines. Je mehr sie trinkt, desto satter gerät die Färbung ihrer Wangen. Plötzlich hat er es verdammt eilig, zum Wagen zu kommen, denn er brennt darauf, zu erfahren, wie sie unter Alkoholeinfluss reagiert. Im Allgemeinen löst er. Doch bei dem Mädchen existiert kein 'im Allgemeinen'. Sie verhält sich völlig unkalkulierbar. Gestern noch wäre sie bei jeder unüberlegten Berührung beinahe erstickt, und heute saß sie auf ihm und hat ihn geküsst. Nein, es gibt keine anwendbaren Gesetze bei Josephine Kent. Man kann nur versuchen, probieren, erfolgreich sein oder sich die Finger verbrennen und von vorn beginnen.

Genau das liegt in seiner Absicht, und er wird zur Not Tag und Nacht experimentieren, weil er sie endlich in seinem Bett will.

Endlich? Endlich, du hirnloser Sack? Du kennst sie seit zwei Tagen!

Das ist Andrew scheißegal. Er will sie. Punkt! Und zwar so schnell wie möglich. Immer wieder! Inzwischen hat er den Verdacht, nie genug von ihr zu bekommen.

Wow, wow, wow! Sachte, Junge. Jetzt fährst du ja bereits die ganz schweren Geschütze auf! Wer sagt dir denn, dass du nicht nach einer Woche von ihr die Schnauze gestrichen voll hast? Ist nicht das Vorspiel stets das Wichtigste?

›Im Allgemeinen sicher‹, erwidert Andrew ironisch. Doch nicht bei ihr. Nein, nicht bei Josephine.

Mary händigt ihm seine Karte aus, er dankt, ohne den Blick von Josie zu nehmen, und nachdem er aufgestanden ist, reicht er seiner Rettung die Hand. Nicht das geringste Zögern macht er bei ihr aus, als sie seiner Aufforderung folgt. Und noch während sie das Restaurant verlassen, taumelt sie. Mit einem verhaltenen Schmunzeln führt er sie zum Wagen, wo Johnson ihnen mit unbewegter Miene die Tür aufhält. »Wir müssen erst in zwanzig Minuten zurück sein«, informiert Andrew seinen Chauffeur, als das Mädchen eingestiegen ist. »Sorgen Sie dafür, dass wir so lange benötigen.«

Unbewegte Miene Johnson nickt. »Sehr wohl, Sir.«

Kaum sind sie ungestört, betrachtet er ihr erhitztes Gesicht, und als sie lächelt, schwillt endgültig etwas in ihm an. Er ist nicht sicher, worum es sich handelt, aber bereits nach Sekunden scheint es ihm komplett die Luft zu rauben.

Verdammter Mist!

Einladend nimmt er seine Arme auseinander und sie kommt, ohne zu zögern. Doch der Wein hat sie nicht besonders wild und leidenschaftlich gemacht. Anstatt ihn nämlich zu überfallen – wie Andrew insgeheim gehofft hat – schmiegt sie sich in seine Umarmung und schließt die Augen. Auch das ist in Ordnung bemerkt er mit einiger Verwunderung, da er nicht die geringste Enttäuschung in sich ausmachen kann. Ihr Kopf liegt an seiner Brust und er streichelt ihren Rücken. Mehr denn je macht sie auf ihn den Eindruck eines schutzbedürftigen Kindes.

Seltsam, welche unterschiedlichen Gefühle diese Frau in ihm zum Vorschein bringt. Andrew ist mit dem festen Vorhaben in den Wagen gestiegen, sie halb besinnungslos zu küssen, und jetzt überlegt er, ob es nicht besser sei, sie in ein Bett zu legen. Schließlich hat er auf den Wein bestanden, im vollen Bewusstsein, wie schwer dieser ist. Und ihm ist keineswegs entgangen, dass sie Alkohol nicht gewöhnt ist.

In jedem anderen Fall würde er seinen Gedanken in die Tat umsetzen, sie heimbringen und wieder ins Büro fahren. Doch das geht nicht. Am Abend steht nämlich noch das schwierige Unterfangen im Raum, ihr überhaupt begreiflich zu machen, dass sein Heim auch ihres ist. Niemals würde sie akzeptieren, dass er sie jetzt zu sich bringt. Angetrunken hin oder her. Josie ist vielleicht beschwipst, aber nicht volltrunken und besinnungslos. Leider resümiert Andrew mit einem Anflug von Bitterkeit. Das hätte die Dinge vereinfacht. Er denkt an Smiths Termin am Nachmittag und seufzt. Nein, um den Idioten muss er sich kümmern. Er wird ihm zu aufdringlich und – es ist erfreulich, dass sich auch dieses Detail in die Anklageliste mit einfügt – qualitativ untragbar. Dieser Kerl hat umgehend aus Andrews Unternehmen zu verschwinden.

Als ihr Griff an seinem Hemd sich lockert, weiß er, dass Josie eingeschlummert ist. Verdammt! Er wird sie wecken müssen. Für einen Mann wie ihn kommt das einer Todsünde gleich.

Außerdem wirkt sie im Schlaf so süß und zufrieden ...

3

»Josie.«

Sanft streichelt er ihre Wange. »Du musst aufwachen."

»Andrew ...«

»Ja, Baby, wir sind da.«

Ihre Erschöpfung muss noch andere Ursachen als den Wein haben. Er kann sich nur nicht erklären, welche. Sie ist in den kurzen zwanzig Minuten in tiefen Träumen versunken. Sehr verdächtig. Gut, dürfte er endlich einmal schlafen, würde er wahrscheinlich für die nächsten zwei Wochen nicht mehr aufwachen. Doch soweit ihm bekannt ist, leidet Josie nicht seit vierundzwanzig Jahren unter Schlafentzug. Also, woher stammt diese Müdigkeit?

Das ist ja alles überaus niedlich. Aber sieh zu, dass du das Mädchen wach bekommst! Smith!

Richtig, der steht immer noch auf dem Plan. Andrew wirft einen flüchtigen Blick auf seine Uhr. Halb drei. Ihm bleibt etwas Zeit, Josie ins Hier und Jetzt zurückzuholen.

Sanft küsst er ihre Nasenspitze. »Du musst aufstehen.«

Diesmal scheint er mehr Erfolg zu haben, langsam heben sich ihre Lider. Dann endlich kommt sie in der Realität an, denn sie setzt sich ruckartig auf.

»Oh Mist, ich hab geschlafen!« Ihr schuldbewusster Gesichtsausdruck ist unbezahlbar, weshalb Andrew sich ein Lachen verbeißen muss. Nur bei ihr geschehen ihm derartige Aussetzer und das ständig! »Kann man so sagen. Bist du munter?«

Sie runzelt die Stirn. »Ich weiß nicht genau.«

»Vielleicht sollte ich ein wenig nachhelfen«, haucht er und kaum berührt sein Mund ihren, seufzt sie auf und greift gehorsam in Andrews Haar, so wie er es ihr beigebracht hat. Sie befinden sich bereits in der Tiefgarage; Johnson ist zu seiner eigenen Lunchpause gegangen. Womit Andrew sie ganz für sich allein hat und nicht willens ist, diese Gelegenheit ungenutzt verstreichen zu lassen. Er packt die dichten Locken am Hinterkopf, und der Druck seiner Lippen wird fordernder. Als sie ohne zu zögern darauf eingeht, stöhnt er verhalten. Mindestens eine halbe Stunde bleibt ihnen, in der verdammt viel passieren kann ...

Ähm, Norton, du Idiot, ich glaube, es wäre nicht sehr günstig, wenn du hier ...

›Das habe ich auch überhaupt nicht vor!‹ Wofür hält der Mann ihn? Ist er ernsthaft der Ansicht, Andrew würde dem Mädchen sein erstes Mal in einem Auto zumuten? Nein! Dafür wird er sich Zeit nehmen – mit Kerzen, klassischer Musik, sie wird ein seidenes Negligé tragen. Oh ja, so etwas in der Art ...

›Sonst noch Fragen?‹

Der DS antwortet nicht, doch sein Schweigen hat einen gewissen grimmigen Unterton, was Andrew so ziemlich egal ist. Nicht egal ist die Frau in seinen Armen. Ihr Kuss ist so unglaublich verlockend, sehnsüchtig tastet er sich zu ihrer kleinen Brust vor. Kein BH, das hat er beinahe vergessen. Und als er diese sanft streichelt, seufzt sie nochmals. Ab diesem Moment verliert er irgendwie die Kontrolle. Ihr wohliges Aufkeuchen hat ihn kalt erwischt und er vergisst alles. Jedes Tabu, jegliche Einschränkungen, sämtliche Regeln, die er sich bisher unentwegt in den Schädel gehämmert hat. *Er muss sie jetzt spüren!*

Also wagt er es, seine Hand schlüpft erneut unter ihr Höschen und sie erstarrt, atmet jedoch weiter. Ignorieren!, befielt er sich. Einfach nicht beachten. Bitte, er braucht sie. Nur ein wenig! *Bitte*!

Diesmal begnügt er sich nicht damit, den Stoff beiseitezuschieben. Andrew will sie pur. Mit einem entschlossenen Ruck zieht er den Hauch von Nichts hinab, schluckt einmal mit äußerster Mühe und sieht sie wieder an. Sie hält die Augen geschlossen, ihr Atem geht langsam und gleichmäßig.

Keine Gefahr.

Auch seine Lider senken sich, als er sie endlich ohne störendes Beiwerk berührt. Seine Lippen finden ihren Mund und erobern ihn mit all der Leidenschaft und Sehnsucht, die plötzlich in ihm toben. Sie fühlt sich so unvorstellbar gut an. Mit einem unbeabsichtigten, dunklen Stöhnen beginnt er sie zu liebkosen, obwohl er weiß, dass es nicht das ist, was er wirklich begehrt. Dies sind Placebos – schöne, ja, aber unzureichend. Dennoch ist es unvergleichlich, die Hitze zu spüren, die sie nur für ihn entwickelt, zu fühlen, dass sie sich nach ihm sehnt.

Als er sie jedoch ansieht, wird er gleichzeitig mit einem hasserfüllten Blick und einem so unendlichen Flehen konfrontiert, dass er schlagartig in die Gegenwart zurück befördert ist.

Verdammt!

Das hatte ich gemeint ...

›RUHE!‹

Hastig zieht er den starren Körper an sich. »Warum sagst du nicht, wenn du nicht magst.« Er klingt rau und streicht unermüdlich hilflos über Haar. »Weshalb sprichst du nicht mit mir? Ich werde nichts tun, was dir nicht gefällt. Ich will dir doch nicht wehtun ...« An dieser Stelle geht ihm auf, wie sinnlos er vor sich hinstammelt und er verstummt. Wahrscheinlich hat sie ihm nicht einmal zugehört ...

Denn auch Josie schweigt, und gerade, als Andrew sich mit allem, was er besitzt, auf ihren Hass vorbereitet, der ihm jetzt unter Garantie entgegenschlagen wird – wenngleich er all das in seiner Gesamtheit nicht versteht – legt sie zögernd ihre Arme um seinen Hals und schmiegt eine Wange an seine Brust.

Verdammt!

Neben der Erleichterung machen sich zunehmend Ratlosigkeit und wachsende Verzweiflung in ihm breit. Warum *kommuniziert* sie nicht mit ihm? Weshalb hat sie nicht einfach abgelehnt? Jede andere hätte es getan, und Andrew ist es gewöhnt, dass die Frauen, mit denen er es zu tun hat, ihm ganz genau sagen, was sie wollen. Weshalb tut *sie* das nicht?

»Josie ...« Er versucht, sie von sich zu schieben, doch das lässt sie nicht zu. Verbissen hält sie sich an ihm fest und bewegt sich um keinen Millimeter. Was zum Teufel ...? »Josie!« Diesmal spricht er vernehmlicher und nach einer Weile hört Andrew ihr Seufzen. »Ich habe es versaut, richtig?«

Was? »Wovon sprichst du?«

Bei diesem Versuch gerät das Seufzen länger und bedeutend resignierter. »Ich hätte ... Oh, vergiss es!« Sie rückt von ihm ab, zieht sich mit gesenktem Kopf an, wobei sie sich deutlich bemüht, ihm keinen Blick auf ihren unbekleideten Körper zu gewähren. Dann ordnet sie ihren Rock und sieht schließlich auf – ihn jedoch nicht an. »Ich verschwinde dann besser ...«

Was?

HAAAA! Die ist wirklich irre! Ich hab's dir immer gesagt! Die hat definitiv nicht alle Tassen im Schrank. Die ist total gestört! Lass sie gehen, Norton. Vielleicht ist das, was sie hat, ansteckend, und ehrlich, ich kann mir nicht vorstellen, dass du noch mehr davon gebrauchen kannst.

›Ruhe!‹

»Josie!« Andrews Ton ist plötzlich schneidend. »Würdest du mir bitte erklären, wovon du eigentlich redest?« Er hört die Angst in seinen Worten mitschwingen, doch selbst das ist ihm im Moment scheißegal. Okay, er hat es übertrieben, das hat er inzwischen begriffen! Nie wäre er das Wagnis eingegangen, wenn sie verdammt noch mal einfach ihren Mund aufgemacht hätte. Aber weshalb *verlässt* sie ihn?

Alles, was er erkennen kann, ist ihre bleiche Stirn. »Ich denke, ich gehe dann jetzt besser.«

WAS?

»Darf ich fragen wohin?« Krampfhaft bemüht er sich, das Gelächter des DS und seine Panik zu ignorieren.

Sie hebt die Schultern. »Weg.«

»Aha. Weg. Und dürfte ich weiterhin erfahren, weshalb du – *WEG* – willst?« In dem Versuch, wenigstens etwas mehr von ihrem Gesicht zu sehen, neigt er den Kopf. Ohne Erfolg. Hastig zieht sie ihren zurück. Sie schweigt beharrlich und inzwischen mischt sich Wut unter Andrews unsagbare Angst und Beklemmung. Was soll das eigentlich? Ist sie ernsthaft der Ansicht, er wird sie einfach so weglassen? Wenn ja, dann kennt sie ihn noch nicht. Das grenzt ja an Lächerlichkeit! Er hat einen Fehler begangen, gut. Es tut ihm leid. Sehr sogar. Deshalb kann sie doch nicht alles wegwerfen!

»Antworte mir, Josephine!« Langsam wird er laut, und das ist mit Sicherheit ein Novum. Dieses Mädchen bringt tatsächlich den verschissensten Proleten in ihm zum Vorschein, der er nie war!

Sie schweigt. Das macht ihn so zornig, dass er vorsichtshalber die Augen schließt. Seine Hände ballen sich zu festen Fäusten und er beginnt hilflos mit seinen Atemübungen.

Einatmen.

Luft anhalten.

Eins ...

Zwei ...

Dr... ach, Scheiß drauf! Wieder sieht er nur eine bleiche Stirn und auch *das* reicht Andrew jetzt. Er hebt ihr Kinn, zwingt sie, ihn anzuschauen.

»Hör zu, Josephine! Es tut mir leid! Ich wusste nicht, dass du das nicht magst! Du hättest *etwas sagen müssen!* Verstehst du mich?« Sie versucht, sich aus seinem Griff zu winden, und seine Wut erklimmt immer lichtere Höhen. Verdammt! »*Kommunikation! Josephine!*« *Das* war tatsächlich laut.

Du dämlicher Idiot! Reiß dich zusammen oder willst du dir auch noch den Rest versauen? Du bist in der Trust!

Das ist Andrew im Moment ja so was von scheißegal! »Antworte mir!«, knurrt er. »Warum wirst du gehen?«

Irgendwie scheint ihr nicht entgangen zu sein, dass die Luft brennt. Nachdem sie eine Weile tief Luft geholt hat, ertönt doch tatsächlich ihre erstaunlich dünne Stimme. »Ich hätte mich mehr bemühen sollen. Ich schwöre, ich habe mich bemüht. Es tut mir so leid, dass ich dich enttäuscht habe. Ich weiß auch, dass ich jetzt abhauen muss. Also mach es mir nicht so schwer und *lass mich einfach!*«

Wenn Andrew nicht alles täuscht, dann glitzern da wirklich Tränen. Aber das treibt seinen Ärger nur noch höher, weil nichts von dem, was sie sagt, für ihn irgendeinen Sinn ergibt! Entweder, ihm ist in den vergangenen zehn Minuten etwas Grundlegendes entgangen, oder sie wurden in zwei weit voneinander entfernten Parallelwelten verfrachtet. Er spürt, wie der Zorn ihn zu überwältigen droht, und er presst eilig die Zähne aufeinander, um nicht wieder laut zu werden. »Josie!«, stößt er unter unmenschlichen Anstrengungen hervor. »Wenn du glaubst, ich würde dich fortlassen, ohne zu wissen *weshalb*, dann hast du dich getäuscht! Womit willst du mich enttäuscht haben? Im Moment fehlt mir nämlich der leiseste Schimmer! Und ich werde scheißwütend, sobald ich nicht begreife, was vor sich geht!«

Anstatt einer einzigen, beschissenen Antwort, perlen die ersten Tränen ihre Wange hinab. Perfekt! Das hätte er nicht für möglich gehalten. Dieses Mädchen macht ihn nicht nur innerhalb von Sekundenbruchteilen so geil, dass er alles vergisst und nur über sie herfallen will, nein, es treibt ihn auch noch in die größten Zornausbrüche, denen er jemals ausgeliefert war. Irgendwie wird ihr wohl die Gefahr bewusst, denn – oh Wunder! – Josie beschließt doch tatsächlich, noch einmal etwas zu erwidern. Fast hätte er ein Halleluja in den begrenzten Raum der Limousine geschmettert.

»Ich weiß, was du von einer Frau erwartest. Wäre mir mehr Zeit geblieben. ... Ich meine, so etwas bist du natürlich nicht gewöhnt ... Ich hab mir auch wirklich Mühe gegeben ...« Sie runzelt die Stirn und starrt für einen langen, auf Andrews Seite atemlosen, Moment vor sich hin. Als sie aufsieht, sind die Tränen wie von Zauberhand verschwunden und ihre Miene wirkt verdammt bissig (und von Hass erfüllt). »Ich habe dir gesagt, dass es nichts bringt!«, zischt sie. »Weshalb hast du nicht einfach auf mich gehört? Es *tut mir leid!* Hatte ich das schon erwähnt? Es *tut mir leid! Kann ich jetzt endlich gehen?*«

»Nein!«

Fassungslos mustert sie ihn. »*Warum denn nicht?*« Inzwischen brüllt sie zur Abwechslung. Perfekt, dann brüllen sie eben beide.

Ähm, Norton, du Idiot. Ich denke nicht, dass du dich von ihr ...

›Schnauze!‹

Andrew kann sich derzeit nicht auf den DS konzentrieren, diese Angelegenheit ist gerade viel zu brisant ...

Sie holt tief Luft und schreit weiter. »Ist es nicht schlimm genug? Gut! Ich habe es nicht gebracht! Fein! Schön! Ich wollte heute Morgen abhauen und dann wären alle glücklich gewesen! Aber du musstest ja unbedingt darauf bestehen, dass ich in dein dämliches Büro komme! Und? Wofür? Dafür, dass ich trotzdem verschwinden muss! Nur, dass es mir jetzt noch viel schwerer fä...«

»*RUHE!*«

Erschrocken verstummt sie. Wenn Josie zuvor der Ansicht war, sie könne brüllen, dann hat sie wohl eine ungefähre Vorstellung davon, was *wirklich* laut ist. Andrews ist ausnehmend drohend, doch als er erneut anhebt, spricht er leise. *Äußerst* leise. »Ich denke, es ist wieder einmal an der Zeit, einige grundlegende Dinge zu klären, Josephine!«

Hörbar schluckt sie.

»Erstens: Niemand. Brüllt. Mich. An! Merk dir das! Verstanden?«

Vor lauter Schock nickt sie eilig.

»*Gut!* Zweitens: Ich weiß nicht, was du dir in deinem kleinen Schädel ausgemalt hast, aber ich zwinge niemals eine Frau zu irgendetwas! Und ich mache eine Beziehung auch nicht davon abhängig, wie schnell sie für mich ihre entzückenden Beine spreizt. Also unterstell mir nicht diese Oberflächlichkeit ...«

Haaa! Norton, du bist so ein Arsch! Ich glaub, du hast schon zu viel von ihr abbekommen ...

›Ruhe!‹

»Hast. Du. Das. Verstanden?«

Ihre Augen sind weit aufgerissen, als sie erneut nickt.

»*Perfekt!* Drittens: ein Nein, Josephine! Ein beschissenes Nein! Ist dir das vielleicht mal in den Sinn gekommen?

So läuft das in jeder normalen, verdammten Beziehung. Man *kommuniziert* miteinander! Woher soll ich verflucht noch mal wissen, was du willst oder nicht, *wenn du nicht mit mir sprichst?«*

Sie antwortet nicht, doch das ist Andrews Ansicht nach auch nicht notwendig. Außerdem fühlt sich das Abflachen seiner Panik viel zu befreiend an, als dass er momentan darauf hätte eingehen können. Das wird er heute Abend klären ... »Letztens – und das ist am wichtigsten: Komm niemals wieder auf die Idee, mir mit deinem Fortgehen zu drohen! Tu. Das. Nie. Wieder! Damit könntest du nämlich Seiten in mir wecken, die du besser niemals kennenlernst! Ist. Das. Klar?« Abermals hüllt sie sich in Schweigen, doch diesmal nimmt er es nicht hin. »Antworte mir, verdammt!«

»Ja ...«

»Wie bitte?«

»Ja«, lauter und feindseliger.

Schon lächelt er. »Fein.«

Er zieht sie an sich und senkt seinen Mund auf ihren, doch es folgt kein wilder leidenschaftlicher Kuss. Andrew hofft, sie versteht, was er ihr sagen will und achtet sorgfältig darauf, dass seine Lippen fest geschlossen bleiben. Nachdem er sich wieder von ihr gelöst hat, wischt er ihr behutsam die verbliebenen Tränen von den Wangen. »Ich werde dich nicht aus meinem Leben verschwinden lassen, Josephine Kent. Weder aus dem Grund, den du mir soeben unterstellt hast, noch aus jedem anderen. Je früher du das begreifst, umso besser. Ich hatte betont, dass ich warten kann und das war keine Lüge. Ich weiß nicht, woher du deine seltsamen Vorstellungen nimmst, aber sie sind *falsch*. Kein Mann würde dich fortschicken – nun, zumindest kein vernünftiger –, nur, weil du Zeit brauchst. Ich mit Sicherheit nicht. Und jetzt sollten wir an die Arbeit gehen. Wenn ich mich recht erinnere, macht uns Mr. Smith heute noch seine Aufwartung ...«

Sie versucht zu lächeln, wenngleich der Hass unvermindert in ihren Augen brodelt, und es gelingt ihr sogar.

Ein wenig.

Rauswurf a là Norton

1

Es ist inzwischen drei Uhr geworden und die Tiefgarage wieder voller Menschen.

Trotzdem nimmt Andrew ihren Arm und nur deshalb nicht Josies Hand, weil er sie so besser stützen kann. Er hat den Verdacht, dem Mädchen sind seine Absichten nicht ganz bewusst. Was irgendwie nicht wirklich verwunderlich ist, bisher hat er sie ihr nämlich nicht mitgeteilt. Offenbar glaubt sie, er sei rein physisch an ihr interessiert. Das verwirrt ihn. Was ihn jedoch irritiert, ist ihre Ansicht, sie müsse irgendeine Norm erfüllen.

Sein Wissen über die Psyche einer Frau hält sich derzeit in überschaubaren Grenzen. Aber er kann sich beim besten Willen nicht vorstellen, dass ihnen diese Einstellung helfen wird. Unter Leistungsdruck mag man durchaus gute Arbeit leisten, doch garantiert keinen guten Sex. Sie begehrt ihn, das steht fest. Ihr Körper hat die eindeutigen Signale gesendet. Scheinbar ist es ihr Kopf, der sie daran hindert, glücklich zu sein.

Um das Problem zu lösen, muss er ihr wohl erst einmal zeigen, was sie ihm bedeutet. Auch wenn sich diesbezüglich der unbedeutende Umstand etwas hemmend auswirkt, dass Andrew das selbst nicht so genau weiß. Zumindest derzeit nicht. Bisher hatte er noch keine Gelegenheit, darüber nachzugrübeln. Wie ein Hurrikan ist sie über ihn hergefallen und hat ihn und alles, was ihn ausmacht, mit sich gerissen. Allerdings traut er seinem gegenwärtigen Gefühlschaos insofern, dass es ihm scheißegal ist, was seine Belegschaft von ihm denkt. Josie gehört zu ihm, daher stellen sie sich besser so schnell wie möglich auf den Anblick ein. Er hat nämlich keineswegs vor, diesen Zustand so bald wieder zu ändern.

Der Aufzug ist natürlich leer, schließlich bewegt man sich nach unten, um einen frühen Feierabend einzuläuten.

Die einzigen Idioten, die sich in diesem Gebäude aufwärts bewegen, sind der Chef höchstpersönlich und seine süße, im Moment ziemlich niedergeschlagene Assistentin.

Beiläufig legt Andrew seinen Arm um ihre Schulter und zieht sie an sich. Ihre abwehrende Miene ignoriert er geflissentlich. Miss Kent muss sich wohl erst an die neuen Spielregeln gewöhnen.

Weißt du, ich gebe wirklich ungern ständig den Spielverderber. Aber das ist OBERSCHEISSE! Du kannst nicht wissen, ob es funktioniert ...

›Stimmt.‹

Das höre ich doch gern! Einsicht ist der erste Weg zur Besserung. Dann schalte mal einen – falsch, ZWEI – Gänge herunter und befördere wieder ein wenig Verstand aus deiner Hose zurück in deinen Schädel.

›Nein, ich habe mich entschieden.‹

Mit Begeisterung beobachtet Andrew, wie der DS sich entnervt die verbliebenen fünf Haare rauft. *DU FASELST GEQUIRLTE HÜHNERSCHEISSE! Wenn du dir nicht sicher bist, dann KANNST DU DICH ÜBERHAUPT NICHT ENTSCHEIDEN, DU IDIOT!*

›Tja, wie es aussieht, kann ich schon ...‹

Oh, Kacke, Mann! Die Dosis muss größer gewesen sein, als befürchtet!

›Ja, damit liegst du wohl richtig. Das war eine beschissene Überdosis ...‹

Irre! Norton, du Riesenrindvieh! Ich weiß nicht, wann ich das zuletzt gesagt habe, doch du bewegst dich in deiner Entwicklung zurück, du verfällst wieder dem Wahnsinn ...

›Möglich.‹

Pling.

Schade, Andrew hätte gern ausgiebiger mit ihm diskutiert. Langsam bereiten ihm diese Auseinandersetzungen mit dem DS Spaß. Auch das ist neu, am einfachsten ist es im Allgemeinen, zu tun, was der will. Aber ihm ist nicht entgangen, dass der Soldat ganz andere Ziele mit Josie verfolgt als er. Und seine Tipps gestalten sich in ihrem Zusammenhang meist nicht besonders hilfreich. Obwohl Andrew keineswegs vergisst, dass sein Feldwebel sie ein paar Mal gerettet hat, als er selbst viel zu sehr im Arsch gewesen ist, um vernünftig zu reagieren. Das wird er ihm auch ewig danken. Doch er hat beschlossen, in Zukunft auf dessen Ratschläge zu verzichten, sie reiten ihn nämlich nur noch tiefer in die Scheiße hinein, als er sich ohnehin bereits befindet ...

DAS habe ich gehört, Norton!

›Prächtig. Dann weißt du ja Bescheid ...‹

Norton, du Arschl...

›Ruhe!‹

Lächelnd nimmt er Josies Hand und zieht sie aus dem Fahrstuhl. Das Mädchen scheint immer verwirrter, und als sie Caren – Smiths Sekretärin – begegnen, die sich offensichtlich auf dem Weg zur Damentoilette befindet, wirkt sie sogar verlegen. Doch sie errötet nicht, das geschieht bei ihr ohnehin nur im Ausnahmefall. Die Angestellte hingegen mustert die beiden, als seien sie frisch einem Horrorkabinett entsprungen. Und als der Konzernchef ihr freundlich zunickt, stolpert sie tatsächlich. Er muss mit der freien Hand rasch zugreifen, sonst wäre die Blondine legendär zu Boden gegangen.

Darüber kichert Josie leise, während sie weiterlaufen und Andrew hat Mühe, sein unter Garantie irres Gelächter zu unterdrücken. Angekommen an der Tür zum Vorzimmer blickt er jedoch noch einmal zurück. »Caren?«

Die so nett Gerufene erstarrt – verflucht insgeheim wahrscheinlich den Tag ihrer Geburt – und wendet sich langsam um. »Ja, Sir?«

»Mr. Smith wird seinen Termin bei mir pünktlich wahrnehmen?«

Insgesamt macht sie einen etwas fahrigen Eindruck, urteilt Andrew, der keine Miene verzieht. »Ich bin mir nicht sicher, Sir ...« Das ist ein *Murmeln!*

»Wie bitte?«

»Ich weiß es nicht, Sir!«, schmettert sie.

Einen Herzschlag später wird ihr die Unentschuldbarkeit ihres Verhaltens klar, denn sie eilt zu ihrem Oberboss zurück.

»Ich weiß es nicht, Sir«, keucht sie, sobald sie vor den beiden steht. »Er hat ihn bisher noch nicht bestätigt.«

»Wenn Ihnen Ihr Job lieb ist, dann sorgen Sie dafür, dass Ihr unmittelbarer Chef sich zum anberaumten Zeitpunkt in meinem Büro einfindet. Miss Kent ...«

Andrew neigt den Kopf in deren Richtung und Carens Augen drohen endgültig, aus ihren Höhlen zu fallen, »... hat Ihnen unmissverständlich verdeutlicht, welchen Wert ich auf sein Erscheinen lege. Vier Uhr. Ansonsten muss ich annehmen, Sie wären mit Ihren Aufgaben überfordert.«

Jetzt ist sie nicht mehr rot, sondern bleich – das Phänomen greift wohl um sich. »Jawohl, Sir.«

Erneut unternimmt sie den Versuch, endlich zur Damentoilette zu gelangen. Aber Andrew hat sie nicht entlassen. Offenbar verliert jeder in diesem Haus den Verstand. »Caren!«

Wie angewurzelt bleibt sie stehen. Die Knie zittern sichtlich, als sie sich abermals zu ihm umwendet und zurück tippelt.

»Sind Sie in Eile?« Er spricht ausnehmend leise, sein Daumen streichelt dabei sanft Josies Handrücken.

»Bitte entschuldigen Sie, Sir!«

»Kein Problem«, erwidert er eisig. »Solange es nicht zur Gewohnheit wird.« Sie zieht es vor, darauf nicht zu antworten. »Unter Zuhilfenahme welcher Daten erarbeiteten Sie das Memo, das gestern den Weg auf meinen Tisch fand?«

Jetzt ist sie nicht mehr bleich, sondern *leichenblass*. »Ich ... Sir ...«, stottert Caren und ihre Miene wird bettelnd. *Bitte, lass mich einfach gehen. Bitte.*

Fragend neigt er den Kopf zur Seite. »Nun?«

»Internet«, haucht sie.

»Davon ging ich bereits aus. Das World Wide Web beherbergt nach letzter Schätzung weit über eine Billion Adressen. Etwas genauer!«

Ihr hörbares Schlucken lässt ihren obersten Chef mit dem Schlimmsten rechnen, und er wird umgehend bestätigt. »W – Wikipedia.«

»Verstehe ich das richtig«, wispert Andrew. »Sie ließen mir die mittels des allgemeinen Ratgebers bei Wikipedia erstellte Analyse einer möglichen Dezimierung der personalunabhängigen Kosten meines Konzerns vorlegen?«

»Ich ...« Ihr Blick wandert zu Josie, als könne die helfen, dann sieht die Assistentin hastig wieder zum Vorstandschef. Die wässrigen blauen Augen tränen mittlerweile leicht. »Mr. Smith sagte ...«

»Ja. Das dachte ich mir. Wann hat Mr. Smith Sie mit der Erledigung dieser Aufgabe betraut?« Plötzlich klingt er verständnisvoll und die Dame entspannt sich ein wenig.

»Gestern Morgen, Sir.«

»Vor oder nach acht?«

»Nach acht, Sir. Ich bin erst ab dieser Zeit im Büro.«

»Sind Sie gern in meinem Unternehmen tätig?«

Sie reißt die Lider auf. »J – ja, Sir.«

»Sicher«, nickt Andrew sanft. »Es dürfte Ihnen schwerfallen, eine entsprechende Stellung mit ähnlicher Bezahlung irgendwo sonst in dieser Stadt zu finden, nicht wahr?«

»Das denke ich auch, Sir.«

»Dann rate ich Ihnen, Smith gegenüber nichts von unserer kleinen Unterhaltung verlauten zu lassen.« Andrew lächelt. »Wir verstehen uns?«

»Selbstverständlich, Sir.«

Sein Lächeln wird breiter. »Hervorragend!«

Ihres wirkt etwas gequält und sie macht erneut Anstalten zu gehen. Doch in letzter Sekunde hält er die genervte Assistentin zurück. »Caren?«

Diesmal unterdrückt sie eindeutig ein Wimmern. »Ja, Sir?«

»Wie Sie mit Sicherheit bereits geschlussfolgert haben, handelt es sich bei meiner Begleiterin um Miss Kent. Sie wird in gut einer Woche Gails Position übernehmen. Ich erwarte, dass die Arbeit ohne Komplikationen fortgesetzt wird.«

Ihr Blick huscht wieder zu Josie, die ein wenig rot geworden ist, doch bei Weitem nicht so strahlend, wie Caren es eben demonstriert hat. Die betrachtet die noch immer ineinander verlinkten Hände und schaut schließlich auf. »Sehr wohl, Sir.« Und an Andrews privates Wunder gewandt: »Miss Kent. Herzlich W – Willkommen. Ich hoffe, Sie werden sich bei uns wohlfühlen.«

Josie lächelt. »Danke, davon gehe ich aus.«

Das ist *sein* Baby!

Danach entlässt er Caren endlich. Sie scheint es jedoch nicht mehr eilig zu haben, zur Toilette zu gelangen. Möglicherweise hat sich die Angelegenheit inzwischen erledigt ...

2

Nachdem Andrew die Tür hinter sich geschlossen hat, zieht er Josie an sich.

»Ich scheiß auf deine Regeln!«

Es wird ein intensiver Kuss, der ihn fast endgültig um den Verstand bringt, doch seine linke Hand liegt auf ihrem Rücken und die rechte hält ihr Kinn. Er zwingt sich, beide nicht zu bewegen und wenn sie noch so sehr danach verlangen. Ihre Finger befinden sich in seinem Haar, ohne dass sie Anstalten macht zu protestieren, und erst als sie leise aufseufzt, löst er sich von ihr. »Die Tür bleibt offen«, erklärt Andrew; nebenbei ist er begeistert über seine vorgetäuschte Gelassenheit. »Ich traue diesem Smith jede Schweinerei zu.«

»Ja, Sir.« Etwas atemlos, aber in akzeptabler Lautstärke. *Das ist sogar eindeutig sein Baby.* Auch wenn sie ihren Argwohn und jenen Widerwillen, der offenbar zu ihr gehört, wie diese so unvorstellbar langen und dichten Locken, keineswegs verbergen kann. Doch ihm ist es zumindest im Moment egal, denn als sie in seinen Armen lag, war nichts davon zu spüren und darauf kommt es an. »Bringen Sie mir bitte einen Kaffee, Miss Kent.« Er lächelt über ihre verwirrte Miene und begibt sich an seinen Schreibtisch.

Sein Büro jedoch lässt er, wie angekündigt, weit offen stehen ...

3

Als sie mit der filigranen Tasse Nitroglyzerin eintritt, konzentriert sich Andrew bereits wieder auf das Wikipedia Memo.

Mittlerweile ist er so zornig, dass sein Blick wohl nicht besonders freundlich ausfällt, denn als er aufsieht, weicht sie unwillkürlich zurück. Eilig zwingt er seine Mundwinkel nach oben. »Danke.«

»Bitte, Sir.« Klar und deutlich.

Schon lässt sie offenkundige Anstalten erkennen, hinauszugehen, aber Andrew bereitet diese »Ja, Sir«, und »Nein, Sir«, Geschichte Spaß. Irgendwie macht es den Eindruck eines absurden Rollenspiels und das gefällt ihm sogar außerordentlich. »Oh ... Miss Kent?«

Fragend schaut die Angesprochene zu ihm. »Ja, Sir?«

»Kommen Sie doch bitte noch einmal her!«

Selbstverständlich taucht sofort der berüchtigte Argwohn auf, und den Hass kann Andrew ebenfalls ausmachen – der ist ja stets anwesend. Aber sie macht kehrt und folgt seiner Anweisung. Fast. Denn Josie bleibt *vor* seinem Schreibtisch stehen. Geduldig schüttelt er den Kopf. »Zu *mir!*«

Mit tief gefurchter Stirn, und nachdem sie eilig zur Tür gesehen hat, aus welchem Grund auch immer, tritt sie einschließlich misstrauischer Miene um den Tisch. Einen halben Meter vor ihm stoppt sie.

»Zu *mir*, Miss Kent!« Während sie sich langsam nähert, versucht sie, ihre steigende Unsicherheit zu verbergen. Andrew beschließt, die Taktik zu ändern. »Was denkst du?«, erkundigt er sich, sobald sie ihn erreicht.

»Ich weiß nicht, was du von mir willst«, erwidert sie nach flüchtigem Zögern.

»Oh, *das* lässt sich einfach in Worte fassen, Miss Kent. Dich!« Wenn Blicke töten könnten, hätte er einmal mehr soeben das Zeitliche gesegnet, doch er ignoriert diesen verwirrenden Aspekt ihrer sonst tatsächlich zauberhaften Gesamterscheinung.

»Damit meine ich Miss Josephine Kent«, informiert er sie. »Nicht nur die süße Josie, die mir den Verstand raubt. Verstehst du das?«

»Nein.« Es kommt zickig.

»Was ist daran so unverständlich?«

»Weshalb solltest du das wollen?« Das klingt sogar noch zickiger und im gleichen Maße irritiert.

Kalkulierend mustert Andrew sie. »Wenn dieser Smith verschwunden ist, würdest du dich mit mir darüber unterhalten?«

Es geht ein atemloser Moment ins Land, bis sie zögernd nickt.

»Hier oder lieber in der Öffentlichkeit? In einem Café oder etwas in der Art?«

Erneut muss sie überlegen und begutachtet intensiv ihr Umfeld, bevor sie antwortet. »Nein, es kann auch hier sein.«

Gut, soweit vertraut sie ihm also. Andrews Lächeln vertieft sich. »Verstößt es gegen deine Würde, wenn wir ... nur so lange sich niemand anderes im Raum befindet ... ab und an ...« Erbost verstummt er. Ha! Andrew Norton hat tatsächlich Schwierigkeiten, sich zu artikulieren. Perfekt!

Er verspürt Angst vor ihrer Zurückweisung.

Du bist so ein verdammtes Arschloch! Waschlappen! Muttersöhnchen! Verzogenes Baby!

›Jawohl‹ bestätigt er, bereits wieder gelassen und grinst beinahe. Was ist er doch für ein Baby.

»Was ich eigentlich sagen wollte ... Dein Rock ist verdammt kurz, Miss Kent und deine Augen verdammt groß, deine Lippen sind süß und dein Haar so wahnsinnig lang. Ich ...«

Sie steht immer noch vor ihm und unvermittelt hellt sich ihre Miene auf. Dann kommt Miss *ich überrasche meinen Boss wirklich regelmäßig,* Kent zum Vorschein. Denn sie lehnt sich vor, wenn auch etwas linkisch, und versucht, ihn an seinen geschlossenen Beinen vorbei zu erreichen. Eilig nimmt er die Knie auseinander und zieht sie an sich. Wie von selbst wandern ihre Hände in sein Haar, und als sie ihn küsst, zwingt Andrew sich zur absoluten Reglosigkeit. Der Argwohn ist nämlich leider keineswegs verschwunden.

Was für eine seltsame Person!

Sämtliche Ratgeber für Männer über Frauen müssen neu geschrieben werden. Nichts stimmt bei ihr!

Ihr Kuss ist sanft, unschuldig und kurz. Als sie sich von ihm löst, mustert er sie lächelnd. »Du hast keine Ahnung, wie süß du bist.«

»Falsch«, wispert sie und betrachtet ihn plötzlich versonnen. »Du hast keine Ahnung, wie ...« Angestrengt sucht sie nach Worten und wird tatsächlich rot. Es gelingt ihr jedoch fortzufahren, »... wie ... wie ... ich ...«

»Schon gut«, sagt er schnell. »Ich verstehe, was du sagen willst.«

»Ja?« Schon sind die nächsten Zweifel vor Ort, doch bevor er etwas erwidern kann, klopft es an der Tür zum Vorzimmer, weshalb er sie hastig von sich schiebt.

»... dann legen Sie mir bitte den letzten Quartalsbericht aus Südostasien vor.« Josie bejaht, wobei sie einen äußerst konzentrierten Eindruck macht.

Andrew sieht auf. Smith. Der Idiot!

Der Gute wirkt recht verschwitzt, Andrews Blick fällt auf die Uhr. Nun ja, fast pünktlich, es ist bereits drei Minuten nach vier.

»Das wäre alles, Miss Kent. Und schließen Sie bitte beim Hinausgehen die Tür!«

»Jawohl, Sir.«

Sie geht mit raschen, aber nicht eiligen Schritten und bedenkt Smith mit einem knappen, ziemlich hasserfüllten Nicken. Der ist inzwischen wortlos und keuchend in den Raum getreten. Doch das Büro schließt die Kleine erst, nachdem sie ihrem Chef hinter dem Rücken des in Bälde Arbeitslosen ein Strahlen geschenkt hat.

Ja, das ist *sein* Baby!

»Setzen Sie sich!« Mit der nächsten flüchtigen Kopfbewegung deutet Andrew zum Stuhl vor seinem Schreibtisch.

»Mr. Norton«, beginnt Smith mit diesem näselnden Wollen–wir–nicht–Freunde–sein Tonfall, den er offenbar auch noch im Zustand höchster körperlicher Erschöpfung vollbringt.

»Setzen!« Das kommt bedeutend schärfer, und der Idiot scheint zu begreifen, dass er sich in Schwierigkeiten befindet. Denn endlich gehorcht er. Andrew stützt die Ellbogen auf den Lehnen seines Stuhls, bringt die Fingerspitzen in der Mitte zusammen und mustert ihn eisig. »Ich ließ Sie heute hier erscheinen, um gemeinsam mit Ihnen das Memo auszuwerten.«

»Das ist kein Problem, Sir.« Er hat sich schon wieder gefangen.

Fragend hebt Andrew eine Augenbraue. »Ein Wasser? Ginger–Ale? Kaffee? Tee?«

»Wasser wäre nett.« Jetzt klingt er sogar hörbar entspannt, so freundlich erlebt man den verhassten Chef schließlich selten.

Andrew nimmt das Telefon. »Ein Mineralwasser für Mr. Smith!«

»Selbstverständlich, Sir.«

Als Nächstes greift der Vorstandsvorsitzende zum circa vierzig Seiten starken Memo–Machwerk. Aus jeder Einzelnen ragt ein bunter Papierschnipsel. Smiths Entspannung ist Geschichte.

»Sie haben ...«, beginnt Andrew, während sich die Tür öffnet und Josie eintritt. Süß und unschuldig wie immer.

»... mir diese Unterlagen ...« Das Mädchen ist inzwischen an den Tisch herangetreten und gießt Smith in sicherer Entfernung das Wasser ein.

Das Schwein ist offenbar nicht erschöpft genug, es glotzt nämlich zunächst auf ihre Brüste und dann werden die nackten Beine einer längeren Inspizierung unterzogen. Zum ersten Mal seit Eintreffen des Kretins kämpft Andrew mit seiner Beherrschung. Die visuelle Botschaft fällt mörderisch aus: *Wenn du Hurensohn nicht sofort deinen beschissenen Blick von meiner, keine Ahnung was, auf jeden Fall für mich äußerst wichtigen derzeitigen Partnerin/Assistentin nimmst, sind Aufzüge für dich irrelevant, um nach unten zu gelangen, weil du dann die* Abkürzung *nehmen wirst!*

»... ausgehändigt, Smith?« Es klingt denkbar beißend, passend zum Gesichtsausdruck des Todes. Endlich bequemt der Mann sich, sein lüsternes Starren auf Miss *ich hätte nie gedacht, einmal so gleichmütig und gelassen ein Glas mit Wasser der Marke Evian füllen zu können,* Kent zu beenden.

»Danke, das ist alles, Miss Kent.« Auch das kommt mit ausgesuchter Unnachgiebigkeit, doch die Angesprochene nickt nur und geht.

Erneut hat die Rekonvaleszenz des Kerls nicht viel Zeit in Anspruch genommen, der gafft ihr nämlich bereits wieder nach, diesmal liegt sein Augenmerk auf dem wirklich ansehnlichen Hintern.

»Smith!«

Verwirrt schaut der Dreckssack zu Andrew und scheint sich tatsächlich auf den Grund seines Hierseins zu besinnen, denn er runzelt die Stirn. »Nun, Sie werden verstehen, dass ich Ihre Fragen ohne entsprechende Vorbereitung nicht erschöpfend beantworten kann ...«

»Fühlen Sie sich überfordert und brauchen ein wenig Entlastung?«, erkundigt sich der Konzernchef eisig.

Die Augen sprühen vor Hass – auch dies greift neuerdings spürbar um sich – und die nächste Erwiderung erfolgt etwas gepresst. »Selbstverständlich nicht, Mr. Norton. Ich wollte damit lediglich zum Ausdruck bringen, dass ich die Angelegenheit in Addition zu meinen übrigen zahlreichen Verpflichtungen erledigt habe und mir daher ...«

»Weshalb Sie Mitglied des Vorstandes sind und keine gemeine Schreibkraft.«

»Das ist korrekt.«

»Mir fehlen etliche Daten und konkrete Zahlen, ich kann mit diesem Machwerk nichts anfangen!« Abfällig wirft Andrew den Hefter auf den Tisch.

»Darf ich das einmal sehen?«, erkundigt Smith sich, erstaunlicherweise bereits wieder gelassen.

»Hat ihr Gedächtnis inzwischen gelitten?«

Die Gefasstheit ist Geschichte. Nachdem der Versager tief Luft geholt hat, knurrt er plötzlich los: »Was soll das Theater?«

»Pardon?«

»Sie wissen doch längst, dass ich für dieses beschissene Memo nicht verantwortlich bin! Ich mache mich ja lächerlich, wenn ich meinen guten Namen darunter setze ...«

Andrew nimmt die Akte erneut zur Hand, blättert bis zur letzten Seite und blickt auf. »Ist ihr Vorname John W.?«

»Das ist Ihnen auch bekannt!«

»Somit *haben* Sie sich soeben lächerlich gemacht.«

»Hören Sie auf!« Der Typ ist aufgesprungen. Von Gelassenheit kann wahrlich nicht mehr die Rede sein.

»Setzen!«, wispert Andrew mit großen Augen.

Smith ist verblüfft genug, um zu gehorchen und Andrew befördert die Mappe erneut auf den Tisch. »Sie widersetzen sich demnach meinen Weisungen und lügen, um Ihren Hintern zu retten?« Er lässt dem Delinquenten keine Zeit, noch einmal diesen aussichtslosen Versuch zu unternehmen. »Entweder, Sie räumen freiwillig Ihren Stuhl, dann zahle ich Ihnen eine angemessene Abfindung und wir trennen uns in ehrlicher Abneigung voneinander. Oder Sie beharren auf Ihren Posten und werden mit Gewalt entfernt. Ihnen bleibt eine Minute, um die Sachlage zu überdenken.«

Fassungslos starrt er ihn an. »Wegen dieser dämlichen Scheiße, die niemanden interessiert? Mit Gewalt ...? Sie drohen mir tatsächlich damit, mich von diesem uralten Pförtner ...?«

»Mit *Gewalt!*«, wiederholt Andrew verhalten. »Was bedeutet: *nicht freundlich!* Ich beabsichtige, jeden Vorfall ganz genau untersuchen zu lassen, bei dem Sie Ihre dreckigen Hände nicht bei sich behalten konnten oder Ihre Hose nicht geschlossen.

Und dann jage ich Sie so lange durch sämtliche Gerichte Floridas, bis Sie sich wünschen, den Namen Norton nie gehört zu haben.« Er sieht auf die Uhr. »Dreißig Sekunden.«

»Abfindung?« Ah, der Widerling beginnt zu verhandeln.

»Eine glatte Million. Das ist mehr, als Sie verdienen. Fünfzehn Sekunden.«

»Das ist Erpressung!«

»Sie sagen es. Acht.«

»Sie mieses Schwein!«

»Auch das. Fünf.«

»Gut!« Erneut springt Smith auf. »In Ordnung! Obwohl Sie mir mindestens das Fünffache schulden!«

Gleichmütig hebt Andrew die Schultern. »Es steht Ihnen selbstverständlich frei, den Rechtsweg einzuschlagen. Allerdings weise ich Sie darauf hin, dass wir in diesem Fall den zuvor genannten Anschuldigungen gegen Sie nachgehen müssen ...«

»Vergessen Sie es!«, grollt Smith.

Ein zartes Lächeln erscheint um Andrews Mundwinkel. »Sehen Sie, ich wusste, dass wir uns einigen würden! Ich lasse den Aufhebungsvertrag von den Anwälten aufsetzen, Sie haben zehn Minuten, um ihr Büro zu räumen. Ab diesem Moment befinden Sie sich im bezahlten Urlaub.« Damit erhebt er sich. »Das war alles.«

Smith schluckt hörbar, das Gesicht ist grau, die Kiefernmuskeln spielen und seine Hände beben. »Dafür bezahlen Sie! Ich werde Sie vernichten! Verlassen Sie sich darauf!«

»Sicher. Neuneinhalb Minuten ...«

Als sein Ex–Vorstandsmitglied zur Tür stürzt und sie aufreißt, folgt er ihm.

»Das wirst du mir büßen, du mieses, kleines Schwein ... Ich mach dich fertig, ich werde ...« In diesem Moment fasst er Josie ins Auge, die ihn erschrocken anstarrt. *Zu* erschrocken.

»Raus! Sofort!«, wispert Andrew.

Doch der Angesprochene reagiert nicht, seine Miene ist wild und außer Kontrolle. Ein in die Enge getriebenes Raubtier, das bei der geringsten Möglichkeit zuschnappen wird. Und schon einen Herzschlag später geschieht genau das: Seine Hand schießt vor und macht Anstalten, Josies Haar zu packen. Entsetzt und gleichzeitig mit einem Hass in ihrem Blick, den Andrew in dieser Form noch nie gesehen hat, weicht sie zurück. Er weiß, dass sie nicht atmet, obwohl zunächst alle üblichen Begleiterscheinungen ausbleiben.

Einen Herzschlag später liegt sein Arm um den Hals des Bastards. »Eine falsche Bewegung und ich mache dich kalt«, flüstert er an dessen Ohr. Smith schwingt die Fäuste, versucht, um sich zu schlagen.

Ein Handgelenk bekommt Andrew dennoch zu fassen, biegt den Arm auf den Rücken des Lebensmüden, was garantiert schmerzhaft ist, und sieht Josie an, zwingt sie, seinen Blick zu erwidern. Als er Leben in ihren Augen findet, löst sich ein Knoten in seinem Magen, von dessen Existenz er erst jetzt bewusst erfährt. »Kannst du telefonieren?«

Nach einem hasserfüllten Funkeln zu Smith, der wie in Zeitlupe vonstattengeht, nickt sie.

»4589 Finch. Zwei Leute!« Der Typ, den Andrew in einer nicht unbedingt liebevollen Umarmung hält, röchelt, denn inzwischen drückt er ihm die Luft ab. Es dauert noch einmal einen langen Moment, doch dann hat sie sich gefangen und tippt mit bebenden Fingern die Nummer ein. Als Josie spricht, klingt sie spröde und atemlos zugleich. »Miss Kent. Wir brauchen zwei Herren vom Sicherheitspersonal in Mr. Nortons Büro. »Ja ... Danke.«

Smith ist soeben eingefallen, dass er auch noch über eine linke Hand verfügt und schon versucht er damit, auf seinen Ex–Chef einzuschlagen. Vorzugsweise in dessen Gesicht. *Andrew* hat keine seiner Gliedmaßen vergessen, nur leider befinden sich beide Arme bereits im Einsatz. Er verstärkt den Druck nochmals und das Röcheln wird leiser. »Tür auf!«

Diesmal gibt es nicht die geringste Verzögerung. Sofort stürzt Josie zum Ausgang, wobei sie einen großen Bogen um den um sich schlagenden Kerls beschreibt.

Kaum hat Andrew ihn in den Flur gezwungen, öffnen sich am anderen Ende die Aufzugtüren und zwei Männer in schwarzen Anzügen stürzen heraus. Der eine, mit Abstand Bulligere, nickt flüchtig. »Ich übernehme dann, Mr. Norton.«

Zwanzig Sekunden später liegen Smiths Hände in Handschellen.

»Die Cops?«, erkundigt der Zweite sich dabei eher beiläufig.

»Nein.« Andrew wirkt, als wäre nichts Nennenswertes geschehen, für Smith, der noch immer vor sich hin röchelt und sehr rot ist, hat er keinen letzten Blick aufgespart. Für Josie derzeit übrigens auch nicht – zu gefährlich. »Der Mann bekommt ...« Ein Blick auf die Uhr ... »... vier Minuten, zwanzig Sekunden, um seine persönlichen Dinge zusammenzupacken«, fährt er gelassen fort. »... dann setzen Sie ihn vor die Tür.«

Der Größere hebt eine Augenbraue. »Sir?«

»Nein, nur raus!«

Damit geht Andrew zurück ins Büro. Josie hat sich in die hinterste Ecke verzogen und konzentriert sich auf die Vorgänge im Flur, in dem Smith soeben abgeführt wird.

Doch neben dem Hass und Ekel sind ihre Lippen farblos und die grünen Augen so weit aufgerissen, dass die Mandelform für den Moment Geschichte ist. Als er zu ihr tritt und sie sehr behutsam an sich zieht, bleibt jedes Zurückweichen aus. Sie flüchtet sich förmlich in seine Arme und vergräbt das Gesicht an seiner Brust. »Ist er weg?

Er bejaht.

»Wird er wiederkommen?«

»Nicht in dieses Gebäude«, versichert er ihr dumpf.

»Gut!« Es klingt bissig, worüber Andrew unglaubliche Freude empfindet. Bissig ist nämlich jenseits jeder Atemlosigkeit. Und er schweigt, denn auch wenn Smith die Konzernzentrale mit Sicherheit nicht wieder betreten wird, kann er ansonsten leider für überhaupt nichts garantieren.

4

»Ich muss noch einige Telefonate führen«, erklärt er mit einer entschuldigenden Note in der Stimme, nachdem er sich behutsam von dem Mädchen gelöst hat. »Danach können wir reden.« Sie nickt und begibt sich wortlos an ihren Schreibtisch. Hassblick und Argwohn inklusive.

An der Tür zögert Andrew. Er beabsichtigt mit Finch zu sprechen und will nicht, dass Josie erfährt, *welche* Arbeiten der Mann für ihn erledigt. Smith ist raus. Soweit Andrew weiß, gibt es hier keinen weiteren Grabscher, und außerdem ist die Belegschaft ohnehin schon in ihren unverdienten Feierabend entschwunden. Womit die Risiken wohl überschaubar sind. Nach einem letzten Blick auf ihren geneigten Kopf schließt er widerstrebend die Tür.

Zurück an seinem Arbeitsplatz verbannt er als Erstes das Wikipedia Memo in die entlegenste Schublade. Er wird später entscheiden, ob er es rahmen lässt – als ewige Erinnerung daran, in welche Höhen Dämlichkeit sich erheben kann. Als Nächstes spricht Andrew mit seinem Sicherheitschef. Der hat bereits Smiths Löschung aus den Zugangsdateien innerhalb der Holding veranlasst und versichert ihm, dass in der Flower Sieben alles wie geplant ablaufen wird. Wenigstens ein Mann, der mitdenkt.

Nachdem er aufgelegt hat, entscheidet er, sich am heutigen Abend Stück für Stück vorzutasten. Jede zu nehmende Hürde ist für sich unkalkulierbar. Also muss er sich auf die jeweilige Situation einstellen, wenn sie sich ergibt. Planungen, wie er sie sonst vornimmt, sind definitiv nicht möglich. Das verwirrt ihn, er fühlt sich keineswegs gut dabei, doch ändern kann er es deshalb nicht.

Genau, du Idiot! Improvisieren wir einfach mal, oder? Was soll schon geschehen? Ein bisschen Pleite schadet nie!

Leise stöhnt Andrew.

Dachtest du, ich würde so leicht aufgeben?

›Nicht wirklich. Aber die Hoffnung stirbt bekanntlich zuletzt, nicht wahr?‹

Der DS verzieht das Gesicht. *Hör zu ... ich werde dir nicht in die Parade fahren.*

›Ach nein?‹

NEIN! Ich denke trotzdem, dass sie irre ist. Du musst zugeben, dass diese Diagnose zwangsläufig ist. Du hast offenbar einen Narren an ihr gefressen. Ich bin kein Unmensch! Wenn du glaubst, dich dann besser zu fühlen ...

›Glaube ich ...‹

Meine Devise: Nimm dir, was du willst. Damit sind wir immer gut gefahren ...

›Ja, kann man so sagen.‹

Ich verbiete sie dir nicht. Ich achte nur darauf, dass die Dinge nicht zu sehr aus dem Ruder laufen, wenn du verstehst, was ich meine.

›Nicht so ganz.‹

Du verlierst die Perspektive.

›Ach ...‹

Ach, ach, ach! Für dein Unternehmen tust du einen Scheiß!

›Da mag vielleicht etwas dran sein.‹

Ich will dir ja keine Vorschriften machen ...

›Das wäre mir neu.‹

Ich will dir ja keine Vorschriften machen, Norton, du Oberrindvieh! Untersteh dich, mich ständig zu unterbrechen! Ich finde, du hast dir die kleine Auszeit verdient ...

›*Jetzt* siehst du mich zum ersten Mal sprachlos!‹

Ja, nicht? Man sollte es kaum für möglich halten ... Erledige die Dinge heute Abend und dann sorge dafür, dass du wieder normal wirst.

›Nichts anderes liegt in meiner Absicht.‹

Guter Soldat! Sind wir ein Team?

›Ja.‹

SIND WIR EIN TEAM?

›Jawohl, Sir!‹

Dann mach deinen alten DS glücklich!

›Ich gebe mir alle Mühe.‹

Geht das Geheule schon wieder los? Seit wann geben wir uns Mühe? Wir erreichen IMMER unser Ziel!

›Das ist der Plan.‹

Dann sieh zu, dass du endlich anfängst!

›Ja.‹

Und räum ihr nicht zu viel Spielraum ein ...

Was soll das jetzt? Doch nach flüchtiger Überlegung entscheidet Andrew, dass dies momentan eher unwichtig ist. Er hat alles erledigt, was es zu erledigen galt. Smith ist Geschichte, dafür hätte er übrigens schon vor Jahren sorgen sollen. Josie ist nicht mehr wütend auf ihn, und sie wird nachher mit in sein Haus kommen. Er findet, das Zwischenresümee fällt nicht übel aus. Nun kann er sich auf den angenehmen Teil des Tages konzentrieren.

Immer das Geschäftliche vom Privaten trennen, Andrew hat es nicht vergessen. Im Moment strapaziert er dieses Gesetz vielleicht ein wenig über Gebühr, aber ist das wirklich so unverzeihlich? Nach fünf Jahren darf man eine winzige Veränderung in Kauf nehmen, befindet er weiter. Und er sollte endlich damit beginnen, dieser einen permanenten Touch zu geben. Entschlossen betritt er kurz darauf das Vorzimmer. Es erscheint ihm unangebracht, Josie über das Telefon zu befehligen. Die offizielle Bürozeit ist schließlich vorüber. Sie lächelt, wenn auch etwas gequält.

»Stell die Anrufe um«, weist Andrew sie an, während er die Tür abschließt. Als er sich umwendet, wird er mit ihrem entsetzten, bestätigten und abgrundtief abfälligen Ausdruck konfrontiert.

»Josie, wenn ich diese Tür nicht blockiere, wird im Zehn-Minuten-Takt irgendein Idiot hereinplatzen. Ich will dich nicht einsperren. Hier ...« Damit deutet er zum Schloss. »Der Schlüssel steckt. Du kannst jederzeit gehen.«

Sie überzeugt sich von dem Wahrheitsgehalt seiner Aussage und nickt dann, allerdings auch nicht erheblich entspannter.

»Kommst du?«

Es dauert, doch am Ende ertönt es: »Ja.«

5

Andrew lässt sie auf der Couch Platz nehmen, während er einen der Sessel wählt.

»Ich beabsichtige nicht, mich dir ein weiteres Mal zu nähern, solange mehrere, brisante Belange ungeklärt sind«, beginnt er ohne Umschweife, sobald beide sitzen. Dabei ignoriert er ihr fantastisch anmutendes Mienenspiel. »Mir ist nicht entgangen, dass wir uns weniger als drei Tage kennen. Glaub mir, ich habe noch nie so rasant in einer Beziehung diese Ebene erreicht ...«

Das stimmt! Mit Lara hat er allein eine Woche um das Kleingeschriebene in ihrem Vertrag gefeilscht – per E-Mail ... Okay, in Wahrheit hat er eine derartige Verbindung überhaupt noch nie gepflegt, vermutlich ist das jedoch in diesem Zusammenhang eher nebensächlich.

»Ich auch nicht«, erwidert sie mit leichtem Spott und lächelt über ihren Witz. Andrews Antwortlächeln fällt knapp und nicht sehr echt aus. »Ich möchte, dass du einige Dinge erfährst, denn ich unterliege dem Eindruck, du interpretierst etliches völlig falsch.« Als sie nicht reagiert, fährt er fort: »Erstens: Ich plane nicht, dich so schnell wie möglich in mein Bett zu bekommen.«

Norton, du Riesenarschloch!

›Warte doch ab, ich bin ja dabei.‹

»Doch ich leugne nicht, dass ich es natürlich will. Sex gehört schließlich dazu. Verstehst du das?«

Hass ist gar kein Ausdruck, Andrew ignoriert ihn aber tapfer, weil das nun einmal der reinen, ungeschönten Wahrheit entspricht, verdammt! Und er weiß, dass er nicht darauf verzichten *kann*. Zwei Jahre? Mittlerweile erscheint ihm die Vorstellung nicht nur utopisch, sondern *dystopisch!* »Allerdings verfolge ich weder die Absicht, dich zu zwingen noch unser Zusammensein davon abhängig zu machen. Ich werde warten, bis du bereit bist. Hast du das ebenfalls verstanden?«

Nach wie vor erfolgt keine Entgegnung und er zwingt sich, fortzufahren. Was hat er erwartet? Dass sie ihm um den Hals fällt? Schwerlich vorstellbar, bei einem Mädchen ihres Kalibers. »*Damit* du irgendwann Bereitschaft empfindest, musst du mir deine Gedanken mitteilen. Ansonsten bleiben wir wohl ewig auf dieser Stufe stehen. Das erschließt sich dir gleichfalls?«

An dieser Stelle will sie tatsächlich etwas erwidern, seine erhobene Hand stoppt sie jedoch. »Nein, lass mich erst ausreden, du bekommst danach Gelegenheit, dich zu äußern. In Ordnung?« Nach Einhaltung der Standardpause fährt Andrew fort. »Diese Art von Bindung ist mir fremd. Ich bin es nicht gewöhnt, jede meiner Handlungen vorher zu überprüfen, weshalb ich zu Fehlern neige. Du wirst mir also sagen müssen, wenn ich zu viel von dir verlange. Ist dir auch das plausibel?«

Widerstrebend nickt sie, doch diesmal gibt er sich nicht zufrieden.

»Tust du das nicht, Josie, dann wird genau das Gleiche geschehen, wie vorhin im Wagen. Und mehr. Ich lasse mich von deinen eindeutigen Reaktionen auf mich mitreißen. Es ist unmöglich, sich in solchen Situationen zu vergegenwärtigen, dass du anders darüber *denkst*, weshalb ich darauf vertrauen können muss, dass du *Nein* sagst, sollte ich mich falsch verhalten oder im Begriff dazu sein.«

Dass sie so überhaupt nicht reagiert, lässt Andrews Zorn aufwallen. Schließlich wollte sie ihn noch am Morgen verlassen! Bevor er sie zurechtweisen kann, fällt ihm glücklicherweise ein, dass sie vorerst ja nur lauschen soll und er zwingt sich zur Ruhe. »Meine Absichten sind dir bisher nicht bekannt – ein weiteres Versäumnis meinerseits. Deshalb habe ich entschieden, unsere Beziehung öffentlich zu machen. Es ist mir egal, wie meine Angestellten das beurteilen, ich werde dich nicht verleugnen. Hast du das auch verstanden?«

Trotz Hass und Argwohn – ihre Augen glänzen.

»Ich sagte dir, dass du etwas Besonderes für mich darstellst. Glaub mir, weder in dieser Geschwindigkeit noch in derartiger Intensität, habe ich jemals zuvor Gefühle aufgebaut. Ich muss zugeben, dass ich hin und wieder ein wenig hilflos bin. Mein Vorschlag wäre, dass wir zumindest versuchen, dem Ganzen ein bisschen mehr Zeit einzuräumen. Bist du einverstanden?« Bevor sie antworten kann, was sie ja ohnehin nicht tun wird, setzt er hinzu, »Das war es von meiner Seite«, und lehnt sich zurück.

Als sie auch nach einer Minute kein Wort gesagt hat, beschließt Andrew, etwas nachzuhelfen. »Die Reihe ist an dir, Josie!«

Sie nickt, machte jedoch keine Anstalten, endlich zur Tat zu schreiten. Akuter Fall von Stummheit? Vorhin im Wagen verfügte sie noch über ein recht imposantes Stimmvolumen.

Der DS verdreht die Augen, starrt zur Decke und leiert: *einundzwanzig, bis gestern ungeküsst, unverliebt und auch alles andere un–* ... Vielleicht weiß sie nicht richtig mit dieser Sachlage umzugehen, *Norton, du Idiot!*

Das wäre zumindest eine Erklärung. Seufzend lehnt Andrew sich ein wenig vor, wartet, bis sie gewillt ist, ihn wenigstens anzusehen. »Josie willst du bei mir sein?«

Ewigkeiten vergehen, bevor es kommt. »Ja.«

Scheiße! Selten ist er so erleichtert gewesen, und als er fortfährt, klingt er sogar äußerst sanft. »Und du bist damit einverstanden, dass wir diese Geschichte ... langsam wachsen lassen?«

»Ja.«

»Du wirst ab sofort sagen, was du willst?«

Wieder gibt es eine Besinnungspause. »Ich versuche es.«

Energisch schüttelt er den Kopf. »Das genügt nicht, Josie.«

Stöhnend mustert sie die Decke. »Ja ...« Es kommt wenig glaubwürdig.

»Ja, was?«

»Ja, ich werde sagen, was ich will.« Trotzig. Himmel! Doch mit etwas Mühe übergeht Andrew sogar das. »Du drohst nicht noch einmal damit, mich zu verlassen?«

»Nein.«

»Du bereust nicht, heute Morgen nicht gegangen zu sein?« Nicht, dass er sie hätte gehen lassen.

»Nein.«

»Du wirst tun, was ich dir sage, wenn es das Richtige ist?«

»Was meinst du damit?« Ah, der Argwohn ist zurück.

»Ich *meine* damit, Josephine, dass du manchmal dazu neigst, Dinge zu tun, die nicht unbedingt gesund für dich sind. Stimmst du mir in diesem Punkt zu?«

Sie kneift die Lider zusammen, bejaht jedoch knapp – und hasserfüllt, aber das kennt Andrew bereits zur Genüge.

»Und wenn ich dir sage, dass du – zum Beispiel – *nicht* im Dunkeln durch die Stadt irren sollst, glaubst du mir, dass ich nur um deine Sicherheit besorgt bin?«

»Ja.« Das kommt mit etwas mehr Überzeugung und ... Dankbarkeit.

»Dir ist die Situation mit Smith nicht entgangen?«

»Garantiert nicht«, zischt sie und wird leichenblass. Wut. Bisher hat er das als ein Zeichen von Schrecken möglicherweise sogar Angst identifiziert, doch in Wahrheit lässt der Zorn ihr Gesicht zur Totenmaske verkommen.

Er nickt. »Das ist ein weiterer Grund, weshalb es besser wäre, wenn du ab sofort von Johnson gefahren wirst. Er wird dich überall hinbringen. Ob zu deiner Mutter, zum Shoppen oder wohin auch immer du magst. Du musst es mir nur sagen.«

»Ich kann nirgendwo *allein hingehen?*« Diesmal ist ein gehöriger Schuss Panik vernehmlich.

»Das wollte ich damit nicht ausdrücken«, erwidert Andrew

eilig. »Mir ging es eher um die Zeit nach Eintreten der Dunkelheit.«

»Oh«, Josie entspannt sich sichtlich. »Okay.«

Sein Handy summt und er schaut flüchtig auf das Display, bevor er das Mädchen wieder anvisiert. »Das Wichtigste hast du mir bisher leider vorenthalten.«

»Was?«

Er grinst. »Weißt du, ich kann mich täuschen, aber manchmal habe ich den Eindruck, dass du weniger an meiner Person interessiert bist, als vielmehr an meinem Mund – dummerweise an keinem anderen Teil meines Körpers.« In gespielter Niedergeschlagenheit seufzt er. »Das lässt mich vermuten, du würdest mich für deine unehrenhaften Zwecke missbrauchen.« Groß und ernst liegt sein Blick auf ihr, eine Spur Trauer und Schmerz hat er beigemischt. Es verfehlt seine Wirkung nicht. Jetzt ist sie nicht nur blass, sondern entsetzt.

»Das wollte ich nicht!« Ihre Worte überschlagen sich beinahe. »Ehrlich, Andrew. Das tut mir so leid ...«

Hahaaa. Die ist wirklich irre! Hab ich ja immer gesagt. Die hat nicht mehr alle Tassen im Schrank!

›Oder sie ist einfach nur zu anständig.‹

Andrew lacht. »Das war *ein Witz*! Beruhige dich!« Dann ist er wieder ernst. »Aber ich möchte trotzdem wissen, wie du über mich denkst. Ich erklärte dir, was du mir bedeutest, es ist nur fair, von dir das Gleiche zu erfahren. Was bin ich für dich?«

Niedergeschlagen senkt sie den Kopf.

Was nun?

Einundzwanzig, bis gestern ungeküsst ...

Gefühlte Ewigkeiten später sieht sie ihn an. »Du bist der erste ... *Mann*, den ich ... bei dem ich ... zu dem ich mich ...« Jetzt ist sie wirklich ernst. »Du bist der Erste, für den ich ... vieles tun würde.« Es klingt zickig – definitiv – und widerstrebend – auch das. Doch es kommt und verwirrt Andrew über alle Maßen. »Was meinst du damit?«

»Ich meine«, erklärt sie schnippisch, ihre Nervosität ist nur an ihren Händen erkennbar, die unverwandt im geblümten Schoß geknetet werden, »... dass ich heute im Auto nicht 'nein' gesagt hätte.«

Obwohl wütend und kreidebleich, ist ihre Miene fest, entschieden und – das wirft ihn echt um – *opferbereit*. Das ist der größte Mist, den er jemals gehört hat! Und was ihm an der Angelegenheit mit Abstand am meisten aus der Fassung bringt: Er *mag* es! Es gefällt ihm. Egal wie! Dies ist endlich eine Aussicht auf Erfolg!

Verdammt!

Scheinbar hat er sich in den vergangenen zwölf Jahren immer verleugnet, denn erst jetzt kommt sein wahres Ich zum Vorschein. Die Vorstellung, ihr Opfer *anzunehmen*, macht ihn an! Es ist total widersinnig! Allein der Gedanke, Sex gegen ihren Willen mit ihr zu haben, widert ihn an. Aber ein Teil von ihm ist tatsächlich ernsthaft scharf darauf, es in die Tat umzusetzen. Sie widerstandslos in den Armen zu halten und all das mit ihr anzustellen, von dem er seit nunmehr vierundfünfzig Stunden, elf Minuten und zehn Sekunden träumt. Der Himmel schlechthin! Jetzt ist es amtlich: Andrew Norton ist ein Schwein.

Also zum Triebtäter macht dich das nicht gleich.

Nicht? Das ist gut. Denn für einen Moment hat er wirklich an sich gezweifelt. Er war bisher der Ansicht, ein fairer Liebhaber zu sein und sich nur das zu nehmen, was er zu geben bereit ist. Ohne Zwang ... Und jetzt das!

Noch immer fassungslos schüttelt er den Kopf.

»Josie, du redest komplette Scheiße!« Seine innere Zerrissenheit lässt ihn eisiger klingen, als beabsichtigt.

Mehr als einen irritierten Blick bekommt er nicht, aber auch das ignoriert Andrew. »Außerdem ist es *gefährlich*. Derzeit widert mich diese Vorstellung an ...«

HAAAAAAAAAAAAAA!

›Schnauze!‹

»... doch, was ist in zwei Monaten? Hast du eine ungefähre Ahnung, wie sehr ich dich begehre? Was, wenn ich meine Meinung irgendwann korrigiere? Was, wenn ich mir nehme, was du so *bereitwillig* geben willst und damit mehr Schaden anrichte, als alles andere? Ich glaube, in Wahrheit bist du feige. Anstatt ernsthaft an der Beseitigung dieses Problems zu arbeiten, wählst du den Weg des geringsten Widerstandes. Ich *stehe dir zur Verfügung, doch mit den Folgen musst du dann natürlich leben*!

Das ist nicht fair, Josephine!«

»Aber so habe ich es ...«

»Ich weiß, wie du es gemeint hast!«, unterbricht er sie. »Aber das ist *falsch*! Du versuchst ...« Andrew sucht nach dem richtigen Begriff, ihn zu finden erweist sich allerdings als fast unmöglich. Weil die ganze Situation im Grunde unmöglich ist. »... mir zu *geben*, was ich deiner Ansicht nach mehr als alles andere will. Mehr als *dich! Selbstverständlich* sehne ich mich danach! Was auch sonst, so schön, verlockend und süß, wie du bist. Aber doch nicht *gegen deinen Wunsch!* Ich denke, du missverstehst den Sinn dahinter! Es soll Spaß machen, und zwar beiden und dient nicht dem Zweck, den Partner zum Bleiben zu bewegen! So etwas funktioniert nicht! Wäre es tatsächlich mein einziges Ziel ...« Plötzlich spricht er sehr leise. »Josephine, wenn ich wirklich so wäre, wie du es mir – und wahrscheinlich der gesamten männlichen Welt – unterstellst, wie lange würde ich mich wohl damit zufriedengeben, eine reglose Puppe in meinem Bett zu haben? Was du beabsichtigst, ist keine Lösung, *sondern verdammte Scheiße!«*

Sehr, sehr lange schweigt sie, ihr Blick ist gesättigt von Spott, Hass – der vollständigen Bandbreite dessen, was ihn zunehmend in den Wahnsinn treibt. »Meine Meinung dazu wird sich niemals ändern«, erklärt sie schließlich mit einer Endgültigkeit, die für ein Mädchen in ihrem Alter an Satire grenzt.

Ob er will oder nicht, Andrew lächelt. »Das, liebe Josie, wage ich zu bezweifeln. Ich schwöre dir, du wirst eines Tages darum betteln!«

»Und *das*, lieber Andrew, wage *ich* zu bezweifeln. Ich werde bestimmt nicht um so etwas *betteln!«* Das Letzte kommt im berühmten durchdringenden Zischen, und auch ihre Haltung ist verändert: Sie hat sich vorgelehnt, ihr Gesicht ist zu einer wütenden Maske verzerrt und die Fäuste geballt.

Er hat in ein Wespennest gestochen, an exakt dieser Stelle muss er ansetzen, um hinter das Geheimnis ihrer seltsamen Aversion zu gelangen. Doch nicht jetzt und nicht hier. Falscher Ort und Zeitpunkt. Definitiv.

Daher gerät sein Lächeln ausnehmend sanft. »Wir werden sehen. Was das betrifft, kann uns nur die Zukunft zeigen, wer recht behält, nicht wahr?«

Ihr Nicken fällt leicht hölzern aus, während Andrew seine Uhr konsultiert. »Gehen wir dann?«

Und wieder verblüfft Josie ihn, denn sie nimmt die scheinbare Fluchtmöglichkeit keineswegs dankbar an. Stattdessen wirkt sie enttäuscht, vielleicht sogar niedergeschlagen, fast so, als möchte sie ihn nicht verlassen.

Kein Problem, Baby. Dir kann geholfen werden!

Am Ziel

1

»Wenn Du meinst.«
»Wie bitte?«
Ihr Kopf fährt hoch und sie räuspert sich. »Wenn du meinst, können wir jetzt gehen.«
»Ja, das meine ich in der Tat.« Andrew erhebt sich, und als er ihr die Hand reicht, nimmt Josie sie ohne Zögern.

Auf dem Rückweg begegnen sie niemandem. Er lässt sie nicht los und legt im Fahrstuhl wieder den Arm um sie. Diesmal erntet er keinen verwirrten Blick, stattdessen lehnt sie sich an ihn, wenn auch zaghaft. Also selbst das ist eine reine Gewöhnungsfrage.

Josephine scheint sich überhaupt recht schnell an Rituale und Regeln zu gewöhnen, denn kaum sitzen sie im Auto, befindet sie sich auf seinem Schoß.

Sehr gut.

Diesmal lässt Andrew sie gewähren, schon, weil er nur auf eine derartige Gelegenheit gewartet hat. Ihr Kuss ist ausdauernd, süß und sehnsüchtig. Viel zu sehnsüchtig – er straft ihre Worte Lügen. Wieder fragt er sich, was mit ihr nicht stimmt. Niemand der so küsst will nicht auch mehr. Als er sich schließlich von ihr löst, atmet sie schwer. Keine Erstickungsgefahr: Ihre Augen glänzen. Während der gesamten Fahrt betrachtet sie ihn. Artig liegen seine Hände auf ihrem Rücken und Andrew bewegt sie nicht.

Opfer! Ha!

›Baby, so wie du küsst und mich ansiehst, wirst du noch so darum betteln, von mir in mein Bett getragen zu werden!‹

Wie gern würde er das Schwein, das für ihre Störung verantwortlich ist, in die Finger bekommen. Sie reagiert viel zu intensiv! Selbst wenn er tatsächlich der Erste ist, auf den sie überhaupt eingeht, was ihn alles andere als ärgert. Trotzdem steht ihr die schwerste Zeit noch bevor.

Wie anstrengend und frustrierend muss es sein, diesem Verlangen zu widerstehen, das er in ihrer Miene entdeckt? Und wie zermürbend wird es in Zukunft werden?

Es wäre reine Verschwendung, würde sie als Opferlamm herhalten, denn ihm ist durchaus bewusst, dass ihr Angebot nicht halb so seltsam ist, wie es sich zunächst anhört. So läuft es in vielen Beziehungen, nicht wahr? Zwar ist die Motivation eine andere – im Allgemeinen handelt es sich um Desinteresse –, aber diese Praktik ist nicht neu. Doch allein der Gedanke, dieses leidenschaftliche Mädchen könne sich auf ein 'Hinhalten' beschränken, ist hochgradig lächerlich! Absurd!

Ihre Ankunft in der Flower Sieben reißt ihn aus seiner Grübelei. Zwei Streifenwagen sind längst eingetroffen.

Bereit für das Drama, Norton?

›Yessir!‹

Interessiert blickt Andrew aus dem Fenster und runzelt die Stirn. »Patrouillieren die Cops häufiger in dieser Gegend?«

Sie winkt ab. »Mach dir keine Sorgen, die sind beinahe ständig anwesend.«

»Was für eine Überraschung«, murmelt er.

»Hmmm ...?«

»Bei den Gestalten, die hier leben, verwundert mich das keineswegs«, sagt er ein wenig lauter. »Josie, du solltest wirklich einen Wohnungswechsel in Betracht ziehen.«

Sie seufzt. »Das Zimmer ist okay und die Miete ist ...«

Ungeduldig nickt er. »... billig, schon klar. Du kannst dir doch inzwischen etwas Besseres leisten. Ich meine, du verdienst nicht schlecht!«

»Bis jetzt habe ich noch gar nichts verdient und das werde ich auch in der nächsten Zeit nicht. Mein erstes Gehalt bekomme ich in drei Wochen.«

Damit hat sie nicht unrecht, was ihn zu der Überlegung bringt, dass er zur Wahrung der Fassade eigentlich auf einen Einkauf hätte bestehen sollen. Ihren Kühlschrank hat er nicht inspiziert, weiß nicht einmal, ob sie überhaupt einen besitzt.

Allerdings ist er davon überzeugt, dass in diesem Loch nichts Essbares zu finden sein wird. Vielleicht ist das ganz gut so, überlegt er trocken. So bleiben wenigstens die Ratten fern ...

Als Johnson die Tür öffnet, steigt er aus und reicht Josie seine Hand.

»Es dauert nicht lange.«

»Sehr wohl, Sir.«

Sie wirkt verlegen. »Ehrlich, du musst mich nicht begleiten.«

Andrew schnaubt. »Würde ich alle Verbrechen zusammenfassen, die sich auf diesen Block vereinen, kämen wir auf mindestens fünfmal lebenslänglich. Die Cops sind hier, es ist definitiv etwas vorgefallen, und ich habe nicht die Absicht, dich an dieser Ratte dort allein vorbeigehen zu lassen.«

Ihr Blick folgt seinem und sie sieht einen einsamen grauen Nager, der ohne Eile den schmalen mit Steinplatten gepflasterten und von Unkraut überwucherten Weg entlangtrippelt. Unwillkürlich packt sie seinen Arm. »Okay!«

»Du solltest mir einfach vertrauen, Josie.«

Sie lächelt. »Ich denke, du hast recht.«

Andrews Antwort offenbart nicht die geringste Belustigung. »Ich habe immer recht, Baby.«

Ohne auf eine Erwiderung zu warten, führt er sie zu ihrem Appartement.

Je näher sie der porösen Tür kommen, an desto mehr Leuten müssen sich die beiden vorbei drängen und umso angespannter wird Josie.

»Was ist passiert?«, murmelt sie. »Ich verstehe nicht ...«

Andrew legt seinen Arm um ihre Schulter, denn sie zittert bereits; an ihrer Tür angekommen laufen die ersten Tränen. »Aber ...«

Fassungslos starrt sie auf die Überreste dessen, was einmal ihre Wohnung gewesen ist, denn ihnen bietet sich ein Bild des Grauens:

Das Bett ist nur noch eine Erinnerung aus umherwirbelnden Federn, zerrissenem Leinen und Holzfragmenten.

Das Fenster ist eingeschlagen, der Boden mit einer klebrigen flüssigen Masse bedeckt.

Andrew muss nicht unbedingt erfahren, was genau das für eine Substanz ist. Die kleine Anrichte wurde in Einzelteile zerlegt, zuvor hat man die Schubfächer herausgerissen und deren Inhalt sorgfältig im Raum verteilt. An die Wände sind Komplimente geschmiert, von denen das freundlichste: »HURE« und »FICK DICH!« ist.

Das Ganze wirkt so schaurig echt, dass ihm übel wird.

Ein Officer nähert sich ihnen und tippt sich grüßend an seine Mütze. »Miss Kent?«

Die Angesprochene nickt benommen.

»Es tut mir leid, in Ihr Appartement wurde eingebrochen ...«

Verdammt, der Typ ist eindeutig der heißeste Anwärter darauf, die Nachfolge Einsteins anzutreten!

»Eine Nachbarin hat uns alarmiert ...«

Aus den Augenwinkeln erkennt Andrew die schwangere Whiskykonsumentin, die sich schwankend am Außengeländer abstützt und verlegen winkt. Definitiv wieder abgefüllt. Er bezweifelt, dass sich dieser Zustand jemals gravierend ändert, ansonsten würde die Dame wohl in außerordentliche Schwierigkeiten geraten. Entzugserscheinungen sind etwas Grauenvolles, diesbezüglich kennt er sich aus. Wenn man an Schlafmangel leidet und das nicht gewohnt ist, oh, da bekommt man schon mal Halluzinationen ... Mit Grauen denkt er an das Kind, das sie demnächst gebären wird. Es dürfte wahrscheinlich bereits mit Leberzirrhose und Hirnschaden zur Welt kommen. Armes Schwein ...

»Gibt es jemanden, der gegen Sie einen Groll hegt, Miss Kent?«

»Nein.«

Zweifelnd hebt Andrew eine Braue. »Wir hatten heute Nachmittag einen unangenehmen Vorfall in meinem Unternehmen, Officer ...?«

»Harley, Sir. Und ihr werter Name ist?«

»Norton. Ich bin Miss Kents Arbeitgeber.« Er sieht das Begreifen in den Augen aufblitzen, dann erscheint erwartungsgemäß ein süffisantes Grinsen. Andrews Arm liegt immer noch um Josies Schulter, in der Zwischenzeit hat die ihren Kopf an seine Brust gelehnt.

»Was war das für ein Zwischenfall?«, erkundigt sich der Beamte höflich, aber desinteressiert, sobald er zurück in seinen Cop–Modus gefallen ist.

»Ich musste eines meiner Vorstandsmitglieder entlassen. Mr. John. W. Smith. Das scheint nicht auf Gegenliebe gestoßen zu sein. Er versuchte, Miss Kent anzugreifen, weshalb ich mich gezwungen sah, ihn durch das Sicherheitspersonal entfernen zu lassen. Ihm dürfte mein privates Interesse an der Dame nicht entgangen sein, daher halte einen Racheakt für keineswegs ausgeschlossen«, erwidert Andrew in genau jenem Tonfall den Befehlsempfänger mögen, die nicht selbstständig denken können.

»Wie war der Name, Mr. Norton?« Officer Harley hat wie erwartet angebissen.

»John. W. Smith. Die exakte Adresse ist mir nicht geläufig, doch meine Personalabteilung könnte sie morgen nachreichen.«

»Das ist nicht notwendig, Sir.« Er lächelt.

»Besteht die Möglichkeit, aus dem Appartement noch etwas zu bergen? Kleidung, vielleicht ...«

Sichtlich unangenehm berührt druckst er herum. »Ich würde nicht ...«

Eilig nickt Andrew. »Ich verstehe, Officer.« Dann wendet er sich an Josie. »Darling, hast du Papiere in deiner Wohnung? Pässe, persönliche Unterlagen, möglicherweise Versicherungspolicen?«

VERSICHERUNGSPOLICEN! Der war gut! Der war ECHT gut! Die kann sich nicht einmal Benzin in ihrem beschissenen Tank leisten und du unterstellst ihr den Besitz von VERSICHERUNGEN. Herrlich!

›Danke.‹

Josie schüttelt den Kopf, noch immer fassungslos. »Nein, ich habe alle Papiere bei mir.«

»Es spricht doch nichts dagegen, dass ich Miss Kent von hier fortbringe?«, erkundigt Andrew sich höflich.

Officer Harley hat keine Einwände. »Wir brauchen später ihre Aussage, aber das hat Zeit, bis sie sich vom ersten Schock erholt hat.«

»Das versteht sich von selbst.« Andrew wendet sich zum Gehen und zieht das Mädchen mit sich.

»Ähm, Mr. Norton ...?«

Etwas entnervt blickt er zurück. Was denn noch?

Bedauernd verzieht der Officer das Gesicht. »Wo können wir Miss Kent erreichen?«

»Unter meiner Privatadresse.«

Der Beamte unterdrückt ein nächstes Grinsen und Andrews Miene wird eisig. »War das alles?«

»Ja, Sir. Einen schönen Abend!« Abermals tippt er sich an die Mütze. Andrew fragt sich leicht bekümmert, ob dem Mann bewusst ist, dass er einem Mädchen, das gerade vor den Trümmern seines gesamten mickrigen Besitzes steht, soeben einen *schönen Abend* gewünscht hat. Doch er vermutet, Officer Harley, seines Zeichens unterbezahlter und unterbelichteter Angestellter des zuständigen Police Distrikts, ist der Wahnwitz seiner Äußerung nicht einmal aufgefallen.

Er wollte einfach nur nett sein.

2

Behutsam führt er Josie zurück zum Auto.

Dort angekommen teilt Andrew Unbewegte Miene Johnson das Ziel mit und steigt mit ihr ein. Fassungslos starrt sie vor sich hin. Tränen laufen über ihre Wangen. Er nimmt sie in den Arm und entscheidet, zunächst überhaupt nichts zu sagen. Die richtige Taktik, denn irgendwann sieht sie auf. »Du glaubst, das war Smith?«

Er hebt die Schultern. »Die Vermutung liegt zumindest nahe.«

»Aber *warum*? Ich meine, das ist doch absolut ... *dämlich!*«

»Ja, eine seiner hervorstechendsten Eigenschaften.«

»Die ganzen Sachen ...« Wieder beginnt sie zu weinen. »Ich habe überhaupt nichts anzuziehen. Die teuren Klamotten von dir ...«

»Daran dachte ich bereits«, versichert er ihr. »Wir besorgen dir auf dem Weg zu meinem Haus etwas ...«

»Ich schwöre dir, ich werde morgen als Erstes etwas Neues suchen. Könntest du mir einen Vorschuss geben? Ich würde dich nicht darum bitten, aber wie soll ich sonst ...?«

Lächelnd streichelt er ihre Wange. »Mach dir deshalb keine Sorgen. Du kannst bei mir bleiben ...«

Sofort schüttelt sie den Kopf. »Nein! Das ist nicht richtig. Ich brauche meine eigene Wohnung.«

»Lass uns morgen darüber sprechen, okay? Heute Nacht schläfst du in einem meiner Gästezimmer. Im Moment kannst du sowieso keine logische Entscheidung treffen.«

»Ja, ich glaube, du hast recht.«

»Ich habe immer recht, Josie«, erwidert er leise.

Sie halten vor dem Geschäft, in dem Andrew am Montag ihre Kleidung gekauft hat. Johnson geht hinein, um die Bestellung zu übermitteln – diesmal *mit* Schuhen – und kurz darauf befinden sie sich auf dem Heimweg.

Zweites Etappenziel erreicht, mit Bonus. Er gibt sich nicht der Illusion hin, dass man Smith mit seinen Vermutungen lange festnageln wird. Doch der Mann dürfte die Ermittlungen gegen sich als genau das auffassen, was es ist: eine Warnung und sich danach dreimal überlegen, bevor er etwaige Anschläge in Andrews oder Josies Richtung plant.

3

Andrews Anwesen umfasst ein fünf Hektar großes Grundstück, das von einer über zwei Meter hohen Steinmauer umgeben ist. Als sie an den riesigen Flügeln des massiven Stahltores vorbeifahren, sieht Josie erstaunt auf. »Ich glaube, hier bricht niemand so schnell ein.«

»Nein, bisher hatte ich noch keinen Vorfall in dieser Richtung«, bestätigt Andrew mit einem schmalen Lächeln.

Als das Haus in Sicht kommt, keucht sie kaum hörbar auf. »Ich hatte mich gefragt, ob du überhaupt ein Gästezimmer hast, doch die Frage erübrigt sich wohl.«

Er grinst. »Josie, ich habe *zehn* Zimmer zu diesem Zweck – für den Fall, dass meine Familie mich besucht.«

Sie nickt und kann ihren Blick nicht vom Gebäude nehmen, vor dem sie inzwischen stehen. Es handelt sich um einen modernen Neubau, Andrew mag diese alten, viktorianischen Herrenhäuser Südamerikas nicht. Das Bauwerk erstreckt sich über drei Etagen, deren Süd- und Ostseite fast ausschließlich aus Glas bestehen. Die weitläufige Auffahrt ist mit hohen Bäumen gesäumt und endet genau vor der fünfstufigen Freitreppe, die zum großen Haupteingang führt. Vehement bestand er bei der Planung auf schlichte Eleganz, denn nichts weist darauf hin, wie lange und zäh er mit dem Architekten um jedes Detail gerungen hat. Garantiert lässt es keineswegs den sogar für Andrews Verhältnisse sündhaft teuren Preis vermuten, den er hineinstecken musste. Ein behagliches Heim war ihm immer sehr wichtig.

Der Chef der Trust Holding pflegt kein kostspieliges Hobby, sein Jahresurlaub beschränkt sich auf drei Tage im Dezember:

Weihnachten, das er bei seiner Familie verbringt. Dazu kommt, dass er nie Wert auf diese extravaganten Luxusautos gelegt hat, er besitzt weder eine Jacht noch einen Privatjet. Den einzigen Luxus, den er sich jemals gegönnt hat, ist dieses Haus.

Selbst hier halten sich die laufenden Ausgaben in Grenzen. Andrew unterhält keine Haushälterin, dreimal wöchentlich reinigt eine Firma den kompletten Innenbereich. Neben Johnson beschäftigt er kein sonstiges dauerhaftes Personal. An einem Tag in der Woche kümmert sich der Gärtner um die weitläufigen Rasenflächen, auf all diesen Schnickschnack wie Blumen oder blühende Büsche hat der Hausherr wohlweislich verzichtet. Und monatlich wird das Areal vor dem Gebäude von einem weiteren Unternehmen gewartet. Sein Chauffeur bewohnt eine separate Einliegerwohnung, die von der Westseite zugänglich ist und ansonsten gehört Andrew das Haus allein.

Hier genießt er die Stille und Einsamkeit und hier verlebt er beinahe seine gesamte, zugegeben recht eng bemessene Freizeit. Die Gästezimmer sind tatsächlich für seine Familie vorgesehen, doch bisher konnten sie sich nicht dazu aufraffen, mal aufzutauchen. Daher ist Josie, wenn ihr das garantiert auch nicht bewusst ist, der erste Besuch, den er jemals beherbergt hat. Und Andrew hat nicht die Absicht, diesen besonderen Gast noch einmal gehen zu lassen.

Als sie den großen offenen Bereich des Erdgeschosses betreten, hält sie wieder den Atem an, was ihn zum Lächeln bringt. Ganz genau erinnert er sich daran, wie er zum ersten Mal an dieser Stelle stand. Der imposante Anblick *ist* zweifelsohne überwältigend: Glänzende dunkle Holzpaneele bedecken den Boden, die Wände sind in schlichtem Weiß gehalten, das Mobiliar besteht aus abgetönter Eiche. Durch die beiden Glaswände flutet während des gesamten Tages das Sonnenlicht und lässt den Raum optisch heller und weiträumiger erscheinen. Links von ihnen befindet sich in etlicher Entfernung der Wohnbereich. Neben einer ausladenden Sitzgarnitur sind dort der Fernseher und die Stereoanlage – perfekt eingepasst in das gediegene Ambiente, das der mondäne Kamin abrundet. An einigen Stellen ist der Boden mit flauschigen weißen kleinen Läufern bedeckt. Andrew sieht sonst nur diese industrielle Auslegeware, in seinem Haus hat er darauf verzichtet.

Rechts von ihnen erstreckt sich das Küchenareal: Ungefähr dreißig Quadratmeter, offen und mit allem bestückt, was in eine moderne Küche gehört. Anstatt eines Esstisches ließ er eine Bar installieren. In einer Kochinsel residieren Herd, Backofen und Arbeitsfläche.

Andrew bereitet Speisen gern zu, aber nicht häufig. Denn irgendwann ist ihm die Lust vergangen, sich allein zu bewirten. Für gewöhnlich isst er außerhalb, nur sein Frühstück nimmt er hier ein.

Mittig führt die große, im Stil um die Jahrhundertwende gehaltene weiträumige Treppe in die oberen Etagen. Drei Meter davon entfernt steht ein weißer Flügel. Schon seit Jahren spielt er nicht mehr, doch es passt hervorragend ins Gesamtbild.

Josie macht keine Anstalten, sich zu bewegen. Er beschließt, die Situation etwas aufzulockern. »Möchtest du erst einmal dein Zimmer sehen?«

Sie nickt nur. Bestimmt der Schock, was er ihr nicht verübeln kann. Wen immer Finch aufgetrieben hat, um ihr Appartement zu zerstören, der oder die Männer beherrschen ihre Arbeit. In diese Wohnung zumindest wird Josie nicht mehr zurückkehren.

»Komm«, sagt er lächelnd und zieht sie an der Hand die Treppe hinauf.

Die Unterkunft, die er für sie ausgewählt hat, liegt in der zweiten Etage und ist am weitesten von seinem Schlafzimmer entfernt. Nur für alle Fälle. Er hat nicht die Absicht, ihr zu frühzeitiger Ergrauung zu verhelfen. Jedes der Gästedomizile ist mit einem eigenen Bad und zwei separaten Räumen ausgestattet – dem Schlaf– und dem Wohnbereich.

Mit riesigen Augen sieht sie sich um. »Wow«, sagt sie schließlich, als sie den Fernseher wahrnimmt. »Das ist ... groß.«

Gleichmütig hebt er die Schultern. »Nichts Besonderes. Ich werde dich ein wenig allein lassen, damit du ... dich zurechtfinden kannst. Ist das in Ordnung?«

Sie nickt, ohne ihn weiter zu beachten. Ihr Blick schweift immer noch durch den Raum. Erst, als er die Tür schon fast geschlossen hat, wendet sie sich zu ihm um. »Andrew?«

»Ja?«

»Bist du dann ... unten?«

Er lächelt. »Ja, ich bereite uns ein kleines Dinner zu.«

»Gut.« Inzwischen erscheint sie bedeutend gelassener.

Angekommen in der Küche, inspiziert Andrew den Inhalt des Frosters. Er lässt ihn in regelmäßigen Abständen auffüllen, um vorbereitet zu sein, falls er ungeplant doch einmal etwas kochen will. Nach kurzem Zögern entscheidet er sich für Lachs. Leicht, mit einem frischen Salat, den er glücklicherweise noch im Kühlschrank findet. Dazu Dressing.

Voilà! Ein schnelles und bekömmliches Essen. Zumindest, wenn Josie Fisch mag ...

Der ehemalige Meeresbewohner brät bereits in der Pfanne und Andrew wäscht gerade die rohe Gemüsebeilage, als er sie die Treppe herunterkommen hört. Unschlüssig verharrt sie an der Bar und benötigt eine Weile, bevor sie sich zu einer Bemerkung hinreißen lässt.

»Ich hätte nicht gedacht, dass du kochen kannst.«

Spöttisch sieht er auf. »Ich tue es gern, nur leider viel zu selten.«

»Darf ich helfen?«

»Nein, es ist beinahe fertig. Setz dich, Josie.«

»Danke«, sagt sie, während sie auf einen der Hocker klettert.

»Wofür?«

»Dass du mich bei dir übernachten lässt. Ich bin sozusagen derzeit obdachlos ...«

Leise lacht er auf. »Ich konnte dich wohl kaum allein vor den Trümmern deines Appartements stehen lassen. Außerdem gefällt es mir, dass du hier bist. Ich danke *dir*, dass du mir genug vertraust, mein Angebot anzunehmen.«

»Es ist nicht so, als ob ich wirklich eine Wahl gehabt hätte, oder?«, bemerkt sich leicht bissig.

Nein, die blieb dir nicht, denkt er, nicht einmal annähernd. »Ist es dir unangenehm?«

Darüber grübelt sie ausgiebig nach. »Nein«, erwidert sie schließlich. »Seltsam, aber nein.«

»Warum seltsam?«

Josie Kichern klingt nicht froh. »Weil ich noch nie die Wohnung eines Mannes betreten habe.«

»Oh.« Grinsend nickt er. »Okay, offensichtlich setze ich hiermit einen Standard. Du dürftest Schwierigkeiten bekommen, ihn bei jemand anderem zu finden.«

»Das nehme ich allerdings auch an.«

»Nun, dann schlage ich vor, versuchst du es erst gar nicht.« Forschend sieht er sie an. »Oder hast du etwas Derartiges geplant?«

Unbefangen und arglos begegnet sie seinem Blick. »Nein. Im Moment zumindest nicht.« Es ist ein Scherz – zweifellos, doch es gibt Angelegenheiten, über die er keine Witze reißt.

»Im Moment?«, erkundigt er sich verhalten.

Sie verdreht die Augen. »Ich habe nicht geplant, die Wohnung eines anderen Mannes zu betreten«, leiert sie entnervt hinunter, doch auch diesen Tonfall ignoriert er.

»Gut. Dann fängst du am besten überhaupt nicht damit an.«

Darauf entgegnet sie nichts, stattdessen beobachtet Josie, wie er auf zwei Tellern den Lachs platziert und den Salat mit dem Lemon–Minze–Dressing anrichtet. Einen davon stellt er an ihren Platz, den übrigen auf die gegenüberliegende Seite, holt Gläser aus dem Schrank und gießt den Weißwein ein, den er bereits zuvor geöffnet hat. Schließlich setzt er sich. »Ich hoffe, du magst Fisch?«

»Ja. Danke.« Rasch sieht sie zu ihm auf und sofort wieder auf ihr Essen. Andrew hebt währenddessen sein Glas. »Auf alle Einbrecher dieser Stadt!«

»Das ist nicht witzig!«, wird er umgehend gemaßregelt.

»Da gebe ich dir recht. Es war auch kein Scherz.«

Zögernd nimmt sie einen vorsichtigen Schluck und er beäugt sie mit erhobener Braue. »Und?«, erkundigt er sich, sobald das Trinkgefäß steht.

»Er ist gut.«

»Selbstverständlich ist er das. Probier den Fisch!«

Sie schneidet ein winziges Stück ab und isst es. »Auch er ist fantastisch«, bestätigt sie kurz darauf mit einem halben Augenverdrehen.

Andrew grinst. »Natürlich ist er das.«

»Ist es möglich, dass du ein wenig selbstgefällig bist?«, fragt sie amüsiert.

»Nein, ich bin nur Realist. Ich weiß, dass der Wein gut ist, und mir ist darüber hinaus bekannt, dass mir der Fisch gelungen ist. Also ...« Er zuckt mit den Schultern und sie prustet los.

»Du leidest zumindest nicht unter Minderwertigkeitskomplexen.«

»Das kann ich mir in meiner Position auch nicht leisten, Josephine.«

Wie so häufig spricht er sehr leise, und schlagartig verstummt ihr Gekicher. »Ich wollte dich nicht verärgern.«

»Das hast du nicht. Ich mag es nur nicht, wenn man mich nicht ernst nimmt. Eine kleine Manie von mir. Übernimmt man mit dreiundzwanzig die Leitung eines Konzerns, ist man gezwungen, sich durchzusetzen. Mehr, als würde man Gleiches mit fünfzig tun. Die Leute können sich nicht vorstellen, dass man den Laden ganze vier Wochen am Laufen hält, ohne ihn in den Ruin zu treiben ...«

»Aber du hast es geschafft?«

»Das muss es, ansonsten wärst du jetzt arbeitslos.« Schon schmunzelt er wieder.

»Wohl wahr«, murmelt sie und geht unvermutet zum Angriff über: »Und weshalb habe ich diesen Job?«

»Weil ich es wollte.«

»Weil du es wolltest?«, spöttelt sie. »Du konntest doch überhaupt nicht wissen, ob ich deinen Anforderungen entspreche. Also Mrs. Shore wirkte nicht besonders überzeugt ...«

»Es war ein gewisses Wagnis«, räumt er ein. »... und ich behielt recht, oder?«

Nach wie vor lachend hält sie sich erneut an ihren Wein und wird dann schlagartig ernst. »Warum wirklich?«

»Musst du alles immer ganz genau erfahren? Auch auf die Gefahr hin, dass dir die Realität vielleicht nicht gefällt?«

Das bringt ihm ein würdevolles Nicken ein. »Ja, ist eine Krankheit von mir. Ich muss es immer ganz genau erfahren. Und ich hasse es, wenn man mich belügt.«

»Das kann ich nachvollziehen. Aber es gibt Tatsachen, die besser im Dunkeln bleiben.«

»Für mich nicht.« Sie senkt den Blick und isst noch ein Stück von ihrem Lachs.

Andrew spitzt die Lippen. »Gut. Dein Risiko. Ich wollte dich kennenlernen und es erschien mir der einzige Weg, mein Ziel zu erreichen. Das ist die Wahrheit.«

Als sie aufsieht, trifft sie auf seine forschende Miene. »Du hättest mich einfach fragen können.«

Mit erhobenen Brauen neigt er den Kopf zur Seite. »Du willst mir doch nicht weismachen, du wärst mit mir ausgegangen, hätte ich dich in der Tiefgarage darum gebeten?«

Bedächtig nippt sie an ihrem Wein. »Gut«, bemerkt sie schließlich. »Das ist ein Argument ...«

Andrew nickt. »Du kannst mich dafür verurteilen. Eine andere Alternative kam mir nicht in den Sinn.«

»Du nimmst dir immer, was du willst, nicht wahr?« Das soll gewiss beiläufig klingen, doch der Argwohn dahinter ist unleugbar.

»Ich versuche, mich in die beste Position zu bringen. Ja.«

»Und du hattest natürlich wieder Erfolg.« Es klingt fast bedauernd, und plötzlich wird Andrew zornig. »Ich kann mich daran erinnern, dir die Möglichkeit eingeräumt zu haben, zu gehen, Josephine. Du bist geblieben.«

Prompt wird sie blass.

»Und um ehrlich zu sein, ist mein Leben seit vorgestern verdammt kompliziert! Solltest du mir vorwerfen, nur meinen Vorteil durchsetzen zu wollen, dann ist das mit Sicherheit ein Witz.« Sie wird sogar noch etwas bleicher. Also ist es doch nicht nur Produkt ihres Zornes. Denn wütend wirkt sie nicht, eher verlegen. »Bitte unterstelle mir keine Niedertracht, wenn meine Beweggründe alles andere als niederträchtig *sind*. Ich sah dich, verliebte mich und wollte dich kennenlernen. Sollte das bereits verwerflich sein, dann tut es mir leid. Und ja, ich nutzte meine Stellung aus, um an mein Ziel zu gelangen. Doch ich kann mich nicht daran erinnern, dich zu irgendetwas gezwungen zu haben!«

»Sorry ...«

Andrew ignoriert den leisen Einwurf. Vielleicht versteht Josie ja auf diese Art, dass er auf unverständliche Kommunikationsversuche nicht reagiert.

»Ich sagte dir, dass ich so etwas bisher nie tat. Ich erklärte dir gleichfalls, dass ich nie zuvor ein Verhältnis mit einer Angestellten pflegte, und nach meinem Dafürhalten bist du in erster Linie Josie und nicht meine Assistentin. Was also wirfst du mir vor?«

»Sorry!« Diesmal schaut sie auf – noch immer wirkt sie betroffen, doch sie spricht erheblich lauter. Gut. Das hat er wenigstens vernommen.

»Ich wollte dich nicht kränken.«

»Das hast du aber!«

Völlig unmotiviert beginnt sie, die inzwischen leeren Teller abzuräumen. Verblüfft starrt er sie an. »Was tust du da?«

»Ich räume das Geschirr ab«, erwidert sie überflüssigerweise.

»Gut«, faucht er gereizt. »Das ist meiner Aufmerksamkeit nicht entgangen. *Warum* räumst du das Geschirr ab?«

Josie seufzt. »Weil du wütend auf mich bist und ich nicht weiß, wie ich mit der Situation umgehen soll.«

Diese Antwort ist bedeutend besser. »Lass das dämliche Zeug stehen!«

Vorsichtig mustert sie ihn und stellt die Teller ab.

»Komm her!«

Sie folgt, der Blick wieder argwöhnisch, doch er ignoriert es und nimmt sie an den Schultern, sobald sie sich in seiner Reichweite befindet. »Mir missfällt, dass du mir ständig Gemeinheiten unterstellst«, sagt er leise. »Denn ich habe keineswegs etwas Niederträchtiges mit dir vor. Meine Absichten waren noch nie ehrenhafter. Ich verlange doch nur, dass du das verstehst.«

»Sorry.«

»Du sollst dich nicht bei mir entschuldigen. Dazu besteht kein Grund! Ich will nur, dass du mich nicht als ein Monster siehst.«

»Du bist für mich kein Monster.« Zur Abwechslung färben sich ihre Wangen rot.

»Gut.« Mit einem schmalen, aber ehrlichen Lächeln nimmt Andrew ihre Hand. »Lass das Geschirr stehen. Morgen kommt das Reinigungspersonal, die erledigen das.«

Damit führt er Josie in den Wohnbereich und zieht sie neben sich auf die Couch. Kaum getan ähnelt sie eher einem Brett – aus Eisenholz – als einem lebenden Menschen und er stöhnt. »Ich habe nicht vor, über dich herzufallen. Ich will nur mit dir auf diesem Polstermöbel sitzen. Viel Zeit bleibt mir ohnehin nicht, denn ich muss arbeiten. Also entspann dich!«

»Sorr...«

Sein diesmal bedeutend lauteres Stöhnen unterbricht sie »Nein! Noch ein ‚Sorry' und ich schreie! Hör endlich auf, dich ständig zu entschuldigen ...«

»Ja.«

Er bettet seine Beine auf der Couch, lässt sie dabei nicht los und küsst ihre Stirn. »Braves Mädchen.« Mit der Fernbedienung betätigt er die Anlage. Leise Musik flutet den Raum.

»Was ist das?«

»Barber, adagio for strings.«

»Schön.«

»Ja.«

Für einige Minuten lauschen sie den Klängen. »Weshalb musst du noch arbeiten?«, fragt sie schließlich.

Andrew lacht. »Weil, liebe Josephine, ich in den vergangenen Tagen meine Pflichten ein wenig vernachlässigt habe. Ich bin es gewöhnt, täglich mindestens achtzehn Stunden in meinen Konzern zu investieren. Aber in letzter Zeit ... Ich versuche, zu meiner üblichen Disziplin zurückzufinden. Auch mit der süßen Josie Kent in meinem Leben.«

»Ich lenke dich ab?«

»Oh ja, das tust du.« Er seufzt.

»Und das ist schlecht?«

»Hmmm. Es ist nicht sehr ... vorteilhaft. Aber das bedeutet nicht, dass es keine interessante Erfahrung darstellt.«

Sie zappelt in seinen Armen und versucht ihn anzusehen, doch er hält sie fest. »Ich bin für dich eine *interessante Erfahrung?*«

»Ja, kann man so sagen.«

»Super!« Sie klingt verschnupft. »Mr. Perfekt trifft auf den Freak ...«

»So hatte ich das eigentlich nicht gemeint«, lacht er.

»Wie dann?«

Andrew überlegt. »Es ist interessant zu erfahren, dass ich mich ablenken lasse. Bis vor Kurzem hätte ich geschworen, dass nichts und niemand dazu in der Lage ist.«

»Und ich bin dazu in der Lage?«

»Wie ich bereits erwähnte: ja, das bist du. Umfassend.«

»Sor...«

Augenblicklich liegt seine Hand auf ihrem Mund. »Untersteh dich!«

»Schorry«, nuschelt sie, was Andrew schon wieder zum Lachen bringt. Als er sicher ist, dass sie nicht erneut das verbotene Wort sagen wird, gibt er ihre Lippen frei und nimmt sie fester in den Arm.

»Wie waren deine anderen Freundinnen?«

Er überlegt. »Anders. Übrigens, nett, dass du dich als meine Freundin bezeichnest.«

»Sor...«

»Nein!« Andrew holt tief Luft. »Ich wollte damit nicht andeuten, dass ich es nicht mag. Das Gegenteil ist der Fall: Wenn du dich so wahrnimmst, kann ich dich ohne schlechtes Gewissen auch so vorstellen.«

»Wem willst du mich denn vorstellen?«

»Meinen Eltern zum Beispiel, meinen Geschwistern.«

»Findest du das nicht etwas verfrüht?«

»Gibt es bei der Sache zwischen uns beiden irgendeine Norm, an die wir uns bisher gehalten haben?«

»Nein, nicht wirklich.«

»Eben.«

Eine Weile schweigen sie, bis Josies Murmeln ertönt. »Ich glaube nicht, dass ich deiner Familie vorgestellt werden will.«

»Warum nicht?« Andrew richtet sich auf, mustert sie eingehend und prompt ist sie wieder blass. Sicher.

»Sie werden nicht sehr begeistert sein ...«

»Wie bitte?«

Ihr Kopf fährt hoch. »Ich schätze, dass sie nicht sehr begeistert von mir sein werden.« Klar, deutlich und eindeutig verlegen.

»Lassen wir es auf einen Versuch ankommen, meinst du nicht auch?«

»*Wann* soll denn das Theater überhaupt stattfinden?«, erkundigt sie sich missmutig.

»Samstag? Ich bin eingeladen.«

»Hmmm.« Sehr überzeugt wirkt sie nicht.

Andrew lacht. »Mach dir keine Sorgen. Sie werden dich lieben.«

»Das kannst du nicht wissen!«

»Doch kann ich«, versichert er ihr.

»Aber deine anderen Freundinnen waren mit Sicherheit viel ... attraktiver als ich ...«

»Hör endlich auf dich abzuwerten, das kann ich nicht leiden! Nein, meine *anderen* Freundinnen waren garantiert nicht attraktiver als du. Abgesehen davon ist das irrelevant, denn meine Familie hat nicht eine von ihnen persönlich getroffen.«

»Was?« Abermals will sie sich aus seiner Umarmung winden und scheitert. »Du hast keine deiner Frauen mit zu deinen Eltern genommen?«

»Nein.«

»Aber warum ...?«

»Weil, liebe Josie – wie ich bereits mehrfach betonte – du etwas Besonderes für mich bist.«

»Oh!«

Andrew seufzt. »Ja, das trifft es wohl in etwa. Oh!«

»Du magst es nicht.« Es ist keine Frage. Wieder versucht sie, in sein Gesicht zu sehen, doch er hält sie fest und ignoriert ihre leichte Atemlosigkeit.

»Es ist das Chaos, das du verursachst. Ich hege eine tiefe Abneigung gegen jedes Durcheinander«, korrigiert er sie. »Mir wäre es bedeutend lieber gewesen, hätten sich die Dinge ... langsamer ergeben. Aber das haben sie nicht. Und jetzt bin ich darin gefangen.« Übertrieben stöhnt er auf. »Da bleibt uns nur eines: das Beste daraus zu machen.«

»Und was ist deiner Ansicht nach das Beste?«, erkundigt sie sich nachdenklich.

»Das Chaos zu beseitigen und die Dinge zu ordnen.«

»Du willst, dass ich gehe?«

Er verdreht die Augen. »Das absolut Letzte was ich will, ist, dass du verschwindest. Ich möchte, dass wir *unsere* Angelegenheiten bereinigen, sodass *unser* Leben mit *uns* wieder normal wird. Hast du das verstanden?«

»Unsere Angelegenheiten bereinigen ...? Was meinst du damit?«

»Ehrliche Antwort?«

»Natürlich.«

»Ich weiß es nicht.«

Andrew lehnt den Kopf auf eines der Kissen und schließt die Lider. Wie soll man dieses verheerende Durcheinander beseitigen? Nun, vielleicht, indem man einfach die Dinge in geordnete Bahnen leitet.

Möglicherweise wäre es besser, wenn sie nicht mehr für ihn arbeitet. Aber dann müsste er Josie den ganzen Tag alleinlassen. Er wird nicht wissen, was sie treibt. Und dieses dämliche Handy kann ihm auch nur zeigen, *wo* sie sich derzeit aufhält, jedoch nicht, was sie an dem entsprechenden Ort *tut*. Nein, er muss sie morgens mit zur Arbeit nehmen. Aber sie lenkt ihn ab, sorgt dafür, dass er seine Aufgaben vernachlässigt, was nicht gut ist. Wie soll Andrew diese untragbare Situation kontrollieren, dabei auf sie aufpassen, darauf achten, dass kein Mann sie ihm wegnimmt und zu allem Überfluss auch noch Sorge dafür tragen, dass sie sich nicht versehentlich umbringt? Er hat nicht die geringste Ahnung. Sein Seufzen fällt leise aus, doch nicht leise genug.

»Was hast du?«

»Nichts, ich dachte nur daran, wie kompliziert die derzeitige Lage ist.«

Auch sie seufzt. »Ich weiß. Ich glaube, ich hätte nicht mitkommen sollen.«

»Das, liebe Josephine, ist wieder eine jener Antworten, die mich verdammt wütend machen. Ich bin glücklich darüber, dass du bei mir bist, und um deinen Fragen zuvorzukommen: Nein, ich hatte noch keine meiner Freundinnen hier. Du bist die Erste. Nein, ich beabsichtige nicht, die besondere Konstellation auszunutzen und heute Nacht über dich herzufallen. Und nein, ich verfolge darüber hinaus mitnichten den Plan, daran etwas zu ändern. Nein, du bekommst von mir keinen Vorschuss, weil das erstens nicht meinen Gepflogenheiten entspricht und ich zweitens nicht auch noch daran schuld sein will, wenn du dir das nächste Dreckloch von Appartement suchst – möglicherweise einen Aufgang weiter. Nein, ich hege nicht die Absicht, dich wieder fortzulassen. Denn ich liebe es, dich bei mir zu haben, obwohl du nicht mit mir schläfst.«

Nach einer Weile haucht sie: »Keine Freundin?«

»Nein.«

»Du willst damit sagen, dass du immer bei ihnen warst?«

»So könnte man es ausdrücken, ja«, lacht er.

»... könnte man es ausdrücken?«

»Sie bewohnten ein Studio, das ich für sie unterhielt.«

»Oh!« Und nach einer weiteren Weile: »Du willst mich nicht mehr fortlassen?«

»Nicht, wenn es nicht unbedingt sein muss.«

Wieder wehrt sie sich in seinen Armen, was mittlerweile zum Dauerzustand mutiert ist. Aber er ignoriert es ohne die geringsten Schwierigkeiten. »Du machst dich lächerlich. Wir kennen uns keine drei Tage!«

»Das ist mir bekannt«, erwidert er ruhig. »Doch wenn du diese beängstigende Zahl vergisst und nur von deinen Emotionen ausgehst, wonach fühlt es sich an?«

»Wochen«, sagt sie nach reiflicher Überlegung.

»Dann geht es dir wie mir. Diese Angelegenheit hat eine besorgniserregende und gleichzeitig faszinierende Eigendynamik entwickelt. Also verurteile mich nicht, weil ich mich anpasse.«

»Das wollte ich nicht. Ich bin mir nur nicht sicher, ob es der richtige Weg ist, jetzt schon zusammenzuziehen ...«

»Dieses Haus verfügt über mehr als zwanzig Räume. Mein Schlafzimmer befindet sich von deinem am weitesten entfernt. Du würdest Ewigkeiten benötigen, um zu mir zu gelangen. Ich wette, man kann hier den ganzen Tag zu zweit sein, ohne sich einmal zu begegnen. Also zusammenziehen würde ich das jetzt nicht unbedingt nennen.«

»Wo ist dein Zimmer?«

»In der dritten Etage.« Einer plötzlichen Eingebung folgend, mutmaßt Andrew ins Blaue hinein. »Glaubtest du, ich hätte dir einen Raum ausgesucht, der genau daneben liegt?«

Sie antwortet nicht.

»Du traust mir nicht, richtig?«

Hörbar stößt sie die Luft aus. »Ich wollte dich nicht verärgern. Ich dachte nur ...«

»Du dachtest nur, ich würde die Situation ausnutzen.« Das kommt schneidend, er schiebt sie von sich und erhebt sich. »Ich denke, ich begebe mich jetzt in mein Arbeitszimmer. Fühl dich wie zu Hause, Josephine.«

»Andrew!«

Der bleibt stehen, ohne sich zu ihr umzusehen. Eilig tritt sie zu ihm und legt nach kurzem Zögern ihre Arme um seinen Hals. »Sor...«

»Josie!«

Sie atmet tief ein. »Okay. Ich wollte dich nicht kränken ...«

Doch er sieht sie nicht an. »Ich werde danach gleich zu Bett gehen. Du findest dich allein zurecht?«

Sie senkt den Kopf. »Ja.«

Mühelos entfernt er ihre Finger aus seinem Nacken. »Gute Nacht.«

Und ohne sich noch einmal umzudrehen, geht Andrew die Treppe hinauf und in sein Büro.

4

Moommmmmyyyyyyy!

»NEIN!«

Andrews eigener Schrei hat ihn geweckt, und er vernimmt sein qualvolles Keuchen in der stillen Dunkelheit.

Luft!

Er braucht Luft, denn er kann nicht atmen!

Einatmen!, donnert zuverlässig der DS.

Andrew gehorcht.

Zähle bis fünf ...!

Ja, bis fünf ... eins...zwei...drei...vier ... fünf!

Ausatmen!

Auch das tut Andrew.

Noch einmal ...

Seine Lungenflügel dehnen sich mit jedem neuen Versuch ein wenig weiter und nehmen etwas mehr Sauerstoff in sich auf.

Schließlich schaut er zum Wecker.

3:10 AM

Oh, Scheiße!

Am letzten Abend war er zu zornig, um pünktlich ins Bett zu gehen. Erst nach ein Uhr konnte er sich überwinden. Das bedeutet, er hat nicht einmal drei Stunden geschlafen. Und weniger als das liegt unter dem Limit – jede weitere Sekunde ist Garant dafür, dass er den folgenden Tag überstehen wird. 180 Minuten markieren die magische Grenze, die darüber entscheidet, ob er siegen oder versagen wird.

Die kommenden dreiundzwanzig Stunden werden zwangsläufig an die Versagerseite gehen, ab dem Moment des Aufstehens wird es zu einer Folter avancieren, jedwede Bewegung eine Herausforderung sein, jedweder Versuch, einen klaren Gedanken zu fassen, eine schier unlösbare Aufgabe. Es wird einer dieser Tage sein, an denen Andrew nicht in der Lage ist, sein Soll zu erfüllen. Eines jener trüben Daten, an denen er droht, all das, was er sich in mühsamer, harter Arbeit geschaffen hat, zu verlieren. Weil er nicht diszipliniert sein kann.

Seufzend wischt er sich den Schweiß von der Stirn.

Er hasst es, bevor es überhaupt stattgefunden hat, denn das vor ihm Liegende bereitet ihm Angst. Vor sich, seinen Reaktionen, seiner mangelhaften Beherrschung, seinem Versagen ...

Kein guter Zeitpunkt, um die Routine einkehren zu lassen. Was steht heute auf dem Plan?

9:00 Meeting mit den Vorstandsmitgliedern. Thema: Smiths Ausscheiden

11:00 Dieser Hargreve will seinen Termin nachholen, den Andrew am Dienstag absagen musste. Neuaushandlung der Lieferverträge ...

12:30 Treffen mit Dearinger von der Bank ...

Darüber hinaus liegen noch jede Menge unerledigte Aufgaben auf seinem Schreibtisch – virtuell gesehen versteht sich. Er hat am gestrigen Abend versucht einiges davon aufzuholen, aber seine Gedanken stahlen sich unentwegt zu dem Mädchen. Keine Konzentration möglich. Ständig wollte er zu ihr gehen, doch der DS hielt ihn immer in der sprichwörtlich letzten Sekunde zurück.

Nein! Sie hat zu lernen, dass sie dich nicht verärgern will, Idiot! Nicht du musst dich entschuldigen, sondern sie! Also lass sie zappeln!

Und er hat ihm gehorcht ...

»Andrew?«

Der Angesprochene fährt zusammen, nimmt hastig die Hand von seiner Stirn und richtet sich gleichzeitig auf.

Sie steht im Türrahmen, trägt eines seiner Hemden – verflucht, woher hat sie das? – und betrachtet ihn.

Aphrodite – kommt ihm in den Sinn, bevor die vordringlichen Fragen übernehmen.

»Was willst du, Josie?« Wie viel hat sie mitbekommen und vor allen Dingen: *warum?* Er hat doch extra für die größtmögliche Entfernung gesorgt, damit genau das nicht geschieht, was soeben eingetroffen ist. Wie soll er ihr das erklären? Was soll er sagen?

»Ich habe dich gehört ...«

»Nein, hast du nicht!« Es klingt eisig. »Das *kannst* du nicht! Nicht von deinem Zimmer aus!«

»Ich war in der Küche ...«

Oh verdammter Scheiß! Ja, diese Möglichkeit hat er nicht einkalkuliert, nicht wahr?

Unsicher tritt sie näher. Ihre Augen wirken groß und entsetzt. Selbstverständlich. Wahrscheinlich hat sie geglaubt, er würde gerade einem irren Axtmörder zum Opfer fallen, oder so etwas in der Art.

»Josie, es war nichts. Ich hatte nur einen Albtraum!«

»Das dachte ich mir.« Sie hat sein Bett erreicht und mustert ihn besorgt.

Besorgt?

Oh, Mann, auch das noch! Jetzt hält ihn das Mädchen für einen gottverdammten Pflegefall!

»Mir geht es gut!«

»Das sehe ich anders«, widerspricht sie und klingt dabei erstaunlich fest.

»Josie, ich ...«

Als sie ihm behutsam über die Stirn streicht, schließt Andrew unter der sanften Berührung unwillkürlich die Lider – nur um sie sofort wieder aufzureißen. »Du musst nicht ...«

Doch das hört sie wohl nicht. »Hast du häufiger Albträume?«

»Wie kommst du darauf?«

»Deine Augenringe ...«

Ja, die sind ihr selbstverständlich nicht entgangen. Oh Mann! Wenn sie nicht gleich aufhört, ihn wie einen Wahnsinnigen anzusehen, wird Andrew verdammt wütend. Und er meint *verdammt wütend*. Sie hat keine Vorstellung, was das bedeutet – er übrigens auch nicht. Der Schlafmangel macht sich bereits bemerkbar, er hat sich eindeutig nicht unter Kontrolle. Und er muss genügend Abstand zwischen sie beide bringen, bevor er den Kampf verliert.

»Es ist nichts, worüber du dir Sorgen machen musst!« Seine Worte mögen beruhigend klingen, der Ton ist es keineswegs, Andrew knurrt nämlich. »Geh wieder in dein Bett!«

»Nein«, murmelt sie. »Ich wollte mich entschuldigen.«

Perfekt! Genau in dem Moment, in dem er nicht bei ihr sein sollte, muss sie mit ihren Friedensangeboten kommen! Wenn das kein Timing ist!

»Darf ich mich zu dir legen?«

Was?

Diesmal antwortet Andrew mit zusammengebissenen Zähnen. »Ich hatte dich darum gebeten, das zu lassen! Ich will dein sogenanntes *Opfer* nicht!«

Eilig schüttelt sie den Kopf und in ihrer Stimme schwingt der Hauch ihrer üblichen Aggressivität mit. »Zu dir legen, Andrew! Nichts anderes!« Hörbar schluckt sie. »Ich habe noch keine Sekunde geschlafen und ich bin müde.«

»Warum kannst du nicht schlafen?«

Sie hebt die Schultern. »Was weiß ich? Die fremde Umgebung ...«

Er seufzt. »Ich stehe jetzt auf ...«

»*WAS?*« Überrascht starrt sie ihn an. »Kein Wunder, dass du immer so müde aussiehst!«

Ach nein! Darauf wäre er allein nie gekommen!

»Vielleicht schläfst du doch noch einmal ein.«

»Vergiss es, Josie.«

»Versuch es.«

»Nein!«

»Bitte.«

»Josie! *Nein!*«

»Bitte!«

Als Andrew das nächste Seufzen bemüht, klingt es noch ein wenig resignierter. Versteht sie nicht, dass es keinen Sinn hat? Diesbezüglich kennt er sich aus: All seine Experimente in dieser Richtung sind bisher missglückt.

Strand? Norton?

Verdammter Mist! Bei all dem Chaos hat er glatt vergessen, dass sie seine persönliche Rettung ist! Zumindest hofft Andrew das.

Einen Versuch ist es wert!

Ja, definitiv! Hastig schlägt er seine Decke zurück. »Komm her!«

Als sie neben ihm liegt, umarmt er sie behutsam. »Wie lange hast du nach meinem Schlafzimmer gesucht?«

»Ungefähr eine halbe Stunde«, gesteht sie.

Er unterdrückt ein Grinsen.

»Ich wollte dich nicht verärgern«, haucht sie.

»Ich weiß«, versichert er und küsst sie behutsam. »Schlaf jetzt, Baby.«

Beinahe hätte Andrew gelacht, denn er kann spüren, wie die Müdigkeit zurückkehrt. Mit jeder weiteren Sekunde, die er sie im Arm hält, ihre Wange an seiner Brust, werden seine Lider schwerer. Sollte das tatsächlich funktionieren?

Abgesehen davon, dass sie die schönsten Augen, die süßesten Lippen, das weichste Haar und die längsten Beine besitzt, ist sie darüber hinaus noch sein persönliches Schlafmittel? Das kann unmöglich ein Zufall sein.

Unmöglich ...

Neue Pläne

Donnerstag, 18. März

1

Andrew runzelt die Stirn.

Was ist das für ein verdammtes Geräusch? Es nervt ihn und er will, dass jemand diese Folter abstellt! Kurz darauf erkennt er, dass es vor seinen Lidern hell ist.

Tageslicht.

Aber er befindet sich im Bett. Definitiv.

Bett, hell. Das ist eine Kombination, die so nicht stimmt. Entweder Bett oder Tageslicht. Beides verträgt sich nicht.

Verwirrt schlägt er die Augen auf, und sieht Josie, die in seinen Armen liegt. Lächelnd im Schlaf.

Süß.

Sein zweiter Blick gilt dem Ungetüm, das dieses furchtbare Brummen verursacht.

Der Wecker!

Richtig.

08:30 AM.

Scheiße!

Es ist unfassbar! Andrew Norton hat zum ersten Mal in seinem beschissenen Leben verschlafen!

2

Die Premieren sind hier noch lange nicht beendet.

Andrew hat nämlich nicht nur *ver*schlafen! Besser: Er hat *ge*schlafen! Und zwar mit einem Mädchen in seinem Bett. Okay, okay, das trifft es nicht ganz. Mit *dem* Mädchen! Er kann sich nicht daran erinnern, jemals zuvor einer derart idiotischen Kombination von Gefühlen ausgesetzt gewesen zu sein:

Zorn und Verlegenheit, weil er zu seiner eigenen Vorstandssitzung zu spät kommen wird. Seligkeit und ... wie nennt man das? Muss wohl *ausgeschlafen oder erholt* sein. Was auch immer, es fühlt sich herrlich an.

Weiterhin wäre da ... Glück? Keine Ahnung, auf jeden Fall ist der Anblick der schlafenden Josie auch nach zwei weiteren Minuten von ziemlicher Attraktivität, um es vorsichtig auszudrücken. Mann, wenn er geglaubt hat, sie würde am Tag gut aussehen, dann hat Andrew aber noch nicht berücksichtigt, wie sie im Tiefschlaf wirkt! Die Wangen schimmern rosig und die Lippen sind einen Ton dunkler, die leichten Schatten unter den Augen verschwunden, und ihr Haar ist einen winzigen Tick zerzaust. Nicht zu sehr, gerade richtig, um es beiläufig gewollt erscheinen zu lassen.

Das ist wirklich ...

Norton, du Idiot! Du hast verpennt! Verschieb das Anhimmeln auf später! Heb deinen verschissenen Arsch aus dem Bett und BEWEG DICH!

Der DS hat natürlich recht. Behutsam löst Andrew sich aus Josies Umarmung. Sie regt sich nicht, wohl zu müde. Okay, wenn sie bis um drei Uhr wach war ...

Während er das Handy aus seiner Hosentasche angelt, die er am Abend zuvor über den Stuhl gehängt hat, überlegt er wieder, wo zum Teufel sie sein Hemd gefunden hat. Seine Sachen befinden sich in dem großen begehbaren Kleiderschrank, der nur von seinem Schlafzimmer aus zugänglich ist. Und genau dort pflegte er sich auch umzuziehen. Also woher ...

Norton!

›Schon *gut*!‹

Mit dem Telefon am Ohr hastet er ins Bad.

»Gail, ich komme zehn Minuten später! ICH WERDE MICH UM ZEHN MINUTEN VERSPÄTEN! Ja! Sie sollen so lange ... was weiß ich, Kaffee trinken oder das tun, womit sie sich ohnehin den ganzen Tag beschäftigen. Nichts! ... Ach, Miss Kent ist noch nicht eingetroffen? Moment, ich glaube, sie erwähnte gestern, heute erst gegen Mittag zu erscheinen. Ja!«

Er lässt die Zahnbürste in seinem Mund wirbeln und stellt nebenbei die Dusche an.

»Johnson, sind die Sachen inzwischen geliefert worden? Gut, wo ...? Okay. Fünf Minuten ...«

Damit hastet er unter das kalte, erfrischende Wasser, stürzt kurz darauf in den Ankleideraum und wählt mechanisch das Outfit für den heutigen Tag: Graue Hose, cremefarbenes Hemd, silberner Binder, kein Jackett; im Vorbeilaufen greift er noch seinen Rasierapparat und eilt aus dem Raum.

Im Erdgeschoss angekommen sieht er auf die Uhr.

Acht Uhr vierzig.

Er wird sich nicht einmal um zehn Minuten verspäten. Hastig nimmt er ein Blatt Papier und einen Stift aus einer der Küchenschubladen.

```
         Guten Morgen Schlafmütze!
    Lass dir Zeit. Das Frühstück steht auf dem
                     Tisch.
       Deine Sachen befinden sich in deinem
                     Zimmer.
       Johnson bringt dich dann ins Büro.
                     Andrew.
```

Damit stürzt er aus dem Haus.

Unbewegte Miene Johnson schließt die Wagentür, nachdem sein Chef eingestiegen ist. Den Mann bringt wirklich nichts aus der Ruhe!

Kaum hat sich die Limousine in Bewegung gesetzt, beginnt Andrew, sich höchst oberflächlich zu rasieren und verteilt dabei eilig seine Anweisungen an den permanent ruhigen Chauffeur.

»Wenn Sie mich abgesetzt haben, holen Sie Miss Kent ab!«

»Sehr wohl, Sir!« Gleichmütig wie immer – perfekt!

»Besorgen Sie auf dem Weg zurück für sie ein ordentliches Frühstück.«

»Selbstverständlich, Sir!«

»Sie fahren erst, wenn sie vernünftig gegessen hat!«

»Ich werde darauf achten, Sir!«

»Um zwölf Uhr dreißig habe ich einen Termin bei der Bank.«

»Ich werde mich bereithalten, Sir!«

Genau eine Minute vor neun steigt Andrew in der Tiefgarage aus dem Wagen und vier mal sechzig Sekunden nach dem Gongschlag betritt er den Konferenzraum ...

3

Niemandem scheint Andrews Verspätung aufzufallen, alle sind viel zu beschäftigt damit, die neusten Gerüchte breitzutreten: Smith, der gefeuert worden ist.

Mit Genugtuung registriert Andrew, dass die Gesichtsausdrücke der Heuchler heute besonders vorsichtig und angespannt wirken. Vermutlich befürchten sie, dass Smith nur der Anfang war und sich die Entlassungswut ihres Vorstandschefs zu einem Flächenbrand ausweiten wird.

Interessant: Ihre Meinung über die Qualität ihrer Arbeit hält sich demnach in Grenzen. Andrew sollte sich nach und nach jeden einzelnen der Versager ganz genau vornehmen.

Man nimmt seine lakonische Mitteilung, Mr. Smith habe sich entschieden, seinen weiteren beruflichen Weg abseits der Trust Holding zu beschreiten, mit reglosen Mienen entgegen, und nur einer von ihnen wagt überhaupt, eine Frage zu stellen. Wie sich herausstellt, eine äußerst Gerechtfertigte.

»Sir, gibt es bereits einen Nachfolger?« Das ist Snow, verantwortlich für die Personalpolitik des Unternehmens. In Gedanken notiert Andrew, dass der Mann vielleicht kein ganz hoffnungsvoller Fall ist.

»Nein. Legen Sie mir bis heute Nachmittag einige geeignete Anwärter vor.« Er spricht verhalten wie immer. Snow, ein ernster Zeitgenosse Anfang fünfzig, mit grauen Schläfen, randloser Brille und ruhigem, intelligentem Gesicht, nickt zustimmend, jedoch nicht zu eifrig, was Andrew mehr als angenehm aufstößt.

Dann folgt das, worauf es nie eine Resonanz gibt, denn seine Herren und Damen Vorstandsmitglieder sind dämlich, allerdings keine Selbstmörder.

»Gibt es sonst noch irgendwelche Anmerkungen?«

Und nach einer weiteren Minute befindet er sich in seinem Büro. Inzwischen ist es neun Uhr dreißig. Er liegt wieder innerhalb seines Planes. Bevor er aber an seinen Schreibtisch gehen kann, hält Gail ihn zurück. »Ließ Miss Kent verlauten, wann sie eintreffen wird?«

»Nein.«

»Ich verstehe.« Ihre Augenbraue ist erhoben und die Lippen gespitzt.

Andrew ignoriert beides. »Sonst noch irgendwelche Fragen?«

Sie mustert ihn und der Bogen über ihrem linken Auge senkt sich langsam, doch der widerlich verzerrte Mund bleibt. »Nein, Sir!«

»Bringen Sie mir einen Kaffee. Der Termin mit Mr. Hargreve wurde nicht abgesagt?«

»Nein, Sir!«

»Dearinger?«

»Um zwölf Uhr dreißig, wie vereinbart, Sir!«

Andrew schließt hinter sich die Tür und begibt sich an seinen Schreibtisch. Er hat verschlafen, okay. Aber: Er ist *nicht müde!* Ganz im Gegenteil, Andrew fühlt sich, als könnte er Bäume ausreißen.

Kurz darauf erscheint Gail mit seinem Kaffee. Sie hat den Raum fast schon wieder verlassen, als ihm etwas einfällt.

»Wenn Miss Kent eingetroffen ist, schicken Sie die junge Dame als Erstes zu mir.« Er hat keine Ahnung, wie sie diese Anordnung aufnimmt, denn Andrew hält den Kopf gesenkt und hört daher nur ihr übliches:

»Sehr wohl, Sir!«

4

Als Nächstes ordert er bei Finch einen Bodyguard für Josie.

Wie immer zeigt der sich unbeeindruckt. Auch, als Andrew ins Detail geht: Der Kerl soll zuverlässig sein und darauf achten, dass sie nur zwischen der Holding und Andrews Haus hin und her chauffiert wurde. *Keine* Alleingänge.

»*Wie soll reagiert werden, sollte sie sich Ihren Anweisungen widersetzen?*«

Das ist eine neue Masterfrage, nicht wahr?

»Folgen, mich umgehend informieren, nicht aus den Augen lassen. In verdächtigen Situationen sofort eingreifen.«

Nach einer Stunde sieht Andrew das erste Mal auf. Er kann sich nicht daran erinnern, jemals so konzentriert und dennoch entspannt, gearbeitet zu haben. Langsam drängt sich ihm die Vermutung auf, dass er diese Schlafentzugsgeschichte in all den Jahren wohl etwas unterbewertet hat.

Ihn verwirrt jedoch, dass sich bisher seine Tür noch nicht geöffnet hat, um eine ausgeschlafene und äußerst hübsche Miss Kent zu offenbaren. Mit jeder Minute, die vergeht, steigert sich diese Verwirrung. Irgendwann wird daraus erst Sorge, dann nackte Panik.

Soll er Johnson anrufen?

Nein, entscheidet Andrew nach kurzer Überlegung. Das würde wirken, als wolle er sie kontrollieren, was zwar durchaus in seiner Absicht liegt, aber wahrscheinlich ist es ratsam, sie nicht unbedingt mit der Nase darauf zu stoßen. Abgesehen davon hat er sie angewiesen, sich Zeit zu lassen.

Richtig.

Es gibt keinen Grund, die Dinge überzubewerten. Doch er hätte sich bedeutend wohler gefühlt, wäre dieser Bodyguard bereits im Einsatz gewesen. Johnson ist gut, wer weiß das besser als sein Chef? Seine Fähigkeiten, was das Lenken eines Wagens betrifft, war mit Sicherheit die geringste Ursache für die Einstellung. Hat Andrew ihm jedoch die Brisanz der Angelegenheit auch verdeutlicht?

Er muss auf sie *aufpassen! Hat* er das realisiert?

Nach reiflicher Überlegung beantwortet er diese gewichtige Frage mit einem ‚Ja'. Schließlich war es Johnson, der sie als Erstes in der Gruppe dieser Hurensöhne entdeckte. Er zögerte keine Sekunde, um ihr zu Hilfe zu eilen. Nein, Andrew ist überzeugt, sein Chauffeur hat eine ungefähre Vorstellung, was sie seinem Chef bedeutet. Er wird auf sein Mädchen achten und er kann beruhigt seiner Arbeit nachgehen – zumindest so beruhigt, wie er es zustande bringt, wenn er nicht genau weiß, wo sie sich im Moment aufhält und *was verdammt noch mal sie dort treibt!*

Das Telefon geht. Gail! Sein Herz vollführt einen Satz. Endlich! Doch Andrew wird enttäuscht.

»Sir, Mr. Hargreve ist soeben eingetroffen!«

Der alte Haudegen!

Bereits Andrews Vorgänger unterhielt über zwei Jahrzehnte mit Peter Hargreves Unternehmen geschäftliche Beziehungen. Der Mann lässt es sich nicht nehmen, seine Verträge alljährlich neu auszuhandeln. Jedes Mal gelingt es ihm, mindestens die Inflationshöhe herauszuholen. Er ist ein Fuchs, aber nicht unsympathisch. Geradlinig, ehrlich und gleichzeitig verschlagen und gerissen, wenn es um seinen finanziellen Vorteil geht.

Andrew lehnt sich in seinem Stuhl zurück und blickt zur Tür. In Erwartung des alten grauhaarigen Mannes, mit den schlauen, blitzenden blauen Augen und der gebückten Haltung.

Es erscheint jedoch ein Junge.

Nun ja, Junge ist vielleicht relativ, denn er mag so alt wie Andrew sein. Blondes, gelocktes schulterlanges Haar umrahmt ein ernstes, ruhiges, möglicherweise sogar kluges Gesicht und ... die besagten Augen. Nur sind diese hier nicht in tiefen Runzeln eingebettet und sein Gang wirkt alles andere als schwerfällig und gebückt. Wenn das der alte Hargreve ist, dann ist Andrew der Papst höchstpersönlich. Das mag der Sohn sein – das Aussehen gehört eindeutig zur Familie. Aber der Konzernchef tendiert eher dazu, dass der Enkel seines Geschäftspartners vor ihm steht. Er ist groß, mindestens einen Meter neunzig. Sein Auftreten vermittelt Unbefangenheit und ist von einer beiläufigen Eleganz, die ihresgleichen sucht. Er verfügt über die gleiche natürliche Selbstverständlichkeit, die bereits sein Großvater trotz gebrechlicher Haltung ausstrahlt.

Am Schreibtisch angekommen, lächelt er. Andrew hat sich erhoben, um ihn willkommen zu heißen.

»Mein Name ist Austin Hargreve, Mr. Norton. Ich bin Peter Hargreves Enkel und habe vor einem Monat die Geschäfte meines Grandpas übernommen.«

Andrews Lächeln fällt wie immer knapp aus. »Angenehm, Mr. Austin Hargreve. Nehmen Sie Platz!«

Als sie sitzen, runzelt er die Stirn. »Darf ich Ihnen etwas anbieten? Einen Kaffee, vielleicht? Oder eine Erfischung?«

»Ein Kaffee wäre nett.«

Der Apparat befindet sich bereits in Andrews Hand. »Gail, bitte einen Kaffee für Mr. Hargreve.« Dann schaut er auf seinen Bildschirm. »Sind die Daten geläufig oder soll ich Ihnen eine Kopie des gültigen Vertrages bringen lassen?« Aus den Augenwinkeln sieht er, wie sich die Tür öffnet.

»Nein, Sir. Ich bin selbstverständlich vorbereitet«, erwidert Enkel Hargreve und greift zu seiner Aktentasche.

Nie zuvor ist Andrew aufgefallen, wie sexy Gails Beine geformt sind, in ihrer Jugend muss sie eine Granate gewesen sein. Nun, vielleicht ist sie das bei ihrem Jahrgang ja immer noch. Was weiß er über das Sexleben von Mittsechzigern? Nichts. Gott sei Dank! Allein die Vorstellung ...

Doch er wagt trotzdem einen zweiten Blick, denn nicht nur die untere Hälfte fällt außerordentlich bemerkenswert aus.

Auch ihre Figur ist eine ... *Offenbarung*. Heute durch das beigefarbene, eng sitzende Kostüm mit dem kurz über dem Knie endenden Rock. Die weiße Bluse darunter deutet ziemlich feste Brüste an, für jemanden, der mit konstanten Schritten auf die Siebzig zu schreitet. Beginnt nicht irgendwann die Gravitation zu arbeiten? Dann nimmt Andrew ein kleines Kinn und volle, rosige Lippen wahr ... benutzt Gail nicht immer diesen pinkfarbenen Lippenstift?

Scheiße!

Gail, diese überbezahlte Gehilfin hat offenbar nichts Besseres zu tun, als Miss Kent, ihres Zeichens Andrews persönliche Retterin und seit gestern Mitbewohnerin seines Hauses, den Kaffee bringen zu lassen! Ist sie unfähig, sich allein zu bewegen? Hier drohen nämlich etliche Katastrophen! Zunächst einmal stehen die Chancen für das helle Kostüm im Moment alles andere als gut. Er würde sie auf maximal zwanzig zu achtzig dotieren. Zweitens wollte er sie angemessen begrüßen und scheitert, weil ja der Enkel im Raum weilt, um seine dämlichen fünfundzwanzig Cent pro Stück mehr auszuhandeln. Drittens: Andrew muss unbedingt vermeiden, dass sie diesen Hargreve kennenlernt und an vorderster Stelle, dass der Mann sie *sieht!*

Gut, vernünftig betrachtet hat er das bereits beim Eintreten, scheinbar war Gail trotz unmissverständlicher Anweisung nicht imstande, Miss *ich jongliere mal wieder auf äußerst verdächtige Art mit der Tasse* Kent ins Büro des Chefs zu schicken. Wie lange ist sie denn anwesend? Andrew versucht, sie direkt anzusehen, doch sie konzentriert sich ausschließlich auf das Porzellan. Was er ihr nicht ganz verübeln kann, schließlich ist das Teil mit Nitroglyzerin gefüllt und sie drohen mitsamt allen Versagern, die dieses Gebäude derzeit beherbergt, in die Luft zu gehen, wenn Miss *ich habe mir geschworen, meinen Boss zu ignorieren, und der hat nicht die geringste Ahnung, weshalb,* Kent versagt.

Als wäre das nicht schon genug, wendet sich Enkel Hargreve genau in dieser Sekunde zu ihr um. Andrew weiß nicht, ob es reiner Überlebensinstinkt ist oder seltene Höflichkeit, doch der Blick währt exakt zwei Sekunden, bevor er sich wieder abwendet. Der Mann verfügt wohl über ein rudimentäres Verständnis für Benehmen. Einen ausgeprägten Sinn für heikle Situationen scheint er auch zu besitzen, wie Andrew dessen Gesichtsausdruck entnehmen kann.

Möglicherweise hat er gewittert, dass es besser ist, diese konkrete Person keinen Moment zu lange zu taxieren.

Urteil: jung, unerfahren, aber mäßig sympathisch. Zumindest, solange er sein Verhalten nicht merklich ändert.

Josie hat den Tisch erreicht und setzt die Tasse behutsam auf ihm ab. Immer noch, ohne den Kopf zu heben und langsam, ganz langsam, wird Andrew etwas wütend. Er hat ihr nichts getan!

Sicher ist er gegangen, aber verdammt, er muss ein Unternehmen leiten und offenbar hat Johnson seine Aufgabe doch gut bewältigt, oder? Bevor er jedoch Gefahr läuft, eine bissige und ziemlich unprofessionelle Bemerkung verlauten zu lassen, entscheidet sie sich, ihn endlich anzuschauen. Ihre Miene straft Andrew und seine dummen Bedenken Lügen und lässt ihn wie einen gottverdammten Idioten da stehen. Sie hat ihn nicht etwa ignoriert, um ihn zu meiden, sondern weil sie sich nicht *verraten* will. Ihre Augen strahlen, die Lippen sind leicht geöffnet, und für die Ewigkeit von zehn Herzschlägen versinken ihrer Blicke ineinander.

Du hast mir gefehlt!

Du mir mehr, darauf kannst du wetten!

Etwas zu spät erkennt Andrew, dass Hargreve krampfhaft bemüht in seine Unterlagen starrt – in dem wagemutigen Versuch, der peinlichen Situation wenigsten ein bisschen Sprengstoff zu nehmen. Mühsam reißt er sich zusammen. »Danke, Miss Kent!«

»Keine Ursache, Sir!« Sie erwidert sein knappes Lächeln scheu und zaghaft wie gewohnt, auch der Hass ist mit von der Partie, aber diesmal wirklich sehr weit verborgen hinter Massen von Zuneigung. Alles ist unverändert, sie immer noch seine Josie.

Er zwingt sich, ihr nicht nachzusehen, als sie rasch den Raum verlässt, sondern konzentriert sich auf Enkel Hargreve. Der hat offenbar beschlossen, dass die Gefahrensituation vorbei und es sicher ist, wieder den Kopf zu heben.

»So«, beginnt Andrew betont nonchalant. »Dann lassen Sie uns herausfinden, ob wir uns wie üblich einig werden ...«

5

Enkel Hargreve erweist sich mit jedem Zoll als die genetische Masse seines Großvaters.

Er verhandelt gerissen wie der Alte, doch gleichfalls ebenso fair. Die beiden Männer benötigen weniger als eine halbe Stunde, um sich in allen Belangen auf Augenhöhe zu treffen. Er scheint ebenfalls den übrigen Habitus seines Grandpas übernommen zu haben, denn er gibt sich mit einem Handschlag und der Versicherung zufrieden, dass ihm die Unterlagen noch heute per Boten zugesandt werden.

Andrew lässt es sich nicht nehmen, seinen Gast hinauszubegleiten. Als sie das Vorzimmer betreten, sehen die Frauen auf. Gail steht wieder mal der Mund offen, ihr Boss retourniert mit eisigem Blick. Die Anweisung ist unmissverständlich an die *alte* Assistentin gegangen, sollte sie glauben, die *neue* als Hilfskraft missbrauchen zu können, hat sie sich getäuscht.

Josie ignoriert er gleich ganz, zumindest so lange, wie Enkel Hargreve sich im Raum befindet. Andrew muss ihn ja nicht auch noch auf ihre Gegenwart aufmerksam machen. Der junge Mann bedenkt die beiden Damen mit einem äußerst knappen Nicken, wünscht »Einen schönen Tag« und verlässt lächelnd das Büro.

Ja, er *wirkt* tatsächlich in Ordnung. Jedenfalls ist er der erste männliche Zeitgenosse, der Josie weder auf die Brüste, die Beine oder den Hintern geglotzt hat. Wenn ihn das für Andrew bereits sympathisch macht, dann hat er seine Ansprüche gehörig nach unten geschraubt, realisiert er plötzlich. Doch eigentlich stimmt das nicht. Das Gespräch war eines der angenehmsten, das er in den vergangenen Tagen geführt hat. Anwesende Personen ausgenommen.

Er mustert seine Rettung, die ihn vermeintlich unauffällig beobachtet und sofort aufblickt. Auffordernd neigt er den Kopf.

Sie schießt hoch, beherrscht sich jedoch in letzter Sekunde und passiert gemessenen Schrittes Gails Tisch und Stuhl einschließlich alternder Assistentin selbst. Deren Mund ist noch eine Nuance weiter aufgegangen. Nie war etwas irrelevanter, denn nachdem Josie an ihm vorbei ins Büro gehuscht ist, schließt er die Tür und hat sie im nächsten Moment an sich gezogen.

Wie stellt sie das bloß an? Ihm ist, als hätte er sie seit Tagen nicht gesehen. Er drängt sie gegen die Wand neben dem Rahmen und presst seine Lippen auf ihre. Folgsam gleiten ihre Finger in sein Haar. Sie stöhnt, als er den Kuss intensiviert; grob packt er ihr dichten Locken, seine Hand wird zur Faust, während er von ihrem Mund Besitz nimmt. Doch erst jetzt erkennt er, welche Ängste er ausgestanden hat. Sie nicht in seiner Nähe zu haben, nicht auf sie *aufpassen zu können*, verdeutlicht ihm die ständig lauernde Gefahr, sie zu verlieren. Ein Autounfall, Einbrecher, Mord auf offener Straße – warum nicht zur Abwechslung einmal in Tampa? – oder mit Abstand am schlimmsten:

Was, wenn sie beschließt, ihn zu verlassen und sie sich dafür genau den Zeitpunkt aussucht, in dem sein sofortiges Eingreifen vereitelt wird, weil er nichts von ihrer feigen Desertion *weiß*? Diese apokalyptische Vorstellung verselbstständigt sich innerhalb von Sekundenbruchteilen in seinem Hirn. Schon sieht er sich auf der Suche nach ihr durch die gesamten Staaten hetzen, während sie sich wahrscheinlich gerade mit anderen Männern vergnügt. Irgendwelche schmierigen Typen, die sie an heruntergekommenen Raststätten aufgegabelt hat.

Abrupt distanziert er sich etwas von ihr, Josies Keuchen erfüllt den Raum. »Du gehörst mir. Vergiss das nicht!« Seine Stimme ist eisig.

Sie nickt.

»Hast du mich verstanden?«

»Ja.«

»Wie bitte?«

»Ja!«

Lächelnd küsst er ihre Stirn. »Wie war dein Morgen?«

Ihr Blick ist nach wie vor argwöhnisch. »Einsam."

»Es tut mir leid, dass ich dich verlassen musste. Ich hatte in der Früh ein wichtiges Meeting und wollte dich nicht wecken.«

»Ich war erschrocken, als ich um kurz vor neun aufwachte und du verschwunden warst«, gesteht sie leise und immer noch ein wenig atemlos.

Andrews Lachen bringt die Röte auf ihren Wangen wieder zum Vorschein. »Ich nehme an, wenn man sich im Haus nicht auskennt, kann es mitunter etwas *groß* wirken.«

»Es wirkt nicht, es *ist* groß«, informiert sie ihn trocken.

»Damit könntest du recht haben. Hast du gefrühstückt?«

Sie verdreht die Augen. »Mr. Johnson kam mit einer Verpflegung für mindestens vier Personen ... war es Zufall, dass ich unter seiner Aufsicht essen musste?« Andrew spitzt die Lippen und zieht es vor, auf diese Frage nicht zu antworten.

Sie nickt. »Dachte ich mir.«

»Hast du deine Kleidung gefunden?« Es ist möglicherweise am besten, das Thema zu wechseln, bevor sie auf die Idee kommt, an seiner Strategie, auf ihr Wohl zu achten, herumzumäkeln. Nicht, dass er etwas daran ändern wird, doch er will nicht mit ihr streiten. Viel lieber hat Andrew es, wenn sie so hingebungsvoll und anschmiegsam ist, wie im Moment.

»Ja, danke«, murmelt sie.

»Wie bitte?«

»Danke.« Laut und deutlich.

Er nimmt ihre Hand und gemeinsam setzen sie sich auf die Couch. »Ich habe heute um zwölf Uhr dreißig einen Termin bei meiner Bank ...«

»Ja, ich weiß ...«

Diesen Einwurf lässt er unkommentiert. »Ich möchte, dass du mich begleitest.«

»Sicher.« Arglos und bereitwillig.

»Danach werde ich dich zum Lunch ausführen.«

»Ja.«

»Und dir einige Sachen besorgen.« Forschend betrachtet er sie und wird nicht enttäuscht.

»Andrew ...«, beginnt Josie doch er unterbricht sie, bevor sie ihm ihre seltsamen Überlegungen offenbaren kann.

»Josephine! Du verfügst aufgrund des gestrigen Vorfalls über ein Kostüm und ein Kleid, dazu zwei Paar Schuhe. Ich mag nicht viel von Frauen wissen, aber dass *dies* nicht genügt, ist selbst mir geläufig. Darüber hinaus lege ich großen Wert darauf, dass du angemessen gekleidet bist. Daher liegt es auch in meiner

Verantwortung, dafür zu sorgen, dass dir die Möglichkeit eingeräumt wird. Hast du das verstanden?«

Ihr Ausdruck ist vorsichtig geworden und Widerstand keimt darin auf. »Ja ...«

»Wie bitte?«

Unvermittelt fährt ihr Kopf hoch. »Hör mal, Andrew! Warum tust du das immer?«

»Was?«

Sie verdreht erneut die Augen. »WIE BITTE!«

Er hebt die Schultern. »Ich hasse es, wenn mir nicht in der angemessenen Lautstärke geantwortet wird, daher erwarte ich, dass man ordentlich mit mir spricht. Das ist nur die Höflichkeit, die ich jedem meiner Mitmenschen auch entgegen bringe. Sollte dich das verärgern, dann tut es mir leid. Aber so bin ich nun einmal.«

Sie seufzt. »Ich weiß.«

»Ich denke, du solltest das respektieren. Ist es denn wirklich so schwer, mit mir in vertretbarem Ton und akzeptabler Artikulation zu kommunizieren?«

Sichtlich resigniert senkt Josie den Blick. »Nein ...«

Behutsam hebt er ihr Kinn. Die Röte ist verschwunden und Josie längst wieder bleich. »Siehst du. Ich schlage vor, du lässt mich eine weitere Viertelstunde arbeiten, dann fahren wir los. Der Termin bei der Bank wird etwa dreißig Minuten in Anspruch nehmen und danach haben wir drei Stunden für uns. Bist du einverstanden?«

»Ja ...«

»Ich muss erst um vier zurück sein, bin hier noch ungefähr zwei Stunden beschäftigt und dann gehen wir nach Hause ...«

Längst hat sie den Kopf gesenkt.

»Ich werde etwas Zeit für dich haben und schließlich abermals arbeiten. Eventuell hast du Interesse daran, dich durch meine Bibliothek zu lesen ...«

»Bibliothek?« Überrascht sieht sie auf und Andrew grinst.

»Ich besitze einige Bücher, ja, Josephine. Du bist nicht die Einzige, die gern liest ...«

»Natürlich, ich hätte es besser wissen müssen.«

»Nicht wirklich. In Wahrheit weißt du noch nicht viel über mich, was ich zu ändern beabsichtige. Während ich heute Nachmittag zu tun habe, könntest du vielleicht etwas ... zum Dinner einkaufen gehen?«

Jetzt leuchten ihre Augen, nur um dann wieder schwermütig zu werden. »Ich bin so ziemlich pleite ...«

»Josie!« Seine Miene ist eisig. »Glaub mir, ich habe genug Geld und es bedeutet mir nicht annähernd so viel wie du. Also nehme ich an, einhundert Dollar für ein Abendessen erübrigen zu können.«

Das bringt sie zum Lachen. »*Einhundert Dollar?* Damit bestreite ich den gesamten Wocheneinkauf und wir essen jeden Tag mehr als gut!«

Diese Bemerkung verwirrt ihn ein wenig. »Oh, na ja, ich kenne mich mit den Preisen nicht so aus. Nichtsdestotrotz möchte ich, dass du einkaufen gehst. Du fährst mit Johnson und ich werde dir noch jemanden zur Seite stellen.«

»Mr. Johnson? Ich dachte, ich würde laufen. Jemanden zur Seite stellen? Andrew, ich will nur shoppen gehen!«

»Hast du Smith schon wieder vergessen?«

Prompt nimmt die Blässe noch einmal zu. »Oh!«

Andrew nickt grimmig. »Ja, oh! Josephine. Es hat seine Nachteile, mit mir zusammen zu sein. Einer davon ist, dass du dich an gewisse Dinge gewöhnen musst. Wie zum Beispiel an die Tatsache, dass ich mehr Feinde als Freunde besitze. Wenn dich das allerdings stört oder du glaubst, damit nicht umgehen zu können ...«

Sie reißt die Lider auf. »Nein! Ich bin nur überrascht. Du hast natürlich Recht.«

»Josie ... Ich habe *immer* Recht.«

Eilig nickt sie. »Ja.«

Sein Kuss auf ihre Schläfe fällt diesmal knapp aus und er erhebt sich. »Und jetzt sei ein braves Mädchen und lass mich ein wenig arbeiten. In Ordnung?«

»Natürlich.« Sie springt auf. Angekommen an der Tür wendet sie sich um, mit einem Mal wirkt sie durchtrieben. »Wenn ich einkaufen gehe, heißt das doch, dass ich heute Abend das Kochen übernehme, richtig?«

»Eine gute Idee! Dann kann ich in der Zwischenzeit einiges erledigen. Das wäre eine Art von ... Arbeitsteilung, denke ich.« Er runzelt die Stirn. »Oder so etwas wie ein geordnetes Leben, meinst du nicht auch?«

Sie lächelt. »Ja, genau das meine ich.« Und damit geht sie.

Gewagt, aber es könnte funktionieren, Norton.

Dem kann er nur zustimmen. Ab sofort wird Josie ihren ständigen Begleitschutz akzeptieren und er nie wieder Ängste auszustehen haben. Das will er gleich perfekt machen! Bevor er sich irgendeiner anderen Aufgabe widmet, ordert er bei Finch einen Bodyguard für den kommenden Nachmittag.

Nachdem das Gespräch beendet ist, blickt er in Gedanken versunken vor sich hin. Ja, sie scheint sich tatsächlich zu bemühen, in das Chaos, zu dem sein Leben verkommen ist, so etwas wie Ruhe und Ordnung einkehren zu lassen. Die Vorstellung, dass er arbeitet, während sie das Essen zubereitet, ist ... altbacken. Gewiss. Aber gleichfalls seltsam ... *normal.*

Beinahe wie ein Ehepaar.

Ehepaar ...

Seine Augen verengen sich. Bisher hat er nie ans Heiraten gedacht. Bei Josie jedoch ... Da *denkt* Andrew nicht nur daran. Plötzlich ist es für ihn mehr als logisch. Wäre sie seine Frau, würde sie wirklich ihm gehören und niemand könnte sie ihm nehmen ...

Eine weise Entscheidung, Norton ...

Ja, bemerkt er ärgerlich. Und eine ziemlich Dämliche! Er weiß nicht sonderlich viel über sie, aber in einer Hinsicht ist er sicher. Niemals, *niemals* wird Josephine Marie Kent zustimmen, einen Mann zu ehelichen, den sie seit genau vier Tagen kennt.

Sie ist zu dir gezogen ...

Unter Zwang! Das hat er nicht vergessen. Wäre ihr eine Alternative geblieben, hätte sie sein Angebot ausgeschlagen.

Interessant, wie sich deine Ziele ändern, was Norton? Vorgestern wolltest du sie noch für ein paar heiße Nummern in dein Bett holen.

Trocken lacht Andrew auf. Ja, das sind rasante Entwicklungen, nicht wahr? Aber vorgestern hat er auch noch nicht ganze FÜNF Stunden in einer Nacht geschlafen, mit ihr in den Armen. Vorgestern war er vielleicht verliebt.

Aber heute.

Heute ...

Diese Angst, sie zu verlieren ... das *kann* nur Liebe sein. Seine Emotionen für dieses Mädchen sind viel zu stark und zu atemberaubend. Er muss sich wohl der Tatsache stellen, nicht einfach nur in sie verliebt zu sein.

Oh nein. Er liebt sie und er wird sie zu seiner Frau machen.

Der DS mustert ihn zweifelnd. *Auch auf die Gefahr hin, dass diese Ehe niemals vollzogen wird? Willst du wirklich ein Leben lang enthaltsam vor dich hin vegetieren? Das ist IDIOTISCH, DU IDIOT! Ich bleibe dabei, sie IST irre!*

Andrew schüttelt den Kopf und verzieht das Gesicht. Das ist ein Problem, mit dessen Lösung er sich heute Abend befassen wird. Und er hat nicht den geringsten Zweifel, dass ihr geholfen werden kann.

Er wird hinter den Grund für ihre Aversion gelangen und sie heilen.

Selbstverständlich wird er das.

Ein Hühnchen in der
großen weiten Welt

Josie

1

Als sie wieder ins Vorzimmer tritt, versucht Josie angestrengt, die ältere Assistentin nicht zu beachten.
Erfolglos.
Kaum kollidiert deren forschender Blick mit ihrem, senkt sie hastig den Kopf. Die alte Frau sagt nichts, runzelt nur die Stirn und widmet sich ihrem Bildschirm. Doch die unausgesprochene Frage verpestet irgendwie die gesamte Luft.
Gail ist eine der neugierigsten Personen, denen sie je begegnet ist. Das steht fest.
Aber als Josie vor einer Dreiviertelstunde eindeutig verspätet das Büro betrat, kamen seltsamerweise keinerlei Nachfragen – von Vorwürfen ganz zu schweigen, stattdessen sagte sie: »Er führt gerade ein Gespräch. Wollen Sie Mr. Hargreve den Kaffee servieren? Dann sieht er gleich, dass Sie eingetroffen sind. Er hat auf Sie gewartet.«
Beklommen fragt sich das Mädchen, wie viel die Dame ahnt und wie viel sie *weiß*. Gail hat ihre Mimik nämlich verdammt gut unter Kontrolle. Was bei ihrem Boss auch angebracht ist, Josie kann ihr die Vorsicht nicht verübeln. Obwohl sie so gar keine Lust verspürt, sich Andrews Stimmungsschwankungen zu unterwerfen, was nur leider nicht immer zu verhindern ist.
Ursprünglich wollte sie ihm bei ihrem Eintreffen mitteilen, dass sie ihr eigenes Appartement will.
Auf der Fahrt in die Trust hatte sie die Worte sorgsam ausgewählt, um nicht den winzigsten Fehler zu begehen und sich von ihm wieder aus dem Konzept bringen zu lassen. Fester, überzeugter Blick, aufrechte Haltung, nicht den kleinsten Schritt zurück, egal wie wütend er sie anstarrt – so in etwa lautete der Plan.

Und womit wurde sie empfangen? Mit dieser total grundlosen Angst in seinen Augen. Verflucht, selbst wenn sie gewollt hätte, wäre es ihr nie gelungen, Johnson davon zu überzeugen, sie an einen anderen Ort zu schaffen, als exakt hierher.

Seine Miene war der erste Nagel für den Sarg, in dem Josie ihr Vorhaben schließlich still und leise beerdigte.

Außerdem hat sie seine Schreie nicht vergessen, die ihr in der vergangenen Nacht einen unvorstellbaren Schrecken eingejagt haben. Natürlich genau, als sie ihn hier sah, mussten ihr die auch wieder einfallen.

Andrew ist anders, das weiß sie seit ihrer ersten Begegnung, und sie schätzt, dass sie sich deshalb überhaupt in ihn verliebt hat. Inzwischen ahnt sie darüber hinaus, dass er ziemliche Probleme hat.

Josie hat übrigens noch etwas gelernt, das ihr bisher fremd war: Sie *kann* selbstlos sein, solange es ihn betrifft, denn sie vertraut ihm wirklich.

Jedenfalls, wenn er so hilflos und verzweifelt ist wie in der letzten Nacht.

2

Kurzerhand beschließt Josie, Gail zu ignorieren.

Was bleibt ihr auch sonst übrig? Die Wahrheit hätte die alte Sekretärin umgehauen. Und ihr ist nicht klar, wie loyal diese Frau tatsächlich ist. Es wäre ja immerhin möglich, dass sie die neuesten Entwicklungen innerhalb von wortreichen fünf Minuten zum Firmengespräch aufbauscht, nicht wahr? Daher verzichtet das Mädchen darauf, sich vor ihr aufzubauen und mit ziemlich gewichtiger Stimme zu verkünden:

Hey, Gail, tut mir ja echt leid, ich bin seine ... FREUNDIN! Mag vielleicht nicht den gängigen Konventionen entsprechen, aber – ganz ehrlich – mir ist scheißegal, ob es dir gefällt oder nicht! So! Und ich begleite ihn heute zu seinem Termin bei der Bank! Ich! Du nicht!

Okay, das ist unfair. Die ältere Frau hat Josie sehr geholfen, stand ihr besonders am ersten Tag zur Seite, als Mr. Perfekt versehentlich – sicher doch! – vergessen hatte, ihr zu den Kostümen die passenden Schuhe zu kaufen, und natürlich alle anderen dafür verantwortlich machte, nur nicht sich selbst. Sie ist nett – das bestreitet das Mädchen überhaupt nicht. Aber aus ihren gespitzten Lippen und den erhobenen Augenbrauen, die sie gerade zum Besten gibt, schließt sie messerscharf, dass die Dame die neusten Entwicklungen nicht unbedingt befürwortet.

Das ist Mist und Josie zieht es vor, sich an ihrem Arbeitsplatz ganz klein und unsichtbar zu machen.

Nur für alle Fälle.

3

Glücklicherweise wird sie nicht lange von Gails einschüchternder Mimik gefoltert.

Keine zehn Minuten später kommt Andrew aus dem Chefbüro. Die Anwesenheit seiner *echten* Assistentin interessiert ihn weniger, denn er sieht ausschließlich zur ungelernten Kraft und lächelt.

Hastig steht Josie auf. »Bye, Gail.« Deren Nicken scheint völlig normal, trotzdem ist sie nicht sicher, ob man das als Entwarnung betrachten darf.

Andrew hält ihr die Tür auf und das Mädchen tritt hinaus in den Flur. Noch ist es nicht Mittag, daher begegnen sie nicht vielen Leuten, selbst im Aufzug befinden sich nur zwei Männer von irgendeiner Wartungsfirma.

Zum Glück. Josie *hasst es*, mit irgendwelchen Typen in dieser winzigen Kabine eingepfercht zu sein!

Bevor sie sich diesem ehrlich unerfreulichen Gedanken intensiver hingeben kann, fühlt sie seine Hand auf ihrer, und ehe sie ein Ah oder OH zustande bringt, hat er sie an sich gezogen und küsst sie.

Vor diesen Fremden!

Schätzungsweise wirkt sie momentan nicht besonders intelligent, weil sie ewig vor sich hin grinst, obwohl sie ihn manchmal noch immer von sich schieben will. Der Impuls ist nicht überwältigend, aber ständig da, mittlerweile beherrscht sie ihn nur recht gut.

Findet sie jedenfalls.

Auch in der Tiefgarage lässt er sie nicht los, und als Mr. Johnson ihnen das Auto öffnet, wagt sie nicht, den Fahrer anzusehen.

Derzeit kaut sie noch an den morgendlichen Vorfällen, als sie sich plötzlich auf sich gestellt mit diesem total unbekannten Mann in Andrews Haus wiederfand.

Er hat sie nicht vergewaltigt oder so, eigentlich war er sogar ganz freundlich. Und er hat gelächelt. Zum ersten Mal, soweit Josie das einschätzen kann. Trotzdem wäre es ihr lieber gewesen, Andrew hätte sie nicht mit ihm alleingelassen.

Am Ende ist er ein Kerl und die sind nun mal gefährlich!

Im Wagen klettert sie auf Andrews Schoß. Ihm gefällt es so, hat er gesagt. Josie findet das zwar ziemlich eigenartig und kommt sich vor wie ein Windelkind, aber wenn es ihn glücklich macht ...

Dabei kostet es sie einiges. Sie ist es nämlich nicht gewöhnt, einem Mann so nah zu sein, selbst bei Andrew ist das noch so. Trotzdem hofft sie, sich daran zu gewöhnen. Ein kleines Opfer schadet doch nichts, oder? Außerdem riecht er echt verdammt gut.

Leider gibt es bei dieser seltsamen Art zu reisen etliche widerliche Nebeneffekte. Denn sobald sie sitzen, umarmt er sie, was Josie nun einmal überhaupt nicht mag. Er ist stärker, gegen ihn hat sie keine Chance. Und wenn er sie in diesem Fesselgriff hält, muss sie sich ziemlich konzentrieren, um nicht durchzudrehen. Auch hierin wird sie besser, die grauenvolle Klaustrophobie und ständige Atemnot ist dennoch kaum erträglich.

Seine Lippen auf ihrer Schläfe entschädigen – ein wenig. »Ich könnte immer so mit dir sitzen bleiben.« Seine Stimme wirkt wie Balsam auf das ehrlich unangenehme Gefühl, das sich mit Macht in ihr breitmacht.

Unwillkürlich schließt sie die Augen, als er seinen Finger unter ihr Kinn legt. Und als sie kurz darauf seinen Kuss spürt, vergräbt sie die Hände in seinem Haar, so wie Andrew es mit seinen tut.

Und es *ist* schön ... Trotz allem ...

4

Die Fahrt bis zur Bank dauert keine zehn Minuten.

Kurz bevor Mr. Johnson die Tür öffnet, rutscht Josie von Andrews Schoß. Sie hat für dessen Wünsche durchaus Verständnis – das redet sie sich zumindest tapfer ein. Doch sie wird sich vor diesem fremden Mann nicht zum Narren machen. Ihre Zugeständnisse für Andrew gehen weit – weiter, als sie je gedacht hätte. Aber es existieren Grenzen. Ganz sicher sogar.

Die *Bank* erweist sich als einer dieser überdimensionalen Wolkenkratzer – ähnlich jenem Gebäude, aus dem sie soeben gekommen sind. Josies Vermutung, hier wäre mehr als nur eine Firma ansässig, wird sofort korrigiert. Nein, dieser riesige Turm mit schätzungsweise einhundert Etagen beherbergt nur ein einziges Geldinstitut.

Die »Southern Credit Bank«.

Aha, dann hält Josephine Kent wohl gerade Einzug in die Hochfinanz. Wer hätte das gedacht? Eben noch auf dem College, ein unscheinbares Hühnchen vom Lande, jetzt bereits in den gehobenen Wirtschaftskreisen. Sie wirft einen raschen Blick zu Andrew, der wie selbstverständlich wieder ihre Hand genommen hat und sie durch das große Eingangsportal führt. Mit ziemlich gelassener Miene.

Okay ... wenn er nicht nervös ist, schafft sie das auch.

Kurz darauf stehen sie in der Lobby, die Josie eher an ein Hotel der Luxusklasse erinnert, als an eine Kreditanstalt.

Sollte sie überhaupt etwas erwartet haben, dann, dass sie an den mindestens zehn Meter langen Tresen treten, um Andrews Eintreffen zu melden. Aber genau das geschieht natürlich nicht. Kaum liegt die zweite Monstertür hinter ihnen, kommen gleich *drei Männer* in dunklen, irre teuer wirkenden Anzügen auf sie zugeschossen.

»Mr. Norton!«

Als Josie die Invasion auf sich zurollen sieht, drängt sie sich instinktiv gegen ihren Begleiter. Was wollen die Kerle? Deren Grinsen erinnert sie an Aasgeier, die sich begeistert auf ihre Beute stürzen. Dann erst geht ihr auf, was sie getan hat und sie schielt besorgt zu Mr. Perfekt hinauf. Er lächelt und verfestigt seinen Händedruck.

Okay ... Heimlich atmet sie auf. Einer ihrer schlimmsten Albträume ist es nämlich, ihn lächerlich zu machen. Obwohl sie ja insgeheim ständig damit rechnet.

Andrew nickt, mit einem Mal ernst. »Das ist Miss Kent.«

Drei fremde, bedrohliche Blicke huschen zu Josie, die sich zusammenreißen muss, um den dazugehörigen Arschlöchern nicht genau zu erklären, was sie von ihnen hält. Aber ganz genau! Doch mit einiger Mühe gelingt es ihr sogar, ihre Mundwinkel leicht nach oben zu ziehen.

Der älteste Aasgeier fängt sich als Erstes. »Sehr angenehm, Miss.«

»Danke«, murmelt sie und stöhnt innerlich. Das war zu leise. Andrew scheint allerdings das ‚*Wir kommunizieren laut und deutlich, Josephine!*', nur auf seine Person zu beziehen, denn er ignoriert ihr Genuschel, als hätte es nicht stattgefunden.

»Mr. Dearinger wird gleich Zeit für Sie haben«, bemerkt der Zweite. Ein Mann um die dreißig mit rotem Haar, Sommersprossen, einer großen Nase und bleichen Lippen. »Wenn Sie uns bitte folgen würden ...«

Josie hat sich leicht verschätzt. Das Gebäude verfügt nicht über einhundert Stockwerke, sondern einhundert*zwanzig*. Sie fahren nämlich in die einhundertachtzehnte Etage.

Dort angekommen führt man sie in einen Empfangsraum, gegen den das Vorzimmer von Andrews Büro wie der kleine Babybruder anmutet – und das soll echt etwas heißen! Die riesige Polstergarnitur muss für sich bereits ein Vermögen gekostet haben. Davor befindet sich ein Glastisch, dessen schwere Platte eindeutig aus Kristall besteht. Unzählige Grünpflanzen sind beiläufig arrangiert; an den mit Holz getäfelten Wänden hängen alte Fotografien. Josie schätzt, sie dokumentieren die Geschichte der Bank. In der Ecke steht eine große Bar, einschließlich Hocker und – soweit sie das beurteilen kann – jeder Alkoholsorte, die es für Geld zu haben gibt.

Langsam kommt ihr der widerliche Verdacht, dass Andrews Date sich auf den Bankchef höchstpersönlich bezieht. Beinahe hätte sie hysterisch gekichert. Als sie hörte »Termin bei Dearinger«, sah sie vor ihrem geistigen Augen einen dieser gehobenen Schalter, hinter dem ein arroganter Banker sitzt, der, wenn Andrew Glück hat, ihm vielleicht einen Kaffee spendiert.

Niemals, nicht in tausend Jahren, hat sie mit der Möglichkeit gerechnet, dass er mit dem Direktor verabredet ist. Verstohlen schaut sie an sich hinab. Okay, das geht möglicherweise, aber ihr

Haar! Sie hat es offen gelassen, weil sie weiß, dass Andrew das mag. Der Tag ist bereits einige Stunden alt und jetzt ist es garantiert nicht mehr ordentlich. Verflucht, er muss sich ihretwegen zu Tode schämen!

Sie haben sich auf die Couch gesetzt, womit nur noch zwanzig weitere Personen darauf Platz finden dürften. Eine Frau, die zu gut bezahlt wird, um den Konzernchef anzugaffen, erscheint und fragt die beiden, was sie trinken wollen.

Nicht ob, nein! *Was!*

Andrew mustert Josie fragend. Die will schon hilflos die Schultern heben, überlegt es sich dann jedoch anders. »Einen Ginger–Ale, bitte.«

Die Frau lächelt ungerührt, also kann es nicht zu falsch gewesen sein.

»Mr. Norton. Einen Kaffee?«

Der nickt. »Ja.«

»Andrew«, wispert Josie, sobald die Tante verschwunden ist.

»Ja?« Er wispert nicht.

»Ich glaube, ich bleibe einfach hier sitzen ...«

»Warum?«, erkundigt er sich stirnrunzelnd.

Sie seufzt. Natürlich wird er das wieder nicht verstehen. Einen Versuch ist es trotzdem wert, anders wird sie sich wohl auch kaum aus der neuesten Mausefalle befreien können. »Ich denke nicht, dass ich ordentlich genug bin, für ... Mr. Dearinger.«

Mit einem leisen Lachen zieht er sie ein wenig an sich. »Du bist perfekt. Und selbst wenn du mit rosa Haaren und Lederkluft hier wärst, in meiner Begleitung wäre es nicht von Bedeutung.«

Das wagt sie ernsthaft zu bezweifeln, trotzdem gelingt es ihr, sich etwas zu entspannen.

Kurz darauf erscheint die Andrew ignorierende Frau erneut, serviert die Getränke und verschwindet. Vor lauter Verzweiflung und Nervosität nippt Josie an ihrem Ginger–Ale. Noch nie hat sie sich in einer derart einschüchternden Umgebung aufgehalten. Hier riecht es nicht nach Geld, es *stinkt* danach! Ihr makelloser Couchnachbar hat offensichtlich keine Probleme. Gedankenverloren leert er seine Kaffeetasse, blickt auf die Uhr und knurrt: »Dearinger!«

»Was ist?«

»Er verspätet sich! Ich hasse das!«
»Oh!«
Lächelnd sieht er zu ihr hinab. »Ich will so viel Zeit wie möglich mit dir verbringen. Und jede Minute, die dieser Kretin uns warten lässt, kostet mich genau sechzig Sekunden davon ...«
Hastig senkt Josie den Kopf, damit er ihre idiotische Grimasse wenigstens diesmal nicht zu Gesicht bekommt.

Eine Viertelstunde später erscheint ein Mann um die fünfzig, den andere Frauen wohl relativ attraktiv einschätzen würden. Er ist einer dieser Typen, die erst anziehend wirken, wenn die Schläfen ergraut sind. Groß, schlank, doch nicht dürr. Sein Anzug sitzt genauso perfekt, wie die professionelle Mimik. Eine fantastische Fassade, um das Schwein darunter zu verbergen, wie sie neidlos zugibt.

»Mr. Norton!« Er tritt zu ihnen und schüttelt Andrew die Hand. »Bitte entschuldigen Sie die Verspätung. Ich wurde aufgehalten.« Dann nimmt er Josie wahr und sein Lächeln wird breiter. »Willkommen, Miss ...?«

Bevor sie antworten muss, hat ihr immer perfekter Boss das bereits übernommen. Er ist kaum zu verstehen. »Miss Kent.«

Vorsichtig mustert sie Andrew und findet blitzende, drohend aufgerissene Augen. Als Nächstes blickt das Mädchen zu Dearinger. Dessen ausufernde Grimasse hat sich schlagartig wieder zu dem dezenten, leicht verzogenen Lächeln geschmälert und sein Ausdruck wirkt wachsam. »Es freut mich, Sie kennenzulernen, Miss Kent.« Sein Händedruck fällt äußerst knapp aus, wofür Josie unendlich dankbar ist. Trotz Andrews Gegenwart kann sie nämlich für nichts garantieren. Im Allgemeinen fasst sie keines dieser erbärmlichen Arschlöcher an.

Akute Verseuchungsgefahr!

Verwirrt registriert sie, dass Andrew die Lippen zu einem Strich zusammengepresst hat.

Was ist sein Problem?

Dearingers Büro ist ein ungefähr fünfzig Quadratmeter großer, hallenähnlicher Raum, an dessen hinterstem Ende ein überdimensionaler Schreibtisch steht.

Ansonsten wird er von einer Sitzgarnitur in weit gehobenerer Preisklasse als der in dem ‚Vorzimmer' beherrscht.

Kaum haben sie darauf Platz genommen, sind die beiden Männer in einem langweiligen Gespräch über finanzielle Transaktionen und Anlagen versunken. Josie klinkt sich aus und grübelt währenddessen darüber nach, ob sie Andrew jemals gesagt hat, was sie für ihn empfindet.

Eine Frage, die wirklich mal auf den Tisch gehört, findet sie.

Noch immer hält er ihre Hand, irgendwie scheint er sie überhaupt nicht mehr loslassen zu wollen. Dabei ist sein Griff fest und unerschütterlich – als wolle er verhindern, dass sie sich in einem Anfall von Panik aus dem Fenster stürzt.

Okay ...

Er hat bereits einiges an Panikattacken mit ihr durchgemacht, vielleicht wird sich das mit der Zeit geben, wenn sie endlich ihre blöde Atmung unter Kontrolle bekommt.

Warum aber hat er ansonsten Angst, sie zu verlieren? Oh, Josie wird bestimmt nicht gehen. Solange er es in ihrer Nähe aushält, wird sie auch dort sein.

Sicher, das hat sie ihm gegenüber nicht zugegeben. Im Gegensatz zu Andrew, womit er sie übrigens kalt erwischt hat. *»Ich habe mich in dich verliebt und ich wollte dich kennenlernen ...«*

Das teilte er ihr mit, einfach so!

Verstohlen mustert sie das makellose Profil, die intelligenten Augen, die verhaltene, beherrschte, souveräne Stimme, seine perfekt manikürten Finger. Sie liebt es, ihn zu beobachten. Eine Berührung ist nicht erforderlich. Nur Anschauen, manchmal ein Kuss und sie ist glücklich.

Denn sie, Josephine Kent, die jeden Mann wie die verruchte Pest hasst, die Anwesenden *nicht* ausgeschlossen, ist Andrew Norton verfallen.

Mit Haut und Haaren.

5

Nach zwanzig Minuten ist die Besprechung beendet.

Josie hat noch immer nicht den leisesten Schimmer, wovon gesprochen wurde. Einige Male ist das Wort »Südostasien« gefallen und das kann sie zumindest rudimentär einordnen.

Die Holding beabsichtigt, stärker auf diesem Markt präsent zu sein. Das ist aber schon alles, was ihr zu diesem Thema einfällt.

Sie schwört sich, Andrew nie mehr derart unvorbereitet zu einem solchen Gespräch zu begleiten. Ab sofort wird sie sich mit der Firmenpolitik beschäftigen. Nein, sie hat nicht vor, sich an den Diskussionen zu beteiligen, doch sie will *verstehen*, worüber gefachsimpelt wird. Die Rolle des schweigsamen Mädchens steht ihr nicht besonders und niemand soll glauben, sie sei nur sein »Anhängsel«.

Allein die Vorstellung verursacht bei ihr ein leichtes bis mittelschweres Würgen und lässt ihre Zweifel an dieser so wahnsinnigen Geschichte wieder nervend laut werden.

Nach einem knappen Händedruck von Dearinger tauchen die Hyänenmänner wieder auf und geleiten sie zurück in die Lobby.

Ihr ist schleierhaft, weshalb sie nicht in der Lage sein sollen, den Aufzug selbstständig zu benutzen. Als sie Andrew danach fragt, lacht der – logisch!

»Wir wären im Alleingang weder hinauf noch hinuntergekommen. Diese Etage ist gesperrt. Die drei haben nicht *uns* geschützt, sondern ihren Boss.«

»Und ich durfte so einfach mit?« Sie hatten nicht einmal ihren Führerschein verlangt oder so was.

Er zuckt mit den Schultern. »Du bist mit mir hier. Das ist Leumundszeugnis genug ...«

Hastig blickt sie zu Boden.

»Was hast du?«

Okay, Josephine. Zeit für Geständnis eins. Entschlossen sieht sie ihn an. »Ich mag es, wenn du so bist.« Sie spricht laut und deutlich, wie er es bevorzugt.

Er grinst. »Wie so?«

Schon verdreht sie die Augen. Natürlich! Er muss es wieder mal ganz genau wissen. Sie befinden sich vor dem riesigen Bankgebäude, inmitten eines Meers aus blauen und schwarzen Anzügen, hellen Kleidern und Kostümen, die sich an ihnen vorbeidrängen. Er ist stehen geblieben und scheint davon nichts zu bemerken.

»Deine Selbstsicherheit meine ich.«

Sein Grinsen wird breiter. »Oh, na ja ...«

Als sie lacht, mustert er sie mit zur Seite geneigtem Kopf und umarmt sie unvermutet. »Ich liebe es, wenn du lachst«, wispert er an ihren Lippen und dann küsst er sie in diesen Menschenmassen, ohne sich die geringsten Gedanken über ihr Publikum zu machen.

Als er sie freigibt, zittern Josie tatsächlich die Beine.

So ruhig wie zuvor nimmt er erneut ihre Hand. »Du entscheidest: erst deine neue Garderobe oder der Lunch?«

Sofort zieht das Mädchen einen Flunsch. Das ist eine Wahl zwischen Pest und Cholera. Ihr graut bereits jetzt davor, sich stundenlang irgendwelche sündhaft teuren Designerstücke vorführen zu lassen, die alle einzeln gesehen, etliche ihrer Monatsgehälter ausmachen. Und sie denkt mit Magenschmerzen an das Essen, bei dem sie Wein trinken muss, den sie nicht verträgt. »Können wir diesmal einen Laden nehmen, in dem keine Frauen vor uns herumtanzen?« Vorsichtig beäugt sie ihn und entspannt sich augenblicklich, als er den Kopf zurückwirft und wieder lacht. »Okay, wir gehen in eines ohne tanzende Models, versprochen.«

Das hört sich gut an. Als sie ihm folgt, ist ihr schon bedeutend wohler zumute.

Sie erstehen ihre Sachen in einem größeren Geschäft, das mehrere Designermarken führt. Die Verkäuferin ist nett, wenngleich ziemlich aufdringlich. Tapfer vermeidet Josie jeden giftigen Blick, schließlich will sie Andrew die Eifersucht abgewöhnen, da ist es vielleicht nicht sehr hilfreich, wenn sie die gleichen Tendenzen zeigt.

Nachdem sie ungefähr fünftausend Kleider, Röcke, Jacketts, Schuhe, Strümpfe, Unterwäsche, Tops mit langem und kurzem Ärmel, Blusen, Mäntel, Taschen und *sonstige Accessoires* begutachtet haben, von denen circa zweitausendfünfhundert auf den Stapel *Kauf* aussortiert werden, sind sie endlich fertig. Er lässt sie auf einem der Stühle zurück, als er bezahlen geht. Eindeutig soll sie nicht erfahren, wie viel das alles kostet.

Sie vermutet, dass sie damit die beiden Hypotheken ihrer Großeltern auslösen und noch einen mittelgroßen Pool installieren lassen könnte.

Und egal wie, es gefällt ihr ganz und gar nicht. Denn sie kann ihm nichts davon zurückgeben und hiermit ist nicht nur unbedingt Geld gemeint.

Leider.

Gefährliche Ängste

Donnerstag, 18. März

1

Okay, sie macht sich gut.

Sowohl, als er sie ohne Vorwarnung in Dearingers Allerheiligstes schleift und auch danach, wo sie zumindest den Grundstein für ihre Garderobe legen.

Als sie aus dem Geschäft treten, wirkt Josie entspannt, sie hält Andrews Hand und lächelt vor sich hin. Wie so häufig fragt er sich, woran sie in solchen Momenten denkt. Es dürfte eigentlich nichts Negatives sein, doch wie soll er das genau wissen, wenn sie nicht mit ihm *kommuniziert?* Als er jedoch sein Handy aus der Tasche zieht, um Johnson anzurufen, hindert ihr Griff an seinem Arm ihn daran.

»Können wir heute woanders essen?«

Fragend mustert er sie. »Nicht im Diners Club?«

Während sie langsam den Kopf schüttelt, beäugt sie ihn vorsichtig. Zu vorsichtig für seinen Geschmack, als befürchte sie, er würde sie für ihren Wunsch maßregeln. Was für ein Witz! Es gibt keine Bitte, die er ihr abschlagen kann. Sie will, dass sie ein anderes Restaurant für den Lunch wählen? Schön! Nur, der Grund interessiert ihn dann doch. »Hat dir das Essen dort nicht geschmeckt?«

»Nein, das war gut«, erwidert sie spröde. »Ich schätze, der Koch ist männlich. Nur bei der Bedienung würde ich meine Getränke am liebsten auf alle gängigen Toxine testen, bevor ich mich traue, sie zu trinken.«

Das verwirrt Andrew nur noch mehr. »Josie, ich schwöre dir, in dem Laden wird garantiert nicht gepanscht. Dazu ist er zu exquisit.«

»Das meinte ich auch nicht. Ich vermute nur, dass diese Mary meinem Leben ein frühes Ende bereiten möchte ...« Die Augen blitzen und ihre Unterlippe hat sich leicht vorgeschoben.

Amüsiert lacht er auf. »Gönn ihr die Eifersucht! Sie weiß nicht einmal, *worauf* diese beruht. Ich versichere dir, sie wird deine Getränke mit Sicherheit nicht manipulieren! Aber trotzdem, wenn du in einem anderen Restaurant speisen willst, tun wir das, okay?«

Ein erleichtertes Lächeln macht sich auf ihrem Gesicht breit. »Danke.« Dann stellt sie sich auf die Zehenspitzen und küsst seine Wange. Hat sie tatsächlich geglaubt, er würde ihr diesen unbedeutenden Wunsch verweigern? Wofür hält sie ihn denn? Nach wie vor für ein Monster?

Eilig überlegt Andrew. Ja, hier in der Gegend gibt es einige gute Lokale. Er nimmt an, Josie bevorzugt eher ein Einfaches. Einfache*r*, zumindest. Ihm ist es egal, solange sie bei ihm ist, und so entscheidet er sich für eine der Gaststätten, die direkt an der Straße liegen. Bevor sie hineingehen, mustert er sie. »Okay?«

Lächelnd nickt sie. »Danke.«

Kopfschüttelnd hält er ihr die Tür auf. Irgendwie muss er dringend mit ihr sprechen.

Diesmal heißt sie ein Empfangschef willkommen. Josie scheint zufrieden und Andrew zieht belustigt in Betracht, nur noch Etablissements auszuwählen, in denen die Bedienung ausschließlich von Männern vorgenommen wird. Josie ist auf diese Art viel entspannter. Es ist dumm, aber ihre Eifersucht gefällt ihm, sie vermittelt den Eindruck, sie würde tatsächlich etwas für ihn empfinden. Und das wirkt sich äußerst positiv auf sein derzeit leicht angespanntes Nervenkostüm aus.

Das Ambiente ist keineswegs vergleichbar mit dem Diners Club, doch wenigstens verkehren hier keine Trucker. Der Rezeptionist hat Andrews Blick in Verbindung mit der fünfzig Dollar Note richtig interpretiert und geleitet sie zu einem abgelegenen, hinter einer Blende verborgenen Separee – ähnlich dem, das Andrew in seinem Stammklub gewohnt ist. Dann verlässt dessen hinreißende Begleitung allerdings das Glück, denn die Servierkraft für die Getränke entpuppt sich als Blondine mit aufreizendem Lächeln. Er grinst, als er Josies blitzende Augen sieht, während er die Bestellung aufgibt. Martini für ihn, Weißwein für das Mädchen. Sobald die aufdringliche Person verschwunden ist, nimmt Andrew ihre Hand.

»Ich will nicht vorgeben, dass mich deine Eifersucht nicht ehrt, versichere dir jedoch, sie ist unangebracht, denn ich hege kein Interesse an einer anderen Frau. Und gewiss nicht an der, die gerade unseren Tisch verließ.«

Das Blitzen verschwindet nicht, ganz im Gegenteil, es verstärkt sich noch. »Ja, schön! Ist dir aufgefallen, *wie sie dich angeglotzt hat?*«

Lachend schüttelt er den Kopf. »Nein. Und es ist mir denkbar egal.«

»Mir aber nicht«, murmelt sie.

»Wie bitte?«

»Mir nicht!«, wiederholt sie lauter. »Sie wollen dich alle! Das ist ... *widerlich!*«

Andrews Lächeln verblasst. »Dann weißt du, wie ich leide, denn das Gleiche könnte ich in Bezug auf Männer und dich behaupten, Josie.«

Sie verdreht die Augen. »Das bildest du dir nur ein! Da ist nichts!«

Fassungslos sieht er sie an. »*Was?* Offensichtlich hast du nicht die geringste Ahnung, wie du auf mein Geschlecht wirkst! Das ständig zu beobachten, ist unerträglich!«

Ihr Blick ist genervt. *Genervt!*

»*Niemand will etwas von mir*! Das war schon immer so, worüber ich übrigens sehr, sehr froh bin! Abgesehen von ein paar bescheuerten Jungs, die glaubten ...«

Andrew spricht äußerst leise, als er dazwischen geht. »Ich denke nicht, dass du dafür prädestiniert bist, das richtig einzuschätzen. Fakt ist, es handelt sich weniger um *Jungen*, als vielmehr um *Männer*, die an dir lebhaftes Interesse zeigen und die sind gefährlich! Nicht alle – bestimmt nicht – aber viele. Dearinger zum Beispiel ist ein einschlägig bekannter Frauenheld! Wäre ich nicht eingeschritten, hätte er versucht, seine Chancen bei dir auszutesten ...«

Schlagartig wird sie giftig. »... und er wäre ziemlich auf die Nase gefallen ...«

Andrew neigt den Kopf. »Ist das so? Du hättest seine Pläne tatsächlich durchschaut, solange er sie auf die mir bekannte diffizile Weise angebracht hätte? Angenommen, du wärst allein bei ihm, würdest du wirklich seine wahren Beweggründe durchschauen, wenn er dich freundlich zu einem Kaffee einlädt, dich nach deinem Leben ausfragt, dir sagt, wie hübsch du bist und wie angenehm es in deiner Gesellschaft ist? Hättest du ehrlich gewusst, worauf das Ganze hinausläuft oder bestünde nicht wenigstens die Gefahr, dass du es erst realisiert hättest, wenn es bereits zu spät gewesen wäre?«

»Du irrst dich gewaltig, Andrew ...« Das kommt drohend.

Seine Lippen beschreiben nur noch einen schmalen Strich. »Nein, Josie. Ich irre mich keineswegs, aber inzwischen *begreife* ich. Du weißt es nicht und merkst tatsächlich nicht, wie du auf Männer wirkst. Ich denke, ich muss mich bei dir entschuldigen. Du provozierst sie nicht, du kannst überhaupt nicht nachvollziehen, was du tust, weil du nicht einsehen willst, wie ...« Andrew schluckt. »... wie schön du bist. Wie außergewöhnlich. Mir will nicht in den Kopf, weshalb dir das noch niemand gesagt, warum deine Mom dich nicht gewarnt hat oder deine Großeltern. Ihnen kann die Gefahr doch nicht entgangen sein, verdammt!« Erschöpft fährt er sich mit einer Hand durch das Haar. »Es ist mir unbegreiflich, wie du es bis hierhin geschafft hast. *Unbegreiflich!* Du bist viel zu naiv! Dass es bisher noch keinem gelungen ist, dich zu Fall zu bringen, ist ... ein Wunder!«

Bevor sie etwas erwidern kann, erscheint die nächste Bedienung mit den Speisekarten – diesmal handelt es sich wieder um einen Mann. Andrew wählt Steak wie immer und Josie entscheidet sich für Lasagne. Nährstoffreich, ausreichend Kohlehydrate. Gehaltvoll genug. Der Kellner geht jedoch nicht, ohne der Ahnungslosen einen eindeutigen Blick zugeworfen zu haben.

»Ich bitte dich nur, mir zu vertrauen.« Erneut spricht er leise, aber sanft. Ihre Miene wird weich. »Das tue ich.«

Seine Braue hebt sich. »Tatsächlich? Warum glaubtest du dann gestern, ich würde die Situation ausnutzen?« Sie sieht hinab, weshalb ihr entgeht, dass diese aufdringliche Frau mit den Getränken zurückkehrt. Als das Glas Wein vor sie gestellt wird, schaut Josie verwirrt auf und kneift augenblicklich die Augen zusammen.

Sie ist wirklich *unverbesserlich!*

Bevor die Serviererin einen äußerst brutalen Tod sterben kann, – verursacht von blitzenden Dolchen, die plötzlich durch die Gegend schießen – ist sie wieder verschwunden. Andrew mutmaßt, der Kellnerin ist die Lage etwas zu heikel. Josephine hat jedoch seine Frage noch nicht beantwortet, und diesmal lässt er es ihr nicht durchgehen.

»Josie?«

Sie holt tief Luft. »Hör zu. Sorry ...«

Ungeduldig schüttelt er den Kopf. »Keine Bitte um Vergebung! Warum solltest du dich für deine Gedanken entschuldigen? Ich möchte nur erfahren, *weshalb* du eine solche Meinung von mir hast!«

»Das habe ich doch gar nicht! Ich dachte nur, Männer wollen ...« Der Hass ist zurück, allerdings zwingt sie sich, den Blickkontakt zu halten. »*Das!*«

»Was gleich die nächsten dreitausend Fragen in mir aufwirft. Ich unterschlage absolut nicht, wie viel Vertrauen du mir gestern entgegengebracht hast. Wir kennen uns nicht gut genug, dass ich es einfordern könnte, schätze ich ...« Eine unangenehme Idee keimt in Andrew auf: Fordert er ihr Zutrauen, ohne die Basis dafür geschaffen zu haben?

Du hättest die Dinge in der Zwischenzeit x–mal für dich ausnutzen können. Hast du aber nicht. Das Mindeste, was du von ihr fordern kannst, ist VERTRAUEN! Lass dich um Himmels willen nicht von ihr zu einer Memme machen, du Idiot!

Aha, er ist also wieder da ...

Das bin ich IMMER, du gottverdammter Idiot! Sie hat ein schlechtes Gewissen und was tust du? DU REDEST IHR GUT ZU? Bist du irre? Ist dir nie in den Sinn gekommen, dass die Machtverhältnisse in diesem Desaster, das du BEZIEHUNG nennst, endlich geklärt werden müssen? Oder hast du vor, ständig zu riskieren, dass sie dir davon läuft?

Andrew überlegt. Nein, natürlich liegt das nicht in seiner Absicht! Sie ist hier bei ihm und sie will keinen anderen.

Um genau zu sein, ist ihr bislang entgangen, dass die überhaupt *existieren*. Was in sich total unlogisch ist und ihren Hass noch etwas seltsamer macht. Nur damit wird er sich später beschäftigen. Vorrangig geht es um die Frage, warum er sie unter Druck setzen sollte!

BISHER ist sie nicht darauf gekommen. Aber du hast vor, sie mit Johnson und diesem Kerl losziehen zu lassen. Ich würde sie vorab instruieren – so, dass selbst sie das kapiert! Ansonsten kommt dein Schnuckelchen möglicherweise dahinter, dass es andere Männer gibt! Blind scheint sie ja nicht zu sein. Hast du nie in Erwägung gezogen, dass sie vielleicht Gefallen an diesem Typ finden könnte? Verdammt noch mal, Norton, du Oberidiot!

Verflucht, soweit gingen Andrews Überlegungen bis jetzt nicht. Was, wenn sich dieser Gorilla an sie heranwirft? So naiv, wie Josie ist ...

Als er sie wieder ansieht, weicht sie instinktiv vor seinem Ausdruck zurück. Doch es ist ihm egal. Sie soll erfassen, wie wichtig ihm diese Angelegenheit ist.

»Wenn du nachher einkaufen gehst, wirst du von einem meiner Leute begleitet. Demetri ...«

Sie nickt widerstrebend. »Ja, wegen Smith.«

»Genau. Finch empfahl ihn mir, und für gewöhnlich traue ich dessen Urteil. Ich bitte dich dennoch achtsam zu sein und dich ihm nicht zu nähern ...«

»Nähern ...?«

Andrews Ton ist eisig. »Ja. Vertraulich werden, sich annähern, private Details offenbaren. Ich wünsche, dass du ihm mit Vorsicht begegnest. Hast du das verstanden?«

»Ja. Aber mir ist nicht ganz klar ...« Sie wirkt tatsächlich total verwirrt.

»Ich will nur nicht, dass du in Schwierigkeiten gerätst und diesem Demetri vielleicht die falschen Signale sendest, kannst du mir folgen?«

»Ja.«

»Außerdem musst du dir angewöhnen, dich den Angestellten gegenüber angemessen zu verhalten. Ein zu persönlicher Umgang mit ihnen ist nie angebracht.«

»Ich soll nicht freundlich sein?«

»Natürlich sollst du das, nur eben nicht übermäßig. Es darf nicht der Eindruck entstehen, ihr wärt befreundet.«

Langsam nickt sie. »Ich verstehe – glaube ich.«

»Du wirst es lernen«, verspricht er lächelnd. »Ich vertraue auf dein schlaues Köpfchen.«

Josie verzieht das Gesicht. »Danke.«

Bevor er etwas erwidern kann, wird das Essen serviert und eine Zeit lang gibt niemand einen Ton von sich. Ihre Stirn ist in tiefe Falten gelegt, Andrew schätzt, dass sie das vorangegangene Gespräch verdaut.

Recht so.

Als die Teller geleert sind, trifft ihn ein argwöhnischer Blick. »Dieser Demetri, ist er ... ich meine, wie ...?«

»Er wird dir nicht zu nahe treten, keine Sorge«, versichert Andrew eilig. »Solange du dich an das hältst, was ich dir sagte.«

Plötzlich macht sich Dankbarkeit in ihren Augen breit und sie nimmt seine Hand. »Ich bin so froh, dass du anders bist.«

»Wie meinst du das?«

»Ich dachte, alle Männer sind so, wie dieser Dearinger, Demetri oder Smith.« Sie schluckt. »Aber du bist so anständig.«

Der DS ist fassungslos. *Du mimst ihren gottverdammter Helden! Sie glaubt, du bist der einzige Engel unter den Abgesandten des Teufels!*

Das ist Andrew keineswegs entgangen und es gefällt ihm. Weshalb sollte er bei ihr das Ansehen der gesamten Männerschaft retten? Soll sie seine Geschlechtsgenossen doch weiter hassen – soll sie ihren Hass noch *ausbauen*! Wichtig ist nur eines: dass sie ihm vertraut. Ausschließlich ihm! Sie tut gut daran, es dabei zu belassen.

Als die beiden das Restaurant verlassen, ist es inzwischen nach drei. Ihr gemeinsamer Nachmittag neigt sich dem Ende zu. Johnson erwartet sie in einer der etwas ruhigeren Nebenstraßen, und sobald die Tür hinter ihnen geschlossen ist, sitzt Josie auf Andrews Schoß. Ihre Miene wirkt fast ehrfürchtig, wenngleich der Argwohn immer präsent ist. Dennoch sorgt sie dafür, dass ihm beträchtlich heiß wird.

Verdammt!

Unvermittelt nimmt sie sein Gesicht zwischen ihre kleinen Hände, ihr flüchtiges Zögern entgeht ihm trotzdem nicht. Dann mustert sie ihn stumm und sagt ebenso plötzlich: »Du bist außergewöhnlich, Andrew Norton. Ich glaube, ich habe mich in dich verliebt.« Das kommt so verflucht nüchtern, maximal klingt ein wenig Anklage darin mit.

»Du *glaubst*?«, erkundigt er sich leise.

»Ich bin mir ziemlich sicher.«

»Wie bitte?«

»Ich bin mir ziemlich sicher, mich in dich verliebt zu haben«, wiederholt sie lauter – und unwirscher.

Bekümmert runzelt er die Stirn. »Das ist schrecklich, ich empfinde leider nicht derart.«

Resigniert senkt sie den Blick, aber überrascht wirkt sie nicht.

»Was hast du?« Aufmerksam betrachtet er den bleichen Haaransatz.

»Sorry«, erzählt sie ihrem Schoß. »Es ist bescheuert, so etwas nach drei Tagen zu sagen ...«

»Wovon sprichst du denn?«

»Ich wollte dich nicht zu irgendeiner Aussage zwingen.«

Ob er will oder nicht, Andrew gelingt es nicht länger, sein Lachen zu beherrschen. »Hatte ich dir nicht verdeutlicht, mich in dich verliebt zu haben? Vor fünfundzwanzig Stunden, um genau zu sein. Hast du das vergessen?«

»Nein.«

»Wie bitte?«

Endlich hebt sie den Kopf. »Nein, habe ich nicht! Ich dachte nur, dass du es dir vielleicht anders überlegt hast, weil dir das Ganze zu schnell geht und ich ...«

Bevor sich weiterer derartiger Mist verbreitet, verschließt Andrew ihre Lippen mit einem leidenschaftlichen Kuss, bei dem er diesmal fast alle Barrieren fallen lässt. Fest umarmt er sie und gibt ihr eine intensive Kostprobe davon, wie unvorstellbar er sie ... liebt? Nach wie vor fällt es ihm schwer, das zu akzeptieren. Nicht, weil ihn der Gedanke stört, sondern weil das so verdammt ungewohnt ist. So sehr, dass er kaum damit umgehen kann.

Als er sie wieder ansieht, keuchen beide.

»Ich weiß, unser Tempo ist astronomisch«, beginnt er

eindringlich. »Aber scheinbar sind mir die Hände gebunden, womit mir nicht die geringste Möglichkeit bleibt, daran etwas zu ändern. Nicht, dass ich etwas Derartiges beabsichtige. Ich bin nicht in dich verliebt, Josie, das beschreibt meine Gefühle für dich nicht einmal annähernd. Ich liebe dich, und ich will, dass du bei mir bleibst. Für immer. Die Meinung der Leute ist mir scheißegal. Ich erkläre dir hiermit offiziell, dass ich dich heiraten möchte.« Sie unternimmt Anstalten etwas zu erwidern, doch sein erhobener Finger stoppt sie. »Ich wollte dir nur meine Intentionen verdeutlichen. Wenn wir eines Tages all die Dinge geklärt haben, die uns derzeit im Weg stehen, werde ich dich zu meiner Frau nehmen und es gibt nichts und niemanden – ganz bestimmt keine andere weibliche Person –, der die Macht besitzt, mich davon abzubringen.«

Darauf fehlen ihr sichtlich die Worte. Lächelnd küsst er ihre Nasenspitze und hebt sie von seinem Schoß. »Wir sind da, Baby.«

Im selben Moment öffnet Johnson die Tür.

2

Demetri erweist sich als der größere der beiden Männer in dunkler, dezenter Kleidung, die am Vortag Smith in Empfang nahmen.

Als er wenige Minuten vor vier Andrews Büro betritt, trägt er wieder einen dieser Anzüge.

Er ist Ende dreißig, mit breitem, sportlich durchtrainiertem Körper. Sein Haar ist blond und kurz, die Stirn hoch, die grün/blauen Augen groß, aber seltsam farblos. Nicht zu vergleichen mit den unendlichen Tiefen einer gewissen, äußerst entzückenden Person. Seine Nase ist Indiz dafür, dass er dieser Art von Beschäftigung bereits seit einigen Tagen nachgeht. Sie wurde mindestens zweimal gebrochen, wahrscheinlich jedoch öfter. Unwillkürlich fragt Andrew sich, ob es mit diesem schiefen in sich mehrfach gekrümmten Organ überhaupt noch möglich ist, Gerüche aufzunehmen. Seine Lippen sind schmal, das Kinn ziemlich ausgeprägt. Er macht auf den Konzernchef den Eindruck, als sei er es gewöhnt, seine Interessen durchzusetzen, und zwar äußerst effizient und kompromisslos.

»Sie wurden von Mr. Finch umfassend eingewiesen?«

Als das bejaht wird, erhebt Andrew sich, tritt zur Tür und bittet Josie herein.

»Das ist Demetri. Er wird für deinen Schutz sorgen.«

Ausnehmend misstrauisch beäugt sie den blonden Hünen. »Hey.«

»Miss«, erwidert er zackig.

Andrew ist fürs Erste zufrieden. Besonders gefällt ihm der argwöhnische Blick, mit dem Josie den Bodyguard bedenkt. »Warten Sie draußen!«, weist er ihn im üblichen Ton an, der im Grunde keiner ist.

Nachdem Demetri die Tür hinter sich geschlossen hat, zieht er den schmalen Körper an sich, hebt behutsam ihr Kinn und küsst sie. »Vergiss nicht, dass ich dich liebe. Und schon gar nicht, wem du gehörst.«

»Bestimmt nicht!« Es klingt wie ein rauer Schwur.

Auch das genügt für den Moment. Andrew entlässt sie aus seiner Umarmung und tritt an seinen Schreibtisch. »Josie?« Sie bleibt stehen, bereits auf dem Weg, den Raum zu verlassen.

»Du wolltest einkaufen gehen, richtig?«

»Ja ...«

Er lacht. »Wenn sich die Fundamente dieser Welt innerhalb der letzten zwanzig Minuten nicht grundlegend geändert haben, dann benötigst du dazu Geld.«

»Oh!«

»Komm her!«

Sie gehorcht, doch kaum hat sie ihn erreicht, wird Andrews Miene strikt.

»Ich liebe dich und ich möchte, dass du meine Frau wirst. Das bedeutet, dein ist, was mir gehört. Das beinhaltet auch mein Geld. Grausame Wahrheit ist, dass ich über ein gewisses Vermögen verfüge und ich will, dass du das akzeptierst. Du bekommst eine meiner Kreditkarten. Sie steht zu deiner freien Nutzung. Ich werde die Bank veranlassen, einige Karten auf deinen Namen auszustellen. Solange musst du dich mit dieser begnügen.« Als er das ‚Aber' in ihren Augen sieht, wird sein Ton sogar noch eisiger. »Ich wünsche keine Widerworte! Hast du das verstanden?«

»Ja.« Das klingt etwas gepresst, doch es kommt, und nur das ist entscheidend.

Lächelnd küsst er ihre Stirn. »Braves Mädchen. Viel Spaß!«

An der Tür angekommen, wendet sie sich zu ihm um. »Hast auf irgendetwas besonderen Appetit?«

Andrew überlegt. Hat er? »Ich weiß, das hört sich jetzt frauenfeindlich an und ich entschuldige mich bereits im Voraus und verpflichte mich, morgen die Zubereitung des Dinners zu übernehmen. Doch ich überlasse die Wahl des Gerichtes ganz deiner Entscheidung. Ich habe weder ausgefallene Vorlieben noch Abneigungen, sofern es sich nicht um asiatische Käfer handelt.«

»Dann lass dich überraschen.« Sie schenkt ihm noch ein Strahlen und dann ist sie verschwunden.

3

Grübelnd setzt Andrew sich hinter seinen Schreibtisch.

Vielleicht wird es von Vorteil sein, sie mit Julia bekannt zu machen. Die Mädchen sind im gleichen Alter und damit hätte Josie jemanden, mit dem sie sprechen kann. Als Nächstes überlegt er, ob er möglicherweise einen Pool auf seinem Grundstück installieren lassen sollte. Er hat nie Wert darauf gelegt, schwimmt nicht besonders gern und außerdem fehlt ihm für derartige Albernheiten die erforderliche Zeit. Allerdings ist er nicht dämlich genug anzunehmen, Josie über Monate ausschließlich mit seiner Bibliothek bei Laune halten zu können. Gehen junge Mädchen nicht ab und an in Bars oder Nachtklubs? Ihr Lachen vor dem Bankgebäude hat ihn tief getroffen, das hörte er dort nämlich zum ersten Mal. Wie er es dreht und wendet: Josie scheint in seiner Gegenwart nicht häufig zu Freudenbekundungen aufgelegt zu sein. Dabei *will* er sie glücklich machen – das ist sein unbedingtes Ziel! Na ja, offenbar muss er sich bedeutend mehr Mühe geben, besser auf ihre Wünsche eingehen, eventuell einen kleinen Urlaub mit ihr machen ...

Urlaub ...

So etwas hat er noch nie getan. Mit diesem Mädchen kann Andrew sich jedoch vorstellen, einen Tag oder so unter Palmen zu verbringen. Bei dem Gedanken an Josie in einem knappen Bikini muss er sogar lächeln. Doch dann reißt ihn der DS recht unsanft aus seinen süßen Tagträumen und er beeilt sich, wieder an die Arbeit zu gehen.

Um fünf fällt sein Blick das erste Mal auf die Uhr und er runzelt die Stirn.

Doch nach kurzer Überlegung entspannt er sich – irgendwie. Alles dauert eben seine Zeit.

Eine halbe Stunde später wird er langsam unruhig.

Braucht Josie für ein paar Einkäufe tatsächlich so lange? Glücklicherweise entsinnt er sich, dass er sie selbst zu einem ausgiebigen Einkaufsbummel ermutigt hat und er seufzt leise. Sich plötzlich um eine Frau zu sorgen ist keine unkomplizierte Angelegenheit. Bisher ist er von diesen konfusen und irrationalen Emotionen verschont geblieben und bestritt sein Sexleben ohne diese unlogischen, nervenden Nebenschauplätze: Eifersucht, Angst, Besorgnis. Es verwirrt ihn, Empfindungen zu haben, die ihn dazu bringen, über jeden ihrer Schritte genauestens informiert sein zu müssen.

Aber das ist sie wohl, die wahre Liebe: Die Sorge um sie, die ewige Furcht, dass ihr etwas zustoßen könnte oder sie zu verlieren.

Um sechs befindet Andrew sich im Zustand fortgeschrittener Panik. Inzwischen ist ihm egal, welche Geschäfte sie noch aufzusuchen beabsichtigt. Er hatte doch unmissverständlich angeordnet, dass sie nicht länger als zwei Stunden *fort sein soll!*

Sie will nicht bei ihm sein! In Wahrheit nutzt sie jede Chance, um sich von ihm zu entfernen! Sie fühlt sich von ihm bedrängt, und unter Garantie erwidert sie seine Gefühle nicht! Josie hat es selbst gesagt: Sie ist in ihn verliebt!

Verliebt!

Keine Liebe! Wäre es anders, würde sie nicht ständig verschwinden wollen. Sie empfindet nicht annähernd so intensiv wie er. Verdammt, er steht jedes Mal Todesängste aus, wenn er sie nicht sieht, sogar, wenn sie nur diese eine Tür zum Vorzimmer trennt.

Mit zusammengepressten Lippen starrt Andrew unfokussiert auf den Monitor und zählt die Sekunden.

Noch fünf Minuten, dann wird er anrufen. Und es ist ihm scheißegal, was sie denkt. Mit ihrem Verhalten zwingt sie ihn gewissermaßen zu derart aggressiven Schritten.

In diesem Moment geht die Tür des Vorzimmers und er lehnt sich eilig zurück.

Zuerst nimmt er Josies schmale Gestalt wahr, kurz darauf betritt Demetri den Raum.

Sie unterhalten sich!
Fuck!

Das erste zaghafte Klopfen ignoriert Andrew. Erst bei der Wiederholung blickt er auf.

Der verkommene Bodyguard steht in der Tür. »Sir ...«

Andrew verzieht keine Miene. »Irgendwelche Vorfälle?«

Das Zögern sorgt dafür, dass sich zu Andrews Zorn umgehend ein gehöriger Schuss Schrecken gesellt. Eilig winkt er den Mann in den Raum und bedeutet ihm, die Tür hinter sich zu schließen. Noch bevor Demetri ganz sitzt, hat Andrew schon die Frage aller Fragen gestellt. »Was ist geschehen?«

Mit ausdruckslosem Ton beginnt der Typ mit seinem Bericht. »Wir wurden bereits verfolgt, als der Wagen die Tiefgarage verließ. Möglich, dass die Person bemerkt werden *wollte*. Miss Kent beabsichtigte, das nahe gelegene Einkaufszentrum in der Bright Street aufzusuchen. Das Auto stand im dazugehörigen Parkhaus. Ich ließ Miss Kent in sicherer Entfernung vorauslaufen, um zu sehen, ob die Observation weiter fortgesetzt wird. Das war der Fall. Es gelang mir nicht, unseren Verfolger zu identifizieren. Dafür versuchten gleich acht eigens für diesen Zweck angeheuerte Halbwüchsige, Miss Kent vor dem Eingang des Supermarktes zu bedrängen. Mr. Johnson und ich konnten die Situation klären, bevor sie eskalierte.«

»Hat sie etwas davon bemerkt?«, erkundigt Andrew sich ebenso tonlos.

»Ich denke nicht.«

»Denken?«

Er hebt die Schultern. »Das Gebaren der jungen Männer war offensichtlich. Ich bin mir nicht sicher ...«

Andrew nickt. Smith das Schwein! Er hat gehofft, ihn mit dem Einbruch vorübergehend aus der Fassung gebracht zu haben, doch allem Anschein nach ist das nicht gelungen. Der Kerl hat keine Zeit verloren.

Verdammt!

Nicht, dass es ihn überrascht. Hätte er stillgehalten, wäre Andrew weitaus verblüffter gewesen. Aber könnte er sich bitte auf den verhassten Exchef konzentrieren und von Josie die abgefuckten Pfoten lassen?

Nachdem er Demetri verabschiedet hat, führt Andrew ein sehr kurzes Telefonat mit Finch, dann fixiert er seinen Schreibtisch und versucht, sich wieder unter Kontrolle zu bekommen. Er ist viel zu aufgewühlt, um Josie gegenüberzutreten. Alles prasselt ungebremst auf ihn ein: das gesamte chaotische Spektrum, das sein derzeitiges Gefühlsleben ausmacht. Die nachträgliche Angst, weil sie in Gefahr gewesen ist; sein immer noch vorhandener Zorn, weil sie sich so viel Zeit gelassen hat; die Tatsache, dass sie ihn nicht liebt, und über allem weit dominierend: die Furcht, sie zu verlieren.

Als er meint, dass es nicht besser werden wird, begibt er sich ins Vorzimmer.

Josie steht an dem großen Panoramafenster und blickt in Gedanken verloren hinaus. Mit drei Schritten überbrückt er die Distanz und zieht sie in seine Arme. Sie zu halten hilft etwas, aber nicht sehr. Es ist zu wenig, plötzlich muss er *wissen*, dass sie hier ist, und sucht verzweifelt nach einer Möglichkeit, dieses Bedürfnis zu kompensieren.

Verdammt!

Offenbar spürt sie seine innere Zerrissenheit, denn Josie lässt einen Finger über seine Wange gleiten und mustert ihn besorgt. »Was hast du?«

Andrew schüttelt den Kopf. Wie kann er ihr begreiflich machen, welche Ängste er ausgestanden hat und noch immer aussteht. Mit einem Mal weiß er nicht, wie er ohne sie auch nur eine Sekunde überstehen soll. Ein Leben ohne Josephine Kent erscheint ihm nahezu unmöglich – wobei das ‚nahezu' bedenkenlos gestrichen werden darf – und er muss dringend erfahren, ob sie ähnlich empfindet. Bevor er seinen Plan in allen Einzelheiten zu Ende denken kann, hebt er sie auch schon in seine Arme. Sie ist so leicht! So verletzlich und fragil. Das verstärkt seine Panik noch einmal erheblich.

Sein Blick lässt das schmale Gesicht nicht los, als er erst zur Eingangstür tritt, den Schlüssel im Schloss dreht und sie mit drei großen Schritten zur Couch in seinem Büro trägt. Plötzlich ist ihm egal, was Josie will. Ein Fehler – ja, doch er kann nichts dagegen tun. Bekommt er nicht augenblicklich die Möglichkeit, sich zu vergewissern, dass sie bei ihm ist, wird er an seiner Panik ersticken.

Mit ausgewählter Sorgfalt bettet er sie auf das Polster.

»Nicht bewegen!« Eilig entledigt er sie ihrer Jacke, registriert erleichtert, dass sich darunter eine Bluse befindet, und öffnet ungeduldig deren Knöpfe. Andrew entfernt den Stoff, verfährt gleichermaßen mit ihrem winzigen Bustier, zieht und zerrt, als das Ding nicht sofort weichen will. Und als ihre Haut von all der lästigen Kleidung befreit ist, schiebt er sie zurück. Mit geschlossenen Augen küsst er die kleinen Brüste und genießt das Gefühl, sie zu spüren, weiß endlich, dass sie ihm gehört. Nur er darf sie so sehen und auf diese Art berühren. Das ist der Beweis, den Andrew so dringend braucht.

Josie verliert kein Wort, sondern streichelt andächtig sein Haar, als wolle sie ihn trösten. Doch er benötigt nicht ihren Zuspruch, er will, dass sie auf ihn reagiert! Seine Lippen werden fordernder, verstärken ihren Druck, er beginnt, sie sanft zu massieren, bis sie zu guter Letzt leise seufzt. Dann erst richtet er sich auf und betrachtet sie.

Ja, das Mädchen ist außergewöhnlich schön und so bereitwillig. Kein Zweifel ist in ihrem Blick zu finden, nur Verständnis. Nur leider *will* er *kein Verständnis!* Fuck!

Wütend zerrt er sich den Binder vom Hals und knurrt kurz darauf: »Öffne mein Hemd!« Umgehend gehorcht sie. Die Finger sind fest und sicher und sie ahnt offenbar, worauf er aus ist. Als sie seine Brust mit ihren Lippen liebkost, stöhnt er mit geschlossen Lidern. Ja, das ist es! Das Bewusstsein, dass er der Einzige ist, dem sie diese Gunst gewährt, beruhigt ihn und gibt ihm etwas Frieden.

Als er sie an sich zieht, umarmt sie ihn bereitwillig und schweigt. Andrew weiß nicht, was in ihrem Kopf vorgeht, er ist momentan auch nicht fähig, ausufernd darüber nachzudenken. Sein Verlangen ist zu groß. Sie bei sich zu haben und die Zärtlichkeiten nicht zu intensivieren, kostet ihn jedes Quäntchen Beherrschung, das er aufzubringen in der Lage ist.

Denn sie hat zwar seine Berührungen genossen, doch die Panik könnte so schnell zurückkehren. Er darf nichts riskieren.

»Ich brauche dich, Josie.« Es klingt rau.

»Ich brauche dich auch.« Sie wispert es kaum hörbar an seiner Brust, doch es ist ihm egal.

Sie braucht ihn!

»Du darfst niemals gehen!« Andrew nimmt sie an den Schultern, schiebt sie von sich, um sie ansehen zu können. »Schwöre es, Josie! Schwöre, dass du mich niemals verlassen wirst!«

»Ich werde dich niemals verlassen.« Ihr Blick wirkt so aufrichtig, er muss ihr einfach glauben. Bevor er die nächste Frage stellt, schluckt er schwer an dem unförmigen Kloß, der sich in seinem Hals gebildet hat. »Denkst du, dass du mich lieben kannst? Vielleicht eines Tages?«

»Ich ...« Sie senkt den Blick.

Verdammt! Warum muss diese Frau immer dann verstummen, wenn es wirklich wichtig wird? »Was?«

Sie schaut nicht auf. »Ich glaube, ich liebe dich schon.« Wieder nur ein Wispern, und diesmal ist er nicht bereit, es zu akzeptieren. Er will es laut hören. *Und deutlich.*

»Wie bitte?«

Mit einiger Anstrengung gelingt es ihr, aufzublicken. »Ich denke, dass ich dich liebe, Andrew.«

»Du *denkst*?«

»Ich *weiß* es.«

Wortlos zieht er sie in seine Arme und schließt die Augen. Alles wird gut werden! Sie liebt ihn und wird ihn nicht verlassen! Sie hat geschworen, bei ihm zu bleiben – und er ist gerettet.

Nach einer Weile rückt er etwas von ihr ab und mustert sie forschend. »Hat dir das gefallen oder bin ich dir zu nahe getreten?«

Sie schüttelt den Kopf. »Nein, bist du nicht.«

»Darf ich es wieder tun?«

»Wenn du möchtest ...«

»Ja, verdammt, und wie ich das möchte!« Im nächsten Moment liegt sie erneut und seine Lippen pressen sich auf ihre. Fest hält er ihr Gesicht zwischen den Händen, erobert ihren Mund, seufzt, als er ihre Finger in seinem Haar spürt, und stöhnt leise, als auch ihr Seufzen ertönt. Verfluchter Mist!

Irgendwann lässt Andrew mit einiger Mühe von ihr ab und richtet sich auf. »Du musst mir sagen, wenn ich zu weit gehe! Hast du verstanden? Sobald ich mit dir zusammen bin, verliere ich die Kontrolle. Ich begehre dich so sehr! Du musst es mir versprechen!«

Sie nickt.

»Sag es! Ich muss das hören!«

»Ich werde es sagen, wenn du zu viel willst, Andrew.« Doch ihre Stimme bricht.

»Du lügst!«

Ihre Augen sind groß, die Lippen beben leicht. »Nein ...«

FUCK! »Du lügst! Ich weiß es! Was war zu viel?«

Das Mädchen gibt keine Silbe von sich.

»JOSIE!«

Doch er erntet nur Schweigen, was ihn tatsächlich an den Rand der Tobsucht treibt. »Wenn du jetzt nichts sagst, muss ich davon ausgehen, dass alles, was du jemals zu mir geäußert hast, eine Lüge war! Also ANTWORTE MIR, VERDAMMT!«

Mit einem Mal glitzern ihre Augen und kurz darauf laufen die ersten Tränen. »Sorry ...«

»Nein!« Es kommt hart und gnadenlos. »Kein *sorry!* Warum belügst du mich?«

Doch anstatt endlich etwas zu erwidern, schlägt sie plötzlich Finger vors Gesicht und ihr Körper wird von Schluchzern geschüttelt. Allerdings nimmt er darauf nicht die geringste Rücksicht. Andrew hat ihr vertraut und deshalb Dinge getan, die sie nicht will. Das kann er nicht tolerieren und wenn sie noch so weint. Als er ihre Hände wegzieht, sind die Lider dahinter geschlossen.

»Sieh mich an!« Mit einigem Erstaunen beobachtet er, dass sie sogar gehorcht. Ihr Blick wirkt wieder flehend, diesmal lässt er sich aber nicht beirren. »Antworte mir!«

Sie holt tief Luft. »Ich weiß, dass du es brauchst«, murmelt sie.

»Wie bitte?«

Plötzlich – so unvermutet, dass er wie so häufig nicht folgen kann – sind die Tränen verschwunden und sie funkelt ihn wütend an. »Schön! Du willst also die Wahrheit, ja?«

Zu mehr als einem verblüfften Nicken ist Andrew derzeit nicht imstande.

»Fein! Hier ist sie: Ich hasse es, von dir angeglotzt zu werden! Ich hasse es, wenn du mich so berührst! Ich hasse es, das bei dir zu tun. Jedenfalls dort!« Mit dem Finger deutet sie auf seine nackte Brust. »Es *widert mich an!* So, nun weißt du es! Und jetzt? Denkst du immer noch, dass du mich liebst?«

Andrew benötigt genau zwanzig Sekunden, um sich zu fangen. Zwanzig Sekunden, um zu begreifen, dass er wie üblich versagt hat. Auch zwanzig Sekunden, um zu verstehen, dass sie bereit ist, mehr für ihn zu tun, als er will. Vielleicht sogar, um zu erkennen, dass alles viel, viel komplizierter ist, als er bereits ahnte.

Dann streift er ihr behutsam zunächst das Bustier, die Bluse und zuletzt die Jacke über. Sie rührt sich nicht, die Tränen laufen längst wieder und ihre Augen wirken riesig.

Schließlich küsst er sie flüchtig, aber zärtlich. »Du kannst dir noch so viel Mühe geben, ich werde dich trotzdem lieben. Und jetzt gehen wir nach Hause.« Damit schließt er sein Hemd, legt seine Krawatte um, fährt sich mit den Fingern durchs Haar und steht auf.

Als er ihr seine Hand entgegen hält, nimmt Josie sie nach kurzem Zögern. Doch als er sie aus dem Büro führen will, wirft sie sich plötzlich in seine Arme und beginnt erneut hemmungslos zu schluchzen. Er kann sie nur festhalten, streicheln und bitten, dass ihr dies irgendwie hilft.

Irgendwie …

Der zweite Abend

1

Im Wagen umarmt er Josie fest, und sie lehnt ihren Kopf an seine Brust.

»Es tut mir so leid«, murmelt sie. »Ich wollte dich nicht anfahren.«

Andrew küsst ihre Schläfe. »Mach dir keine Gedanken.«

Bebend lacht sie auf. »Du sagst das so einfach, aber es *ist* nicht leicht. Es ist alles andere als das!«

Diesmal berühren seine Lippen ihre Wange. »Das weiß ich.«

Irgendwie muss er sie ablenken, und er versteht absolut nicht, weshalb ihm derzeit absolut nicht nach der überfälligen Aussprache ist. Warum verspürt er keine Veranlassung zu ergründen, wieso verdammt noch mal, sie nichts gesagt hat? Doch soll er sie tatsächlich maßregeln, weil sie seine Bedürfnisse bedeutend wichtiger einschätzt als ihre eigenen? Vielleicht muss er das sogar, die Konsequenzen sind andernfalls unerträglich. Aber nicht, solange sie völlig aufgelöst in seinen Armen liegt und möglicherweise nach wie vor darunter leidet, dass er über sie hergefallen ist.

Es ist dringend erforderlich, dass er sich besser kontrolliert. Sie ist unerfahren, braucht Hilfe und Verständnis – nicht umgekehrt. *Andrew* trägt die Verantwortung!

»Ich habe Hunger«, bemerkt er unvermutet. »Man könnte es durchaus als *Bärenhunger* bezeichnen!«

Ihr Lächeln ist schmal, aber vorhanden. »Ich war einkaufen«, wispert sie und wischt sich mit dem Handrücken über die Augen.

Diesmal küsst er ihre Nasenspitze. »Und was gibt es heute?«

»Hähnchenbrust mit Mozzarella.«

Genüsslich seufzt Andrew auf. »Das klingt *himmlisch*!«

»Ich habe den Wein vergessen ...«

»Kein Problem. Ich glaube, ich habe ein/zwei Flaschen gelagert. Du übernimmst die Zubereitung des Essens, ich wähle den edlen Rebensaft aus. Okay?«

»Wolltest du nicht arbeiten?«, erkundigt sie sich, bemüht, bei der scheinbar leichten Unterhaltung ihren Part zu erfüllen.

»Von wollen kann keine Rede sein. Ich *muss!* Verdammt, ich hätte nie gedacht, das einmal zu sagen!«

»Ich verstehe.«

Das bringt ihn erneut zum Lächeln. »Ich weiß. Und das ist einer der Gründe, weshalb ich dich liebe.«

Schon beginnt sie wieder zu schluchzen, Fuck!

»Josie?«

Prompt erstarrt sie. »Es ist nichts. Ich ... Du bist nur so lieb, das ist alles ...«

»Danke«, sagt er schlicht.

»Wofür?«

Andrew hebt die Schultern. »Dass du das glaubst.«

2

Um den edlen Rebensaft auszuwählen, bedarf es zwei Minuten.

Hühnchen mit Mozzarella ... das bedeutet Weißwein. Josie begibt sich in die Küche und er öffnet die Flasche und stellt die Gläser bereit, womit sein Part das Dinner betreffend erfüllt ist.

Zeit, an die Arbeit zu gehen.

›Ja ...‹

Während sie mit dem Geflügel beschäftigt ist, beobachtet Andrew sie. Ihr Haar ist zu einem losen Knoten im Nacken zusammengebunden, die Wangen sind leicht gerötet, die Augen vom Weinen immer noch ein wenig geschwollen und ihre Stirn in Konzentration gerunzelt.

Norton, du Idiot! ZEIT!

›Ja.‹

DU SOLLST ARBEITEN GEHEN, VERDAMMT!

›Gleich ...‹

NICHT GLEICH, SONDERN SOFORT!

Leise seufzt Andrew.

Ja, er hat bereits viel zu viel Zeit mit dem seligen Nichtstun vergeudet. Nicht sehr profitabel oder effektiv. So wird er garantiert nicht mehr lange zu den fünfzig reichsten Bürgern Amerikas zählen. Er muss etwas tun, obwohl in seiner Küche eine scheue Schönheit steht, die ihn laut eigener Aussage zwar liebt, aber aus Gründen, die ihm derzeit nicht geläufig sind, nicht von ihm berührt werden will.

Denk logisch! Je mehr du jetzt erledigst, desto mehr Zeit bleibt dir, wenn sie mit ihrer Kocherei fertig ist ...

Richtig, dieses Argument kann er gelten lassen.

Effizientes Zeitmanagement: Jede Minute so gewinnbringend wie möglich nutzen. Das macht den Unterschied zwischen Siegern und Verlierern aus. Und hat er sich nicht vor etlichen Jahren geschworen, nie auf die Seite der Loser zu wechseln? Oh, verdammt und *wie* er das hat! Denn kein Geld zu besitzen, ist nicht nur unbehaglich, sondern auch *riskant*. Es führt dazu, dass die grundlegendsten Dinge im Leben nicht zur Verfügung stehen, wie zum Beispiel ein Auto, damit man nicht gezwungen ist, dunkle Gassen entlangzugehen. Düstere, gefährliche Straßen, in denen das Grauen in Form von boshaften blauen Augen lauert ...

Hastig strafft er sich und versucht, den ausbrechenden Schweiß zu ignorieren. Das ist der Grund für die ganze Anstrengung, hat er das tatsächlich vergessen? Nun, dann sollte er dringend darauf achten, seine Perspektive nicht zu verlieren. »Josie, ich bin in meinem Büro. Wenn du fertig bist, hole mich bitte!« Das klingt denkbar frostig und bringt ihm einen verwirrten Blick ein.

Doch er hat weder Muße noch Nerven für ihre forschenden, analytischen Musterungen. ER MUSS ARBEITEN!

Er steht bereits auf der ersten Treppenstufe, als sie ruft. »Andrew?«

Der kann sein erschöpftes Stöhnen diesmal nicht verhindern. Er hasst Zeitverschwendung! Und sie verschwendet gerade seine Zeit. Aber es handelt sich um Josie. Daher schätzt er, muss er irgendwie damit umgehen.

»Ja?«

Sie lächelt. »Wo ist dein Büro?«

Oh, Norton, du Idiot! Vielleicht wäre eine Führung durch das Haus angebracht?

Andrews Grinsen fällt etwas mühsam aus. »Erste Etage, dritte Tür rechts.«

3

Eine Stunde darauf hat Andrew bereits telefonisch mit Finch über die Entwicklungen im Fall Smith gesprochen. Darüber hinaus wurden seine Anwälte nach dem Stand des Aufhebungsvertrages für das Schwein befragt, ein weiteres Telefonat mit Singapur geführt, eine Übersicht der Umsatzzahlen des laufenden Jahres ausgewertet und Snow – dem Leiter der Personalabteilung – die Anweisungen für den Smith–Ersatz gemailt. Er liegt im Limit. Nicht, dass er zufrieden ist. Soweit kommt es nie.

Der DS hat ohnehin wie üblich etwas auszusetzen. Immer findet er einen Kritikpunkt, sei er auch noch so gering, Andrew hat sich längst daran gewöhnt. Trotzdem gibt er sich jede erdenkliche Mühe, es ihm recht zu machen. Nur damit er ein einziges – nur ein einziges – Mal sagt: *Gut gemacht, Norton. Das war wirklich gut.*

Es kommt nur nie.

Dennoch kann seine Arbeit nicht schlecht gewesen sein. Andrews Erfolg in den letzten Jahren ist ein zarter Hinweis darauf. Allerdings ist er nicht so weit gekommen, wie es in der Theorie möglich gewesen wäre. Es gab sie – jene Rückschläge, die ihn daran hinderten, perfekt zu sein. Sie treten immer dann ein, wenn sich sein nächtliches Schlafpensum über Wochen unter drei Stunden bewegt. Sobald dies eintrifft, wird er schwach und undiszipliniert und begeht *Fehler*.

Derartiges hasst er. Entgleisungen, die aus seiner Müdigkeit und Erschöpfung resultieren. Einfach, weil er nicht in der Lage ist, seinen ARSCH ZUSAMMENZUNEHMEN und sich NICHT WIE EINE MEMME AUFZUFÜHREN.

Doch es ist schwer, sich zu konzentrieren, wenn einem ständig die Augen zufallen wollen, sodass man versucht ist, sie mit Streichhölzern aufzuhalten. Es ist fast unmöglich, sich unter Kontrolle zu halten und nicht ausfallend zu werden, sobald jedes Wort, das in seiner Gegenwart gesagt wird, im Kopf hämmert, als würde jemand sein Gehirn mit einem Vorschlaghammer malträtieren. Es ist beinahe ausgeschlossen, einen ruhigen Gesichtsausdruck zu wahren, wenn man vor Müdigkeit halluziniert, seltsame Farben sieht und Menschen, deren Gesichter plötzlich wie die von Monstern wirken, in denen kalte grausame blaue Augen wohnen ...

Als es zaghaft an der Tür klopft, blickt Andrew auf und lehnt sich zurück. »Komm rein!« Er *hat* gearbeitet, verdammt! Garantiert nicht seinem üblichen Standard entsprechend, doch er findet, dass er sich ein wenig Zeit mit ihr verdient hat.

Sie scheint ihm den Fehler vom Nachmittag verziehen zu haben. Aber er wird das Thema heute Abend anschneiden. Er muss! Es gibt unter Garantie eine Lösung für das Problem. Etwas, das ihre Abneigung gegen ihn und auch sich selbst beseitigt. Er wird sie finden – sonst will er nicht mehr Andrew Norton heißen.

»Das Essen ist fertig«, sagt sie. Laut und deutlich.

Er tritt zu ihr, nimmt ihre Hand und küsst sie. Kein leidenschaftlicher Kuss. Sie soll verstehen, dass er es gut mit ihr meint. Es scheint zu funktionieren, denn sie lächelt zaghaft. Und dann zieht sie ihn hinaus in den Flur. »Komm!«

Stirnrunzelnd folgt er ihr.

Sie hat von irgendwoher Servietten besorgt – er mutmaßt, heute gekauft –, auf dem Tisch stehen zwei Kerzen, die Teller, der Wein. Und Andrew hört wieder Barbers, adagio for strings.

»Sorry.« Verlegen senkt sie den Blick. »Ich habe deine Anlage angestellt.«

»Es ist eine *Stereoanlage*! Welche Einwände sollte ich anbringen, wenn du sie zweckgemäß nutzt?«

Sie hebt die Schultern. »Männer haben sich manchmal ziemlich komisch mit ihrem Spielzeug.«

Lachend wirft er den Kopf zurück. »Meinst du ehrlich zu wissen, was wir tun oder nicht?«

Ihre Augen werden schmal. »Du wirst es nicht glauben«, erwidert sie würdevoll. »Aber selbst ich bin in meinem Leben bereits einigen von euch begegnet.«

Andrew nickt. »Ja, auf der Straße, als einer an dir vorbeilief und du nicht schnell genug fliehen konntest ...«

Sie verzieht das Gesicht. »Ich hoffe, es schmeckt.«

4

Das tut es.

Josie ist ein lukullisches Talent. Es verwirrt Andrew ein wenig, denn alle Frauen, die er kennt, sehen es als Angriff auf ihre femininen Rechte an, in der Küche etwas Essbares zuzubereiten – abgesehen von Sarah.

»Wo hast du kochen gelernt?«

»Es stand die Wahl zwischen Verhungern oder es selbst versuchen«, plaudert sie unbefangen. »Meine Großeltern waren meistens arbeiten, meine Mom auch. Irgendwann hat man jede Pizza gründlich über.«

Andrew nickt. »Okay, das kann ich nachempfinden.«

Sorgsam achtet er darauf, dass sie ihren Wein nicht vernachlässigt. Er will nach dem Essen mit ihr reden und es wäre gut, wenn ihr der Alkohol bis dahin etwas die Zunge löst. Außerdem hat er den Eindruck, dass sie dadurch etwas weniger kratzbürstig ist. Er weiß, wie ungern sie über *das Thema* spricht, aber eine Alternative gibt es nicht. Sie ist zu süß, zu unschuldig und zu schön, als dass er diese aufgezwungene Enthaltsamkeit noch sehr lange durchstehen wird. Andrew braucht sie. Besonders jetzt, nachdem sich herausgestellt hat, dass Smith sie wirklich verfolgt.

Nach dem Dinner nimmt er die geöffnete Weinflasche und die beiden Gläser »Wir setzen uns auf die Couch!« Keine Bitte diesmal, sie soll verstehen, dass er für die nächsten Minuten die Führung übernimmt. Es funktioniert. Widerstandslos folgt sie ihm.

Als sie sitzen, reicht er Josie deren Wein und hebt seinen eigenen. »Auf unseren ersten Abend!«

»Das ist unser Zweiter.«

Andrew lacht. »Nein, ist es nicht. Gestern musste ich noch einige Dinge in meinem Büro erledigen, heute beschloss ich, mein Soll ... nun, nicht erfüllt zu haben, aber mit der Schuld leben zu können. Und ich kann dir versichern, diese Entscheidung fiel mir keineswegs leicht.«

»Du bist extrem beschäftigt.« Sie bedenkt ihn mit einem dieser *Andrew, du bist ein verdammter Pflegefall!* Blicken.

Dementsprechend eisig fällt seine Antwort aus. »Das muss ich.

Erfolg stellt sich nicht von allein ein. Er bedarf eiserner Disziplin, Anstrengung und harter Arbeit!«

»Und du bist bereit, diesen Preis zu zahlen.«

»Ja.«

Nach einer Weile versucht sie es erneut. »Wo verbringst du deinen Urlaub?«

»Ich gestatte mir keinen Urlaub.«

»Jeder Mensch macht Ferien!«

»Falsch. *Gewöhnliche* Menschen tun dies. Jene Personen, die ihr Leben lang mit ihrem mittelmäßigen Gehalt auskommen müssen. Diejenigen, die weiterkommen wollen, können es sich nicht erlauben, ihren Verpflichtungen fern zu bleiben. Diese Entscheidung traf ich vor Jahren. Keine Ferien, dafür Erfolg.«

Das stimmt sie nachdenklich. »Du sagst also, dass du dir im Gegensatz zu anderen Leuten einen Urlaub leisten könntest.«

»Ja, aber darum ...«

Ihre erhobene Hand unterbricht ihn. »Moment!« Er runzelt die Stirn, schweigt jedoch und trotzdem wartet Josie noch eine nervende Weile, bevor sie die Güte besitzt, fortzufahren. »Du gönnst ihn dir nicht, weil du dann riskieren würdest, ihn dir nicht mehr leisten zu können. Theoretisch.« Mit einem verlegenen Grinsen betrachtet sie sein zunehmend verwirrtes Gesicht. »Ich meine, das ist in sich total verdreht. Du tust alles für ein angenehmes Leben, kannst es aber nicht genießen, weil du ja ständig am Arbeiten bist, um für das notwendige Geld zu sorgen.«

»Du missverstehst das, Josie. Mir hat diese sogenannte Freizeit nie gefehlt. Ich habe keinen Bedarf daran, sondern arbeite gern. Das ist für mich kein Opfer.«

»Aber heute ...«

Andrew seufzt. »Mein Leben ist derzeit ein Chaos! Ich formuliere meine Aussage um: *Für gewöhnlich* benötige ich die Freizeit nicht.«

»Du willst mit mir gemeinsam dieses Chaos beheben?«

»Ja.«

»Dann möchtest du also dein Leben vor dem Chaos wieder aufnehmen, nur dass ich neuerdings ein Teil davon bin?«

Inzwischen ist ihm aufgegangen, worauf sie hinaus will und sein Räuspern klingt ein wenig hohl. »Gut, ich denke, ich kann dein Argument nachvollziehen. Wahrscheinlich werde ich über mein Leben noch einmal intensiv grübeln müssen.«

»*Dein* Leben?«

Ohne Hast korrigiert er sich. »Unseres.«

»Ist das unser Leben, was du planst?« Interessiert mustert sie ihn. »*Du* wirst darüber nachdenken, was *du* ändern musst, damit *du* unser Leben führen kannst? Wo bleibe ich?«

Er holt tief Luft. »Ich bin es nicht gewohnt, von meinem Dasein in einem *wir* zu denken. Bitte gib mir etwas Zeit.«

»Sicher.« Doch sie lächelt nicht.

Langsam kommt ihm ein scheußlicher Verdacht. »Was willst du eigentlich tatsächlich ausdrücken?«

»Ich denke, ich sollte mir ein Appartement nehmen.«

Schlagartig ist sein Mund trocken und gemächlich legt sich wieder diese würgende Kette um seinen Hals. »Warum?«

»Weil ich glaube, dass weder du noch ich bereit sind, ein Leben zu zweit zu führen.«

»Du willst mich nicht!«

Sie seufzt. »Darum geht es doch nicht! Aber es gibt einen Unterschied zwischen einer Beziehung und dem Zusammenleben. Ich schätze, wir sollten die Dinge nicht übereilen.«

Andrews Augen sind riesig. »Weißt du, was ich wirklich glaube? Du hast vor, mich zu verlassen! Weil ich ...« Er legt eine Hand an seine Stirn, »... ah, wie war das? Weil ich dich *anwidere!*«

Sie fährt zusammen. »Nein! Du weißt genau, dass es anders ist! Du hast mich gefragt, was ich empfinde und ich sagte es dir! Es ist unfair, das gegen mich zu verwenden!«

Mit scheinbarer Gelassenheit hebt er die Schultern. »Ich nehme nur deine Worte und bringe sie mit deinem seltsamen Vorhaben in Einklang. Es ist nicht besonders schwer, den richtigen Schluss zu ziehen.«

Ihre Hände befinden sich in der Luft. »Nein, bitte! So meinte ich das nicht ...«

»Du hast geschworen, nicht zu gehen«, erinnert er sie eisig. »Hast du das schon wieder vergessen?«

»Aber ich will dich doch nicht verlassen!« Ihre Augen glitzern verräterisch.

»Nein? Was bitte hast du dann gerade vor?«

Josie holt tief Luft. »Ich will uns nur Zeit geben, besser mit den Dingen zurechtzukommen ...«

»Ich wünsche, dass du unverzüglich dieses ‚uns' korrigierst, Josephine! *Ich* weiß, was ich will! Also sei so nett und lass deine Bedenken dort, wo sie hingehören – bei dir! In Wahrheit beabsichtigst du, dich wieder in irgendeinem stinkenden Loch zu verkriechen, um der Gefahr vorzubeugen, am Ende doch etwas für mich zu empfinden!«

»Das ist nicht wahr!« Es kommt ziemlich laut. »Ich weiß, was ich für dich empfinde!«

»Aber du verhältst dich nicht so!« Inzwischen ist seine Stimme kaum noch wahrnehmbar. »Du versuchst ja nicht einmal, das Problem zu lösen! Stattdessen rennst du weg! Wie immer, nicht wahr, Josephine? Immer dann, wenn jemand an dir ernsthaftes Interesse zeigt, verschwindest du. Wo soll es denn diesmal hingehen? Nach Kalifornien? Oder New York? Befindest du dich bereits auf Jobsuche? Oder läuft das bei dir anders? Stürzt du erst mal in Panik los und überlegst dann?«

»So ist es nicht!« Es kommt verdammt bissig und abwehrend, aber für Andrew könnte momentan nichts nebensächlicher sein.

»Oh doch! Es ist sogar genau so! Du bist nur bestrebt, deinen geliebten Sicherheitsabstand von mindestens fünfhundert Meilen zwischen uns zu bringen, damit du nichts von mir zu befürchten hast! Und ich finde es mehr als schwach, dass du das nicht zugeben kannst!« Mit geballten Fäusten richtet er sich vor ihr auf. »Wie hattest du dir das gedacht? Sehen wir uns dann und wann am Wochenende und gehen in ein billiges Kino? Ach nein, daraus wird ja auch nichts, dort sitzt man ja viel zu eng nebeneinander!« Tatsächlich hat er noch nie ein Filmtheater von innen gesehen, doch ist das wirklich von Bedeutung?

Nein, Norton, das spielt überhaupt keine Violine! Fakt ist, das Fl... Mädchen will abhauen! Nach allem, was du für sie getan und nach allem, was du für sie aufgegeben hast ...

Ja! Sie platzt in sein Leben, bringt durcheinander, was zuvor ein geordnetes Dasein war, nur um sich schließlich aus Feigheit wieder zu verabschieden!

»Du hast also beschlossen, mich nicht mehr zu lieben? Somit muss ich davon ausgehen, dass dies nie der Fall war!« Trocken lacht er auf. »In Wahrheit hast du mich belogen, möglicherweise, damit *ich mich besser fühle!* Ist es nicht so?«

Mittlerweile ist sie leichenblass und stößt die Worte zwischen den Zähnen hervor. »Nein!«

»Mach dich nicht lächerlich! Vor nicht ganz drei Stunden hast du mir geschworen, mich nie zu verlassen! Ist dir das inzwischen entgangen?«

»Nein.«

»Aber?«

»Kein ‚Aber'! Ich habe nicht die Absicht, mich von dir fernzuhalten ...«

Irgendwie redet sie wirres Zeug. Nichts ergibt irgendeinen Sinn. Sie ist eindeutig geistig nicht ganz auf der Höhe!

Was Letzteres angeht, würde Andrew mit ihm streiten, doch dass ihre Worte jeder Logik entbehren, kann er nicht leugnen ... Er holt tief Luft. »Wie hattest du dir das vorgestellt?«

»Was meinst du?«

»Du willst ein eigenes Appartement anmieten. Soweit ich informiert bin, verfügst du derzeit über keinerlei Geldmittel. Wie beabsichtigst du, das zu finanzieren?«

Sie senkt den Kopf. »Ich bat Mrs. Shore um einen Vorschuss.«

Hinter seinem Rücken! Andrews Fäuste beginnen leicht zu beben. »Du wirst ihn nicht bekommen!«

Ihr Kinn hebt sich und sie funkelt ihn an. »Das kannst du nicht tun!«

»Ach nein?«, wispert er. »Josephine, du *ahnst* nicht einmal, wozu ich imstande bin! Fassen wir die Sachlage zusammen: Du hast kein Geld, kein Auto, begibst dich gern in gefährliche Situationen, und ich habe den dringenden Verdacht, dass du dich im Fadenkreuz einer meiner Widersacher befindest. Du glaubst allen Ernstes, ich würde nicht alles in meiner Macht Stehende unternehmen, um dich am Selbstmord zu hindern?«

Entnervt verdreht sie die Augen. »Du übertreibst maßlos! Heute ist nichts passiert! Dieser Demetri ist mir die ganze Zeit wie ein übergroßer Hund gefolgt und hat meinen Einkauf überwacht. Niemand hat versucht, mich anzufallen!«

»Es tut mir leid, dich dieser Illusion zu berauben, denn genau das Gegenteil ist eingetreten. Meines Wissens lauerten dir ein paar schmierige Typen am Eingang des Supermarktes auf. Ich musste deinen Personenschutz inzwischen verdoppeln. Falls du mir nicht glaubst, werde ich dich gern mit Finch verbinden, er wird es dir bestätigen.«

Jetzt ist sie wirklich blass. »Warum hast du mir nichts davon gesagt?«

»Ich wollte dir keine unnötige Angst machen.«

»Unnötig ...«, echot sie.

»Du solltest dich von dem Gedanken an eine heile Welt verabschieden!«, knurrt er. »Ich habe es dir bereits gestern mitgeteilt und ich wiederhole mich zur Not noch einmal: Nur allein der Umstand, dass du mit mir *befreundet* bist, bringt dich schon in Gefahr! Im Allgemeinen entledigt man sich eines Vorstandsmitgliedes nicht so ohne Weiteres! Das war ein total unorthodoxer Vorfall und der Racheakt durchaus vorhersehbar! Du kannst nicht von mir verlangen, dass ich tatenlos zuschaue, wie du dich in einem Anfall von blinder Panik selbst gefährdest!«

Eine ganze Weile schweigt sie, bis sie schließlich ihre Stimme wiederfindet. »Das wusste ich nicht.«

Andrew nimmt ihre Hand. »Josie«, beginnt er sanft und ist begeistert, dass er derzeit überhaupt dazu in der Lage ist. »Bitte höre mich an. Ich verstehe deine Bedenken sogar, aber ich bitte dich, zumindest solange die Gefahr nicht gebannt ist, hier bei mir zu bleiben! Danach steht dir frei zu gehen, wohin du willst. Ich werde dich nicht aufhalten ...«

Norton!

›Ruhe!‹

Was er braucht, ist Zeit! Vielleicht liebt sie ihn, bis sie Smith gestellt haben. Mit ein wenig Glück möchte sie ihn dann gar nicht mehr verlassen!

Grandiose Idee, Norton. Was, wenn doch?

Darüber wird er im Moment nicht nachdenken, ansonsten könnte er seine Panik nämlich nicht länger kontrollieren. Überzeugt er sie, hat er mindestens eine Woche gewonnen. Bis dahin kann so viel passieren. Verdammt! Diese Beziehung entwickelt sich in Lichtgeschwindigkeit! Wer weiß, was morgen ist oder am Samstag? Primäres Ziel ist es, so viel Aufschub wie möglich herauszuholen. Und wenn er sich von Tag zu Tag vortasten muss, er wird sie nicht fortlassen.

Niemals!

Sie hat immer noch nichts erwidert und schon droht der nächste totale Kontrollverlust. Was, wenn sie nicht auf seinen Vorschlag eingeht? Unaufhaltsam formen sich die wüstesten Szenarien in seinem Schädel: Die Tür verbarrikadieren, das Telefon abstellen, die Fenster verschließen – verflucht, er *ist* bereits außer Kontrolle!

Mühsam zwingt Andrew sich zu einem Lächeln.

»Josie?« Mit angehaltenem Atem wartet er, und als sie endlich aufsieht und nickt, holt er erleichtert Luft. »Ja, ich werde bleiben, bis Smith gefasst wurde. Aber nur unter einer Bedingung!«

Gott! »Welche?«

»Ab sofort teilst du mir mit, was geschieht. Ich will nicht das Gefühl haben, ewig die Letzte zu sein, die etwas erfährt.«

»Warum? Niemand wird dir zu nahe kommen, Josie.«

Energisch schüttelt sie den Kopf. »Ich habe ständig den Eindruck, du würdest alles über mich hinweg entscheiden. Als wäre ich keine eigenständige Person mehr!«

Hat er sie wirklich bevormundet? Vielleicht ein wenig, ja, aber doch nur, um sie zu schützen! Vor sich selbst, den Männern, die ihr diese unerklärliche Angst bereiten, und nicht zuletzt vor der Kälte des Lebens. Andrew betrachtet ihr bleiches, kleines Gesicht mit den viel zu großen Augen. Sie wirkt nicht besonders widerstandsfähig. Dennoch nickt er mechanisch. »Ich schwöre dir, ich werde versuchen, mich zu ändern. Gib mir nur etwas Zeit, denn ich bin es nicht gewöhnt ... mich um jemanden zu sorgen.«

Sie lächelt. »Das kann ich nachvollziehen, glaub mir. Ich will nur nicht unnütz sein. Aber ich habe den ekelhaften Verdacht, dass es derzeit genauso ist.«

»Unnütz? Wie kommst du denn darauf? Ich ...« Wie soll Andrew ausdrücken, was sie ihm bedeutet und wie sehr er sie braucht? Kein Wort, in keiner Sprache des Erdballs ist dafür entsprechend ausgestattet.

Nach einem langen Blick hebt er sie langsam auf seinen Schoß und bemerkt mit unendlicher Erleichterung, dass sie es zulässt. »Ich weiß, es ist verdammter Bullshit, das nach so kurzer Zeit zu sagen, aber für mich bist du mit Abstand das Wichtigste auf der Welt und weit entfernt davon, unnütz zu sein. Sag das nie wieder!«

»Ich mache dich nicht glücklich«, stellt sie leise, doch mit dieser verhassten Endgültigkeit fest.

»Das ist totaler Schwachsinn! Du bist hier und gestern über Nacht geblieben. Hast du eine Vorstellung, was mir das bedeutet?«

»Nein, du bist nicht glücklich!«, widerspricht sie sofort.

Er hebt ihr Kinn und blickt in niedergeschlagene Augen. »Ich. Bin. Glücklich. Würdest du mich verlassen, wäre das für mich ... Alles andere bekommen wir in den Griff. Vertrau mir.«

»Wie wollen wir *das* jemals in den Griff bekommen?«

»Wir werden!« Andrew runzelt die Stirn, versucht, den kompletten Umschwung der Situation – diesmal zu seinen Gunsten – zu verkraften und sich gleichzeitig auf die neue Lage einzustellen. Sie ist keineswegs unbedeutend. »Warum hast du diese Aversion? Vielleicht, wenn ich es verstehe ... Möglicherweise kann ich mich dann ändern.«

»Nein, du musst dich nicht verändern.« Der Wein erfüllt seinen Zweck, Josie spricht nämlich mit ihm, ohne wütend zu werden. »Solange du dein Hemd trägst, deine Krawatte, wirkst du ... relativ *harmlos*. Auf mich«, fügt sie hastig hinzu.

Er nickt.

»Aber wenn du es auziehst, dann bist du nur noch ein ...«

»... Mann?«

Es widerstrebt ihr sichtlich, doch nach einer Weile senkt sie knapp den Kopf.

»Ich *bin* ein Mann«, informiert er sie ruhig.

»Das weiß ich.«

Zweifelnd hebt er eine Braue. »Ist das so? Oder redest du dir diese unangenehme Tatsache vielleicht einfach weg?«

»Nein, ich weiß, *was* du bist!« Das kommt wild und entschlossen. Plötzlich hat Andrew den Eindruck, sie vergleicht ihn heimlich mit einem äußerst widerwärtigen Raubtier, das man mit ein wenig Geduld zu einem folgsamen Kuscheltier erziehen kann. Das bringt ihn zum nächsten interessanten Gedanken. Wenn seine Kleidung ihn in ihren Augen zu einer verträglichen Bestie macht, ist das auch der Grund, weshalb sie nicht vor ihm unbekleidet sein will? Weil sie das ebenso *tierisch* aussehen lässt? Ist das vielleicht die Lösung? Erscheint es für sie als etwas *Animalisches*, etwas Verwerfliches? Ist es also nur eine Frage des richtigen und behutsamen *Heranführens*?

Was wenn er ihr beweist, dass ihre Furcht vor ihm unbegründet ist – ob bekleidet oder nackt, und vor sich selbst und ihren Reaktionen auch nicht?

Forschend mustert er sie. »Vertraust du mir, Josie?«

»Ja.«

»Es ist eine Herausforderung. Zumindest am Anfang. Aber *sollte* es funktionieren, könnte es uns helfen. Vertraust du mir immer noch?«

Diesmal erfolgt die Antwort zögernder. »Ja ...«

»Ich schwöre, ich werde nichts Verbotenes versuchen. Du darfst keine Angst haben und DU MUSST MIR VERTRAUEN. Tust du das?«

Für eine lange Weile betrachtet sie ihn. Dann nickt sie langsam.

Er lächelt. »Trink deinen Wein aus, Josie.«

Gewagtes Spiel

Im folgenden Kapitel ist der DS nicht anwesend.

Andrew und Josie sind ganz allein ...

1

Sie hat Angst.

Andrew schätzt, alles andere wäre auch ein Wunder. Gern würde er ihr seinen Plan mitteilen, weiß allerdings, dass die Wahrheit sie sofort in die nackte Panik treiben würde. Daher bleibt ihm nichts weiter übrig, als sie irgendwie nach oben zu bringen, um sich Schritt für Schritt vorzutasten.

In der Ruhe liegt die Kraft!

Er hat so das Gefühl, dass er bei Josie verdammt ruhig vorgehen muss. Nicht im Zeitlupentempo, sondern noch viel behäbiger: in Nanosekundenschritten.

Als er sie bat ihren Wein auszutrinken, war ihr Blick verflucht argwöhnisch. Aber sie *soll* trinken, denn das macht sie vielleicht etwas lockerer. Nur ein wenig; mit Sicherheit will er sie nicht betrunken machen, sondern nur, dass sie mit ihm spricht, ihm erzählt, warum sie eine Phobie vor Berührungen hat, und was er tun oder besser lassen sollte. Alkohol löst die Zunge und außerdem, wie heißt es so schön: *in vino veritas.*

Sie wird nicht lügen. Halbwahrheiten sind das Verheerendste, was passieren kann. Andrew ist nicht so dämlich zu glauben, ihre letzte Antwort sei keine gewesen. Hätte sie allerdings in diesem Falle nicht gelogen, würden sie wahrscheinlich nie auch nur den geringsten Schritt weiterkommen.

Josie vertraut ihm nämlich keineswegs.

Nicht nach seiner verdammten Einlage am heutigen Nachmittag. Sie muss ihm nicht erst sagen, dass er sich wieder einmal wie ein gottverdammter Arsch benommen hat, das weiß Andrew selbst. Darüber hinaus sieht er es an ihrer Miene.

Dieser extreme Argwohn ist neu oder eher aufgewärmt. Zumindest hat er ihn seit mindestens acht Stunden nicht mehr zu Gesicht bekommen.

Also, was soll er tun? Was sonst *kann* er tun, als ihren Schwindel zu ignorieren und den Schaden, für den er eigens zuständig ist, gerade zu rücken?

Ein gewagtes Spiel; Andrew ist gleichfalls nicht dämlich genug, das nicht zu realisieren. Ihm ist auch alles andere als wohl bei der ganzen Geschichte. Dennoch hält er ihrem forschenden Funkeln stand, obwohl die Zweifel wehtun, mit denen ihre großen Augen ihn unentwegt bombardieren.

Endlich scheint sie einen Entschluss gefasst zu haben, denn sie führt das Glas an die Lippen und Andrew beobachtet sie, während sein Daumen über die Innenseite ihres Handgelenkes streicht. Ihr Puls wird mit jeder Sekunde hektischer. Ängstlich und kurz darauf *panisch*.

Ängstlich ist okay, panisch ist es nicht. Wie soll er ihr die Furcht nehmen? Nun ja, dieses Wunder wird er hier und jetzt wohl nicht vollbringen können.

Sie lässt sich Zeit, wagt einen Schluck und noch einen, dabei ist ihre Stirn gerunzelt, die Lider fest zusammengekniffen, die Hand bebt ein bisschen, jedoch innerhalb akzeptabler Parameter und der Puls stagniert bei leicht panisch.

Als das Glas leer ist, trinkt sie jedoch weiter. Anscheinend ist die Luft in diesem Raum äußerst wohlschmeckend. Bevor er es verhindern kann, lacht er laut und ihre Wangen färben sich rot, als Nächstes öffnet sie behutsam ihr linkes Lid. Ein winziges Stück.

Was sie entdeckt ist ihm schleierhaft, es dürfte allerdings nichts Negatives sein. Denn wenig später betrachtet sie ihn erneut. Nun wohnen nur Zuneigung und Wärme in ihrem Blick und ihr Puls hat sich etwas beruhigt. Bis hierher scheint sein Plan zu funktionieren.

›Also, Norton. Reiß dich zusammen und gib dir verflucht noch mal Mühe!‹

Keiner der beiden sieht weg und Andrews Lachen erstirbt langsam. Verdammt, hat sie auch nur den entferntesten Schimmer, wie süß sie ist und wie sehr er sie liebt? Nie hätte er geglaubt, für einen Menschen derartige Emotionen entwickeln zu können. Sie sind so stark, dass sie ihm manchmal den Boden unter den Füßen wegziehen. Und ehrlich, er gehört garantiert nicht zu denen, die viel von Gefühlsduseleien halten. Doch in solchen Momenten läuft er Gefahr aus der Rolle zu fallen, sie an sich zu ziehen und nie wieder loszulassen.

Aber nicht er ist hier der Patient, sondern Josie, weshalb Andrew seine beschissenen Ängste und Wünsche hinunter zu würgen und sich um sie zu kümmern hat! Ihre Furcht geht auf sein Konto, daher ist es nur fair, wenn er dafür sorgt, dass sie erneut verschwindet. Und so nimmt er ihr sanft das Glas aus der Hand, stellt es auf den Tisch, steht auf und zieht sie von der Couch. »Komm!«

Sie zögert nicht, was Andrew ein wenig zuversichtlicher stimmt. Er hat nämlich nicht die geringste Ahnung, ob das was er beabsichtigt, funktionieren wird. Es handelt sich um ein verdammtes Experiment und ihm ist durchaus bewusst, dass es eine ziemlich blöde Idee ist, mit den Schwächen dieses kleinen verwundbaren Wesens zu experimentieren.

Doch ihm bleibt keine Wahl.

Als sie sich auf der Treppe befinden, kommt ihm ein Gedanke; er bleibt stehen und betrachtet sie kalkulierend. Sollten sich seine Überlegungen als selten dämlich erweisen, braucht er etwas, was er ihr zum Anziehen geben kann. Natürlich könnte er irgendein Kleidungsstück von sich nehmen, ihr Misstrauen dürfte jedoch zusätzliche Nahrung bekommen, wenn er es vorher bereitlegt. Muss er es im Zweifelsfall aber erst holen, ist das womöglich bereits zu spät. Es sei denn ...

»Woher hattest du in der vergangenen Nacht mein Hemd?«

Damit hat sie nicht gerechnet, denn sie senkt verlegen den Blick. Er hat eine ungefähre Vorstellung, was es sie kostet, ihn am Ende doch wieder anzuschauen.

»Ich hatte kein T-Shirt.« Laut und deutlich. Soweit so gut.

Die Spannung raubt ihm schier den Atem. Sie hat kein T-Shirt. Langsam nickt er. »Und ...?«

Inzwischen sieht sie ihn bedeutend fester an und auch Josie nickt zustimmend. »Und ... ich bin eine Weile hier unten umhergeschlichen und habe mich umgesehen. Dabei entdeckte ich zufällig die Waschküche ...«

Ja, und? Andrew nickt immer noch in Erwartung der Pointe. Doch sie scheint der Ansicht zu sein, alles Erforderliche gesagt zu haben. Mittlerweile fühlt er sich wie in einer dieser drittklassigen Gameshows, wo man mit den sinnlosesten Informationen Begriffe ergründen soll.

Sehr schön, Mr. Norton. Bitte erraten Sie mit folgenden nahezu unbrauchbaren Hinweisen unser Lösungswort:
1. Kein T–Shirt
2. Umsehen
3. Waschküche gefunden ...

Hey, *das funktioniert*! Perfekt, Norton ist wieder um eine Erfahrung reicher – man lernt nie aus. Obwohl absehbar ist, dass es wie so häufig total falsch sein wird, wirft er lachend den Kopf in den Nacken. »Du hast eines meiner getragenen Hemden angezogen?«

Wie konnte sie sich dazu überwinden? Ein Kleidungsstück, das er mindestens zwanzig Stunden getragen hat, riecht abends mit Sicherheit nicht mehr sehr gut ... Na ja, er kann es nicht wissen, Andrew pflegt selten, seine benutzte Wäsche auf ihren Frischegrad hin zu untersuchen.

Doch irgendwie scheint sie sein Gelächter nicht zu stören. Josies Augen verengen sich ein wenig – nichts Besorgniserregendes – und ihr Kinn hebt sich nur um einen Bruchteil, bevor sie ihn blitzend anfunkelt. »Ja.« Äußerst würdevoll. Anscheinend hält sie das für eine gute Idee.

Um ehrlich zu sein, Miss Kent, und er erst! Ihr stehen seine Hemden so verdammt gut, sie ahnt es garantiert nicht einmal. Wirklich nicht. Lächelnd küsst er sie. »Du bist so umwerfend süß. Ich würde mich geehrt fühlen, wenn du immer in meinen Oberhemden schläfst.« Und das entspricht sogar der reinen, ungeschönten Wahrheit.

Dunkel erinnert Andrew sich daran, dass bei all den Sachen, die diese Heimsuchung von Verkäuferin ihnen aufgeschwatzt hat – womit sie sich nicht nur einen Karibikurlaub, sondern gleich ihr Eigenheim finanziert haben muss – auch ein paar Nachthemden gewesen sind. Sexy Negligés – aus Seide. Es gelingt ihm sofort, sich Josie darin vorzustellen.

Aber keiner dieser Fetzen kann es mit Josephine Kent in seinem Hemd aufnehmen. Darauf würde er seinen Hintern verwetten!

Wieder denkt sie nach und Andrew weiß interessanterweise prompt, was hinter der blassen Stirn vor sich geht.

»Heute war das Reinigungspersonal da. Keine getragene Wäsche im Haus vorrätig ...«, bemerkt er leise. Außer der, die ich trage. Und wenn du das haben willst, dann wirst du es dir holen müssen, Baby ...

Sie beißt sich auf die Unterlippe und ihr Stirnrunzeln vertieft sich zusehends. Ist sie tatsächlich so verdammt erpicht auf *seine* Hemden? Fast hätte er wieder gelacht. Das trifft sich nämlich wirklich gut: Sie ist scharf auf seine Hemden und er scharf auf Josie *in* ihnen. Wenn das kein ehrlich scharfer Zufall ist, dann weiß er es auch nicht.

Kaum gedacht meldet sich sein schlechtes Gewissen:

Norton du bescheuerter Arsch! Es geht hier nicht darum, was *du* heiß findest! Das Thema ist gestrichen! Einzig, was die Kleine will, ist ausschlaggebend! Capiche?

Er seufzt. Sicher. Aber er kann sich doch freuen, wenn ihre Geschmäcker *rein zufällig* in die gleiche Richtung tendierten, oder? Solange es bei seiner stillen Freude bleibt.

Sie nagt immer noch auf ihrer Unterlippe herum und neigt nachdenklich den Kopf, fixiert das begehrte Kleidungsstück ...

Und so stehen die beiden auf der Treppe. Wortlos, während die geheime Konversation ihren schaurigen Verlauf nimmt.

Es gehört dir, Baby ... Du musst es dir nur holen ... Komm, keine Angst! Ich schwöre, ich beiße nicht. Ich werde dich nicht *berühren*! Du sollst es dir nur nehmen und mit dem leben, was sich darunter befindet. Ich bin überzeugt, du kannst es! Bevor ich mich wie ein kompletter Arsch aufgeführt habe, konntest du es auch ...

Plötzlich strafft sie sich, mustert ihn forschend und mit neu erwachtem Argwohn, der verdammt wissend wirkt. Und dann – von einer Sekunde auf die andere – wird sie leichenblass und die Augen riesig. Seine Botschaft scheint angekommen zu sein.

Als Nächstes sieht Andrew die Panik aufblitzen. So nackt wie nie zuvor. Nicht einmal am ersten Tag. Er intensiviert seinen Blick nochmals.

Kämpfe dagegen, Baby!

Während er ihrer inneren Schlacht beiwohnt, mustert er sie eingehend, bereit, zu intervenieren, wenn sie scheitert.

Hörbar schluckt sie, reißt die Lider noch weiter auf, und ihr Mund öffnet sich wie in Zeitlupe. Aber sie *atmet nicht!*

Baby, atme!

Ehe er es richtig erkannt hat, ist es auch schon vorbei.

Schlagartig verschwindet die rasende Angst und ein sprichwörtliches Nichts bleibt zurück. Mit jeder Sekunde wird ihre Miene teilnahmsloser und sie beginnt zu schwanken ...

»JOSIE!«

Bevor sie fallen kann, fängt er sie auf. Verdammt! Er hat zu lange gewartet! Zu lange! »Oh nein, Baby, du gehst nicht!«

Andrew hat von seinem rauen Schwur nicht den blassesten Schimmer. Nur eines steht fest: Er wird sie nicht weglassen, weder durch die Tür noch in jede andere verfluchte Richtung. Ohne den Blick von ihrem Gesicht zu nehmen, stürzt er die Treppe hinauf, während sich langsam ihre Lider über längst tote Augen senken.

Verdammt! Verdammt!

In seinem Schlafzimmer angekommen wirft er sie auf das Bett, drückt ihren Kopf zurück und zwingt ihren Mund auf.

Luft! Sie braucht Luft! Die bekommt sie.

Atme Baby, atme!

Keine Reaktion.

Andrew versucht es erneut und sieht keuchend auf.

Nichts.

Luft.

Immer noch nichts.

Verdammt! Lieber Gott, lieber Gott! Bitte! Verzweifelt schüttelt er sie. »Josie! Atme!«

Als nach wie vor keine Reaktion erfolgt, übernimmt der Schock mehr und mehr die Kontrolle. Andrew kämpft gegen Josies Scheiß–Lungen, die ihr den Dienst aufkündigen, gegen seine Panik, seine Schwäche und sein Versagen. Und die ganze Zeit wispert eine winzige Stimme in seinem Hinterkopf:

Lieber Gott, bitte, ich gebe dir alles. Alles, was ich habe, alles, was ich bin. Aber nimm sie mir nicht. Bitte! Ich habe nur sie! Bitte!

Scheiß Gott! Er reagiert nicht! Stattdessen zerrt er weiter an ihr und versucht, sie ihm zu entreißen! Das Schwein! Wieder schüttelt er sie, heftiger diesmal. »Atme, verdammt!«

Bitte, bitte, lieber Gott! Ich habe dich noch nie um etwas gebeten. Es ist nicht fair! Du hast schon eine, nimm mir nicht noch die andere. Bitte!

Aber der Scheiß –Gott scheint absolut was dagegen zu haben, sie ihm zu lassen. Denn Josie atmet nicht.

SIE ATMET NICHT!

»Josie!«, brüllt er. »Wenn du nicht sofort Luft holst, dann ...«

Ja, was denn dann, hmmm, Andrew? Was wird passieren? Scheiße, *nichts* wird geschehen! Sie geht und du bist allein! Und ehrlich, daran dürftest du dich inzwischen gewöhnt haben. Weil du wieder versagt hast! Nicht Gott nimmt sie dir, du nimmst sie dir selbst! Du kannst nicht auf sie aufpassen! Zu schwach, zu dämlich, zu feige! Ein kleines lausiges Arschloch, das sich stehlen lässt, was es liebt.

NEIN! Er wird nicht aufgeben! Diesmal nicht!

DIESMAL NICHT!

Verzweifelt nimmt er ihr Gesicht in seine Hände. Gott, sie ist blau. Blau! »Josie, bitte atme. Bitte!«

Da hast du es doch! Du besitzt ja nicht einmal die Kraft, dein Heulen zu verhindern! Du jammerst wie eine Memme, während sie dir unter den Händen wegstirbt.

ER IST KEINE MEMME! Hastig schluckt Andrew an den Tränen und presst wieder seinen Mund auf ihre Lippen.

Luft.

Keine Reaktion ...

Oh Gott, Josie! Bitte! Bleib bei mir, ich tue alles für dich, wirklich, alles. Ich gebe dir alles, was du willst. Du kannst mich haben, verdammt, du HAST MICH DOCH SCHON! Bitte, bitte, bitte ...

Doch sie hört ihn nicht.

Eilig wischt Andrew sich über die Augen und bemerkt, dass seine Hand zittert. Verflucht! Er hat sich nicht unter Kontrolle! Keine Disziplin, das ist es! *Genau!*

Reiß dich jetzt zusammen, du gottverdammter Scheißkerl!

Ja! Wieder presst er seine Lippen auf ihren Mund. Doch sie bewegt sich nicht. Sie atmet nicht. Es geschieht *nichts*!

Und mit einem Mal weiß Andrew, dass er verloren hat. Es ist aus.

Aus und vorbei.

Aber was macht es im Grunde schon? Gibt es irgendetwas, das jetzt noch von Bedeutung wäre? Nein, nicht wirklich. Leben, Liebe, hat es irgendeine Bedeutung oder jemals Sinn ergeben?

Das Leben?

Mit Sicherheit nicht! Es ist nur Kampf, Müdigkeit und Angst! Warum sollte man leben wollen, wenn man immer allein ist?

Die Liebe?

Auch eine Niete. Denn warum sollte man lieben wollen, wenn man sich immer viel zu früh verabschieden muss? Benommen blickt er in ihr kleines, regloses und bleiches Gesicht hinab.

Alles ist vorbei.

Game over!

2

Fest nimmt er sie in die Arme, lehnt seine Wange zärtlich an ihre und dann schließt er seinen Frieden.

Sobald sie *wirklich* fort ist ... wenn diese Lider wieder aufgehen, um sich nie mehr auf Josies Befehl zu senken und wenn ihre Haut nicht länger warm, sondern kalt ist, dann wird er ebenfalls Schluss machen.

Andrew ist fertig mit dem Leben. Gekämpft, verloren, gekämpft, verloren. Verdammt, er hat die Schnauze so gestrichen voll von diesem Scheißspiel!

GENUG!

Er ist so unendlich müde ...

3

Er muss eingeschlafen sein, denn Andrew träumt.

Verdammt, ein schöner Traum. Heilige Scheiße, ehrlich, dass er das noch erleben darf. Netter Abschied so zum Schluss? Möglich, aber ergibt es irgendeinen Sinn darüber nachzugrübeln, warum irgendein scheißverdammter Gott beschlossen hat, seinen letzten Traum freundlich zu halten, nachdem er ihn fast sein gesamtes Leben lang jede Nacht dabei zusehen ließ, wie seine Mom starb? Stundenlang. Oh Mann, die ist echt lange gestorben, aber hallo!

Vielleicht erwartet er, dass Andrew ihm jetzt dankbar ist, doch der tut einen Scheiß, beschließt allerdings, sich nicht zu wehren, weil er eines mit Bestimmtheit weiß: Träume währen nicht ewig. Egal wie beschissen sie ausfallen, irgendwann sind sie vorbei. Und so, wie er die Sachlage einschätzt, gehen die positiven Dinge immer bedeutend schneller zu Ende, als die miesen. Ist eine Tatsache. Da schlägt er doch vor, sich an das Genießen zu machen, bevor die Gelegenheit vertan ist.

Er kann sie beinahe spüren ... Ihre sanften Arme, die sich um ihn gelegt haben, die kleinen streichelnden Hände auf seinem Rücken.

Ja ...

Gott, wie er sie liebt! Hätte er einen Wunsch frei ... Den er natürlich nicht hat, hey dem Arschloch Norton stehen derartige Dinge nicht zur Verfügung, soviel steht zumindest mal fest. Aber HÄTTE er einen gehabt, dann wäre der ganz simpel ausgefallen:

Bitte, lass es niemals enden. Lass sie mich einfach so halten – mehr nicht. Nur das. Ich liebe sie – alles an ihr. Sie duftet wie der Himmel und ist schön wie keine andere. Sie ist ein kleiner Engel.

Fast hätte er gelacht. Scheiße, sein letzter Traum ist endlich mal ein guter und er heult schon wieder!

Na ja, das ist nichts Neues, nicht wahr, Norton? Du flennst ja immer, wenn du schläfst, weshalb nicht auch diesmal? Gut, der Grund mag vielleicht ein anderer sein, aber warum zum Schluss die bekannten Pfade verlassen?

Nein, nein, nein. Es existieren ein paar eherne Gesetze.

Die Sonne geht im Osten auf.

Die Erde dreht sich um die Sonne.

Nach der Ebbe kommt die Flut.

Und Norton heult Rotz und Wasser, wenn er schläft.

Es ergibt keinen Sinn, die Welt aus den Angeln zu heben, indem man plötzlich Dinge ändert, die nun mal unverrückbare Tatsachen darstellen.

Lass mich heulen! Ich weiß, ich weiß: Ich bin ein Arsch und ein Scheißkerl – das unterschreibe ich sofort. Eine Memme – sicher. Ein Versager – verdammte Scheiße, ja!

Aber lass mich einfach flennen ...

Der Traum wird sogar noch besser.

Oh Scheiße, nicht dass du dich verausgabst. So viel Gnade bin ich von dir echt nicht gewöhnt.

Aber der Arsch dort oben scheint tatsächlich beschlossen zu haben:

Jetzt mache ich Norton fertig!

Ich habe versagt, als ich ihm seine gute alte Mommy nahm und auch, als ich ihm seinen kleinen Engel raubte. Dann versuche ich mal den anderen Weg. Nun mache ich ihn mit Glück fertig!

Haha!

Das wird funktionieren. Wenn er die Scheiße vielleicht ertragen kann, Glück unter Garantie nicht!

Er hat recht. Keine Chance. Die zierlichen Hände streicheln weiter und plötzlich HÖRT er sie. Verdammter Scheiß, was für ein Kino! Er hört sie wirklich!

Ganz leise.

»Andrew!«

Ja, Baby. Ich bin hier. Ich liebe dich und ich weiß, alles ist meine Schuld. Dafür werde ich in der gottverdammten Hölle braten. Aber glaub mir eines, du hast mich so glücklich gemacht. Hätte uns dieser Scheißtyp da oben eine Chance gegeben, nur eine kleine, ich hätte es geschafft und alles für dich getan. Du warst ein Wunder.

Verdammt, ich hatte nicht einmal so viel Zeit, es dir zu sagen! Okay, das hole ich nach. Du kannst es nicht mehr verstehen, aber vielleicht ... Du warst mein ganz privates Wunder! Weil du mir gezeigt hast, dass ich lieben kann! Jawohl, ich kann! Okay, ich konnte dich nicht retten. Das gebe ich zu. Keine Panik, warte noch einen Moment, dann werde ich dafür bezahlen ...

Aber ich KANN dich lieben.

Das hat ihn echt durcheinandergebracht, den Arsch dort oben! Ha!

Er glaubte, er hätte mein verdammtes Scheißherz bereits herausgerissen. Aber so war es nicht! Es war noch da, nur ein bisschen im Arsch. Und du hast es wieder hinbekommen. Oh verflucht, Josie. Ich liebe dich so sehr ... So sehr ...

Hey, und hier ist der Scheißtraum noch nicht beendet. Nein, der Arsch dort oben legt noch eines drauf! Mann, ist der heute aber freigiebig! Soviel hat er in vierundzwanzig Jahren nicht zustande gebracht. Nun, wahrscheinlich Bonus zum Abschied ...

»Andrew ...«

Das kommt lauter ...

Du musst nicht laut sprechen, Honey. Vergiss, was ich sagte. Vergiss alles: den ganzen Scheiß. Ist mir egal, ob du laut oder leise sprichst. Ich liebe dich. Ich liebe dich. Ich liebe dich, so sehr ... Hatte ich dir schon gesagt, dass du ein Wunder bist? Ein kleiner Engel mit gebrochenen Flügeln? Tja, hättest du nicht das Scheißpech gehabt an mich zu geraten, wäre für dich vielleicht alles gut geworden. Aber du musst wissen, ich kille immer, was ich liebe. Ist sozusagen mein Markenzeichen. Es tut mir so leid. Wahrscheinlich hätte ich dich vorwarnen sollen.

»Andrew.«

Kein Traum! Verdammte Scheiße, das *ist* kein Traum!

Er ist zwar mit Sicherheit ein Idiot, aber eines weiß Andrew: Dieser Penner dort oben wird ihm nie einen Traum schicken, in dem sein Engel so laut und deutlich mit ihm spricht. Niemals! Er ist Norton und der hat beim Schlafen kein Glück. Verdammt, das hätte ihm eigentlich von Anfang an auffallen müssen!

Ungläubig hebt er den Kopf. »Josie?«

Ihre Lider stehen offen, doch gerade, als Andrew mit dem Geschrei loslegen will, sieht er es:

Oh verdammt, *ja, ihre Augen sind offen, aber es befindet sich Leben in ihnen!*

Jetzt heult er erst richtig! Perfekt Norton!

›Reiß dich zusammen! Du musst dich um sie kümmern! HÖR AUF ZU FLENNEN!‹

Doch er kann sich nicht beruhigen. Es geht nicht. Er ...

Sie mustert ihn seltsam forschend und dann nimmt sie sein Gesicht in ihre Hände. »Was ist passiert?« Ihre Stimme ist heiser, der Blick besorgt.

Besorgt!

SIE ist um *IHN* besorgt!

»Was?«

Sie runzelt die Stirn und räuspert sich – mit Mühe, eindeutig. Er will ihr sagen, dass sie es lassen soll, weil es mit Sicherheit unangenehm ist. Doch schon wiederholt sie es, dieses Mal lauter. »Was ist passiert?«

Scheiße! Sie *weiß* es nicht! Sie hat keine Ahnung!

Wenn Andrew bis zu diesem Moment nicht geheult hat, jetzt legt er auf jeden Fall richtig damit los. Verdammt! Weiß sie nicht, wie sehr er sie braucht und wie sehr er sie liebt? Scheiß auf die vier Tage! Scheiß auf alles! Versteht sie nicht, wie wichtig sie für ihn ist? Wie *kostbar?* Er will es ihr sagen, doch er kann nicht. Alles, was er zustande bringt, ist ein »Verdammt, Baby!«

Dann beginnt er, ihr Gesicht zu küssen, alles davon. Verflucht! Es ist *warm!* Sie soll sich keine Sorgen um ihn machen – reine Zeitverschwendung. Er ist nicht nur ein Arsch, sondern auch *im* selbigen. Aber sie! Verdammt, wenn er sie verloren hätte!

Scheiße, er dachte, *das hätte er bereits!*

Jeder einzelne Kuss beinhaltet das, was er ihr nicht sagen kann.

Josie versucht ihn anzuschauen, doch Andrew will nicht, dass sie ihn so sieht. Denn er heult, ohne es verhindern zu können. Aber sie lässt sich nicht beirren. Mit glitzernden Augen betrachtet sie ihn. »Was ist denn nur passiert?«

WAS?

›Oh, *nichts* Weltbewegendes. Ich hätte dich nur beinahe verloren und mein beschissenes, versautes, nutzloses Leben gleich mit! Aber wenn du mich so direkt fragst, eigentlich ist nichts passiert! Überhaupt nichts! Nada, niente!‹

Erst jetzt nimmt er wahr, wie blass sie ist, die blauen Schatten unter ihren Augen, ihr kleines erschöpftes Gesicht. ›Dann kümmere dich wenigstens jetzt um sie! Zeig ihr, was sie dir bedeutet, wenn sie es nicht weiß.‹

Plärrend wie ein Baby – oh Scheiße Norton, diesmal hast du es ja so was von versaut! – zerrt er diesen verdammten, strangulierenden Binder von seinem Hals und erstarrt. Verdammt! Nun denkt sie bestimmt er wolle über sie herfallen.

Reiß dich zusammen!

Angestrengt schluckt Andrew und starrt Josie an. Sie scheint ruhig, fast andächtig und keine seiner Bewegungen entgeht ihr. Er muss sie von dieser albernen Jacke befreien. Nur das. Aber wie, ohne ihr den nächsten Todesschreck zu verpassen? Schon flutet neues Wasser seine Wangen! Verdammt! Heißt es nicht immer, 42 Tränen und dann ist es vorbei? Na perfekt! Scheinbar besitzt Andrew das doppelte Arsenal oder das Dreifache.

Er sieht nicht wirklich etwas, als er langsam und behutsam an ihrem linken Ärmel zieht und dabei den blinden Blick nicht von ihr nimmt.

›Bitte, bitte, Josie. Atme. Bitte. Atme! Ich werde dir nicht wehtun. Ich will dir nur aus der Jacke helfen, weil es dir dann besser geht. Okay? ... OKAY?‹

Als der Arm befreit ist, befasst er sich mit dem rechten. Und dann folgt der nächste Parcours, Andrew versucht nämlich, das Ding unter ihr hervor zu bekommen, wozu er sie anfassen muss.

›Bitte, bitte, Josie. Ich will nur die Jacke loswerden, dann geht es dir besser. Okay? Ich will dir nicht wehtun. Atme, Josie. Bitte. Atme!‹

Bedächtig berührt er ihre schlanke Taille, verharrt Ewigkeiten dort, bevor er wagt, seinen Arm unter sie zu schieben, ihren Körper anzuheben – nur *zwei* Zentimeter – und den Stoff zu entfernt.

Blick zurück! Sie atmet!

Bleiben noch die Schuhe, nur wird sie ihn leider nicht sehen, wenn er sie ihr auszieht. Verschwindet er, glaubt sie, er würde über sie herfallen, aber sie kann doch nicht damit schlafen! Was soll er denn nur tun?

›Oh Scheiße, Norton! Flennen bestimmt nicht!‹

Sprechen!

Er muss mit ihr sprechen! Schon zwingt er sich sie anzuschauen, obwohl er in Wahrheit immer weniger erkennt, wegen dieser verdammten Tränen, die sich irgendwie gegen ihn verschworen haben. Was ist das für eine Scheiße? Sie ist total ruhig und *er heult!* »Josie, ich ziehe dir nur die Schuhe aus.

Nur das! Hast du das verstanden, Baby? Ich schwöre, ich fasse dich nicht an!«

Flehend wartet er auf ihr Einverständnis und sie runzelt die Stirn. Garantiert überlegt sie, was er *tatsächlich* mit ihr vorhat. Norton, der Arsch, hat sie nämlich heute bereits angefallen, weshalb das alles überhaupt passiert ist!

UND HEULEN MACHT ES AUCH NICHT BESSER!

Er spürt, dass sie ihn mustert, während er nicht wagt, einen Muskel zu rühren. Sie sucht nach der Lüge, das ist klar. Doch nach einer gefühlten Ewigkeit nickt sie langsam. Andrew hält trotzdem inne, um sicherzugehen, dass nicht im letzten Augenblick die Panik zurückkehrt, oder nur der geringste Zweifel. Alles nur nicht das!

Nicht noch einmal!

Aber sie wirkt gefasst und nur deshalb riskiert er es am Ende, obwohl ihm klar ist, dass er in Wahrheit nur sein Glück über Gebühr strapaziert. Hastig wischt er sich die Tränen weg. Nicht, dass es ausufernd Sinn ergibt, denn er besitzt ja anscheinend das dreifache Arsenal, und das hat sich exakt diesen Tag ausgesucht, um mal hallo zu sagen und die Welt da draußen zu erkunden. Ausgerechnet jetzt, wo er so dringend sehen muss. Eilig streift er ihre Schuhe ab, seine folgen kurz darauf.

›Beeil dich, verdammt! Brauchst du zu viel Zeit, glaubt sie vielleicht, du machst irgendetwas Verbotenes!‹

Wenig später versucht er, ihr Gesicht auszumachen, und registriert erleichtert, dass sie ruhig ist.

Doch nun gilt es, die Decke zu bergen, auf der sie liegt, was heißt, er muss sie erneut *berühren*! Warum hat er das nicht gleich mit der Jacke geklärt? Weil er ein Idiot ist – klar, das weiß er selbst. Es war auch mehr eine rhetorische Frage, um ehrlich zu sein.

Abermals hebt er sie behutsam an der Taille an. Verflucht, sie ist so zart! Mühelos kann er sie mit einem Arm halten, ohne ins Schwitzen zu geraten. Okay, das wäre derzeit auch ziemlich unangebracht, er ist nämlich bereits dabei zu dehydrieren wegen der bescheuerten Augen.

Dreifaches Arsenal oder wohl eher das fünffache.

Andrew zerrt den dicken Stoff unter ihr hervor und lässt sie vorsichtig wieder hinab. Dann legt er sich neben Josie, breitet die Decke über sie beide aus und umarmt sie in einer zurückhaltenden, ja, ängstlichen Geste. Dennoch könnte ihn nichts davon abhalten, sie zu berühren. Nur ein Arm, mehr nicht, aber er muss einfach wissen, dass sie da ist. Und schließlich sinkt sein Kopf erschöpft in die Kissen.

Norton ist erledigt! Oh ja ...

Josie allerdings nicht. Unvermutet dreht sie sich zu ihm und erneut wird er mit dieser tiefen Besorgnis konfrontiert. Dann streichelt sie mit ihrer winzigen Puppenhand seine Wange und küsst ihn. »Es wird wieder gut.«

Und das ist er, der Overkill!

Er ist chancenlos. Es gelingt ihm noch, sich von ihr abzuwenden und hinter seinen Händen zu verstecken, damit sie das Desaster wenigstens nicht mit ansehen muss. Dann ist mit Andrew Norton Ende! Andrew Norton bricht vor den Augen seines kleinen persönlichen Wunders zusammen wie ein Kartenhaus! Die ganze Zeit hat er sich verzweifelt gewehrt, der Trost ist zu viel. Was Angst und Panik nicht gelingen konnte, ihr Zuspruch gibt ihm den Rest.

Andrew hört sich schluchzen, spürt sein unkontrolliertes Zittern und es existiert nichts, was er dagegen tun kann. Es wird stetig schlimmer. Wann immer er glaubt, es geschafft zu haben, vernimmt er es erneut.

»*Es wird wieder gut.*«

Und der Scheiß geht von vorn los. Was hätte er darum gegeben, wenn dies die Wahrheit wäre. Doch das ist leider unmöglich! Wie soll alles gut werden, wenn er nicht die Kraft besitzt, dafür zu sorgen, weil er viel zu sehr im Arsch ist, um sich um Josie zu kümmern, so wie sie es verdient! Er hat sich bemüht sie zu retten und versagt! Wie üblich! Aus welchem Grund auch immer sie noch lebt, es ist mit Sicherheit nicht sein Verdienst! Sie ist so zart und gut, er so verdammt schlecht. Ohne das geringste Recht dazu hat er sie in seine dunkle Welt gezerrt, und jetzt zahlt sie den Preis dafür. Weil er nicht stark genug ist, sie gehen zu lassen. Denn das wäre sein Ende.

Also tut Andrew das, was er schon immer am besten konnte: heulen.

Er weint wegen seiner Mom und seinem kleinen Engel, weil er so verflucht müde ist und alle Anstrengungen, es gut zu machen, nur zu seinem nächsten Versagen geführt haben. Vierundzwanzig Jahre lang hat er es versucht und scheiterte am Ende doch. Er ließ sie damals sterben, beobachtete alles feige und tat nichts – und heute ist er nicht einen Deut besser gewesen.

Was ist er nur für ein *Arsch!*

4

Nach einer Weile will sie seine Hände wegziehen, aber Andrew muss ihr diesen Anblick auf jeden Fall ersparen. Andernfalls wird sie den Versager in seinen Augen finden und erkennen, dass er ein Muttermörder – was er *wirklich* – ist.

Doch sie lässt nicht locker und irgendwann stirbt sein Widerstand. Bleibt ihm eine Wahl? Sie wird es am Ende ja sowieso erfahren und gehen. Denn *sie* möchte leben, und wenn sie ihn nicht aufgibt, ist sie zum Tode verurteilt. Resigniert wartet er auf die zwangsläufige Reaktion, doch sie wirkt nur noch besorgter als zuvor, als sei er derjenige, der Hilfe braucht und nicht sie!

Was für ein Witz!

Schließlich versiegen die Tränen, selbst ein fünffaches Arsenal ist über kurz oder lang verschossen. Es nimmt nur etwas mehr Zeit in Anspruch.

»Wirst du mir irgendwann sagen, was passiert ist?«, erkundigt sie sich leise.

Wird er? Nein! *Niemals!* Niemand hat das jemals erfahren, und Josie wird er garantiert nicht davon erzählen. Er kann alles ertragen, aber nicht, dass sie ihn hasst. Doch in diesem Moment schwört Andrew sich, das letzte Mal versagt zu haben. Egal was es ihn kostet, von nun an wird er auf sie aufpassen. Es ist ganz einfach: Genau genommen ist er bereits seit vierundzwanzig Jahren tot, sein Sterben war beschlossene Sache. Sie ist der Grund, weshalb er noch am Leben ist. Ein anderer fällt ihm beim besten Willen nicht ein.

Das *muss* es sein!

Josie ist seine Chance, den Fehler und die erbärmliche Feigheit von damals auszubügeln. Gelingt es ihm nicht für sie zu sorgen und ihr dabei zu helfen, *glücklich* zu sein, dann gehört sein beschissener Arsch ohnehin in die Hölle, und er wird keine Sekunde lang zögern, sich auf den Weg dorthin zu begeben.

»Josie«, wispert er mit belegter Stimme und lässt zaghaft eine Fingerspitze über ihre Wange gleiten. »Ich schwöre, ab sofort wird immer ein Hemd von mir in der Waschküche sein. Zur Not erkläre ich das zum Verfassungszusatz. Aber bitte, bitte, tu mir das niemals wieder an. Bitte!«

Das kann ich nämlich nicht ertragen, weißt du? Ich liebe dich. Du bist alles, was ich habe!

Dann umarmt er sie und schließt erschöpft die Lider.

Verdammt, er ist so müde ...

Neun

Freitag, 19. März

1

Verdammt, sie ist so süß!
Noch nie hat ihn eine Frau derart erregt. Allein diese Haut! Es gibt nicht die geringste Unreinheit. Nichts. Kein Leberfleck, keine Narbe. Nur diese ebenmäßige seidige Hülle. Sie besitzt ausnehmend schmale Schultern – klar, sie ist ja überhaupt ziemlich schmal. Dieses endlos lange, dunkle Haar auf der weißen Haut hat schon was!
Hmmm!
Sein Blick wandert an ihr hinab, verweilt bei den straffen, kleinen – oh, nicht zu kleinen – Brüsten. Verdammt! Das ist es! Er will sie berühren. Sofort und immer wieder ...
Er lächelt sie an und ihre großen Augen lächeln zurück. Sie begehrt ihn auch! Das steigert seine Erregung nochmals um etliche Prozente. Er fixiert ihre hellen, rosa Lippen und neigt den Kopf. Erwartungsvoll teilen sie sich ... er schließt die Lider, weil er weiß, dass er sie gleich küssen wird. Jetzt trennen sie nur noch Millimeter und dann spürt er ...
NICHTS!
Fassungslos sieht er sich um und erblickt genau das.
NICHTS!
Sie ist fort!
FORT!
»JOSIE!«
Ruckartig wacht Andrew auf.

Es ist still im Raum, nur sein Keuchen ist zu vernehmen und – natürlich – seine Wangen sind nass! Oh Mann, wird ihn das denn auf ewig verfolgen?

Es ist noch dunkel. Flüchtig mustert er den Wecker, der ihm sagt, dass es 5:30 am ist. Er hat geschlafen. Länger als jemals zuvor. Aber das ist im Moment völlig irrelevant, weil nämlich der Grund, aus dem dieses Wunder geschehen durfte, verschwunden ist.

Josephine ist fort!

Andrew nimmt an, deshalb ist er überhaupt aus seinem schönen Traum gerissen worden. Hastig wischt er sich über die Wangen und springt aus dem Bett. »Josie?«

Sie antwortet nicht, und zum ersten Mal hasst er dieses Haus. Es ist so verdammt groß! Wo soll er mit der Suche beginnen? Als die Panik ihn bereits fest in ihrem Würgegriff hält, lehnt er sich an die Wand neben der Tür, schließt die Augen und ballt die Fäuste.

Na, Norton! Aufgehört zu heulen?

›Ha! Nein, wen haben wir denn da? Auch mal wieder im Lande?‹

Gleichmütig hebt der DS die Schultern. *Es gibt Dinge, die erledigst du mal besser allein. Deine komischen Auseinandersetzungen mit dem Typen da oben – damit hatte ich noch nie etwas zu tun. Ich kam später, erinnere dich!*

›Ja. Fein. Dann hast du wenigstens eine Ausrede, wenn etwas schief geht, nicht wahr?‹

Du sagst es. Er neigt sich zu Andrew hinab, begibt sich dabei fast in die Hocke – denn der DS ist viel größer als er. Das war er schon immer. *Ich bin für das DANACH zuständig, Norton. Den Scheiß verzapfen musst du allein!*

›Danke!‹, knurrt Andrew. ›Und, irgendwelche Vorschläge? Sie ist nämlich verschwunden.‹

Sicher, sicher, Norton, du gottverdammtes Arschloch!

Andrew fährt zusammen ... Ah, fein. Da sind sie also wieder ...

Ich an deiner Stelle würde mich jetzt mal zusammenreißen und mit der Suche beginnen. Ich meine, dir stehen ein paar Möglichkeiten zur Auswahl. Und falls es nicht zu viel verlangt ist, wäre rufen nicht übel. Soll manchmal helfen, wenn man jemanden nicht gleich findet. Ehrlich!

Andrew hasst es, wenn der DS ihn anbrüllt. Aber noch mehr verabscheut er es, wenn er mit seiner Scheißironie kommt. Doch er hat natürlich recht. Sich bemerkbar machen ist wirklich nicht die schlechteste Idee ... Er zwingt seine Lider auf, schluckt und macht genau das: rufen. »Josie?«

Tür auf. Blick in den Flur: keine Josie.

»Josie?«

Treppe, zweite Etage, nein was soll sie denn hier ...?

Hier ist ihr Zimmer, du Idiot!
Oh, verdammt! »Josie!«
Er befindet sich schon auf halbem Weg, als er sie hört.
»Andrew?«
Das kommt von unten. Diesmal gelingt es ihm etwas besser, die Tränen zurückzuhalten. Sie sammeln sich nur in den Augenwinkeln, aber die laufen nicht gleich wieder über. Langsam scheint er sich zu fangen.
Wird ja auch Zeit! Ehrlich. Du führst dich auf, wie eine Nonne auf Valium!
Andrew stürzt die Stufen hinab. Erst jetzt sieht er das Licht in der Küche. Hätte er sich nicht ausschließlich auf seine Panik konzentriert, wäre es ihm mit Sicherheit schon früher aufgefallen. Sie kommt ihm entgegen, die Miene selbstverständlich besorgt, das Haar nass. Im Gegensatz zu ihm hat sie nicht mehr ihre Kleidung von gestern an, sondern einen hübschen Morgenmantel.
Er hätte nie geahnt, derart schnell die endlos lange Treppe bewältigen zu können. Mit zwei Schritten ist Andrew bei ihr und umarmt sie. Und als er sich davon überzeugt hat, dass sie tatsächlich da ist, trägt er sie zur Couch, nimmt mit ihr auf seinem Schoß Platz und legt den Kopf auf ihre Schulter.
So!
Genau so wird er jetzt sitzen bleiben. Sonst verschwindet sie vielleicht wieder und das darf er unter keinen Umständen riskieren.

Als Erstes meldet sich sein persönlicher Folterknecht.
Hör mal, Norton, du Arschloch! Diese Klammeraffennummer ist ja ganz nett. Aber soweit ich mich erinnere, hatten wir vereinbart, dass du langsam NORMAL wirst. Dazu gehört, dass du ARBEITEN gehst. Stell die Kleine auf ihre eigenen Füße und sieh zu, dass du mit dem Normalsein beginnst!
Es fällt Andrew verdammt leicht ihn zu ignorieren. Er hat ihn im Stich gelassen, also darf er jetzt auch mit den Folgen leben. Und eine ist, dass er überhaupt nichts mehr tun wird. Denn entweder er arbeitet weiterhin an dem dämlichen Plan, der reichste Mann der Erde zu werden oder er sorgt dafür, dass es Josie gut geht. Er braucht genau eine halbe Sekunde um sich zu entscheiden ...

So!

Als nach einer Weile kleine Hände seine Wangen umfassen, erblickt er grüne, mandelförmige Augen, die ihn irritiert mustern. Hastig schluckt er an seinen Tränen. »Ich wollte gerade Frühstück machen und dich dann wecken.«

»Ich habe keinen Hunger.«

»Noch nicht«, versichert Josie ihm leise. »Was hältst du davon, wenn du duschen gehst und ich kümmere mich um das Essen?«

HA! Andrew ist vielleicht ein Idiot, aber kein *derartiger!* Sein Bad befindet sich im dritten Stock und die Küche ganz unten. Er würde nicht einmal merken, sollte sie verschwinden! Keine Chance! »Nein!«

Aufmerksam studiert sie sein Gesicht, wieder mit diesem bemerkenswerten Pflegefallblick und lächelt sanft – und pflegewütig. »Okay. Wir gehen hinauf und ich warte in deinem Schlafzimmer, bis du fertig bist. Als Nächstes gehen wir gemeinsam in die Küche, wo ich mich um das Frühstück kümmere und dann fahren wir zur Arbeit. Wäre das in Ordnung?«

Angestrengt überlegt Andrew und erkundigt sich schließlich. »Genau in der Reihenfolge?«

Sie runzelt die Stirn. »Jaa ...«

»Ohne weitere Zwischenstopps?«

»Ohne.«

Leise lacht er auf. »Ich habe bestimmt kein Problem damit. Ich nehme an, die Leute, denen wir auf dem Weg ins Büro begegnen, werden sich auch freuen. Johnson wird strahlen ...« Langsam vergeht ihm das Lachen. Ja, nicht? Josie im Morgenmantel, durch den man wirklich *alles* erkennen kann. Das hätte er ihr nie gesagt, er ist schließlich kein Obertrottel. Aber das Ganze gestaltet sich weitaus interessanter, als wäre sie nackt.

Man muss nämlich seine Fantasie bemühen und Andrews Vorstellungsvermögen arbeitet seit ungefähr einer Viertelstunde auf Hochtouren. Irgendwie findet er, genügt es, wenn ihm dieses besondere Schauspiel vorbehalten bleibt. Verdammt, das wäre alles kein Problem, wenn seine gesamte Belegschaft weiblich wäre. Ein weiterer Plan, den er noch nicht in die Tat umgesetzt hat ...

Und das wirst du auch nicht, Norton, du Idiot. Weil er nämlich irre ist ...

›Sicher, sicher ...‹

Aber natürlich, der DS hat recht. Josie hat recht – jeder hat recht und Andrew ist der Trottel. Er seufzt. »Ich denke, wir sollten darüber hinaus einen Abstecher in dein Zimmer unternehmen. Es wäre ratsam, wenn du dir etwas anderes anziehst, bevor wir losfahren.«

Hastig sieht sie an sich herab und wird rot. »Oh!«

Falsch, Baby. Völlig falsch. Nicht ‚oh'. WOW! Lächelnd küsst er ihre Schläfe. »Komm!«

Sie will aufstehen, doch das lässt er nicht zu. Verflucht! Offenbar hat er sich nach wie vor nicht richtig unter Kontrolle. In den nächsten zwei Stunden muss er das irgendwie in den Griff bekommen, sonst wird das heute ein ziemlich anstrengender Tag – so mit Josie die ganze Zeit auf seinem Schoß. Nun ja, anstrengend trifft es nicht ganz. Umständlich – vielleicht, wenn er versucht am Rechner zu arbeiten. Wenn er Gäste hat, wird er um sie herum spähen müssen, also ständig etwas in Schräglage sprechen. Aber ansonsten ...

Norton!

›Okay, okay!‹ Allerdings unternimmt Andrew noch immer keine Anstalten, sich zu bewegen. Keine Chance. Egal, wo seine verfluchte Disziplin gerade ist, dieser Ort befindet sich mindestens auf einem anderen Kontinent ...

Norton!

Er ignoriert ihn, vollständig damit beschäftigt, sich davon zu überzeugen, seine Umarmung zu lockern. Kurz darauf kommt ihm ein schauriger Gedanke und er blickt hastig in Josies Gesicht.

Keine Panik!

Gott sei Dank!

Gott sei Dank? Na, der verdient ja nun am allerwenigsten ein Dankesgebet! Okay, wenn es so nicht geht, dann eben auf differenzierte Art. »Josie?«

»Hmmm.«

»Darf ich dich tragen? Nur nach oben«, versichert er hastig, noch bevor sie reagieren kann. »Nichts anderes, ich schwöre, ich habe keine Hintergedanken. Ich will absolut nichts! Wirklich nicht!«

Scheiße, hörst du dir eigentlich zu, du Memme? Ich meine, DU BETTELST! Wer bist du und was hast du mit Norton angestellt?

Auch das beachtet Andrew nicht. Der DS ist ein verdammter Scheißverräter. Er mochte ihn nie besonders gern, doch der Typ hätte Josie retten können, und ließ sie fast sterben! Das wird Andrew ihm nicht verzeihen. Niemals!

Zu seiner immensen Erleichterung nickt das Mädchen lächelnd. »Solange ich dir nicht zu schwer bin ...«

Andrew schnaubt. Ha! Zu schwer. Baby? Wenn er darf, wird er sie ab sofort keinen einzigen Schritt mehr tun lassen. Er trägt sie überall hin. Ein Wort und er ist dabei!

Das sagt er natürlich *auch* nicht. Denn erstens kehrt langsam aber sicher zumindest ein Teil seines verschollenen Verstandes zurück, der ihm äußerst ruhig und sachlich erklärt, dass er sich im Moment wie ein Irrer aufführt. Und zweitens ist die Gefahr, dass sie wieder Angst bekommt, viel zu groß. Wenn er eines vermeiden muss, dann, dass Josie sich fürchtet. Das kann sich nämlich unter Umständen tödlich auswirken. Für sie beide. Wenigstens soviel hat er mittlerweile begriffen ...

Also zaubert Andrew sein sanftestes, beruhigendstes Lächeln hervor und erhebt sich – mit ihr im Arm. »Keine Sorge, Baby. Sollte das eintreffen, melde ich mich ...«

Sie nickt und beobachtet kritisch, wie er sie die Treppe hinaufträgt, während er es mit ihrem doppelten Gewicht aufnehmen könnte – ohne die geringste Anstrengung zu zeigen ...

2

Es ist kompliziert, langwierig, garantiert dämlich, von Effizienz ganz zu schweigen.

Doch am Ende ist es ihm gelungen: Mit Ausnahme seines und Josies Badezimmers und des Ankleideraumes bleibt sie bei ihm. Wie sie sein an Wahnsinn erinnerndes Verhalten auslegt, weiß Andrew nicht. Sie scheint jedoch eine Erklärung gefunden zu haben, die sie nicht zur sofortigen Flucht veranlasst. Und als sie im Wagen sitzen und Johnson sie in die Firma fährt, spürt er, dass es ihm langsam besser geht. Zumindest droht er nicht mehr zu heulen, sofern ihr Blick zu rücksichtsvoll ausfällt, wenn er sieht, dass sie immer noch Schatten unter den Augen spazieren trägt, er ihre zerbrechlichen Handgelenke betrachtet beziehungsweise feststellt, wie hübsch sie in dem kurzen Rock und dem einfachen hellen Top ist. Oder, wenn er realisiert, wie gut das Frühstück schmeckt, dass heute – wie übrigens an fast jedem Tag – die Sonne scheint, die Vögel zwitschern ...

Ohne Aufforderung hat sie sich auf seinen Schoß begeben, er zögert allerdings – nur aus der Angst heraus, seine Arme wieder nicht überreden zu können, sich von ihr zu lösen. Das mag daheim gehen, es würde aber ein ziemlich befremdliches Bild abgeben, sollte er das Gleiche in der Tiefgarage seines Unternehmens tun. Außerdem dürften seine Mitarbeiter auch äußerst dämlich glotzen, wenn er darauf besteht, Josie ins Büro zu tragen.

Obwohl die saublöden Mienen es ihm wert wären.

Ganze zwei Minuten studiert er ihr blasses, so abgespanntes Gesicht. Als ihm dennoch keine neuen Tränen kommen, entscheidet er, dass es sicher ist.

Meine Scheiße, Norton. Du bist total im Arsch!

›Ja, und wessen Schuld ist das? Du hast mich schließlich hängen lassen!‹

Er stöhnt. *Oh, Mann, Norton. Wie oft denn noch? ICH KANN DIR NICHT BEI DER VERNICHTUNG DEINER FRAUEN HELFEN! Das musst du schon allein tun! Ich bin für den anderen Teil zuständig!*

Andrew geht nicht auf ihn ein. Hatte er ernsthaft mit seinem *Verständnis* gerechnet? Wenn ja, liegt der Idiot doch richtig: Dann ist er nicht mehr nur im Arsch, sondern *total* im Arsch.

Seine Arme umfassen ihren zarten, so duftenden Körper, sein Kopf ruht auf ihrer Schulter und er lauscht ihren Atemzügen. Nie hätte er geglaubt, dass dieses Geräusch einmal Musik in seinen Ohren sein würde. Ehrlich, eine Symphonie von Beethoven ist ein Scheißdreck dagegen.

Verdammt! Hastig blinzelt er die Tränen weg. Das ist nicht gut! Völlig verkehrte Richtung. Er schließt die Augen, ballt die Fäuste, sodass sie es nicht mitbekommt und versucht Luft zu holen.

Einatmen – bis fünf zählen – Ausatmen ...

Unvermittelt sucht ihn grenzenlose Angst heim. Zum ersten Mal, seitdem er einer Beschäftigung nachgeht – also seit mehr als zwölf Jahren – glaubt er nicht nur, es nicht zu schaffen, nein, er *weiß*, dass er es nicht bringen wird. Irgendwann heute – bei seinem Glück zum denkbar falschen Zeitpunkt – wird er die Fassung verlieren. Und dann ist er erledigt! Erstmalig bereut Andrew es, nicht zu Hause geblieben zu sein. Die Ironie dabei entgeht ihm keineswegs. Er hat Arbeitstage hinter sich gebracht, an denen er so müde war, dass sich die Gesichter seiner Angestellten in irgendwelche albtraumartigen – ha! der war gut! – Fratzen verwandelten. Tage, an denen er nur eines wollte – seinen Kopf auf die Tischplatte legen, das Gehirn abschalten und nicht länger denken, hören, riechen. Einfach die Sinne ausklinken. Dennoch hat er es immer irgendwie geschafft. Doch nach einer Nacht, in der er seit vierundzwanzig Jahren das erste Mal neun Stunden geschlafen hat ...

MOMENT!
NICHT SO SCHNELL!
Neun ...
NEUN!
N E U N STUNDEN!
Nine, Nove, Neuf, Nio, Negen, Ni, Naú, DewjetDocus, Kilenc, NEUN!

... nicht zwei oder drei – hastig schluckt er erneut an dem furchtbaren Drang, zu heulen – sondern neun verdammte Stunden, wähnt er sich nicht imstande, seiner Beschäftigung nachzugehen. Obwohl er nicht mehr müde ist – Schlaf fehlt ihm nicht. Andrew fühlt sich nur so *erschöpft*. Er will sich mit Josie auf eine Wiese setzen, sie umarmen und warten, bis dieses beschissene Gefühl, ständig zu weinen, wieder verschwunden ist. Er möchte nicht hinter seinem Schreibtisch ausharren und sich die ganze Zeit sinnfreie Tabellen ansehen, oder in dämliche Visagen blicken und dabei einen interessierten Eindruck vortäuschen, während man die sinnfreien Tabellen verbal zum Besten gibt.

Er verspürt nicht die geringste *Lust*!

Aber er muss arbeiten, nicht wahr? Er wird bis weit nach siebzehn Uhr im Büro sein und vielleicht den einen oder anderen Termin außer Haus erledigen. Als Nächstes wird er heimfahren und die folgenden drei / vier Stunden im dortigen Arbeitszimmer zubringen ... und dann ...

Plötzlich kommt ihm eine seltsame Frage in den Sinn: warum? Weshalb kann er sich denn heute nicht freinehmen? Droht das Unternehmen zusammenzubrechen, die Welt unterzugehen, die Menschheit auszusterben, nur weil Andrew Norton einen Tag blaumacht? Einen verdammten Tag?
Smiths Nachfolger?
Er seufzt. Ach ja ...
Der zweite Schrank für dein Schnuckelchen?
›Hey, ich warne dich. Ein falsches Wort und ich mach dich kalt!‹
Dämliche Frage bei einem total Irren, aber du weißt, dass du dich dann selbst killst, ja?
›Ist mir so was von scheißegal! Wenn dir endlich dein verdammtes Maul gestopft wird, ist es mir das wert. Beleidige sie noch ein einziges Mal, und ich BRINGE DICH UM! ‹
Der DS hat die Hände erhoben. *Sachte, sachte, Norton. Ich wollte ihr ja überhaupt nicht zu nahe treten. Himmel sind wir heute empfindlich! Du hast den Termin mit Finch gestern klargemacht. Willst du nun ihren Schutz optimal sicherstellen, oder nicht?*
Ja, natürlich hat er das vor, denn er kann sie nicht ewig mit sich herumzerren. Obgleich dieser Gedanke fast seine Lungen zum Kollabieren bringt, ist es wohl erforderlich, sich endlich der Realität zu stellen: Sie sind keine siamesischen Zwillinge. Josie wird fordern, den einen oder anderen Weg allein zu bewältigen und ihm bleibt nicht die geringste Alternative, außer einzuwilligen. Aber vielleicht, wenn er für den Nachfolger – die Nachfolgerin – gesorgt und diesen zweiten Mann genauestens begutachtet hat, vielleicht können sie dann früher ...
Norton!
Der holt tief Luft ... vielleicht können sie früher gehen? Soweit er sich erinnert, ist es an ihm, das Essen zuzubereiten.
Nach dem gestrigen Dinner wird er sich ins Zeug legen müssen, um eine echte Konkurrenz darzustellen. Möglicherweise am Nachmittag ... Nur ein wenig ...
Du erinnerst dich, dass du bereits einen Tag in dieser Woche blaugemacht hast, Norton? Ja ... Aber ehrlich. Zweimal in zwölf Jahren. Hey! Das war wirklich nicht zu viel ...

Willst du mich verarschen? Du hast in jedem einzelnen dieser zwölf Jahre drei Tage ÜBERHAUPT NICHTS getan!

›Na ja, überhaupt nichts ...‹

Es wird dunkel, denn sie fahren in die Tiefgarage. Niemals hat Andrew sich in dem Gebäude gefangener gefühlt, als in diesem Moment. Er will nicht! Doch er wird. Natürlich wird er.

So ist es richtig.

›Ach halt endlich deine verdammte Schnauze!‹

Der DS ist offenbar beleidigt, nachdem Andrew sein Mädchen mit einiger Anstrengung losgelassen hat und ausgestiegen ist, meldet er sich nämlich nicht.

Andrew nimmt *nicht* ihre Hand, das ist zu wenig. Auf dem Gang in seine tägliche, persönliche Hölle hat er einen Arm um sie gelegt und sie fest an sich gezogen.

Dabei ignoriert er jeden einzelnen grinsenden, forschenden, empörten, missbilligenden, manchmal sogar besorgten Blick, der ihnen auf dem Weg begegnet. Inklusive Gails, deren Miene sich nach kurzer Inaugenscheinnahme seiner Person in reines Entsetzen verwandelt.

Irgendwie scheint er heute nicht besonders gut auszusehen ...

Mr. Brute

Josie

Die Blicke, die ihnen folgen, als sie von der Tiefgarage hinauf zum Büro fahren, sind Josie egal. Niemand hat hier eine Ahnung und es interessiert sie einen Scheißdreck, was die Leute so denken.

Doch bei Gails Miene verhält es sich etwas anders.

Dem Mädchen gelingt es genau so lange, sich zusammenzureißen, bis Andrew die Tür hinter sich geschlossen hat und sie mit ihr allein ist. Dann wirbelt die alternde Assistentin zu ihr herum.

»Was. Ist. Mit. Ihm. Geschehen?« Keine Klatsch Gail, diesbezüglich hat sich Josie wohl getäuscht. Oh nein, diese hier ist zutiefst besorgt. Ihre alten Augen mustern Josie viel zu wissend, als dass deren Fassade noch halten könnte. Die Anspannung der letzten Stunden – möglicherweise existiert die ja auch schon seit einigen Tagen, Wochen, Monaten, Jahren, Jahrzehnten – bricht sich ihren Bann und treibt die Tränen an die Oberfläche. Und sie erzählt alles. Nun ja, in Wahrheit ist es nicht viel, denn was genau das Problem ist, *weiß* sie ja nicht! Nicht wirklich.

Was sie sagen kann ist, dass es ihm schlecht geht. Sehr schlecht. Und das klingt in ihren Ohren verdammt dämlich.

Doch Gail scheint das nicht sehr dämlich zu finden, denn sie mustert ihre Nachfolgerin für eine Weile, schenkt ihnen beiden dann einen Kaffee ein und setzt sich mit ihr auf die Couch, die eigentlich für Besucher bestimmt ist.

»Hier, trink Mädchen.«

Es benötigt einen langen Moment, bis Josie sich beruhigen kann. Und Gail lässt ihr diese Zeit. Erst als das Schluchzen weitestgehend verklungen ist, hebt sie an.

»Ich kenne Andrew seit vielen Jahren« Sie spricht seinen Vornamen so liebevoll und vertraut aus, dass Josie ihr sofort glaubt. Für eine Weile starrt sie in Gedanken verloren vor sich hin.

»Ich nahm meine Tätigkeit im Vorzimmer seines Vaters auf, als er sieben war«, fährt sie schließlich fort. »Er war so ein hübscher Junge, aber ständig ernst. Verschlossen. Niemals ein Lachen. Egal was ich versuchte, es gelang mir nicht einmal, ihm ein Lächeln entlocken. Er wirkte immer so ...« Sie runzelt die Stirn, sucht nach dem geeigneten Wort, »... konzentriert. So alt. Sein Dad ist ein berühmter Gehirnchirurg. Ein außergewöhnlich netter und intelligenter Mann. Allerdings sah ich immer die Sorge, wenn er seinen Sohn betrachtete.

»Du musst wissen, dass Sarah Norton seine zweite Frau ist. Die erste – Elizabeth – starb, als Andrew vier Jahre alt war. Ich kenne die genauen Umstände ihres Todes nicht, doch ich nehme an, dass der Kleine unter diesem Verlust wohl sehr gelitten haben muss.«

Wieder überlegt sie und Josie fragt sich unbehaglich, ob sie mit ihrem Urteil über Gails Klatschleidenschaft vielleicht etwas voreilig gewesen ist.

»Mit den Jahren gelang es mir, ein wenig zu Andrew durchzudringen. Nichts Großartiges. Ich hatte immer den Eindruck, dass er nur eine Person wirklich abgöttisch liebt und das ist sein Vater. Doch er schien zu mir Vertrauen zu fassen, wechselte hin und wieder einige Worte mit mir – höflich, reserviert, sicher – aber er *sprach*. Und jeder, der diesen kleinen ernsten Jungen mit dem traurigen Blick kennenlernte, der musste ihn gern haben. Ich mochte ihn sogar sehr ...«

Wie gebannt hängt Josie an dem alten Gesicht, aus dem soeben eine Träne entfernt wird.

»Entschuldigung«, murmelt Gail mit belegter Stimme und holt ein Taschentuch aus der Tasche ihres Jacketts. »Er brachte stets die besten Noten nach Hause«, berichtet sie weiter, nachdem sie sich die Nase geputzt hatte. »Und als er zu studieren begann, waren es auch dort immer die höchsten Grade. Niemals versagte er, niemals beging er einen Fehler oder sorgte dafür, dass sein Vater Kummer seinetwegen hatte. Er war wie eine Maschine, verstehst du, was ich meine?«

Josie nickt, obwohl sie in Wahrheit überhaupt nichts versteht. Alles, was sie vor sich sieht, ist ein hübscher kleiner Junge mit braunen Augen, der nie lacht ...

»Dann begann er zu arbeiten. Und das genau so ehrgeizig, fast besessen. Er machte das möglich, was noch niemandem in diesem Alter gelungen ist. Er schaffte es aus dem Nichts, nur mit seinem Collegediplom, hinauf an die Spitze. Und das innerhalb von drei Jahren.« Sie schüttelt ihren Kopf. »Das ist beinahe unmöglich, wie du dir sicher denken kannst.«

Wenigstens das erscheint Josie plausibel und sie nickt erneut.

»Als er diese Firma übernahm, war sein Vater dabei, nach New York zu gehen. Man hatte ihm dort eine Stelle als Chefarzt der Gehirnchirurgie angeboten, die er unmöglich ablehnen konnte ...«

»Ich dachte, seine Familie lebt hier in Tampa?«, geht Josie dazwischen.

Gail nickt heftig. »Stephen wollte ihnen nicht zumuten, ihn zu begleiten. Er pendelt seitdem zwischen New York und Florida hin und her. Andrews jüngere Schwestern waren noch in der Schule oder am College, Sarah hat ihr Architekturbüro. Und vor allem hätte das bedeutet, Andrew alleinzulassen. Und das wollten weder Stephen noch Sarah. Sie haben sich immer große Sorgen um ihn gemacht, musst du wissen.«

Josie nickt geistesabwesend und speichert währenddessen auch diese Information. Sarah und Stephen Norton sind gute Eltern.

»Mag er Sarah?«

»Oh ja! Er mag sie sehr gern, obwohl er niemals Mom zu ihr sagt, sondern immer ihren Vornamen benutzt.«

Okay. Gespeichert.

»Stephen bat mich, Andrews Assistentin zu werden, damit ich mich ein wenig um ihn kümmern kann, verstehst du?«

»Ich denke, er hatte Freundinnen? Warum haben die sich denn nicht ...«

Lachend schüttelt Gail den Kopf. »Kindchen. Andrew hatte *Bekannte!* Aber niemals eine Freundin, er besitzt überhaupt keine Freunde. In Wahrheit habe ich noch nie einen einsameren Menschen getroffen ...«

Oh ja, dem kann Josie nur beipflichten. Sie ist bestimmt keine extrovertierte Person, doch gegen ihn wirkt sie geradezu aufdringlich. Denn sie hatte immer ihre Freunde – nicht viele, dafür aber gute. Die Sorte, die einem zuhört, wenn man ein Problem hat und die an jedem Tag und zu jeder Stunde für einen da sind, um es zu beseitigen.

»Ich war erfreut, dass Andrew mit mir einverstanden war. Und nicht nur aus dem Grunde, weil ich dann meinen Job nicht verlor, zumindest nicht ersatzlos. Nein, ich mag ihn wirklich sehr gern. Und ich musste miterleben, wie es immer schlimmer mit ihm wurde ...«

»Was?«

Sie hebt die Schultern. »Er ist achtundzwanzig Jahre alt, Mädchen. *Achtundzwanzig!* Nicht sechzig. Und ich hatte noch nie einen härteren und kompromissloseren Chef. Ich versichere dir, dass unser Verhältnis nicht mit einem gewöhnlichen zwischen Chef und Assistentin vergleichbar ist. Ich darf mir Dinge herausnehmen, für die jeder andere in diesem Haus sofort entlassen werden würde. Und diese Augenringe! Diese ständige Müdigkeit! Dieser leere Blick. Ich kann mich nicht daran erinnern, ihn jemals lachen gesehen zu haben, oder dass er laut geworden wäre. Zornig – überhaupt irgendeine Emotion. Nichts! Er ist wie eine Maschine.« Sie nimmt ihre Brille von der Nase und tupft sich vorsichtig das Gesicht ab, um das Make-up nicht zu ruinieren.

»Nun, das war er zumindest«, meint sie dann und mustert Josie eigentümlich. »Und eines Tages geschah etwas, was ich zunächst nicht fassen konnte. Er rief mich an und befahl mir – ja, *befahl mir* – die Verabredung mit seiner derzeitigen Bekannten zu cancelen. Danach musste ich ihm die Telefonnummer unserer Personalchefin, Mrs ...«

»Shore«, fällt Josie tonlos ein.

Während sie nickt, verbirgt sie flüchtig ihre Nase in dem Taschentuch. »Ja, von ihr geben. Du wirst natürlich nicht verstehen, wie ungewöhnlich das ist, doch Andrew kümmert sich nicht darum, wer in diesem Unternehmen eingestellt wird, solange es sich nicht um das obere Management handelt. Und meine Nachfolgerin sollte ursprünglich unter den bereits verdienten Kräften im Hause ausgewählt werden. Ich kann mir nicht vorstellen, dass er mit dieser unmöglichen Person ...« Sie zieht eine Grimasse, »... jemals zuvor auch nur ein Wort gewechselt hat. Und dann *das!* Aber ich dachte mir noch nichts dabei. Bis du am nächsten Morgen hereinkamst und mir erklärtest, dass er dir die Sachen geschickt hat ...«

»Tut er das denn sonst nicht?«

Fassungslos starrt Gail das Mädchen an und lacht plötzlich schallend. »Nein Kindchen, das tut er sonst mit Sicherheit nicht! Ich kann mich nicht daran erinnern, dass Mr. Brute sich schon jemals um die Kleidung seiner Angestellten gekümmert hat. Solange sie angemessen war, selbstverständlich. Andernfalls hat er sie nämlich gefeuert ...«

»Oh«, murmelt Josie.

»Wie gesagt, da ahnte ich etwas. Als er jedoch durch diese Tür kam, da *wusste* ich es.«

»Was denn?«

»Kindchen, erstens strahlt Mr. Brute nicht, wenn er morgens diese Tür öffnet. Zweitens musste er noch niemals persönlich mit seiner Assistentin sprechen, um sie kennenzulernen und er pflegt auch nicht, mir bei seinem Eintreffen die Hand zu geben ...«

»Oh!«

»Mr. Brute ...«

»Warum sagen Sie das ständig?«, fährt Josie auf.

Gail lächelt. »Weil ihn hier alle so nennen, Kindchen. Ich für gewöhnlich nicht, doch du sollst nachvollziehen können, was ich dir begreiflich machen will ...«

»Aber so *ist er nicht!*«

»Nicht bei dir, Schätzchen« Ihr Ton ist nicht belehrend und die Miene wirkt gütig. »Du hast Mr. Brute nie getroffen, wenn ich ehrlich bin, existiert er seit Dienstag nicht mehr. Ich habe noch nie mit Andrew zusammen das Haus verlassen, um mit ihm ›zum Lunch‹ zu gehen ...«

Oh Himmel, wie peinlich! Josie wird rot, doch die ältere der beiden Frauen ignoriert auch das.

»Andrew hat sich noch nie einen Nachmittag freigenommen, nicht mal als Kind. Er nahm niemals jemanden zu einem seiner Geschäftstermine mit, schon gar nicht zu Mr. Dearinger. Alles, was er in dieser Woche getan hat, machte er nie zuvor. Und glaube mir, ich kenne ihn gut. Dieser Blick, als du am Mittwochmorgen nicht da warst ...«

Josies Augen werden groß. »Was ...?«

»Er hat nicht einmal die Tür geschlossen, Schätzchen«, wispert Gail. »Ich weiß nicht, aus welchen Gründen du nicht kamst, aber ihn hat es tief getroffen. Und damit komme ich zu dem, was ich dir eigentlich sagen möchte. Es geht mich nichts an, doch er ist immer wie ein Sohn für mich gewesen. Ich habe keine eigenen Kinder und er liegt mir sehr am Herzen ...«

»Mir auch!« Es klingt etwas schnippisch.

Geistesabwesend nickt Gail und nimmt Josies Hand, die sich für einen wirren Moment so fühlt, als würde sie ihrer Grandma gegenübersitzen. »Schätzchen, ich weiß. Und er liebt dich. Wenn ich eines mit Bestimmtheit behaupten kann, dann das. Doch ich werde mir jetzt zum ersten Mal seit dreißig Jahren den Mund verbrennen. Also wenn du mich bei ihm verraten willst, nehme ich dir das nicht einmal übel ...«

»Ich petze nicht!«

Der Druck ihrer Hand verstärkt sich. »Höre mir erst zu und entscheide dann. Nächsten Freitag ist mein letzter Arbeitstag und will die Dinge geordnet zurücklassen.« Sie seufzt. »Bis vor ein paar Tagen sah auch alles danach aus, dass dies kein Problem werden würde.«

Gail starrt für einige Sekunden in ihre Kaffeetasse und schaut schließlich auf. »Du musst aufpassen! Ich weiß nicht, was gestern zwischen euch beiden vorgefallen ist, doch es hat ihm Angst gemacht. Und ich kann dir versichern, dass Mr. Brute im Normalfall nichts fürchtet! Er liebt dich mehr als alles andere, ich würde sogar behaupten, mehr als seine Familie. Du bist die Erste und er ist auch sonst nicht wie jeder x–beliebige Mann. Du wirst stark sein müssen, wenn du es mit ihm schaffen willst. Du musst dich um ihn kümmern.« Eindringlich mustert sie Josie. »Verstehst du, was ich dir zu sagen versuche?«

»Mir ist klar, dass er mich braucht.« Das klingt in Josies Ohren noch dämlicher, doch für Gail scheint es das nicht zu sein, denn die nickt beifällig.

»Ja, Schätzchen. Doch es wird komplizierter werden, als du denkst.« Stöhnend verdreht sie die Augen. »Himmel, ich hätte niemals angenommen, dass das so schwierig werden würde ...« Sie holte tief Luft. »Was auch immer geschehen ist, er hat Angst. Und das ist nicht gut. Wir passen zwar auf ihn auf, aber das ist nicht sehr einfach, verstehst du? Er lässt niemanden an sich heran. Jahrelang habe ich versucht, Stephen zu überzeugen, und ich versuche es noch einmal bei dir, weil ich Andrew liebe und weil du so unglaublich jung bist.« Wieder beginnt sie leise zu weinen. »Das ist so eine große Last ...«

»Wovon reden Sie denn?«

Gail putzt sich die Nase. »Er braucht Hilfe!« Eindringlich betrachtet sie das Mädchen. »Verstehst du, was ich damit ausdrücken will? *Er braucht Hilfe!*«

»Ich denke, das weiß ich bereits«, wirft das Mädchen leise ein.

»Nein, du weißt es noch nicht, doch das wirst du irgendwann. Vergiss meine Worte nicht. Behalte sie in Erinnerung und wenn der Zeitpunkt heran ist, wirst du erkennen, was ich meine.« Und nach einem letzten bekümmerten Blick tut Gail etwas tatsächlich Überraschendes. Sie lässt die Hand der jüngeren Frau los und streichelt deren Wange. »Jahrelang habe ich darauf gewartet. Aber so jung ...«

Dann schüttelt sie abrupt den Kopf und deutet auf Josies Tasse. »Trink aus, Schätzchen. Wir müssen schließlich so tun, als würden wir arbeiten.«

Siamesische Zwillinge

1

Die erste große, scheinbar unüberwindliche Hürde offenbart sich als der Übergang zu Andrews Büro.

Die Schwelle markiert den Scheideweg: spektakuläre Trennung der siamesischen Zwillinge. Es kostet ihn alles, sie loszulassen und noch ein wenig mehr, die Tür zu schließen. Dabei kann ihr hier nichts geschehen, zumindest redet er sich das tapfer ein. Leider lässt der Erfolg bisher auf sich warten und sendet derweil einige hübsche Szenarien, die drohen, Andrew den sprichwörtlichen Rest zu geben. Was wenn sie aus heiterem Himmel versucht, zu gehen? Was wenn sie wieder dieser Fluchtimpuls überkommt? Wie lange wird Gail benötigen, um ihn zu informieren? Wie viel Zeit wird Josie brauchen, um es hinunter in die Lobby und aus dem Gebäude zu schaffen?

Er sitzt an seinem Schreibtisch, den Kopf in den Händen und schluckt krampfhaft gegen seine überwältigende Angst an.

Das ist etwas Neues.

Andrew kennt Panik, sie kommt täglich, immer zwischen drei und vier Uhr. Das geschieht allerdings *zu Hause*. Dort wo er sie vor der Welt verbergen kann. Sie ist sein Geheimnis, Andrews kleiner Krux, so wie sich jeder Mensch mit irgendeinem Problem herumschlägt. Seines ist der wenige Schlaf und die unübliche Art aufzuwachen. Dass dieser frustrierende Schrecken jedoch plötzlich sein Schlafzimmer verlässt, um ihm tagsüber zuzusetzen, das ist neu.

Norton kämpfe dagegen an. Panik kannst du dir nicht leisten!

Sicher, kämpfen. Er versucht es ja und ihm bieten sich sogar etliche Optionen. Gedanklich tendiert er zur Ersten und Naheliegendsten: Wenn er Josie nicht sieht, bekommt er akutes Herzrasen, also warum *sorgt* er dann nicht für Abhilfe und holt sie zu sich? Der Grund, weshalb er sich am Ende gegen diese – seiner Ansicht nach brillante – Idee entscheidet, ist riesig, offensichtlich nicht mehr beleidigt und hat zwei Buchstaben:

DS.

Er mustert Andrew abfällig und schnaubt.

Meine – Scheiße – Norton! Im Moment weiß ich nicht, ob ich lachen oder heulen soll! Was bist du für ein elender Schwächling! SIE IST DORT DRAUSSEN! Du weißt es, ich auch – REICHT DIR DAS DENN NICHT? Willst du es wirklich so weit treiben, dass deine saumäßige Belegschaft bis hinunter in die Poststelle meint, du hättest deinen GOTT VERDAMMTEN VERSTAND VERLOREN? Reiß dich zusammen!

Er probiert es.

Nicht für den DS, der ist ein Scheißverräter, ein niederträchtiges Dreckschwein, das seinetwegen krepieren kann. Nie zuvor ließ er ihn im Stich, egal wie müde Andrew war und wie viel Angst in ihm tobte. Seitdem sein DS da ist, konnte er sich auf ihn verlassen. Bis gestern. Warum ist er zur Stelle, sobald sein Rekrut Gefahr läuft, den verkehrten beschissenen Binder auszuwählen, aber nicht, wenn Josie zu sterben droht? Weshalb? Bisher glaubte er, der alte Soldat würde auf ihn aufpassen, dafür sorgen, dass er nicht von seiner Schwäche und Disziplinlosigkeit überwältigt wird und scheitert. Er war immer ein mieses Schwein, gemocht hat Andrew ihn nie. Wie soll man auch jemanden mögen, der einem zwanzigmal am Tag erzählt, was für ein gottverdammtes Arschloch man ist? Doch er vertraute und verließ sich auf ihn. Mit einem Mal ist diese Gewissheit verschwunden, alles vage und infrage gestellt. Die Holding, sein Haus, seine Essgewohnheiten, selbst die Entscheidung, welchen dämlichen Stift er nimmt, um seine Notizen zu machen. Blau? Rot? Grün? Schwarz? Was ist die richtige Farbe? Und mehr als ein schallendes Gelächter hat der DS nicht beizutragen. Er *hilft Andrew nicht,* lässt ihn stattdessen einfach im Stich ...

Mit zuckenden Mundwinkeln betrachtet er ihn lauernd. *Na, wie fühlt man sich, Norton, wenn der gute alte Onkel nicht da ist, um dir zu sagen, was du zu tun hast?*

Ahh, daher weht der Wind, er will sich rächen! Und wie stellt man das am besten an? Indem man dem Feigling zeigt, dass er nichts allein bewältigen kann und auf sich gestellt so was von aufgeschmissen ist! Ja, nicht? Nimm dem Schwächling seinen lieben netten Onkel und er ist auf das dezimiert, was er eigentlich immer war: eine gottverdammte, feige, kleine, heulende Memme!

Doch Andrew hat nicht vor, sich so schnell geschlagen zu geben. Ja, gut, ihm fehlen die miesen Befehle. An anderer Stelle brodelt jedoch der Zorn, und der ist nicht zu unterschätzen, wie er bemerkt. Im Grunde ist es ganz hilfreich, nicht wütend zu sein, genau genommen erinnert er sich nicht daran, vor Josies Auftauchen überhaupt jemals so etwas verspürt zu haben. Er war entnervt – sicher. Gelangweilt – auch das, meist einfach nur geringschätzig. Aber *zornig?*

Oh nein, das ist eine viel zu imposante Emotion. Keiner der Versager in diesem Laden hat sie verdient! Solange er nicht der Ansicht ist, sein Mädchen zu beleidigen, zu verletzten, ihr wehzutun, sie boshaft anzusehen, schlecht von ihr zu denken, sie zu ignorieren, oder sie zu missachten. Zu *missbrauchen!* Zu *BEGEHREN!*

Abrupt lehnt er sich zurück, schließt die Lider und massiert seine Schläfe.

Einatmen ... eins ... zwei ... drei ... vier ... fünf ... ausatmen. Er muss das unbedingt in den Griff bekommen! Um das zu wissen, braucht er nicht einmal den DS! Das impliziert der gesunde Menschenverstand ...

HAAA! Oh Mann, der war wieder gut, Norton ...

... DER GESUNDE MENSCHENVERSTAND! Verdammt, er ist kein Idiot, kein heulendes Stück Scheiße! Er ist Andrew Norton! Derjenige, der sich bei jedem Respekt verschafft, der die Anwesenden nur durch seinen Blick zum Wimmern bringt; der Firmen geschluckt hat, wie andere Leute Kaffee; der über Leichen geht, wenn es erforderlich ist, und der sich nie aus der Reserve locken lässt! Was soll Josie von ihm halten?

Das scheint zu funktionieren. Schon richtet er sich instinktiv ein wenig auf.

Denk nach!, hämmert es ihn ihm, du hattest nie einen echten Grund, überhaupt irgendetwas zu tun! Bisher! Nun hast du einen: sie! Alles, was dein verdammtes Leben bislang ausmachte und es immer noch tut, geschah nur in Vorbereitung auf ihr Eintreffen. Jetzt ist sie da, du wirst dich zusammenreißen und nicht in letzter Sekunde alles versauen! Du bist für sie verantwortlich! Sie braucht dich, *denn sie hat nur dich!*

ALSO REISS DICH ZUSAMMEN!

Und als diesmal die Tränen kommen, lässt er sie gewähren. Ihm bleibt eine Stunde bis zu seinem Termin mit Finch, die er nutzen wird, um ihn gelassen und beherrscht empfangen zu können. Ein letztes Mal ...

2

Eine Viertelstunde später ist er gefasst und ruhig – sehr zur Verwunderung des DS, dem Arsch! Der steht mit zusammengekniffenen Augen in der Ecke, während sein rechter Fuß im Takt auf den Boden tappt. Er lauert.

Ha! Als er sich das Gesicht abwischt, grinst Andrew breit. Soviel dazu!

Touché, mein Freund. Mal sehen, wie lange du durchhältst ...

›Ja. Mal sehen ...‹

Dann ballt er die Fäuste, schließt die Lider, atmet tief durch, öffnet sie wieder und checkt die Mail von Snow.

Der Mann scheint tatsächlich kein totaler Versager zu sein, denn er hat es fertiggebracht, Andrew drei Aspirantinnen für den vakanten Posten vorzulegen ...

3

Als Gail Finchs Eintreffen meldet, schaut er überrascht auf, denn er war völlig konzentriert auf seine Arbeit, die Gedanken weit entfernt von allen Dingen, die ihn vielleicht aus der Fassung bringen können.

›Das ist es, Norton.‹

Er lehnt sich zurück, platziert die Ellenbogen auf den Lehnen seines Stuhls und bringt die Fingerspitzen in der Mitte zusammen. Seine bevorzugte Pose, wenn sich ein Fremder ankündigt, der für ihn von gesteigertem Interesse ist. Auf Finchs Begleiter trifft das garantiert zu.

Andrew fixiert ausschließlich die Tür. Als sie sich öffnet, hat er diesmal nicht das Vergnügen mit dem Rücken seines Sicherheitschefs – der Mann lernt verdammt schnell – sondern mit dessen verunstalteter Vorderseite. Etwas schwerfällig wie immer betritt er das Zimmer, die Miene ausdruckslos.

Sollte Andrew eventuell gehofft haben, einen kurzen Blick auf mandelförmige, grüne Augen zu erhaschen, wird er allerdings enttäuscht. Denn hinter Finch folgt der mit Abstand größte Mensch, den er bisher gesehen hat, und der füllt mit seiner Masse den gesamten Türrahmen aus. Er ist nicht nur groß – mindestens zwei Meter – grob geschätzt, nein auch breit. Nicht dick – *breit!*

Trotzdem er – wie Demetri – einen schwarzen Anzug trägt, sind die Muskeln darunter so hervorstechend, dass Andrew sich ein Grinsen verbeißen muss. So ungefähr stellt er sich ein fähiges, lebendes Schutzschild für Josie vor. Was ihm jedoch nicht sonderlich gut gefällt, ist die vordere Partie des Riesenschädels.

Dort befindet sich nämlich eines jener Gesichter, die alles Positive ausdrücken, was sich auf eine Person vereinen kann: Sein Mund scheint nicht in der Lage zu sein, *nicht* zu lächeln; die gerade Nase passt sich genau in die ebenmäßigen, sympathischen Züge ein – nicht fünffach gebrochen, wie Demetris – und er besitzt große grüne Augen. Zwar völlig andere als Josies, auf ihre eigene Art dennoch bestechend – dunkler, nicht tiefer, aber voll und äußerst vertrauenserweckend. Die Wangen sind etwas gerötet, nicht aus Verlegenheit, eher von Natur aus. Um das Gesamtbild abzurunden, wird das ganze Desaster von einer braunen Lockenpracht umrahmt.

Er ist eindeutig *attraktiv!* Das behagt Andrew gar nicht. Der Kerl soll schließlich sein Mädchen beschützen! Was, wenn ihr auch auffällt, was er innerhalb von zwei Sekunden erfasst hat? Doch dann mustert er erneut die riesige Statur und wiegt das Für und Wider gegeneinander ab. Er muss dafür sorgen, dass es Josie gut geht und ihr nichts Gefährliches zu nahe kommt.

Dieser Koloss ist fähig, das durchzusetzen, soviel unterschreibt Andrew sofort. Und im Allgemeinen unterzeichnet er nicht viel und schon gar nicht sofort.

Josie hat ihm bislang noch nie wirklich Grund zur Eifersucht gegeben, dessen ist er sich bewusst. Andrew ist der einzige Mann, den sie überhaupt in ihrer Nähe duldet. Wann immer sie miteinander zu tun haben, ist Demetri gleichfalls anwesend. Alles in allem gesehen, hält sich das Risiko wohl eher in Grenzen. Außerdem will er diesen Bodyguard für sie.

Denn er ist genau der Typ: *Ich schütze kleine, ängstliche Frauen mit meinem Leben.* Und er vertraut ihm. Ein Prädikat, mit dem Andrew Norton nicht nur garantiert nicht um sich wirft, sondern das er bisher exakt drei Leuten verliehen hat:

Das betrifft den schwerfälligen, halb blinden und so klugen Finch, Johnson und Gail.

Nun existieren vier. Dieser Typ, der ihn irgendwie an einen großen Bären erinnert, hat ihn tatsächlich mit seinem jungenhaften Grinsen im Sturm erobert.

Norton, jetzt wirst du aber sentimental.

›Und?‹

Andrews Lächeln ist schmal und unpersönlich, als er die Finger voneinander löst und zunächst Finch und dann dem Bären die Hand reicht. Der schmunzelt etwas verlegen. »Sebastian«, dröhnt er im tiefsten Bass und Andrew gibt sich Mühe, nicht zusammenzucken, als das Tier eindeutig Anstalten macht, ihm die Knochen zu brechen. Er ist äußerst durchtrainiert, im Vergleich zu diesem Exemplar kommt er sich jedoch wie die Karikatur eines Mannes vor – zumindest bezüglich des Fitnessstands seines Körpers. Der Kerl muss den ganzen Tag ausschließlich trainieren, anders ist dieser tödliche Händedruck nicht zu erklären.

Er weist zum zweiten Stuhl, der in einer entfernten Ecke des Raumes steht. »Wenn Sie so nett wären ...«

Das Monster grinst. »Klar!« Als Andrew seinen Gang wahrnimmt, denkt er, dass sein erster Eindruck völlig korrekt gewesen ist. Dies *ist* ein Bär! Vielleicht hat er sich ja nur das Fell abrasiert, damit diese Tatsache niemandem sofort auffällt. Nicht, dass er nicht elegant wirkt, doch soweit er sich erinnert, bewegt sich ein Braunbär auch mit einer gewissen Grazie. Der Grizzly nimmt den Stuhl, schwenkt ihn beim Laufen freundlich an seiner Seite hin und her und grinst breit, was offenbar ansteckend ist, denn Andrew muss sich sein eigenes Grinsen verbeißen. Das verwundert ihn wirklich und eines ist inzwischen sonnenklar: Er mag den Bären namens Sebastian, was bereits das vierte Wunder ist, das ihn in dieser Woche heimsucht.

Das Erste war Josie.

Das Zweite Enkel Hargreve – den hat er nämlich gleichfalls gemocht.

Das Dritte sind *neun* Stunden Schlaf.

Und das Vierte der Bär Sebastian.

Na ja, die Woche hat ja noch zweieinhalb Tage, womit die Chancen nicht schlecht stehen dürften, dass er innerhalb der kommenden sechzig Stunden eines der letzten Rätsel der Erde entschlüsseln wird. Das scheint eine Glückssträhne zu sein ...

Nachdem Bär Sebastian sich mit bemerkenswerter Anmut in den Stuhl gepflanzt hat, sieht der Konzernchef zu Finch. »Einen Kaffee?«

»Gern.«

Als Nächstes mustert er den Bären. »Sie?«

»Klar.«

Diesmal läuft Andrew akute Gefahr, in brüllendes Gelächter auszubrechen. Wunder Nummer fünf ...

Norton lacht über die wildfremde Kreuzung zwischen einem Menschen und einem Bären.

Er greift zum Telefon. »Gail, bitte zwei Tassen Kaffee!« Dabei klingt er ruhig und entspannt, offenbar hat er sich wieder unter Kontrolle. Dann schaut Andrew zu Finch, bemüht, den Bärenmutanten nicht weiter zu beachten. Denn wie lange sich bei dem Anblick seine Beherrschung halten wird, ist ernsthaft fraglich. »Konnten Sie bereits etwas im Fall Smith ermitteln?«

Der Leiter der Sicherheitsabteilung schüttelt den Kopf und runzelt seine Stirn. »Es tut mir leid, Mr. Norton. Seit vorgestern hat der Mann nicht einmal seinen Zeh vor die Tür gesetzt. Keine verdächtigen Telefonate oder ungewöhnlichen Besucher. Ich muss gestehen, dass mich das ein bisschen beunruhigt ...«

Dieser Satz wischt mit einem Schlag Andrews Begeisterung über den Bären Sebastian fort. Finch ist *nie* beunruhigt! Es widerstrebt Andrew zutiefst, das zu den Wundern dieser Woche zu zählen, doch eigentlich ist es eines. Nun ja, wohl eher eine Katastrophe! »Was genau darf ich darunter verstehen?« Verschwunden ist sie, seine ruhige Stimme. Verdammte Scheiße ... Er nimmt seine Hände vom Tisch, um sie zu ballen. Das hilft. Ein wenig.

Der ahnungslose Finch lehnt sich zurück. »Es ist zu früh, um von Gewissheiten zu sprechen. Alles, was ich im Moment sagen kann, ist, dass es den *Anschein* hat, als wäre nicht Smith der Klient dieses Schnüfflers. Ich würde das jedoch keineswegs als Entwarnung betrachten ...«

»Mit Sicherheit nicht ...« Diesmal ist es ein Knurren und Andrews Fäuste schließen sich noch etwas mehr.

Er gräbt seine Fingernägel tief in das Fleisch seiner Handballen und konzentriert sich darauf, Finch für diese dämliche

Bemerkung nicht an den Kragen zu gehen. Der Mann hat offensichtlich nicht die geringste Ahnung, dass er hier mit dem Leben seines Chefs spielt!

Disziplin, Norton du ARSCHLOCH!

Er bemüht sich, und als er wieder anhebt, ist aus seinem Knurren eine leicht gepresste, allerdings relativ ruhige Tonlage geworden. »Es ist wohl kaum als Entwarnung zu betrachten, wenn mit einem Mal die Möglichkeit im Raum steht, dass wir es nicht mit einer, sondern mit *zwei* Gefahrenquellen zu tun haben, Finch!«

Der bleibt bemerkenswert gelassen. »Das wollte ich damit ausdrücken, Sir!«

›Ja, das hast du aber nicht, du degenerierter Idiot!‹ *Ich würde das jedoch keineswegs als Entwarnung betrachten ...* drückt nicht unbedingt das Gleiche aus.

Dankbar registriert Andrew, dass sich die Tür öffnet und Gail den Raum betritt. Dann sieht er grüne Augen und langes, dunkles Haar ... Natürlich, zwei Tassen Kaffee ...

Früher hat seine Assistentin die allein bewältigt. Vielleicht beginnen die Hände auf ihre alten Tage zu zittern. Doch eigentlich ist es ihm auch scheißegal. Denn kaum sieht er *sie*, entspannt er sich etwas. Wie von selbst entkrampfen sich seine Fäuste und er kann befreiter atmen.

Gefahrenquellen, okay. Wenn er Finch und den Bären Sebastian so betrachtet, dürfte das wohl keine größere Schwierigkeit darstellen. Sie werden anständig dafür bezahlt, die Risiken zu beseitigen. Und solange die bestehen, wird er Josie keine Sekunde aus den Augen lassen. Ganz einfach! Problem gelöst!

Vorsichtig balanciert sie die Tasse zum Schreibtisch – eine neue Ladung Nitroglyzerin. Andrew senkt nicht einmal den Blick, weder, bis sie am Tisch angelangt ist noch, als sie vor *ich grinse mich noch mal zu Tode* Sebastian, dem Bären, das Porzellan abstellt und ihn *nicht* anlächelt. Sogar dann nicht, als sie behutsam zu Andrew aufschaut.

Overkill! Was? Wer? Wieso? Warum? Total egal!

Als er am Rande realisiert, dass sich auch seine Zähne wieder voneinander lösen, weiß Andrew, dass Gail diesen Raum garantiert verlassen wird.

Josephine Elise Kent nicht!

Er blinzelt und erkennt, dass die beiden gehen wollen. »Nein!« Etwas zu hastig, aber nur für ihn – und für Josie.

Selbst seine neugierige Noch–Assistentin scheint nicht argwöhnisch zu werden. Sie ist stehen geblieben und mustert ihn fragend. »Ich will, dass Miss Kent diesem Gespräch beiwohnt«, erklärt er ruhig. Sie nickt und geht. Andrew wartet, bis die Tür geschlossen ist, dann schwenkt seine Aufmerksamkeit zu der Bärenimitation.

»Sebastian, das ist Miss Kent. Die Person, deren Schutz es sicherzustellen gilt. Josephine, das ist Sebastian. Er wird neben Demetri ab sofort deine Sicherheit gewährleisten.«

Das Mädchen reagiert überhaupt nicht, doch der Bär grinst breit. »Taaaag ...«

Wieder verbeißt Andrew sich sein Eigenes. Verdammt, hat der dafür trainiert oder ist das angeboren? Allerdings überlegt er mit wachsendem Argwohn, ob bei dem Kerl im Kopf alles richtig liegt. Obschon er in dessen Miene mit Sicherheit keine Dummheit liest. Außerdem kann er sich wirklich nicht vorstellen, dass Finch die Stirn besitzt, ihm einen geistig unterbelichteten Gorilla für Josie zu stellen. Ungeachtet seiner Sympathie für dieses riesige Unikum will er das lieber ganz genau erfahren.

»Ich denke, am besten setzen wir uns hinüber.«

Damit steht er auf, legt einen Arm um die Schulter seines Mädchens und führt es zur Couch. Sollen die beiden die Sessel benutzen. Kaum haben sie Platz genommen, hält er ihre Hand. Die beiden Männer haben ihre Tassen mitgenommen und bevölkern kurz darauf die Polsterstühle. Finch mit wie immer völlig unbeteiligtem Gesicht, Sebastian der Bär, mit seinem vermutlich geerbten Grinsen. Ohne Umschweife beginnt Andrew mit dem Verhör.

»Wie lange sind Sie bereits in diesem Beruf tätig?«

»Zwei Jahre, denke ich.«

»Was haben Sie davor getan?«

Er grinst. »Keine Arbeit.«

»Wie darf ich das verstehen?« Vielleicht ist er mit seiner Sympathie für diesen Kerl doch etwas zu voreilig gewesen. Erstens mutet er tatsächlich leicht einfältig an und scheint zweitens wirklich nicht besonders ehrgeizig zu sein. Der Typ ist mindestens fünfundzwanzig und hat bis vor zwei Jahren nicht gearbeitet?

Der Bär-Gorilla grinst verlegen. »Na ja, um ehrlich zu sein ... ich bin nicht sehr anspruchsvoll ...«

Aha, klarer Fall von *Ich lieg Mommy und Daddy so lange wie möglich auf der Tasche...*

»... mir genügte, was meine Eltern mir monatlich gaben ...«

Andrews Züge verhärten sich immer weiter. Ach nein! Er ist ein beschissener Parasit! ›Und, was ist dann passiert? Mommy und Daddy haben den Geldhahn zugedreht? Oder konnten mit einem Mal nicht mehr deine Faulheit finanzieren? Wurden krank? Arbeitslos? Na, was? Komm Junge, ich habe diese Art von Geschichten bereits tausend Mal gehört. Ich höre sie gern noch einmal ... Damit ich nicht vergesse, wie wenig manche Hornochsen den Umstand zu würdigen wissen, Eltern zu haben!‹

Die Augen des Konzernchefs werden immer größer und das Grinsen des Gorillas verschwindet. Er scheint also zumindest über rudimentären Intellekt zu verfügen.

»... neben dem Stipendium«, schließt er etwas unsicher.

Stipendium? Okay. Vielleicht nicht ganz der Hornochse, den Andrew zunächst vermutet hat. Aber bestimmt ist es eines dieser dämlichen Sportstipendien gewesen, die an jeden Versager verschenkt werden, solange er die körperlichen Voraussetzungen besitzt, sodass Harvard und Yale sich auch weiterhin gegenseitig beim Football die Fressen polieren können. »Darf ich fragen, was Sie studierten?« Das kommt sogar ausnehmend eisig.

»Ich promovierte in Philologie«, murmelt der Bär und wird rot.

Womit sich die Nummer mit den Wundern wohl erledigt hat. Oder die Geschichte geht jetzt erst richtig los und Andrew wird bis Sonntag das Rätsel um die schwarzen Löcher entschlüsseln. Dieser Gorilla hat nicht nur eines der schwierigsten Studienfächer belegt, die der Markt bietet; der Sebastian–Bär ist nicht nur ein promovierter Doktor, nein! Das Beste ist, er wird tatsächlich vor Verlegenheit rot, weil er es gerade der Runde mitgeteilt hat.

Doch er erholt sich recht schnell und die Röte verschwindet. Aber das Grinsen kehrt nicht zurück, als er fest Andrews Blick erwidert.

»Ne curaveris, Mr. Norton, eam attendam.« *Keine Sorge, Mr. Norton, ich werde auf sie achtgeben.*

Forschend mustert Andrew die großen, grünen Augen und nach einer Minute weiß er, dass Josie sicher ist. Demetri ist das eine, dieser Sebastian–Bär etwas völlig anderes.

Finch hat währenddessen keinen Ton verloren und wie das Mädchen reglos ihrer Unterhaltung gelauscht.

»Warum haben Sie sich dann für diesen Job entschieden?«, erkundigt Andrew sich nicht mehr ganz so eisig.

»Die Zeiten sind nicht sonderlich rosig für jemanden, der sich in Altgriechisch und Latein auskennt, Mr. Norton. Man muss flexibel sein, will man überleben.«

Auf jeden Fall. Niemand interessiert sich besonders für die Erforschung und Deutung der ehrwürdigen Vorfahren, wenn die Etats sämtlicher Museen gekürzt werden.

Andrew wendet sich an Finch. »Sollte das Haus separat geschützt werden?«

Das Kopfschütteln erfolgt ohne Zögern. »Ich denke nicht, dass dies vonnöten ist. Zumindest im Moment nicht.«

»Sonst irgendwelche Neuigkeiten?«

»Die Informationen gehen Ihnen per Mail zu.«

Das heißt, Andrew wird vielleicht bald hinter die Gründe für Josies seltsame Ängste kommen. Das segnet er stumm ab und wieder breitet sich Stille aus. Irgendwie gelingt es ihm heute nicht, eine Konversation am Laufen zu halten. Möglicherweise ist das unheimliche Schweigen auch darauf zurückzuführen, dass die Fakten besprochen wurden und alles Weitere definitiv Zeitverschwendung ist. Weder Finch noch Mr. Dr. phil. Sebastian dem Bären entgeht das, denn sie leeren eilig ihre Tassen und erheben sich. »Ich melde mich nach Sichtung Ihrer Mail.« Der Sicherheitschef nickt knapp, während der Bär Josie die Hand reicht. Andrew muss sich Mühe geben, um nicht dazwischen zu gehen, als die kleine Puppenhand in der riesigen Pranke verschwindet. Der Handschlag dauert allerdings nicht lange an. Sehr gut.

Als Nächstes ist Andrew mit der Verabschiedung an der Reihe. »Auf Wiedersehen, Mr. Norton.«

Solange Sebastian der Bär auf Josie aufpasst, ist er relativ beruhigt. Außerdem scheint sie von ihm alles andere als begeistert zu sein – zumindest, was seine männliche Seite betrifft. Vermutlich zu groß und zu gefährlich.

Hmmm.

Andrew kann nicht behaupten, deshalb besonders sauer zu sein.

4

Kaum hat sich die Tür hinter den beiden Männern geschlossen, zieht er Josie auf seinen Schoß und legt die Arme um sie. Sofort lehnt sie den Kopf an seine Brust und schließt die Augen.

Ist sie müde? Bestimmt! Unter Garantie hat sie der gestrige Anfall mitgenommen. Verdammt! Behutsam hebt er ihr Kinn, bis sie ihn ansieht. »Josie?«

»Ja?«

Bedächtig küsst er ihre Stirn. »Wenn du dir etwas wünschen könntest, was wäre das?«

»Dass du nicht mehr traurig bist«, wispert sie nach reiflicher Überlegung.

Perfekt!

Andrew will ihr einen kleinen Traum erfüllen – mit ihr ausgehen, die Füße massieren oder an den Strand fahren, Sex bis tief in die Nacht – *irgendwas!* Und sie sagt genau das, was ihn schon wieder in den Abgrund stürzt. *Er* ist doch nicht traurig, sondern *sie!* Inständig hofft er, dass sie die Tränen nicht registriert, als er sie eilig umarmt und seinen Kopf auf ihre Schulter bettet.

Sie sind ihr natürlich trotzdem nicht entgangen – ihre Miene spricht Bände. Vielen Dank!

Was denkt sie nun von ihm? Okay, zumindest diese Frage ist wohl nicht schwer zu beantworten: dass er ein Jammerlappen ist, selbstverständlich.

Als er ihre Finger in seinem Haar spürt, drängt er das Geheule mit Gewalt zurück. Andrew kann sich nicht mit der Vorstellung anfreunden, dass sie glaubt, ihn irgendwie *retten* zu müssen. Umgekehrt trifft das zu: Er muss ihr helfen! Und das wird er!

Hastig wischt er mit seinem Handrücken über beide Wangen und mustert sie erneut. »Wollen wir heimgehen? Irgendwo hin, nur hier raus?«

Als Entgegnung kommt ein lächelndes Nicken.

»Weißt du, wie sehr ich dich liebe?« Er hasst sich für seine erstickte Stimme – so schwach. »Du bist das Wichtigste in meinem Leben. Vergiss das niemals.«

»Das werde ich nicht.« Ein nüchternes Statement.

Plötzlich fühlt sich seine Sehnsucht nach ihr mörderisch an, doch er wagt nicht, den ersten Schritt zu machen. »Bitte Baby«, murmelt er stattdessen. »Bitte ...«

Ohne den Blick von ihm zu nehmen, platziert sie auch die zweite Hand in seinem Haar und zieht sein Gesicht zu sich hinab. Bevor ihre Münder sich berühren, wispert sie. »Ich bin immer da. Solange du magst, werde ich bei dir sein.«

Er hat nicht die Absicht, ihr mehr als einen sanften, flüchtigen Kuss zu geben, aber Josie verfolgt offensichtlich andere Pläne. Ihre Lippen teilen sich viel zu bereitwillig und sie empfängt ihn mit zu überwältigender Begeisterung, als dass er widerstehen könnte. Behutsam legt Andrew eine Hand auf ihren Brustkorb, bewegt sie mit ihren ruhigen Atemzügen. Keine Furcht – nur Genuss.

Zu massiv für ihn, sie wird seine Erregung spüren, denn er reagiert viel zu heftig. So willkommen und zeitgleich so vernichtend, weil es nicht die geringste Chance auf Erfüllung gibt. Verdammter Mist! Bei all der Angst um sie, der Panik, all dem Geheule, hat sich eines nicht im Mindesten geändert: Er begehrt sie, und das mit jeder Sekunde gravierender. Inzwischen sucht er nicht mehr den hemmungslosen Sex, den er sich anfänglich erträumte. Sie in seinen Armen halten und ihr zeigen, wie schön es sein kann, das ist alles, was er will.

Sie muss bemerken, welche Wirkung sie auf ihn ausübt! Ihn trennen nur einige dünne Stofflagen von seinem Glück und gleichzeitig scheint sie ganze Galaxien von ihm entfernt zu sein. Als Josie sich von ihm löst, sind ihre Augen groß und strahlend, die Wangen gerötet, ihr Atem geht hektisch. Zum ersten Mal fragt Andrew sich, ob sie seine Leidenschaft vielleicht heimlich doch genießt. Er darf ihr diese Frage nicht stellen, garantiert würde sie sofort panisch werden.

Aber dass sie ihn fühlt und trotzdem so bereitwillig bei ihm bleibt, macht ihm etwas Mut. Er haucht einen Kuss auf ihren Mundwinkel, dann erhebt er sich und stellt sie auf die Füße.

»Komm, lass uns nach Hause gehen!«

Geliebter Feind

Josie

Wieder nimmt er nicht Josies Hand, während sie zu den Fahrstühlen gehen, sondern legt seinen Arm um ihre Schultern.

Gail hat ihren Abschiedsgruß mit einem kurzen Nicken erwidert, als das Mädchen an der Tür zu ihr zurücksah, hielt die bald pensionierte Assistentin bereits den Hörer ans Ohr. Ohne mit der Wimper zu zucken, sagte sie Andrews Termine für den heutigen Nachmittag ab.

Nein, irgendwie muss Josie ihre Meinung über Gail noch einmal gründlich überdenken, denn sie scheint tatsächlich in Ordnung.

Im Fahrstuhl mustert sie Andrew unauffällig von der Seite und fragt sich nicht zum ersten Mal, ob es eine gute Idee war, heute mit ihm überhaupt hierher zu kommen. Er hat garantiert mit dem Gedanken gespielt daheimzubleiben, aber die Vorstellung, mit ihm in diesem Zustand den ganzen Tag allein in diesem riesigen Haus zu verbringen, machte ihr schlicht und einfach Angst. Was, wenn sich seine Verfassung noch verschlechtert hätte, ohne jemanden, den sie um Hilfe bitten könnte? Gut, Johnson wäre da gewesen. Doch sie bezweifelt, dass der große Erfahrungen im Umgang mit Männern besitzt, die einen ziemlichen Schock erlitten haben. Aus diesem Grund bestand sie darauf, heute Morgen loszufahren. Inzwischen ärgert sie sich über ihre Feigheit.

Nie wieder wird sie aus reinem Egoismus handeln, schwört sie insgeheim.

Im Wagen, kaum auf seinem Schoß, legen sich seine Arme um sie und sie lehnt sich an ihn. In dieser Pose verharren sie, bis sie durch das große Tor auf das Grundstück fahren. Kein Wort fällt, aber das stört nicht. Es ist kein unangenehmes Schweigen, eher lässt es tiefes Einvernehmen erkennen.

Doch während der gesamten Fahrt überlegt Josie, was sie mit Andrew anstellen wird, wenn sie angekommen sind.

Es ist nicht einmal ein Uhr mittags. Wie soll sie bloß mit ihm umgehen, solange er so ist?

Sie würde gern in sein Gesicht sehen, nur um herauszufinden, ob er darüber nachdenkt. Doch dazu müsste sie sich bewegen, und dies allein könnte schon wieder die nächste Katastrophe auslösen. Daher bleibt sie reglos sitzen – auch wenn es zunehmend schwerfällt, so nah bei ihm zu sein – bis der Chauffeur die Tür öffnet. Diesmal rutscht sie nicht vorher von Andrews Schoß. Das ist nicht möglich, weil er sie ja in seinem Schraubstockgriff hält.

Mister Johnson reagiert wie Mister Johnson: überhaupt nicht. Andrew unternimmt nicht die geringsten Anstalten, sie beim Aussteigen loszulassen, geschweige denn, ihr die Möglichkeit zu geben, die Treppe zur Haustür hinauf zu laufen. Tonlos wirft er dem Chauffeur ein »Ich beabsichtige, morgen Nachmittag meine Familie zu besuchen. Bis dahin habe ich keine auswärtigen Pläne!« zu.

Das »Ja, Sir«, kommt ebenso unbeeindruckt.

Daher beschließt Josie, zunächst einmal gar nichts zu sagen. Vielleicht hat er ja irgendwas geplant? Doch als der zielsicher die Couch anstrebt, sich dort setzt, den Schraubstockgriff um ihren Körper erneut verstärkt und seinen Kopf auf ihrer Schulter bettet, dämmert ihr, dass das wohl alles ist, was er sich für die folgenden Stunden überlegt hat.

Ich pflanze mich mit Josie auf das Sofa und erstarre zu Stein.
Hmmm.

Erst einmal schweigt sie mit ihm im Takt. Aber als er nach fünf Minuten noch in genau der gleichen Position verharrt, die Arme Schraubstockimitate, Wange auf ihrer Schulter, Augen blicklos aus dem Fenster gerichtet, beschließt Josie, einzugreifen. Sie versucht, sich zu bewegen, was nicht einfach wird, sie ist nämlich wie in Beton gegossen. Doch als ihm ihre Bemühungen bewusst werden, fährt er zusammen und lockert seine Umarmung ein wenig. »Sorry.«

Das ist alles und er erstarrt wieder. Gut, sie muss also etwas unternehmen. Und schon zermartert sie sich das Hirn, was sie tun soll. Verdammt, sie ist in solchen Dingen nie sonderlich gut gewesen und sie kennt sich wirklich nicht aus! Was tut man denn in einer derartigen Situation? Hinzu kommt die Tatsache, dass sie auch genau darauf achten muss, *was* sie von sich gibt, und zumindest hier sind eindeutig ihre natürlichen Grenzen erreicht.

Sie sagt immer das Falsche. Das ist leider Teil ihrer genetischen Struktur. Dann wäre da noch ein weiteres Problem, bisher nicht akut, in der Zwischenzeit allerdings spürbar: Josie ist es nicht gewöhnt, jemandem so nahe zu sein. Ganz besonders nicht, wenn sie sich dabei nicht rühren darf. Bislang gelingt es ihr, das klaustrophobische Gefühl unter Kontrolle zu halten, aber irgendwann wird sie durchdrehen – sprich, nicht mehr atmen – sollte er ihr nicht bald den erforderlichen Raum dazu geben.

Ihre Wohlfühlzone ist im Moment um einen Meter unterschritten. Gut, bei Andrew um zehn Zentimeter. Doch die werden ihr zum Verhängnis, wenn ihr nicht demnächst etwas einfällt.

Sie versucht wirklich durchzuhalten, weil ihr echt schleierhaft ist, wie sie ihn retten soll, während sie blau in der Ecke liegt. Und als sie es nicht länger erträgt, nimmt sie all ihren Mut zusammen. »Andrew?«

Ein Ruck erfasst seinen Körper. »Ja?«

Sie holt tief Luft – zumindest so viel, wie ihr inzwischen bereits äußerst eingeschränktes Lungenvolumen noch zulässt.

»Du musst mich loslassen. Ich bekomme kei...«

Den Satz kann sie nicht beenden, denn im gleichen Moment stößt er sie von sich und sie landet etwas unsanft neben ihm. Seine Lider sind vor Entsetzen weit aufgerissen und die Hände erhoben. »Es tut mir leid!« Er spricht so schnell, dass sie ihn kaum versteht. »Es tut mir leid, ich bin ein verdammter Scheißkerl. Es tut mir so leid. Atme, Josie! Ja? Atme ...«

Fassungslos starrt sie ihn an und muss sich kurz sammeln, um eingreifen zu können. Dann will sie seine Hand nehmen, doch er weicht zurück, bevor sie ihn berühren kann. Gern hätte sie es dabei belassen, seinen Wunsch respektiert, aber Josie ist fast sicher, dass dies die falsche Reaktion wäre.

Sie hasst sich bereits jetzt für das Kommende. So, wie immer, wenn sie Dinge tut, die entgegen allem sind, was sie für richtig hält. »Es ist in Ordnung, Andrew. Nichts passiert! Hörst du?«, wispert sie eindringlich.

In seinem Blick liegen nach wie vor Zweifel und Furcht. Langsam, ganz langsam, als müsse die Wahrheit erst einige Lagen dickster Watte überwinden, wird ihr bewusst, was genau seinen gestrigen Anfall verursacht hat.

Er befürchtet, dass sie stirbt!

Beispiellos ist das Glücksgefühl, das Josie mit dieser Erkenntnis durchströmt. Und es ist keineswegs nur gesättigt von den zärtlichen Gefühlen, die sie diesem Mann entgegenbringt. Darunter befindet sich gleichzeitig jede Menge Genugtuung, weil es ihr gelungen ist, ihn zu brechen.

Es dauert seine Zeit, doch dann siegt die weiße Seite über die schwarze. Josie fühlt sich stark. Stärker noch als vor einigen Minuten und sie beschließt, wie ein Kriegsherr nach gewonnener Schlacht, ein bisschen Wiederaufbauhilfe zu leisten. *Nachdem* sie sich an seinem Schmerz geweidet hat – nur ein wenig … ignoriert sie seine entsetzte Miene und rutscht zu ihm. Seine Hände heben sich etwas höher. »Nein, Josie …«

»Schhhh …« Mit energischer Geste zwingt sie ihn, die Arme zu senken. Er verstummt und beobachtet sie mit großen Augen. So weit, so gut. Trotz wild schlagenden Herzens vermischt mit dem dringenden Wunsch, sich in die hinterste Ecke des Raumes zu flüchten, und die ist echt ziemlich weit entfernt, gelingt es ihr, zu bleiben. Und nicht nur das. Sie atmet und sie senkt sein Gesicht zu sich hinab, bis seine Lippen ihren sehr nah sind. »Es tut mir leid, Andrew. Ich wollte dir keine Angst machen.«

»Josie, ich …«

»Schhhh.«

Wieder verstummt er, nur dieser entsetzte Ausdruck ist immer noch anwesend. Jener, der Josie schließlich zu dem befähigt, was dem folgt. Während ihre recht bebenden Hände arbeiten, schickt sie ein kurzes Stoßgebet zum Himmel, dass die Bestie mit den glühenden dunklen Augen bitte genau dort bleibt, wo sie derzeit ist ... Sie hofft, dass dieser Ort tausende von Meilen entfernt ist. Da ist nämlich dieser Schlips, mit dem sie nicht umzugehen weiß, und der ihren resoluten Vorstoß behindert. Aber als sie ihn Hilfe suchend ansieht, ist sie für einen flüchtigen Moment gebannt.

Sie waren es von Anfang an. Denn sie wirken so anders, als alle männlichen Sehorgane, die sie bisher zu Gesicht bekam. »Andrew«, hört sie sich bitten, und ahnt sofort, dass es funktionieren wird, weil diese dunkle Seite von ihr derzeit total verschwunden ist. Offenbar hat sie eine Lösung für ihr Problem gefunden: Sie muss ihn nur dazu bringen, Angst um sie zu haben, dann tritt das andere in den Hintergrund.

Interessante Erfahrung.

»Nimm deinen Schlips ab!« Wow! Das kommt echt streng. Allerdings nicht strikt genug, um Andrew zu überzeugen. Denn der bewegt sich nicht, starrt sie stattdessen unvermindert an. »Was?«

»Das Ding da!« Sie deutete auf das Corpus Delicti. »Nimm es ab.«

»Warum?«

Innerlich stöhnt sie, weil er ihr bei der Umsetzung ihres verdammt genialen Plans nicht hilft, und sie ist wirklich nicht sicher, wie lange der überlebt. Die ersten Zweifel melden sich nämlich bereits. Doch bisher gelingt es ihr, das Beben aus der Stimme zu halten. »Bitte. Für mich?« Sie neigt den Kopf zur Seite und mustert ihn bittend.

Diesmal scheint es zu funktionieren. Er fixiert sie ununterbrochen, während seine Finger langsam zu seinem Hals wandern und das Ding entfernen. Als das getan ist, legt er es nicht beiseite, sondern senkt den Arm, die Faust geballt und starrt sie an.

Okay, zweiter Akt. Obwohl sich das Mädchen immer hysterischer fragt, was sie hier eigentlich Irres tut, öffnet sie den obersten Hemdknopf und zwingt sich, ihm dabei nicht ins Gesicht zu schauen. Der Nächste folgt, dann der Dritte, Vierte Fünfte ...

Scheiße, sie hat Schiss, jetzt ist es offiziell!

Beim Sechsten angelangt, stockt hörbar sein Atem und er packt sie an den Schultern. »Nein, Josie!«

Innerlich seufzt sie erleichtert auf, als sie ihn ansieht und ES nicht findet. »Ich schwöre dir, es passiert nichts.« Sehr schön, nach wie vor klingt sie durchaus glaubhaft. Jedenfalls hört sich das nicht so verräterisch an, wie ihre zitternden Hände aussehen.

Doch Andrew schüttelt den Kopf. »Du willst das nicht, ich weiß es und ich könnte nicht ertragen, wenn du ...« Er schluckt. »Das Risiko ist viel zu groß. Mir ist klar, du tust es für mich, aber ich kann das nicht ...«

»Schhhh ...« Ihr Finger auf seinen Lippen lässt ihn verstummen. »Akzeptiere es. Du brauchst es und deshalb will ich es ...«

Stöhnend bewegt er den Kopf in einer fortwährenden Verneinung. »Das ist falsch! Das ist ...«

»Halt den Mund!« Ihr Befehl bringt ihn zum Schweigen und unvermittelt durchströmt sie atemberaubende Macht. Nachdem sie einundzwanzig Jahre lang nur ein Sandkorn im Universum war, besitzt sie plötzlich Gewalt über einen Mann.

Diesen! – was noch erschwerend hinzukommt.

Das ist eine berauschende Vorstellung, jedenfalls, wenn man Josephine Kent heißt. Mit einem Mal sind ihre Hände so fest und überzeugt, wie ihre Stimme. Sie löst die restlichen Knöpfe und streift das Hemd über seine Schultern.

Auch ein Anblick, der Josie echt gefällt und ihr ein seltenes Gefühl von Geborgenheit verleiht. Sie öffnet nämlich nicht die Knöpfe an seinen Handgelenken, womit er bewegungsunfähig und perfekt gefangen ist. Doch irgendwie hat sie nicht den Eindruck, als lägen Befreiungsversuche im Bereich des derzeit Möglichen, denn er rührt mal wieder keinen Muskel.

Als sie seine muskulöse, unbehaarte Brust betrachtet, kann sie mit einem Mal nicht mehr verstehen, weshalb sie gestern so albern reagiert hat. Es sieht gut aus, zieht sie wirklich auf eine unbekannte Art an, die sie nicht wenig verwirrt. Keinesfalls wirkt Andrew bedrohlich auf sie, obwohl sie am liebsten darauf verzichten würde, ihn zu berühren, vorausgesetzt ihr bliebe eine Wahl. Ihn anzusehen – *anzuhimmeln* – genügt ihr. Dennoch gelingt es ihr, sich auf die derzeitige Situation einzustellen, und so gleitet sie sanft mit den Fingern über die warme Haut. Ein Prickeln lässt ihre Fingerspitzen erbeben. Es ist so ungewohnt, doch wirklich nicht unangenehm. Sicher hat sie Schwierigkeiten beim Atmen, droht aber diesmal nicht, damit aufzuhören. Eher scheint die Luft plötzlich unter Spannung zu stehen, die knisternd auf sie übergeht und von ihr Besitz ergreift. Es ist kurz, jedoch umfassend in seiner Wirkung. Von Andrew geht ein unvergleichlicher, einzigartiger Duft aus. Bisher haben alle Kerle für sie gestunken – auch ihr Grandpa –, als würde das Schwein in ihnen nach draußen streben. Bei ihm ist es anders. Und obwohl sie inzwischen die Augen zusammenkneift – irgendwann ist auch ihre Courage mal aufgebraucht – ist sie dankbar, dass es nicht schiefgegangen ist. Das ist übrigens ein sehr gutes Rezept: wenn es zu grauenhaft wird, einfach die Lider schließen. Dann kann man sich immer noch einreden, dass die Gefahr nicht wirklich vorhanden ist.

Oh, Josie ist keineswegs dumm. Sie weiß, dass irgendwo dort unten ein unaussprechliches Grauen lauert – jenseits des Gürtels.

So verhasst, so gefürchtet, dass allein die Vorstellung ihr schlagartig den Atem raubt. Deshalb denkt sie nicht häufig darüber nach. Dass sie es auch nicht anschauen muss, genügt im Allgemeinen. Was würde sie darum geben, damit er an dieser Gürtellinie einfach endet. Sie nimmt an, dass es sie dann nicht besonders viel kosten würde, ihn aus freien Stücken zu berühren.

Aber tief in ihrem Unterbewusstsein ahnt sie in jeder Sekunde, dass es da ist. Und es gibt absolut gar nichts, wovor sie mehr Angst hat – genau genommen beschissene Todesangst.

Dabei zwingt sie sich, diese Überzeugung beiseitezuschieben und konzentriert sich auf ihre Mission.

Wie auch immer die nun heißt. Sie schätzt, Andrew retten und sich ein bisschen zwingen. Denn tut sie es nicht, und dessen ist Josie sich sogar ausufernd bewusst, wird sie ihn verlieren.

Aber das will sie am allerwenigsten – egal was sie sonst von diesem Teil hält.

Er hat sich während der gesamten Zeit, in der ihre Hände erst über seine Brust und dann langsam hinab zu seinem flachen Bauch wanderten, nicht bewegt. Würde sie seinen Atem nicht hören, könnte sie wirklich annehmen, er wäre versteinert.

Der Schrecken der Medusa. Nur dass diesmal nicht der Blick, sondern ihre Berührungen die Ursache sind. Jetzt allerdings bleibt die heimliche Genugtuung aus; sie weiß nicht, was sie bei dem Gedanken empfindet. Und als sie zwischen dem unglaublichen Duft seines Aftershave diesen anderen, den charakteristischen ausmacht, der sie alle vereint, und plötzlich dieser alte Hass in ihr aufwallt, den sie seit so vielen Jahren inbrünstig pflegt, kämpft sie zum ersten Mal mit aller Härte dagegen an.

Eher, um ihn zu überspielen, und vielleicht darüber hinaus, um die Dinge voranzutreiben, sie zu einem Ende zu bringen, wie auch immer, senkt sie kurz entschlossen ihre Lippen auf seine Haut.

Eingehend betrachtet er sie, und als sie seinen Hals küsst – obwohl sie das nicht will, verdammt –, hört sie, wie sein Atem sich beschleunigt. Das feuerte die von Macht besessene Seite in ihr sofort wieder an. Sie arbeitet sich mit ihrem Mund vor, bis sie seine Brust erreicht. Sein leises Stöhnen reicht aus, um einen grauenhaften Schmerz durch ihren Unterleib zu jagen.

Scheiße, jetzt geht's los!

Josie erstarrt. Sie hat immer gewusst, dass es irgendwann so kommen wird und versucht, sich zu wappnen. Allerdings ist sie momentan ein wenig überwältigt, denn sie nahm bisher leider gleichfalls an, dass es erst später wehtun würde.

Außerdem hatte sie es sich nicht so unerträglich vorgestellt! Nicht unbedingt schmerzhaft – was sie gleichermaßen ziemlich überrascht – nur so unsagbar penetrant! Und das alles scheint Mr. Perfekt tatsächlich mit einem einzigen Stöhnen auszulösen.

Als sie sich besinnt und weiter küsst, wobei sie sich übrigens ehrlich zusammenreißen muss, um ihm nicht stattdessen einen schönen Batzen Fleisch aus der Brust zu reißen – für den Anfang – tut es erneut weh.

Scheiße!

Eher, weil sie nicht noch einmal einen dieser Seufzer provozieren will – wegen der miesen Nebenwirkungen –, schaut sie auf und begeht damit den ersten Fehler, seitdem sie mit dem Mist, den sie soeben veranstaltet, begonnen hat. In Erwartung seines traurigen, ängstlichen Blickes sieht sie ihn an und fällt vor Schock beinahe von der Couch.

Ihr wehmütiger, panischer Andrew ist nämlich verschwunden!

Hmmm, oh ja ... Angekommen ist – es waren wohl doch keine tausend Meilen Entfernung, schätzt sie jedenfalls – Mr. Brute, die Bestie. Herzlich willkommen!

Das Glühen seiner Augen besitzt offenbar auch eine direkte Verbindung zu einem Teil ihres Körpers, nur zu einem anderen, als den da unten. Denn unvermutet wie immer übernimmt die Panik und ihr Atem setzt aus.

Die Schlacht, die sich in den kommenden fünf Sekunden in ihr abspielt, ist kurz, grausam, brutal und gnadenlos.

Fliehe! Sofort! Lauf, so schnell du kannst!, rangiert mit dem leicht resignierten: Das hast du doch gewusst. Jetzt reiß dich zusammen und werd nicht hysterisch!

Wer gewinnt, ist klar und Josies Hysterie schaukelt sich soeben erstaunlich schnell nach oben, als sie das nächste leise Seufzen hört und sich ein Zeigefinger unter ihr Kinn legt.

Interessanterweise unterbricht das den Prozess, den sie bis vor wenigen Momenten noch für unabwendbar gehalten hätte. Er hebt ihr Gesicht, bis sich ihre Blicke treffen. Das Monster ist da – aber bereits im Gehen inbegriffen. »Du bist eine verdammt schlechte Schauspielerin, Josephine Kent«, wispert er rau. Dann küsst er sie sanft und zieht mit einem Ruck das Hemd wieder über seine Schultern.

Klasse, von wegen gefangen ...

»Komm«, sagt er mit dieser resignierten, etwas rauen Stimme. »Ich koche und du siehst zu.«

Ohne ein weiteres Wort hat er sie erneut hochgehoben, trägt die verwirrte Josie zur Küchenbar und setzt sie auf einen der Hocker.

Wie gebannt beobachtete sie ihn, als er in der Küche zu hantieren beginnt – nach wie vor heimlich akut um ihre Fassung bemüht.

Verdammt!

Quid pro quo

1

Sie schweigt.

Während er das Mahl zubereitet, ins Wohnzimmer geht, eine Flasche Wein öffnet, Gläser bereitstellt ...

Erst als Andrew vor ihr steht, findet sie ihre Stimme wieder. Und Josies Frage fällt so normal aus, dass er fast erneut geheult hätte. Weil *normal* plötzlich etwas zu sein scheint, was in diesem Haus nichts, aber auch wirklich absolut nichts zu suchen hat.

»Warum essen wir nicht am Tisch?«

Es gelingt ihm tatsächlich, unbefangen zu antworten. Himmel, zumindest ist *er* kein schlechter Schauspieler! Beiläufig hebt Andrew die Schultern. »Ich wollte das immer schon mal ausprobieren. Weshalb nicht heute?«

Damit platziert er sie auf einen der weißen flauschigen Läufer und nimmt seinen Platz in sicherer Entfernung ihr gegenüber ein. »Ich hoffe, du magst Shrimps?«

Sie nickt.

»Greif zu!«

»Ich habe keinen Teller.« Das kommt mit einer gehörigen Portion Sarkasmus.

»Ja, ist mir aufgefallen. Es wäre wohl am besten, wenn du direkt aus der Schüssel isst.«

Ihr Blick ist witzig, Andrew wagt jedoch nicht, zu lachen. Dann denkt er sich allerdings, dass es schlimmer kommen könnte. Okay, ihm ist im Moment nicht ganz klar, wie das gehen soll, aber hey! Genau das Gleiche hätte er auch vor einer Woche behauptet. Zu diesem Zeitpunkt war er der Überzeugung, dass alles, wirklich alles in seinem Leben, verdammt mies läuft.

Was ist er doch naiv gewesen!

Sie rührt sich nicht, bis er den ersten Shrimp aus der Schüssel geangelt, sich zwischen die Lippen geschoben hat und genüsslich die Augen verdreht. »Hmmm. Koste!«

Argwöhnisch folgt sie seinem Beispiel, protestiert aber wenigstens nicht.

Fünf Minuten später ist Andrew der Ansicht, nie zuvor besser gespeist zu haben. Er kann sich auch nicht daran erinnern, irgendwann einmal seine guten Manieren vergessen zu haben. Weder aß er jemals am Boden noch mit den Fingern und schon gar nicht ruinierte er dabei sein Hemd mit Butter – Josies Top nimmt übrigens dasselbe Schicksal. Am besten ist, dass er sich grandios fühlt!

Der DS steht in seiner Ecke und starrt ihn mit offenem Mund an – fassungslos und inzwischen jenseits aller Worte. Einige Male zuvor hat er ihn angebrüllt. Doch da Andrew ihn konsequent ignoriert, gab sein ewiger Schleifer auf. Andrew kommt sich wie ein kleiner Junge vor, der sich heimlich in die Küche geschlichen hat, um vom Kuchen zu naschen.

Ha!

Wenn das sein Dad sehen könnte! Oder Julia und Claudia! *Sarah!* Andrew Norton benimmt sich wie ein Schwein und fühlt sich sauwohl dabei!

Mit angewinkelten Ellbogen liegt er auf der Seite, in einer fettigen Hand das Weinglas, in der anderen noch ein Shrimp, von dem er gerade genüsslich abbeißt. Dann schaut er zu Josie, deren Lippen von dem Fett glänzen. Scheiß Effekt, verdammt! Nur mit Mühe widersteht er dem irren Wunsch, zu ihr zu krabbeln und es abzulecken. Stattdessen erkundigt er sich mit leichtem Interesse: »Was war es?«

Sie hat soeben ihr Glas zum Trinken erhoben und senkt es wieder. »Hmmm?«

Er schnappt sich einen neuen Shrimp und betrachtet ihn aufmerksam. Erst dann visiert er sie an – beiläufig. »Was habe ich falsch gemacht? Vorhin?«

Als wie erwartet keine Antwort erfolgt, isst Andrew den Shrimp und fährt kauend fort. »Weißt du, wenn du es mir nicht sagst, wird sich nie etwas ändern ...«

Sie nickt und holt den Schluck nach. »Dein Blick.«

Verbissen ignoriert er das sinkende Gefühl in seiner Magengegend. Als hätte er es nicht geahnt. »Was war damit?« Immer noch beiläufig.

Josie beißt sich auf die Unterlippe, erwidert aber mal wieder nichts.

Hey, Mr. Bartender, mehr Wein!

Er greift zur Flasche, schenkt ihr nach und tut unter ihrem misstrauischem Blick das Gleiche bei sich. »Du versuchst nicht zufällig, mich betrunken zu machen, oder so?«

Grinsend schüttelt er den Kopf. »So etwas würde mir nie einfallen!« Ohne Übergang hebt er sein Glas. »Auf dich!« Ha! Er hätte sich beim Trinken fast verschluckt, denn es funktioniert! Der Mensch ist tatsächlich Sklave seiner guten Erziehung. Er prostet ihr zu – sie folgt seiner Aufforderung und trinkt. Wenn auch widerwillig und absolut skeptisch.

Perfekt!

Denn sie *muss mit ihm reden!* Er hat wirklich nichts Hinterhältiges mit ihr vor, seinetwegen können sie sofort heiraten. Bitte, Herr Gott noch mal! Andrew will nur, dass sie nicht mehr diese Angst vor ihm hat. Dann fällt ihm ein, dass er sich mit dem Arsch dort oben seit gestern im offenen Kriegszustand befindet und er fügt in Gedanken bissig hinzu: Ach und übrigens: Du hast sie nicht bekommen, schon gerafft? Sie ist nicht angekommen! Was für ein Scheißpech!

»Du hast so gierig ausgesehen.«

Gierig? Scheiße, ja, das ist gut möglich. Denn langsam aber sicher reizen ihn allein ihre glänzenden Lippen bis in den Wahnsinn. Sollte sie sich nicht gleich irgendein Taschentuch nehmen oder zur Not ihr Top benutzen, um es zu beseitigen, wird er das übernehmen. Und zwar gründlich! Es ist ein wenig tröstlich, dass er zumindest die Hoffnung haben darf, sie damit nicht sofort wieder in Lebensgefahr zu bringen. Küssen – solange es in bekleidetem Zustand stattfindet – ist erlaubt, wenn auch behutsam.

»Das ist keine Gier, Josie, sondern nur Ausdruck für die Tatsache, dass ich dich will«, informiert er sie bedächtig und verzehrt den nächsten Shrimp. »Ich kann nichts dafür«, spricht er mit vollem Mund weiter.

Noch nie in seinem ganzen Leben hat er sich eines derartigen Verstoßes gegen die guten Sitten schuldig gemacht. Interessanterweise vermittelt ihm das eine gewisse Sicherheit. Er benimmt sich wie ein Flegel, also darf er ihr auch die ungeschönte Wahrheit mitteilen. »Ich begehre dich nun mal.« Andrew schluckt und sieht sie an. »Aber ich werde es nie gegen deinen Willen tun.«

Nachdenklich nickt sie. »Wirst du nicht?«

»Nein.«

»In zwei Monaten?«

»Nein.«

»In einem Jahr?«

»Nein.«

»Das nehme ich dir nicht ab.« Nur ein Statement – nüchtern und sachlich.

»Tu es!«

Abermals muss ihre Unterlippe dran glauben, dann hält sie sich an ihren Wein – offensichtlich weiß sie dessen Effekt langsam zu würdigen. »Es tut mir leid«, sagt sie, nachdem sie aufgeblickt hat.

»Was?«

»Dass es nicht funktioniert hat.« Schon ist sie wieder bleich.

»Das muss es nicht.«

Sie nickt. »Doch, das muss es! Ich habe dich verletzt und das tut mir leid.«

»Keine Entschuldigung! Wenn jemand um Verzeihung bitten sollte, dann bin ich es ...«

Ungläubig unterbricht sie ihn. »Wie kommst du denn darauf?«

Andrew seufzt. »Ich bin verantwortlich für das, was gestern Abend geschah. Es war der Scheiß im Büro, richtig?«

Eindringlich mustert sie ihn und dann bejaht sie stumm.

Diesmal klingt sein Seufzen halb resigniert. »Es tut mir so unendlich leid.«

»Wenn du das noch ein einziges Mal sagst, dann fange ich an zu brüllen!« Plötzlich ist ihre Stimme sehr tief, während sie die Lider unnatürlich weit aufreißt. Recht erbärmlicher Versuch einer Andrewimitation, aber dafür zum Schreien komisch. Schlecht in einer Situation, in der Andrews Barrieren so ziemlich gesenkt sind. In jeder Richtung. Denn im nächsten Moment liegt er lachend am Boden. Oh Mann, was für ein Scheiß!

Eine Weile beobachtet sie schweigend seinen Anfall, doch irgendwann hat sie genug. »Andrew?«

Der schaut glucksend zu ihr auf. »Ja?«

»Hör auf, mich auszulachen!«

»Ich versuche es ja«, beteuert er und gibt sich aktuell dem nächsten Lachkrampf hin. Oh verdammt! Jedes Mal wenn er glaubt, es geschafft zu haben, geht es von vorn los. Der Effekt ist mit dem Desaster vom gestrigen Abend vergleichbar. Nur, dass es sich diesmal um Lachtränen handelt. Es sind tatsächlich noch welche da, perfekt!

Er ist so in seinem Anfall gefangen, dass ihm entgeht, wie sie ihren Platz in sicherer Entfernung verlässt. Für sie und für ihn. Als ihr Kopf über ihm auftaucht, wird Andrew schlagartig ernst. Verdammt! Jetzt hat sie die glänzenden Lippen in Reichweite gebracht.

»Ich finde es Scheiße, wenn du mich auslachst!"

Anstatt zu antworten – eine Rechtfertigung wäre vielleicht nicht unangebracht – kann er sie nur anstarren.

Beherrschung, Norton! Beherrsche dich. Du darfst nicht einmal daran *denken!* Du musst das unter Kontrolle halten. Sieh nicht auf die Lippen. Denke an ... keine Ahnung, denk an Smiths fucking Wikipedia Memo! Oder denk an Gail! Ja, denk an Gail! Die grausam erhobenen Augenbrauen, ihr entsetzter Blick heute Morgen! Denn wie üblich ist sie dir auf die Schliche gekommen!

Nichts hilft. Der Baby–Doll–Mund ist da und er kann sie nicht einfach ignorieren. Wikipedia Memos und Gails sind so weit weg, das Mädchen dafür so nah ...

»Josie ...«, hört Andrew sich murmeln und ärgert sich sofort. Das ist so nicht geplant! Auch so ein Phänomen, das er bis vor Montag nicht kannte.

»Was?«

»Wäre es in Ordnung, dich zu küssen? Wenn nein, ist es okay. Ich will dich ganz bestimmt nicht drängen oder so etwas. Aber sollte ...«

Ihr Finger legt sich auf seine Lippen und Andrew muss erneut schlucken. Diesmal sehr schwer.

Plötzlich ist dieser verdammt glänzende Mund nur Zentimeter von seinem entfernt. »Küss mich«, wispert sie. »Bitte ...«

Oh, was für ein verfluchter Scheiß!

Schon stellt er sich vor, die verbliebene Distanz auch noch überbrücken. Eine winzige Bewegung und sie wird am Boden liegen, mit leuchtendem, erwartungsvollem Blick zu ihm aufsehen und er sie küssen. Er kann es direkt spüren. Erst nimmt er sanft ihre Unterlippe zwischen die Zähne und säubert sie mit der Zunge und dann ist die Oberlippe an der Reihe.

Er wird sehr gründlich sein. So glänzend und voll und unwiderstehlich darf er sie unmöglich belassen. Kurz darauf wird er beschließen, dass auch ihr Top viel zu beschmutzt ist, und dass sie es unbedingt ausziehen muss. Darum wird er sich kümmern. Er sieht sie vor sich, während er sie sauber leckt und seine Hände ihren Hals hinabwandern ...

Und dann wird sie ersticken.

Genau so wird es ablaufen.

Langsam schüttelt er den Kopf. »Nein, es war eine dumme Idee, es tut mir ...«

Schon liegt ihr Finger wieder auf seinen Lippen. Ihre Augen flehen und dieser unmöglich glänzende Mund haucht: »Bitte ...«

Andrews verräterischster Körperteil brüllt erneut auf ihn ein:

Norton! Du dämlicher Trottel! Könntest du jetzt bitte – B I T T E – sofort etwas unternehmen? Scheiße! Küss sie, zieh sie aus, tu es endlich, du Idiot, ich verliere echt langsam die Geduld!

Toll! *Er* ist nicht der Einzige. Im Grunde ist dieser Kuss doch eine Zwangsläufigkeit! Okay, er will mehr als das – ganz sicher sogar. Es ist früher Freitagnachmittag. Sie sitzen am Boden, essen Shrimps und trinken Wein. Keine Verpflichtungen oder Termine. Allein – nur sie zwei. Und Andrew hat sich nie verzweifelter nach dieser Entspannung gesehnt, die nur der Sex ihm bringen kann. Mit ihr – die Vorstellung mutet bereits fantastisch an.

Perfekt!

Sie hier und jetzt zu verführen, erscheint ihm als die einzig empfehlenswerte Methode, diesen Tag zu beenden. Sanft und behutsam wird er mit ihr auf diesem flauschigen Läufer schlafen. Dann wird er sie in sein Bad tragen und gemeinsam mit ihr die große Badewanne benutzen. Auch dort beabsichtigt er, Sex mit ihr zu haben. Nicht zu vorsichtig, weil Josie langsam ihre Scheu verliert.

Das Gleiche wird wenig später noch einmal in dem riesigen Bett stattfinden. Doch diesmal wird er sie nach allen Regeln der Kunst durchnehmen, so, wie er es seit Tagen vorhat. Dann wieder und wieder ... ein flüchtiger Erholungsschlaf und die nächste Runde ...

Das ist es, was er in Wahrheit will. Teilweise liegt es am Wein, aber auch an der seltsamen Situation und dem Gefühl, ohnehin schon etwas Verbotenes zu tun. Küsst er sie, wird er nicht mehr aufhören. Sein Verlangen ist zu groß, viel, viel zu gewaltig ... und das Risiko daher unkalkulierbar.

Deshalb seufzt er leise, nimmt sie an den Schultern und haucht ihr einen flüchtigen Kuss auf die Stirn. Dann weicht er zurück, weg von ihr ... und diesen verdammten Lippen. »Es geht nicht, Josie.«

»Du bist wütend!«

»Was?«

Auch sie ist zurückgewichen, ihre Augen sind groß und wissend. »Ich habe dich verletzt.«

»Nein, Josie! So ist es nicht!«

»Du brauchst mich nicht zu belügen. Ehrlichkeit, schon vergessen?«

»Du hast mir nicht wehgetan«, wiederholt er. »Du verstehst das nicht. Wenn du mich auf diese Art berührst ...«

Jetzt geht das wieder los. Wie soll er es formulieren, ohne für sie erneut zum Tier zu werden? Dieser Trieb wird doch nun einmal nicht vom Geist gesteuert! Für sie mag das unvorstellbar sein. Okay, es mag nicht, das *ist* es! Andrew kann ihr nicht sagen, was sie in ihm auslöst, weil sie es dann nie mehr versuchen wird – aus Angst, dass er *gierig* wird. Dieses Paradoxon realisiert sie überhaupt nicht! Sie tut es, um ihn *glücklich* zu machen. Reagiert er auch nur im Entferntesten *glücklich*, stößt er sie mit seiner Reaktion ab! Verdammt, er ist doch keine Puppe oder ein Kuscheltier! Er ist ein Mann!

»Ich bin ein *Mann*.« Er äußert es laut, weil dieser Satz das gesamte Dilemma kurz und prägnant beschreibt.

Sie mag einen Kuss von allen anderen Dingen isolieren können – Andrew kann das nicht. Ja, möglicherweise macht ihn das zum Sexmonster. Vielleicht ist Josie der einzige Mensch, dem es tatsächlich gelungen ist, geistige und physische Liebe voneinander zu trennen. Im Grunde ist sie ohnehin ein Phänomen: Das Mädchen küsst wie der Teufel höchstpersönlich und scheint nicht die geringste Neigung zu verspüren, diese Leidenschaft auf andere Bereiche auszudehnen.

Wäre das alles, könnte Andrew ihr helfen. Okay, besser ausgedrückt: ihnen beiden. Ginge es nur darum, sie sanft und zärtlich in die Liebe einzuführen, damit sie ihre natürliche Scheu verliert, sähe er nicht die geringsten Schwierigkeiten. Er würde sich Zeit nehmen, um ihr zu beweisen, wie schön es sein kann. Danach würde er ihr demonstrieren, wie wild und leidenschaftlich es darüber hinaus geht. Er würde sie weiter treiben, als sie es für möglich hält! Und sie würde es lieben.

Aber so einfach ist es nicht. Josies Problem ist nicht ihr Körper, sondern ihr Kopf. Seit dem gestrigen Abend gelingt es Andrew nicht einmal annähernd einzuschätzen, wie sie auf ihn reagiert. Ihre Reaktionen unterliegen keinem Schema. Es gibt keine Grenze, bis zu der er gefahrlos gehen darf. Sie wäre gestern beinahe gestorben, weil sie erkannte, dass er sein Hemd ausziehen will.

Das war alles!

Wie soll er irgendetwas wagen, ohne nicht gleichzeitig mörderische Angst um sie zu verspüren? Sie muss ihm mitteilen, was sie denkt und wie er sich zu verhalten hat, damit es gut geht. Und ihr verzweifelter Blick hilft nicht wirklich, Andrew ist *auch* verzweifelt. Fuck! Das stellt die mieseste Untertreibung dar! Noch nie hat er eine Frau so sehr begehrt. Er will Liebe, Sex, Liebe, Sex …, will sie heiraten, zwanzig Kinder zeugen – glücklich sein! Die anderen Frauen haben ihn nie interessiert – er wollte sie und nahm sie sich, nie wies ihn eine ab. Nur die eine, die er wirklich über alle Maßen liebt, erträgt seine Berührung nicht. Sein unbekleideter Körper ist für sie widerwärtig. Sie hat Angst vor ihm, weil er ein Mann ist. Gibt es eine ausweglosere Situation?

Um dem Ganzen die Krone aufzusetzen: Josie meint, ihm einen Gefallen zu tun, wenn sie solche Dinge wie zuvor auf der Couch veranstaltet. Sie glaubt, er würde es genießen und sie auf diese Art ihre Liebe *unter Beweis stellen*. Er weiß nicht, wie lange er sich noch zurückhalten kann, bevor er dieses Opfer mit Begeisterung akzeptiert – immer in der Hoffnung, ihr zu zeigen, dass sie so falsch liegt. Dass es schön *ist*! Andrew mag gar nicht darüber nachdenken, wie schön es für sie beide werden wird.

Doch er darf nicht, denn sie kann ihre Attacken ebenso wenig steuern wie er. Ihre sogenannten Liebesopfer sind eigentlich nur der permanente Versuch, *ihn zu ihrem Mörder zu machen*.

All diese grausamen Wahrheiten wirbeln durch Andrews Geist und die Tränen kommen erneut. Es existiert keine Möglichkeit sie nicht umzubringen, außer der, sich strikt von ihr fernzuhalten. Er darf sie nicht einmal mehr in den Arm nehmen, denn auch das könnte inzwischen bereits zu viel sein. Und das alles, während er sie so sehr braucht. Nicht nur den Sex, obwohl was das betrifft, *brauchen* mittlerweile einen echten Witz darstellt. Er benötigt ihre Nähe, wie die Luft zum Atmen.

Verdammt!

»Ich kann nicht«, sagt er und in jeder Silbe schwingt die Verzweiflung mit. »Ich werde dich nicht mehr anrühren, bevor ich nicht weiß, woran ich bin.«

Eine ganze Minute bleibt Josies Erwiderung aus. Dann kriecht sie zurück zu ihrem Platz, nimmt einen tiefen Schluck aus ihrem Glas, platziert es vor sich und mustert ihn entschlossen. »Okay. Reden wir!«

Verblüfft starrt er sie an. »Du wirst mir ehrlich antworten?«

»Ja. Aber nur unter einer Bedingung.«

»Die wäre?«

»Du antwortest mir auch.«

Das ist nur fair. Quid pro quo. »Einverstanden«, nickt Andrew.

»Fang an, es war deine Idee« Das klingt wie eine echte Herausforderung.

»Pro Antwort nicht mehr als ein Satz«, stellt er klar und verkörpert seit Stunden zum ersten Mal Andrew Norton – verhalten, fest, souverän, konzentriert.

Sie runzelt die Stirn. »Weshalb?«

»Weil es dazu zwingt, die Aussagen einfach zu halten. Dadurch sind sie aufrichtiger. Viele Worte bedeuten jede Menge Interpretationsspielraum.«

»Okay.«

Er stützt sich auf seinen Ellenbogen und nimmt sein Glas wieder in die Hand. »Was lief gestern im Büro schief?«

»Deine Gier.«

Seine Gier – perfekt! Andrew sieht auf. »Du bist dran.«

Josie muss nicht überlegen. »Warum hast du gestern geweint?«

Oh, Scheiße! Aber okay. »Ich dachte, du wärst tot.«

Das scheint sie nicht zu überraschen.

»Wenn du mich so wie vorhin berührst, was empfindest du dann?«

Ohne ihn aus den Augen zu lassen, nippt sie an ihrem Wein, schluckt und räuspert sich schließlich. »Ich bewundere deinen Körper. Ich mag es *manchmal*, ihn zu berühren. Solange es dir gefällt, mag ich es auch – ein wenig.« Erschrocken reißt sie die Lider auf. »Oh, das war mehr als nur ein Satz!«

Wow! Sie wirkt tatsächlich aufrichtig.

»Wie oft hast du diese Albträume?«

Verdammte Scheiße! Andrew muss einen hohen Preis für ein paar Antworten bezahlen. Einen verdammt Harten. Wieder schluckt er. »Jede Nacht.«

Auch das überrascht sie nicht, und er beeilt sich, seine Frage nachzuschieben. »Wie fühlst du dich, wenn ich dich berühre?«

»Wenn du traurig bist, ist es okay, wenn du *das andere* willst, nicht.«

Oh, okay, Josie. Ab jetzt heult er beim Sex. *Rotz und Wasser!* Kein Problem! Das ist also des Rätsels Lösung: Andrew muss dabei *traurig* sein. Mit gespitzten Lippen wiegt er seine Chancen ab. Nun, bis zu dem Moment, in dem er kommt, geht das vielleicht, aber dann ...

Josies Stimme bringt ihn auf den Boden der Tatsachen zurück. »Wie lange hast du diese Albträume?«

Verflucht! Mit unbewegter Miene hebt er die Schultern. »Eine Weile.«

»Andrew!«

Das ist nicht gut! *Überhaupt* nicht gut! Doch er braucht Antworten, sie muss aufrichtig sein, verdammt! Daher bleibt ihm nichts übrig, als es ihr gleichzutun. Er senkt den Kopf und konzentriert sich, und als er schließlich wieder aufschaut, ist sein Gesichtsausdruck hart und die Stimme klingt hohl.

»Seitdem ich vier Jahre alt bin.«

Ihr Blick weitet sich vor Entsetzen und er beeilt sich weiterzumachen. Andrew hasst es, wenn sie ihn auf diese Art betrachtet. »Wie fühlst du dich, wenn ich dich küsse?«

Das Ablenkungsmanöver funktioniert, denn sie grinst. »Hervorragend.«

Erleichterung! Wenigstens das.

»Kannst du besser schlafen, wenn ich bei dir bin?«

»Ja.«

»Warum glaubst du, dass Männer dich quälen wollen?«

Sie blinzelt und die Erwiderung kommt zögernd. »Ich *weiß* es einfach.«

Oh nein, Baby. »*Woher* weißt du das?«

Josie hebt die Schultern. »Ich habe wirklich keine Ahnung. Ich weiß es.«

Sie *ist* ehrlich, das merkt er. Und schon ist Josie wieder an der Reihe.

»Wie viele Frauen hast du vor mir geliebt?«

»Keine.«

Er ignoriert das Aufleuchten ihrer Augen, zu konzentriert auf seine nächste Frage. »Wie glaubst du, läuft Sex im Grunde ab?«

Ihre Augen werden groß, sie erbleicht und senkt hastig den Kopf. Er wartet geduldig, sie hat ihm auch Zeit gegeben. Als sie wieder aufsieht, blitzen ihre Pupillen und sie klingt bemerkenswert eisig. »Grausam.«

Grausam? Aha. Fein! Josie betrügt, aber Andrew hat nicht die Absicht, sie damit davonkommen zu lassen …

»Wie viele Freunde hast du?«

Er runzelt die Stirn. Freunde? Was soll er mit denen? »Keine.«

»Was bedeutet grausam in Bezug auf Sex für dich?«

Das ist ein Treffer! Das Blitzen verstärkt sich und jetzt spricht sie mit zusammengebissenen Zähnen. »Erwartest du wirklich von mir, dass ich *das* ausspreche?«

»Ja.« Das ist schließlich der Sinn des gesamten Theaters.

Sie nickt langsam und schiebt die Unterlippe vor.

»Es ist grausam, weil man sich erniedrigen, missbrauchen und quälen lassen muss«, zischt sie plötzlich. Mit einem Mal ist da nur tödliches Gift. »Die Frau ist gezwungen, zu ertragen, wie er mit diesem ... *Ding* in ihr herumstochert. Das nenne ich echt grausam!«

Bevor Andrew sich von seinem Schock erholen kann, schießt sie die nächste – die ultimative – Frage hinterher. Und ihre Revanche fällt unter Garantie treffender aus, als seine.

»Wovon träumst du jede Nacht, seitdem du vier Jahre alt bist?«

2

Langsam legt sich eine eiserne Kralle um den Hals und drückt ihm die Luft ab.

›Willkommen in der Realität, Norton du Riesenidiot! Hattest du ernsthaft geglaubt, du beantwortest hier ein paar seichte Fragen, um sie bei Laune zu halten und bekommst im Gegenzug ihre Seele vor dir ausgebreitet? Okay, scheint, dass dein prächtiger Plan nicht vollständig aufgehen wird, was? Sieh zu, dass du das jetzt ganz schnell wieder in die richtigen Bahnen lenkst, mein Junge. Beende das! Sofort!‹

JA. Und wie bitteschön soll er das anstellen? Sie wird seine Lüge durchschauen. Aber die ist die einzige Alternative. Die Wahrheit liegt in einer Dimension, fernab von allen Menschen, in seinem persönlichen Nirwana. Niemand außer ihm wird es betreten und mit Sicherheit nicht Josie! Nichts und niemand wird je davon erfahren. *Niemals!*

Erst jetzt fällt ihm auf, dass er sie immer noch wie ein Fisch auf dem Trockenen anstarrt. Sein Mund ist leicht geöffnet und die Atmung geht seltsam schwer. Er zwingt mechanisch den Kopf hin und her und seinen Kehlkopf zum Funktionieren. »Ich kann mich nie daran erinnern.«

Sofort taucht der Zweifel in ihrer Miene auf. Daher setzt er die Befragung eilig fort. »Mit wem hast du schon über Sex gesprochen?«

»Mit niemandem.« Keine Sekunde lang hat sie nachdenken müssen. Inzwischen liegen die beiden nicht mehr entspannt am

Boden. Er kniet mit geballten Fäusten vor ihr und sie tut es ihm nach.

Josies Frage erfolgt im Eiltempo. »Du hast also seit wie viel? – vierundzwanzig Jahren? – ein und denselben Albtraum und weißt nicht, wovon er handelt?«

»Ja. Wenn du mit niemandem darüber gesprochen hast, wie kommst du dann darauf, dass deine Ansichten korrekt sind?«

Sie beißt die Zähne aufeinander. »Ich weiß es einfach!« Keine Pause. Inzwischen ist ihr Kopf nach vorn gereckt und ihre Augen blitzen wie ein Mitternachtsfeuerwerk. »Glaubst du nicht, dass es vielleicht wichtig wäre, dahinter zu gelangen, *was* das für ein Albtraum ist?«

Ha! Der war gut. »Wozu? Es reicht, dass er da ist! Hast du dir vielleicht mal überlegt, dass deine absurden Ansichten falsch sein könnten?«

»Nein, zufällig weiß ich, dass es der Realität entspricht. Den ganzen anderen Mist, der so erzählt wird, kannst du vergessen! Andrew, du weißt, dass es nicht normal ist, über zwei Jahrzehnte nicht richtig zu schlafen, ja?«

»Ach ehrlich? Was hab ich für ein Scheißglück, dass du endlich da bist, um mich darauf hinzuweisen! Auf die Idee wäre ich im Leben nicht gekommen! Josie, du weißt schon, dass es nicht normal ist, solche Ansichten über die Liebe zu haben, ja?«

»*Liebe? Willst du mich verarschen?* Wir sprechen hier von irgendeinem kranken Scheiß, den Frauen ertragen müssen, damit es EUCH SCHWEINEN BESSER GEHT!« Ihr Kinn ist noch etwas weiter vorgerückt. Nun befindet sich ihre Nasenspitze direkt über der Schüssel, in der ein einsamer Shrimp liegt. Kalt und vergessen bedeckt mit einer dicken Lage gelblicher, erstarrter Butter. »Wie viele Stunden schläfst du denn so pro Nacht?«

Auch sein Schädel ist längst nach vorn geneigt. Die Kiefer sind hart aufeinander gepresst und die Fingernägel graben sich tief in das Fleisch seiner Handballen. »Was meinst du wohl? Ich werde es dir sagen, Schätzchen. Drei Stunden, vier Stunden, wen interessiert das? MIR GEHT ES GUT! Du bist also tatsächlich der Überzeugung, dass alle anderen Frauen in Wahrheit gefoltert werden, ja? Und du bist die Einzige, die hinter diese grausame Realität gekommen ist?«

»GENAU DAS!«

Sie haben inzwischen die ersten drei Level in Sachen Lautstärke überwunden. Es gibt nichts, was Andrew derzeit weniger interessiert. Er brennt darauf, seine Frage zu beantworten, um ihr die nächste um die Ohren schlagen zu können. *Sie* ist der Meinung *ihn* verletzen zu müssen? Oh, das kann er besser! *Viel besser!*

»Du glaubst, dass es dir gut geht, wenn du über Jahre nicht mehr als ein paar Stunden die Nacht schläfst und dabei DAS GANZE HAUS ZUSAMMENBRÜLLST?«

»Ja, mir reichen drei Stunden aus, und mein Gebrüll hat bisher niemanden gestört! Dir ist nicht zufällig aufgefallen, dass du mich sogar ziemlich willst und dass nur dein wirrer Kopf der gesamten Geschichte im Weg steht, nein?«

Trocken lacht sie auf. »Wie herrlich! Was du nicht alles weißt. Ich bin ja so froh, deinen Weisheiten lauschen zu dürfen! TRÄUM WEITER! Hast du dir schon mal überlegt, wie sich das anhört, wenn du schreist? MOMMY, MOMMY!«

»NEIN!« Nur am Rande realisiert Andrew, dass er jetzt brüllt. »Und es ist mir auch scheißegal! Du musst ja nicht zuhören! Du leugnest also, dass dir die Geschichte im Auto Spaß gemacht hat?« Ihm ist klar, nur ein Satz, aber das ist scheißegal. Das ‚Mommy' war zu viel, dafür wird sie bezahlen. »Dann werde ich dir mal etwas flüstern, Baby! Offenbar ist dir das nicht geläufig! Wenn es feucht wird zwischen deinen Beinen, heißt das nichts anderes, ALS DASS DU SOGAR VERDAMMT SCHARF DARAUF BIST, DASS ICH MIT MEINEM *DING* IN DIR ...«

Klatsch!

Andrews Gesicht ist urplötzlich ziemlich nass. Er schließt die Lider und schmeckt den Wein auf seinen Lippen. Als er sie wieder aufschlägt, sieht er ihre entsetzte Miene. Und genau in dieser landet einen Herzschlag später der Inhalt seines Glases.

Quid pro quo.

Klatsch!

Josie weicht nicht zurück. Langsam, beinahe andächtig, wischt sie sich die Flüssigkeit aus den Augen. Andrew verzichtet darauf. Schön, dann ist er eben voller Wein! Es schert ihn einen Scheißdreck. Ihn juckt überhaupt *alles* einen Scheißdreck. Nur ihre Worte nicht. Die rangieren eindeutig fünf Meilen über der unsichtbaren Grenze. *Tausend Meilen!* Niemanden, *niemanden* geht das etwas an! Auch nicht Josie! Sie hat sich da rauszuhalten! Denn es ist seine Angelegenheit! Seine! Und sie will ganz gewiss nicht die Wahrheit erfahren! Die könnte sie mit ihrem kleinen Gehirn gar nicht verarbeiten. Sicher, von ihrer Perspektive aus ist es einfach: Huh, Andrew hat *Albträume.* Wir müssen *darüber reden* und dann wird alles gut. Wieder so eine beschissene Therapeuten-Ansicht. Sie ist keinen Deut besser als alle anderen und glaubt den ganzen dämlichen Scheiß, der den lieben langen Tag auf dem verdammten Discovery Channel läuft! Nur für sie selbst scheint ihre Wunderrezeptur nicht erforderlich, nicht wahr? Das ist selbstverständlich etwas anderes. Weil Josephine Kent natürlich mehr weiß als die übrigen Frauen. Sie hat nämlich als Einzige die grausame Wahrheit durchschaut.

Alle Männer sind Schweine! Oh, Andrew. Ich liebe dich! Sofern du mir NICHT ZU NAHE KOMMST! Solange du dich ANSTÄNDIG BENIMMST! Und verdammt noch mal deine Hose zulässt! Und dein Hemd auch. Damit ich mir einreden kann, du wärst irgendein Plüschhase, den ich in den Arm nehmen kann, wenn mir danach ist. Huch, was? Du bist ein Mann? Einer von den beschissenen, folternden Schweinen, die ja nichts anderes im Sinn haben, als mit ihrem Ding in mir HERUM ZU STOCHERN? Nein, so will ich dich nicht! Du widerst mich an. Und wage es nicht, mir zu nahe zu kommen! Machst du es trotzdem, dann atme ich einfach nicht mehr! Ha! Du wirst schon sehen, was du davon hast. Also entweder, du gewöhnst dir ab, ein Mann zu sein oder ich verlass dich für immer! Und zwar in Richtung nirgendwo! Was, das passt dir nicht? Pech gehabt, du Arschloch!

Verzweifelt versucht er seinen Zorn unter Kontrolle zu bekommen und irgendwie dafür zu sorgen, dass er nicht explodiert. Weil Andrew nicht genau einschätzen kann, was geschehen wird, wenn das eintrifft. Was es auch ist, es wird nicht gut sein. Derzeit ist er gefährlich. Viel, viel zu riskant, sich in ihrer Nähe aufzuhalten. Nicht umsonst meidet er die Wut seit vierundzwanzig Jahren wie die verdammte Pest.

Und er mag vielleicht im Moment eine Scheißwut auf Josie haben, doch er will ihr trotzdem nicht wehtun. Aber das wird er, wenn er hier nicht endlich verschwindet.

Sofort!

Andrew erhebt sich, macht kehrt, ohne sie eines Blickes zu würdigen und marschiert mit hölzernen Beinen, geballten Fäusten, zusammengepressten Zähnen und nach vorn geneigtem Kopf zur Treppe.

Josie unternimmt keine Anstalten, ihn aufzuhalten.

Letzter Ausweg

1

In seinem Schlafzimmer angekommen marschiert Andrew nonstop weiter Richtung Dusche. Sein Hemd ist jetzt nicht nur mit Fett garniert, sondern darüber hinaus mit Wein getränkt – ganz zu schweigen von Haar und Gesicht. Er kann ohne Übertreibung behaupten, nie zuvor so abartig gestunken zu haben.

Der Versuch, sich mit geballten Händen seiner Sachen zu entledigen, scheitert kläglich. Insgeheim verflucht er sich, weil er die Knöpfe wieder geschlossen hat. Gegenwärtig gelingt es ihm weder, seine Fäuste zu lösen noch die Kiefer auseinander zu eisen. Denn genau diese beiden Dinge verhindern derzeit sein Brüllen. Es will raus, und zwar so vehement, bis *wirklich alles* draußen ist. Hat er einmal begonnen – davon ist er überzeugt –, wird er ziemlich lange beschäftigt sein. Über die Jahre hat sich so einiges angesammelt. Aber er hat sich unter Kontrolle.

Andrew hat sich ja immer unter Kontrolle; was auch geschieht, selbst wenn Josie ihm sein verdammtes Scheißherz aus der Brust reißt. Nein, er beherrscht sich.

Nicht wahr? »Natürlich!«, zischt er durch die Zähne. »Sicher beherrsche ich mich! Das tue ich ständig! Weil ich Andrew bin: der Idiot, der alles erträgt und alles hinnimmt!«

Der Versuch das Hemd zu öffnen scheitert jämmerlich und er ist kurz davor, sich eine beschissene Schere zu besorgen, entscheidet sich jedoch im letzten Moment dagegen.

Nicht, dass die Gefahr besteht, Josie zu verletzen. Mitnichten! Die Wahrheit ist, passt er nicht auf, befindet sich das Ding ganz schnell in seinem Oberschenkel, Bauch oder im Arm. Es gab Augenblicke, in denen es wirklich knapp wurde. Niemand kann sich vorstellen, welche Attraktivität ein Brieföffner bekommt, wenn man so hundemüde ist, dass einem andauernd die Tränen kommen und wie wundersam und erleichternd die Aussicht scheint, sich irgendetwas Spitzes und Scharfes in den Körper zu stoßen.

So ging es ihm, als sein Dad Sarah heiratete. Damals war es ein Steakmesser, das ihm wie die Erlösung in Perfektion erschien. Er bekam plötzlich den unüberwindlichen Drang, sich damit zu schneiden. Zu diesem Zeitpunkt gab es noch keinen DS und es war das einzige Mal, dass er diesem Impuls nachgab, dass er schwach wurde.

Der DS sorgte dafür, dass dieser Ausflug in die Welt der heilsamen Schmerzen einmalig blieb, und obgleich der Wunsch es zu wiederholen Andrew oft heimsuchte, ist er seitdem niemals wieder ernsthaft Gefahr gelaufen, ihm nachzugeben. Bis heute ...

Irgendwie gelingt es ihm, sich trotz der Fäuste auszuziehen, wenngleich sein Hemd danach nur noch aus einem Haufen Fetzen besteht. Scheiß drauf! Es ist ohnehin versaut. Fett geht nicht raus, das weiß selbst er.

Als er mit gesenktem Kopf unter der Dusche steht, die erstarrten Hände gegen die Fliesen gestemmt, während das heiße Wasser auf seinen Körper herabströmt, probiert er, wenigstens seinen Unterkiefer zu lösen. Mit der Zeit ist es ehrlich quälend, ihn ständig im Oberen verkrampft zu halten.

Erfolglos.

Stattdessen steigt nur sein Bedürfnis, irgendetwas zu holen, das in der Lage ist, ihm den Schmerz und die Wut zu nehmen.

Er erträgt jeden Verrat, selbst mit Stephen machte er schließlich seinen Frieden, obwohl das eine Weile gedauert hat. Als Mann ist es für ihn nachvollziehbar, dass sein Vater eine neue Frau wollte. Dass die sich als äußerst gebärfreudig herausstellte, kostete Andrew einiges, aber spätestens, als seine jüngere Schwester geboren wurde, konnte er es verkraften. Ein Blick in ihre grünen Augen und er war verloren. Man kann Julia nur lieben, sogar er musste das akzeptieren. Irgendwann fand er sich selbst mit Claudia ab, wenngleich die eine verkommene Schlampe ist. Er schluckte all den Müll und hätte geglaubt, ihn könne nichts mehr verletzen. Bis heute – Josies Vertrauensbruch ist zu viel.

Dazu hat sie kein Recht und es ist nicht fair! Sie soll diejenige sein, die dafür sorgt, dass er sich besser fühlt und nicht scheiße! So fucking scheiße, wie seit Jahren nicht! Sie hasst ihn, sein Körper widert ihn an! Sie verabscheut die Tatsache, dass er sie liebt und versucht ihn zu zwingen, *daran* zu denken! Genügt es denn nicht, davon zu träumen? Ihm ist, als wäre er feige von hinten angegriffen worden, und zwar ausgerechnet von jener Person, von der er es am wenigsten erwartet hat und welche die Einzige ist, die er wirklich liebt.

Hervorragend, Norton, du Idiot! Das zumindest ist wohl ein ziemlich abgefuckter Fehler, oder? Hättest du dich nicht verliebt, wäre das alles nie geschehen!

Ja, das ist wieder so eine scheiß überflüssige Überlegung! Er braucht den DS überhaupt nicht, um sich den Rest zu geben, das besorgt er glänzend allein. Als hätte es je eine Wahl gegeben, als hätte er auch nur eine Sekunde lang *nachdenken* können.

Er sah sie und genau das war es! Und hätte in diesem Moment der Weltuntergang begonnen, er wäre nicht gefahren, ohne zu wissen, dass er sie wiedersehen würde. Das kann man nicht unbedingt die Möglichkeit einer freien Entscheidung nennen!

Ihr Verrat wiegt um einiges grausamer als der Betrug seines Dads. Er würde ihr das niemals gestehen, aber die Tatsache, dass er sie anwidert, schmerzt unvorstellbar. Nur sehr langsam sickern ihre Worte in sein Bewusstsein, und noch gemächlicher, jedoch unwiderruflich, setzt der Schmerz ein. Wie ein schleichendes Gift, das sich behäbig zu seinem Herzen vorarbeitet. Gestern war er viel zu schockiert, um das gesamte Ausmaß ihrer Äußerung zu begreifen. Erst heute, als sie es wiederholte, ist die Botschaft endlich auch bei ihm angekommen.

Sie hasst ihn. *Sie will ihn einfach nicht!*

Er hält sein Gesicht in den Wasserstrahl und kämpft wieder darum, nicht zu brüllen.

Dazu all das andere, was sie sagte, dass sie versucht ihm einzureden, *er* bräuchte Hilfe! *Er!* Sein Eindruck von Donnerstagnacht war schon ganz richtig. Für sie ist er ein beschissener Pflegefall! Für s*ie!* Miss *alle Männer sind Schweine und wollen mit ihrem Ding in mir herumstochern!* Kent!

Das ist doch ein Witz!

Nun, es *wäre* jedenfalls einer, wenn sie nicht zufällig alles tun würde, um ihre wahnwitzige Meinung an die ihrer Ansicht nach korrekte Adresse zu bringen! *Seine!*

Dass Josie nur hirnrissige, irrsinnige Anschauungen hat, betrachtet er inzwischen als bewiesen.

Kein normaler Mensch redet sich einen derartigen Bullshit ein und lässt sich nicht davon abbringen! Da leidet auf die Dauer zwangsläufig das Gehirn! Nur wieso verdammte Scheiße kränkt sie ihn? Er tut ihr schließlich auch nicht weh! Weshalb hält sie nicht ihren vorlauten Mund und belässt die Dinge einfach so, wie sie sind? Er muss nämlich mit ihnen leben und das funktioniert ziemlich gut, verdammt! Sie wirft alles durcheinander und bringt ihn dazu, sich zu vergessen. So sehr, dass sein größter Wunsch ist, sich den Arm aufzuschneiden oder ein beschissenes Messer in den Bauch zu rammen, nur, damit ihm endlich gelingt, es aus seinem Kopf zu verbannen. Warum tut sie ihm das an? Ist das ihre Vorstellung von Liebe?

Doch wie könnte Andrew erwarten, dass sie die Liebe ebenso interpretiert wie jeder andere, *normale* Mensch? Treffender ausgedrückt, *wie er?* Woher soll sie wissen, dass man den Partner nicht verletzt, wenn man liebt und ihm nicht sagt, dass er ihn anwidert? Ihn nicht in eine Richtung zwingt, in die er nicht gehen will, weil ihn das in ein unkontrollierbares, hasserfülltes Monstrum verwandelt, das besser niemals geweckt werden darf!

Das, liebe Josephine, ist das *echte* Monster. Das müsstest du fürchten. Denn im Gegensatz zu dem, was du als gefährlich erachtest, ist es tatsächlich in der Lage, dich zu verletzen. Du hast es zwar nach so vielen Jahren aufgerüttelt, jedoch mir die Aufgabe überlassen, es ruhig und friedlich zu halten, nicht wahr?

Trocken lacht er auf. Ja, das ist dann wieder seine Angelegenheit. Miss Kent sitzt ja im Wohnzimmer und denkt wahrscheinlich gerade darüber nach, was für ein Scheißschwein er ist, da er sich die Frechheit herausnimmt, sie zu lieben. Während er hier um alles kämpft, was er ist und was ihn ausmacht.

Mit wachsender Ungeduld wartet er darauf, dass Zorn und Schmerz von selbst verschwinden. Das tritt nur leider nicht ein. Warum auch?

Schließlich dreht er mühsam mit seiner Fausthand das Wasser ab und steigt aus der Dusche. Auf ein Handtuch verzichtet er, der Effekt wäre ohnehin gleich null, weil er es nicht wirklich halten kann. Unvermindert pressen sich seine Kiefer aufeinander, er registriert es nur noch am Rande, denn er weiß längst, was zu tun ist, um sogar diese Situation zu meistern. Entweder das oder Schmerz und Zorn werden siegen, und das darf er nun einmal nicht zulassen.

Unbeholfen zieht er seinen Morgenmantel an und öffnet danach den Schrank, in dem das Waschbecken eingelassen ist. Es dauert nicht lange, bis er findet, wonach er sucht.

Andrew verfügt über drei sehr hochwertige Trockenrasierer. Alle in der gehobenen Preisklasse angesiedelt und äußerst zweckmäßig. Doch der DS besteht immer auf der Nassrasur, er meint, sie wäre effektiver. Insgeheim muss er ihm recht geben. Sie ist es. Dafür benutzt er nicht einen dieser neuwertigen Modelle, bei denen man die ganzen Köpfe austauscht, sobald die Klingen stumpf geworden sind. Oh nein! Er besitzt einen Goldenen, von Hand Gefertigten, Altmodischen. Und dieser birgt in sich ein Geheimnis: seine Rückversicherung – der letzte Ausweg, wenn jeder sonstige Versuch gescheitert ist.

Er schraubt ihn auf – ein wenig schwerfällig, wegen der beschissenen Hände – und nimmt sie heraus: Glitzernd und funkelnd im Halogenlicht der Badbeleuchtung ruht sie auf seinem Handrücken, und plötzlich ist für ihn nichts dringlicher, als ans Ziel zu gelangen. Endlich all den Schmerz hinter sich lassen, ebenso wie das Bedürfnis, sein Gesicht zu verstecken und permanent zu heulen, als gäbe es kein Morgen mehr. Nicht weiterhin daran denken, dass sie ihn hasst, dass sie ihn ablehnt, dass er ein abgefucktes Schwein für sie ist – wie die anderen auch. Gleichermaßen mag er dieses Bild nicht länger betrachten, das in seinem Geist umherschwirrt, seitdem sie ihn damit konfrontiert hat.

Eine Gasse bei Nacht und seine Mom. Wie sie im Dreck der schmierigen Steine liegt, ihre Kleidung in Fetzen gerissen, während nicht einer – oh nein – FÜNF dreckige, brutale Kerle sich über sie hermachen. *Ihre* Schreie will er nicht mehr hören, gleichfalls nicht sein Wimmern, als er dem Ganzen aus dem kleinen Holzverschlag neben den Mülltonnen zuschaut – zitternd und vor lauter Scheißangst mit den Zähnen klappernd. Er hat sich ehrlich vor Schiss in die Hosen gepinkelt. Zu feige, um einzugreifen, zu schwach, um sie zu retten ...

Andrew kann das nicht länger ertragen und er würde alles dafür geben, es nicht zu müssen. Der Preis ist garantiert nicht ‚alles', in Wahrheit handelt es sich nicht einmal um sonderlich viel.

Norton, du gottverdammtes Arschloch, hör auf!

Unvermittelt verzieht sich Andrews Gesicht zu einem breiten Grinsen. Ach nein, er hat sich wirklich aus seiner Ecke heraus gewagt. Wahnsinn! Genau rechtzeitig zur Vorstellung. Mittlerweile sitzt der ewige Rekrut des DS auf der Toilette, sein Unterarm ist freigelegt. Allerdings zögert er für einen Moment. Innen ist schlecht, da befinden sich die Pulsadern, er will sich nicht umbringen, ihm verlangt es nur nach ein wenig Ablenkung – also andere Seite ...

Norton, du durchgeknallter Sack! HÖR AUF! SOFORT!

›Vergiss es, mein Freund. Aber hey, du müsstest doch glücklich sein. Eines zumindest wäre mit dieser Aktion wohl bewiesen: Ohne dich bin ich tatsächlich nur ein Scheißschwächling. Und jetzt pass auf und lerne ...‹

Damit setzt er die Rasierklinge exakt neben der alten verblassten Narbe an, die er sich als kleiner Junge zugefügt hat. Ehe Andrew ernst macht, schließt er jedoch die Augen und dann erst drückt er zu.

Schmerz ...

Langsam verstärkte er den Druck.

Mehr Schmerz ...

Die dünnen Hautschichten kapitulieren vor der scharfen Klinge – eine nach der anderen. Die Qualen werden erlesen, kurz bevor die letzte zarte Membran nicht länger standhält und nachgibt. Daraufhin spürt er das warme Blut träge an seinen Arm hinablaufen und legt den Kopf in den Nacken – ausschließlich konzentriert auf das erholsame Brennen, das dafür sorgt, dass er wieder atmen kann. Es lässt ihn alles vergessen: die Bilder von seiner Mom, Josies grausame Worte, die Tatsache, dass sie ihn hasst und nicht mit ihm zusammen sein will. Selbst, dass sie gestern beinahe gestorben wäre, verblasst hinter diesem wunderbaren Schmerz.

Ahhhh ...

2

Platsch ... platsch ... platsch ...

Andrew hört das Geräusch, braucht jedoch eine Weile, um zu begreifen, dass da sein Blut auf die Fliesen tropft. Dann schlägt er die Augen auf und blickt hinab.

Oh, was für eine verdammte Sauerei!

Eilig entfernt er die Klinge aus der Wunde und registriert nebenbei, dass seine Fäuste sich geöffnet haben und die Kiefernstarre endlich nachlässt. Er muss zusehen, dass er die Spuren beseitigt, denn das ist oberstes Gesetz. Keineswegs ist es am gefährlichsten, die Kontrolle zu verlieren, sondern sich dabei *erwischen* zu lassen. Solange es vor den Leuten verborgen bleibt, kann man sich so irrsinnig benehmen, wie man will. Erst, wenn es nicht mehr gelingt, das zu verbergen, wird die Situation ernsthaft brisant ...

Andrew lässt sich nie erwischen. Bisher konnte er seine Schlaflosigkeit vor jedem einzelnen Menschen verheimlichen (außer einem); und sein flüchtiger Ausflug ins Reich des Schmerzes wird denselben Weg nehmen (einschließlich der einen). Niemand wird es je herausfinden und damit ist er gerettet.

Hastig nimmt er einen Wundverband aus jenem Schrank, der gleichfalls seine geheime Rückversicherung beherbergt und desinfiziert bedächtig die Verletzung. Scharf zieht er die Luft ein, als das Zeug in dem offenen Schnitt brennt, und wickelt schließlich den Verband darum.

Danach begutachtet er sein Werk. Nicht perfekt, jedoch ausreichend. Es wird weder mit dem Morgenmantel noch dem Hemd auffallen. Als Nächstes greift er zu einer neue Rolle Toilettenpapier und beginnt das Blut vom Boden zu wischen. Dabei achtet er sehr genau darauf, keine Beweise zu hinterlassen. Nicht die Geringsten. Und nachdem auch das geschafft ist, schaut er sich prüfend um.

Der Rasierer!

Sorgfältig spült er die Klinge unter fließendem Wasser ab, legt sie wieder in die Halterung des Rasierapparates und schraubt ihn zu. Schubfach zu – erledigt. Dann löscht er das Licht und tritt in sein Schlafzimmer.

Was nun?

Es ist kurz nach vier Uhr – er muss ziemlich lange in dem Bad zugebracht haben. Aber was soll Andrew jetzt tun?

Zorn und Schmerz hat er erfolgreich zurückgedrängt, das Monster in ihm ist gebändigt. Für den Moment. Doch fühlt er sich stark genug, Josie gegenüberzutreten? Bisher nicht. Zorn und Schmerz kann er aus seinem Gedächtnis verbannen, ihren Verrat nicht. Dafür bedarf es noch einer ausführlichen

Auseinandersetzung mit der derzeitigen Gesamtlage. Und das gelingt ihm am besten, wenn er allein ist.

Was er demnach braucht, ist *Zeit*.

Mit einem Schulterzucken legt er sich auf sein Bett. An Schlaf ist natürlich nicht zu denken, in Wahrheit will er ihn auch gerade gar nicht. Er wird hier einfach warten, bis die Wunde nicht mehr so gemein wütet und er sich allgemein gefangen hat. Sie soll nicht erkennen, wie tief sie ihn getroffen hat. Dann würde sie seine Schwäche nämlich ausnutzen und es immer wieder tun. Menschen verletzten einander, sobald sich die Gelegenheit bietet. Das ist ihm durchaus bekannt, weshalb er ab sofort tunlichst darauf achten wird, ihr keinen weiteren Zugang zu seiner Seele zu gestatten. Das ist nicht gut, er ist nicht sehr erfolgreich darin, so etwas zu verkraften.

Hey, er ist ein Schwächling, schon vergessen?

Im Grunde ist er nicht einmal davon überzeugt, dass sie ihn überhaupt *mag*. Ihm will nicht in den Kopf, wie man jemanden mögen geschweige denn *lieben* kann, wenn sein Körper für einen abstoßend ist.

Aber was soll er tun? Ohne sie erscheint ihm das Leben sinnlos! Sie ist alles, was er braucht und wonach er gesucht hat. Wie soll er auch nur einen Tag überstehen, wenn sie nicht bei ihm ist?

Wie?

Unvermutet schlägt er die Hände vor das Gesicht und schluckt. Verdammt!

3

Josie kann unmöglich geklopft haben. Als ihre Stimme neben seinem Bett ertönt, kommt es so unerwartet, dass er zusammenzuckt.

»Andrew?«

Der beschließt spontan, der Kent–Taktik eine Chance einzuräumen. Was er nicht sieht, ist nicht wirklich vorhanden. Er schaut sie nicht an, also ist sie auch nicht da ...

Die Matratze bewegt sich, weshalb er schlussfolgert, dass sie sich zu ihm gesetzt hat.

Fuck!

Eine Weile herrscht Schweigen, aber dann – total überraschend – erklingt ein entsetzter Aufschrei: »Andrew!«

Entsetzt? Ach ja, abgesehen von seinem Morgenmantel hat er ja nichts an. Verdammt! Entgegen aller Pläne hebt er endlich die Lider. »Geh raus, Josie!«

Selbstverständlich gehorcht sie nicht, sondern fixiert erschrocken seinen Arm.

Oh, das ja auch noch! Er schielt hinab und entdeckt, dass die Blutung bisher nicht gestillt ist. Ein großer roter Fleck bildet sich in beachtlicher Geschwindigkeit auf der obersten Mullschicht. Scheiße! Wütend zerrt er seinen Ärmel darüber. »Verschwinde aus diesem Raum!«

Sie reagiert wieder nicht – offenbar ist sie spontan ertaubt, als er duschen war –, denn stattdessen nimmt sie seinen Arm. Bedeutend zorniger fegt er ihn aus ihrem Griff. »Zum letzten Mal: *Geh raus!*«

»Nein!«

Oh, sie kann wohl doch hören und scheint ihn nur nicht verstehen zu *wollen*. Verdammter Fuck! Er fährt zu ihr herum. »Ich bin unter diesem beschissenen Morgenmantel nackt!«, zischt er. »Du weißt genauso gut wie ich, was passiert, wenn du siehst, was sich darunter befindet. Also verdammt noch mal, beweg deinen kleinen Hintern hier *raus*!«

Ha!

Anstatt endlich zu tun, worum er sie so nett bittet, kapert sie sich wieder seinen Arm, schiebt den Stoff zurück und beginnt, den Verband zu lösen.

»JOSIE!«

»Halt still!«, kommandiert sie, während sie langsam Lage um Lage löst. Als sie die Wunde freigelegt hat, beißt sie sich auf die Unterlippe und sagt lange Zeit kein Wort. Schließlich sieht sie zu ihm auf und in ihren Augen blitzt die kalte Wut.

»Warum?«, faucht sie. »Warum hast du das getan?«

4

Kent Taktik.

Andrew tut so, als wäre sie nicht anwesend. Was soll er denn auch schon sagen?

Ich kann nicht damit umgehen, dass du mich nicht liebst. Die Wahl stand zwischen Heulen, Brüllen und einen belanglosen Schnitt in den Arm? Ach und übrigens, du hast mich mit deiner beschissenen Fragerei gezwungen, an Dinge zu denken, die besser ungedacht bleiben, weil sie mich nämlich fieserweise daran erinnern, dass ich meine Mom gekillt habe.

Soll er ihr *das* erzählen? Was wird sie dann wohl tun, von ihrer sofortigen Flucht mal abgesehen?

»Andrew?«

Oh Himmel, hat ihr schon einmal jemand mitgeteilt, dass sie echt nervend sein kann? Weshalb akzeptiert sie nicht, dass er momentan nicht mit ihr sprechen will, verfluchter Mist? Schließlich hat sie mit dem Wein angefangen und kann doch unmöglich davon ausgehen, dass alles in Ordnung ist!

Das bringt ihn auf die Frage, ob sie sich umgezogen hat. Ein rascher Blick bejaht das. Ihr Haar ist wieder nass und sie trägt nun einen Hausanzug. Ein weiteres Souvenir ihres gestrigen Einkaufs ...

»Andrew, würdest du mir bitte antworten?«

»Nein.«

Ihr Seufzen treibt ihn bereits abermals an den Rand seiner Selbstbeherrschung. Warum fühlt er sich gerade wie ein störrisches Kind? Sie hat kein Recht, ihn so zu behandeln, schließlich ist sie schuld an dem ganzen Desaster und er muss zu allem Überfluss mit der Tatsache zurechtkommen, dass er die Kontrolle verloren hat. Zum ersten Mal seit beinahe fünfundzwanzig Jahren. Verdammt!

»Josie GEH RAUS!«

Mit einem hörbaren Ausatmen steht sie auf, und Andrew wagt es kaum zu fassen: Sie gehorcht ihm! Dass er das noch erleben darf!

Denkt er zumindest, bis sie anstatt zur Tür in Richtung Bad verschwindet. Wenig später hört er sie in den Schränken rumoren und dankt sich für seine Weitsicht, die Sauerei sofort beseitigt zu haben. Kurz darauf betritt sie erneut den Raum und er gibt sein Bestes, sie zu ignorieren. Doch als sie seinen Arm berührt, kann er ein Zusammenzucken nicht verhindern.

Scheiße!

»Das müsste eigentlich genäht werden«, murmelt sie vor sich hin. »Mist ...«

Behutsam hantiert sie an ihm herum.

Nachdem Andrew eine Weile überlegt hat, ob er wach ist oder ob das eine neue, beschissene Variante seines Albtraums ist, hätte er fast laut gelacht. Es ist so *aberwitzig*! Er ist halb nackt – die ultimative Bedrohung –, aber das interessiert Josephine im Moment ganz offensichtlich einen Scheißdreck! Schließlich ist er verletzt und das *muss versorgt werden*. Mit einem Mal gelingt es ihr, über alle anderen widrigen Umstände hinwegzusehen. Andrew – den Mann kann sie nicht ausstehen, der ist ein gefährliches Schwein und raubt ihr den Atem.

Andrew – den Patienten, mit einer verdammten blutenden Wunde, erträgt sie. Um den darf sie sich nämlich kümmern, daher ist er kein Mann, sondern ein Pflegefall. Das Mädchen hat definitiv den Beruf verfehlt, es hätte irgendwas mit Kranken lernen sollen. So etwas liegt ihr anscheinend im Blut!

Schon will er sich ihr wieder entziehen, widersteht jedoch in letzter Sekunde. Es ist die Hölle sich das einzugestehen, doch sogar diese beiläufige Berührung wirkt tröstend, wenngleich sie wohl nur dazu dient, Josie ihre Rettungsallüren ausleben zu lassen.

Jetzt ist er bereits selig, nur weil sie ihm einen beschissenen Verband anlegt! Dabei kann er sich hervorragend allein versorgen! Gut – blutet er eben, es gibt schlimmere Dinge. Selbst wenn ihm ein Arm oder ein Bein abfallen würde, wäre das *nichts* – jedenfalls nicht annähernd so grausam, wie das, was sie ihm angetan hat.

»JOSIE GEH RAUS! VERSCHWINDE! VERSCHWINDE ENDLICH!«

Schwerhörig ist nicht der richtige Begriff, hierbei handelt es sich offensichtlich um eine allumfassende Taubheit. Sein Gebrüll ließ wortwörtlich die Scheiben in den Rahmen erzittern, Andrews Fäuste sind längst wieder aufgetaucht und die Zähne nach wie vor zusammengebissen. Alles ist umsonst gewesen.

Nun muss er noch mal von vorn beginnen! Merkt sie nicht, dass er sich kaum beherrschen kann? Sonst ist sie doch auch allwissend und hat vor ihm eine Scheißangst.

WARUM, VERDAMMTE SCHEISSE, NICHT JETZT?

Das Gezupfe und Gewickel hört abrupt auf, weshalb er annimmt, dass Josie ihre Pflicht als erledigt betrachtet, und wartet angespannt auf deren Abgang. Während er lauscht, spürt er plötzlich ihre Finger auf seiner linken Hand.

»Wenn du den Arm anspannst, blutet es schlimmer!«

Und? Er verfügt über ausreichend Reserven. So schnell brauchen sich sechs Liter nicht auf, das dauert eine Weile, diesbezüglich kennt er sich aus! Nur scheint ihr nicht bewusst zu sein, in welcher Gefahr sie sich derzeit befindet. Wahrscheinlich ist das auch besser so, andernfalls würde sie unter Garantie zu atmen aufhören.

Er glaubt nicht, sie in seinem derzeitigen Zustand retten zu können, was ihn gleich wieder an den Rand der Panik treibt. Was, wenn es gerade jetzt schiefläuft? Der DS wird bestimmt nicht eingreifen, der lauert grinsend in seiner Ecke darauf, dass er endlich gehorcht und sie ermordet. Was soll er also machen, sollte die Situation eskalieren?

Johnson! Johnson ist da. Er würde wissen, was zu tun wäre, was bedeutet, Andrew würde sie nicht verlieren. Nicht diesmal, zumindest – erinnert er sich trocken. Ha! Ja, ist das nicht fantastisch?

Und, Mr. Norton, wann beabsichtigen Sie denn, Miss Kent den Rest zu geben? Heute nicht? Nein? Ahh, dann dauert das wohl noch eine Weile. Aber Mr. Norton, ich kann Sie nur sehr eindringlich darum bitten, die Angelegenheit nicht zu lange hinauszuschieben. Wissen Sie, wir rechnen hier oben nämlich fest mit ihrer baldigen Ankunft. Wenn Sie verstehen!

Alles Idioten! Einer wie der andere!

Nach wie vor hält er die Lider geschlossen, daher gelingt es ihm nicht gleich, das bizarre Gefühl auf seiner Hand einzuordnen. Zunächst sind es ihre Finger, soviel hat sogar er verstanden. Sie versucht, seine Faust zu öffnen, was in sich der nächste Witz ist. Nie würde sie begreifen, dass Gliedmaßen sich so stark verkrampfen können, dass selbst eine Brechstange sie nicht lockern kann, obwohl die Person lebt. Um ein solches Phänomen zu lösen, hilft nur Schmerz.

Hierbei irrt er, wie Andrew kurz darauf mit einiger Verblüffung realisiert. Es gibt tatsächlich eine weitere Option:

Sie *küsst* seine Finger. Diese verkrampften, eigenartig verformten, immer schon hässlich gewesenen, viel zu langen Glieder. Einen nach dem anderen. Langsam, bedächtig und nicht angewidert.

Nicht angewidert!

Er hat mit Sicherheit bereits alles getan, was im und außerhalb eines Bettes mit einer Frau möglich ist. Ja, man kann ihn getrost einen beschissenen Experten nennen, was das Thema Sex angeht. Aber keine dieser Scheißfrauen ist jemals auf die Idee gekommen, *seine Finger zu küssen.*

Oh, verdammt er ist so im Arsch!

Das allein genügt nämlich, um jene überwältigende Wut, die vor wenigen Sekunden total von ihm Besitz ergriffen hatte, abermals in die Schranken zu verweisen. Aber sofort muss er sich der nächsten Herausforderung stellen, und auch diese ist nicht neu: Neue Tränen brennen in seinen Augen, er weint wirklich, weil sie seine Hände liebkost! Geht es noch erbärmlicher?

»Nein!«, stößt er mit letzter Kraft hervor und ein resigniertes Seufzen ertönt, bevor zunächst ihre Lippen verschwinden und sie einen Herzschlag später aufsteht.

Verdammt! Jetzt glaubt sie garantiert, dass er sie nicht mehr will, und wird ihn verlassen.

Johnson! Wage es ja nicht, sie irgendwohin zu fahren! Wage es ja nicht!

In dem Chaos seiner wirren Gedanken entgeht ihm erst einmal vollständig, dass sich die Decke unter ihm bewegt. Kaum hat er das erkannt, irritiert es ihn derart, dass er endlich doch die Lider öffnet. Nur flüchtig, dann sind sie erneut geschlossen. Josie soll schließlich sein Gewimmer nicht sehen. Er hebt seine Hüften an, um ihre Deckenbergungsversuche erfolgreich zu machen.

Das Bett senkt sich leicht, und ehe sein Einschreiten möglich ist, fühlt Andrew ihren warmen Körper neben seinem – oh Mist, weitere Tränen! Sie breitet die Decke über ihnen aus und küsst seine Stirn. »Ich liebe dich.«

Genau so etwas verkraftet er derzeit nicht. Jedenfalls nicht, wenn er diese Scheißtränen jemals unter Kontrolle bekommen will. Als Nächstes spürt er ihre Hand auf seiner Brust und hört ein leises »Es tut mir so leid.«

Und spätestens das schiebt ihn abermals über den Rand von allem – seinen Zweifeln, den guten Vorsätzen, der Wut und gleichermaßen der Hilflosigkeit. Er wendet sich ihr zu und erblickt die durchsichtigen Perlen auf ihren Wangen, während Josie behutsam seine entfernt. »Es tut mir so unendlich leid. Ich wollte dich nicht verletzen.«

Er erwidert nichts. Teilweise, da er momentan des Sprechens nicht fähig ist und auch, weil er einfach zu müde ist. Andrew verspürt nicht die geringste Lust, sich mit dem Vergangenen zu beschäftigen, möchte nur die Gelegenheit nutzen, sie so nah bei sich zu haben – um zu schlafen – zu vergessen.

Und so umarmt er sie, betet, dass sein Körper nicht zu ausufernd auf ihre Nähe reagiert und dass unbemerkt bleibt, sollte er ihm wieder einmal nicht gehorchen. So wie meistens. Andrew gelingt es, sich zusammenzureißen, *jedoch ihm* so gut wie nie – wie auch dieses Mal.

Es scheint sie nicht zu stören, im Gegenteil, sie kuschelt ihren Kopf an seine Brust und er lauscht noch eine Weile ihrem Weinen und steht ihr diesbezüglich in nichts nach. Irgendwann werden die Geräusche leiser und verstummen schließlich vollständig ...

... während Andrew Norton erstmals seit vierundzwanzig Jahren an einem hellen und sonnigen Nachmittag in seinem Bett liegt und schläft ...

Verlockungen

Samstag, 20. März

1

»Das hast du nun davon! Ich GEHE!« Ihre Stimme ist hasserfüllt und ihre Miene versprüht reines Gift.
»Bitte Josie!« Er fleht mal wieder, doch das ist ihm egal. »Bitte geh nicht! Bitte!«
»Nein!« Wütend schiebt sie das Kinn vor. »Du hattest deine Chance. Du wolltest mir Zeit geben, und was tust du? Erst die Scheißvorstellung im Büro, dann killst du mich fast und als Nächstes erzählst du auch noch, ich würde wollen, dass du mit diesem ...« Mit bemerkenswerter Verachtung wandert ihr Blick an ihm hinab und verharrt auf Höhe seines Unterleibs, »EKELHAFTEM DING IN MIR ... Von mir aus kann es VERROTTEN!«
Erst jetzt fällt Andrew auf, dass er komplett nackt ist. Oh, verdammter Mist! Was hat er sich nur dabei gedacht, das muss ja schief gehen!
›Langsam Norton, du musst es LANGSAM angehen!‹
Verzweifelt schaut er sich um und sucht irgendetwas, womit er sich bedecken kann. Verdammt, wenn er nicht bald etwas findet, dann wird sie garantiert nicht mehr atmen. Und was soll er dann tun?
›Bitte Josie, atme! Bitte!‹
Es gibt nichts Adäquates und daher versucht er, wenigstens diesen verräterischen Körperteil unter seinen Händen zu verstecken. »Bitte Josie. Es tut mir leid! Bitte!«
Aber er ist chancenlos, sie weicht sogar vor ihm zurück. Na ja, kein Wunder, er ist derzeit ziemlich unbekleidet »Ich HASSE dich, Andrew Norton! Ich HASSE deinen Körper! Ich HASSE es, wenn du mich GIERIG ansiehst! Du bist nichts! Du hast deine Mommy umgebracht, und jetzt willst du mich töten, du Mörder! Du passt einfach nicht AUF!« Dann bedenkt sie ihn noch einmal mit bemerkenswerter Verachtung und geht.

Andrew möchte ihr folgen, sie zurückhalten, doch seine Beine wollen ihn nicht tragen. ›*NEIN! Bitte Josie, geh nicht! Bitte!*‹

Aber alles, was ihm bleibt, ist, in die Knie zu gehen und geschlagen den Kopf zu senken.

2

»Andrew.«

Er zuckt zusammen.

Oh verdammt! Sie ist weg! Resigniert schlägt er die Hände vor das Gesicht und hört sein lautes Keuchen in der Stille. Dann schüttelt ihn irgendetwas. »Du hast einen Albtraum. Du musst aufwachen!«

Albtraum? Nein, *das* war mit Sicherheit nicht *sein* Traum, obwohl, besonders nett war er auch nicht ...

Langsam schwindet die Benommenheit, und Andrew versucht, logisch zu denken. Er spürt ihre Berührung auf seinen Schultern, hat überdies ihre Worte vernommen, und was ihm in die Nase steigt, ist eindeutig ihr betörender Duft.

Das kann nur bedeuten, sie hat ihn *nicht* verlassen!

Hastig senkt er die Arme und öffnet die Augen. Josie hat sich über ihn gebeugt und mustert ihn besorgt. »Bist du okay?«

Anstatt zu antworten, sondiert er eilig die Lage. Es ist dunkel, anscheinend Nacht. Bis hierher stimmt also alles.

»Wie spät ist es?« Er klingt fremd, alt und verbraucht – ausgelaugt. Hat er wieder geschrien? Oh, verdammt!

»Fünf Uhr dreißig.«

Fünf Uhr dreißig? Wie lange hat er denn geschlafen? Oh *Scheiße!* Zwölf Stunden!

ZWÖLF STUNDEN!

Kein Wunder, dass er sich erschöpft fühlt, derartiger Luxus muss ja ungesund sein. Obwohl Andrew nicht will, schaut er sie an und wird prompt in seiner Befürchtung bestätigt, den Blick kennt und hasst er nämlich gleichermaßen: Miss Pflegerin ist anwesend, was das Schlimmste vermuten lässt.

»Was habe ich gesagt?«

Es dauert eine Weile, bevor sie etwas erwidert. »Dass ich bei dir bleiben soll.«

Danke! Das kann er erklären und damit ist er doch noch nicht geliefert. Na ja, wie man es nimmt, denn sie wirkt sogar verdächtig pflegewütig. »Was ist?« Es kommt ein wenig gereizt.

Natürlich tut Josie wieder etwas, womit er nie im Leben gerechnet hätte: Behutsam legt sie eine Hand auf seine Wange und lehnt sich zu ihm hinab, sodass sie ihm plötzlich ganz nah ist. »Ich verlasse dich nicht, Andrew Norton«, wispert sie. »Und solange du mich erträgst ...«

Scheiß auf die Erstickungsanfälle! Wenn sie das noch einmal wiederholt, ist sie sowieso tot, weil er sie zu Tode geschüttelt hat. In der nächsten Sekunde hat er sie im Nacken zu sich hinabgezogen. »Ich werde dich immer ertragen, Josie. Also lass endlich diesen *Bullshit* ...«

Bevor sie ihm antworten kann, küsst er sie, und es kostet ihn alles, aber er bleibt sanft und widersteht jeder Versuchung. Er umarmt sie noch fester, zwingt jedoch ihren Mund nicht auf und ist tatsächlich ruhig und beherrscht. Irgendwie.

Ihr Atem beschleunigt sich ... das ist gut, dann schieben winzige Finger seinen Morgenmantel auseinander und streicheln ihn, während seine sich in ihrem Haar vergraben. Das kann er nicht verhindern. Keine Chance. Doch alles andere verbeißt er sich. Bitte, bloß nicht die nächste Panikattacke!

Allerdings scheint sie derzeit davon so weit entfernt zu sein wie er. Plötzlich richtet Josie sich auf und studiert aufmerksam sein Gesicht. Was immer sie darin findet, es ist garantiert nicht das, was sie fürchtet ... denn kurz darauf kommt sie mit der neuesten Überraschung: Andrew spürt auch die Lippen auf sich, und diesmal gelingt es ihm nicht, stillzuhalten.

Es ist Himmel und Hölle zugleich.

Kein Plüschtier, Josie. Er hofft wirklich, dass sie weiß, was sie tut. Je länger sie seine Haut küsst, desto mehr Schuld häuft sich in ihm an, denn er würde ihr so gern zeigen, wie großartig es ist, was sie da anstellt; wie verdammt gut es sich anfühlt, sich vertrauensvoll mit einer Person fallen zu lassen. Es ist nicht fair, dass sie gibt und nicht einmal ahnt, wie es ist zu nehmen.

Doch darf er das riskieren?

Andrew hat keinen Schimmer, woher er seinen Mut nimmt. Vielleicht will er einfach sein Glück herausfordern; in der Hoffnung, ein kleines Stück weiterzukommen. Einer von fünftausend Nanosekundenschritten, die vor den beiden liegen ...

Der Erste.

Und so packt er sie sanft an den Schultern und wartet, bis sie ihn fragend ansieht. Ihre Augen glänzen in der Dunkelheit und Andrew bildet sich ein, Vergnügen in ihnen zu lesen. Er ist ein Idiot – ganz klar – aber eines ist unbestreitbar: Vergnügen wohnt in einem völlig anderen Universum als Ekel. »Atme, Josie«, wispert er.

»Was?«

»Atme für mich. Einmal tief ein– und dann ausatmen.«

Sie tut es, wenn auch argwöhnisch und erntet dafür Andrews erleichtertes Lächeln. »Okay. Hör mir zu, ja?«

Noch während sie stumm bejaht, schleicht sich Angst und gleichzeitig die Abwehr in ihren Blick und er schüttelt rasch den Kopf. »Nein, bitte nicht. Ich tue nichts, was du nicht willst. Du kannst mich jederzeit aufhalten und ich schwöre, ich gehe nicht unterhalb deiner süßen Hüften. Hiermit leiste ich einen heiligen Eid! Hast du das verstanden?«

Sie nickt.

»Sag es!«

»Ja.«

Dennoch zögert Andrew, denn es hat verdammt bissig geklungen. Sie weiß nicht, was sie erwartet, doch er schätzt, diese besondere Furcht würde er bei jedem unerfahrenen Mädchen finden: Angst vor dem Unbekannten. Er kann nicht davon ausgehen, dass gerade Josie anders reagiert. Und so zieht er sie liebevoll an sich und küsst sie zärtlich, bevor er sich neben sie legt. »Liebe«, murmelt er und berührt mit den Lippen ihre linke Wange, »... ist immer eine Angelegenheit des Nehmens und Gebens.« Diesmal liebkost er ihre rechte Wange und ignoriert dabei ihr argwöhnisches Funkeln. »Du hast mich verwöhnt und ich möchte nichts mehr, als mich zu revanchieren. Sachte, mit Bedacht und Sanftheit. Kein Schmerz ...« Er streift ihren Mund. »Nichts Unangenehmes. Ich schwöre.« Behutsam tupft er einen Kuss unter ihr linkes Ohr. »Vertraust du mir?«

Auch das flüchtige Zögern, bevor ihr stummes Einverständnis erfolgt, missachtet er und mustert sie stattdessen. »Atme für mich, Baby!«, fordert er flüsternd.

Sie holt tief Luft und stößt sie etwas aufgesetzt wieder aus.

»Ich will dieses Sweatshirt entfernen«, fährt er fort. »... Und deinen Hals küssen, etwas später deine Schultern ... Klingt das für dich okay?«

Nicken.

»Dann deinen Bauchnabel. Ich durfte ihn erst einmal bewundern, aber ich versichere dir, du besitzt einen entzückenden Nabel. Ich muss es wissen, ich habe bereits einige gesehen ... Immer noch okay?«

Jetzt sind Josies Augen riesig.

»Sobald irgendetwas geschieht, was du nicht magst oder bei dem du dir nicht sicher bist, sagst du es. Du musst mir schwören, dass du dich mir mitteilst, denn damit wirst du mich ganz bestimmt nicht verletzen. Das kannst du nur, wenn dir wieder etwas Furchtbares passiert. Schwörst du?«

Stumm bejaht sie.

»Sag es!«

»Ich schwöre.«

Sanft streichelt er ihre Schläfe. »Ich sage dir, bevor ich etwas anderes versuche ...« Er bemerkt das Aufflackern ihres Misstrauens und fügt hastig hinzu »... nein, nicht *das*. Daran denke ich nicht einmal. Du bist vollkommen sicher. Ich werde nichts in der Richtung unternehmen ... Glaubst du mir?«

Obwohl die non-verbale Zustimmung zuverlässig erfolgt, sieht sie garantiert nicht sehr vertrauensselig aus. Doch er weiß, dass er an diesem Fakt momentan absolut nichts ändern wird. »Okay, Baby.« Er küsst sie. »Ich liebe dich. Hörst du? Nichts von dem, was ich beabsichtige, tut weh. In Ordnung?«

Inzwischen scheint sie ein wenig entnervt. Als Andrew langsam ihr Sweatshirt nach oben befördert, verlässt sein Blick nicht den ihren. Nur in den kurzen Sekunden, in denen er es über ihren Kopf zieht, verliert er sie. Er legt es beiseite und begutachtet sie forschend. Sie ist verlegen. Okay, das ist normal.

»Josie möchtest du lieber auf dem Bauch liegen? Zumindest zum Anfang? Dann wirst du allerdings nicht verfolgen können, was vor sich geht. Du musst mir also vertrauen. Willst du?«

Zunächst verzerrt sich ihr Gesicht zu einer Grimasse – wieder leicht bis mittelschwer entnervt, schätzt Andrew – aber ihr Nicken wirkt sichtlich befreit.

»Okay.« Erneut küsst er sie. »Dreh dich um ...«

Sie versucht, die Erleichterung zu verbergen, doch es gelingt ihr nicht, und er verbeißt sich ein Grinsen. Bisher ist jede ihrer Reaktionen total üblich. Josie bettet die linke Wange auf ihre Hände und er streicht das lange Haar von ihrem Rücken. Verdammt, selbst der ist einmalig!

Es existieren zahlreiche Versionen einer femininen Rückseite – beinahe alle davon hat er schon kennengelernt. Immer gibt es irgendeinen Makel: Entweder die Proportionen zwischen Taille und Hüfte stimmen nicht, das Gewebe weist zu viele Unreinheiten auf, der Bräunungsgrad ist ungleichmäßig, sodass sich die Form des Bikinis beziehungsweise Shirts abzeichnet – sie befinden sich in Florida, wo es nicht ratsam ist, sich als Frau mit unbedeckten Brüsten am Strand zu zeigen. Die Sittenwächter lauern überall. Möglicherweise ist da eine winzige Narbe und manchmal sind die Muskeln zu deutlich ausgeprägt. Andrew mag diese modernen Frauen nicht, die trainierter anmuten als mancher Mann. Ihm ist die weibliche Ausgabe lieber, die ihre Rundungen dort hat, wo sie hingehören.

Diese hier, dieses Mädchen, hat nie zuvor in der Sonne gebadet. Denn die Haut ist nicht nur absolut frei von unterschiedlichen Bräunungsgraden, es existiert *überhaupt keiner.* Sie ist gleichmäßig hell. Makellos. Wie neu. Noch nie gesehen. Direkt aus der Produktion. Die Taille ist beinahe verboten schmal – *merke, sie muss mehr essen* – der Übergang zu ihren zierlichen Hüften weich geschwungen. Die Arme besitzen keine großartig ausgeprägten Muskeln, sind aber auch nicht zu dünn ...

»Du bist perfekt.« Es ist ehrliche Anbetung; er macht nicht die geringste Gier in seiner Stimme aus, nur Bewunderung, und Andrew hofft, sie kann den Unterschied identifizieren. Er betet ... nein, das nicht, er hofft es einfach und fertig!

Beten gehört der Vergangenheit an.

Sacht gleiten seine Finger über ihre Wirbelsäule bis hinab zu ihren Hüften, wo der Ansatz ihres kleinen Hinterns zu erkennen ist.

›Aber heute gibt es keinen süßen Hintern zu bewundern, Norton. Denk immer daran!‹

In Ordnung. Ihm reicht auch das.

»Wie fühlt sich das an?«

»Schön.« Ihre Augen sind geschlossen. Schön ist gut. Schön ist sogar fantastisch! Mehr, als er zu wünschen gewagt hat.

Andrew massiert ihre Schultern und setzt sein Verwöhnprogramm gemächlich fort. Besser wäre es mit Öl, doch er besitzt keines, weil in seinem Haus erst seit Kurzem eine Vertreterin des weiblichen Geschlechts wohnt.

Öl kaufen – notiert er in Gedanken.

»Immer noch okay?«

»Hmmm ...«

Eine befriedigendere Antwort gibt es nicht. Er entscheidet, dass es sicher ist, seine Finger durch seine Lippen zu ersetzen und verteilt behutsame Küsse. Ausgehend von ihrem Nacken über die Schulterblätter hinab zur Taille.

»Wie gefällt dir das?«

»Fein«, murmelt sie versonnen und Andrew lächelt unwillkürlich. So soll es sein.

Schließlich läutet er die letzte Phase ein, die beinhaltet, dass er seine Zunge einsetzt und hauchzart über ihre weiche Haut leckt ...

Verdammter Mist. Sie *schmeckt* sogar süß! Was ist das für ein Duschbad? Wo gibt es das? Er will drei Kisten davon! Oder ist es Josie selbst? Das liegt durchaus im Bereich des Möglichen. Das Mädchen sieht aus wie Zucker, benimmt sich genau wie jener, warum soll sie nicht auch süß schmecken?

Irgendwie führt diese Beschäftigung nicht gerade dazu, dass er sich entspannt, denn er muss sich zunehmend beherrschen.

›Schritt für Schritt, Norton! Heute sind wir beim Ersten von fünftausend angelangt.‹

Trotzdem wagt er sich noch ein winziges Stück weiter vor. Er kann nicht anders. Als er ihre Haut behutsam zwischen seine Zähne nimmt, erschaudert sie.

»Josie? Ist alles in Ordnung?«

»Ja«, wispert sie.

»Ganz sicher?«

»Ja.« Sie ist kaum hörbar.

»Soll ich weiter machen oder aufhören?«

Sie erwidert nichts und das alarmiert ihn. Ihre Augen sind immer noch geschlossen, doch jetzt nicht mehr entspannt und genussvoll, sondern fest zusammengekniffen.

»Baby? Bist du in Ordnung?«

Eilig breitet Andrew die Decke über ihr aus und legt sich neben sie. »Josie, sieh mich an!«

Sie schüttelt den Kopf.

»Es ist nichts passiert. Du hast alles richtig gemacht. Es ist okay.« Angestrengt lauscht er, vergewissert sich, dass sie atmet. Als er sichergehen kann, dass dies der Fall ist, streichelt er ihre Wange und küsst sie schließlich. »Baby, sieh mich an und sprich mit mir. Bitte. Sonst weiß ich nicht, wo mein Fehler lag. Du musst es mir sagen.«

Als sich ihre Lider endlich heben, empfangen ihn Tränen. Verdammt, wird in ihrer vertrackten Beziehung immer einer von ihnen beiden weinen? »Du hast überhaupt nichts falsch gemacht«, murmelt sie. »Du warst lieb und es ist ... schön ...«

Bevor er irgendwie reagieren kann, umarmt sie ihn. Vergessen scheint, dass sie halb nackt ist.

»Andrew«, schluchzt sie. »Ich werde das nie können. *Niemals! Es tut mir so wahnsinnig leid, aber ich bringe das nicht!*«

3

Stärke, nicht wahr, Norton?

Was immer sie die Fassung gekostet hat, es lag absolut nicht an ihm. Obwohl er nicht die entfernteste Ahnung hat, was der Auslöser war, womit ihm kaum eine Chance bleibt, ihr wirklich zu helfen. Doch wenn er ehrlich ist, dann beherrscht nur eines sein Denken: Er *darf* sie festhalten.

Vielleicht gibt ihr das mehr als irgendwelche Gespräche. Andrew kennt sich da aus. Schweigen ist in den allermeisten Fällen die weitaus bessere und klügere Lösung, als endlose Debatten, die eher ermüden, als dass sie rentabel sind.

Also richtet er sich etwas auf, zieht Josie mit der Decke auf seinen Schoß und hält sie. Flüchtig denkt er daran, dass sie das vor einigen Stunden noch in Bedrängnis gebracht hat. Aber das hier ist schätzungsweise eine andere Art von Nähe. Sie braucht nicht Andrew, den Mann und auch nicht den Patienten. Sie will Andrew, den Freund.

Kann er vergessen, dass er sie liebt? Nur solange bis sie sich beruhigt hat? Er weiß es nicht, aber *seine* Probleme sind ohnehin gerade nebensächlich, weshalb er behutsam ihr Haar streichelt und sie weinen lässt. Manchmal ist es so am besten, er spricht da ja neuerdings aus Erfahrung.

Als sie langsam ruhiger wird, überlegt er, dass er jetzt irgendetwas sagen sollte und beschließt, ihr ein paar Wahrheiten mitzuteilen. Tatsachen, die sie wahrscheinlich nicht kennt, möglicherweise bisher nie hinterfragt hat und vielleicht nicht einmal hören will. Mehr, als dass sie wieder wütend wird, kann ja nicht passieren, oder?

»Ich habe keine Ahnung, woher du deine Ansichten hast«, hebt er an. »Das ist auch nicht so wichtig. Zumindest im Moment.«

Sie hat ihre Arme um ihn gelegt und lauscht, wobei ihr völlig zu entgehen scheint, wie *nah* sie sich sind. Sein Morgenmantel steht offen und das nicht nur bis zur imaginären Gefahrenzone. Andrew versucht, nicht daran zu denken, wie sich ihre Haut auf seiner anfühlt und hofft, dass sein verräterischer Körper dasselbe tut.

»Sex ist eine Sache, die auf tausende Arten praktiziert wird. Auf Abertausende. Es existiert unter Garantie die eine oder andere, bei der Schmerz ein Bestandteil ist. Grundvoraussetzung ist jedoch stets, dass beide es wollen. Es gibt einen Haufen Menschen, die *bevorzugen* etwas härteren Sex. Kannst du dir das vorstellen?«

Sie reagiert nicht. »Glaub es oder lass es, aber der *normale* Sex, wo immer der auch beginnt und aufhört, hat damit nichts zu tun. Verstehst du das?«

Josie schweigt beharrlich.

»Ich muss dich allerdings darauf vorbereiten, dass ich dir ein einziges Mal wehtun werde. Das kann ich nicht verhindern ...« Erst, als er diese Worte formt, geht ihm das Ausmaß des gesamten Desasters wirklich auf. Was in jeder übrigen Hinsicht ein Geschenk ist, mutiert in dieser zur Katastrophe. Mist! Und die Reaktion erfolgt sofort. Das Mädchen ist erstarrt.

»Warte«, fährt er eilig fort. »Du weißt, was es bedeutet, dass du noch unberührt bist?«

Gedämpft ertönt ihre Stimme an seiner Brust. »Ich bin ja nicht blöd!«

Leise lacht er auf und küsst ihre Stirn. »Das habe ich auch nie vermutet. Das erste Mal beinhaltet für die Frau einen gewissen Schmerz. Ich kann nicht ermessen, wie stark er ist, doch es ist der *Einzige*, den du jemals dabei erleben wirst ...«

Endlich schaut sie ihn an. »Du willst mich verarschen. Richtig?«

Sie befinden sich längst kurz vor dem Eskalationspunkt, was Andrew in einen Gewissenskonflikt treibt. Er *muss* sie auf das Kommende vorbereiten, sonst wird er am Ende als Lügner dastehen, denn er kann ihr nicht ständig ausmalen, wie schön, erfüllend und vor allem *schmerzfrei* diese Angelegenheit ist, wenn das Erste, was sie empfinden wird, sobald ihre Körper sich vereinigen, Schmerz *ist*. Das darf einfach nicht geschehen ...

Noch ist er nicht bereit, aufzugeben. »Wie gesagt, es existieren viele Arten, Sex zu praktizieren. Einige davon beinhalten einen gewissen Schmerz. Doch das ist ein *Stimulierender*. Für dich hört sich das wahrscheinlich dämlich an, aber ich schwöre dir, so verhält es sich ...«

Sie lehnt den Kopf zurück, um ihn genauer betrachten zu können. »Hast du das schon gemacht?«

»Sicher ... Ich denke, jeder experimentiert irgendwann ...«

»Hat es dir gefallen?«

Verdammt! Wahrheit oder Lüge? Ersteres wird Andrew innerhalb von Sekundenbruchteilen wieder in die Reihe der Schweine drängen, seine Unaufrichtigkeit sich in der Zukunft rächen. Unter Garantie! »Du wirst das jetzt nicht verstehen, weil du nicht weißt, wovon ich spreche. Du siehst das als ... negativ an. Aber ich meine positiven Schmerz.«

Ihre Wange verlässt seine Brust. »Scheiße ist Scheiße, egal welche Farbe sie hat«, beharrt sie trotzig.

»Nein, das versuche ich dir gerade zu erklären, und bevor du dir ein falsches Bild machst: Oft war ich derjenige, der sich auf diese Art ein wenig stimulieren ließ. Nicht meine *Freundin*.«

Blitzt da etwa Eifersucht auf? Was für ein Witz ... »Warum?«, zischt Josie wütend. Auf die Freundin, die ihm das angetan hat, vermutet er. »Du bist stark und kannst dich wehren, Frauen können nichts dagegen tun. Du schon!«

»Weil ich es wollte, Baby.«

Diesmal ist ihr Blick unmissverständlich, sie zweifelt eindeutig an seinem Verstand. Na ja ... »Aber *warum?*«

Er seufzt. Wie soll er ihr klarmachen, dass Qual nicht gleich Qual ist? Dass heißer Sex gleichermaßen bedeutet, Hemmungen fallen zu lassen, sich über Grenzen hinwegzusetzen? Und dass es in Ordnung geht. Sie wird es nicht begreifen, und er läuft bereits wieder Gefahr, für sie wie ein Monster auszusehen. Wahrscheinlich jetzt auch noch irgendwie entartet. Und daher beschließt Andrew, das Thema in eine andere, unverfänglichere Richtung zu lenken. Hofft er zumindest.

»Weißt du, wie Sex abläuft?« Ehrlich, sein unbeteiligter Ton verdient einen Oscar! »Natürlich!« Das ist wieder nah am Zischen.

»Kann ich mir nicht vorstellen. Dann würdest du mich jetzt nicht ansehen als hätte ich dich gerade gefragt, ob du darüber informiert bist, wie man am besten kleine süße Katzenbabys ertränkt. Soll ich es dir erzählen? Vielleicht erfährst du ja etwas Neues. Möglicherweise wirst du ja sogar erstaunt sein, weil es anders ist, als du glaubst.«

Seufzend verdreht sie die Augen. »Nur weil ich es noch nie getan habe, heißt das nicht, dass mir der Ablauf unbekannt ist.«

Er hebt eine Braue. »So? Dann beschreibe es mir. Das würde ich wirklich zu gern hören.«

»Darauf kann ich dankend verzichten! Es reicht schon, dass es so ist, man muss ja nicht auch noch darüber reden!«

Verzweifelt presst Andrew die Lippen aufeinander, nur um nichts Falsches zu sagen. Allein der Gedanke an Sex ist für sie eine Beleidigung. Das ist ihm nicht neu und daher kein Grund, den Mut zu verlieren. Als sein Zorn sicher unter Kontrolle ist, wagt er es erneut. »Ich unterbreite dir einen Vorschlag: Lass mich dir davon erzählen. Wird es zu grausam, sagst du 'Stopp' und ich beende es sofort.«

Argwöhnisch fixiert sie ihn. »Was willst du damit erreichen? Ich werde meine Meinung nicht ändern!«

»Selbstverständlich nicht. Mach mir die Freude. Ich habe mit Sicherheit nicht einmal die Hälfte von dem erlebt, was möglich ist. Und ich bin dir etliche Jahre an Erfahrung voraus.«

Sie richtet sich auf, mustert ihn forschend und wieder suchend. Und wie üblich hofft er, dass sie nichts findet. Sollte das Gegenteil eintreten, ist dieses Gespräch nämlich beendet, und nur wenn er ganz großes Glück hat, geschieht nichts Schlimmeres. Spätestens dann wird ihr nämlich auffallen, dass sie halb nackt ist und er irgendwie überhaupt nichts trägt. Man kann den lächerlichen Morgenmantel, der bereits mehr oder weniger offen liegt, nicht wirklich als Kleidung bezeichnen. Schon gar nicht bei Josie, die Angst vor allem hat, was ihn als Mann enttarnt.

›Vergiss das niemals, Trottel! Egal, was du dir jetzt einredest, was du dir wünschst und wie verlockend die Lage erscheint. Eine falsche Bewegung und du bist im Arsch!‹

Nein, er wird es nicht vergessen. Obschon es ihn eine Menge kosten wird, was es bereits jetzt tut. Die momentane Situation ist noch grauenhafter, als sie angezogen auf seinem ach so willigen und eifrigen Körper sitzen zu haben. Eben weil er *weiß*, dass ihn derzeit ein einziger Schritt vom Ziel trennt. Ein Schritt – ein Universum. Verdammt!

Okay! Das hier ist nun einmal mit ein wenig Mühe verbunden. Auch eine Erfahrung, die Andrew bisher fremd ist. Mal etwas völlig Neues.

›Du musst sie dir verdienen.‹

Das wird er!

»Gut. Aber wenn ich Stopp sage, hörst du auf.« Josies Suche ist demnach erfolglos geblieben. Ehrlich, er hätte sich jetzt gern den Schweiß von der Stirn gewischt. Sie ist kompromissbereit. Das nächste Novum.

»Ich schwöre«, betont er feierlich.

»Okay.«

Er macht es sich bequem, um die Folter ein wenig einzuschränken, zieht sie mit sich und legt seine Arme fest um sie. Nur für alle Fälle, falls sie desertieren wollen, um in Regionen vorzudringen, die gerade so was von verboten sind.

Innerlich räuspert Andrew sich.

Es war einmal ...

›Norton, du Idiot!‹

Okay, okay ... Mit etwas Mühe gelingt es ihm, nicht zu grinsen, sondern seine Stimme so ernst wie möglich zu färben. »Also nehmen wir an – rein hypothetisch –, du würdest wollen, dass *es* passiert ...«

Kaum hat Andrew angehoben, beginnt sein Magen zu summen, was er störrisch ignoriert. Josie hat ihre Wange an seine nackte Brust gelehnt und lauscht. »Wir haben unten gemütlich auf der Couch gesessen und du hast es mir unmissverständlich deutlich gemacht. Ich trage dich nach oben in diesen Raum ...«

Diese Situation ist völlig surreal und außerdem so verdammt heiß, dass er den Eindruck gewinnt, die Luft vibriere. Langsam beginnt er zu begreifen, dass er sich auf etwas wirklich Gefährliches eingelassen hat ...

›Oh – du – verdammte – Scheiße!‹

›Norton, Haltung!‹

Ein wenig angestrengt, doch seine Antwort erfolgt.

›Okay ...‹

Andrew ist erleichtert, als er wieder anhebt und nicht halb so gepresst klingt, wie befürchtet. Sie wird nichts bemerken – hofft er zumindest.

»Du trägst dieses blumige Sommerkleid, mit dem du mich am Mittwoch fast wahnsinnig gemacht hast. Ich weiß nicht, ob ich es dir gesagt habe, aber du siehst darin so verdammt süß aus, Josie ...«

Oh, und *wie* süß ...

»Vorsichtig lege ich dich aufs Bett und küsse dich. Intensiv und sehr zärtlich. Ich sehe dich an und du nickst, womit ich weiß, dass du einverstanden bist, dann ziehe ich dir das Kleid aus – ganz behutsam, damit du keine Angst bekommst. Kein Grund zum Fürchten ... Und danach nehme ich mir Zeit, dich zu betrachten ... Du bist so wunderschön ...«

Mittlerweile hat Andrew die Lautstärke auf ein beruhigendes Murmeln gesenkt und verleugnet nicht sehr erfolgreich das Summen in seinem Magen. Was für ein kranker Scheiß! Kann man sich sein Dasein noch schwerer machen?

Nein?

Oh doch! Indem man weiter spricht. Das ist tatsächlich eine zuverlässige Methode, sich das Leben zur Hölle zu machen. Er hat schon immer vermutet, ein verdammter Masochist zu sein, und hier ist endlich der Beweis. Er ist sogar ein verfluchter Scheißmasochist!

Andrew holt tief Luft und hofft, dass sie seine Atemlosigkeit nicht bemerkt. Dann schließt er die Augen und beginnt sich vorzustellen, wovon er redet.

Ganz klar. Ein *himmelschreiender* Masochist.

»Du bist so schön, dass ich mich nicht losreißen kann. So wundervoll und perfekt. Jetzt gibt es nur dich und mich. Josie, du hast keine Ahnung, wie sehr ich dich will. Aber ich nehme mir Zeit. Noch ein Kuss auf deine Lippen, als Nächstes küsse ich deinen Hals bis hinab zu deinem kleinen Bauchnabel. Meine Zunge gleitet in die winzige Vertiefung. So süß. Das ist ...«

Andrew schluckt – verdammt! Unter beachtlicher Anstrengung räuspert er sich und bringt es tatsächlich fertig, relativ ruhig fortzufahren ... »Dann küsse ich dich überall. Deine süßen Brüste – und Josie, du hast keine Vorstellung, *wie* entzückend sie sind, so warm, weich, Kostbarkeiten unter meinen Lippen ... ebenso wie deine Beine ... die Füße ... jeden einzelnen deiner kleinen Zehen küsse ich ... du musst lachen, weil es kitzelt. Mit diesem reizenden, hellen Lachen, das ich so liebe.«

Bei diesem Gedanken muss er unwillkürlich lächeln. Nebenbei bemerkt Andrew, dass sich eine seiner Hände verselbstständigt hat und behutsam ihren Rücken streichelt. Das lässt sie sich gefallen ...

»Nichts ist zu hören, außer unserer Atemzüge und meiner Küsse auf deiner Haut. Du trägst wieder das weiße Spitzenhöschen, es ist fast zu süß, um es auszuziehen. Doch was sich darunter befindet, ist noch viel ...«

Luft holen – weiter.

»Behutsam ziehe ich es dir aus, und jetzt bist du wirklich perfekt. So *schön und begehrenswert* ... Es ist einer der wundervollsten Augenblicke meines Lebens, dich so zu sehen ... langsam lasse ich die Finger an deinen Beinen hinaufwandern, bis sie dich genau *dort* berühren. Es ist so unglaublich sexy dich zu spüren, Josie, du hast keine Ahnung. Ich fühle, dass du meine Zärtlichkeiten genießt, meine Bewegungen sind verhalten, jedoch im gleichbleibenden Rhythmus und dein Atem wird immer schneller ...«

»Stopp!«

Seine Hand verharrt auf ihrem Rücken, und obwohl er weiß, dass es vorbei ist, hält er die Lider geschlossen. »Was hast du?«

»So läuft es nicht!« Diesmal hat sie Schwierigkeiten, ihr Zischen durch die zusammengepressten Zähne zu bekommen.

»Ich versichere dir, Josie, es ist sogar ganz genau so.«

»Nein!«

Seufzend schlägt er die Augen auf. Sein Mund ist trocken und der Körper schmerzt vor Erregung. Aber interessanterweise birgt die Angelegenheit einen gewissen Reiz in sich. Noch vor einer Minute hätte er geschworen, nicht durchzuhalten und dass er es sein wird, der am Ende das Stopp brüllt. Weil er keine Sekunde länger ertragen kann, davon zu träumen, und es nicht tun zu dürfen. Doch so verhält es sich nicht.

Es ist schön, darüber zu sprechen und es sich dabei vorzustellen, während sie bei ihm ist. So warm und weich. Für ihn zumindest. Wieder seufzt er.

»Du kannst überhaupt nicht wissen, wie ich bin!«, giftet sie.

»Das ist richtig«, räumt er ein. »Der Teil ist Wunschdenken, alles andere nicht.«

»Und du kannst auch nicht wissen, ob ich dir gefalle!«

Das bellende Lachen ist da, bevor er es verhindern kann. Ein grober Fehler. *Verdammt!* Andrew spürt, wie sich ihre kleinen Fäuste an seinem Rücken ballen.

»Du *kannst* es nicht *wissen*!«

»Beruhige dich! Es ist nichts geschehen!«

»Nichts geschehen? Du erzählst mir hier irgendwelche Märchen, damit du mich endlich dorthin bekommst, wo du mich haben willst! Natürlich, ohne dass die dumme Josie was davon bemerkt, richtig? Und du sagst, es ist *nichts geschehen*?«

Andrew lässt sie nicht aus den Augen, während er sich innerlich gut zuredet:

›Sie meint es nicht so. Du kanntest das Risiko. Sie reagiert nicht normal! Hör nicht hin. Hör einfach nicht hin. Denk an etwas anderes.‹

Unvermittelt richtet sie sich auf, weicht vor ihm zurück, hält sich krampfhaft den Arm vor ihre Brüste und rutscht vom Bett. Dort angekommen hat sie ernsthafte Probleme, sich weiterhin zu bedecken und gleichzeitig ihr Sweatshirt überzuziehen.

Andrew nimmt an, ein wenig Hilfe ist angebracht, sie ist bereits wütend genug, obwohl er gegen einen raschen Blick auf ihren nackten Körper im Moment absolut nichts einzuwenden hätte.

Aber er ist davon überzeugt, dass spätestens dies seine guten Vorsätze zunichtemachen würde, deshalb kneift er die Lider zusammen und hält sich vorsichtshalber noch eine Hand davor.

»Ich sehe nicht hin. Du kannst mit den seltsamen Verrenkungen aufhören und dich normal anziehen.« Erstaunlich, wie ruhig er klingt.

Doch hier droht noch jemand akut, die Kontrolle zu verlieren. Josie hat die Zähne fest aufeinander gepresst, während sie mit dem Sweatshirt, den Tränen und ihrer Beherrschung kämpft. Der hektische Atem ist unverkennbar.

Als sie schließlich wieder spricht, entscheidet Andrew, dass es wohl sicher ist, sie anzuschauen.

»Du erzählst mir diese Lügen, obwohl du selbst gesagt hast, dass es wehtun wird!«

Gut verborgen unter der Decke, ballen sich seine Fäuste. »Josie, es *wird* beim ersten Mal etwas schmerzen. Erwartest du von mir tatsächlich, dass ich dich belüge? Ich kann nicht wissen, wie es ist. Aber die Frauen, die mir davon erzählten, sagten, dass es rasch wieder vergeht ...«

»Ja, natürlich haben sie das!« Ihre Augen sind weit aufgerissen. »Weil es genau das ist, was du hören wolltest. Dein verdammtes Gewissen soll rein bleiben, schließlich hast du ihnen ja *Geld* dafür gegeben, damit sie es mit dir tun. Ist dir noch nie der Gedanke gekommen, dass sie es vielleicht nur deshalb taten? Wegen des Geldes?«

»Doch, der Gedanke ist mir sogar sehr geläufig. Fakt ist, ich habe nie eine andere Motivation in Erwägung gezogen. Aber du irrst dich, es hat ihnen trotzdem Spaß gemacht. Weil Sex nämlich Freude bereitet, ob du das einsehen willst, oder nicht!«

Sie schüttelt den Kopf. Ihre kleinen Hände sind wieder zu Fäusten geballt, genau wie seine großen. »Das kannst du nicht wissen!«

»Kann ich doch!«

»Woher ...« Sie bricht ab und ihr Blick irrt hektisch im Raum umher, als suche sie nach etwas – einem Thema oder einem Gegenstand, den sie nach ihm werfen kann.

»Josie.« Noch ist er nicht bereit, aufzugeben. »Kein Grund, sich aufzuregen. Nichts passiert! Sieh mich an!«

»Nein!«

»Bitte versuch es wenigstens.« Ihm entgeht nicht, dass sie inzwischen etwas ruhiger ist. Widerstrebend gehorcht sie, und er holt tief Luft. »Ich schwöre dir, ich habe dich nicht belogen. In keiner einzigen Beziehung. Alles, was ich dir sagte, entsprach der reinen Wahrheit. Ich will nur, dass du das weißt.«

Sie schluckt hörbar.

»Ich würde es dir so gern beweisen. Doch das kann ich nicht. Also bitte, bitte glaub mir, dass ich nicht die Absicht habe, dir wehzutun ...«

»Aber du hast gesagt ...«, fährt sie auf.

»Weil es stimmt! Ich bemerkte auch, dass ich dich nicht belügen werde. Und es wird nun einmal etwas unangenehm ...«

Das war der falsche Ansatz. Denn sofort ist sie wieder laut. *»Unangenehm!* Eben war es noch Schmerz. Jetzt bist du schon bei *unangenehm!* Fällt dir gar nicht auf, dass du dir die Realität schön redest? Ich glaube dir, dass du nicht wirklich jemanden verletzen willst. Mich auch nicht. Aber das *wirst* du! Es wäre am besten, wenn du das einfach akzeptierst! Es geht nun einmal nicht ohne das! Warum siehst du das nicht ein? Du kannst doch überhaupt nicht wissen, wie es sich anfühlt!«

›Ruhig, Andrew! Sie redet völlig wirr. Sie nimmt drei Worte und bastelt sich daraus ihre eigene Logik. Du hast keine Chance, sie jetzt zu überzeugen. Sie wird dir nicht glauben, egal was du sagst. Zur Not wird sie jeden Satz analysieren und auseinander pflücken, um dich der Lüge zu überführen. Vergiss es!‹

Er schluckt und drängt den Zorn zurück und daneben all das, was er ihr gern mitteilen will. Zum Beispiel, dass ihm *nicht* entgangen ist, wie schnell ihr Herz geklopft hat, während er erzählte. Und auch nicht, wie hektisch ihr Atem auf einmal ging. Es *hat* ihr gefallen und sie unter Garantie erregt! Das steht so fest wie die Tatsache, dass er kurz davor gewesen ist, sich auf sie zu stürzen und seine Worte in die Tat umzusetzen.

Aber eher wird die Welt untergehen, als dass sie das zugibt. Und daran kann er im Moment nichts ändern.

Das muss Andrew akzeptieren, bevor die Situation wieder eskaliert, und das wird sie. Denn dies ist das einzige Thema, bei dem Josie nicht nur aggressiv, sondern *tobsüchtig* reagiert. Sie verweigert sich allem, was in diesem Zusammenhang positiv sein könnte, leugnet jede andere Wahrheit als ihre eigene, so irreale.

Und zwar mit Händen, Füßen, Zähnen und scharfen Fingernägeln. Sie wird zu einer Furie! Wann immer die Gefahr besteht, dass es ihr gefällt, dreht sie durch! Es ist nur ein flüchtiger Gedanke, doch er weiß sofort, dass er damit den Nagel auf den Kopf getroffen hat. So war es im Auto, auch vorhin, als er sie küsste und eben wieder.

Sie blockiert ihr eigenes Verlangen! Geht es noch verrückter? Gönnt sie sich kein Vergnügen, hasst sich vielleicht oder bestraft sich für irgendetwas?

Andrew hat keine Ahnung, wie viele ihrer Anfeindungen er über die bereits geschehenen hinaus ertragen kann, bevor er selbst die Kontrolle verliert. Seine Selbstbeherrschung erfreut sich derzeit nicht gerade ihrer Bestform und deshalb holt er tief Luft. »Wie wäre es mit Frühstück? Es ist fast sieben.«

Sie blinzelt und mustert ihn verblüfft, als sie antwortet, öffnen sich ihre Fäuste jedoch ein wenig. »Okay. Was möchtest du essen?« Völlig normal. Verhalten, gelassen, beinahe etwas devot. Kaum haben sie das Thema gewechselt, verschwindet der Drachen.

»Oh, ich weiß nicht.« Er lässt sie nicht aus den Augen. »Ei mit Speck, denke ich.«

Sie nickt. »Das würde ich gern übernehmen ...«

Auch er bejaht knapp und kommt sich langsam vor, wie in einem mies gespielten Drama. »Das wäre ausnehmend nett. So kann ich mich in der Zwischenzeit anziehen ...«

»Ja. Dann bis gleich.« Damit stürzt sie zur Tür.

Andrew wartet, bis sie hinter ihr geschlossen ist. Sicher ist sicher. Denn Josie ist total entgangen, wie verdammt begeistert er von seiner Fantasie war. Und zwar so sehr, dass sein Entzücken unvermindert anhält, wie er stöhnend feststellt.

Mit einem leisen Seufzen erhebt er sich umständlich aus dem Bett. Nein, also *einfach* gestaltet sich sein Leben momentan bestimmt nicht. Er muss sich beeilen, um Josie nicht zu lange allein zu lassen. Nicht, dass sie am Ende verschwunden ist.

Diese Vorstellung agiert wie ein Stromstoß.

Umgehend befindet er sich im Bad.

4

Das Thema wird nicht wieder erwähnt.

Weder beim Frühstück noch danach, als Andrew mit Josie einen Rundgang durch den Garten unternimmt. Entschlossen ignoriert er, dass er eigentlich arbeiten müsste. Nie zuvor hat er über einen derart ausgedehnten Zeitraum absolut nichts für sein Unternehmen getan – nicht einmal an Weihnachten. Dafür fällt ihm die Abstinenz von seiner Droge aber erstaunlich leicht.

Sie weicht ihm aus, kommt ihm nie näher, als bis auf einen halben Meter und schreckt zurück, wann immer dieser neue Sicherheitsabstand unterschritten zu werden droht. Er grübelt darüber nach, weshalb sie sich so verhält, gelangt jedoch zu keinem plausiblen Schluss. Und zu fragen wagt Andrew nicht, denn ein weiteres Erlebnis mit der Furie wäre auf jeden Fall eines zu viel – zumindest, was seine Selbstbeherrschung anbetrifft.

Als es auf elf Uhr zugeht, ist er endlich bereit, das eisige Schweigen zu brechen.

Sie steht in der Küche und macht – er kann es kaum fassen – den *Abwasch*!

Per Hand!

Den Geschirrspüler straft sie mit Nichtachtung.

Behutsam nähert er sich und bringt seine Lippen an ihr Ohr. »Josie?«

Sie zuckt zusammen und er sieht die Gänsehaut, die sich auf ihrem Nacken bildet. Interessant. Wenn Andrew Norton, Schwein und Mann, den Sicherheitsabstand Miss Kents unterschreitet und ihr etwas ins Ohr haucht, erschaudert diese wohlig.

Hmmm ...

Hastig fährt sie zu ihm herum, ihre nassen Hände in der Luft.

Wehrlos! Verdammter Scheiß!

»Was?« Ihre Stimmlage liegt mindestens zwei Töne über normal, während sie eindeutig den Versuch unternimmt, die Spüle mit ihren Hüften aus dem Weg zu schieben. Ganz klar, um ihre neue Wohlfühldistanz wieder herzustellen. Der Spülschrank weiß scheinbar, wo seine Loyalität zu liegen hat, denn er bewegt sich um keinen Millimeter.

Ihr Blick hängt wie gebannt an Andrews Gesicht – groß und ängstlich. Ihm ist nicht bewusst, was exakt ihn gerade reitet – okay nichts, um genau zu sein, haha! Aber irgendwie reizt es ihn mehr als üblich, dass sie sich wieder einmal aufführt, als wäre er ein Frauen schändendes Monster. Andrew platziert seine Hände rechts und links auf den Rand der Tischplatte, damit sie ihm nicht entkommen kann.

»Neben dir befindet sich der Geschirrspüler.« Unverwandt fixiert er ihren Mund.

»Oh«, haucht der Mund. »J–Ja, ich dachte ...«

»Anstatt die Ressourcen zu verschwenden, solltest du dich langsam fertigmachen.« Unaufhaltsam nähern sich seine Lippen diesem verlockenden Mund. »Wir wollen in einer Stunde losfahren ...«

Keuchend holt sie Luft und biegt den Kopf nach hinten. »Losfahren?«

»Hmmm ... meine Familie. Verabredung. Zum Lunch. Du erinnerst dich?«

Der Winkel, in dem sie inzwischen ihren Hals hält, kann unmöglich gesund sein. Andrew beschließt, sie vor einer Genickverletzung zu bewahren, nimmt ihn zwischen die Hände und zieht sie zurück. Prompt befinden sich ihre Lippen nur noch wenige Millimeter voneinander entfernt und sein Körper brüllt vor Begeisterung. Oh, er ist neuerdings verdammt schnell zu begeistern. Dazu genügt tatsächlich nur etwas Lippenzirkus. »Ja, Lunch.«

Verdammt! Alles wäre so viel einfacher, würde er in ihren Augen nicht dieses Verlangen sehen. Das ist der reine Wahnsinn! Und mit Sicherheit nicht falsch zu interpretieren. Andrew würde sich nicht als Frauenkenner bezeichnen, aber er weiß ganz genau, wann eine auf ihn reagiert. Und diese hier spricht auf ihn an, wie keine zuvor. Der Witz ist, dass sie es verbissen leugnet und alles unternimmt, dem nicht nachzugeben.

Doch in Wahrheit ist es *kein* Scherz. Denn sie quält nicht nur sich selbst und verhindert, dass sie glücklich ist. Nein, er sitzt mit ihr in diesem kleinen Boot. »Warum tust du das, Josephine?« Seine Lippen berühren inzwischen ihre.

»Was?« Es kommt noch atemloser und das hat einen Scheißdreck mit irgendwelchen Panikattacken zu tun. Er kann ihre Erregung *riechen,* alles andere wäre eine miese Untertreibung. Dieser Duft macht ihn wahnsinnig. Und als er diesmal mit ihrem Forscherblick konfrontiert wird, weiß er schlagartig, dass ihre eifrige Suche erfolgreich sein wird.

›Gestatten, Josephine. Da bin ich. Andrew Norton – der Mann. Und bevor du fragst – du hast keine Vorstellung, wie gern ich dir jetzt diese alberne Hose ausziehen und es genau hier auf diesem verdammten Spültisch mit dir treiben würde. Und willst du noch mehr wissen? Ich schwöre, es würde dir gefallen. Weil du nämlich selbst so heiß darauf bist, dass es doch eigentlich schon wehtun muss. Wie gehst du mit der Frustration um, Josephine? Wie gehst du damit um, dir zu verwehren, was du begehrst?‹

Aber all das sagt er natürlich nicht. Als sich seine Lippen wieder bewegen, gibt er den einzigen Satz von sich, der im Moment angebracht ist.

»Atme, Josie. Atme. Sofort!«

Und sie atmet.

»Wiederholung!«

Erst nachdem sie ein weiteres Mal gehorcht hat, lächelt er. »Ich werde hinaufgehen und mich ankleiden. Meinst du, dass du in einer Stunde bereit sein wirst?«

»Ja.« Etwas zittrig, doch im Bereich des Akzeptablen.

»In Ordnung ... Wolltest du noch irgendetwas oder darf ich gehen?«

Sie schluckt und zieht es vor, nichts zu erwidern. Seine Lippen gleiten sanft über ihren rechten Mundwinkel. »Josie?«

Keine Erwiderung – große Augen – hektischer Atem – feuchte, erhobene Hände. »Josie darf ich gehen?«

Und diesmal antwortet sie. »Nein.«

Andrew hebt eine Augenbraue. »Nein? Was möchtest du dann?«

»Du bist gemein!«

Das ist definitiv keine Antwort auf seine Frage. Er nickt und berührt mit jeder Kopfbewegung leicht ihre Lippen. »Einigen wir uns darauf, dass wir beide gemein sind. Sag mir, was du willst, Baby.«

Zum ersten Mal kämpft sie nicht gegen eine Attacke ihrer Lungen oder gegen Ekel. Diesmal ist ihr erbitterter Feind sie selbst. Irgendetwas verbietet ihr, ihn um einen winzigen Kuss zu bitten. Das ist neu. »Letzte Chance. Was. Willst. Du?«

Doch sie entgegnet nichts, sondern widmet sich weiter ihrem internen Kampf. Andrew wartet noch einige Sekunden, dann lässt er langsam die Arme sinken, tritt einen Schritt zurück und holt tief Luft. »Du solltest dich beeilen, wir wollen um zwölf losfahren.«

Und ohne ihren glitzernden Augen, dem hektischen Atem, den geröteten Wangen und ihren erhobenen Händen die geringste Beachtung zu schenken, macht er auf dem Absatz kehrt und geht.

Mr. Sunshine

1

Als Andrew zwanzig Minuten später wieder nach unten kommt, ist Josie nicht da.

Er widersteht dem Impuls panisch durchs Haus zu laufen, um nach ihr zu suchen. Sie ist eine Frau – irgendwie – und die brauchen nun mal etwas länger.

Ziemlich ratlos steht er an der Treppe und sieht sich um. Was soll er jetzt tun? Wenn er nicht hinter seinem Schreibtisch sitzt, weiß er anscheinend nichts mit sich anzufangen. Hmmm, was tut er denn sonst, solange er sich hier aufhält?

Arbeiten.

Richtig.

Was noch?

Mit gerunzelter Stirn grübelt Andrew darüber nach. Manchmal kocht er. Kochen ergibt nicht viel Sinn, weil sie ja zum Lunch eingeladen sind.

Was sonst?

Als ihm auf diese Frage nach zwei Minuten nach wie vor nichts eingefallen ist, grinst er etwas schief. So wie es aussieht, kann er mit Freizeit nicht sinnvoll umgehen. Gut, er könnte es sich auf jeden Fall auf der Couch bequem machen. Dann wird sie nicht glauben, er hätte auf sie gewartet. Verhalten lacht er auf. Als würde er jemals auf diese Frau warten. Allein die Vorstellung ist der reinste Witz. Auf Josie warten ... Nein!

Nachdem er auf dem ausladenden Sofa Platz genommen hat, ist er ebenso ratlos wie zuvor. Vielleicht doch der Fernseher? Eigentlich mag er ihn nicht. Diese Filme gehen ihm auf die Nerven, in den Nachrichten verfolgt er ohnehin nur den Wirtschaftsteil und alle weiteren Programme entbehren Andrews Ansicht nach jeder Daseinsberechtigung. Worin liegt der Sinn, den ganzen Tag auf einer weichen Couch zu sitzen und zu verfetten, was einen früh ins Grab befördern wird?

Als Andrew endlich in der absoluten Stille des Hauses das leise Klappen einer Tür hört, atmet er auf.

Sie hindert ihn am Arbeiten, also soll sie gefälligst für die Freizeitgestaltung sorgen. Mit dieser Aufgabe ist er eindeutig überfordert.

Er meidet den Blick zu ihr, als das Mädchen die Treppe hinunterkommt. Teilweise, um es nicht noch weiter zu verunsichern, doch auch aufgrund ihrer Zurückweisung in der Küche. So sehr er sich bemüht, ihm fällt keine logische Erklärung für ihr Verhalten ein. Warum gestattet sie sich jetzt nicht einmal mehr einen Kuss? Existiert darauf überhaupt eine halbwegs intelligente Antwort? Vielleicht ist das ja eine dieser Frauen – Hormonsachen, nur dass bei Josie die negativen Begleiterscheinungen überdimensioniert ausgeprägt sind. Denn über ausreichend Hormone verfügt sie, das weiß er zufällig ganz genau.

Er lauscht ihren Absätzen, die den Holzboden am Fuß der Treppe berühren und schließlich verstummen. Nach einer Weile entscheidet sie, den ersten Schritt zu wagen. Erneut ertönt das *Klack – Klack – Klack*, dann erreicht ihn zuerst die Duftwolke – verdammt, die Frau besitzt tatsächlich ein süßes Aroma – und endlich steht sie direkt neben ihm.

»Ich bin fertig.«

Er hält den Blick gesenkt. »Wollen wir losfahren?«

»Sicher.«

Als es sich nicht länger vermeiden lässt, sie anzusehen, erwartet ihn der nächste Schock. Sie trägt wieder ein Kleid – diesmal ein blaues, das im Sechziger-Jahre-Stil geschnitten ist. Das Oberteil ist äußerst figurbetont, der Rock sehr weit. Dazu hat sie ihr Haar zu einem Pferdeschwanz gebunden.

Er hat bereits den Mund geöffnet, doch dann bemerkt er, wie sich argwöhnisch ihre Augen verengen, und schluckt sein Kompliment hinunter. Josephine mag es ja nicht, wenn man ihr sagt, dass sie hübsch ist.

Falsch! Das wäre eine glatte Beleidigung. Sie ist schön, aber das will sie nicht hören, weshalb er sich erhebt, mit einem halben Meter Abstand an ihr vorbei und wortlos zum Ausgang geht. Als Andrew ihren verwirrten Blick sieht, kommt ihm ein etwas bitterer Gedanke: Es ist doch bizarr. Beschließt Josephine, einen Meilen umfassenden Sicherheitsabstand zwischen sie zu legen, hat er sich dem unterzuordnen. Akzeptiert er ihn, ist sie irritiert.

Seltsames Geschöpf.

Er ist gespannt, wie sie ihren neuen Wohlfühlabstand wahren wird, wenn sie erst im Auto sitzen.

Johnson steht vor der Tür und wartet bei offener Wagentür. Knapp erwidert Andrew dessen angedeutetes Nicken und steigt ein. Josie ist ihm in ungefährlicher Entfernung gefolgt und hat die Haustür hinter sich geschlossen. Ohne Zögern begibt sie sich in die Limousine, was Andrew schon einigermaßen verwundert.

Was jedoch kurz darauf geschieht, lässt ihn tatsächlich an seinem verdammten Verstand zweifeln. Denn kaum wird das Fahrzeug in Richtung Tor gelenkt, nimmt Josephine *ich komme dir nicht zu nahe und wenn du mich folterst!* Kent auf seinem Schoß Platz, wie auf einem Thron – kerzengerade, mit angespanntem Rücken, ohne die winzigste Regung.

Aufmerksam studiert er das wirklich schöne Gesicht und legt schließlich wortlos die Arme um sie. Es erfolgt keine wie auch immer geartete Reaktion.

Ehrlich! Was für ein seltsames Geschöpf!

Kurzzeitig überlegt er, ob er etwas sagen soll, entscheidet sich jedoch dagegen. Ob es nun die Hormone sind, das Wetter oder der Stand des Mondes. Tatsache ist, Josie weicht ihm aus. Im Moment ist sie allerdings direkt bei ihm. Und selbst wenn ihr das persönlich nicht gefällt, Andrew *braucht* sie. Begibt sie sich so bereitwillig in seine Nähe, wäre er doch ein Trottel, würde er sein Glück mit dämlichen Fragen noch mehr strapazieren.

Er *ist* ein Trottel – unter Garantie – aber kein *solcher*.

Und daher sind sie in der halben Stunde, die es benötigt, um zum Haus seiner Eltern zu gelangen, in dieses eigenartige Schweigen gehüllt. Das Mädchen residiert kerzengerade auf seinem Schoß, er hält es in seinen Armen und verwünscht zunehmend seine begeisterte Resonanz.

Nicht, dass sie darauf reagiert. Nein, dieses seltsame Wesen vollbringt das gleiche Kunststück wie am Morgen. Ihr gelingt etwas, das Andrew nie für möglich gehalten hätte.

Sie sitzt auf ihm, während er beinahe nach Luft schnappt, und verzieht keine Miene.

Das hätte ihn unter Umständen herausgefordert, den Macho in ihm geweckt, jenen Teil seiner Persönlichkeit, der ihre Nichtachtung unmöglich dulden kann. Doch in letzter Sekunde besinnt er sich.

›Denk daran. Jetzt darfst du sie wenigstens halten. Machst du sie wieder zur Furie, wird sie danach wahrscheinlich einen Zweimetersicherheitsabstand einführen. Und dann hast du nichts mehr zu lachen.‹

Gut, er hat derzeit auch nichts zu lachen. Aber immerhin.

Das Haus seiner Eltern liegt nah am Meer, gleich neben dem Ballast Point Park. Noch idyllischer geht es nicht, als eingebettet in den satten Wäldern Floridas. Als Johnson den Wagen durch das kleine Tor lenkt, nimmt Andrew seine jüngste Schwester wahr, die bereits auf der Treppe wartet.

Julia ist ein Kobold. Angemessener lässt sich diese nervende Kreatur in der Größe von einem Meter sechzig nicht umschreiben. Mit den grünen Augen, dem kurzen, gekonnt in Fasson gebrachten, dunklen Haar, den roten Lippen, und der Stupsnase. Kaum hat sie das Auto entdeckt, springt sie auf und hüpft die Stufen hinab.

Dieser Anblick bringt Miss Kent – nach wie vor auf Andrews begeisterten Schoß – doch tatsächlich dazu, mit ihm zu *sprechen*! Damit ist diese Angelegenheit zumindest geklärt: Julia wird sie heute Abend begleiten und ab sofort in seinem Haus umherspringen. Vorzugsweise immer dann, wenn Josie in der Nähe ist.

»Wer ist das?«

Andrew nutzt die Gelegenheit aus und küsst unvorhersehbar ihre Lippen. »Julia.«

Damit hebt er den schmalen Körper innerlich vor Schmerzen stöhnend von sich. Verdammter Scheiß!

Bevor Johnson die Tür öffnen kann, hat seine Schwester das bereits übernommen und keinen Wimpernschlag später hängt sie an Andrews Hals. Er erhält einen Kuss auf die linke und einen auf die rechte Wange und dann einen ziemlich feuchten auf den Mund. »Schön, dass du dich auch mal blicken lässt«, mault sie.

»Du weißt doch ...«

Sie nickt, »Lass mich raten. *Zu viel Arbeit?*«

»Manchmal habe ich den Eindruck, du hättest hellseherische Fähigkeiten.«

Das Mädchen schnaubt, aber gleichzeitig geht ihr wohl auf, dass sie nicht allein sind. Sehr flüchtig reißt sie die Lider auf, dann hat sie sich gefangen und neigt grinsend ihren Kopf zur Seite. »Hey, ich bin Julia! Und wer bist du?«

Am Rande registriert er, wie seine Angebetete leicht erblasst. »Hey ... Josie.«

Andrew räuspert sich. »Julia darf ich dir meine Freundin Josephine vorstellen?«

Wahrhaft geschockt starrt sie ihn an, als wäre seine süße Begleiterin soeben von ihm als die lange verschollene (und höchstwahrscheinlich uralte, oder ist sie bereits tot?) Prinzessin Anastasia vorgestellt worden. Bevor das Schweigen zu peinlich wird, hat sie sich erholt. »Du hast ja keine Ahnung, wie gern ...«

»Übertreib nicht!« Andrew schaut zu Josie. »Josie, das ist meine ziemlich nervige und komplett verrückte Schwester Julia.«

Ihr Lächeln fällt etwas entspannter aus. »Noch mal hey.«

»Okay!«

Julia hat es auf einmal sehr eilig, ins Haus zu gelangen. Sie springt von seinem Schoß und hüpft die Treppen hinauf. »Ich geh schon mal vor. Bescheid sagen, dass *ihr* angekommen seid!« Dabei hebt sie bedeutungsvoll die Brauen und Andrew verdreht die Augen.

»Nervig«, murmelt er, steigt aus und reicht Josie die Hand. Nach ihrer üblichen forschenden Musterung – okay, kein Mann anwesend – legt sie ihre hinein.

»Und«, merkt er beiläufig an, als er sie zur Treppe führt. »Nervös?«

»Hmmm ...«

»Das brauchst du nicht«, versichert er hastig. »Du wirst sie mögen ...«

Diesmal erfolgt gar keine Reaktion. Ein rascher Blick zur Seite offenbart ihm recht zusammengepresste Lippen.

»Sie sind ehrlich nett. Claudia mag etwas schwierig sein, das gebe ich gern zu. Aber mein Dad und Sarah ...«

Doch sie antwortet nicht, und als er wieder zu ihr sieht, wirken auch noch ihre Augen gefährlich schmal.

Was ist ihr Problem?

Vor der Eingangstür bleibt er stehen und zieht sie an sich. Seltsamerweise scheint sie das überhaupt nicht zu stören.

»Ich schwöre dir, sie werden dich mögen. Kein Grund, nervös zu sein.«

Sie *ist* angespannt, daran besteht kein Zweifel. Vielleicht ist das normal – woher soll er es wissen? Dies ist sein Debüt. Er weiß auch nicht, wie man sich fühlt, wenn man als ‚Freund' den Eltern seines Mädchens vorgestellt wird. Allerdings hat er vor, diese Erfahrung so schnell wie möglich zu machen. Denn er brennt geradezu darauf, ihre Erzeugerin kennenzulernen. Und sobald er bei einer heißen Tasse Kaffee mit Josies Mom zusammensitzt, wird er einige ziemlich brennende Fragen an diese richten. Wie zum Beispiel, warum ihr nie aufgefallen ist, dass ihre schöne Tochter Männer so sehr hasst, dass sie sich noch nicht mal von dem berühren lässt, den sie – zumindest laut eigener Aussage – *liebt!*

Zunächst steht aber der aktuelle Anstandsbesuch an. Ihm ist durchaus klar, dass Julia genau in diesem Moment die Familie über Josies Anwesenheit aufklärt und um seine Lippen legt sich ein schmales Grinsen.

Ja, es geschehen Zeichen und Wunder, und wenn die ausnahmslos eingetreten sind, kommt der Tag, an dem Andrew Norton sein Mädchen der Verwandtschaft vorstellt. Wer hätte das gedacht?

Interessanterweise benötigt Josie derzeit keinen Sicherheitsabstand. Sie legt ihre Arme um seinen Hals und – und das ist jetzt echt die Höhe! – *drängt sich an ihn!* Kaum haben sie sein Haus verlassen, sucht sie seine Nähe. Na ja, vermutlich sehnt sie sich eher nach seinem Schutz vor den bösen, fremden Personen, die gleich auf sie einstürmen werden. Vielleicht möchte sie seinen Angehörigen auch einfach Einigkeit demonstrieren oder aber, sie will doch bei ihm sein. Schon klar, ein ziemlich gewagter Schuss, er will nur alle Optionen erwähnen – auch die

Unwahrscheinlichste – und es ist zumindest eine entfernte Möglichkeit. Eventuell hat sie ihre Abneigung, das Problem mit den Hormonen, dem Wetter oder dem Stand des Mondes bereits wieder überwunden, wer weiß? Ein Mann darf doch wenigstens träumen!

Offenbar werden Andrews Illusionen wahr, denn er hält eine völlig andere Frau im Arm. Diese hier hat plötzlich überhaupt keine Schwierigkeiten mehr, ihm nah zu sein und darüber hinaus glänzen ihre Augen, als sie ihn vorsichtig küsst. »Sorry.«

Er legt den Kopf in den Nacken, um sie mustern zu können. »Nicht nötig. Ich würde dich nur zu gern verstehen.«

»Das wirst du nicht«, erwidert sie traurig.

»Warum nicht?«

Sie betrachtet ihn, fahndet nach ihrem Feind, findet ihn nicht und küsst ihn erneut – diesmal länger.

Oh, Mann!

»Vertrau mir einfach ... Es liegt nicht an dir. Ich liebe dich. Solange du mich ...«

Seine Finger verschließen ihren Mund. »Nein!« Kaum hat er die Drohung ausgestoßen, weicht sie erschrocken zurück, doch das ist ihm egal. »Wenn du meinst, mich zu lieben, dann bete ich dich an. Niemals wird der Tag kommen, an dem ich dich nicht mehr will. Glaub es oder nicht, ich kenne die Wahrheit. Du bist alles, wonach ich jemals suchte. Ich habe es gefunden und nicht die Absicht, dich noch einmal gehen zu lassen. Ende!«

»Wir werden sehen«, murmelt sie. Ehe er etwas erwidern kann, öffnet sich die Eingangstür und seine Schwester erscheint dahinter. »Was ist denn nun? Kommt ihr oder was?«

Andrew verzieht das Gesicht, lässt Josie los und nimmt ihre Hand. »Habe ich dir schon gesagt, dass Julia *ein klein wenig* nervend ist?«

Diesmal wirkt ihr Lächeln echt. »Das erwähntest du bereits. Wie auch immer, ich mag sie – schätze ich.« Als sie seine überraschte Miene sieht, lacht sie leise. »Ich kann mir nicht vorstellen, dass es jemanden auf der Welt gibt, der sie ablehnt.«

Nach kurzer Bedenkzeit nickt er langsam. »Ich vergöttere sie.

Und da das wirklich nicht auf viele Menschen zutrifft, dürftest du mit deiner Annahme wohl richtig liegen. Jetzt komm, sonst platzen die anderen vor Aufregung, nachdem Julia vermutlich völlig übertrieben hat.«

Ein letztes Mal schaut er sie an: das enge Oberteil, die schmale Taille, den weiten Rock. »Nein«, verkündet er heiser. »Sie hat garantiert nicht untertrieben. Das ist überhaupt nicht möglich.«

Bevor Josie rot werden kann, schnippisch oder am Ende noch zur Furie, zieht er sie durch die Tür.

2

Das Haus von Andrews Familie symbolisiert das genaue Gegenteil zu seinem.

Es ist etwas mehr als einhundert Jahre alt und mit weißem, freundlichen Anstrich versehen. Drei Säulen am Eingang stützen die große Terrasse, die vom Salon im ersten Stockwerk abgeht.

Der Eingangsbereich besteht aus einer ausladenden, beinahe hallenähnlichen Diele, die mit glänzenden Marmorplatten ausgelegt ist. An der Stirnseite befindet sich der Übergang zum Wohnzimmer – wenn man die Güte hat, den Saal so zu bezeichnen. Sarah ist Architektin und besitzt seit vielen Jahren ihre eigene Firma. Soweit Andrew das einschätzen kann, genießt sie in Fachkreisen hohes Ansehen. Und da Mrs. Norton festgelegt hat, dass dies die ‚gute Stube' wird, wagte niemand, sein Veto einzulegen.

Allerdings muss Andrew ihr zugestehen, dass die Einrichtung dieser Halle namens Wohnzimmer stilistisch nicht zu überbieten ist. Es verfügt über eine geräumige Sitzecke, einen überdimensionalen Esstisch und einen Bereich, in dem mehrere vollgestopfte Bücherregale neben einer weiteren, kleineren Polstergarnitur und einem Schaukelstuhl residieren.

Definitiv ein Saal. Aber ein *Gemütlicher*.

Zumindest im Allgemeinen. Als er heute den Raum betritt, knistert die Luft vor Spannung und er erkennt sofort die angestrengte Beiläufigkeit, mit der sich seine Familie verteilt hat. Stephen sitzt im Schaukelstuhl und tut so, als wäre er in ein Buch vertieft. Sarah unterhält sich mehr als angeregt mit Claudia und Julia, die den Esstisch decken.

Die beiden Neuankömmlinge bleiben in der Tür stehen und Andrew räuspert sich verhalten.

Umgehend heben sich Köpfe und vier Münder grinsen breit. Stephen erhebt sich, obwohl er keine zwei Minuten zuvor Platz genommen hat, davon ist Andrew überzeugt, und eilt strahlend zu ihnen, dicht gefolgt von Sarah und Claudia.

Erst jetzt realisiert der einzige Sohn der Familie, dass noch eine weitere Person im Raum anwesend ist. Das an sich ist nichts Ungewöhnliches, im Gegensatz zu Andrew sind dessen Verwandte äußerst gesellig. Aber mit diesem speziellen Gast hätte er mit Abstand am wenigsten gerechnet. Es handelt sich nämlich um niemand anderen, als den sympathischen Enkel Austin Hargreve.

Bevor er sich darüber wundern kann, hat das Begrüßungskomitee sie erreicht und Josie drängt sich näher an ihn.

Scheu? Okay.

Ängstlich? Nicht okay.

»Guten Tag.« Stephen lächelt sanft und benutzt seine übliche, lang erprobte *keine Sorge, wir holen den tennisballgroßen Tumor aus ihrem Schädel, ohne, dass Sie danach nur noch mit den Augen rollen können* Stimme. Man soll es nicht glauben, doch sie funktioniert sogar bei Josie.

Unwillkürlich verziehen sich ihre Mundwinkel nach oben.

»Dad, das ist Josephine – Josephine, das ist mein Dad, Dr. Norton.«

Er nimmt ihre Hand. »Sehr erfreut, Josephine.«

»Es ist mir ein Vergnügen, Dr. Norton«, erwidert sie unbefangen.

Unbefangen?

Andrew mustert sie rasch. Diese Angewohnheit Josies ist ihm völlig neu. Seit wann beherrscht sie denn Small Talk? Er beschließt, die Dinge weiter zu beobachten. Sein Dad ist Mitte fünfzig, doch das sieht man ihm keineswegs an. Es handelt sich um einen jener beneidenswerten Menschen, die überhaupt keinem Alter angehören. Er wäre als Dreißigjähriger ebenso gut durchgegangen, wie als gut gehaltener Sechzigjähriger.

Groß, schlank, mit dunklem, kurzem Haar, braunen Augen, hohen Wangenknochen und vollen Lippen, hätte er ohne Weiteres für die gereifteren Jahrgänge auf dem Laufsteg posieren können. Andrew weiß, dass Sarah immer unter der Wirkung litt, die sein Vater auf alle Frauen zu haben scheint. Einschließlich Miss *hatte ich nicht gesagt, dass ich Männer nicht ausstehen kann und schon gar keine fremden?* Kent.

Jetzt hält er deren Hand und haucht, *ungelogen!* »Nenn mich Stephen bitte!«

Sie lächelt. »Stephen.« Vielleicht bildet Andrew es sich nur ein, aber ist sie nicht gerade ein Stück von ihm weg gerückt? Im nächsten Moment drängen Sarah und Claudia seinen Vater beiseite, was der mit einem breiten Grinsen registriert.

»Andrew, schön, dass du uns endlich besuchst«, gurrt Mrs. Norton und schlingt ihre Arme um seinen Hals.

Wieder stellt er seine umwerfende Begleiterin vor, die auch das freundliche Lächeln seiner Stiefmutter unbefangen erwidert. Das Gleiche geschieht bei Andrews älterer Schwester, obwohl er sieht, dass Josies Miene diesmal etwas verkniffen wirkt. Das kann er verstehen. Keine Frau fühlt sich in Claudias Nähe besonders wohl, denn sie ist fraglos von außergewöhnlicher Präsenz. Eine verhurte Schlampe – aber eine gleißend schöne – wenn man übermäßiges Make–up bevorzugt.

Als Nächstes werden die Neuankömmlinge zur Couch eskortiert, auf der sich nach wie vor Enkel Hargreve befindet. Derweil unternimmt die Quartalsnutte Anstalten, sie miteinander bekannt zu machen, doch ihr Bruder kommt ihr zuvor. »Wir kennen uns bereits.« Er gibt Austin die Hand.

»Oh!« Die gute Claudia scheint nicht auf dem Laufenden zu sein.

Der Nachkomme des alten Peter grinst. »Ich hätte dich vielleicht vorwarnen sollen, Claudia. Mr. Norton und ich sind seit Neustem Geschäftspartner.« Andrew erwidert das Grinsen, während er sich mit Josie setzt. »Andrew, außerhalb des Geschäfts bitte. Und woher kennt ihr euch?«

Lachend wirft Enkel Hargreve den Kopf zurück. »Ich bin Claudias Alibi Freund von Harvard. Sie hat mich immer missbraucht, um ihre zahlreichen Verehrer abzuwimmeln. Leider blieb es stets bei dem Alibi.« Übertrieben betrübt verzieht er das Gesicht. »Aber wir sind gute Freunde geworden. Nenn mich Austin.«

Andrew nickt. »Alibifreund. Das ist wirklich clever.« Und seiner Ansicht nach völlig sinnlos. Denn seine Schwester lässt nie etwas anbrennen. Schon gar keinen an ihr interessierten Mann.

Die rassige, massiv überschminkte Rothaarige lacht. »Ja, das hättest du während deiner Zeit am College auch tun sollen. Wie viele gebrochene Herzen wären heil geblieben ...«

Diesmal besitzt Andrews Lächeln eine durchaus herzliche Note. »Ich hatte seinerzeit keinen weiblichen Anwärter auf den Job. Was soll ich tun?«

»Weniger Herzen brechen?«

Erst jetzt geht ihm auf, dass Josie neben ihm erstarrt ist. Fragend mustert er ihre übergroßen Augen. »Was ist?«

»Nichts.« Sie scheint verlegen, weil alles zu ihr sieht.

Claudia wechselt das Thema und landet mit ihren endlos langen Beinen zielsicher im nächsten Fettzuber. »Und, wo habt ihr euch kennengelernt?«

Schlagartig ist wieder der karibische Rötungsgrad erreicht.

»In der Tiefgarage meiner Firma«, informierte Andrew den taktlosen Vamp. »Sie ist in mich hineingelaufen.«

Andrews nuttige Schwester lacht. »Ein Unfall, hmmm ... Na ja, also ich bin trotzdem froh.«

»Ich auch.«

Josie hat die karibische Phase hinter sich gelassen und marschiert zielgerichtet auf die marokkanische zu. Er nimmt ihre Hand. »Wo ist Julia?«

Claudia hebt die Schultern. »Keine Ahnung. Sie ist heute schon den ganzen Tag seltsam.«

»Julia ist *immer* seltsam!«, widerspricht Andrew grinsend.

Doch sie schüttelt den Kopf. »Nein, sie ist anders. Niedergeschlagen ...«

Niedergeschlagen? *Julia?* Erstaunt schaut er zum Esstisch, aber seine kleine Koboldschwester ist verschwunden. Das ist noch um einiges verwunderlicher.

So wie er gekonnt seine Komödie aufführt, wenn er bei seiner Familie zu Gast ist, so ist seine Lieblingsverwandte zuverlässig freundlich. Er braucht sie, um das Dauergrinsen, das sich auf sein Gesicht schweißt, sobald er durch die Tür tritt, aufrechterhalten zu können. Dieser Besuch findet total außerplanmäßig statt. Sonst muss er die grauenhafte Prozedur nur an vier Tagen innerhalb von zwölf Monaten überstehen, nicht an fünfen. Und er ist momentan nicht gerade hoch konzentriert.

Julia *ist* nicht niedergeschlagen. Das ist Gesetz. In den einundzwanzig Jahren ihres Lebens hat er sie noch nie so erlebt. Der Katalog seiner Beobachtungsposten erweitert sich um einen weiteren Punkt.

Auf Julia achten ...

3

Das Mahl verläuft ohne Zwischenfälle – mit einer Ausnahme.

Stephen tranchiert den Braten, während Sarah den weiblichen Gast über deren Eltern ausfragt. Josie scheint sich in der Zwischenzeit etwas entspannt zu haben. Andrew hat die anderen nicht darüber informiert, dass sie seine Assistentin ist. Ihm ist es egal und Josie hätte sich in Grund und Boden geschämt.

Enkel Hargreve – Austin – hat den Wink offenbar verstanden. Er meidet das Thema nämlich ebenso entschlossen. Die Holding kommt nur beiläufig ins Gespräch, als Stephen sich nach Andrews Plänen in Südostasien erkundigt. Die Einzige, die sich seltsam verhält, ist Julia. Das verblüfft Andrew. Denn als sie ihn im Auto begrüßte, verhielt sie sich wie gewohnt. Auch dass sie ihn auf der Treppe erwartete, war nichts Neues. Er hätte sich gewundert, wäre es anders gewesen. Doch nun sitzt sie mit gesenktem Haupt zwischen Austin und Claudia und stochert missmutig in ihrem Essen herum. Das passt ihm gar nicht. Langsam gehen ihm nämlich die unverfänglichen Themen aus. Unternimmt sie nicht bald etwas, wird sein Grinsen nicht mehr besonders überzeugen.

Diese Maskerade war irgendwann notwendig geworden.

Als er vierzehn oder fünfzehn war, begannen Stephen und Sarah, Andrew verstärkt mit diesem Pflegefallblick zu betrachten. Es war genau der Gleiche und mindestens ebenso nervend, wie jener, den er jetzt häufig bei Josie bewundern darf. Das allein hätte ihn nicht dazu bewogen, den heiteren Mr. Sunshine zu kreieren. Doch es kam schlimmer. Eines Abends fingen sie ihn auf dem Weg zu seinem eigenen kleinen Reich ab, und baten ihn mit besorgten Mienen ins Wohnzimmer. Zögernd erklärten sie ihm dort, sie seien der Ansicht, er wäre zu ernst und in sich gekehrt. Ob er irgendwelche Probleme habe? Eilig versichert Andrew ihnen, alles sei in bester Ordnung. Aber der Pflegefallblick blieb. Claudia nahm ihn damals beiseite und flüsterte ihm mit großen, dramatischen Augen zu, dass seine Eltern planen, ihn zu einem *Therapeuten* zu schicken. Er war sicher, dass sie keinen Schimmer hatte, was das bedeutete. Doch er wusste es umso besser. Der DS hörte gleich die apokalyptischen Glocken läuten und holte zum Rundumschlag aus.

Das war die Geburtsstunde des fröhlichen, unbeschwerten Andrews. Er hätte es über all die Jahre jedoch nie ohne seine jüngere Schwester geschafft – nicht mit der ständigen Müdigkeit im Nacken. Julia war diejenige, die schon früh begriff, dass sein Grinsen um jeden Preis aufrechterhalten werden muss. Gleichfalls ist sie die einzige Person, der bekannt ist, dass Andrew überhaupt eine Maskerade zur Schau trägt. Unzählige Abende verbrachte er mit Julia in seinem Bett. Schweigend. Sie am Fuß– und er am Kopfende. Damals war sie noch ein kleines Mädchen, aber eindeutig clever. Bedeutend aufgeweckter als ihre aufgedonnerte, schlampige, verhurte Schwester.

Sie fragte nie – bis heute nicht – obwohl sie seine Albträume so oft miterleben musste. Allerdings vergöttert er sie aus einem ganz anderen Grund: Trotzdem sie all das weiß, betrachtet sie ihn nie, als wäre er irre oder wenigstens *nicht normal*. Julia nimmt ihn so wie er ist, und sie deckt ihn. In all den Jahren hat sie nicht einmal gepatzt. Er vermutet, neben dem DS ist es dieses Mädchen, dem er sein Überleben verdankt. Sie so in sich gekehrt zu sehen, ist unerträglich.

Was ist geschehen? Irgendeine Veränderung muss eingetreten sein, die für den mürrischen Ausdruck auf ihrem Gesicht verantwortlich ist. Eine Weile sucht er, doch er kann nichts Ungewöhnliches entdecken. Alles ist wie immer:

Die Möbel stehen an Ort und Stelle, seine Eltern sind scheißfröhlich, Claudia arrogant, während sie an Julia vorbei mit Austin spricht ...

Hastig fixiert Andrew seinen Teller und beobachtet unauffällig seine jüngere Schwester aus den Augenwinkeln.

Austin Hargreve! Der ist neu!

Und nun erkennt er, wie entschieden Julia den Blick zu dem Nachkommen meidet. Erst jetzt fallen ihm ihre eingezogenen Schultern auf, obwohl nicht mal annähernd die Gefahr besteht, dass sie dem Enkel zu nahe kommt. Starr konzentriert sie sich auf ihr Essen und bemüht sich deutlich, das Gespräch zu ignorieren.

Hmmm.

Verstohlen mustert Andrew die kleine Julia und den großen, schlanken, sympathischen Austin.

Sie sehen gut miteinander aus, und er entdeckt noch mehr. Etwas, was Julia offensichtlich entgeht: Mr. Hargreve Junior unterhält sich vielleicht mit Claudia, aber seine Aufmerksamkeit gehört im Grunde nur einer Person:

Miss Julia Norton.

Claudias zahlreiche Affären hat Andrew immer ignoriert, faktisch interessieren ihn überhaupt keine Liebesangelegenheiten. Doch sein Leben ist neuerdings ein Chaos, und in der Zwischenzeit kann er verdammt gut nachvollziehen, wie es sich anfühlt, unglücklich verliebt zu sein. Ansonsten denkt er nicht weiter über seine neuesten Pläne nach, denn sein Entschluss steht längst fest: Er wird den beiden scheinbar leicht schüchternen Menschen ein wenig zu ihrem Glück verhelfen. Nur ein Anstoß, mehr nicht. Für den Rest sind sie allein zuständig – *nachdem* er ein aufklärendes Wort mit diesem Hargreve gewechselt hat, selbstverständlich. Erweisen sich dessen Absichten als nicht ehrenhaft, hat er seine dreckigen Pfoten von Andrews Schwester zu lassen.

»Julia?« Seine Stimme hallt über den Tisch.

Verwirrt schaut sie auf. »Hmmm?«

»Hattest du nicht erzählt, du würdest bald deine erste Kollektion vorstellen?«

Claudia stöhnt laut auf. Fakt ist nämlich, dass Julia seit dem Weihnachtsfest von nichts anderem spricht.

»Ja«, strahlt sie, doch einen Herzschlag später wird ihre Miene giftig. »Ich habe dir vor zwei Wochen die Einladung geschickt! Wenn du absagst, bringe ich dich um!«

Andrew runzelt die Stirn. Hat sie? Er kann sich nicht daran erinnern. Aber die Wut in ihrem Gesicht rät ihm, behutsam vorzugehen. »Ich habe sie gelesen«, versichert er rasch. »Wann findet das Event noch mal genau statt?«

»Montag!«, knurrt sie. »Und solltest du mir jetzt erzählen, du erscheinst nicht, weil du *arbeiten* ...«

»Nein! Das passt blendend! Was sagst du?«

Damit ist Josie gemeint, die sich gerade mit Sarah unterhalten und die Entwicklung nicht verfolgt hat. »Wie bitte?«

»Julia stellt am Montag ihre erste eigene Kollektion vor. Wollen wir uns das Schauspiel ansehen?«

»Sicher, wie du möchtest.«

Er verdreht die Augen und bedenkt sie mit einem bedeutungsvollen Blick. Josie besitzt auch reichlich Cleverness, denn prompt strahlt sie. »*Natürlich!* Das dürfen wir uns nicht entgehen lassen!«

Gutes Mädchen. »Also, wir sind dabei. Und Austin? Hast du am Montag bereits etwas Wichtiges vor?«

Julia wird rot ...

Julia wird rot!

Mit einem unglücklichen Ruck reißt sie die Gabel aus ihrem Brokkoli, verteilt ihn damit weiträumig über den Tisch und stottert: »Nein, nein! Austin, du musst natürlich nicht ...«

Der Enkel bemerkt weder das grüne Gemüse in seinem Wein noch hört er Julia erbärmliches Gestammel. Er konzentriert sich ausschließlich auf Andrew. »Sicher. Das stelle ich mir unterhaltsam vor.«

Andrew nimmt dessen dankbaren Blick zur Kenntnis, wenngleich *seiner* plötzlich eine warnende Note enthält.

Es gibt noch eine Hürde zu überwinden, Enkel Austin Hargreve. Und die ist alles andere als einfach zu nehmen, verlass dich drauf. Vorher musst du erst durch die Qualitätskontrolle, und vor dir sitzt der verantwortliche Prüfer. Wenn du glaubst, ich wäre als Geschäftsmann ein harter Brocken, dann hast du mich nicht als Bruder erlebt.

Hargreve zuckt mit keiner Wimper und hält dem Blick stand: *Kein Problem, Mr. Andrew harter Brocken Norton. Nenn mir Zeit und Ort und ich stehe zu deiner Verfügung.*

Ja, Andrew mag den Enkel.

4

Nach dem Essen bittet Mr. Norton, Senior seine Gäste und die Familie auf die Couch.

Dort bekommt Andrew endlich seinen Martini – danke –, die Frauen ihren leichten Cocktail – Josie akzeptiert ihren dankend –, während Austin und Stephen sich einen Cognac genehmigen.

Trotz Julias eingeschränkter Einsatzfähigkeit gelingt es Andrew, die Stimmung gelassen zu halten. Vielleicht liegt es an dem Mädchen neben ihm, das ihn immer noch verwundert betrachtet.

Möglicherweise ist der Grund auch nur, weil sich scheinbar alles verändert.

Sein Leben ist ein Chaos. Hey! Warum sollte dieser Teil davon verschont bleiben?

Als der Nachmittag älter wird, lockert sich die Runde ein wenig. Julia überredet Josie zu einem Besuch in ihrem Zimmer; Stephen entschuldigt sich, um einen wichtigen Anruf zu tätigen; Sarah geht in die Küche, um nach dem Essen aufzuräumen und Claudia macht sich zu einem Treffen mit Freunden auf. Sie hebt ihre Brauen, als Austin keine Anstalten unternimmt, sie zu begleiten. Dann zuckt sie gleichmütig mit den Schultern und verschwindet. Wie zu erwarten war.

Das lässt den Konzernchef mit Enkel Hargreve – mutiger Interessent an seiner Schwester – allein. Andrew ist tatsächlich kein Mann vieler Worte, daher erspart er ihnen jedes unsinnige Geplänkel und kommt sofort zum Wesentlichen. »Julia, ja?«

»Ja.« Das klingt nicht besonders fröhlich.

»Wo liegt das Problem?«

Hargreve zögert und mustert ihn unsicher. »Sie glaubt, ich wäre an Claudia interessiert.«

Sofort sind Andrews Augen groß. »Aber das entspricht nicht der Realität?«

»Natürlich nicht. Claudia und ich waren immer nur gute Freunde.«

Langsam nickt Andrew. »Welche Absichten verfolgst du bei Julia?«

Das ist der entscheidende Satz. Mit einem Mal richtet sich der Enkel in seinem Sessel auf. »Hör zu ... Andrew«, beginnt er zögernd.

Der betrachtet ihn abwartend, nicht bereit, helfend einzugreifen.

Austin holt tief Luft. »Würde ich sagen, ich will deine Schwester morgen heiraten, dann wäre das gelogen.« Er fixiert seinen Gegenüber, ohne zu blinzeln. Als die Detonation ausbleibt, spricht er weiter. »Verstehe das nicht falsch. Ich schließe es nicht aus. Wir kennen uns nur nicht gut genug, um zu wissen, ob dies infrage kommt.« Jetzt wagt er ein vorsichtiges Grinsen. »Und ich kann nicht einmal ahnen, wie Julia darüber denkt.«

»Austin«, entgegnet Andrew eher gelangweilt. »Ich habe keineswegs vor, dich zu einem Eheversprechen zu erpressen. Ich will nur erfahren, ob deine Gefühle für meine jüngere Schwester ehrlicher Natur sind, das ist alles.«

»Ja.«

Er hebt die Schultern. »Hervorragend. Trotzdem gebe ich dir eines mit auf den Weg ... Und ich möchte, dass du es genauso verstehst, wie ich es formuliere ...«

Lächelnd funkelt er den Enkel an, der ein hörbares Schlucken in den Äther entsendet.

»Mir ist durchaus bekannt, dass Beziehungen scheitern können. Das Letzte, was ich will ist, dir zu drohen. Ich kläre dich lediglich über die Realitäten auf.« Damit lehnt Andrew sich mit plötzlich erkalteter Miene zurück. »Sollte mir zu Ohren kommen – und das wird es, verlass dich darauf – du hättest nicht alles in deiner Macht Stehende getan, um sie glücklich zu machen, reiße ich dir höchstpersönlich den Arsch auf! Es gab bereits einige Idioten, die glaubten, Julia zum Weinen bringen zu müssen und dies bitter bereuten.

»Wenn dein Ziel ein äußerst langsamer und schmerzhafter Tod ist und dein größter Wunsch, auf der Wiese meiner Eltern beigesetzt zu werden, dann existiert ein simpler Weg, beides zu erreichen: Sorge dafür, dass meine kleine Schwester deinetwegen eine winzige Träne vergießt. Sie hat den *Besten* verdient, ich hoffe für dich, du *bist* der Beste. Kein Grund, sich unter Druck gesetzt zu fühlen, du sollst lediglich eine Ahnung davon bekommen, was genau ich von dir erwarte.«

Hargreve schluckt erneut, senkt jedoch nicht den Blick. Gut. »Ich versichere dir, mich nach allen mir zur Verfügung stehenden Kräften zu bemühen ...«

Andrews Lächeln wird sanft. »Das will ich hören. Du kommst am Montag zu der Show?«

»Mit Sicherheit ...«, grinst der Enkel.

Bedächtig neigt Andrew den Kopf. »Dann wäre das geklärt.«

Damit nimmt er sein Martiniglas, was bedeutet, dass die Audienz beendet ist. Mehr kann er nicht verlangen. Alles Weitere wird sich finden oder eben nicht. Der Nachfahre macht auf ihn nicht den Eindruck, als würde er die Mädchen reihenweise konsumieren. Wenn er Claudias Alibifreund mimte, hatte er am College garantiert keinen ausufernden Verschleiß an Frauen.

Den hatte Andrew übrigens auch nie. Faktisch gab es nicht eine Freundin unter seinen Kommilitoninnen, dazu fehlten ihm sowohl Zeit als auch Interesse. Es war nicht seine Schuld, dass sie sich durch seine strikten Zurückweisungen verletzt fühlten. Was immer seine Vamp–Schwester zu wissen glaubt, es entspricht nicht der Realität. Julia kennt die Wahrheit, Claudia natürlich nicht.

Junge Mädchen interessierten Andrew noch nie, emotional motivierte Beziehungen schon gar nicht. Seine Liebschaften basieren auf Verträgen, die vorab bis ins kleinste Detail geklärt werden. Nie hätte er sein Studium vernachlässigt, um sich damit zu beschäftigen, weinende Exfreundinnen zu trösten oder sich mit ähnlich gelagerten Unannehmlichkeiten herumzuschlagen. So blieb es auch nach dem College. Einer 'echten' Liebelei ging er tunlichst aus dem Weg, denn die verursachen nur Komplikationen und Ärger.

Zumindest war es so bis vor sechs Tagen.

Und Andrews Befürchtungen haben sich ja wohl zu einhundert Prozent bestätigt, nicht wahr? Kaum lässt er sich auf eine *normale* Beziehung ein, geht er in den Problemen schier unter.

Mit einem Schlag hat er all das, was er nie wollte: Eifersucht, Sehnsucht, unerfülltes Verlangen, Tränen, Kummer – Liebe. Allerdings anscheinend ausschließlich auf seine Person bezogen, was ihn einigermaßen verwundert. Er vernachlässigt auf unverantwortliche Weise seine Aufgaben, verhält sich undiszipliniert, wie nie zuvor in seinem Leben, suhlt sich am Boden und beschmiert sich mit Fett, lässt sich Wein ins Gesicht schütten, schneidet sich in den Arm ...

Ja, genau deshalb hat er bisher jene Kapriolen des Liebeslebens immer weiträumig gemieden.

Andrew seufzt. Okay, das ist nicht die ganze Wahrheit. Hätte er Josie vor fünf Jahren kennengelernt, ihr Alter einmal außer Acht gelassen, wäre er bereits damals im Chaos versunken. Er ist der Liebe nicht aus dem Weg gegangen – bis zum letzten Montag war er ihr schlicht und ergreifend nicht begegnet. Inzwischen ist ihm scheißegal, dass sein Leben in einem Tohuwabohu untergeht. Eigentlich ist ihm überhaupt alles scheißegal. Das Einzige, was ihn wirklich interessiert ist, dass Josie bei ihm bleibt. Mit allem anderen kann er umgehen. Welche Schwierigkeiten sich ihm auch in den Weg stellen mögen, er wird es mit ihnen aufnehmen. Und er wird siegen. So einfach ist die ganze Angelegenheit.

Eine Weile grübelt Andrew darüber nach, wie es sich anfühlt, zum ersten Mal in seinem Leben die Herrschaft zu verlieren, nicht eingreifen und die Dinge nicht in die ungefährlichen *Bahnen* lenken zu können. Sie entwickeln sich jenseits seiner Kontrolle und er befindet sich mitten in diesem Strudel, obwohl er keine Ahnung davon hat, wie man sich über Wasser hält.

Selbstverständlich hätte er sich als Nichtschwimmer für den Anfang im seichten Gewässer aufhalten sollen, um die härteren Strömungen später anzugehen, wenn er das Schwimmen erlernt hat. Aber in dieser Beziehung hat es das flache Uferstück nie gegeben. Im Moment existiert nicht einmal eine Küste.

Es gibt nur diesen äußerst gefährlichen Sog, in dem Josie und er treiben. Und er kann nur hoffen, dass sie das Ufer entdecken, um dann mit sehr viel Glück, vielleicht sogar einen Weg dorthin zu finden ...

Es *ist* möglich, sofern es ihm gelingt, das Rätsel um ihr seltsames Verhalten zu lösen und dafür zu sorgen, dass sie nicht ständig droht, einen unvermuteten Erstickungstod zu sterben. Das ist mit Abstand sein größtes Problem.

Eigentlich ist es egal, ob sie irgendwann mit ihm schlafen wird. Sie gehört zu ihm und daran wird sich nichts ändern. Ihm ist klar, dass ihn das unter Umständen zu einem höchst unglücklichen Dasein verurteilt, aber ihm bleibt keine Wahl! Er kann nicht mehr ohne sie leben. Das ist so irre, wie wahnwitzig. Innerhalb von sechs Tagen wurde sein Schicksal in die Hände eines einzigen Menschen gelegt. Von bewusster Entscheidung weit entfernt, ist es einfach geschehen.

Josie ist geschehen.

Andrew muss sich der Realität endlich stellen: Er ist ihr völlig verfallen. Je schneller er das akzeptiert, umso besser für ihn und für sie.

5

Als es dämmert, machen er und Josie sich auf den Heimweg.

Zuvor saßen sie mit Stephen, Sarah und Julia beisammen.

Enkel Austin hatte sich nach der kurzen Unterredung ziemlich schnell verabschiedet. Andrew schätzt, der Mann muss dringend nachdenken. Julias Stimmung hatte sich etwas gebessert und Josie wirkte spätestens nach einem weiteren Cocktail locker und relaxt. Sie plauderte mit seinen Eltern und alberte mit seiner Schwester, als würde man sich bereits seit Jahren kennen.

Und er?

Andrew beobachtete das Szenario von der Ecke der Couch aus – mit dem üblichen Dauergrinsen, zu dem er sich nicht einmal zwingen musste. Natürlich hat er gewusst, dass Josie von seiner Familie akzeptiert wird. Doch dass sie einschlägt wie ein Tornado, traf ihn etwas unerwartet.

Obwohl ...

Im Grunde war selbst das vorhersehbar. Ist sie nicht auch über ihn wie ein Hurrikan hinweggefegt? Heimlich betrachtet er das Mädchen, denn mit einem Mal befindet sich eine völlig andere Josephine neben ihm. Eine mit roten Wangen und glänzenden

Augen. Eine, die gerade zum zwanzigsten Mal an diesem Nachmittag ihr helles, unbefangenes Lachen zum Besten gibt.

Nie zuvor hat er sie so ausgelassen erlebt.

Falsch! Korrekt formuliert muss es wohl heißen: Noch nie hat er Josie *wirklich* erlebt. Das ist sie also, wenn alle Angst und der Argwohn, jedes negative Gefühl von ihr abgefallen ist. Josie pur. So ist sie, wenn nichts mehr auf ihrer Seele lastet.

Die liebt er am meisten und die will er haben. Andrew vermutet, dass diese Josie ihn vielleicht sogar lieben kann. Er meint, *wirklich* lieben.

Könnte er sie in diesem Zustand konservieren, wäre er wunschlos glücklich – mehr braucht er dazu nicht.

6

Im Auto muss er dann erkennen, dass eine Konservierung leider nicht möglich ist. Wieder hätte ihn absolut nichts darauf vorbereiten können, auch wenn sich die Dinge zunächst durchaus vielversprechend anlassen. Als sie auf seinem Schoß sitzt, die Arme um seinen Hals, mit glänzenden Augen, geröteten Wangen, lässt er sich vom Zauber des Moments mitreißen. Nur wenige Sekunden der Unachtsamkeit, die trotzdem genügen, um jede Hoffnung in ihm zu vernichten. Garantiert sind die vier Martinis, die er über den Nachmittag getrunken hat, ein weiterer Faktor, der zu seiner Dämlichkeit mit beiträgt. Kaum fühlt er ihr Gewicht auf sich, macht sich die Erregung in ihm breit. Josie ignoriert es wie immer. Andrew gelingt das nicht.

Dann wird er wieder mit ihrem forschenden Blick konfrontiert, und er weiß, dass sie diesmal finden wird, wonach sie sucht. Er hat nicht die geringste Chance, seine Begierden vor ihr zu verbergen. Und damit meint er nicht unbedingt den penetranten Druck, den er auf ihren Hintern ausübt. Nein, den kann er zwar nicht verhindern, aber sie beherrscht die Verdrängung diesbezüglich umso perfekter.

Er ist nicht mehr in der Lage, sein Verlangen zu kontrollieren. Sie wird es in seinen Augen sehen und jenen Mann aufspüren, der sie will und den sie so fürchtet.

Genauso kommt es auch, doch die Katastrophe bleibt aus. Stattdessen fixiert sie ihn für eine lange, endlose Minute, während ihre Finger langsam in seinem Nacken auf und ab streichen.

Oh – verdammter – Mist!

Wenn Andrew bis dahin noch nicht verloren war, jetzt ist er es! Mit Haut und Haaren im Eimer.

Seine aufgestauten Emotionen brechen sich ihren Bann, und er möchte ihr zeigen dürfen, wie sehr er sie braucht, will sie daran teilhaben lassen. Sie soll es erfahren und verstehen, dass es keine Bedrohung, sondern nur der ultimative Ausdruck dafür ist, wie umfassend er sie anbetet. Trotzdem wagt er nicht, sich zu bewegen, als sie ihn schließlich küsst.

Und diesmal wird das kein Babykuss.

Kaum berührt sie seine Lippen, stöhnt sie dunkel auf und vergräbt ihre Hände in seinem Haar. Sie drängt ihre Zunge in seinen Mund und überrumpelt ihn auf so hemmungslose, wilde Art, dass Andrew alle Bedenken über Bord wirft.

Gewissenlos und losgelöst – wie es nur die Liebe und die Leidenschaft zustande bringen. Er will sie!

Sie!

Schon so lange. Ihm kommt es vor, als würde er sich seit Jahrzehnten nach ihr sehnen. Und für glorreiche fünf Minuten vergisst Andrew, dass sie dazu tendiert, ihre Atmung zu verweigern, dass sie sich den körperlichen Freuden verwehrt.

Darüber hinaus entfällt ihm, dass er im Begriff ist, ein Tabu zu brechen und damit alles zunichtemacht – einschließlich ihrer beider Leben. Atemlos nimmt er den Kopf zurück und betrachtet sie. Heiße Wangen, glühende, große Augen; leicht geöffnete, bebende Lippen, schneller, hektischer Atem.

Sie ist so *wunderbar!*

»Verdammt, Josie!« Andrew öffnet die Haarspange in ihrem Nacken, die dunkle Pracht ergießt sich über ihre Schultern und er vergräbt fest seine Finger in den schweren, üppigen Locken. Diesmal übernimmt er bei dem Kuss die Führung. Könnte er nachdenken, würde ihm nicht entgehen, wie bereitwillig sie ist, denn sie erwidert seinen Ansturm mit einer Heftigkeit und Glut, die er nie zuvor an ihr erleben durfte.

Doch er denkt nicht nach. Alles, was jetzt geschieht, folgt einem uralten Drehbuch, das er weder geschrieben und für das er gleichwohl nicht verantwortlich ist, weil es tief in ihm seit Tagen danach giert, endlich in Aktion zu treten.

Ohne ihren Mund zu verlassen, bettet er sie auf die breite Sitzfläche. Seine Hand wandert wie von selbst zu ihren Brüsten – *Skript* – und er stöhnt, als er sie wieder spüren darf. Zu lange hat er gewartet, und außerdem ist es doch nur die Weiterführung des Tornados, der ihn ohnehin unentwegt heimsucht.

Er will sie!

Und Andrew genießt es, ein Mann zu sein, sie so dringend zu begehren, dass er seine Existenz dafür geben würde. Nicht einmal Zeit zum Bitten bleibt ihm, darum, dass es diesmal nicht in einer Katastrophe endet. Mittlerweile tastet sie sich fahrig zur Vorderseite seines Hemdes vor, scheinbar folgt auch Josie ihrem Drehbuch. Mit äußerst zielstrebigen Fingern löst sie die Knöpfe, während er verzweifelt versucht, irgendwie an ihre nackte Haut zu gelangen.

Scheißkleid!

Sie erreicht ihr Ziel bedeutend früher als er, und als sie ihn endlich berührt, verschwindet das letzte bisschen Verstand, das er sich bis zu diesem Zeitpunkt vielleicht noch bewahrt hat – hinweggefegt von Tornado Josie.

Atemlos richtet er sich auf und mustert sie: glühender Blick, wild vor Leidenschaft, rote Wangen, Atem, der inzwischen stoßweise kommt.

»Ich will dich.« Es klingt sehr rau, doch das ist ihm scheißegal. »Du bist so verdammt süß!« Bevor sie etwas erwidern kann, küsst er sie erneut. Ihr Stöhnen vermischt sich mit seinem eigenen, und langsam jedoch stetig bleibt ihm ehrlich die Luft weg.

Liebe mich, Josie. Liebe mich! Ich liebe dich auf jeden Fall! Tue, was du willst. Aber HÖR NICHT AUF! Bitte hör nicht auf!

Sie hört nicht auf.

Ihre Hände wandern unter sein Hemd, ohne Stopp weiter auf den Rücken, um ihn noch näher an sich zu ziehen – bis sie wirklich nichts mehr trennt. Wie von Sinnen küsst er ihren verdammt hungrigen Mund, der exakt weiß, was er will und sich genau das auch nimmt. Das ist nicht nur ein Tornado, sondern eine *Tornadoinvasion*. Selbst wenn Johnson die Wagentür aufreißen würde, weil sie längst angekommen sind, hätte das keinerlei Bedeutung. Wahrscheinlich würde Andrew der ungewollte Zuschauer einfach entgehen ...

Tatsächlich kann er sich nicht einmal daran erinnern, wo sie sich im Moment befinden. Es ist ihm ohnehin scheißegal. Und befänden sie sich mittlerweile auf dem direkten Weg zum Mond, wäre ihm sogar das scheißegal.

Bis hierhin ist scheißegal in Ordnung, doch das ist nicht alles. Andrew ist nämlich derzeit gleichfalls scheißegal, dass sie noch Jungfrau ist. In Wahrheit hat er die eindeutige Absicht, diesen Zustand in den nächsten Minuten zu ändern. Es ist ihm egal, dass sie ihn heute Mittag nicht einmal küssen durfte. All die grausamen Erfahrungen der vergangenen achtundvierzig Stunden hat er kurzerhand aus seinem Gedächtnis verbannt. Das Einzige was zählt, ist sie.

Josie will ihn. Genau wie er sie.

Das kann man doch nicht einfach so unterschlagen! Und als er sich unter ihrem Rock vortastet, passiert auch das nach Drehbuch, wie jede verdammte andere Aktion, die er zuvor unternommen hat. Nichts unterliegt mehr seiner Kontrolle. Er verlagert ein wenig sein Gewicht – ganz nach Skript – hebt ihr rechtes Bein über seine Hüften und erwidert ihr Stöhnen. Oh ja, sogar das steht im großen Plan ...

Einem auch ihm völlig Unbekannten.

Dann sucht er – erneut nach Drehbuch – und findet – *einwandfrei* nach Skript. Und als er sie endlich berührt und spürt, wie sehr sie ihn will; als seine Hand innerhalb von einer Sekunde *nass* ist – wieder verflucht nach Drehplan –, gleiten seine Finger wie von selbst in sie hinein. Es gibt keinen alternativen Weg, den sie nehmen können, dafür sind sie nämlich geschaffen. Sie ist so verdammt eng, so unbenutzt, so neu ... ihr Körper passt sich perfekt an.

Auch seine sanften Bewegungen in ihr gestalten sich nach besagtem Drehbuch – Andrew hat es nicht geschrieben! Er ist doch nur der beschissene Schauspieler!

Leider hat er darüber hinaus vergessen, dass sich das Skript von Josie und Andrew ein wenig von dem üblichen unterscheidet. Gut, *ein wenig* ist etwas untertrieben. Denn als er seine Finger in ihr bewegt, zärtlich und behutsam – nach dem gängigen Plan – vermischt sich sein Stöhnen nicht mit ihrem.

Diesmal nicht.

Ihm muss gleichfalls total entgangen sein, dass sie in den letzten fünf Sekunden aufgehört hat, seinen Rücken zu streicheln. Und irgendwie muss seiner verfluchten Aufmerksamkeit ebenfalls entfallen sein, dass sich ihre abgefuckte *Atmung* verabschiedet hat!

»JOSIE!« Hastig zieht er sich aus ihr zurück und fühlt sich mit einem Mal wie ein entarteter Triebtäter.

Was zur Hölle hast du in ihr zu suchen, du Arsch?

Er schüttelt sie heftig, ihre Augen stehen offen – noch. Abgesehen von ihrem Entsetzen befindet sich allerdings absolut nichts darin.

Oh, verdammt! Verdammt! Verdammt! Als sich Andrews eigene Panik ankündigt, würgt er sie entschlossen beiseite.

Nicht jetzt!

In seinem Schädel kling es zwar eher wie ein Wimmern, trotzdem gehorcht er und überlegt verzweifelt, was zu tun ist. Würde nur das Denken nicht so unverstellbar schwerfallen! Wie durch einen dichten Nebel registriert er, dass sie langsam blau wird, die Lider haben sich inzwischen geschlossen und sein Hirn ist wie leer gefegt.

Doch ehe er vollständig verliert, kommt ihm die rettende Idee. Die Letzte, bevor sich sein Verstand endgültig ins Nirwana verabschiedet.

»JOHNSON!«

Der Wagen hält sofort, und keine zwei Sekunden später öffnet Unbewegte Miene Johnson die Tür. Nur dass Unbewegte Miene Johnson nicht mehr Unbewegte Miene Johnson *ist*.

Sein Gesichtsausdruck wirkt alarmiert und ihn scheint keineswegs zu interessieren, dass sein Chef zwischen Josies Beinen hockt, geschweige denn, dass sich ihre Hände unter dessen offenem Hemd befinden.

»Was hat sie?« Knapp und konzentriert.

»Sie atmet nicht!« Weder knapp noch konzentriert – nur panisch.

»Hände!«, donnert er.

Andrew zieht ihre Arme unter dem leichten Stoff hervor und im Nu hat Johnson sie von der Rückbank gehoben. Er legt sie in das wilde Gras des Randstreifens und beginnt mit der Mund zu Mund Beatmung. Schnell und versiert, als würde er diese Übung dreimal täglich absolvieren. Derweil verharrt Andrew in seiner gottverdammten knienden Position und sieht zu, wie sein Chauffeur ihm das Leben rettet.

Er tut nichts.

NICHTS!, ist wie erstarrt. Ein Feigling und Schwächling, dem neuerdings sogar die Fähigkeit fehlt, sich zu rühren.

Nach jedem fünften Mal beatmen, tätschelt Johnson ihre Wange. Nichts geschieht.

»Miss Kent?«, ruft er verhalten.

Sie antwortet nicht.

»Miss Kent!« Diesmal lauter.

Keine Reaktion.

Andrew schließt die Augen und wartet auf das vernichtende Urteil. Vorbei. Natürlich ist es das. In ihm wüten die Selbstvorwürfe:

Du konntest ja auch deine verdammten Finger nicht bei dir halten! Nicht wahr, Norton, du Idiot? Es konnte dir gar nicht schnell genug gehen, damit du endlich nicht mehr warten musst. Nur leider hast du dabei völlig vergessen, DASS DU SIE AUF DIE ART UMBRINGST!

Eilig senkt er den Blick und kämpft gegen das unbändige Bedürfnis zu brüllen, während seine Hände sich wieder zu Fäusten ballen. Weit entfernt hört er Johnson.

»Miss Kent!«

Und diesmal erhält er eine Antwort. Andrew vernimmt ein heiseres Räuspern, noch eines, und dann ein leises: »Josie.«

Sein Kopf hebt sich ruckartig und er entdeckt bei Unbewegte Miene Johnson doch tatsächlich ein *Lächeln!*

»Josie«, nickt er zustimmend. »Wie geht es Ihnen, Josie?«

Ein erneutes Räuspern. »Gut.«

»Wollen Sie in ein Krankenhaus gebracht werden?«

»Krankenhaus?« Es klingt verwirrt. »Nein, was soll ich denn dort?«

Johnson erhebt sich mit ihr und tritt zu Andrew. »Ich denke, sie ist so weit in Ordnung«, informiert er seinen Chef, während die Tränen auf dessen Wangen ebenso unbemerkt zu bleiben scheinen, wie der Umstand, dass er immer noch hockt, sein Hemd immer noch offen steht und er immer noch ein Versager ist.

»Danke«, ist alles, was Andrew herausbringt, als er sich hastig hinsetzt, um Josie im Empfang zu nehmen.

»Nach Hause, Sir?«

Fassungslos sieht Andrew auf. Der Kerl hat Josie soeben das Leben gerettet und keine halbe Minute später ist Unbewegte Miene Johnson wieder vor Ort. Als wäre nichts, absolut gar *nichts* geschehen. Ausdruckslos begegnet er Andrews Blick.

Als dieser nickt, schließt Johnson die Tür und kurz darauf setzt der Wagen sich in Bewegung.

Und Andrew?

Der tut genau das, worin er am besten ist. Er nimmt sein Leben fest in den Arm, verbirgt das Gesicht an ihrer Schulter und heult.

7

Im Haus angekommen trägt Andrew sie in ihr Bett.

Josie ist eingeschlafen und bewegt sich kein einziges Mal. Weder, als er ihr die Schuhe auszieht noch, als er sie zudeckt.

Völlig erschöpft nimmt er an. Er streicht ihr das Haar aus der klammen Stirn und haucht einen Kuss auf ihre Schläfe, obwohl er weiß, dass er kein Recht besitzt, sie zu berühren.

Ohne Johnson wäre sie jetzt nämlich tot.

Für einen langen Moment betrachtet er das Mädchen, dann macht er kehrt und verlässt auf äußerst unsicheren Beinen den Raum.

Im Flur lehnt er sich an die Wand und vergräbt das Gesicht in seinen Händen. Warum hat er ihr nicht geholfen? Andrew kann sich selbst nicht verstehen. Es ist, als hätte ihn irgendetwas zu Stein erstarren lassen. Zu nichts mehr fähig, dem Tod ergeben – mit resigniert hängenden Armen und gesenktem Haupt. Ein müdes Schulterzucken: Du willst sie, dann nimm sie dir – ich kann ohnehin nichts dagegen tun.

Aber das ist nicht das Einzige, was ihn fassungslos zurücklässt: Er *ist* kein Teenager, bei dem die Hormone verrückt spielen. Jahrelang hatte Andrew die männliche Seite in sich völlig unter Kontrolle. Faktisch nichts konnte seine Disziplin untergraben. Und wenn bildlich gesprochen zwanzig Frauen in Spitzenhöschen auf dem Konferenztisch getanzt hätten, wäre es ihm egal gewesen. Es gab eine Zeit für die Arbeit und eine für das andere. Warum kann er sich bei Josie nicht beherrschen? Und nicht nur heute im Auto. Nein, in Wahrheit ist es doch auch im Büro mehrfach zu diesen Aussetzern gekommen. Er hatte ihr versprochen, ihre persönliche Beziehung zu vergessen, solange sie sich innerhalb der Arbeitsräume aufhalten. Und wie lange hielt er sich an dieses Versprechen? Einen Tag?

Langsam gewinnt er den Eindruck, dass alles, was ihn bis vor sechs Tagen ausmachte, plötzlich verschwunden ist. Andrew kann sich nicht daran erinnern, in den letzten vierundzwanzig Jahren jemals geweint zu haben. Ja, praktisch weinte er jede beschissene Nacht, doch das entzieht sich seiner Kontrolle. Besäße er die Fähigkeit, seine Reaktionen auch im Schlaf zu kontrollieren, wäre das mit Sicherheit nicht geschehen. Andrew Norton heult nicht. Im Allgemeinen. Aber in Wahrheit flennt er seit zwei Tagen beim kleinsten Anlass.

Nie hat ihn eine Situation überfordert. Neuerdings versagt er fast in allen Lebenslagen. Nichts ist unter Kontrolle, absolut gar nichts, wie zuvor. Das ist mehr, als er verkraften kann. Und er bringt Josie immer wieder in Gefahr, weil er irgendwann innerhalb der letzten sechs Tage offensichtlich vergessen hat, wer er ist.

Nein, mein Junge. Du warst allein, das ist das Problem.

Der DS hat seine Ecke verlassen und sieht ausnehmend väterlich zu seinem Schützling hinab.

Väterlich – das ist auch neu.

Ich dachte mir, es wäre das Beste, wenn du deine Erfahrungen selbst machst. Du hättest mir sonst nie geglaubt. Habe ich recht?

Langsam nickt Andrew.

Gut, Einsicht ist der erste Weg zur Besserung. Hast du deine Lektion gelernt?

Wieder erfolgt ein müdes Nicken.

Und ab sofort wirst du wieder das tun, was ich sage?

›Sicher. Aber wenn deine Bedingung lautet, dass ich sie verlasse ...

Nein, mein Junge. Behalte sie ruhig. Sie ist zwar irre, du scheinst sie trotzdem irgendwie zu mögen. Ich habe nicht vor, dir dein Spielzeug wegzunehmen. Aufgesetzt seufzt er. *Es war ja nur eine Frage der Zeit, bis so eine Scheiße passieren wird. Ich meine, es ist dämlich, doch jeder verliebt sich irgendwann. Ist es nicht so, mein Junge?*

›Ja.‹

Gut, und ab sofort läuft alles wieder nach meinen Anweisungen?

›Ja.‹

Siehst du, so gefällst du mir. Dann schlage ich vor, dass du zur Abwechslung einmal was Sinnvolles tust. Es ist erst kurz nach neunzehn Uhr. Da sind mindestens vier Stunden Arbeit drin. Stimmst du mir zu?

Andrew nickt erneut. Gehorsam, selbstverständlich.

Das Lächeln des DS verschwindet. *Und worauf wartest du noch?*

8

Als er gegen ein Uhr sein Schlafzimmer betritt, geht es ihm bereits bedeutend besser.

Das Gefühl, wenigstens ein wenig Ordnung in das Chaos, zu dem sein Dasein verkommen ist, gebracht zu haben, besitzt heilsame Fähigkeiten. Prompt kommt er sich nicht mehr wie ein vollendeter Versager vor.

Er hat etwas Nützliches, Abrechenbares getan, was seine Niederlage von heute Abend garantiert nicht wettmacht, ihn jedoch zumindest in die korrekte Richtung lenkt. Nun ist auch auf der Haben Seite ein Posten vermerkt und er ist ruhig, zufrieden und müde, obschon er weiß, dass er nicht viel Schlaf bekommt, bevor ihn sein Traum unsanft wecken wird. Doch morgen ist Sonntag, die Konsequenzen daher nicht allzu verheerend.

Nachdem er die Tür hinter sich geschlossen hat, macht er sich nicht die Mühe das Licht einzuschalten. Er begibt sich unter die Dusche – das ist ein bisschen beschwerlich wegen seines

Verbandes – streift sich T–Shirt und Unterhose über und tritt an sein Bett.

Erst jetzt bemerkt er, dass sich dort bereits jemand befindet. In einem seiner Hemden – diesmal muss sie sich an den frischen bedient haben – träumt, wie eine Katze zusammengerollt, Josie Kent, ihres Zeichens Inhalt seines Lebens. Lächelnd legt er sich zu ihr, umarmt sie behutsam und küsst ihre Stirn. Sie schlingt einen Arm um seinen Hals und kuschelt sich an seine Brust.

Das ist es, nicht wahr? Mehr will er überhaupt nicht. Alles darüber hinaus ist Luxus. Und den mag er ohnehin nicht besonders.

Mit dem Gedanken, dass seine Nacht unter den gegebenen Umständen vielleicht doch nicht zu rasch vergehen und Johnson eine Gehaltserhöhung bekommen wird, schläft er kurz darauf ein.

Der Deal

Sonntag, 21. März.

1

Als er die Lider aufschlägt, ist es bereits hell.

Entferntes Vogelzwitschern ist zu hören und durch das Fenster erblickt er ein kleines Quadrat des wolkenlosen Himmels Floridas. Wie idyllisch! Doch kaum hat Andrew zum Wecker gesehen, ist ihm schlagartig übel.

10:00 AM

Verschlafen!

Erst jetzt fällt ihm ein, dass Sonntag ist und sein Brechreiz legt sich ein wenig. Als Nächstes realisiert er, dass niemand neben ihm liegt.

Scheiße!

Gerade will er aus dem Bett springen und sich auf die panische Suche begeben, als sich die Zimmertür öffnet und Josie eintritt, mit strahlenden Augen, offenem Haar, langen Beinen in einer weißen kurzen Hose und hellblauem T–Shirt, das atemberaubend eng sitzt.

Perfekt.

Noch makelloser macht ihr Äußeres jedoch das Tablett, das sie vorsichtig jongliert. Andrews Angst, es könnte in letzter Sekunde schief gehen, erweist sich als unbegründet. Mutig balanciert sie weiter und vollbringt tatsächlich das Kunststück, das Teil unbeschadet bis zu ihm zu bringen. Er hat sich inzwischen aufgesetzt und sie stellt es behutsam auf seinen Schoß. Wow! Nie zuvor in seinem ganzen Leben hat Andrew im Bett gefrühstückt!

Wie auch? Im Dunkeln, mit Atemnot, ist das mit Sicherheit kein besonderes Erlebnis. Gut, er hatte den DS als Gesellschaft, also kann von allein keine Rede sein ...

Schon wird ihm wieder übel. Der DS! Verdammt!

Doch der befindet sich grinsend in der Ecke.

Amüsier dich ruhig mit deinem neuen Spielzeug. Unsere Verabredung heute Abend steht! Dein Büro ...

Eifrig hebt und senkt Andrew den Kopf. Natürlich.

Josie ist zu ihm geklettert und küsst ihn vorsichtig. »Guten Morgen!«

Er widersteht dem Wunsch, sie zu sich hinab zu ziehen und ihr zu zeigen, was er unter einem Sonntag–Frühstück–Im–Bett–Kuss versteht. Stattdessen nickt er artig. »Guten Morgen. Woher weißt du, dass ich gerne Waffeln esse?«

»Jeder mag sie«, erwidert sie schulterzuckend.

Andrew lacht, doch dann runzelt er die Stirn. »Wann bist du denn aufgestanden? Das muss dich Stunden gekostet haben.«

»Halb neun«, sagt sie nach flüchtiger Überlegung.

Und er hat noch mehr als neunzig Minuten weiter geschlafen, ohne zu bemerken, dass sie fort ist. Das passt ihm ganz und gar nicht.

Doch bevor er Gefahr läuft, sich diesem unangenehmen Gedanken zu widmen, macht er sich unter Josies kritischem Blick über die Waffeln her. Er hat keine Ahnung, was genau sie sieht, aber es scheint ihr zu gefallen.

Kaum ist er fertig, greift sie nach dem Tablett und will das Zimmer wieder verlassen. Und das ist dann selbst für Andrew zu viel. Ganz bestimmt kann er devoten Frauen etwas abgewinnen, solange die Tendenz nicht überwiegt, was es derzeit tut. Mit einem Satz springt er auf und nimmt ihr das Geschirr ab.

»Nein!«

Josie verdreht die Augen. »Ich will es doch nur wegräumen ...«

Energisch schüttelt er den Kopf. »Bleib! Ich ziehe mich an, dann gehen wir hinunter. Okay?«

Überzeugt scheint sie nicht, daher stellt Andrew das Tablett auf den Boden und hebt mit seinem Finger behutsam ihr Kinn. »Bitte?«

Interessanterweise grinst sie. »Du bist ziemlich anhänglich, oder?«

Er spitzt die Lippen. »Nur, weil ich nicht mag, dass du dieses Zimmer ohne mich verlässt? Ich finde, das geht in Ordnung.«

Dieser Beitrag entlockt ihr tatsächlich ein Lachen »Ja, ich schätze, das geht es.« Dann erweckt sein Verband ihre

Aufmerksamkeit und prompt sind Stirnrunzeln *und* Pflegefallblick zurück. Andrew verbeißt sich ein Stöhnen.

»Den müssen wir neu machen.«

Wir!

Sie müssen überhaupt nichts! Er findet, das Ding genügt vollkommen. Josie nicht, so angewidert, wie sie seinen Arm betrachtet. Nun ... Krankenschwester Josephine hat durchaus auch ihre Vorteile. Sie ist bei Weitem nicht so schreckhaft und *sucht* sogar ständig seine Nähe. Das gilt es, schamlos auszunutzen. Er zieht sie an sich und senkt den Kopf, bis ihre Lippen sich beinahe berühren. »Wartest du auf mich?«

Sie nickt.

»Was willst du heute unternehmen?«

»Unternehmen ...?«, echot sie misstrauisch.

»Ja, es ist Sonntag, die Sonne scheint, die Vögel sind laut. Unternimmt man da nicht irgendwas?«

»Schon möglich ...«

»Okay, also was möchtest du heute tun? Um ehrlich zu sein, ich habe keine Ahnung, was man mit einem derartigen Tag anstellt.«

»Weil du immer gearbeitet hast?«, mutmaßt sie scharfsinnig.

»Genau das«, bestätigt er begeistert. »Aber, du willst, dass ich mich ändere und voilà, hier ist er: der neue Andrew.« Grinsend breitet er die Arme aus, nur, um sie im nächsten Moment in einer resignierten Geste sinken zu lassen. »Ich habe nur ehrlich keinen Schimmer, was wir mit so viel Zeit anstellen wollen. Ich meine, wir können ja nicht den ganzen Tag im Haus zubringen oder möchtest du das?«

Mit einem Mal glänzen ihre Augen noch mehr. »Nein. Geh duschen, ich überlege mir etwas.«

Das nennt er einen akzeptablen Vorschlag.

Als er zehn Minuten später aus dem Bad tritt, hockt sie auf dem Bett und mustert ihn spekulierend. »Hast du eigentlich einen Wagen?«

Überrascht sieht Andrew auf. »Ja, Josephine. Du fährst täglich damit.«

»Ich meinte nicht die *Staatskarosse,* sondern ein *Auto!*«, erklärt sie leicht entnervt, was ihn einigermaßen verwirrt.

Nein, er besitzt keinen ausufernden Fuhrpark. Weshalb sollte er? Wenn er irgendwohin will, lässt er sich von Johnson chauffieren.

»Manchmal macht man einfach nur einen Ausflug.« Sie schließt die Augen. »Stell dir vor, wir werden in einem tollen Cabriolet fahren, das Verdeck herunter gelassen ...«

»... und nach zwanzig Minuten einen Unfall bauen, weil ich einen Sonnenstich habe ...«

Josie funkelt ihn böse an, doch bevor Andrew reagieren kann, verliert sie sich wieder in ihren Träumereien und jetzt klingt sie versonnen.

»... das Verdeck heruntergelassen, *mit Mützen gegen die ach so aggressive Sonne.* Wir könnten vielleicht an den Strand gehen ... nein, besser in die Wälder oder uns einfach *nur* treiben lassen ... ein Picknick machen ... oder ...«

Das Mädchen sitzt auf dem Bett, hat die Arme an den Seiten ausgebreitet, den Kopf in den Nacken gelegt und ist scheinbar ganz woanders.

Da ist sie wieder! Josie pur.

Hastig überlegt Andrew, wie er sie halten kann. Verdammt! Warum besitzt er denn kein Auto?

»Josie!« Seine Stimme reißt sie aus ihrer Trance und sie sieht ihn an, die Arme immer noch von sich gestreckt, während er eine Hand erhoben in ihre Richtung erhebt.

»Bleib genauso! Beweg dich nicht! Zwanzig Minuten. Okay? *Zwanzig Minuten!*«

Ohne ihre Erwiderung abzuwarten, stürzt er aus dem Raum ...

2

Eine Stunde später befinden sie sich in einem nagelneuen Alfa Romeo Spider und brausen durch die dichten Wälder, die Tampa umsäumen.

Jeder trägt ein Basecape und Josie darüber hinaus ein sattes Strahlen im Gesicht. Es hat Andrew dreißig Minuten, einige Überredungskünste und ein beachtliches Trinkgeld gekostet, um den Verleiher zu überzeugen, ihm den Wagen nicht nur kurzfristig zu überlassen, sondern das Vehikel auch noch umgehend zu liefern. Am Ende hat es natürlich funktioniert.

Bevor er den Picknickkorb vorbereitete, wies er Josie an, sich keinen Zentimeter zu rühren. Sie musste die Lider schließen, während er sie die Treppe hinabtrug und in das Auto setzte. Als sie das Cabriolet erblickte, stellte sich das Strahlen ein und ist seither geblieben.

Es hält sich auch während der Fahrt über die kurvenreiche Straße. Seit mehr als fünf Jahren saß er nicht mehr hinter einem Steuer, doch es gibt Dinge, die man nicht vergisst. Das Fahren gehört eindeutig dazu ...

Nach einiger Zeit lehnt sie sich an ihn und er legt seinen Arm um sie. Das ist es! Damit hat er erreicht, was er wollte. Andrew für seinen Teil würde für die nächsten zwei Wochen am liebsten so weitermachen. Existiert nicht die Möglichkeit zu tanken, ohne anhalten zu müssen? Bei Hubschraubern funktioniert es doch *auch!* Einfach den Wind spüren, vergessen, nicht darüber nachgrübeln, was gestern geschehen ist. Nicht an sein Versagen denken, an seinen Kontrollverlust oder daran, dass der Verband um seinen Arm wirklich durch geblutet ist. Es blieb keine Zeit das Teil zu erneuern. Stattdessen hat ihn Josie zuvor überredet, auf seinen Binder zu verzichten. Nicht, dass es ihn sonderlich stört, eher fühlt er sich in seiner ungewohnten Aufmachung etwas unwohl. Auf der anderen Seite gefällt ihm jedoch sein Chaos. Auch wenn es im Grunde keines mehr ist.

Der DS hat ihm verziehen, Andrew wird heute Abend noch arbeiten und morgen pünktlich in die Trust gehen, ohne eine tickende Zeitbombe zu sein, die droht, jede Sekunde hochzugehen. Aber er hat sein Mädchen bei sich, er wird es nicht wieder hergeben und nicht mehr im Stich lassen.

Nie wieder!

3

Nach einer Stunde halten sie am Waldrand im absoluten Nirgendwo.

Es ist ein sonniger Tag, und obwohl der Kalender erst März schreibt, ist das Gras bereits tiefgrün, bald wird es unter der glühenden Sonne gelb sein, doch heute ist es perfekt.

Der perfekte Ort, das perfekte Grün, das perfekte Wetter für die perfekte Josie.

Auf einer kleinen, hübschen Lichtung wählen sie einen Platz im Schatten einer Eiche. Andrew birgt den Picknickkorb aus dem Wagen, breitet die Decke aus und Josie setzt sich. Inzwischen kommt er sich vor, wie das retuschierte Motiv auf einer dieser kitschigen Florida Ansichtskarten. Das perfekte Paar inmitten der weiten Natur, des ewigen Sonnenscheins, des wolkenlosen Himmels und einer puren Josie, die immer noch anwesend ist.

Surreal.

Sie essen ihre Sandwiches und trinken Mineralwasser. Jetzt ohne Kopfbedeckung fällt ihr Haar ungebändigt über den makellosen Rücken ...

Und Andrew beschließt, dies sei exakt der richtige Zeitpunkt, um die Stimmung komplett zu versauen. Okay, das genau plant er nicht, er kommt nur auf die, wie sich kurz darauf herausstellt, saudämliche Idee, den Moment für die fällige Aussprache zu nutzen.

Sanft streichelt er ihren nackten Arm. »Josie ... gestern ...«

Sie reißt die Lider auf und beginnt sofort zu plappern. »Ich hatte getrunken und nicht gedacht. Ich ...«

Beschwichtigend hebt er eine Hand. »Du hast nichts falsch gemacht. Ich bin derjenige, der sich daneben benommen hat. Es tut mir leid.«

Sie senkt den Kopf. »Nein«, stottert sie. »Ich habe ... ich hätte ... ich weiß nicht, was in mich gefahren ist. Das ist sonst überhaupt nicht meine Art ...«

Ja, das ist ihm bekannt, verdammt!

Andrew nimmt sie am Handgelenk und betrachtet sie beschwörend. »Es ist sogar mehr als in Ordnung. Bitte ziehe keinen falschen Schluss, ich flehe dich an ...«

Schon wütet sie los. »Ich habe dir etwas vermittelt, was nicht existiert! Da gibt es keine Möglichkeit, den falschen Schluss zu ziehen ...«

»Aber es war doch *da*!« Oh, verdammt! Mühsam beherrscht er sich, um sie nicht zu schütteln. Aber eines lässt sich nicht länger leugnen: Die pure Josie ist verschwunden, stattdessen klopft gerade die Furie an die Tür. »Nichts war da! Ich wollte es nicht, ich war nur ...«

»Du möchtest mir ehrlich erklären, dass du *das nicht wolltest?«,* erkundigt er sich ungläubig.

Mit einem heftigen Ruck befreit sie sich aus seinem Griff. »Genau das habe ich vor!« Resigniert hebt Josie die Hände und stöhnt entnervt. »Ich wusste, dass das kommt! Ich wusste es!«, murmelt sie. Dann betrachtet sie ihn spöttisch. »Lass mich raten. Du glaubst, jetzt wäre alles geklärt, oder?«

»Ich glaube gar nichts«, erwidert Andrew tonlos. »Ich habe nur versucht, deine Reaktionen von gestern zu interpretieren. *Jede* davon«, fügt er bissig hinzu.

Ihre Augen weiten sich und werden dann plötzlich sehr schmal. »Ja, das passiert nun mal, wenn du so etwas tust. Ich hatte es dir gesagt und du wolltest nicht hören! So!« Sie ist aufgesprungen und starrt auf ihn herab. Andrew schätzt, Furie Josie hat damit endgültig die Bühne betreten

Ruhig! Ruhig. Norton. Bleib ruhig. Du weißt, sie ist irre. Du kannst von ihr keine vernünftigen Gedankengänge erwarten. Lass sie brüllen. Mit Wahnsinnigen muss man äußerst vorsichtig umgehen. Du könntest ihr natürlich auch den Hintern versohlen oder sie endlich rausschmeißen, aber ...

›HEY!‹

War nur ein Vorschlag ... Reg dich ab!

»Gut«, faucht die Furie inzwischen weiter. »Ich habe dich geküsst und das etwas übertrieben ...«

Geküsst! GEKÜSST? Verdammt, sie hat in diesem Scheißwagen fast sein Hemd in Stücke gerissen!

»... doch das gibt dir noch lange nicht das Recht, diese ...« Sie stöhnt »... *Dinge* mit mir zu machen!«

»Ich sagte bereits, dass ich mich vergessen habe, Josephine«, erinnert er sie.

Sie nickt. »Ja. Aber das ist nicht fair!« Tränen glitzern in ihren Wimpern. »Ich wusste nicht, dass du es so missverstehen könntest«, flüstert sie, lässt sich wie geschlagen auf die Decke sinken, blickt nach unten und vergräbt die Finger in ihrem Haar. Als sie aufschaut, rinnen Sturzbäche über ihre Wangen.

»Es wird nie anders sein Andrew! Begreifst du, was ich dir sage? Entweder, du akzeptierst es und nimmst dir, was du willst. Oder es wird immer wieder so sein! Ich kann es einfach nicht!«

Was für ein verdammter Scheiß geht in diesem Kopf vor sich? Das ist krank!

»Moment", beginnt Andrew langsam. »Damit ich nichts falsch verstehe. Du erzählst mir demnach, dass du dich weigerst, *freiwillig* mit mir zusammen zu sein. Aber unter Zwang wäre das für dich durchaus eine Überlegung wert, ja? Also, wenn ich ...« Wild sieht er sich um. »... wenn ich jetzt über dich herfallen würde, wäre es okay? Willst du mir das sagen?«

Sie braucht erstaunlich wenig Zeit, bevor sie nickt.

Was?

Verzweifelt sucht Andrew nach einer Erklärung, was in ihr verdammt noch mal vor sich geht. Diesmal fällt ihm allerdings nichts ein, was auch nur annähernd diesen Irrsinn begründen könnte. Denn das ist es. Hochgradiger Irrsinn!

Ha! Hab ich ja von Anfang an gesagt! Sie gehört definitiv in die nächste Gummizelle! Aber hübsch ist sie, das gebe ich zu. Na ja, irgendwas ist ja immer ...

Andrew holt tief Luft. »Du hörst mir jetzt zu!«

Ihre Augen verengen sich.

»Du kannst mich getrost beim Wort nehmen. Niemals wird das geschehen! Also hör verdammt noch mal mit diesen beschissenen Angeboten auf. Das ist krank! Hast du das endlich verstanden?«

Doch sie antwortet nicht. Irgendwann droht ihr Schweigen ihn in den Wahnsinn zu treiben. »JOSIE!«

Sie schnieft. »Du weißt, dass wir dann keine Chance haben, oder?« Und erst jetzt sieht sie zu ihm auf. Der Ausdruck in ihrem Blick ist endgültig. Zu endgültig.

Aufhalten! Was immer sie ihm mitteilen will, er muss es verhindern!

Eilig zieht Andrew sie an sich und küsst sie vorsichtig. »Ich weiß nicht, woher du deine Überzeugungen nimmst. Aber wir sind keine Ansammlung triebgesteuerter Halbwilder.« Verhalten seufzt er auf. »*Natürlich* begehre ich dich. Ich liebe dich. Ich *brauche* dich. Und genau deshalb werde ich dein Angebot nicht annehmen. Das wäre falsch für mich. Grausam für dich. Keiner von uns beiden hätte daran irgendein Vergnügen. Ich versprach zu warten. Ich *werde* warten.«

»Umsonst!«, kontert sie sofort. »Es wird sich nie ändern!«

Wieder verwöhnt Andrew die vollen, so einladenden Lippen, dabei verstärkt er den Druck seiner Arme, denn er befürchtet, dass gleich Furie Josie abermals auftauchen wird.

»Ich gebe zu«, beginnt er langsam, »ich habe nicht viel Ahnung von Frauen, kenne weder eure Probleme noch weiß ich, worüber ihr euch unterhaltet. Ich werde niemals begreifen, weshalb ihr im Restaurant immer in Gruppen auf die Toilette gehen müsst. Aber eines ist mir mit Sicherheit klar: Du wolltest mich mit jeder einzelnen, süßen, kleinen Faser deines umwerfenden Körpers. Du wolltest mich so, wie ich dich will. Du sehntest dich danach, dass ich dich in der Küche küsse. Vielleicht verlangtest du selbst dort nach mehr. Aus einem Grund, den ich nicht verstehen kann, weigerst du dich strikt, dir das einzugestehen. Du warst so verführerisch, so leidenschaftlich und hingebungsvoll, dass ich nicht widerstehen konnte. Du hast mich wahnsinnig gemacht! Dein Mund, deine Berührungen. Verdammt, Josie, du wolltest mich so sehr, dass du *alles* vergessen hast! Das kannst du nicht leugnen ...«

Diesmal erscheint keine Furie. »Ich hatte getrunken ...«

»Ja, Alkohol enthemmt, doch er steigert nicht dein Verlangen! Das ist kein Aphrodisiakum. Er macht dich nur ... *mutiger*. Deine Gefühle wirst du damit nicht beeinflussen, sondern verhilfst ihnen nur an die Oberfläche. Ich habe verdrängt, wie groß deine Angst ist. Das war mein Fehler. Ich ließ mich von dir mitreißen ...« Bitter lacht er auf. »Okay, ich gebe zu, dazu gehört nicht viel. Ich hätte aufpassen müssen, aber ich versagte und deshalb wärst du wieder beinahe gestorben. Das tut mir unendlich leid. Was mir absolut nicht leidtut, ist, dass ich dich begehre. Und noch weniger bedaure ich, dass dies auf Gegenseitigkeit beruht. Zumindest gestern ...«

Plötzlich kommt ihm ein Gedanke und er mustert sie kalkulierend. Sie will Beweise? »Atme für mich, Josie.«

Sie verdreht die Augen und gehorcht.

»Noch einmal!«

Josie wiederholt das Manöver.

»Fantastisch.« Er schaut sie forschend an und dann senkt sich sein Mund auf ihren. Was nun folgt, ist der verführerischste, sinnlichste, leidenschaftlichste Kuss seiner Karriere. Sie wehrt sich nicht, reagiert jedoch zunächst auch nicht. Aber schließlich teilen sich ihre Lippen, was alles ist, was er braucht. Andrew taucht in die süße Tiefe hinab, liebkost sie, schmeckt sie, gibt alles, was er zu geben hat und nimmt sich das Gleiche. Eine Hand hält zärtlich ihr Kinn, mit der anderen stützt er sie. Und er träumt bei diesem unvorstellbaren Kuss, genießt ihn, wie keinen zuvor, hütet sich allerdings, tatsächlich zu vergessen. Nach zwei Minuten bricht ihr Widerstand, leise seufzt sie auf und schmiegt sich an ihn, was für Andrew bedauerlicherweise das Kommando ist, dieses wunderbare Erlebnis zu beenden. Er lehnt den Kopf zurück und betrachtet ihre glänzenden, von Erregung umwölkten Augen. »Du willst mich.« Eilig räuspert er sich, um das Raue – männlich Erregte – aus seiner Stimme zu verbannen. »Und wenn du dich noch so sehr dagegen wehrst. Ich werde warten, bis du bereit bist und dich nur immer wieder daran erinnern, was genau du begehrst ...«

»Niemals«, wispert sie und auch in Josies Ton schwingen die Echos des soeben Erlebten mit.

Andrew lächelt. »Bald.«

Niemand senkt die Lider, als sie einander ein stummes Versprechen geben:

Und wenn du dir noch so viel Mühe gibst, niemals wirst du mich dazu bringen. Niemals!

Und wenn es das Letzte ist, was ich tue, Baby. Du wirst darum betteln, verlass dich darauf!

Jeder ist entschlossen zu siegen und am Ende senken die beiden gleichzeitig den Blick.

4

Der Rest des Sonntags verläuft in angespanntem Schweigen.

Sie halten sich nicht mehr lange im Wald auf, denn so langsam geht Andrew das idyllische Gebrüll der Vögel ziemlich auf die Nerven.

Es passt nicht zu ihnen, sie gehören in kein Paradies. Flüchtig fragt er sich, ob er das Thema lieber nicht angeschnitten hätte, zumal ungewiss ist, ob er sich jetzt, nachdem er ihre Meinung so exakt kennt, unbedingt besser fühlt. Doch hätte er dieses Gespräch vermieden, wäre es unweigerlich immer wieder zu

Katastrophen wie am vergangenen Tag gekommen. Spätestens, wenn sie ihre innere Blockade für einen kurzen, unwachsamen Moment aufgibt. Josie betreibt eindeutig Verweigerung. Aus irgendeinem Grund, der ihm absolut schleierhaft ist, betrachtet sie es als Verbrechen, ihren Sehnsüchten nachzugeben. Andrew ist nicht wirklich das Problem für sie – der ist ein Schwein und er wird immer eines bleiben. Nein, hier geht es eher um die Frage, ob Josie sich auch auf die Seite der stinkenden Allesfresser begibt oder standhaft den Beitritt verweigert. Koste es, was es wolle. Und es kostet sie eine ganze Menge, so viel ist sicher.

Was er bezahlt? Er hat keine Ahnung. Was löst das Bewusstsein in ihm aus, dass die Frau, die er liebt, eher stirbt, als einzugestehen, dass sie ihn will und ihren Begierden nachzugeben? Dass sie ihn anbettelt, sie zu missbrauchen, damit ihr krankes, verzerrtes Männerbild nicht beschädigt wird? Wahrscheinlich freut sie sich bereits darauf, die Märtyrerrolle einzunehmen. Er sieht es bildlich vor sich. Andrew, der gefallene Held, der seinen brutalen Trieben am Ende doch gefolgt ist. Und sie, die ihm mit mildem Verständnis vergibt und stumm die Qualen erträgt ...

Ja, er nimmt an, so in etwa hat Josephine sich das vorgestellt. Dabei kommt ihm der Gedanke, dass es möglicherweise dann anders laufen könnte, dass sie sich nicht in ihre Anfälle flüchten, sondern schweigend und von Gram gebeugt, jedoch mit ungebändigtem Stolz überleben würde. Nein, er hat nicht vor seine Thesen zu überprüfen, ist allerdings fast überzeugt, korrekt zu liegen. Mindestens empfindet er Wut.

Nicht auf Josie. Was ihr da vorschwebt, ist derart irre, dass es unmöglich auf ihrem Mist gewachsen sein kann. Kein vernünftiger Mensch reimt sich so etwas einfach zusammen.

Ihm will nicht in den Schädel, wie es ihr gelungen ist, in dieser sexualisierten Welt, in der man in jeder beschissenen Videothek die Sexfilme in den Auslagen betrachten darf, dieses Bild aufrechtzuerhalten.

Gehört ihre Mutter irgendeiner Sekte an? Oder sind die Großeltern nur streng religiös? Mit Entsetzen denkt er an das

Aufklärungsgespräch, das er im Alter von zwölf Jahren mit seinem Vater führen musste. Nicht, dass es ihn sonderlich interessiert hätte, aber Stephen entschied, dass es an der Zeit sei, ihn in das Thema einzuführen. Und er führte ihn ein. Als Andrew nach einer Stunde das Arbeitszimmer seines Dads verließ, wusste er so ungefähr alles, was ihn erwartete – einschließlich der Tatsache, dass er sich tunlichst Kondome zulegen müsse, wenn er keinen frühen und furchtbaren Aidstod sterben wollte.

Hat mit ihr niemand so ein Gespräch geführt?

Ihm ist unbegreiflich, wie sie diese Überzeugungen so lange aufrecht halten konnte. Verdammt, sie war schließlich am College! Es existiert kein Ort, an dem häufiger ungewollte Schwangerschaften entstehen und an dem sich ausufernder in den Betten gewälzt wird. Das weiß er sogar ganz genau. Andrew war während seines gesamten Studiums pausenlos gezwungen, vor irgendwelchen verwirrten Kommilitoninnen zu flüchten, die der Meinung waren, ihn bekehren zu müssen. Wie hat sie sich vor all den Jungen gerettet? Ach ja, da war doch was. Sie ist ja geflohen.

Und die Freundinnen? Sprechen die Frauen nicht ständig über Sex? Hat sie wirklich nie zugehört, wenn in ihrer Nähe von der letzten Nacht die Rede war? Oder vom vergötterten Freund? Wie gelingt es einem Mädchen – einem modernen, definitiv – sich diese mittelalterlichen Ansichten zu bewahren?

Wie geht das?

Mittlerweile ist er nicht mehr von der Genialität seines Wunsches überzeugt, ihre Mutter kennenzulernen. Er fürchtet zu sehr um seine Kontrolle. Denn dort wird die Ursache für dieses Fiasko liegen. Das ist die einzige logische Erklärung. Sie hat diese Überlegungen nicht erst gestern vollbracht. Diese irrsinnigen Schlussfolgerungen sind das Produkt von Jahren, wenn nicht Jahrzehnten. Und er ahnt, dass Klein–Josie nie auch nur auf die Idee kam, es könnte sich vielleicht anders verhalten. Wahrscheinlich ist sie von ihren eigenen Reaktionen derart überrollt worden, dass sie überhaupt nicht nachvollziehen kann, was mit ihr geschieht.

Aber er leidet mit ihr. Und nicht nur, weil er nicht das bekommt, was er will. Er merkt, wie sie sich quält, wohnt ihrem internen Kampf bei, erkennt, was sie begehrt und wie sie es sich vorenthält – aus einem Grund, der ihm absolut schleierhaft ist. Sie martert und versagt sich alles, was ihr Freuden verspricht. Das Mädchen hat furchtbare Angst davor, dass er sie deshalb fallen lässt, und ist dennoch gezwungen, sein Urteil mit gesenktem Haupt entgegenzunehmen.

Ist das normal?

Leise lacht er auf. Nein, das ist es garantiert nicht. Normal ist völlig anders. Abgesehen von seinem Zorn sucht ihn eine weitere Emotion heim: Furcht – möglicherweise sogar ein Hauch von Panik, gefangen in dieser unerträglichen Ausweglosigkeit.

Denn er braucht Josie. Sie wird das nie verstehen – das gelingt ihm ja selbst kaum. Wenn sie sich ihm verweigert, seine Nähe nicht duldet, weil irgendeine innere Stimme es ihr verbietet, dann ist es, als würde sie ihm ein Messer in die Brust rammen. Er weiß nicht, wie lange er dem standhalten wird, bevor er explodiert. Erneut dankt er dem Umstand, dass der DS zurück ist. Allein wird ihm das nicht gelingen, er schafft es ja nicht einmal, neben ihr zu sitzen, ohne zumindest ihre Hand zu nehmen. Doch er darf sie auch nicht mit seinen Bedürfnissen konfrontieren, weil sie das nur noch unter größeren Druck setzen würde.

In Wahrheit verhält es sich allerdings so: Je öfter sie ihn zurückweist, desto mehr steigt in ihm das Verlangen, sich abzureagieren. Obwohl sie da ist, ist sie gleichzeitig meilenweit von ihm entfernt. Das ist etwas, womit er nicht nur unmöglich umgehen kann, gleichfalls lässt es ihn dermaßen verzweifeln, dass er wieder droht, die Kontrolle einzubüßen. Daher beschließt er, sich zukünftig tunlichst von allem Spitzen und Scharfen fernzuhalten.

Nur vorsichtshalber.

Darüber hinaus nimmt er sich vor, sich mit dem Thema Josie zu befassen. Intensiv. Um ihretwillen – jedoch auch für sich selbst.

5

Als sie gegen Nachmittag das Haus betreten, gehen sie wortlos ihren Beschäftigungen nach. Andrew weiß nicht, was Josie tut, doch er verabschiedet sich stumm in Richtung Büro.

Ihr Sicherheitsabstand hat jetzt das ungefähre Ausmaß von einem Meter.

Normalerweise würde ihn ein derartiges Verhalten grinsen lassen, tut es aber nicht. Denn diese einhundert Zentimeter sind für ihn gleichbedeutend mit zwei verschiedenen Kontinenten. Unter diesen Umständen gelingt es ihm nicht, sich in ihrer Gegenwart aufzuhalten, ohne die Beherrschung zu verlieren. Weshalb er die kommenden sechs Stunden in seinem Arbeitszimmer verbringt.

Dort vergisst er seine Probleme, das Chaos, diese neuen Empfindungen, die ihn verwirren, und sogar die Hilflosigkeit, die ihn immer erfasst, wenn er in ihre grünen Augen sieht, in denen steht: *Liebe mich. Bitte!* Während ihr Mund jedoch zischt. »Kommst du mir zu nahe, du Schwein, dann BRING ich mich UM!«

Der DS ist eher mäßig zufrieden.

Es ist ein Anfang, Norton! Du bist zwar ein verträumter Idiot und dazu noch notgeil, ich denke, in dem Punkt sind wir uns einig. Doch zumindest entwicklungsfähig.

Andrew grinst. Ja, so ist der alte Knabe. Und wahrscheinlich ist das auch gut so ...

Auf das Dinner verzichtet er. Dazu müsste er sich in Josies Nähe begeben, was wiederum das ganze Durcheinander abermals an die Oberfläche bringen würde, welches er gerade so erfolgreich zurückgedrängt hat.

Stattdessen sucht er nach Julias Karte, die sie ihm garantiert nach Hause geschickt hat. Aus irgendeinem Grund, den er nicht versteht, hasst seine kleine Schwester die Trust. Er wird fündig. Ihre Präsentation findet am kommenden Tag um siebzehn Uhr in einem beliebten Eventsaal Tampas statt. Derartige Veranstaltungen sind gut frequentiert; Julia wird an alle Personen, die sie kennt und die ihr fremd sind, Einladungen verschickt haben. Unüberschaubare Menschenmassen, keine Sicherheitskontrollen – der beste Ort, um einen Angriff auf Josie zu wagen. Nein, er wird morgen nicht ohne Demetri und Sebastian gehen. Vielleicht erweisen sich seine Sorgen als unbegründet, doch ein ›Vielleicht‹ genügt ihm nicht, es beinhaltet definitiv zu gravierende Risiken.

Daher greift er zum Telefon und kontaktiert Finch.

Als er um elf Uhr sein Schlafzimmer betritt, erwartet ihn die übliche beruhigende Atmosphäre des Raumes. Der Mond scheint durch das Fenster und taucht ihn in ein sanftes Dämmerlicht. Und im Bett schlummert – in seinem getragenen Hemd von gestern – Josie.

Obwohl der DS seine Braue tadelnd erhebt, verzichtet Andrew auf die Dusche. Körperpflege ist wichtig, Josie wichtiger. Hastig entledigt er sich seiner Hose und legt sich zu ihr. Sie wird nicht wach, als er sie in die Arme zieht – so klein, beinahe noch ein Kind. Wie eine Puppe. Die Nachbildung eines Menschen. Viel zu verletzlich für die Welt.

Beschützenswert.

Das Mädchen schmiegt sich an ihn und bettet den Kopf an seine Brust. Bevor er einschläft, denkt er:

Ich liebe dich, Josie. Egal, wie verrückt du bist.

Montag, 22. März

Piep – Piep – Piep.

Diesmal muss Andrew nicht überlegen. Er dreht sich zur Seite, lässt Josie dabei allerdings nicht los und schaltet zum zweiten Mal in seinem Leben einen Wecker aus.

Sie ist munter, als er sie wieder ansieht.

»Guten Morgen«, murmelt er und küsst sie, während in ihm wahre Freudenfeuer explodieren. Noch nie zuvor war er so gelassen, ohne Zweifel ausgeruht und zufrieden – nun, fast – aufgewacht.

Der erste Tag in seinem neuen Leben.

Geordnet und diszipliniert.

Ja.

Aber nicht mehr allein.

6

Das erste Frühstück seines neuen Lebens besteht aus Rührei, Speck, Orangensaft und Kaffee – von Andrew zubereitet. Das ist zwar keine Innovation, er hat jedoch entschieden, dass eine kluge Symbiose aus alt und neu vielleicht das beste Rezept sei.

Langsam angehen lassen, richtig?

Dann fordert Pflegerin Kent vehement, ihm einen frischen Verband anzulegen, was er widerstandslos über sich ergehen lässt. In Wahrheit genießt er es sogar, denn der Meter Sicherheitsabstand trat in Kraft, sobald sie sich aus dem Bett erhoben haben. Sie muss ihn unterschreiten, um ihrer wahren Bestimmung nachgehen zu können: Andrew wie ein Kleinkind zu behandeln.

Es ist eine interessante Überlegung, die sich ihm da aufdrängt – interessant und absurd gleichermaßen: Den ganzen Tag flieht sie vor ihm, mit panischem Blick und der absoluten Überzeugung, gute Gründe dafür zu haben. Doch kaum ist es dunkel, hüllt sie sich in eines seiner Hemden – in denen sie so verdammt heiß aussieht, dass es ihm regelmäßig die Fähigkeit zum Atmen raubt –, legt sich mit totaler Selbstverständlichkeit zu ihm und lässt sich ohne die geringste Angst umarmen.

Im Bett ist er also ungefährlich.

Ha!

Wäre es nicht so traurig, müsste man echt darüber lachen.

Sie fahren eine halbe Stunde früher als üblich los, denn Andrew unternimmt mit ihr zuvor einen kleinen Abstecher. Als sie aus dem Geschäft des Autohändlers treten, grinsen beide. Ein neuer Schritt in seinem neuen Dasein: Er ist jetzt stolzer Besitzer eines ultraroten Alfa Romeo Spider. Nun, nicht ganz – Liefertermin ist in zwei Wochen, solange werden sie mit dem Leihwagen vorlieb nehmen müssen. Doch Andrew hat vierundzwanzig Jahre darauf gewartet, zu leben, da kommt es auf ein paar Tage mehr oder weniger nicht an, oder?

7

Gail empfängt Josie mit einer mütterlichen und Andrew zunächst mit einer argwöhnischen, dann frohen Miene. Ah, sogar seine Assistentin und Aufpasserin ist mit ihm zufrieden. Na, wenn das kein Erfolg ist.

Er arbeitet, wie noch nie vorher: Gelassen konzentriert, ohne Zwang – selbst der DS lässt ihn halbwegs in Ruhe. Eine Unterbrechung nimmt er in Kauf. Nämlich als Miss *in einem schlichten weißen Kostüm mit schwarzem Top bin ich gleichfalls atemberaubend* Kent seinen Kaffee bringt.

Das ist das einzige Mal, dass seine Disziplin schleift – bisher zumindest. Regeln hin oder her.

Neues Leben hin oder her.

Scheißdisziplin hin oder her.

Er hat sie den gesamten Vormittag über nicht gesehen, obschon sie nur eine Tür trennt. Und sie fehlt ihm. Außerdem muss er ohnehin an dem Erreichen seines Ziels arbeiten:

Zeige Josie, wie sehr sie dich will, und lass nicht zu, dass sie es auch nur für eine Sekunde vergisst. Nicht nachlassen! Steter Tropfen höhlt den Stein!

Andrew beschließt spontan, dass ein »Tropfen« die Dinge zu langsam in die richtigen Bahnen lenkt. Als sie ihm die Tasse vorsetzt, beachtet er sie nicht – anscheinend völlig vertieft in die dämliche Auflistung der Personalkosten des letzten Jahres. Sie zögert, unsicher, wie sie mit seiner Ignoranz umgehen soll.

Doch als sie verwirrt wieder gehen will, schnellt sein Arm um ihre Taille und einen Wimpernschlag später liegt sie auf seinem Schoß – seine Lippen befinden sich *an* ihrem Mund. »Hör zu, Miss Kent. Ich bin bereit, deine kleinlichen Regeln zu respektieren, aber solltest du noch ein einziges Mal auf die Idee kommen, diesen Raum zu verlassen, ohne mir wenigstens einen Kuss gestattet zu haben, werde ich dich nie mehr von diesem Schoß lassen. Verstanden?«

Ihre Augen sind groß. »Ja.«

»Gut. Bekomme ich jetzt meinen Kuss?«

»Ja.«

Andrew wartet ...

Nach zehn Sekunden mustert er sie mit erhobener Braue. »Nun?«

Sie kneift die Lider zusammen – Furie Josie ist im Anmarsch. Rasch überschlägt er, was heute zu erledigen ist und übergeht das Knurren des DS. Fazit: Er hat Zeit ...

Schließlich gibt sie nach, ihre Hand legt sich an seine Wange und sie küsst ihn sanft.

Oh, nein. So hat er das nicht gemeint! So nicht. Bevor sie reagieren kann, befinden sich seine Finger in ihrem Haar und er zeigt ihr, wie genau er sich das Folgende gedacht hat. Ha!

Diesmal benötigt er anderthalb Minuten, um sie zum Seufzen zu bringen – er steigert sich. Als er sich von ihr löst, keucht sie verhalten, ihr Blick glüht, das Gesicht ist gerötet und die Lippen leicht geöffnet. Sie wirkt nicht, als wolle sie sobald wieder verschwinden.

Doppel Ha!

Soll sie doch vor Sehnsucht vergehen. Er ist da, sie muss nur kommen und ihn bitten, dann steht er zu ihrer Verfügung. ›Oh ja. Baby, nenn mir Zeit und Ort. Ich bin bereit. Immer!‹

Wie zum Beispiel im Moment gerade, wie er innerlich stöhnend bemerkt. ›Also, wenn du willst ...‹

Das tut sie selbstverständlich nicht, denn kaum hat sich ihr Atem normalisiert, erhebt sie sich und ihm hilft leider nicht, dass ihr Gang zur Tür höchst unsicherer Natur ist. Soweit so gut. Aber auch nur soweit ...

Um eins geht er ins Vorzimmer, nickt Gail zu und greift nach Josies Hand.

Lunch.

Er lässt sie nicht los. Weder in dem überfüllten Aufzug oder in der Tiefgarage, schon gar nicht im Auto, wo er sie endlich umarmen und aufatmen darf. Als sie erkennt, wohin er sie führt, mustert sie ihn bitterböse, doch Andrew lacht.

»Josie, du musst mit deinen Dämonen fertig werden. Je eher du akzeptierst, dass ich keine andere will, desto besser.«

Sie murmelt etwas vor sich hin, von dem er nur »*... verdammtes Rattengift ... ziemlich grausamer Tod ... und ... mal gesehen, wie die dich anglotzen? ...*«, versteht.

Dreifaches Ha! Irgendwie mag er sein neues Leben.

Dem Kellner fallen beinahe die Augen aus den Höhlen, als er einen Rehrücken ordert. Fassungslos starrt er seinen Stammgast an, bis der schließlich eine Braue hebt. »Alles in Ordnung, Sasha?«

»Natürlich, Sir«, stottert der Gefragte und nimmt eifrig Josies Bestellung entgegen, die zu Andrews Überraschung wie seine ausfällt. Dazu nehmen sie Wein. Kurzfristig hadert er mit sich, überlegt, ob es vielleicht besser wäre, sie ihre widerliche Cola trinken zu lassen, doch letztendlich entscheidet er, dass es ihr nicht helfen wird. In seinen Kreisen bietet man zum Lunch keine Limonade an. Sie muss sich wohl oder übel an den Alkohol gewöhnen.

Nachdem Mary von Josie ihre zwanzig Dolche und von ihm seine Kreditkarte in Empfang genommen hat, lächelt er.

»Willst du dich noch umziehen oder sollen wir ohne Umweg hinfahren?«

Das bringt ihm einen verständnislosen Blick ein. »Wohin?«

»Kollektion? Julia? Erinnerst du dich? Ich meine, wir können auch gern nach Hause fahren und uns dort verbarrikadieren. Aber ich sage dir gleich: Sie wird einen Weg hineinfinden und dann sind wir tot. Man wird unsere Leichen nie finden ...«

Josie schlägt sich mit der flachen Hand an die Stirn und Andrew verschluckt sich fast an seinem Wein. »Oh, die Show! Das habe ich vergessen!«

Er braucht einige Momente, bevor er sichergehen kann, dass die Flüssigkeit in seinem Mund bleibt und er sie nicht in einem unkontrollierten Anfall wilden Gelächters über den Tisch verteilt – zumindest dann würde Josie unter Garantie die Kleidung wechseln müssen. Nachdem er das mögliche Desaster erfolgreich verhindern konnte, betrachtet er sie ernst. »Ich werde schweigen und Julia wird es niemals erfahren. Also. Umziehen? Ja/nein?«

Grübelnd zieht sie die Nase kraus. »Nein«, sagt sie schließlich. »Wenn du meinst, dass es so geht ...«

»Es geht, Josie«, versichert er und fügt beiläufig hinzu: »Sebastian und Demetri begleiten uns.«

Ihre Augen weiten sich, doch dann nickt sie langsam. »Wenn du es für notwendig hältst ...«

»Ja, das tue ich.«

8

Um vier hat Gail Feierabend und um vier Uhr drei erscheinen die beiden Bodyguards.

Verdammter Mist!

Hätten sie nicht um halb fünf kommen können? Kurz bevor er diese Frage laut äußern kann, fällt Andrew glücklicherweise ein, dass er die Männer ja bestellt hat und er reißt sich zusammen. *Mit* Mühe.

Er hat wirklich nichts dagegen, mit Josie ein wenig Zeit allein zu verbringen. So auf der Couch ... Nein, nichts Schlimmes. Nur ein bisschen Teenagergeknutsche ...

Okay, *kein* Teenagergeknutsche – dafür ist er zu versiert und sein Ziel zu bedeutend. Obwohl es eine *heiße* Schmuserei geworden wäre, die er umgehend mit Schmerzen seines Unterleibes bezahlt hätte.

Wäre ...

Hätte ...

Immer noch grimmig betrachtet er erst die schiefe und krumme Nase dieses Demetris und als Nächstes das Dauergrinsen Dr. Sebastians, des Bären. Die Männer sitzen vor seinem Schreibtisch, während der Chef sie rasch instruiert.

»... ich denke nicht, dass meine Befürchtungen eine Basis haben«, endet er. »Allerdings will ich jedes Risiko ausschließen.«

Das Nicken erfolgt synchron.

Prüfend blickt Andrew auf die Uhr. »Die Veranstaltung beginnt um fünf. Sie sind mit eigenem Wagen hier?«

Demetri nickt. »Ja Sir.«

»Dann schlage ich vor, dass Sie vorfahren und Miss Kent am Eingang der Konzerthalle in Empfang nehmen.«

Wieder bejahen sie stumm im Takt und Andrew verbeißt sich ein Grinsen.

Als sie gegangen sind, kontrolliert er erneut die Zeit – eine Viertelstunde bleibt für die Teenager–Nummer ...

Josie befindet sich an ihrem Arbeitsplatz und räumt weg, woran sie gerade gearbeitet hat – oder was sonst sie auch immer dort tut. Gail kann ihm nie eine befriedigende Antwort auf seine Frage diesbezüglich geben, sondern verdreht nur ermattet die Augen, wenn er dieses Thema aufbringt.

Er schiebt ihren Stuhl zurück und nimmt das liebliche Gesicht in seine Hände. »Atme für mich!«

Diesmal zeigt sie sich nicht sehr kooperativ, sondern eher entnervt. »Ich finde wirklich, dass du es ein bisschen übertreibst.«

»Ach ja? Findest du das?«, haucht er. »Ich kenne und liebe dich seit genau acht Tagen. Und währenddessen wärst du exakt vier Mal beinahe gestorben. Jedes Mal hat mich mindestens fünf Jahre meiner Existenz gekostet. Glaub mir, ich übertreibe überhaupt nichts, sondern versuche nur, dir das Leben zu retten und meine Lebenserwartung nicht auf dreißig zu senken.«

Seufzend holt sie tief Luft.

»Noch einmal!«, kommandiert er.

Sie gehorcht.

»In Ordnung«, lächelt er. »Ich trage dich jetzt dort hinüber zur Couch und küsse dich. Ist das okay, Miss Kent?«

Ein feuriger Blick und ein »Ja«, sind die Antwort.

»Fein.«

Doch sie wartet nicht, bevor sie das Sofa erreichen. Ihre Lippen erobern seine bereits, als er sich mit ihr noch auf dem Weg dorthin befindet. Und diesmal versagt er auf ganzer Linie ...

Er wird viel zu fordernd als es seinem Plan, zuträglich ist, sie wahnsinnig vor Verlangen nach ihm zu machen. Denn leider hat er dieses Stadium bereits erreicht – er *ist* wahnsinnig vor Begehren nach ihr und nicht imstande, aufzuhören. Schon ist vergessen, dass es nur ein harmloser Kuss werden sollte, als er sanft ihre weichen Formen streichelt und ihren süßen, so herausfordernden Mund erkundet. Allein der Gedanke, was er alles damit anstellen könnte ... Die Bilder tanzen vor seinem geistigen Auge und treiben ihn weit über den gefährlichen Punkt hinaus. Was würde er dafür geben, es genau in diesem Moment auszuprobieren. Er kann spüren, wie es sich anfühlen würde, wenn sie ihn vollständig in sich aufnimmt, ihre Lippen fest und sicher, ihre Zunge, die mit ihm spielt, ihn an den Rand der Beherrschung treibt ...

Verdammt!

Und auch Josie macht keine Anstalten, die Situation zu beenden. Ganz bestimmt ist das nicht ihr Plan, denn kurz darauf beginnt sie, an seinem Hemd zu nesteln ... und exakt in diesem Moment schreitet er ein – mit unmenschlicher Anstrengung.

»Nein!«

Sie hat sich nicht mehr unter Kontrolle – ihre Miene ist flehend, so bettelnd, dass Andrew unvermutet mit gleich drei überwältigenden Empfindungen zu kämpfen hat:

Er will heulen, ihn hat nämlich noch nie eine Frau so angefleht. Nur leider wird sie sterben, sobald er ihrem Wunsch nachgibt.

Gleichfalls möchte er dringend lachen, weil ihm ihr Versprechen einfällt. Sie ist überhaupt nicht in der Lage zu widerstehen, sondern der gesamten Geschichte ebenso willenlos ausgeliefert, wie er. Nein, willenloser – ihr fehlt die erforderliche Erfahrung, sich zu beherrschen. Die dritte Emotion stellt unwiderstehliche Gier dar. Eine winzige Sekunde lang – nur die, aber er hatte nie zuvor auch nur die entfernteste Vorstellung, wie ausschweifend und intensiv so eine Sekunde werden kann – will er vergessen.

Sie, sich – alles. Aus dem *Sie* und *Ich* ein *Wir* machen und danach mit den Konsequenzen leben.

Eine Sekunde ...

Dann hat er sich wieder im Griff. Er erhebt sich und lässt sie sanft auf ihre Füße, wobei er gelassen ihren fassungslosen Blick erwidert.

Sag, Josie, stört dich etwas? Kein Problem, wir können darüber reden. Jederzeit!

»Gehen wir endlich?« Das kommt ziemlich bissig und seine Augen weiten sich unwillkürlich, doch sogar diese Krise überwindet er erstaunlich schnell.

»Was immer du wünschst, Josephine.«

9

Es wird ein schweigsamer Gang zum Aufzug und auch in der Tiefgarage sprechen weder Josie noch Andrew.

Selbst die übliche Diskussion als sie das rostige uralte Gefährt passieren bleibt aus; allerdings lässt er es sich nicht nehmen, ihre Hand zu halten. Erstens ist das ungeschriebenes Gesetz – der DS nickt zustimmend –, und außerdem will er sie ärgern, indem er ihren dämlichen Sicherheitsabstand unterwandert.

Im Wagen setzt sie sich wieder auf ihren Schoßthron – gestraffter Rücken, erhobenes Kinn, zusammengepresste Lippen. Er beobachtet sie für eine lange Minute, bevor er sie behutsam umarmt und seine Stirn an ihre Schulter lehnt. Nach einiger Zeit seufzt sie resigniert auf, und aus einer Motivation, die eindeutig bei Pflegerin Kent zu suchen ist, dreht sie sich ein wenig und nimmt seinen Kopf zwischen ihre kleinen Brüste.

Oh ja, was ist er gern Junge! Andrew überlegt ernsthaft, ob er ihr sagen soll, wie interessant seine Perspektive derzeit ist, entscheidet sich aber dagegen.

Er ist ein Idiot – doch kein *solcher!*

10

An der zum Laufsteg umfunktionierten Konzerthalle herrscht exakt das Chaos, mit dem er gerechnet hat. Scheinbar ist die gesamte Schickeria Floridas eingetroffen, um die Werke der Youngsters zu begutachten und ihr Urteil zu fällen. Bedauernd schiebt Andrew das Mädchen von seinem Schoß und setzt es an die Seite, die zum Gehweg zeigt.

Die Bodyguards warten nicht bis Johnson die Tür geöffnet hat, sondern übernehmen das selbst. Beide bedenken Josie mit einem knappen Nicken – Dr. Sebastian der Bär grinsend, natürlich – und gesellen sich an ihre Flanken. Sie erträgt es mit erstaunlicher Gelassenheit, genau wie das Blitzlichtgewitter, das einsetzt, sobald sie sich dem Eingang nähern. Andrew legt einen Arm um ihre Schultern und ignoriert wie gewohnt die Fotografen: Sie sind lästig aber unumgänglich. So überzeugt er diesem grauenvollen gesellschaftlichen Treiben auch für gewöhnlich aus dem Weg geht, manches lässt sich leider nicht vermeiden. Wie beispielsweise die Notwendigkeit, der Öffentlichkeit hin und wieder ein Bild zu schenken. Nach mehr als fünf Jahren kennen sie sich – die Journalisten und Andrew. Sie wissen, dass Norton nicht posiert und ihm ist klar, dass sie ihn deshalb umso häufiger ablichten. Was bis zum heutigen Tag darüber hinaus feststand, ist, dass er, wenn überhaupt, ohne weibliche Begleitung auftritt. Weshalb das Blitzlichtgewitter noch irritierender als üblich ausfällt.

Und als sie endlich nach drinnen gelangen, schaut Josie zu ihm auf. »Wieso hast du mir das nicht vorher gesagt?«, murmelt sie, offensichtlich tödlich verlegen.

»Warum sollte ich?«

»Weil ich dann doch nach Hause gefahren wäre, um mich umzuziehen!« Ihr Raunen gerät stetig leiser und verschwörerischer.

Er lächelt. »Sie sind perfekt, Miss Kent. Perfekt!«

»Ja, klar«, grummelt die kaum hörbar. Er nimmt ihre Hand und sie folgt ihm in das Getümmel – Sebastian und Demetri stets an ihrer Seite.

Das Erste, was Andrew registriert, ist der Kobold. Okay, zuerst hört er dessen Schrei und erblickt ihn kurz darauf. Er liebt seine Schwester, aber darüber hinaus *sympathisch* macht sie, dass es ihr schon immer schnurzegal war, wo sie sich befindet. Es existiert nur eine Julia – keine Zwanzig. Aufgeregt tanzt und hüpft sie auf ihn zu, bringt dabei einen Kellner mit einem Tablett voller Champagnergläser in ziemliche Bedrängnis und stürzt sich wenige Herzschläge später in seine Arme. »Ihr seid gekommen!«

»Hattest du daran gezweifelt?«

Sie schnaubt. »Ich habe dir innerhalb der letzten zehn Jahre ungefähr zweihundert Einladungen zu den verschiedensten für mich lebenswichtigen Anlässen geschickt. Genau zu dreien bist du aufgetaucht!«

Er küsst ihre Nasenspitze. »Schlummerpartys mit deinen Freundinnen, denen du deinen Bruder präsentieren willst, betrachte ich nicht als lebenswichtigen Anlass. Ich war bei deinem Highschool Abschluss, deinem College Abschluss und ich erscheine bei deiner Einführung in die Welt der Modewelt. Das sind deine drei lebenswichtigen Anlässe bisher. Und ich ignorierte nicht einen davon.«

Sie streckt ihm die Zunge heraus, doch dann hellt sich ihre Miene auf. »Josie!«

Die grinst. »Hey!«

Erst jetzt bemerkt Julia Sebastian und Demetri. »Hey!«, quietscht sie. Der Rotschopf bewahrt die Contenance und nickt knapp, allerdings präsentiert der Grizzly eine sympathische Grimasse. Mit fragend erhobener Braue mustert sie ihren Bruder, geht jedoch gleich zum nächsten Thema über, als der kaum merklich die Augen weitet. »Austin ist auch schon eingetroffen«, informiert sie ihn tadelnd. »Ich hasse es, wenn du dich einmischst ... trotzdem ... danke.«

»Gern geschehen.«

»Ich muss hinter die Bühne«, verkündet sie als Nächstes gewichtig. »Meine Models sollen sich selbst schminken, aber du weißt ja, wie sie sind ...« Entnervt schüttelt sie den Kopf.

Andrew würde darauf wetten, dass Julia nicht die geringste Ahnung hat, wie Models sind, dennoch bleibt er ernst. »Selbstverständlich, Kleines. Geh nur!«

Im Nu ist sie wieder verschwunden – irgendwo in dem Menschenmeer, das sie umgibt. Als ein Kellner mit einem Tablett an ihnen vorbei wogt, nimmt er zwei Gläser und reicht Josie eines davon.

»Was ist das?« Argwöhnisch fixiert sie die perlende Flüssigkeit.

»Eine äußerst tödliche Mischung. Hochgefährlich und garantiert mit diversen Giften versetzt.«

»Andrew!«

»Champagner«, erklärt er verhalten.

»Oh!«

»Ja, oh!«

Enkel Austin und Claudia kommen auf sie zu. Als sie noch drei Meter entfernt sind, erstarrt seine ältere Schwester und Schlampe und reißt die Lider auf. Andrew benötigt genau fünf Sekunden, um zu begreifen, was vor sich geht. Hargreve scheint eine etwas längere Leitung zu besitzen. Er hat einen Arm um sie gelegt und ihm ist offensichtlich entgangen, dass sie nicht mehr läuft. Denn er wird ziemlich unsanft von ihr zurückgezerrt.

Mit gerunzelter Stirn betrachtet Andrew die schlanke, grell geschminkte, billig wirkende Rothaarige. Dann schaut er in die Richtung, die sie immer noch anvisiert, als hätte sie soeben das achte Weltwunder entdeckt und stöhnt leise auf.

Sie *hat* ihrer Meinung nach nämlich gerade das achte Weltwunder ausgemacht. Eines, das zum zweiten Mal, seitdem er es kennt, nicht von einem Ohr zum anderen grinst. Claudia hat sich inzwischen wenigstens so weit gefangen, dass sie ihre Position als Rammbock in der Masse aufgibt und langsam zu ihnen tritt. Dort angelangt reicht sie ihrem Bruder die Hand. »Hallo Andrew.«

Einen Blickkontakt gibt es nicht, das Mädchen hat nur Augen für das achte Weltwunder.

»Claudia? Hallo?«

Unter sichtlichen Mühen schenkt sie Andrew ihre Aufmerksamkeit ... halbwegs. »Ja, schön hier«, strahlt sie, als stünde sie unter Drogen. »Wirklich! Ich war mit Austin bereits überall. Eine Menge Leute anwesend, die du nicht unbedingt treffen willst. Hey Josie, wie geht's? Und wer sind deine Begleiter?« Das alles hat sie in atemberaubender Geschwindigkeit heruntergeleiert, während sie sich zwingt, erst beim letzten Satz wieder zum achten Weltwunder zu schielen.

Andrew verbeißt sich jede entnervte Grimasse und gestikuliert nach rechts. »Das ist Demetri. Bodyguard. Demetri, das sind meine Schwester Claudia Norton und Mr. Austin Hargreve.«

Der Bodyguard nickt – diesmal nicht ganz so knapp – und Andrew kann es kaum fassen: Selbst dieser Mann hat ein Lächeln im Repertoire! Nein! Der Knabe hat keine Ahnung, wen er da anbaggert, sonst würde er sich die Mühe nicht machen. Doch die Freizeitnutte bedenkt ihn ohnehin nur mit einer ungeduldigen Kopfbewegung und muss sich zwingen, für diese Gunst das achte Weltwunder einen flüchtigen Moment mal *nicht* anzuglotzen. »Demetri ist Finchs bester Mann«, fährt Andrew gelassen fort, obwohl Claudia seinem Vortrag überhaupt nicht lauscht, die hat nur Augen für Mr. achtes Weltwunder.

»Ich bin froh, dass ich ihn zu Josies Schutz habe.«

»Hmmm, hmmm.«

»Dann schlage ich vor, dass wir unsere Stühle aufsuchen ...«

Ihr Kopf schnappt zu ihm herum, und er wird mit dem giftigsten Blick seines Lebens bedacht. Ha!

Josie, die das Drama – nun, tatsächlich ist es wohl eher eine Komödie – bisher reglos verfolgt hat, stößt ihm leicht ihren Ellbogen in die Seite und Andrew gibt sich seufzend geschlagen, obwohl ihm Mr. Sebastian der Bär jetzt schon leidtut. »Ach ja, ich bitte vielmals um Verzeihung. Das ist Sebastian. Demetris Partner.«

Umgehend verschwindet das Toxin und die rothaarige Schlampe wirkt noch etwas bekiffter, während sie Mr. achtes Weltwunder begutachtet. Der grinst immer noch nicht, in Wahrheit scheint der Mann von einer akuten Schockstarre befallen zu sein. Seine sonst mäßig geröteten Wangen sind plötzlich krebsrot, und er verliert kein Wort. »Hallo Sebastian«, haucht Andrews triebgesteuerte Stiefschwester.

Der Bär blinzelt und räuspert sich. »Miss Norton.«

Dann herrscht Schweigen zwischen den beiden, die sich anstarren, als wären sie die zwei einzigen Homo sapiens des Universums – verantwortlich für den Fortbestand der Menschheit. Und so wie Andrew die Sachlage einschätzt, würden sie am liebsten sofort mit ihrer Mission beginnen. Ginge jetzt eine Bombe in der Konzerthalle hoch, wäre vermutlich auch das total uninteressant, was ihn zurück zu dem Grund bringt, weshalb Dr. Sebastian der Bär überhaupt vor Ort ist. Und der ist nichts Geringeres als Josies Schutz. Seinetwegen kann er mit seiner Schwester turteln, Kinder produzieren oder was ihm darüber hinaus in den Sinn kommt – *sobald* seine Aufgabe hier erledigt ist. Claudias Freunde haben ihn noch nie geschert – sie sind viel zu zahlreich und das Mädchen zu unwichtig und niveaulos. Der Bär wird früh genug dahinter kommen.

»Sebastian?« Der eisige Ton befördert dessen Blut offenbar wieder dorthin, wo es hingehört, denn er schüttelt einige Male wie zum Klären den Kopf. »Sir?«

»Wir möchten dann gern unsere Plätze einnehmen.«

Er nickt und zwingt sich, nicht zu Miss achtes Weltwunder zu schauen. »Jawohl, Sir!«

Sie setzen sich in Bewegung, das Weltwunderpaar geht nebeneinander, Enkel Austin wirkt relativ deplatziert, Andrew hat seinen Arm um Josie gelegt.

Demetri, der Dr. Sebastian dem Bär mittels visueller Botschaften bereits mehrfach einen baldigen Tod versprochen hat, läuft an seiner Seite.

Sobald sie sitzen, schaut Andrew sich seufzend um. Abgesehen von all den Gesichtern, die er wirklich nicht sehen will, findet er keines, das ihn beunruhigt, auch wenn er locker auf die Gestalten verzichten könnte. Niemand ist ihm unbekannt, hier hat sich tatsächlich alles versammelt, was in Amerikas Südhälfte Rang und Namen hat. Und Smith wird offensichtlich nicht dazugezählt.

Kaum ist Andrew zu diesem recht entspannenden Schluss gekommen, erstarrt er, lässt unter einigen Anstrengungen jedoch seinen Blick weiterschweifen. Denn es ist doch eine Person anwesend, die er weit über das gewohnte Maß hinaus gern gemieden hätte: Lara.

Sie logiert auf der gegenüberliegenden Seite, in einer der hinteren Reihen – den Laufsteg im Visier, der die Zuschauer wie eine Barriere voneinander trennt. Ihm ist nicht klar, ob sie ihn bereits bemerkt hat, doch nach flüchtiger Überlegung hakt Andrew das als gegeben ab. Im Gegensatz zu ihr befinden sie sich nämlich in der vordersten Reihe, eine Tarnung ist daher unmöglich. Nur muss er sich wirklich Sorgen machen?

Eigentlich nicht.

Als hauptberufliche Geliebte gehört Lara gleichfalls irgendwie zu diesem Club, denn zu mindestens der Hälfte der versammelten Herren pflegte sie schon eine intensive – von Geld geprägte – Bekanntschaft.

So wie es scheint, neigt sich ihre Karriere jedoch langsam dem Ende zu. Sie ist jetzt Mitte dreißig und trotz diverser Schönheits-OPs gelingt es ihr nicht länger, diesen Umstand zu leugnen, was Andrew etwas verwirrt. Lara gehört zu jenen Frauen, die sich nie gehen lassen. Egal wann, sie wirkt stets salonfähig. Auch heute verkörpert sie eine außerordentlich gepflegte Erscheinung. Auf einmal fallen ihm allerdings die kleinen Krähenfüße auf, die sich um ihre Lider sammeln. Ihr Mund, sonst immer zu einem sanften, verführerischen Lächeln verzogen, beschreibt momentan nur einen schmalen Strich, den selbst der grellrote Gloss nicht retouchieren kann. Offenbar ist sie absolut nicht in Bestform ...

Andrews Bestandsaufnahme dauert nur Sekunden, doch das genügt, um ihn in enorme Schwierigkeiten zu bringen. Als hätte sie sein Mustern bemerkt, wendet seine Ex–Geliebte unvermutet den Kopf und sieht ihn direkt an, ein unmerkliches Lächeln ist mit einem Mal erschienen. Er nickt knapp.

... und erstarrt umgehend.

Denn Josie ist der kurze Blickwechsel nicht entgangen. Und wie sollte es anders sein: Mit der unschlagbaren weiblichen

Intuition registriert sie sofort, dass diese eine Frau, von all jenen, die sich derzeit im Raum befinden, bei ihm einen leicht modifizierten Status einnimmt. Misstrauisch taxiert sie die Dame auf der gegenüberliegenden Seite des Catwalks, während Andrew unauffällig deren Reaktion beobachtet. Josie wird mit einem äußerst geringschätzigen Schmunzeln und einem feindseligen Aufblitzen der hellblauen Augen bedacht. All das geschieht innerhalb weniger Momente, bevor Lara wieder zum Laufsteg schaut, es genügt jedoch, um Andrew innerlich zur Weißglut zu treiben.

Das ist gegen die Regeln! Ihre Affäre ist beendet, den Vertrag löste er vielleicht auf etwas ungalante, aber dennoch absolut legitime Weise vor genau einer Woche. Was bedeutet, dass sich ihre Wege für immer trennten. Spätestens jetzt hat ihn nicht mehr zu interessieren, was sie tut – wenngleich das auch während ihres Verhältnisses nicht zutraf. Dasselbe trifft auf sie zu. Es hat für sie völlig irrelevant zu sein, was Andrew tut, und Josie ist ohnehin Sperrgebiet.

Sie besitzt kein Recht, sein Mädchen auf diese herablassende Art zu betrachten. Das hatte diese Person, nie, denn sie ist eine Hure, keine Ex–Freundin, verflucht! Eifersuchtsszenen sind einer der Gründe, weshalb er bis zu Josie für den Sex stets bezahlte! Nötig hatte er es nämlich nicht!

Unbewusst umarmt er sie fester, doch Josie mustert ihn forschend.

»Wer ist das?«

Sein erster Gedanke ist, ein ahnungsloses »Wer?« zurückzumurmeln. Doch er kennt Josies Eifersucht und deren Argwohn, eine derartige Reaktion würde beidem nur unnötig Nahrung geben.

»Eine Bekannte ...«

Sie nickt, aber kurz darauf werden ihre Augen groß und die Lippen weiß. »OH!«

Eilig neigt er sich zu ihr hinab. »Können wir das daheim besprechen?«

Ein misstrauisches Funkeln später bejaht sie widerwillig.

Verdammt, offenbar sitzt er gehörig in der Klemme! Denn sie lässt ihm nebenbei ein unmissverständliches visuelles Versprechen zukommen:
Warte, bis wir zu Hause sind!

11

Die Veranstaltung wird zum vollen Erfolg.

Julia und ihre Kolleginnen erhalten tosenden Applaus für jede einzelne Kreation, obwohl die manchmal so grotesk ausarten, dass Andrew sich ein breites Schmunzeln verbeißen muss. Ein Blick zu Josie und Austin bestätigt ihm, dass auch die beiden sich fragen, was genau dies dort oben eigentlich darstellen soll. Nebenbei überlegt er was wohl passieren würde, sollte irgendeine – garantiert aus einer Anstalt entflohene – Frau ernsthaft auf die Idee kommen, sich mit derartiger Kleidung in die Öffentlichkeit zu wagen. Doch natürlich lacht er nicht, sondern klatscht artig wie alle Übrigen, während er sich innerlich damit tröstet, wenigstens Josie bei sich zu haben.

Das achte Weltwunder Paar hat sich nach erfolgreichem Rufnummernwechsel etwas beruhigt. Inzwischen verfügt Andrew Norton wieder über zwei einsatzfähige Bodyguards, wenngleich das Grinsen bei Dr. Sebastian der Bär nicht mehr auftaucht. Fantastisch, Claudia! Sie kennt ihn keine Stunde und schon hat sie dem Jungen das Lachen geraubt! Aber vielleicht erweist sich die Angelegenheit ja als Strohfeuer – so wie die schätzungsweise zweihundert anderen, in denen seine verhurte Schwester innerhalb der letzten Jahre brannte.

Als sie endlich aufstehen dürfen, konzentriert er sich auf die gegenüberliegende Seite und atmet heimlich auf. Er hat nämlich keineswegs vor, sich mit Lara auseinanderzusetzen. Kommunikation war ohnehin nie eine von ihren Stärken. Das ist Programm: Er hat sie schließlich nicht aufgesucht, um die neusten Börsenkurse zu diskutieren ...

Josie hält sich erstaunlich gut, als die beiden mit neuen Champagnergläsern bewaffnet durch die Reihen der dekadenten Idioten marschieren und sich im Small Talk üben. Demetri und Sebastian postieren sich an den vorhandenen zwei Ausgängen, von wo aus sie einen hervorragenden Überblick auf die

Gesellschaft genießen. Wie viele Leute mögen im Saal versammelt sein? Vierhundert? Fünfhundert? Er hat nicht die geringste Ahnung, doch seine anfänglichen Bedenken gehören längst der Vergangenheit an. Lara ist offenbar verschwunden, ansonsten kennt er wahrhaftig jedes Gesicht und eine Gefahr ist weit und breit nicht auszumachen.

Nach einigen Minuten gesellt sich Julia mit Austin im Schlepptau zu ihnen – aufgeregt und strahlend über ihren Erfolg plappert sie unentwegt, während Andrew und Josie ihr sanft lächelnd lauschen. Vermutlich haben sich gerade die Personen zusammengefunden, die mit Julias Merkwürdigkeiten ideal umgehen können.

Josie befindet sich in äußerst aufgeräumter Stimmung, sie lacht und scherzt mit Julia und Austin, ihr Arm liegt immer um Andrews Taille – kein Sicherheitsabstand wird gewahrt, seitdem sie aufgestanden sind, wirkt sie ausnehmend anschmiegsam. Irgendwann beginnt sie – absolut unbewusst – seine Seite zu streicheln. Und für einen winzigen Moment schließt Andrew die Lider. Zwischen den Menschen, dem Lärm, und all dem, was er eigentlich entschieden meidet, wird ihm erst jetzt tatsächlich bewusst, dass sie bei ihm ist. Und nicht nur das: Sie ist ihm *nah*, mag seine Gegenwart und genießt sie möglicherweise. Ihre Augen glänzen voller Wärme und dieser verdammten Sehnsucht, die ihn um den Verstand bringt, allein deshalb kann er nicht widerstehen. Egal sind die Leute, die gezückten Kameras, die unzähligen Klatschmäuler. Wenn sie ihn zuvor nicht interessierten, inzwischen rangieren seine Bedenken an der Null–Marke. Nur einmal diese Lippen küssen, um zu wissen, dass sie nicht nur eines dieser verfluchten Trugbilder ist.

Sie ist keines. Als er sich von ihr löst, nimmt sie lächelnd einen Schluck Champagner.

Andrew ignoriert die neugierigen Blicke, die ihnen schon den ganzen Abend folgen, sein Mädchen offenbar nicht. Zwischenzeitlich hält er Ausschau nach Claudia und findet sie – natürlich – an einem der Ausgänge. Drohend mustert er sie, bereit, einzugreifen, sollte sie sich als zu ablenkend erweisen. Aber sie steht einfach nur neben ihrem achten Weltwunder und macht auf ihn den Eindruck einer wütenden Löwin, die ihre

Jungen gegen ein Rudel hungriger Hyänen verteidigt. Jede Frau, die sich Dr. Sebastian dem Bären auf drei Meter nähert, wird mit einem blitzenden Funkeln bedacht ... Resigniert seufzt Andrew auf. Die Schlacht um diesen arglosen Yeti wäre damit wohl verloren.Nach einer Weile erscheinen Stephen und Sarah, die Josie und Andrew zu einem nächsten Glas Champagner überreden. Er nippt nur noch an seinem, denn ihm ist der desaströse Samstagabend eingefallen. Josie allerdings akzeptiert den Alkoholnachschub mit wachsender Begeisterung. Seine erhobenen Brauen meidet sie gekonnt und stößt mit Julia auf deren geglückte Show an ...Ein weiteres Champagnerglas für sie später besteigen Josie und Andrew den Wagen, um nach Hause zu fahren. Vorher entlässt er die beiden Bodyguards, wobei Demetri zum Abschied nur knapp nickt, Sebastian sein Grinsen aber offenbar wiedergefunden hat, während Claudia hinter ihm steht und strahlt.

Als sich das Fahrzeug in Bewegung setzt, befindet Andrew sich, ohne es zu ahnen, auf dem direkten Weg in seinen persönlichen Himmel.

Um danach in den siebten Kreis der Hölle abzustürzen ...

Small Impact

1

Sie sitzt auf seinem Schoß und betrachtet Andrew. Funkelnde Augen, geröteter Teint, leicht geöffnete Lippen.

Verdammt! Er schluckt.

›Ruhig bleiben, Norton! Entspann dich!‹

Er ist *total relaxt*, als sie langsam ihren Mund auf seinen senkt. Nur ein Hauch, kaum spürbar – und dennoch mit der Wucht einer Nuklearwaffe. Das Gleiche wiederholt sie auf seinen Wangen, seiner Nasenspitze, der Stirn ...

›Bleib ruhig!‹

Ihre Finger stehlen sich in sein Haar, und kurz darauf gibt sie sich nicht mehr mit kleinen Küssen zufrieden, jetzt gleiten ihre Lippen über sein Gesicht ...

Inzwischen ist Andrew erstarrt.

Doch offenbar ist das nicht alles, was Josie in diesem Moment zu tun beabsichtigt. Als sie meint, sich genügend mit den bereits vertrauten Gefilden beschäftigt zu haben, widmet sie sich seinen Ohren und dem Hals ...

›Küss mich, Josie!‹

Das tut sie nicht ... sondern liebkost ihn, während sich Andrews Fäuste auf ihrem Rücken ballen ...

›Verdammt!‹

Sie ist so in ihre Tätigkeit vertieft, dass ihr völlig entgeht, als Johnson die Wagentür öffnet. Auch er bemerkt es zunächst nicht; erst das dumpfe Räuspern seines Fahrers reißt ihn aus seiner geistigen Umnachtung. Josie nicht – die küsst weiter.

»Josie ...«

Keine Antwort, stattdessen bahnen sich weiche Lippen weiterhin ihren grauenvoll/schönen Weg.

Für einen winzigen Moment schließt er die Lider, bevor er zu sprechen bereit ist. »Wir müssen aussteigen. Wir sind zu Hause ...«

Verwirrt schaut sie auf, zu ihm, zu Johnson und wieder zu Andrew zurück. Desorientiert ...

Er runzelt die Stirn. Was ist mit ihr? Normalerweise müsste sie bleich wie ein Laken oder rot wie eine Tomate werden. Schließlich sitzt sie auf seinem Schoß und verteilt heiße Küsse, während der Chauffeur dabei zusieht. Aber das lässt sie völlig unbeeindruckt. Und so löst Andrew seufzend seine Fäuste und steigt mit ihr aus.

Dass er sie trägt, scheint die kleine Verführerin gleichfalls nicht zu stören. Ihre Finger bleiben in seinem Haar, die Lippen auf seinem Gesicht, und langsam beginnt er sich zu fragen, wie er sich aus dieser Falle befreien soll. Ist ihr denn nicht klar, wie wahnsinnig sie ihn macht?

Dieser Gedanke bringt ihn auf einen Verdacht: *Sie rächt sich an ihm!* Das ist es! Das *kann* es nur sein! Er hat sie den ganzen Tag mit seichten Liebkosungen traktiert, ohne ihr mehr zu gönnen, und jetzt ist die Zeit der Rache gekommen.

Okay.

Ihrer Herausforderung hat er eine Menge entgegenzusetzen, und soweit ihm bekannt ist, wurde kein Fair Play gefordert.

Bedächtig setzt er sich mit ihr auf die Couch und lässt das Licht ausgeschaltet. Dann nimmt er ihr Gesicht zwischen seine Hände, zwingt ihren Kopf zurück und mustert sie: funkelnde grüne Augen ...

Oh, verdammt! »Josie atme!«

Der versonnene Blick bleibt ungetrübt, als sie gehorcht, und Andrew, der nicht nachvollziehen kann, wie ihm geschieht, streichelt die unendlich langen Locken, küsst die samtene Stirn, die zarten Schläfen, die unvorstellbar süße Nasenspitze und lauscht ihrem hektischen Atem. Quälend langsam streifen seine Lippen über ihre weiche Haut, küssen, lecken sogar ...

Ihre Finger verlassen sein Haar, er spürt ihre warme Berührung durch sein Hemd ... und lehnt sich genießend nach hinten.

Oh nein, sie spielt ganz gewiss nicht fair. Wieder betrachtet er sie, wenngleich es ihm unsagbar schwerfällt. Zu groß ist die Verlockung, zu überwältigend ihre Bereitschaft ... »Atme, Baby!«

Sie atmet.

Gemächlich befreit er sie aus ihrer Kostümjacke und wirft den Stoff schließlich achtlos beiseite. Er hat Glück, das Top darunter ist ärmellos. Dafür wird er bezahlen, das ist amtlich: mit

Schmerzen und Verzweiflung. Aber im Moment ist es ihm egal ... Dieses Game wird er gewinnen. Definitiv. Das ist es doch, oder? Nur ein Spiel ...

Mit kleinen Zärtlichkeiten verwöhnt er die Haut ihres Armes, wofür er mit verzückten Seufzern belohnt wird. ... Tödlich langsam bewegen sich ihre Hände an seinem Körper hinauf zu den Schultern und auf den Rücken, während ihre Lippen an seinem Hals entlangwandern ...

Oh, verdammter Scheiß!

Bereit, alles zu tun, um keinen Laut von sich zu geben, beißt er die Zähne zusammen, aber dann erreicht sie sein Kinn und wenig später fühlt er die warme, seidige Feuchtigkeit ihrer Zunge ...

Scheiße! Josie, du Biest!

Er umfasst ihren Unterkiefer und zwingt ihr Gesicht zu sich, bis ihre Nasenspitzen sich berühren.

»Atme, Josie«, wispert er rau.

Sogar diesen Gefallen tut sie ihm mit einem sanften, fast versonnenen Lächeln, wobei ihre Lippen im Schein des Mondes glänzen, der durch die großen Fenster den Raum flutet. Andrew schluckt benommen. Mondschein ist unfair! Visuelle Effekte im Allgemeinen!

Verdammt, er will sie!

Und dennoch fällt sein nächster Kuss zaghaft und keineswegs fordernd aus, wenngleich es ihm alles abverlangt. Denn sofort umarmt sie ihn erneut, drängt sich an ihn und stöhnt leise auf.

Oh, diese kleine Hexe, na warte!

Doch als er sie rücklings auf die Couch bettet, lässt sie ihn nicht los und er landet auf ihr ...

Verdammt, was hat sie vor? Beinahe könnte er auf die Idee kommen sie wolle ihn endlich fertigmachen. Und obwohl er es niemals zugeben würde, ist es grausame Realität: Sie befindet sich auf dem besten Weg, ihr Ziel zu erreichen. Diese Folter kann er nicht mehr lange durchhalten, bald wird Andrew derjenige sein, der Stopp brüllt. Aber noch nicht ...

Forschend mustert er sie, während er sich bis zu ihrem Knie vortastet. Sie hält seiner visuellen Herausforderung stand, befeuchtet sogar mit der Zunge ihre Unterlippe ...

Scheiße!

Ihr Rock ist eng und endet knapp über dem Gelenk, was ihn nicht aufhält. Als er ihn hochschiebt, fällt ihre Antwort eindeutig aus. Mit geschlossenen Lidern legt sie den Kopf in den Nacken und *beißt* sich auf die Unterlippe ...

Oberscheiße!

Den Blick nach wie vor auf ihr wandert seine Hand erneut an ihr hinab und ohne es zuvor zu überdenken, hebt er ihr Bein über seine Hüfte – was ihr ein leises Aufkeuchen entlockt ...

›Verdammt, Josie! Gib auf! Bitte. Gib einfach auf!‹

Sie denkt nicht daran. Ihre Arme lösen sich von seinem Hals und kurz darauf spürt er wieder ihre Finger auf seiner Brust ...

Oh nein ...

... sie finden die Knöpfe ...

Nein!

... öffnen sie unter dem Kragen beginnend, vorbei an dem Scheißwürger, und keine zwanzig Sekunden später berühren sie nackte Haut ...

»NEIN!«

Er hört das Entsetzen in seiner Stimme, doch es ärgert ihn nur am Rande. Dem wird er nämlich nicht standhalten können, das steht außer Zweifel. Er richtet sich mit ihr auf, und als sie ihn fragend mustert, schüttelt er den Kopf. »Hör auf, Josie. Bitte tu das nicht!«

»Warum nicht?«

Warum?

›Weil ich stark sein muss. Und Spiel hin oder her: Ich *kann* dir nicht widerstehen! Wir dürfen das nicht tun, denn du würdest sterben und ich gleich mit. Deshalb müssen wir vernünftig sein! *Vernünftig*! Verstehst du das?‹

»Bitte ...«

Was? Längst ist er erstarrt. ›Nein, nein, nein, Josie! Hör auf damit! Verdammt! Du gehst zu weit!‹

»Andrew, bitte ...«

Stöhnend schließt er die Augen. »Hör auf, du weißt nicht, was du tust!« Dann schaut er sie düster an. »Bitte, Josie. Lass es!«

Aber ihr Blick gibt das Flehen nicht auf, ebenso wenig wie ihr Mund. »Bitte, Andrew, bitte ...«, haucht sie.

Seine Fäuste ballen sich und erneut kneift er die Lider zusammen – vergebens: Die Tränen haben sich längst durchgesetzt. Denn es ist so hoffnungslos. Flehend sitzt sie auf ihm und gibt er ihr nach, wird er sie töten. Gleichzeitig ist seine Weigerung für ihn wie der eigene Tod. So nah vor dem Ziel, in Gedanken sieht er schon, was er mit ihr alles anstellen würde ... Und er darf nicht. »Bitte Josie, hör auf! Bitte!«

Er hört sie schlucken und ihre Hände verlassen ihn. Hat sie endlich eingesehen, dass dies kein Spaß mehr ist, dass sie ihn verletzt und sich selbst gleich mit? Dass jedes Spiel ein Ende hat und ihres bereits viel zu weit fortgeschritten ist? Weiter, als sie beide verkraften können? Reglos wartet er, dass seine elende Heulerei vorbei geht, denn er hasst sich für seine Schwäche und dafür, der Situation nicht gewachsen zu sein. Doch was hätte ihn auf so etwas vorbereiten sollen? Was?

Unvermutet registriert er ihre Finger in seinem Nacken und ihren heißen Mund auf seinem. Es ist ein Reflex, sie zu umarmen, was sollte ihn davon abbringen können?

Der nächste Schock erwartet ihn, kaum dass er sie berührt, denn er ertastet die nackte, seidige Haut ihres Rückens. »JOSIE!«

Als er sie ansieht, klammert sie sich an ihn, als verfolge sie das Vorhaben, ihn nie wieder loszulassen. Verzweifelt schiebt er sie zurück. Verdammt!

Sie meidet seinen Blick, die Lippen sind leicht geöffnet und ihr Top verschwunden. Nur noch ein weißer Spitzen–BH ist vorhanden. Oh verdammt! »Josie, das ist kein Spiel!« Es kommt bissiger, als beabsichtigt und endlich öffnet sie ihre Lider, in ihren Wimpern schimmern Tränen und tödliche Resignation offenbart sich ihm. »Es tut mir leid«, wispert sie. Seine Kiefermuskeln bewegen sich wild und er zwingt sich, sie nicht direkt anzuschauen. ›Kraft. Bitte, irgendwer. Gib mir Kraft! Und vor allem: Gib mir Beherrschung, denn ich habe keine ...‹

Dann holt er einige Male tief Luft, versucht, sich zu beruhigen. Soweit, um ihr in Ruhe und Sachlichkeit erklären zu können, dass so etwas nicht geht. Weil es nicht fair ist. Sie dürfen das nicht fortsetzen. Er ist *ein Mann*, kein Plüschteddy. All das, während sie nur mit einem süßen BH und einem Rock, der beinahe bis zu den Hüften hinaufgeschoben ist, vor ihm sitzt. Das dunkle Haar ergießt sich über ihre linke Schulter und endet in ihrem Schoß ... Vorsorglich verschränkt er die Hände ineinander, falls die desertieren wollen, um sie einmal, nur einmal, zu berühren.

»Josie ...« Seufzend beschließt er, sie einfach nicht anzusehen. Das erscheint ihm im Moment am sinnvollsten ... und am dämlichsten zugleich. »Was du tust, ist absoluter Mist. Ich möchte das nicht, nicht so ...«

»Du willst mich nicht ...?« Eine ruhige Nachfrage – reine Informationseinholung. Ahh, Mr. Norton, Sie wollen heute kein Steak zum Lunch, sondern Rehrücken? Ahh, Mr. Norton, Sie haben also kein Interesse an einer schönen brünetten Jungfrau mit großen grünen Mandelaugen und weißem Spitzen–BH, die vor Ihnen sitzt und Sie ANBETTELT, ihr auch noch den Rest auszuziehen?

Was?

WAS?

Seine Lider fliegen auf. »Verdammt! Du ahnst nicht, wie sehr ...« Erneut ist er gezwungen, hörbar zu schlucken. »Josie, du hast nicht die geringste Ahnung ... Verdammt, du kannst dir nicht vorstellen, wie unvorstellbar gern ich das will! Bitte denke das nicht. Ich ...« Weiter kommt er nicht, weil sie ihm abermals um den Hals gefallen ist. Ihre Lippen pressen sich auf seine und er murmelt irgendwie an ihnen vorbei, »Josie, bitte ...« Während seine Arme sie längst wieder halten ... »Oh verdammt, Josie«, wispert er, als ihr Mund sich öffnet ... »Oh Josie«, stöhnt er, als seine Finger sich in ihren Locken vergraben ...

»Josie ...«

Andrew hatte nie eine Chance ... Sie gibt ihm nicht einmal Zeit zum Luftholen und ihr Überfall lässt ihn waffenlos zurück. In einer Sekunde tupft sie süße Küsse auf alle erreichbaren Stellen, in der nächsten hört er ihr Seufzen, als er ihren nackten Rücken streichelt ... Oh verdammt! Dann übernehmen die Instinkte vollends die Regie und er hebt sie ohne vorherigen Gedanken auf seinen Schoß. Wie selbstverständlich legt sie ihre Beine um seine Hüften und drängt sich an ihn ... Die Welt besteht ausschließlich aus Lippen und heißer seidiger Haut, schlanken Gliedmaßen, zärtlichen kleinen Händen ... dichtem, unendlich langem Haar ...

›Oh, nein, nein, nein! Das ist nicht gut! Scheiße, natürlich ist das gut! Aber das ist wirklich nicht gut! Hör auf! Du musst sofort aufhören! NORTON BEENDE DAS!‹

»Josie!«

»Nein.« Ihre Augen sind geschlossen, der Mund auf seinem, die Hände streicheln seine nackte Brust. »Bitte Andrew. Hör nicht auf! Bitte. Hör nicht auf! Bitte!«

»Mach es doch nicht noch schwerer, als es schon ist ...«

Ein leises Seufzen ertönt, dann krallt sie sich an ihm fest und verbirgt ihr Gesicht an seiner Schulter. Hilflos fährt er ihr über die dichten Strähnen, versucht, dahinter zu gelangen, was in ihrem Verstand vor sich geht und sie zu verstehen. Irgendwie ...

Erst, als er ihre Tränen spürt, erstarrt er. »Was hast du? Sag es, Baby. Ich kann dir helfen ...«

Wortlos verneint sie. Andrew will sie an den Armen nehmen, doch sie weigert sich, klammert sich nur noch fester an ihn, während sein Hemd stetig feuchter wird.

»Was immer es ist, du kannst mir alles sagen.«

»Nein.« Das klingt belegt, aber sie spricht zumindest mit ihm. »Kann ich nicht ...«

»Doch Baby. Alles. Egal, was es ist ...«

Wieder schüttelt sie den Kopf. »Das kann ich dir nicht sagen ...« Mit einer Hand wischt sie sich hastig über die Wangen. »Ich wollte es dir zeigen ...«

»Was wolltest du mir zeigen?«

Laut stöhnt sie auf. »Das kann ich dir nun einmal nicht sagen! Deshalb will ich es dir ja zeigen ...«

Was? »Josie, was wolltest du mir zeigen?«

Ein müdes Schniefen ist die Antwort. Sie wird doch unmöglich ... unmöglich ... UNMÖGLICH!

Abermals macht er die Augen zu und sucht verzweifelt nach Kraft. Nachdem er davon leider nichts findet, holt er tief Luft und stellt sich der utopischen Realität. »Josie, sieh mich an!«

»Nein.«

Wieder neigt er sich leicht zurück, um sie anschauen zu können – diesmal erfolgreich. Auch wenn sie die Lider fest zusammengekniffen hat. »Sieh mich an!«

Kopfschütteln.

Zaghaft küsst er sie. »Sieh mich *bitte* an.«

Das bringt ihm eine echte Ich–bin–total–entnervt–Grimasse seitens Josie ein, doch endlich gehorcht sie. »Gut.« Andrew lächelt aufmunternd – hofft er zumindest. »Was genau wolltest du mir zeigen?«

Ihr Blick spiegelt pures Entsetzen wider. »Das kann ich nicht sagen.«

Andrews Zögern dauert möglicherweise zehn Sekunden und dann sagt er die Worte, die ihm in seinem ganzen Leben am meisten Überwindung kosten – und die am vernünftigsten sind. Von allen beschissenen Sätzen, die er jemals geäußert hat und zukünftig noch äußern wird. »Solange du das nicht artikulieren kannst, willst du es auch nicht. Egal, was du vielleicht denkst oder glaubst. Solange du es mir nicht sagen kannst, belügst du dich nur selbst.«

Sie schluckt, ihre Augen sind riesig. Dann schluckt sie noch einmal, und endlich senkt sie den Kopf. Es vergeht eine Minute ... eine weitere ... Nichts ist zu vernehmen, abgesehen von ihrer beider Atemzüge ...

Schließlich und ziemlich unerwartet sieht sie auf und fixiert ihn mit brennendem Blick. »Ich will, dass du mit mir schläfst, Andrew.«

2

Argwöhnisch beobachtet er sie, versucht, in ihren grünen Augen die Wahrheit zu finden – irgendetwas, was ihn von Josies Aufrichtigkeit überzeugt, während der egoistische Teil in ihm jubelt. Dabei existiert gar kein Grund zum Feiern ...

Nein, das geht zu schnell. Noch heute Mittag hat sie alles daran gesetzt, ihren lächerlichen Sicherheitsabstand zu wahren. Warum sollte sich so plötzlich ihre gesamte Einstellung ändern ...?

Andrew forscht in ihrer flehenden Miene – oh ja, sie fleht! Nie zuvor war er so verunsichert. Er weiß einfach nicht was er tun soll. Besteht die geringste Gefahr, dass sie gerade eine abgewandelte Form ihrer Märtyrernummer zum Besten gibt, riskiert er alles. Meint sie es jedoch ernst und er weist sie zurück, wird sie möglicherweise niemals wieder einen derartigen Vorstoß in Erwägung ziehen.

Das ist die objektive Betrachtung der Sachlage.

Doch so edel, wie es scheint, ist er leider nicht. Denn der hauptsächliche Teil in ihm – der egoistische – brüllt auf ihn ein:

Mach schon, Norton! Sie will dich! Nimm sie dir! Das ist es, worauf du die ganze Zeit gelauert hast! Was erwartest du noch? Dass sie vor dir auf die Knie geht? Ist es das?

Nein, bestimmt nicht, aber Andrew darf keinen Fehler begehen: Ein klitzekleiner Fehlgriff und alles ist vorbei.

Unentschlossen mustert er sie, hin- und her gerissen von dem furchtbarsten Emotionscocktail. So nah am Ziel seiner Träume, allerdings mit zu viel Angst, zu viel Misstrauen, *zu vielen Zweifeln.*

Irgendwann beendet ihr resigniertes Seufzen seinen inneren Kampf, und sie lässt den Kopf hängen. »Ich weiß es, du willst mich nicht.«

Diese absolut unzutreffende Bemerkung treibt ihn schließlich zu der mit Abstand dämlichsten Entscheidung seines Lebens. Zum dritten Mal nimmt er sie an ihren Schultern. »Sieh mich an!«

Als sich die flatternden Lider heben, findet er wieder glitzernde Wimpern.

»Schwöre mir, dass du ehrlich bist«, knurrt er. »Schwöre mir, dass kein Opfer dahinter steckt, dein Wunsch, mich glücklich zu machen oder sonst irgendein Scheiß. *Schwöre!*«

Nein, sie weicht ihm nicht aus oder überlegt es sich in letzter Sekunde anders. Ihre Antwort kommt sofort, fest und bestechend sicher. »Ich schwöre!«

Einen Wimpernschlag später steht er mit ihr, doch bevor er sie hinaufträgt, sieht er sie noch einmal streng an. »Ich hoffe, du spielst nicht mit mir, Josie Kent. Ich hoffe wirklich, du weißt, was du tust. Denn andernfalls sind wir beide verloren.«

Forschend mustert er ihre verheißungsvollen Augen, aus denen Wärme, Sehnsucht und Verlangen sprechen, jedoch nicht der geringste Zweifel ...

3

Wie ein Bräutigam seine Braut bringt er sie nach oben, und genau so fühlt Andrew sich auch. Nur wird er sich nicht an das Drehbuch halten. Oh nein. Kein normales Skript für Josie Kent ...

Sie erwidert seinen Blick, als er sie auf das Bett sinken lässt und andächtig betrachtet, streckt ihm nach einer Weile jedoch bittend ihre Arme entgegen. Und er legt sich zu ihr, nimmt ihr Gesicht zwischen seine Hände und zwingt sie, ihn anzusehen.

»Ich liebe dich, Josie.«

»Ich liebe dich auch, Andrew.«

»Du wirst sagen, wenn irgendetwas nicht in Ordnung ist?«
Sie nickt.
»Du vertraust mir?«
Erneut erhält er ihre Zustimmung.
»Du bist dir ganz sicher?«
Nachdem sie das gleichfalls bejaht hat, küsst er sie lächelnd, während er alles daran setzt, seine Aufregung in den Griff zu bekommen. Kein Fehler! *Kein einziger, beschissener Fehler!*
Dann erhebt er sich, streift seine Krawatte ab und schaut zu ihr.
Hemd.
Blick zu Josie.
Hose.
Blick zu Josie.
Schuhe und Socken.
Blick zu Josie.
Unterhose.
Blick zu Josie. Jetzt hat sie den Kopf gesenkt.
Nicht gut, aber nicht anders zu erwarten, er kennt ihre Ängste vor seinem Penis. Sie wagt kein Blinzeln in dessen Richtung und spürt ihn nicht, kurzum, sie ignoriert ihn komplett. Josie zu diesem Zeitpunkt damit zu konfrontieren, wäre ein gottverdammter Fehler.
Später ...
Kurz darauf umarmt und küsst er sie. »In Ordnung?«
Das obligatorische Nicken erfolgt.
»Ich werde deinen Rock ausziehen. Okay?« Auch dafür erhält er die Erlaubnis und so öffnet er den Reißverschluss, zieht den Stoff hinab, die Schuhe folgen. Dann erst sieht er auf. Weißes Spitzenhöschen – v e r d a m m t!
›Ruhig Norton!‹
Oh, er ist verdammt ruhig! Kein Problem! *Überhaupt* kein Problem! Ja, er – Andrew Norton – befindet sich gerade mit der schönsten Frau im Bett, der er jemals begegnet ist. Eine, die mehr Angst vor ihm hat, als die Polizei erlaubt und wenn sie sich noch so viel Mühe gibt, das vor ihm zu verbergen. Dabei muss er auch nur auf jede seiner Bewegungen achten, wenngleich er sich am liebsten auf sie stürzen würde ... aber, sicher.

Er ist VOLLKOMMEN RUHIG! Zwar ist er so aufgeregt, wie ein Sechzehnjähriger, vor seinem Debüt, aber kein Problem, alles gut. Kein Thema … …

»Josie?« Langsam kommt ihr Einverständnis und kurz darauf ist gleichsam das Höschen Geschichte. Nein, er betrachtet sie nicht, obwohl ihn im Normalfall kein mittleres Erdbeben davon abhalten könnte. Er ist viel zu sehr damit beschäftigt, nicht über sie herzufallen, holt tief Luft und dankt ganz nebenbei der Dunkelheit, obwohl er am liebsten jede verdammte Lampe in diesem Raum einschalten würde. Zusätzliche Scheinwerfer gehören hierher! Alle auf das Bett, auf SIE gerichtet! Das wäre es!

Wäre …

Stattdessen bettet er sich neben sie, zieht sie auf die Seite, sodass sie ihm zugewandt ist, und streichelt ihr Haar. »Hey …«, lächelt er.

»Hey«, murmelt sie zurück.

Ein Kuss. »Immer noch alles in Ordnung?«

Sie bejaht und jetzt heben sich auch ihre Mundwinkel.

»Atme für mich, Josie«, wispert er rau.

Nachdem sie ihm diese Bitte erfüllt hat, tut er es ihr nach und versucht wenigstens, seine Aufregung zu kontrollieren. Schließlich nimmt Andrew ihr Gesicht in seine Hände und küsst sie, während er sich bemüht, zu vergessen, wie nah sie ihm ist, wie *nackt* und wie sehr er sie will. Alles auf einmal und immer wieder. Erst, als sich ihre Finger in seinem Nacken verschränken, wird er fordernder, jedoch nicht ungestüm.

Ungestüm steht nicht im Drehbuch.

Als sie leise seufzt, richtet er sich auf, öffnet den Verschluss ihres BHs und entblößt sie vollständig. Nein, Andrew mustert sie nach wie vor nicht, stattdessen arbeiten sich seine Lippen über die zarte Haut bis zu ihrer Kehle vor. Er registriert ihr Schlucken ebenso wie ihr zärtliches Streicheln in seinem Haar …

An ihrem Schlüsselbein verweilt er und sieht zu ihr auf. Ihre Lider sind geschlossen, die Zähne bearbeiten ihre Unterlippe …

Gut …

Mit hauchzarten Berührungen setzt er seinen Weg fort, bis er an der Vorstufe zum Paradies ankommt: der sanften Schwellung ihrer bezaubernden Brüste. Ihre Liebkosung nimmt ein jähes

Ende, als er sich ihnen widmet – mit offenem Mund zarte Küsse verteilt und kurz darauf nicht widerstehen kann und über ihre Brustwarze leckt. Sie stöhnt, rekelt sich unruhig, und er muss sich ein Grinsen verkneifen. Oh, Miss Kent ist ihm ausgeliefert und das gefällt ihm sogar ausnehmend gut!

Eingehend und mit sehr viel Feingefühl beschäftigt er sich mit den weichen Erhebungen, bis er die mündliche Wanderung über sein persönliches Eldorado fortsetzt. Er lässt die Gunst der Stunde nicht ungenutzt und macht endlich auch mit jenem Nabel Bekanntschaft, von dem er so häufig geträumt hat. Tief taucht er mit der Zunge ein – kostet ihre Süße und inhaliert diesen unbeschreiblichen Duft.

Als ihr Atem stockt, folgt seiner einen Herzschlag später, dann atmet sie jedoch weiter – schneller, hektischer ...

Ja!

Während der gesamten Zeit lauscht er angespannt ihren Atemzügen, an deren besonderem Rhythmus er seine Bewegungen anpasst ... Fast scheint es, als befänden sich drei Lebewesen im Raum: Josie, er und ihr Atem. Seine Hände verlassen nie ihren Körper, nicht für die winzigste Sekunde. Und irgendwann geschieht das, was er in dieser unvergleichlich bedrohlichen und von Panik gesättigten Situation nicht für denkbar gehalten hätte: Andrew verdrängt die Angst, die Sorgen, die vielen Zweifel, sogar seine Aufregung, weil es so verdammt richtig wirkt. Er hätte das nie geglaubt, doch er vergisst sogar sich selbst ...

Das ist kein Sex, wie er ihn gewöhnt ist, damit ist es nicht einmal annähernd verwandt. Warum blieb ihm bisher verborgen, dass es auch so sein kann? Ihm ist, als hätten sie nur aufeinander gewartet. Sicher wird er ihr nie davon erzählen, aber es ist der beste Sex seines Lebens. Sonst war sein Orgasmus das Ziel, und er tat alles, um so schnell wie möglich dorthin zu gelangen.

Nicht heute.

Er will mit ihr zusammen sein. Stundenlang, tagelang ... ihm ist egal, wie, solange es ihr dabei gut geht. Das ist die einzige Bedingung: Es soll ihr gut gehen ...

Als er sich nach oben küsst und ihre aufgerichtete Brustwarze zwischen seine Lippen nimmt, seufzt sie auf und drängt sich ihm entgegen. Verwirrt hört er sein Stöhnen, das so ungewohnt in seinen Ohren klingt – immer noch. Jede einzelne ihrer Reaktionen registriert er, jeden Atemzug, jeden Herzschlag, jede geringste Regung. Und als sie vorsichtig, sogar unsicher ihr Bein um seine Hüfte legt, ist das mehr, als nur diese simple Aktion. Für ihn ist es alles ...

Denn es kommt von ihr, sie will es – ihn! Was immer ihre Motivation war, sich auf diesen Wahnsinn einzulassen, jetzt, in diesem Moment begehrt sie ihn! Und erst das macht diese Angelegenheit perfekt.

Andrew richtet sich auf und zieht sie mit sich, bis sie breitbeinig auf seinem Schoß sitzt. Diesmal ignoriert sie ihn nicht, oh nein! Kaum berühren sich ihre Körper, weiten sich Josies Augen.

»Keine Angst! Okay?« Sorgfältig betrachtet er sie und sie nickt, wenn auch etwas zögernd. Dann spürt er ihre Finger! Auf nackter Haut! Und sie atmet – oh verdammt! Zaghaft gleitet sie über seine Schultern, ertastet andächtig die Muskeln seiner Brust und sieht unter ihren Wimpern zu ihm auf, während sie auch seinen Bauch nicht auslässt.

Spätestens als sie errötet, ist sie wieder seine Aphrodite.

Wie gern würde er jetzt in ihren Kopf schauen, nur um zu erfahren, was dort vor sich geht!

Andrew muss sich zurückhalten, als sie über das V seiner Hüften streicht – sehr ausgiebig und penibel – und schließt die Lider. Denn er kann den Anblick nicht länger ertragen: Seine Traumfrau auf ihm – voller Neugierde und kaum verhohlener Lust. Ergeben lässt er den Kopf zurückfallen und beißt die Zähne aufeinander ... Und dann sind ihre Hände überall, verwöhnen seinen gesamten Oberkörper.

Oh, verdammt, sie ahnt nicht einmal, wie gut das ist. Er hat es sich gewünscht, ja, aber die Realität übertrifft seine wildesten Träume.

Auch ein Novum: es ist so unerwartet perfekt, weil jene ‚Justierung', die sonst erforderlich ist – diese zwei, drei Mal, in denen man sich zunächst kennenlernt – nicht vonnöten ist. Josie weiß, wo sie ihn berühren muss, damit sich sein Puls auf dreihundertfünfzig beschleunigt. Natürlich hatte er die Vermutung, dass sie hervorragend zusammenpassen würden, doch das hier, das ...

Das ist *verrückt!*

Trotzdem vergeht nicht eine Sekunde, in der er sich nicht zur Ordnung ruft: Kein Drehbuch, Andrew! Komm nicht mal auf die Idee! Egal, wie es scheint, es *ist* anders. Vergiss das nicht!

Er vergisst es nicht. Selbst dann nicht, als inzwischen Lippen die Arbeit ihrer Finger unterstützen ... So oft hat er sich vorgestellt, wie es sein wird, und nahm in Gedanken mit ihr die außergewöhnlichsten Stellungen durch, vergnügte sich mit ihr an den ungewöhnlichsten Orten, und in seiner Illusion schrie sie laut seinen Namen. Dreihundert Orgasmen in einer Stunde bescherte er ihr ... zwölf Stunden am Stück waren es allein auf seinem Büroboden ...

Nicht *eine* seiner Fantasien ist gut genug, um es mit der Realität aufzunehmen.

Erlebt sie das ebenfalls so? Er hofft es aufrichtig, weiß jedoch gleichzeitig, dass sie nicht fähig ist, zu erkennen, wie großartig es ist. Denn sie wird niemals erfahren, wie flüchtig und bedeutungslos es auch sein kann. Das ist ein Glück ...

Irgendwann legt er sie sanft zurück und umfasst ihr Gesicht. »Sieh mich an.«

Ihr strahlender Blick trifft seinen.

»Du bist wunderschön. Ich liebe dich – nur dich! Du wirst ehrlich zu mir sein?« Sie nickt.

»Willst du es immer noch?«

Unwillkürlich schließt er die Lider, als sie auch das absegnet, denn spätestens jetzt hat er mit ihrem Rückzug gerechnet. Wirklich, er wäre nicht einmal verbittert, er hat doch schon so viel mehr bekommen, als er je zu hoffen wagte. Und er wird *alles* haben. Scheiße!

Als er aufschaut, mustert sie ihn nach wie vor. »Keine Angst?« Sie schüttelt den Kopf und er küsst sie lächelnd. »Lügnerin.«

Sie muss gleichfalls grinsen, und dann wird er ernst. »Du sagst, wenn irgendetwas nicht in Ordnung ist? ... Okay, Miss Kent«, murmelt Andrew, sobald er ihr Nicken erhalten hat. »So soll es sein.«

Ohne sie aus den Augen zu lassen, gestattet er sich zum ersten Mal an diesem Abend, ihre geheimste, heißeste und sehnsuchtsvollste Körperstelle zu berühren. Sie zuckt zusammen, hält die Luft an und sofort ist seine Panik zurück.

»Josie atme!« Eindringlich beäugt er sie, nachdem sie gehorcht hat. »Du musst atmen, Josie! Atme!«

Wieder tut sie es, mit sichtlichen Schwierigkeiten und er haucht den nächsten Kuss auf ihre Lippen. »Du fühlst dich so gut an. So unglaublich und so bereit ...« Behutsam streichelt er sie. »Entspann dich, Josie ...«, flüstert er währenddessen an ihrem Ohr. »Keine Angst. Ich bin es. Ich liebe dich. Ich bete dich an. Niemals würde ich dir etwas Grausames antun. Vertrau mir. Bitte!«

Es dauert eine Weile, aber schließlich legt sich ihre Anspannung ein wenig und seine Finger bewegen sich weiter, liebkosen und massieren sie zärtlich. Dabei fixiert er ihr Gesicht, lauscht ihrem sich beschleunigenden Atem, registriert, wie sie zu reagieren beginnt, das dichte Haar nach hinten wirft, sich ihre Nägel in seiner Brust verkrampfen und Tränen sich zunächst sammeln und dann überzulaufen drohen.

Das Gefühl diese Wirkung hervorzurufen ... so lautlos und dennoch urgewaltig ... sie zum Vergessen zu bringen, von allem, was sie geglaubt und befürchtet hat; ihr zu *dieser* Hingabe zu verhelfen – ist besser als zehn Orgasmen in Folge ... Andrew kann sie nur anstarren, atemlos, mit offenem Mund, staunend vor *seinem* achten Weltwunder.

Es ist gut, und er weiß, dass sie nach mehr verlangt, obgleich sie das niemals sagen würde. Vielleicht ist sie überhaupt nicht fähig, ihren Wunsch zu artikulieren. Auch er will viel mehr, und im Gegensatz zu ihr würde er seine Vorstellungen und Träume nur zu gern in allen Einzelheiten auseinandernehmen. Leider ist das gleichfalls verboten.

Andrew ertappt sich dabei, dass er den Zeitpunkt hinauszögert, obwohl inzwischen alles in ihm nach ihr schreit.

Irgendwann zwingt er sich, seine Hand zu entfernen und stattdessen den Körperteil, den sie am meisten fürchtet – wenn nicht sogar hasst – dort zu platzieren. Als ihr Atem aussetzt, hält er sofort inne, doch dann hebt und senkt sich ihr Brustkorb wieder ...

Danke!

Diesmal fragt er nicht noch mal, schlicht und ergreifend, weil er nicht länger zu sprechen in der Lage ist. Sie wendet den Blick ab und ihre Zähne vergraben sich fest in ihrer Unterlippe, als er so behutsam wie möglich in sie eindringt. Nicht weit genug, um ihr den unvermeidlichen Schmerz zuzufügen, vor dem er mittlerweile wohl größere Angst verspürt als sie selbst. Was wird er tun, sollte er es in der letzten Sekunde versauen? Die Antwort lautet: nichts.

Allerdings kann er ihr beistehen, weshalb er zärtlich ihr Gesicht umfasst und rau wispert: »Josie.« Widerwillig schlägt sie die Lider auf. »Sieh mich an!« Eilig küsst er sie und fixiert sie erneut. »Okay?«

Ihre Zustimmung kommt, ohne zu zögern und Andrew verbeißt sich ein dankbares Stöhnen. Bis hierher hat er sie geführt. Erfolgreich – denn sie leben noch.

Als er tatsächlich vollständig von ihr Besitz nimmt, blickt er sie unentwegt an, obwohl es übermenschlicher Kraftanstrengung bedarf. Seine Zähne graben sich tief in seine Zunge, um keinen Laut von sich zu geben.

Verdammt! *Sie ist so eng!*

Selbstverständlich hat er sich auch diesen besonderen Teil vorgestellt. An die fünf Millionen Mal – circa. Die Realität übertrifft wieder einmal alles.

Leise wimmert sie, ihre Fingernägel versinken in seiner Haut, sie wirft den Kopf zurück und beißt auf ihre Lippe, während er längst zur Salzsäule mutiert ist, sich zum ruhigen Atmen zwingt und sie nicht aus den Augen lässt.

Ein nächster Kuss folgt. »Es tut mir leid, Baby.« Nebenbei versucht er mühsam, das Gefühl der Ekstase zu verdrängen, das ihn plötzlich zu überwältigen droht.

Endlich gehört sie ihm! Es ist der total falsche Moment, diesen besonderen Sieg zu feiern, aber die Gedanken gehorchen selten Befehlen. Andrew hält ihr Gesicht, sieht, wie sie gegen den Schmerz kämpft, weiß, dass es bald vorbei sein wird und gleichzeitig, dass sie sein ist.

Niemand wird sie ihm nehmen können!

Als sie sich schließlich etwas entspannt, bittet er sie, ihn anzuschauen und findet die Spuren der Panik, die sie so verzweifelt vor ihm verbirgt. »Tut es noch weh?« Ein wenig zu heftig schüttelt sie den Kopf, und er küsst sie abermals. »Ich schwöre dir, das war das einzige Mal, dass ich dir wehgetan habe. Es tut mir so unendlich leid.«

Dann erst erfasst er in der utopischen Gesamtheit, wie unbeschreiblich es ist, tatsächlich in ihr zu sein, und schlagartig ist alles um ihn herum vergessen. Es gibt nur sie, ihn und ihren hektischen Atem. Er umfasst von hinten ihre Schultern und bewegt sich in ihr – so langsam, wie möglich, mit zusammengebissenen Zähnen, um keinen Laut von sich zu geben und um Himmels willen nicht die Beherrschung zu verlieren.

Oh verdammter Mist! Das ist *unglaublich!*

Als er erneut in sie eindringt, werden ihre Augen groß. Beim zweiten Mal krallen sich ihre Finger in seine Haut. Er erstarrt.

»Josie tut das weh?«

»Nein!«, stößt sie hervor.

»Wirklich nicht?« Energisch schüttelt sie den Kopf.

Er küsst sie, mehr, um sich zu beruhigen, als aus einem anderen Grund und wagt es ein weiteres Mal – kräftiger diesmal. Ihre Reaktionen intensivieren sich, Schweißperlen bilden sich auf der glatten Stirn und sie foltert stärker ihre Unterlippe. Begeistert und fasziniert zugleich beobachtet er sie, hingerissen von dem unvorstellbaren Anblick.

Das ist es, Baby. So ist es! Oh ja, und es wird noch besser, du wirst es kaum glauben ...

Seine Zähne graben sich tief ins Fleisch seiner Zunge. Nichts übereilen.

Langsam, Norton. Langsam!

Mit Mühe gelingt es ihm, ein Okay zu denken ...

Er beschleunigt den Rhythmus und beim sechsten Mal stöhnt sie auf, beim zehnten wieder. Beim – keine Ahnung, er hat aufgehört, mitzuzählen und eigentlich ist es so was von scheißegal – Mal, seufzt sie auf, drängt sich ihm entgegen, längst haben sich ihre Hände auf seinen Rücken gestohlen ... Und endlich steigert er das Tempo, wird leidenschaftlicher und rettet damit seiner Zunge möglicherweise das Leben.

Josie kämpft ... Gegen jeden Laut, der droht, sie zu verraten; gegen jede Bewegung, die ihr unbeherrschbarer Körper vollführen will. Verkeilte Kiefer, fest zusammengekniffene Lider, geballte Fäuste auf seinem Rücken ... Atmen nur durch die Nase ...

Andrew ist dabei, als sie verliert. Und *wie* sie das tut! Das ist die ultimative Kapitulation! Sein triumphierendes »Ja!« vermischt sich mit ihrem Schrei. »Andrew!« Feuchte, strahlende Augen, hektischer Atem, gerötete, beinahe glühende Wangen. Finger, die plötzlich keine Fäuste mehr sind, sondern sich tief in seine Haut graben, hingerissen von diesem unbeschreiblichen Gefühl, dass er ihr und sich selbst bereitet. Niemandem gelingt es, sich dagegen zu wehren, auch Josie nicht.

Dann ist es an ihm, zu kämpfen ... Er schließt die Augen, die Unterlippe fest in der Gewalt seiner Zähne, und lässt seine Gedanken wild umherschweifen:

Gail! ... Wikipedia Memo ... 3725 geteilt durch 62 ...

Oh ja, Josie, Fingernägel, Fingernägel sind gut, denn wenn es nach ihm ginge, also, wenn es nach *ihm ginge* ... Sie bäumt sich unter ihm auf und er hört sie erneut: »Oh, Gott!«

Oh, nein, Gott nicht, Baby. Der ist ein mieses Schwein, glaub mir. Das hat mit Gott nichts zu tun ...

Diesmal kann Andrew sein Stöhnen nicht zurückhalten und er weiß, dass er gerade im Begriff ist, zu versagen. Es ist der Witz! Immer kann er sich zusammenreißen, nie droht er, die Kontrolle einzubüßen, schon gar nicht beim Sex. Aber jetzt, *hier*, wo es einmal wirklich wichtig wäre, enttäuscht er jämmerlich. Da ist kein Hinauszögern möglich. Rationale Gedanken existieren nicht länger, inzwischen kann er nichts mehr steuern, ist folgsamer Sklave seines Körpers, der nicht länger warten will. Und als er kurz darauf den Gipfel stürmt – allein, das ist ihm klar und es tut ihm aufrichtig leid – hört er sich in höchster Ekstase keuchen: »Josie!«

Also, das ist ihm ja auch noch nie passiert und er braucht einen sehr langen Moment, bis er fähig ist, etwas zu sagen, erst dann umarmt er sie und küsst schwer atmend ihre klamme Stirn. »Das, Josie, ist Liebe«, wispert er dabei rau und gleichermaßen erstaunt – denn auch er hat sie zum ersten Mal erlebt.

Wortlos kuschelt sie sich an ihn, und ehe er nachvollziehen kann, was gerade geschehen ist, kommt bereits der Schlaf und nimmt ihn mit sich ... Doch bevor er wirklich nichts mehr weiß, spürt er ihre feuchten Lippen auf seiner Brust.

»Danke.«

4

»Ich liebe dich, Andrew.« Sie steht vor ihm, die Augen voller Tränen.

»Josie, was hast du?«

»Ich muss gehen.« Sie ist kaum zu verstehen.

»Nein!« Wieder hört er seinen Schrei, diesmal jedoch ist er entsetzt. »Gar nichts musst du! Bleib bei mir!« Ihr Blick wirkt so erschreckend endgültig.

»Ich muss. Es tut mir so leid!« Sichtlich unterdrückt sie ein Schluchzen. »Leb wohl.« Fassungslos starrt er ihr nach. Das ist doch Scheiße! Nicht jetzt! »Josie!«

»JOSIE!«

Andrew schreckt hoch und registriert diesmal sofort, dass er allein ist. Keine Josie, die sich an ihn kuschelt. Sie ist fort. Er kontrolliert den Wecker.

0:10 AM

Wohin geht sie mitten in der Nacht? Er lässt sich keine Zeit, darüber nachzudenken. Mit einem Satz ist er aus dem Bett.

– Bad –

Keine Josie.

Hastig wirft er sich seinen Morgenmantel über. Hinaus in den Flur. »Josie?« Keine Antwort.

– Tür –

Keine Josie.

Norton du Idiot! Versuche es in ihrem Zimmer!

Ja! Andrew stürzt die Treppe hinab.

– Wohnzimmer –

Keine Josie.

– Schlafzimmer –

Auch hier ist sie nicht.

»Josie!« Vielleicht ist sie in der Küche! Beim letzten Mal war es so ... Er ist bereits auf dem Weg dorthin, als der DS sich abermals meldet.

Norton, du Oberidiot, das Bad!

Natürlich! Er eilt zur entsprechenden Tür, doch als er seine Hand auf den Knauf legt, muss er sich zwingen, ihn auch zu betätigen. Er war nie ein sehr intuitiver Mensch, aber plötzlich ist er überzeugt, dass sie sich in diesem Raum befindet. Und er ahnt darüber hinaus, dass sie ihn nicht hören kann. Flüchtig schließt er die Lider und dreht dann den Griff.

Abgeschlossen!

Oh verdammt! Bitte, bitte, nein!

»Josie!«

Keine Erwiderung – selbstverständlich nicht.

Beeilung, Norton. Willst du sie verlieren?

Knurrend wirft sich Andrew mit aller Macht gegen jene Barriere, die ihn von seinem Mädchen trennt.

Nichts.

Verdammt, warum musste er beim Hausbau auf die massiven Türen bestehen? Hätten es die Einfachen nicht auch getan?

»Josie!«

Wieder landet er am Holz, es erzittert im Rahmen, widersteht dem Druck jedoch. Noch einmal! Mit all seiner von Verzweiflung und Angst getriebenen Kraft. Beim vierten Versuch gibt das Holz endlich nach und er fällt beinahe in den Raum. Das Licht brennt, und in der Mitte auf den Fliesen liegt Josie in seinem Hemd, die Augen sind geschlossen. Ohnmächtig.

Mit einem Satz ist er bei ihr. »Josie?«

Als er sie schüttelt, rollt ihr Kopf von einer Seite zur anderen. Zitternd senkt er sein Ohr an ihren Mund. Sie atmet, aber kaum hörbar.

Nein ... Nein! .... NEIN!!!!!

REISS DICH ZUSAMMEN, NORTON! REISS DICH ZUSAMMEN ODER ICH TRETE DIR HÖCHSTPERSÖNLICH IN DEINEN ARSCH!

Andrew schluckt an seiner Furcht, unternimmt alles, um klar zu denken.

Puls!

Hastig tastet er nach ihrem Handgelenk, kann aber nur sehr schwache Lebenszeichen erfühlen.

»NEIN!«

RUHE!

Fieberhaft sieht er sich um, während er droht, in seiner Angst unterzugehen. Was Josie? Was hast du getan? WAS?

In diesem Moment erblickt er es: Auf dem Waschbecken, neben einem leeren Wasserglas liegt ein braunes Plastikröhrchen.

Ein bekanntes braunes Plastikröhrchen. Und für fünf endlose Sekunden schottet er sich von der Realität ab ... ›Bitte ... nein. Bitte, lass sie mir. Bitte. BITTE! ‹

Dann tastet er nach dem Röhrchen ...

Diazepham.

Es ist leer.

LEER!

Trotz seiner Panik versucht Andrew sich zu erinnern, wie viele Tabletten noch darin gewesen sind. Es ist eine einhundert Stück Packung und er hat vielleicht zwanzig genommen, möglicherweise dreißig.

SIEBZIG?

Okay Norton! Reiß dich zusammen und HÖR MIR ZU!

Er probiert es.

Telefon – Johnson anrufen ... JETZT!

Andrew hebt das leblose Mädchen auf und stürzt in ihr Schlafzimmer. Neben dem Bett steht das Telefon. Er legt Josie auf die Decke und nimmt den Hörer ...

Sein Chauffeur antwortet bereits nach dem zweiten Klingeln. »Miss Kents Zimmer. Sofort!«, bellt Andrew.

Guter Junge. Jetzt nimm die Kleine und bring sie zurück ins Bad! Das tut er.

Über die Toilette und schieb ihr einen Finger in den Hals!

Andrew klemmt sich den schlaffen Körper unter den Arm und zwingt einen Finger der anderen Hand in ihren Mund ...

Als sie nicht reagiert, droht er erneut, die Nerven zu verlieren. Doch der DS ist da.

REISS DICH ZUSAMMEN. WEITERMACHEN!

Endlich setzt das Würgen ein ...

Sie bäumt sich unter dem massiven Brechreiz auf, würgt und krampft.

Würgen, krampfen ... würgen, krampfen ... und schließlich beginnt ihr Magen, seinen Inhalt wieder herzugeben.

Würgen, krampfen ...

Der schmale Körper bebt vor Erschöpfung, aber Andrew kann ihr nicht helfen. Er kann sie nur wiederholt zum Übergeben reizen und sie damit weiter quälen ...

Würgen, verkrampfen ... Zittern ...

Und dann stürzt Johnson herein ...

Die Invasion

Dienstag, 23. März bis Freitag, 26. März

1

Fort hier!

Zum eine millionsten Mal innerhalb der letzten sechsunddreißig Stunden stößt er zischend diesen Satz in seinem Kopf aus. Zu viele Menschen, die Josie und ihn nicht in Ruhe lassen. Ständig nesteln irgendwelche Idioten mit gewichtigen Mienen an ihr herum, als ob sie wüssten, was sie da tun!

Ha!

Sie wissen überhaupt nichts!

Er hat sie schon immer gehasst, aber in diesen zwei Tagen wird ihm erst richtig bewusst, weshalb. Es ist ihre Arroganz! Diese Aura der Kompetenz, die sie umgibt, obwohl es absolute Dilettanten sind.

Sie soll hier bleiben!

Ha!

Als würde es ihr in diesem miesen Bau besser gehen! Vielleicht hätte er sie über die Wahrheit aufklären sollen. Andrew vermeidet es jedoch weitestgehend, mit ihnen zu reden und denkt sich lieber seinen Teil.

Nein, Dr. Versager, der sein Diplom wahrscheinlich irgendwo im Internet gekauft hat. Sie liegt eigentlich nie mit starrem Blick in ihrem Bett. Nein, du Idiot, üblicherweise bewegt sie sich! Nein, du Blindgänger, sonst reagiert sie, wenn man sie anspricht!

Doch er muss sich zusammenreißen, und das tut er. Mit allen Kraftreserven, die ihm zur Verfügung stehen. Er *ist* vernünftig.

Oh ja!

Artig lauscht er den verschiedensten Ausführungen der Hochstapler.

Dialyse ...

Hmmm, hmmm. Sicher, wie Sie meinen ...

Magenspülung?

Ahh, ja. Natürlich ist ihm die Prozedur geläufig.

Entgiftung?

Ja, wenn Sie glauben, dass es notwendig ist ...

Und die gesamte Zeit über ballt er heimlich seine Fäuste unter Josies Bett und kämpft um seine Beherrschung. Andrew muss sie nämlich NACH HAUSE SCHAFFEN! Versteht denn das in diesem abgefuckten Kasten niemand? Hier ist es nicht sicher! Dieser ganze Scheiß ist doch völlig ÜBERFLÜSSIG.

UND NEIN, ER MÖCHTE NICHTS ESSEN, WIE OFT DENN NOCH?

Alles, was Josie braucht, ist Ruhe! Ruhe, Frieden und ihn! Und dann wird es ihr bald besser gehen!

Soweit so gut. Aber als einer dieser Schweinehunde auftaucht und ihm erklärt, wir – WIR, Ha! – sollten dringend einen THERAPEUTEN zurate ziehen, strauchelt Andrew. Ohne den DS, der sich zwar bereits röchelnd am Boden befindet, aber immer noch in der Lage ist, sich mitzuteilen, wäre dieser ignorante Arsch durch das geschlossene Fenster des Krankenzimmers geflogen. Andrews Augen sind schon bedrohlich groß geworden. Gerade will er anheben und dem Kerl unmissverständlich erklären, dass Josie keinen SCHEISS KUMMERKASTENONKEL braucht, sondern dass sie schlicht und ergreifend ANGST vor all den fremden Menschen hat.

Norton, du Idiot! Du weißt doch, dass sie es nicht verstehen! Also halte deine Schnauze, verdammt! Willst du alles versauen? Haltung!

Andrew schließt die Lider und massiert seine Schläfe.

Ruhig!, beschwört er sich, du musst ruhig bleiben. Sie gehören alle der gleichen Sekte an. Einer wie der andere. Du kannst dir den Versuch sparen, vernünftig mit ihnen zu diskutieren! Die sehen die Wahrheit noch nicht einmal, wenn sie knietief darin stehen! Nicht mal dann!

Fünf beruhigende Atemzüge später erklärt er dem Kretin mit sanftem Lächeln, dass er als Erstes einen Psychiater bemühen wird, sobald er mit Josie daheim ist.

Selbstverständlich.

Der Mann ist begeistert! Und Andrew ihn los.

Sie haben sie gequält. Mit Nadeln und Schläuchen, irgendein schwarzes Zeug in sie hineingepumpt, das sie wieder von sich geben musste. Noch jetzt hallt ihm ihr Wimmern in den Ohren. Verdammt, und er konnte ihr nicht helfen!

Er hätte sie überhaupt nicht hierher gebracht, doch Johnson und der DS redeten so lange auf ihn ein, bis er schließlich nachgab. Und wofür? Um zuzusehen, wie man sie foltert!

Penner!

Kein einziges Wort hat sie gesagt, nur ausdruckslos ins Leere gestarrt. Keine lächelnde Josie verfügbar – als wäre nichts mehr von ihr übrig. Um genau zu sein, beachtet sie niemanden, auch ihn nicht. Ein Schatten ihrer selbst: Klein, blass, mit dunklen Augenringen liegt sie auf diesem riesigen Bett mit der großen weißen Decke. Alles an ihr wirkt winziger als sonst.

Und er kann nichts tun, damit es ihr besser geht. Nicht hier!

Oh, fuck!

FUCK!

2

Endlich.

Nach vierundfünfzig Stunden, dreißig Minuten und fünfundzwanzig Sekunden, kommt der Oberguru und erklärt, dass Andrew seine Josie hier wegbringen darf. Er zwingt sich zu einem knappen Nicken, obwohl er den Penner am liebsten am Kragen nehmen und durchschütteln würde.

UND WARUM ERST JETZT, DU ARSCHLOCH?

Mr. Obersektenmitglied lächelt milde und drückt ihm die Visitenkarte eines Therapeuten in die Hand. Er solle bitte eine Pflegekraft in Anspruch nehmen und die Medikamente besorgen – für die Nieren und ihre Leber ... Damit verschwindet er und Andrew beginnt, Josies Sachen zusammenzusuchen und sie anzukleiden. Das gestaltet sich etwas schwierig, weil sie sich nicht rühren will und auch nicht anderweitig Unterstützung signalisiert. Doch das ist kein echtes Problem, denn jetzt werden sie heimfahren und dann wird alles gut werden. Das erzählt er ihr, während er sie ankleidet.

»Wir fahren nach Hause, Baby«, wispert er und streift das T-Shirt über ihren Kopf. Ihr Blick ist starr geradeaus gerichtet. »Und dann wird alles, alles wieder gut«, haucht er weiter und befördert ihren schlaffen linken Arm durch den Ärmel.

Keine Reaktion.

»Was auch immer schief gelaufen ist, wir bekommen das wieder hin, nicht wahr, Baby? Nicht wahr?«

Nichts.

Aber das stört ihn nicht wirklich. Sie wird zu sich kommen, sobald all diese fremden, nervenden Idioten verschwunden sind. Es war von Anfang an dämlich, mit ihr unter Leute zu gehen. Sie hat zu große Angst! Niemals hätte er ihr zumuten dürfen, zu arbeiten oder gar diese abgefuckte Gala zu besuchen. All die vielen Menschen! Doch diesen Fehler wird er nicht wiederholen – oh nein, Andrew lernt schnell. Er wird die Welt einfach ausgrenzen, dann gibt es nur noch Josie und ihn. Und sonst nichts!

Richtig!

Der DS keuchend und scheinbar in den letzten Atemzügen befindlich, hebt schwerfällig das Haupt und versucht, etwas hinzuzufügen. Aber außer einem schwachen Röcheln kommt kein Beitrag. Andrew wertet das als Zustimmung und macht sich auf den Weg. Die Visitenkarte lässt er in einen Papierkorb fallen, an dem er auf dem Flur der Station vorbeikommt.

Therapeut! Sicher!

3

Johnson erwartet ihn am Wagen, als er mit Josie auf dem Arm das Parkhaus des Krankenhauses betritt – scheiß auf den Rollstuhl!

Das übliche Nicken lässt Andrew unkommentiert, während er einsteigt. Der Chauffeur schließt die Tür, setzt sich hinter das Lenkrad, startet jedoch nicht den Motor. Was denn jetzt? »Sir?«

»Was?«

»Gail hat mich kontaktiert, weil Sie Ihr Handy ausgestellt haben.«

»Und?«

»Sie lässt anfragen, wann wieder mit Ihrem Erscheinen zu rechnen ist.«

Erscheinen? »Was?«

Nun dreht sich der Fahrer um und dessen Anblick wirft Andrew fast um. Unbewegte Miene Johnson verfügt doch tatsächlich über den Pflegefallblick – wenn auch mit jeder Menge Abscheu untermalt.

Ha!

»Die Holding ...« Ihm entgeht keineswegs, dass Pflegefallblick Johnson inzwischen auch mit einer leicht entarteten – weil knurrenden – Pflegefallstimme gesegnet ist. Andrews Augen weiten sich bedrohlich.

»Ihre Verpflichtungen ... Gail weiß nicht, wie lange Sie Ihre Abwesenheit noch erklären kann, ohne dass Sie ein offizielles Statement abgeben ...«

Holding? Gail? Verpflichtungen? Statement? Pass auf Johnson, hier kommt mein Statement: »Haben Sie alles besorgt?«

Pflegefallblick Johnson nickt knapp.

»Dann bringen Sie mich jetzt verdammt noch mal nach Hause!«, faucht Andrew. Womit das Gespräch beendet ist; er widmet sich stattdessen Josies Haar, das recht wirr in ihr Gesicht fällt. Müsste gewaschen werden ...

Der Chauffeur erwidert nichts, sondern startet den Wagen.

Prächtig!

Als sie auf sein Anwesen einbiegen, heult Andrew fast vor Erleichterung.

Endlich!

Er schenkt Pflegefallblick Johnson keinerlei Beachtung, sondern trägt Josie umgehend hinein. Die Eingangstür verriegelt Andrew hinter sich.

Das ist sicherer. Als Nächstes lässt er die Jalousien an den Fensterfronten hinunter. Nun ist es zwar ziemlich dunkel aber wenigstens sicher ...

Und dann nimmt er mit seinem Mädchen auf der Couch Platz, bettet ihren Kopf an seine Brust, streichelt ihn und genießt zufrieden die traute Zweisamkeit.

Sicher ...

4

Er muss eingenickt sein, denn irgendwann bewegt sich Josie und Andrew schreckt hoch. »Baby, was willst du?«

Sie antwortet nicht, wahrscheinlich noch zu schwach. Aber das wird schon werden, jetzt sind sie in Sicherheit und der Rest der Welt kann ihnen gestohlen bleiben.

»Hast du Durst?«

Keine Reaktion.

Bestimmt Durst, überlegt Andrew, steht mit ihr auf und geht in die Küche. Orangensaft – der ist immer gut. Nachdem er eingegossen hat, reicht er ihr das Glas.

Josie rührt sich nicht.

Okay, das Spiel kennt er bereits. Kein Problem, Baby, Andrew hilft dir! Er bringt sie mit dem Trinkbehältnis zurück zur Couch, stellt es auf den Tisch, setzt sich und hält es an ihre Lippen ...

»Hier, Baby. Das ist gut. Koste!«

Ein wenig läuft daneben – aber nur ein wenig. Das Übrige schluckt sie brav. Danach fällt ihm ein, dass sie vielleicht zur Toilette muss ... Auch dorthin trägt er sie, zieht ihr Hose und Höschen herunter und sorgt dafür, dass sie relativ gut sitzt.

»Baby, ich gehe raus, und wenn du fertig bist, dann rufst du, ja?« Eine Antwort bekommt er nicht, dennoch weiß er, dass sie ihn verstanden hat. Zwischen ihnen bedarf es nur weniger Worte.

Es dauert nicht lange und er hört die Spülung und lächelt zufrieden. Kaum ist sie zu Hause, macht sie die ersten Anstalten etwas selbstständig zu tun. Als sich die Tür öffnet und er sie in Empfang nimmt, sieht sie bedeutend besser aus. Findet er zumindest. Andrew küsst sie, hebt sie in seine Arme und geht zurück zu ihrer Couch ...

»Alles wird gut, Baby«, murmelt er, während er ihre Wange streichelt. »Ich liebe dich. Alles wird gut ...«

5

»Andrew?«

Sein Kopf fährt hoch, unwillkürlich schließen sich seine Arme fester um das Mädchen und er schaut sich desorientiert um. Offenbar war er wieder eingeschlafen, Josies Stirn lehnt an seiner Brust. Auch sie schläft.

»Andrew?«

Er hat sich doch nicht getäuscht! Das ist eindeutig Stephen. Aber wie? Dann dreht er sich in die Richtung, aus der die Stimme gekommen ist und mildes Erstaunen macht sich bei ihm breit. Entweder er ist inzwischen wieder bei seinen Halluzinationen angelangt oder aber mitten in seinem Wohnzimmer findet eine beschissene Versammlung statt!

Das Meeting der Pflegekräfte.

Sie haben sich in einer Reihe aufgestellt. Stephen, Sarah, Julia, Claudia, Dr. Sebastian der Bär – was macht der hier? – und Johnson. Alle vereint eine Gemeinsamkeit: der verdammte Pflegefallblick! Und Julia ist zu ihnen übergelaufen.

Na, perfekt!

»Wie seid ihr reingekommen?« Hatte er nicht abgeschlossen? Dann visiert er Pflegefallblick Johnson an und Andrew verdreht die Augen. Diese Tür hat er vergessen.

»Sie sind gefeuert!«

Der Ex-Fahrer nickt und bewegt sich keinen Millimeter.

Penner!

Als Nächstes verlässt Pflegefallblick – Stephen die Frontlinie und wagt einen Schritt nach vorn. Sein Lächeln ist milde und er bequemt mal wieder seine Doktoren Stimme. Andrew hasst es, wenn er so mit ihm spricht!

»Wir haben uns Sorgen gemacht«, beginnt er.

Andrew schnaubt. »Unnötig. Uns geht es gut. Noch etwas?« Doch ein Blick in das Gesicht seines Vaters sagt ihm, dass es so einfach wohl nicht werden wird ... Er seufzt. »Was wollt ihr denn?«

Stephen hebt die Schultern und nimmt in einem der Sessel Platz. Er lehnt sich vor, seine Hände befinden sich ineinander verschlungen zwischen den Knien. »Wir hörten von Josies ... Unfall und wollten nach ihr sehen. Einen Krankenbesuch abhalten, sozusagen.« Flüchtig betrachtet er die fünf halb leeren Saftgläser und die diversen Glasschalen auf dem Tisch, aus denen Andrew das Mädchen gefüttert hat. Er hatte noch keine Zeit, sie wegzuräumen ... »Offensichtlich hast du die Dinge sehr gut im Griff ...«

Andrews Augen weiten sich, während er Josie näher an sich zieht. Diesen Ton kennt er! Das ist der *jetzt tun wir mal alle so, als wären wir Freunde und in Wahrheit warte ich nur darauf, dass du mir den Rücken kehrst,* Tonfall. Aber nicht mit ihm! Da müssen sie bedeutend früher aufstehen!

»Ich werde erst einmal Kaffee kochen«, hört er Sarah hinter sich. Das Surren ertönt, bevor er einschreiten kann. Ein Blick nach rechts bestätigt, was er befürchtet hat: Die Nutte macht sich an den Jalousien zu schaffen. Und das übergeht er nicht.

»CLAUDIA!«

Das Weib beachtet ihn nicht. Natürlich! Als das Sonnenlicht den Raum flutet, kneift er eilig die Lider zu. Himmel, muss das denn alles sein? Es ist total chaotisch und genau das gilt es zu vermeiden! Josie braucht *Ruhe!*

Julia hat sich inzwischen zu seiner Linken gesetzt und streicht Josie über das Haar. Er fährt zusammen und weicht ein Stück vor ihr zurück. »Fass sie nicht an!«, zischt er. »Sie mag keine Fremden!«

Das schockiert sie scheinbar. »Sie ist meine Freundin! Und wo wir schon mal bei dem Thema sind: Ich hätte erwartet, dass du anrufst, wenn es ihr schlecht geht!«

»Warum?«, knurrt er. »Um eure Invasion noch vorzuverlegen?«

Sie antwortet nicht, sondern lässt ihren Blick über das benutzte Geschirr schweifen. »Ich räume das hier mal weg«, murmelt sie und erhebt sich.

Dr. Sebastian der Bär hat es sich in dem anderen Sessel bequem gemacht und mustert ihn ausdruckslos. Kein Grinsen! Ha! Den zumindest hat Claudia schon mal geschafft.

»Ich kann mich nicht erinnern, Sie herbestellt zu haben!«, schnauzt Andrew ihn an.

»Ich bin nicht im Dienst.«

»Und was wollen Sie dann hier?«

Der Riese hebt die Schultern und lässt ihn nicht aus den Augen. »Helfen.«

Penner!

»Sebastian ist Claudias Freund und er war so freundlich, uns zu begleiten. Ich denke, eine Familie sollte in schlechten Zeiten zusammenhalten. Deshalb sind wir hier. Wir machen uns Sorgen um euch.« Das ist wieder Stephen mit der altbewährten Pflegefallstimme.

Andrew schweigt und beobachtet Julia, die zum dritten Mal angekommen ist und fortwährend mit Geschirr beladen verschwindet. Er würde ein Tablett empfehlen, aber angeblich ist er ja hier der Obertrottel.

Dann kehrt Sarah mit einem Lappen bewaffnet zurück und beginnt, den Tisch abzuwischen – mit einigen Schwierigkeiten. Es ist eine Menge von der Suppe danebengegangen. Josie isst im Moment nicht besonders gut, doch das wird schon wieder besser werden, wenn man sie beide nur in Ruhe lässt! Das hat die

Gesandtschaft der Heiligen Samariter nur leider ganz offensichtlich nicht vor. Im Gegenteil. Sie verfolgen wohl die Absicht, sich hier häuslich niederzulassen! Verdammt!

Claudia hat inzwischen die Fenster aufgerissen – oh, verdammt! –, Johnson hilft, Tassen bereitzustellen – den hat Andrew doch gerade entlassen! –, Sarah ist mit Abwischen fertig und poliert jetzt wie eine arme Irre das Glas.

Ist das hier eigentlich noch sein Haus? Bisher haben sie sich auch nie blicken lassen! Also was soll der ganze Scheiß?

Als der Kaffee auf dem Tisch steht, nehmen die Pflegekräfte Platz und beginnen, ungerührt, an ihren Tassen zu schlürfen. Seine Fäuste ballen sich langsam ...

Niemandem fällt das auf oder sie ignorieren es vorsätzlich!

Idioten!

Als Erstes nimmt Andrew sich Johnson vor. »Habe ich Sie nicht gerade entlassen?«

Er nickt. »Ja.«

Stöhnend verdreht Andrew die Augen. »Und was machen Sie dann noch hier?«

Die Antwort erfolgt wie immer, kurz und knapp. »Vier Wochen Kündigungsfrist. So steht es im Vertrag ...«

Arschloch!

Als sich Josie regt, vergisst Andrew sofort die Invasion der pflegenden Kaffeeschlürfer. »Hey Baby«, wispert er und küsst ihre Schläfe. »Hast du gut geschlafen?«

Ihre Lider sind offen, doch sie reagiert nicht. Er lehnt seine Wange an ihre klamme Stirn und streichelt ihr Haar.

»Alles ist gut. Niemand wird dir was tun. Du bist in Sicherheit. Alles ist gut.«

Nebenbei registriert er eine Bewegung und sieht auf. Sarah ist von ihrem Platz hochgeschossen und murmelt etwas von »Nur einen Moment ...« bevor sie aus dem Raum stürzt. Benimmt sich heute auch seltsam, die Frau ... Wie jeder hier, bis auf seine Person, natürlich. Eigentlich sind sie Andrew jedoch egal. Er beschließt, die Invasion einfach mit Nichtachtung zu strafen und Josie sorgsam im Arm zu halten, während sein Blick nach draußen weist ...

»Die vergangenen Tage müssen recht anstrengend für dich gewesen sein! Ich kann mich nicht erinnern, dich schon jemals in einem derart ungepflegten Zustand gesehen zu haben!«

Andrew runzelt die Stirn. Was?

»Ich denke, es wäre an der Zeit, sich unter die Dusche zu begeben. Wir bleiben währenddessen bei dem Mädchen. Es besteht kein Grund, weiterhin deine Körperpflege zu vernachlässigen!«

Duschen? Hat er ...? Nein, hat er nicht ... was ohnehin völlig nebensächlich ist! Energisch schüttelt er den Kopf und betrachtet dabei aufmerksam die Bäume, die vom Fenster aus sichtbar sind.

»Josie braucht mich, ich kann sie nicht allein lassen.«

»Sieh deinen Vater an, wenn er mit dir spricht!«, grollt es unvermittelt.

Was?

NIE ZUVOR sprach sein Dad auf diese Art mit ihm, weshalb Andrew sich genötigt fühlt, doch noch einen Blick zu riskieren.

Scheiße!

Sein Vater ist sauer! Ganz klar! Aber ... *Warum?*

»Du kannst nicht für sie sorgen, sofern du nicht auf dich achtest!«, knurrt der Chirurg. »Ich verstehe, dass du in den vergangenen Tagen nicht die Möglichkeit hattest, dich um dich selbst zu kümmern. Allerdings ist nun deine Familie da, um dich zu unterstützen! Du wirst dich jetzt waschen, und ich übernehme so lange Josie. Ich bin Arzt, wie du sehr gut weißt! Sie ist bei mir in den besten Händen!«

Was? Er soll ohne sie irgendwo hingehen? Das verlangt er von ihm? Aber, er ... Er ...

»Ich kann nicht!« Mit aller Macht zwingt er sich, den Augenkontakt zu seinem Dad aufrechtzuerhalten. »Ich kann sie nicht allein lassen. Wenn ihr irgendetwas passiert ...« Ohne es zu bemerken, zieht er den starren Körper noch fester an sich, nur bei dem Gedanken, sie zurückzulassen unendlich verzweifelt.

Das ... NEIN! Er muss hier bleiben, bei ihr. Wenn sie nur endlich verschwinden und ihn in RUHE LASSEN würden! Dann würde alles gut werden. Bitte geht ....

Durch eine unvermutete Bewegung fährt er zusammen. Stephen hat sich erhoben und steht mit ausgebreiteten Armen vor ihm.

»Gib sie mir!«

»Nein!« *Bitte! Lasst mich! Bitte.*

»ANDREW NORTON!« Diesmal zuckt der Angesprochene wirklich, denn sein Vater brüllt ihn an und das ist ... NEIN!

»Du siehst aus wie ein SCHWEIN! DU STINKST! Du wirst mir jetzt Josie geben und dich wieder in einen Menschen verwandeln! Ich kann nicht begreifen, wie du dich so gehen lassen konntest! Ich bin empört!«

Andrew schluckt, starrt in das zornige Gesicht seines Vaters und weiß, dass er keine Wahl hat. Gehorsamkeit ist oberste Pflicht, schon immer gewesen. »Jawohl, Dad!«, flüstert er.

Doch bevor er der Aufforderung nachkommt, küsst er Josie. »Keine Sorge, Baby. Ich bin sofort wieder da. Keine Angst, Stephen kümmert sich um dich. Keine Angst.«

Behutsam übergibt er sie wenig später in die Arme seines Vaters. »Bitte pass auf sie auf«, beschwört er ihn. »Ich bin gleich zurück.«

Stephen Norton nickt knapp und damit gibt es keinen Aufschub mehr. Andrew muss gehen.

Ob er will oder nicht.

6

Als er aus der Dusche tritt, fühlt er sich ein wenig besser. Stephen hat recht behalten. Er hat sich vergessen! Das ist unverzeihlich und auch nicht gut für Josie. Er benötigt seine Kraft, um sich ordentlich um sie kümmern zu können. Wie soll sie sonst gesund werden? Schließlich ist er alles, was sie hat.

Dennoch verzichtet Andrew auf die Rasur – das würde zu viel Zeit kosten. Und ihm ist klar, dass es Josie ohne ihn nicht gut geht. Sie braucht ihn, er muss zu ihr zurück. Wahllos zerrt er Hemd und Hose aus dem schier unerschöpflichen Bestand und kleidet sich an. Beinahe hätte er nicht an die Socken gedacht, doch er erkennt seinen Fehler glücklicherweise, bevor er aus dem Raum eilt, klaubt den Schuh wieder von seinem nackten Fuß und holt es nach.

Wenig später stürzt er aus dem Zimmer und hinab.

Auf der Mitte der letzten Treppe erstarrt er. Unten hat sich die halbe Pflegeinvasion versammelt und schaut ihm entgehen: Julia, Claudia, Dr. Sebastian der Bär und Johnson.

Andrews Blick huscht zur Couch. Kein Stephen mit Josie im Arm. Er spürt, wie das Blut sein Gesicht verlässt und eine Woge der Übelkeit ihn überrollt.

»Wo ist sie?«, hört er sich wispern, seine Augen sind groß.

»Wo. Ist. Josie?«

Big Impact

Freitag, 26. März bis Freitag, 02. April.

Andrew nimmt die Zeitabläufe sehr verzerrt wahr.
Sebastians Angaben sind diesbezüglich verlässlicher.

1

Niemand macht sich die Mühe, Andrew zu antworten und ein Brechreiz nie gekannten Ausmaßes lässt ihn beinahe zu Boden gehen. Wo ist Josie? Das ist alles, was ihn interessiert. Das, wovon sein Leben seine Existenz abhängt. Andrew hat sich doch beeilt! Keine zehn Minuten ist er fort gewesen und Stephen hat es versprochen! ER HAT ES VERSPROCHEN!

Wieder mustert er in den Mienen unter sich, forscht nach der Information, die ihm das Leben retten kann. Aber er findet sie nicht! Stattdessen ist etwas darin zu lesen, was noch viel schlimmer ist, als jeder beschissene Pflegefallblick. Mitleid. Bedauern. Verständnis!

Andrew will kein Mitleid! Gleichfalls mag er nicht bedauert werden. Und er benötigt ganz bestimmt kein Verständnis! Das Einzige, was er braucht, ist Josie!

Halt suchend tastet er nach dem Geländer, während er immer noch in den Gesichtern die völlig falschen Botschaften findet. Dann fällt ihm die logische Erklärung ein und seine Übelkeit legt sich ein wenig.

»Sie ist im Bad, nicht wahr?« Er lächelt und nickt eifrig, sucht in jeder einzelnen Miene nach der Bestätigung. Sie *muss* im Bad sein!

Julia räuspert sich. »Andrew ...«, beginnt sie zögernd aber im total falschen Tonfall! Der klingt überhaupt nicht bestätigend! Und er scheint eine direkte Verbindung zu Andrews Magen zu

besitzen, denn der hebt sich plötzlich wieder. Er kämpft dagegen an, kann das Würgen jedoch nicht länger verhindern.

»Wo ist sie, bitte! Sagt mir nur, wo sie ist!«, stößt er hervor. Julia tritt einen Schritt vor, die Arme sind in der Luft, Handflächen nach vorn gerichtet, als wolle sie ihn beruhigen.

ANDREW MUSS NICHT BERUHIGT WERDEN! ER WILL NUR EINE EINZIGE, WINZIGE INFORMATION! UND ZWAR DIE RICHTIGE!

»Dad musste Josie ins Krankenhaus bringen ...«

Und aus! Die Verbindung zu seinem Magen ist perfekt, denn dies sind genau die Worte, die ihn den Kampf gegen den Brechreiz verlieren lassen. Er kann noch das Geländer umklammern, bevor seine Beine nachgeben. Der Kopf fällt nach vorn und er übergibt sich geräuschvoll. Damit hört das Würgen nicht etwa auf, stattdessen wird es stetig schlimmer. Alles um ihn herum entfernt sich, als läge plötzlich eine dicke, beinahe schalldichte Mauer dazwischen. Und während er sich erbricht, auf zitternden Knien, die Finger um die Balustrade verkrampft, wiederholt sich ständig der gleiche Satz in seinem Kopf.

›Sie haben sie mir weggenommen! Sie haben sie mir weggenommen! Sie haben sie mir weggenommen!‹

»... Andrew ...«

›Sie haben sie mir weggenommen! Sie haben sie mir weggenommen! Sie haben sie mir weggenommen!‹

»... Andrew ...«

›NEIN! LASST MICH IN RUHE! IHR HABT SIE MIR WEGGENOMMEN! VERSCHWINDET!‹

»... Andrew ...«

Eine Hand legt sich auf seine Schulter, was urplötzlich das ausufernde Unwohlsein und Würgen mit einer neuen, massiveren, gewaltigeren Welle fortspült.

Zorn!

Und nicht nur das. Es ist mehr. Es ist ...

ZOOOOOORRRRRRRNNNNNNNNN!

Seine Lider schnappen auf, das Kinn hebt sich abrupt, wild sieht er von einem elenden Verrätergesicht ins nächste und zuletzt in das, dessen Hand ihn soeben berührt.

JULIA!

Zack! Der Schalter ist umgelegt. Innerhalb eines Sekundenbruchteils ist er auf den Beinen ...

»DUUUUUUU!«

Einen Wimpernschlag später ist die Verräterhand verschwunden und andere Bastardhände halten seine fest, mit denen er gerade auf seine Schwester losgehen wollte ...

»ANDREW!«

Verzweifelt wehrt er sich, versucht, sich zu befreien, aber seine Arme werden nach hinten gebogen ...

»Ruhig, Junge ... Mädels zurück!«

»LASS MICH LOS! LASS MICH SOFORT LOS! NIMM DEINE PFOTEN VON MIR, DU WICHSER! LASS MICH! LASS MICH!«, brüllt Andrew wie von Sinnen.

»Frank!« Das Bellen hört er nur weit entfernt. Doch mit einem Mal existieren noch mehr Widerstände, gegen die er sich zur Wehr setzen muss. Was zu zwei Dingen führt: Erstens wird aus dem Zorn innerhalb von Sekundenbruchteilen eiskalte Mordlust und zweitens verdoppeln sich seine Kräfte.

Sie haben ihn verraten. Alle! Wichser!

»LOSLASSEN! LASST MICH SOFORT! VERSCHWINDET! IHR HURENSÖHNE! LASST MICH LOS! LASST MICH LOS! FUCK!«

2

Dass es schief gehen wird, erkennt Sebastian, als Andrew plötzlich den Kopf hebt. Die Augen sind wahnsinnig vor Wut.

»DUUUUUUU!«

Scheiße! Er springt die Stufen hinauf, schiebt die Kleine aus dem Weg, findet sogar noch Zeit zu hoffen, dass Frank sie auffangen wird. Doch lieber ein paar Meter gefallen, als dem derzeit total Irren in die Quere zu kommen ...

Sebastian packt seine zum Schlag erhobenen Arme und drängt ihn zurück.

»ANDREW!« Das ist Claudia.

Keine Chance, Baby. Der weiß nicht mehr, wie er heißt. Der weiß gar nichts mehr. Der will nur noch Entladung. Und wenn er dich jetzt zu fassen bekommt, bringt er dich um!

Andrew ist Sebastian körperlich weit unterlegen. Doch Letzterer kennt auch die Wunder, die Adrenalin bewirken kann und die sich gerade deutlich zeigen. Dennoch spricht er beruhigend auf ihn ein. »Ruhig, Junge ...«

Ebenso ist Sebastian bekannt, dass er den Mann derzeit nicht erreicht. Aber er will es zumindest versucht haben. Manchmal hat man Glück.

Sebastian heute nicht ...

Die beinahe schwarzen Augen in dem bleichen Gesicht drohen, aus ihren Höhlen zu treten, die Lippen sind fest zusammengepresst, die Halsstränge angespannt. Die Gewalt in den Bewegungen ist beispiellos. Wahnsinn! Der Typ hat seit Tagen nichts gegessen! Woher nimmt er diese Kraft?

Dann hört Sebastian hinter sich Geräusche und schreitet in letzter Sekunde ein. »Mädels zurück!« Er versucht, Andrew zurückzudrängen – weg von den Frauen und der Treppe, bevor er stürzen kann, am besten noch mit dem Kerl zusammen. Verdammt! Warum haben sie ihn nicht erst herunterkommen lassen? Hier ist alles noch so viel schwieriger. Er wird ihn garantiert verletzen.

»LASS MICH LOS! LASS MICH SOFORT LOS! NIMM DEINE PFOTEN VON MIR, DU WICHSER! LASS MICH! LASS MICH!«, brüllt der derzeit geistig Abwesende.

Keine Chance! Er kann ihn nicht allein halten! »FRANK!«, ruft Sebastian in seiner Not. Der ist zur Stelle und umschlingt mit seinen riesigen Armen den um sich schlagenden Irren. Nicht, dass es sehr helfen würde, im Gegenteil! Das fordert Andrew nur noch mehr heraus. Er dreht und windet sich, die Hände sind Fäuste, die mit unmenschlicher Kraft versuchen, sich zu befreien. Dass dabei sein Hemd reißt, entgeht ihm natürlich, denn er schlägt und tritt ohne Sinn, ohne Verstand. Nackte Gewalt, unbändige Wut. Zufällig fällt Sebastians Blick auf den schmutzigen Verband, den Andrew nach wie vor trägt.

Was?

Zum Nachdenken bleibt leider keine Gelegenheit. Festhalten ist das Motto der Stunde! Als Nächstes ertönt wieder das heisere Brüllen:

»LOSLASSEN! LASST MICH SOFORT! VERSCHWINDET! IHR HURENSÖHNE! LASST MICH LOS! LASST MICH LOS!«

Danke, jetzt ist Sebastian taub. »Wir lassen ihn sich austoben, Frank«, verkündet er, eher um zu testen, ob er überhaupt noch etwas hört, als aus irgendeinem anderen Grund.

Der Angesprochene verstärkt den Griff um den sich aufbäumenden Körper, seine Miene ist versteinert. »Er wird nicht lange brauchen.« Schnaufend nickt Sebastian, während er einem recht gut platzierten Tritt ausweicht.

»IHR FEIGEN ARSCHLÖCHER! LASST MICH LOS! LASST MICH LOS! FUCK!«

Ja, Andrew brüllt, aber den mit ihm kämpfenden Männern bleibt nicht verborgen, dass dem Kerl langsam die Puste ausgeht. Er muss inzwischen nach jedem dritten Wort Luft holen und seine Stimme bricht an etlichen Stellen. Nicht mehr lange ...

Hoffentlich.

Fünf Minuten hält er durch! Sebastian macht die Erfahrung, dass die sich sogar verdammt ausdehnen können. Schließlich schwindet Andrews Gegenwehr, seine Gliedmaßen erschlaffen und sämtliche Anspannung löst sich. Resigniert lässt er seinen Kopf hängen und murmelt heiser:

»Loslassen! Ihr habt kein Recht dazu. Verdammt! Lasst mich in Ruhe!«

Sebastian schaut zu Frank. »Hast du ihn?«

Der nickt.

»Komm, Kumpel«, sagt der Jüngere. »Jetzt geht's in die Heia.« Er will zufassen, doch der Ex-Chauffeur hat Andrew bereits über seine Schulter gehoben und trägt ihn nach oben. Auch gut – Frank ist wenigstens bekannt, wo das richtige Zimmer ist. Sebastian blickt zu den beiden Schwestern, die in ungefährlicher Entfernung zugesehen haben. »Nun könnt ihr«, schnauft er.

»War es das?«, erkundigt Claudia sich verhalten.

Ratlos reibt er sich den Nacken. »Keine Ahnung. Gut möglich, dass das Schlimmste überstanden ist.«

Oh Sebastian, du Riesentrottel! Dein Optimismus bringt dich eines Tages noch mal ins Grab!

Gegen zwei hinterhältige, feige Verräterschweine war Andrew am Ende chancenlos, leicht gemacht wurde es ihnen trotzdem nicht. Mussten sich ganz schön anstrengen ... Wer hätte das gedacht, was?

Doch irgendwann konnte er nicht mehr. Keine Stimme, keine Kraft. Verdammt!

Sie haben ihn in jenes Bett verfrachtet, in das er zum Verrecken nicht will, weil ihm dort gleich wieder übel wird!

Aber das würden die Idioten selbstverständlich nicht begreifen, weil sie nämlich keinen Schimmer haben. Niemand hat den, obwohl sie sich ja für so clever halten. Ja, so scheint es, nicht wahr? Sie sind alle so viel schlauer als Andrew! Nur leider weiß niemand, dass sich *ihr* Blut auf dem Laken befindet.

Niemand weiß, wie es sich anfühlt, *ihren* intensiven Duft wahrzunehmen, sobald er seinen Kopf auf das Kissen legt.

Niemand ahnt auch nur, wie es ist, die Bilder jener Nacht zu sehen, wann immer er seine Lider schließt, und niemand weiß, dass er in diesem Bett unmöglich ohne *sie* liegen kann!

Niemand weiß, dass er in diesem Bett unmöglich ohne sie schlafen kann!

Niemand weiß es – außer Josie.

Mit aller Macht sträubt er sich gegen die Müdigkeit, die ihn am Ende trotzdem überwältigt.

Schwächling!

Oh ja, das unterschreibt er sofort ...

3

»Oh là là, Baby ...«

Er kann seine Augen sehen. Sie sind blau und klein und BÖSE.

Andrew will rufen. Mommy, pass auf! Mommy, pass auf! Pass auf! Aber er kann nicht, sein Mund lässt sich nämlich nicht öffnen. Er versucht es wieder, doch es GEHT nicht. Er will sich bewegen, aber auch das funktioniert nicht, denn er kann seine Beine nicht mehr finden ...

Moommmmmyyyyyyy!

»NEIN!«

Andrew hält die Lider geschlossen, gefangen in dem uralten Kampf gegen sich selbst. Keine Luft! Er bekommt keine Luft! Verdammt!

»Andrew!«

›Was? Lass mich in Ruhe! Ich ersticke gerade, begreifst du das nicht? Verschwinde!‹

»Andrew!«

›Nicht hinhören, Norton. Einfach nicht hinhören. Atme. Langsam. Atme ...‹

Verbissen konzentriert er sich darauf, Sauerstoff in seine Lungen zu kriegen und zwingt sich irgendwie Luft zu holen: Einatmen – eins ... zwei ... drei ... vier ... fünf ... ausatmen.

Er berührt seine Wange – nass, Scheißtränen – wischt sich mechanisch über das Gesicht, entfernt sich den Schweiß und das andere. Dabei versucht er weiter, ruhig zu atmen, während die Panik in ihm wütet ... Er hätte nie gedacht, sich so schnell daran zu gewöhnen, nicht mehr zu träumen. Aber Josie ist fort! Sie haben sie ihm weggenommen! Allein ist er seinem Unterbewusstsein schutzlos ausgeliefert, und ganz ehrlich, davor hat er eine Scheißangst. Mehr, als jemals zuvor.

›Bitte Josie! Lass mich nicht allein!‹

»Andrew kannst du mich hören?«

Ah, Verräter – Julia. Fein. Natürlich hört er das miese Stück. Ihr hat er vertraut. Ihr als Einzige aus der gesamten verschissenen Brut! Schätzungsweise war das wohl ein Fehler!

Finger streicheln seine Stirn und er wendet abrupt den Kopf ab.
›Fass. Mich. Nicht. An!‹

Ein Seufzen. Ach was, sind wir jetzt verletzt?

»Andrew geht es wieder?«

Will sie ihn verarschen? ›Nein, liebe Julia. ES GEHT NICHT! Dafür habt ihr ja gesorgt!‹ Aber er schätzt, man erwartet nun, dass er wieder der liebe und brave Andrew ist. Oh, Josie ist fort? Schulterzucken. Na gut, dann eben nicht, dann existiere ich halt ohne sie. Was soll's!

Einen Scheiß wird er, Andrew hat nämlich keine Lust mehr! Capiche?

KEINE LUST!

»Andrew, sieh mich an!«

Wozu? Um in diese Verrätervisage zu blicken? Danke, er verzichtet!

Abermals ein Seufzen.

HA! Nun ist sie enttäuscht! Ja, so was aber auch! Doch er wird der dämlichen Kuh mal was flüstern, Andrew ist heute freigiebig! Enttäuschungen sind kein Problem, damit kann man leben! Womit man absolut nicht leben kann, ist mit VERRAT! Außerdem kann ER nicht ohne JOSIE sein! Julia soll endlich verschwinden und ihn in Ruhe lassen!

»Wir haben dir was zu Essen gemacht!«

ER HAT KEINEN HUNGER! HIMMEL!

Wieder tatscht sie ihn an! Begreift sie das nicht oder spricht er so undeutlich? Will sie ihn vielleicht einfach nicht verstehen, weil er der Trottel und sie Miss Allwissend Verräterschlampe ist? Okay, okay. Bisher hat er nicht wirklich laut gesprochen. Das ist ihm in all der Aufregung entgangen. Gut, holt er das eben nach:

»RAUS!«

Natürlich haut sie nicht ab! Wer ist er schon? Stattdessen klingt sie inzwischen weinerlich. Das ist der totale Wahnsinn! Echt! Erst nehmen sie ihm alles, was ihm etwas bedeutet, und dann machen sie einen auf Bitte–Bitte.

»Es ging ihr so schlecht ...«

›Nein, du bescheuerte Scheißkuh! JETZT geht es ihr schlecht. Wohin auch immer ihr sie verschleppt habt!‹

»... du hast es nicht gesehen ...«

Was für ein Witz!

»... sie musste ins Krankenhaus ...«

›Da kamen WIR GERADE HER, du dämliches MISTSTÜCK!‹ Und dort ging es ihr immer schlechter! Aber kein Problem, kein Problem! Andrew ist davon überzeugt, dass sie kommen wird. Josie lässt ihn nicht im Stich, sie weiß nämlich, dass er sie braucht. Sie kommt, egal, was sie mit ihr angestellt haben. Stimmt!! Dass er darauf nicht eher gekommen ist! Sie wird zu ihm kommen, weil sie ihn liebt! Das hat sie gesagt! Immer wieder! Josie wird Andrew nicht allein lassen. Und wenn sie hier ist, dann werden die beiden abhauen. Irgendwohin, wo keine Verräterschweine von hinten lauern, die sie trennen wollen, weil sie ihnen ihr Glück missgönnen! Ha! Da hat er gedacht, der Arsch dort oben wäre sein Feind! Verdammt, wie blöd ist er gewesen! Der Gegner hat die ganze Zeit in seinem Rücken gelauert, und Andrew hat es nicht bemerkt ...

»... Josie ist sehr ...«

Oh, nein! Sie wird diesen Namen nicht in ihren dreckigen Mund nehmen. SIE NICHT! Seine Lider fliegen auf, gleichzeitig ballen sich seine Fäuste.

Das Miststück hat sich über ihn gebeugt.

GUUUT!

»RAAAAUUUUUSSS!«, brüllt er mit aller Macht.

Julia weicht zurück, was leider schon alles an Rückzug ist, den sie freiwillig blicken lässt. Offenbar war er nicht überzeugend genug. Nächster Versuch: Seine Augen werden groß und drohend.
»VERSCHWINDE!«
Diesmal zuckt sie zusammen.
BESSER!
»Andrew ...«, wispert sie ungläubig.
»HAST DU MICH NICHT VERSTANDEN? VERSCHWINDE! ICH WILL DICH NICHT MEHR SEHEN! RAUS! RAUSSSSSSSS!«
Nun laufen Tränen ...
›Ach ja, Julia – Schatz, bist du jetzt traurig? Echt? Soll ich dir etwas flüstern: Ist mir scheißegal! SCHEISSEGAL!‹
Bebend weicht sie zurück, die Lippen leicht geöffnet, die Augen weit aufgerissen, doch das geht Andrew alles nicht schnell genug und das Allerschlimmste: Sie rührt sich nicht mehr. Dabei will er lediglich, dass SIE ENDLICH VERSCHWINDET! Suchend sieht er sich um und entdeckt auf seinem Nachttischschrank ein Tablett mit einem Teller – Dinner für den Irren, nimmt er an – einem Krug mit Saft und Obst. Ohne zu überlegen, greift er zu einem Apfel und feuert ihn in ihre Richtung.
Knapp verfehlt! Mist!
»VERSCHWINDE!«
Orange. Diesmal zielt er exakter, doch sie pfeift haarscharf an ihrem Ohr vorbei. Scheiße!
»HAST DU MICH IMMER NOCH NICHT VERSTANDEN? ICH BIN FERTIG MIT DIR! VERSCHWINDE, DU MISTSTÜCK!«
Doch das tut sie nicht, sondern reckt stattdessen ihr Kinn vor – aus ihrer Ansicht nach ungefährlicher Entfernung. Ha!
»ANDREW, HÖR AUF!«
›Sobald du verschwunden bist, du miese Schlampe!‹ Als Nächstes hält er den Krug in der Hand und jetzt visiert er sie direkt an. Beinahe erwischt er sie auch.
Beinahe!
Leider ist sie einen Tick zu flink und kann die Tür hinter sich zuwerfen, bevor das Gefäß genau in der Höhe auf das Holz trifft, wo sich Momente zuvor ihr Kopf befunden hat. Das Glas

detoniert mit einer solchen Wucht, dass die Scherben meilenweit durch den gesamten Raum fliegen.

Verdammter Mist! Er hätte schneller sein müssen. Schwer atmend sinkt er in seine Kissen zurück, versucht, sich zu beruhigen. Es gelingt ihm leidlich und schließlich blickt er zum Fenster. Es ist bereits wieder Morgen. Nicht mehr lange, und dann muss Josie kommen.

Mit verschränkten Armen schaut Andrew nach draußen und wartet auf seinen Engel ...

4

Sebastian steht am Fuß der Treppe, wirft einen Blick auf die Uhr und lauscht. Das ist neuer Rekord. Claudia befindet sich seit drei Minuten und vierundzwanzig Sekunden bei Andrew und noch nichts ist zu Bruch gegangen.

Genau das scheint der Startschuss zu sein, denn in diesem Moment hört er es. Es ist immer die gleiche Abfolge: der mörderische Schrei: das mörderische Brüllen »RAAUUUUS!«

Tür knallen.

Schepper, Klirr! oder *Rumms!* Sebastian wollte sie nicht allein zu ihm lassen, doch sie bestand darauf. »Bastie, er ist mein Bruder!« Und damit marschierte sie mit dem Tablett (der fünfte Versuch in anderthalb Tagen) nach oben.

Bewundernd sah er ihr nach. Was für ein Hintern!

Ja, sein Baby ist resolut! Das stimmt und genauso mag er es. Nichts gegen Julia und Josie! Aber die sind ihm etwas zu zierlich. Claudia ist schlank, besitzt eine saugeile Figur, doch sie ist nicht zart. Oh nein! Man muss nicht befürchten, dass man sie bei der ersten Berührung kaputtmacht. Sie ist so scharf wie Chili, um es mal profan auszudrücken.

Perfekt!

Es ist der Nachmittag des Tages, nachdem Josie in die Klinik gebracht wurde, und Sebastian würde es natürlich nie zugeben – er ist schließlich hart im Nehmen – aber in Wahrheit könnte er heulen. Niemand von ihnen hat mit diesem Ausmaß gerechnet.

Mit Andrews Ausrasten, ja. Jedoch nicht damit, dass er seit diesem Zeitpunkt im Zehnminutentakt schläft, um dann schreiend aufzuwachen und dass er sich weigert, zu essen – zumindest das wird bald zu einem Problem ...

Er wirft jeden, der sein Heiligtum betritt, sofort hinaus, benutzt als Waffe, was ihm unter die Finger kommt ... Sein Essen – natürlich. Aber auch Wecker, Bilder, Bücher, Geschirr – ausnahmslos alles, was nicht zufälligerweise angenagelt ist. Und selbst diesbezüglich arbeitet er an der Abhilfe. Regelmäßig schleichen sie in seinen kurzen Schlafphasen in das Zimmer und beseitigen die Scherben, damit er sich nicht daran verletzt.

Als Sebastian ihn das erste Mal hörte, war er noch entsetzt, doch Claudia reagierte kaum. Aber als sich die Schreie häuften, wurde auch sie blass. »Das ist neu.«

»Was?«

»Sonst war es nur einmal«, erklärte sie. Selten, dass sein Chili-Baby so gedämpft sprach. »Jede Nacht. Dies ist ebenso Teil meiner Kindheit wie Disneyland. Aber das ...« Sie verstummte und ihr Blick wanderte nach oben. »Das ist neu.«

Julia haben sie fortgeschickt. Sie ist dem nicht gewachsen. Nachdem Andrew sie aus seinem Zimmer rausgeworfen hat, kam sie weinend die Treppe hinab. »Er hasst mich!«

Claudia umarmte sie »Das tut er nicht. Er ist nicht bei Sinnen.«

Doch sie ließ sich nicht beruhigen. Im Gegensatz zu ihrer großen Schwester gelang es Julia nicht, Andrews Zustand zu ertragen. Später erzählte Claudia von den beiden und das erklärte eine Menge. Wie sollte die Kleine verkraften, dass ihr geliebter, angebeteter Bruder unvermutet zu einem geistlosen Monster mutiert ist?

Schließlich verschwand sie. Die Drei konnten sie davon überzeugen, dass es das Beste sei. Eines hat Sebastian mittlerweile gelernt: Nicht jeder eignet sich für so etwas, obwohl er die derzeitige Erfahrung nicht einmal seinem ärgsten Feind wünschen würde.

Doch vermutlich sind Claudia, Frank Johnson und Sebastian genau die Richtigen für den Job.

Der Ex-Chauffeur ist ein Unikat, denn den Typ erschüttert nichts.

Als Andrew seine lächerliche Entlassungsnummer zum Besten gab, war Sebastian auf Franks Reaktion gelinde gesagt ein bisschen neugierig. Aber dass der seelenruhig seinen Kaffee trank, während er Andrews Verbalattacke gekonnt retournierte, warf ihn um!

Als er ihn später danach fragte, grinste Frank nur – humorlos wie üblich. »Die Kündigung ist sowieso ungültig – nur schriftlich möglich. Das werde ich ihm bestimmt nicht auf die Nase binden.« Dann verblasste das Grinsen. »Ich kann ihn nicht allein lassen. Scheiß auf den Job! Ich bin für ihn verantwortlich!«

Sebastian ist kein Mitglied der Familie – zumindest noch nicht – doch er versteht ihn sogar ganz genau. Nicht, dass er sich eingemischt oder ein vorschnelles Urteil gefällt hätte. Nein, das steht ihm nicht zu. Trotzdem ist er der Ansicht, dass sie reichlich spät beschlossen haben, sich um den Kerl zu kümmern.

Am Freitag hat ihm persönlich ein Blick auf Andrew genügt, um zu erkennen, was dessen Verwandtschaft scheinbar zwanzig Jahre lang entgangen ist. Die roten, geschwollenen Augen, die Art, wie er krampfhaft die Hand des Mädchens hielt, der argwöhnische, gehetzte Gesichtsausdruck. Jeder ist grundsätzlich sein Feind und will ihm nur das Schlechteste.

Er ist fertig. Definitiv.

Finch hat das entsetzt, obwohl er nichts sagte. Daraus schließt Sebastian, dass die Symptome wohl erst in der letzten Zeit aufgetreten sind. Und wenn schon! Diese dunklen Schatten unter den Augen! Das muss seiner Familie doch aufgefallen sein! Claudia hat von seinen Schreien erzählt. Jede Nacht? Ihre gesamte Kindheit lang? Und da reagierte niemand? Wahrscheinlich ein Fall von Fachidiotie. Nichts gegen Stephen. Der Mann ist in Ordnung! Aber er ist Arzt Himmel Herr Gott! Und da ist ihm nicht klar geworden, dass zu Hause etwas nicht stimmt? Womöglich hatte er keine Lust, auch noch nach der Arbeit einen Patienten zu behandeln oder ihn wenigstens zu einem ordentlichen Mediziner zu schaffen.

Andrew tut Sebastian leid.

Was er von ihm kennenlernte, bevor der Typ entschied, seinen Verstand an der Garderobe abzugeben, war unter der Oberfläche durchaus sympathisch. Den harten Kerl hat er gesehen, doch hat er auch das kleine, unwillkürliche Lächeln bemerkt, als er mit ihm sprach. Allerdings ist ihm das leise, unwillkürliche Lächeln nicht entgangen, als er mit ihm sprach und übrigens auch nicht, wie liebevoll und besorgt Norton mit seiner Kleinen umging.

Der Mann ist nicht verkehrt. Sebastian will ihm helfen, obwohl er ihn kaum kennt. Doch wenn er Frank so betrachtet, ist es gut möglich, dass der steinreiche Typ diese gewisse Ausstrahlung auf seine Mitmenschen hat. Man muss sich um ihn kümmern. Er hat etwas an sich ... Keine Ahnung, was genau es ist. Aber er scheint irgendwie total verloren.

Harter Kerl. Hmmm.

Designer Anzug, der Typ wirkt wie aus dem Ei gepellt. Hmmm.

Garantiert intelligent und gebildet. Hmmm.

Konzernchef! Super!

Groß, schlank, durchtrainiert, gut aussehend – na ja, zumindest bis vor fünf Tagen, seitdem geht es damit eindeutig bergab. Genial!

Ausnahmslos Attribute, die sich auf einen erfolgreichen Mann vereinigen, sollte man meinen, oder? Leider gab es einige nicht so tolle Dinge zu registrieren: toter, gebrochener Blick, kein Leben in den Augen! Das kam erst, als die Kleine eintrat. Finch hatte Sebastian erzählt, weshalb er dessen Dienste benötigt, und daher war er nicht überrascht. Doch auch wenn nicht ... Sobald das Mädchen auf der Bildfläche erschien, wären ohnehin alle Klarheiten beseitigt gewesen.

Da war plötzlich ein Leuchten in Andrews Gesicht und mehr – viel mehr. Er sah seine Gesprächspartner nämlich nicht an – weder Sebastian noch Finch – sondern konzentrierte sich ausschließlich auf Josie, was ihm übrigens in seiner leichten geistigen Umnachtung glatt entging. Und das »Nein!« als sie wieder gehen wollte, klang ein wenig zu verzweifelt für einen wie ihn, überhaupt für einen Kerl. Ganz besonders, wenn man bedenkt, dass sie nur den Raum zu verlassen beabsichtigte, nicht die Etage, geschweige denn das Gebäude.

Oh, die Idee von der großen Liebe gefällt Sebastian. Sie widerfährt ihm gerade selbst, und er gönnt sie jedem. Die Nummer zwischen den beiden ist nur blöderweise etwas total anderes: akute Abhängigkeit. Dieses winzige Persönchen entscheidet darüber, ob der Mann lebt oder stirbt.

Gefährliche Angelegenheit! Äußerst gefährlich, sogar.

Denn leider ist das winzige Persönchen weg, und irgendwie hat Sebastian nicht den Eindruck, als würde das Andrew sehr gut bekommen ...

Und da der schon einmal auf dem Weg ist, setzt er alles daran, seine Pfleger wider Willen mit hinab in seine Hölle zu nehmen.

Unbeabsichtigt – bestimmt! Aber unausweichlich.

5

Die Tage ziehen an Andrew vorbei und werden rasch zu Wochen ...

Erstaunlicherweise schläft er recht gut, jedenfalls besser als früher, obwohl der Albtraum natürlich zurück ist. Mindestens vier Stunden am Stück müssten es sein, wobei er leider nur schätzen kann, weil sein Wecker bei dem blöderweise erfolglosen Versuch, ihn diesem Arsch Sebastian an den Kopf zu werfen, zu Bruch gegangen ist.

Es gibt nur ein Problem: Josie kommt nicht.

Gegen die Invasoren setzt er sich relativ erfolgreich zur Wehr. Einmal täglich bringen sie ihm seine Gefängniskost, die er samt und sonders als Wurfgeschosse nutzt. Sein Arsenal wird somit regelmäßig kostenlos aufgeladen, worüber er alles andere als sauer ist.

Sie probieren es mit jedem Mist, er rührt trotzdem nichts von ihnen an. Allerdings ist er auch kein Idiot und weiß, dass er ohne Nahrung ziemlich lange durchhalten kann, weigert er sich jedoch zu trinken, schafft er es höchstens ein paar Tage. Deshalb besorgt er sich sein Wasser im Bad, auf diese verschissene Verräterbande ist er ganz bestimmt nicht angewiesen.

Nach vier Tagen wird Andrew ein wenig unruhig. Warum ist sie noch nicht hier? Was hält sie auf? Ihr ist doch klar, wie sehr er sie braucht!

›Bitte Josie! Komm zu mir! Ich brauche dich! Ich liebe dich. Ich kann nicht ohne dich leben. Und so langsam gehen mir die Kräfte aus, Baby!‹

Aber sein Engel taucht nicht auf.

Nach einer Woche überlegt er zum ersten Mal, ob sie vielleicht freiwillig gegangen ist.

Nach zehn Tagen ist er davon überzeugt.

Nach zwölf Tagen mutmaßt Andrew, dass sie ihn nie geliebt hat.

Nach vierzehn Tagen weiß er, dass es die Wahrheit ist.

Zwei Tage benötigt er, um diese niederschmetternde Tatsache zu verarbeiten.

Und nach sechzehn Tagen entscheidet er, lange genug gewartet zu haben ...

6

Dreieinhalb Tage währt Andrews Verwüstungsphase.

Wenn Sebastian geglaubt hat, die Dinge wären bis hierhin nicht einfach gewesen, hat er sich ein wenig verschätzt – sie waren es. Was sind schon einige zerschlagene Teller und ein ruinierter Raum? Alles ersetzbar. Das Geschirr kauft man neu, das Zimmer wird renoviert – fertig! Mann, der Typ ist steinreich! Da dürften ein paar Dollar nicht das Problem sein, oder?

Was seine Nahrungsverweigerung betrifft, kam Stephen der rettende Einfall: Es gibt Ersatzpräparate, die man in Wasser anrühren kann. Nicht zu vergleichen mit einem ordentlichen Steak, aber sie enthalten zumindest die notwendigen Nährstoffe, um ihn einigermaßen bei Kräften zu halten. Nicht viel – bestimmt nicht genug, um beruhigt heimkehren zu können. Denn sie wissen nicht einmal, ob er trinkt, ihnen bleibt nur das Beste zu hoffen. Frank besorgt das Zeug kistenweise und sie verkaufen es ihm als Saft mit Fruchtfleisch. *Würde* er fragen, *wäre* das jedenfalls ihre Antwort. Andrew fragt nur nie, er spricht überhaupt nicht – abgesehen von den verbalen Attacken, wenn sie ihm das Essen bringen, versteht sich.

Ab Dienstagabend geht es rapide mit Andrew bergab. Jetzt ist er beinahe genauso katatonisch wie die Kleine. Lediglich im Bett hält er sich auf und wirft kaum noch etwas nach ihnen. Inzwischen ist er ein Schatten seiner Selbst. Sebastian mutmaßt, dass er in den letzten sieben Tagen gut zehn bis zwölf Kilo eingebüßt hat. Sein Gesicht ist eingefallen, die Augen liegen tief in ihren Höhlen. Zudem würden sie gern diesen mysteriösen Verband kontrollieren, aber das gelänge ihnen nur unter Gewaltanwendung und die wollen sie vermeiden. Auch Claudia hat sich ihre Gedanken gemacht und bei Julia danach gefragt. Natürlich konnte die Kleine nicht weiterhelfen.

Die einzige Person, die sie neben Andrew darüber erleuchten kann, befindet sich langsam auf dem Weg der Besserung. Allerdings ist sie noch nicht ausreichend belastbar, um wirklich hilfreich zu sein. Daher bleibt ihnen nichts anderes, als zu hoffen, dass es nicht regelmäßig versorgt werden muss.

Nur zu bald werden sie sogar ganz genau erfahren, was der Verband verbirgt und wieder um eine Illusion ärmer sein ...

7

Sebastian hält sich gerade im Wohnzimmer auf und telefoniert mit Julia, als er Frank hört. Der ist an der Reihe sein Leben zu riskieren. Sie lösen sich immer ab, denn es erscheint ihnen unfair, nur einen dazu zu verdonnern, sich nach jedem Besuch bei dem Durchgeknallten umzuziehen.

»SEBASTIAN! SOFORT!«

Das klingt so übel, dass er den Hörer fallen lässt und nach oben hechtet.

Und das Erste, das wirklich Allererste, was er tut, nachdem er den Raum betreten hat, ist: Er dankt dem Schicksal, dafür, dass es nicht Claudia war, die Andrew das Essen brachte. Er ist unendlich dankbar, dass sie sich im Moment nicht einmal im Haus befindet.

Danke, dass sie einkaufen ist.

Das Bett ist rot. Frank ist rot. Andrew ist rot. Die Wand hinter dem Bett ist rot. Das Zimmer gleicht einem gottverdammten Schlachthaus! Überall sind Blutspritzer verteilt. Frank hält die dürren Handgelenke und funkelt ihn an. »Verbandszeug! Irgendwas!«

Irgendwas ... Irgendwas! Was weiß Sebastian denn, wo der Scheiß hier aufbewahrt wird? Aber dann richtet er seinen Blick auf den schmutzigen Verband, der inzwischen am Boden liegt. Gut, dort, wo du herkommst, verbergen sich bestimmt noch ein paar Kumpels von dir.

Die nächste Eingebung folgt: So etwas lagert man doch immer im Bad! Kaum gedacht stürzt er dorthin und beginnt wahllos, den Inhalt aus den Schränken zu reißen. Und er hat Glück ...

Sie verarzten Andrews Unterarme. Oh, hier handelt es sich garantiert nicht um einen Hilferuf, der Knabe war sehr umsichtig. Beide Arme sind bis zum Ellenbogen sauber aufgeschlitzt. Und jetzt erfährt Sebastian auch endlich den Grund für den anderen Verband.

Mit weit aufgerissenen Augen starrt er zu Frank, der ebenfalls die ältere Verletzung fixiert. »Ich hatte keine Ahnung von dem Scheiß!«, knurrt er, als wolle er sich verteidigen.

Sebastian schüttelt den Kopf. »Woher auch? Dich trifft nicht die geringste Schuld.«

Scheiße, er hat nicht geahnt, dass Andrew so im Arsch ist! Doch ihm bleibt keine Gelegenheit, über dessen Selbstverstümmelungsaktivitäten nachzugrübeln, denn zum ersten Mal droht Frank, ernsthaft die Beherrschung zu verlieren.

»So ein Idiot«, grollt er vor sich hin und wischt sich mit den blutverschmierten Fingern über die Stirn. »So ein verdammter Idiot!«

Sebastian schaut zu ihm auf, erkennt die Blässe unter all dem Rot. Zeit, den Helden zu spielen, Bastie!

Und Bastie ringt erfolgreich mit seiner Fassung. »Geh, hol Wasser, wir müssen das hier verschwinden lassen, bevor Claudia kommt.«

Sein Knurren wird noch bedrohlicher. »Nein. Ich bleib bei dem Irren!«

»Geh, Frank!« Auch Sebastian grollt jetzt. »Wenn sie das sieht, haben wir den nächsten Selbstmordkandidaten. Bitte!«

Unentschlossen mustert der ältere Mann den jüngeren, blickt abwägend zu Andrew nickt schließlich und verschwindet.

Sebastian wickelt weiter und beißt die Zähne zusammen.

Er wickelt im Wettlauf mit seiner Selbstbeherrschung, seiner Angst, seiner Verzweiflung ... Diesmal gewinnt er.

Und Andrew?

Der liegt mit offenen Lidern da, selbst über und über mit Blut bespritzt und rührt sich nicht. Doch als Frank mit einem Eimer Wasser wiederkehrt und Sebastian den kargen Körper aus dem Bett hebt, damit sie es abziehen können, hört er ihn murmeln:

»Scheiße!«

8

Schon mal versucht, jemanden davon abzuhalten, sich umzubringen?

Hiermit ist eine Person gemeint, die ernsthaft entschieden hat, nicht mehr zu leben. Keine halbseidenen Versuche, um seine Mitmenschen wach zu rütteln. Die Art, bei der man immer eine ausreichend Zeit hat, einzugreifen, weil derjenige nicht wirklich abkratzen will, sondern nur um Hilfe ruft. Nein, nein, die Rede ist von einem Menschen, der absolut und wild entschlossen ist, zu sterben.

Egal wie.

Im Grunde ist es ganz einfach: Man lernt es. Versuch für Versuch. Es ist ein ewiger Wettlauf mit der Uhr, der Fantasie des Lebensmüden, der eigenen Schwäche, der eigenen Angst und dem der eigenen Entsetzen.

Hätte Sebastian am Mittwoch gewusst, was ihm am Freitag, nach zwei Tagen Hölle bekannt ist, wäre Andrew kein weiterer Anlauf gelungen. Aber Sebastian kann nicht in die Zukunft schauen, Claudia und Frank leider auch nicht.

Am Mittwochmittag haben sie gelernt, dass man alles Spitze und Scharfe entfernen muss – sie leeren die Badschränke. Am Mittwochabend ist ihnen darüber hinaus geläufig, dass Gürtel in der Nähe eines Menschen, der seinem Dasein ein Ende setzen möchte, gleichfalls nicht sehr empfehlenswert sind. Wären sie bereits mittags so weit gewesen, wäre Andrew zumindest vor den blauen Striemen um seinen Hals bewahrt worden – und sie vor seinem Röcheln, als sie den Raum betraten.

Seitdem Frank ihn fand, gehen sie nur noch zu zweit zu ihm. Einer allein ist nicht in der Lage, das zu verkraften.

Donnerstagmorgen realisiert Sebastian, dass es ebenfalls nicht ratsam ist, einem Selbstmordkandidaten den Zugang zum Wasser zu erlauben. Mittlerweile ist nicht nur das Badezimmer komplett geräumt, sondern auch der Ankleideraum. Auf die Idee kamen sie sogar ohne Andrews vorherige praktische Beweisführung. Was mit Gürteln klappt, funktioniert nämlich darüber hinaus hervorragend mit Hosen, Hemden, Krawatten – oh, mit denen ganz besonders. Das Wasser stellte Sebastian dann am Donnerstagmittag ab, nachdem sie Andrew aus der Badewanne fischen und schätzungsweise einen Liter Flüssigkeit aus dessen Lunge pressen durften.

Das Bett ist abgezogen – Laken und Bettbezüge sind gleichfalls willige Helfer. Sein Essen – das er nach wie vor nicht anrührt – bekommt er inzwischen ausschließlich auf Einweggeschirr.

Und Andrew? Der scheint sich köstlich zu amüsieren. Wann immer sie ihn retten, spielt ein versonnenes, leises Lächeln um seine mit einem Mal kaum noch vorhandenen Lippen.

Touché, mein Freund! Mal sehen, ob du beim nächsten Mal wieder so schnell bist. Ich habe Zeit, und im Gegensatz zu dir nichts mehr zu verlieren. Ist schon alles weg, bis auf eines. Und daran arbeite ich gerade auf Hochtouren.

Sie haben wirklich an alles gedacht. Inzwischen ist Sebastian Experte, was die verschiedensten Möglichkeiten angeht, seinem Leben ein Ende zu bereiten.

Niemand hat allerdings eine Vorstellung, wie kreativ ein verzweifelter Mensch werden kann.

Bisher fanden ihn immer die beiden Männer, bevor Andrew erfolgreich abkratzen konnte. Das Verhältnis ist demnach denkbar unausgewogen, und eigentlich müsste ihnen das zu denken geben. Doch für derartige komplizierte Überlegungen sind sie mittlerweile zu ausgelaugt.

Am Donnerstagabend nimmt Claudia das Tablett. »Bleibt sitzen«, sagt sie, als die beiden aufstehen wollen. Seit Mittag ist nichts mehr geschehen. Wie auch? Sie haben ja das Zimmer vollständig ausgeräumt. Daher denkt Sebastian sich nichts dabei, als sie allein, mit dem Essen bewaffnet die Treppen hinaufsteigt.

Dämlich!

»ANDREW NEEEEEEIIIIINNNN!«

Sie hören das Tablett zu Boden gehen und Frank und Sebastian starren sich für eine Sekunde an, bevor sie losstürzen.

Ja, sie haben wirklich alles Scharfe entfernt – dachten sie ... was der nächste beschissene Fehler war.

Andrew kniet grinsend und schwankend in der Mitte des kahlen Raumes und hält sich soeben eine riesige Scherbe an die Kehle. Eindeutig ein Fragment aus dem, was früher mal ein recht hochwertiger Kristallbadspiegel war. Er hat ziemlich weit links angesetzt und das rettet ihm das Leben und Sebastian den Verstand. Der Schnitt, den er bisher zustande gebracht hat, ist ungefähr fünf Zentimeter lang. Aber noch nicht tödlich ...

Sebastian handelt rein instinktiv, ebenso wie Frank. Es ist der Mut der Verzweiflung und der Erschöpfung. Sie stürzen sich auf Andrew, der Riese reißt dessen Arm herunter, Frank windet ihm die Scherbe aus der Hand und dann werfen sie ihn auf das Bett. Hastig sieht Sebastian zu seinem Mädchen, das in die Knie gegangen ist – mitten hinein in die Reste, die noch vor einer Minute Andrews Dinner darstellten. Na ja, er hätte es sowieso nicht gegessen. Ihr Mund steht offen, die Augen sind riesengroß und sie gibt keinen Ton von sich.

Claudia ist fertig.

Sebastian auch! Aber er kann sich leider nicht zu ihr hocken, weil er erst mal den irren Selbstmörder verbinden muss. Das tut er, während Frank ihn hält und Andrew lächelt.

Ab diesem Moment jedoch hat Sebastian seine Lektion gelernt. Es ist ganz einfach:

Man kann einen Suizidanwärter nur davon abhalten, zum Ziel zu gelangen, indem man ihn nicht eine einzige Minute aus den Augen lässt. Nicht die winzigste Sekunde. Denn er wird immer einen Weg finden.

Egal wie.

Die Nacht verbringen sie in der kahlen Abgeschiedenheit bei Andrew. Vorher hat Sebastian Claudia ins Bett gebracht. Wortwörtlich. Sie ist zu keiner eigenmotivierten Bewegung mehr imstande. Dann sitzt er links neben dem Bett, sein Handgelenk ist mit einer Schnur an Andrews rechtem befestigt. Frank sitzt auf der anderen Seite, dessen Hand ist mit Andrews linker verbunden.

Nur, falls sie einschlafen.

Niemand schläft.

Weder Frank.

Noch Andrew.

Und Sebastian auch nicht.

Dennoch wird kein Wort gewechselt. Alles, was zu hören ist, sind ihre Atemzüge.

Und es wird eine ziemlich lange, ereignislose Nacht.

9

Am nächsten Morgen – einem Freitag – hat Claudia sich ein wenig erholt und kommt gegen acht Uhr herein

»Geht runter, ich hab das Frühstück vorbereitet.« Sie küsst Sebastian und er mustert kritisch die dunklen Schatten unter ihren Augen.

»Wirklich?«

»Mach dir um mich keine Sorgen, ich habe mich wieder gefangen.« Besorgt schaut sie zu Andrew, der jetzt doch eingeschlafen ist – vorübergehend. Sein Lächeln ist bereits verschwunden, die Lider sind viel zu fest zusammengekniffen, und allen ist klar, dass in ungefähr fünf Minuten die Tränen kommen und in sechs das Schreien beginnen wird.

Sebastian fragt sich ganz ehrlich, was er wohl in dieser Situation tun würde. Inzwischen ist er sich nicht mehr sicher.

Vorsorglich fesseln sie Andrews Handgelenke, denn Claudia kann ihn im Notfall nicht aufhalten. Keine Ahnung, woher der Schatten Andrew Nortons seine Kraft nimmt, aber sie reicht aus, um beide Männer im Atem zu halten.

Dann begeben sie sich nach unten. Der Tisch ist tatsächlich gedeckt und der anheimelnde Geruch von Eiern, Speck und frischem Kaffee wirkt wie eine Wundermedizin. Endlich etwas Normalität in dem sie umgebenden Irrsinn. Kaum haben sie sich jedoch gesetzt, klopft es an der Tür und Sebastian geht, um zu öffnen, Frank folgt.

Vor ihnen steht ein großer, zum Fettansatz neigender Mann, mit dunklem, relativ kurz gehaltenem Haar, in dem sich bereits die eine oder andere silberne Strähne findet. Er trägt abgewetzte Jeans und ein weißes Hemd unter einer uralten Lederjacke. Sein Gesicht macht trotz der Hornbrille einen jugendlichen Eindruck, obwohl er mindestens die Vierzig hinter sich gelassen hat. Aus dem Augenwinkel bemerkt Sebastian eine Harley Davidson auf dem Schotter der Einfahrt.

»Ja?«

Der Typ grinst. »Mein Name ist Andy Dean. Stephen hat mich angerufen. Wie ich hörte, braucht ihr meine Hilfe?«

Sebastian starrt ihn an, als würde er in einer fremden Sprache faseln.

»Für Andrew«, fügt der Typ hinzu und das Grinsen verschwindet.

Der Riese nickt, weil er nicht wirklich etwas sagen kann, lehnt sich entkräftet an das Gemäuer neben dem Eingang und rutscht langsam zu Boden.

Er hat alles gegeben, ehrlich, er hat den gottverdammten Helden gespielt.

Aber jetzt – ganz ehrlich …

Jetzt ist Sebastian fertig.

Bonuskapitel

Small Impact

Josie

1

Was willst du von ihm? Hast du mal in den Spiegel gesehen? ER GEHÖRT MIR!

Es ist eine kurze, unmissverständliche Botschaft, doch sie verändert mit einem Schlag alles!

Josie betrachtet diese atemberaubend schöne Frau, mit dem langen, dichten, gewellten, blonden Haar, dem makellosen Gesicht, der perfekten Figur.

Wie soll sie dagegen bestehen?

Niemals zuvor in ihrem Leben fühlte sie sich so hässlich. So unbedeutend. So langweilig! Nichtssagend. *Unscheinbar!*

Josie sieht sich in dem Saal um, Andrew und sie befinden sich inmitten eines Meeres aus Beautys. Blondinen, Rothaarige, Brünette ... Möglicherweise hat sich hier Amerikas Top Elite in Sachen Schönheit versammelt. Und sie ist das abstoßende Beispiel, um zu demonstrieren, wie es auch kommen könnte.

Alle starren Andrew an, jede will ihn und jede Einzelne kann ihm eine Million Mal mehr geben als sie!

Ihr erster Gedanke heißt: Flucht! Die Hände vor die Augen schlagen und panikartig das Gebäude verlassen, die Stadt, den Staat. Nur fort ...

Dann spürt Josie jedoch seinen Arm, der sie hält. Sie bemerkt, dass er nur sie sieht, was die zweite Idee aktiviert. Und die lautet: Kampf! Es ist gut möglich, dass sie verliert! Verflucht, das ist beinahe *sicher!*

Leider liebt sie Andrew und deshalb darf sie ihn unmöglich ohne Gegenwehr aufgeben. Versuchen und scheitern - ja. Aber nicht, bevor sie es nicht zumindest probiert hat!

Doch wie soll sie um ihn kämpfen, wenn sie ihm nicht geben kann, was er will und braucht? Josie ist die Einzige in diesem Raum, die ES noch nie getan hat. Und diese Frauen stehen dennoch aufrecht und stolz und sie ist diejenige, deren Schultern gekrümmt sind. Mit gesenktem Blick und unsicherem Gang. Das ist absurd! Es hätte umgekehrt sein müssen, denn Josie hat widerstanden! Sie ist die Siegerin! Die Jean d'Arc des einundzwanzigsten Jahrhunderts! Warum fühlt sie sich dann wie eine Versagerin? Ein Motor, der einen Tick hat und nur müde leiert, während all die vielen hochwertigen Exemplare um sie herum leise und perfekt schnurren? Die grausame Wahrheit ist: All diese anderen Frauen können so tun, als ob sie es wollen, als würden sie es gern tun, als sei es für sie ein Vergnügen.

Nur Josie kann das nicht.

Schätzungsweise disqualifiziert sie das für den Contest um Andrew Norton. Okay, abgesehen von allem anderen, natürlich. Ihre Chancen waren ja bereits am Start alles andere als gut ...

Niedergeschlagen senkt sie den Kopf und ihr Blick fällt auf das Glas Champagner in ihrer Hand.

»*Ja, Alkohol enthemmt ... Er macht dich ... mutiger.*«

Mutiger! Das ist gut!

Verzweifelte Situationen erfordern verzweifelte Maßnahmen, denn Josie muss unbedingt überzeugend sein. Einen Versuch zumindest ist es doch wert, oder!

Und daher ist das Erste, was Josie tut, nachdem sie endlich aufgestanden sind, sich ein frisches Glas Champagner zu besorgen ...

2

Es ist ihr gelungen, sechs Gläser Champagner zu trinken.

Man kann behaupten, dass Josie ziemlich betrunken ist. Das Stimmenmeer um sie herum ist nur noch undeutlich zu hören. Alles scheint durch einen dichten Schleier zu ihr durchzudringen. Sie spürt nur sich und den Mann, um den sie einen Arm gelegt hat.

Alles, was sonst noch existiert, ist mit einem Mal nebensächlich ... Bedeutungslos. Fern. Belanglos ... Nur am

Rande registriert sie, dass Andrew sie zum Auto führt. Als Josie endlich auf seinem Schoß sitzt und der Wagen sich in Bewegung setzt, ist ihr, als hätte sie jene Welt, die sie kennt, bereits hinter sich gelassen. Plötzlich ist alles so einfach: Kein Gewissen wispert drohend in ihrem Kopf und wie von selbst legen sich ihre Arme um seinen Hals und sie küsst ihn. Seinen Mund, sein Gesicht ...

Natürlich reagiert Andrew nicht. Was sie treibt, wirkt bestimmt nicht besonders intelligent, und eindeutig nicht verführerisch. *Gib dir mehr Mühe, Josephine!*

Ihre Finger befinden sich in seinem Haar, sie beginnt, mit ihren Lippen sein Gesicht zu streicheln ... Langsam, nur nicht zu schnell, soviel ist selbst ihr klar ... Aber er reagiert immer noch nicht!

Wahrscheinlich überlegt er, ob er vielleicht doch wieder diese Lara anrufen soll - weil er sich eine Versagerin angelacht hat ...

Bitte, Andrew. Nur ein wenig. Bitte mach, dass es dir gefällt! Bitte!

Ihre Lippen fahren an seinem Hals entlang, über seine Ohren ... Leise keucht er auf und sie spürt, dass sich seine Hände auf ihrem Rücken zu Fäusten ballen ...

JA!

Dann existiert nur noch Andrew, Josies Lippen und ihre Hände in seinem Haar. Es gefällt ihm - wenn auch nur ein wenig ...

Und Josie gefällt, dass es ihm gefällt. Es feuert sie an ... *Weiter, Josephine! Weiter! Denk daran! CONTEST! Du hast bereits die denkbar schlechteste Startposition! Also musst du mehr geben, als alle anderen! Gib alles!*

Das tut sie ...

Er duftet gut ... zu gut ...

Dann hört sie Andrews leise Stimme. »Josie, wir müssen aussteigen. Wir sind zu Hause ...«

Was? Widerwillig sieht sie auf.

Andrew.

Mr. Johnson an der geöffneten Wagentür.

Andrew.

Ja, schön. Und? Sonst schleppt er sie doch auch überall hin!

Josie zieht seinen Kopf noch näher und küsst ihn weiter. Schläfe, linke Wange, Nasenspitze, seine Oberlippe ...

Nur am Rande registriert sie, dass er mit ihr aussteigt und sie ins Haus trägt ...

Gut. Denn Josie ist beschäftigt. Sie kämpft hier um ihr Leben. Und, ganz ehrlich? Sie kämpft gern ...

Erst als seine Hände plötzlich auf ihrem Gesicht liegen, er ihren Kopf zurückzieht und sie ansieht, begreift Josie, dass sie inzwischen auf der Couch angelangt sind. Seine Augen sind dunkel und brennend und zum ersten Mal begrüßt sie Mr. Brute, die Bestie, begeistert. *Herzlich willkommen! Genau dich wollte ich sprechen.*

Es ist ein befreiendes Gefühl, dem Unvermeidlichen endlich gegenüberzustehen. Manchmal ist das Warten schlimmer, als das eigentlich Negative ...

»Josie, atme.« Sie holt tief Luft, denn diese Prozedur kennt sie schon.

Seine Hand bewegt sich auf ihrem Haar, und als sein Gesicht näherkommt, schließt sie die Augen. Warme, sanfte Lippen berühren ihre Wangen, dann den Hals und sie lehnt den Kopf zurück.

Kein Gewissen.

Josie verspürt nur einen einzigen Wunsch. *Bitte, lass mich gut genug für dich sein!*

Mr. Champagner scheint nicht nur eine resistente Wirkung auf das Gewissen zu haben, darüber hinaus sorgt er dafür, dass ihre Hände sich von allein bewegen. Plötzlich sind ihre Finger nicht mehr in seinem Haar, sondern auf dem kühlen Stoff seines Hemdes, durch den sie seine Haut spürt, die festen Muskeln, seinen Herzschlag ...

Kein Gewissen ... Keine Reue ... Nicht heute Abend ...

Als sie die Augen aufschlägt, sieht er sie wieder an.

»Atme, Baby!« Erneut holt sie tief Luft. Albern, das Ganze - aber bitte.

Sanft ist seine Stimme, sanft auch das Lächeln und Josie lernt noch etwas:

Mr. Champagner ist der größte Manipulator von allem. Oh

Gott, sie liebt dieses Lächeln.

Er zieht ihr die Jacke aus, dann spürt sie seine warmen Lippen auf ihrer Haut und schließt die Augen, doch als sie ihr leises Seufzen hört, zuckt sie zusammen.

War sie das gerade?

Anscheinend, doch das steht momentan nicht zur Debatte ...

Sie hat einen Deal:

Kein Gewissen ... Keine Reue ... Nicht heute Abend ...

Sein Herz klopft unter ihren Händen. Plötzlich muss sie unbedingt erfahren, wie sich seine Schultern anfühlen. Kein Gewissen.

Ihre Hände wandern auf seinen Rücken, bis kein Zentimeter mehr zwischen ihnen bleibt. Mr. Champagner besitzt eine enthemmende Wirkung - sein Duft eine berauschende. Ihr Mund befindet sich wieder an seinem Hals ...

Andrew, nimm die verdammte Krawatte ab, ich hasse das Ding ...

Hals ... Unterkiefer ... Kinn ... oh, *was* für ein Kinn!

Wie ist der Deal?

Kein Gewissen ... Keine Reue ... Nicht heute Abend ...

Ja ...

Sie verbannt jeden zusammenhängenden Gedanken, überlässt sich vollständig ihren Händen und ihren Lippen – durch Mr. Champagner verselbstständigt ...

Er seufzt leise.

SIE! Miss Hässlich und Unscheinbar ist dafür verantwortlich!

Eine Hand an ihrem Kinn ... sein Gesicht vor ihrem ...

Andrew habe ich dir schon gesagt, dass du schön bist ...?

»Atme, Josie!« Seine Augen sind groß, die Lippen geteilt, der Atem geht schnell, die Stimme ist nur ein Hauchen ...

Oh – mein – Gott!

Josie holt Luft, ohne den Blick von ihm zu nehmen. *Willkommen, Mr. Brute. Hier bin ich. Miss Hässlich und Unscheinbar! Und du siehst mich an, als wäre sie eine Göttin ...*

Kein Gewissen ... Keine Reue ... Nicht heute Abend ...

Seine Lippen befinden sich auf ihren ... so zärtlich, oh jaaaa ... seine süße Zunge an ihrer Unterlippe – *lass mich ein, Josie – ja, komm zu mir!* ... Und wieder ist zu viel Raum zwischen ihnen, ihre Arme legen sich um seinen Hals, sie fühlt seine feinen Härchen im Nacken und wie er erschauert, als sie diese mit den Fingerspitzen streichelt. Das gefällt ihr – verselbstständigt durch Mr. Champagner –

Ein Stöhnen ... *Verdammt, Josephine, reiß dich ... NEIN!*

WIR HATTEN EINEN DEAL: kein Gewissen ... Keine Reue ... Nicht heute Abend ...

Starke Hände legen sie zurück und Josie lässt ihn nicht los. *Den Feind umarmen, nicht wahr?* Sie umarmt ihn gern, diesen ... *Feind?* So fühlt er sich nicht an. Schon küsst er sie wieder, besitzergreifend, aber nicht ohne Beherrschung. Sie mag es, wenn er in ihren Mund atmet, sie mag es sogar, seinen Körper über sich zu spüren ... und mustert sie kurz darauf forschend, seine Hand wandert an ihrem Arm hinab, weiter nach unten, immer weiter ...

Oh ja ...

Die große behutsame Hand auf ihrem Bein, loderndes Feuer in ihren Eingeweiden, das diese Berührung nach sich zieht – ihre Lider schließen sich – stark genug, um ihren Rock hochzuschieben – oh Gott! –

Mehr, gib mir mehr!

Er tut es.

Die vorsichtige Hand nur ein Hauch auf ihrer Haut, aber dennoch fühlt sie IHN so intensiv und ihr Bein legt sich um seine Hüfte – oh mein Gott - sie lässt sich mitziehen, ohne es wirklich zu bemerken und sitzt bald vor ihm.

Doch dann hält er inne, reißt seine Augen etwas auf und sie starrt ihn an, ihr Atem geht genauso schnell wie seiner. Das dunkle Haar ist zerwühlt ... Schon zieht sie seinen Kopf herab, küsst ihn erneut.

Das andere, Josie! Nimm das andere, lege es um ihn ...
NEIN!

Ein wenig bewegt er seine Hüften ... und sofort schießen die nächsten Blitze durch ihren Körper. Was ist das nur?

Ihr Keuchen ...

Josephine REISS DICH ZUSAMMEN!

Keine Josephine da. Josephine befindet sich im Urlaub. Hier ist nur Josie. Und die hat nur drei verfluchte Wünsche ...

Bitte, kein Gewissen ... Bitte, bitte, keine Reue ... Nur heute Abend ... Bitte!

Hände, von Mr. Champagner in die Unabhängigkeit entlassen, suchen, suchen und finden ... Oh, KNÖPFE! ... verdammt! ... Ja! ... Seidige, starke, sehnige Haut ... angespannte Muskeln ... Sein Herzschlag - so nah.

Oh – mein – Gott!

3

»NEIN!«

Es ist ein Schrei - voller Angst, ja, Grauen!

Sie hat es falsch gemacht! Oh, verdammt, nein! *Bitte, lass es nicht falsch gewesen sein. Es fühlt sich so richtig an. Bitte ...*

Als sie die Augen aufschlägt, blickt sie in sein gequältes Gesicht. Panisch schüttelt er den Kopf und schluckt immer wieder krampfhaft.

Gequält! PANISCH! Na klasse, sie hat total versagt!

»Hör auf, Josie. Bitte tu das nicht.« Panik in der Stimme, Panik in seinem Blick.

PANIK!

»Warum nicht?« *Dann sag mir, was falsch ist. Ich will, ich muss es gut machen! SAG ES MIR JETZT!*

Doch er ist inzwischen erstarrt und momentan sieht es nicht danach aus, als wolle er ihr *irgendetwas* mitteilen. Er starrt sie an, Verzweiflung in den Augen, die Lippen leicht geöffnet, ohne einen Ton von sich zu geben ...

Sprich mit mir! Sag, was falsch ist! SAG ES MIR! Verflucht! Ja, es ist nicht gut, ABER ICH HABE DAS NOCH NIE GETAN!

»Bitte ...«

Oh, verflucht! Er hat sie zum BETTELN gebracht! Genügt denn das nicht?

Seine Augen werden noch größer und jetzt atmet er zur Abwechslung nicht mehr.

»Andrew, bitte ...«

Was willst du noch? Wenn dir Betteln nicht reicht, was willst du dann? SAG ES MIR! Gott! Ich liebe dich! Ich muss die Einzige für dich sein?! Bitte!

Stöhnend schließt er die Lider. »Bitte Josie. Du weißt nicht, was du tust! Hör auf damit!« Dann sieht er sie wieder an und sein inbrünstiger Blick brennt sich förmlich in ihren. »Bitte, Josie. Lass es!«

Aber sie will doch nur ... sie will ...

»Bitte, Andrew, bitte ...« Betteln, flehen, vor ihm auf die Knie gehen ... es ist ihr egal, Mr. Champagner sei Dank.

Er sitzt vor ihr, und bevor er die Augen schließt, sieht Josie die nackte Verzweiflung darin. Seine Fäuste ballen sich, während er versucht, ruhig zu atmen. Versucht! Es gelingt ihm nicht. Und als er wieder mit ihr spricht, hört sie Tränen in seiner Stimme.

»Bitte Josie hör auf! Bitte!«

Er weint? Das ist es bestimmt nicht, was sie erreichen wollte. Aber Josie weiß doch nicht, was sie tun soll! *Hilf mir, Andrew! Ich will es gut machen, aber ich weiß nicht wie! Bitte sag mir, was du willst.*

Es hat sich so gut angefühlt! Sie dachte, es wäre richtig, okay, eigentlich hat sie überhaupt nicht mehr gedacht. Das ist es! Sie hat nicht mehr gedacht! Mist! Warum hat sie nicht mehr gedacht? Sie muss sich konzentrieren - Josie muss DENKEN!

Die Gedanken wirbeln in ihrem Kopf umher und zum ersten Mal bedauert sie, sich nie einen dieser kitschigen Liebesfilme angesehen oder wenigstens bei den anderen Mädchen besser zugehört zu haben. Mistiger Mist! Was soll sie tun? Was erwartet er von ihr?

Und als es ihr einfällt, drängen sich die alten Gewohnheiten mit aller Macht nach vorn. Josie spürt bereits die Eisenkrallen, lauernd, wartend - bereit, in Aktion zu treten.

Doch Mr. Champagner lässt sie nicht im Stich ... Erfolgreich würgt sie den drohenden Anfall zurück und betrachtet ihn. Er sitzt vor ihr, die Augen geschlossen, scheinbar wartend.

Josie weiß, worauf ...

Zögernd tasten sich ihre Hände zum Saum ihres Tops vor, ohne ihn aus den Augen zu lassen. Sie schluckt, als sie es über den Kopf zieht, schluckt, als die kühle Abendluft ihre nackte Haut berührt ... Jetzt hilft auch kein Mr. Champagner mehr ... Ihr bleiben genau fünf Sekunden. Fünf. Keine Einzige mehr.

Josie weiß, dies ist ihre einzige Chance, eine weitere wird sie nicht bekommen. Versagt sie, hat sie verloren. Ihre Arme legen sich um seinen Hals, die Lippen auf seinen Mund. Das ist tröstend, wenn sie ihm nah ist, hat sie nicht mehr das Gefühl, so furchtbar exponiert zu sein. Für alle Blicke sichtbar, auch wenn es keinen Einzigen gibt, der sie auf diese Art sehen kann - mit einer Ausnahme.

Dennoch wird jeder, der ihr begegnet, ihrem Gesicht ansehen, was sie getan hat. Sie wird die Anklage in ihren Augen erkennen:

Du, Josephine Kent!, HAST – DICH – VOR – EINEM – MANN – AUSGEZOGEN!

Doch selbst das ist es ihr wert. Auch wenn sie sich ab jetzt für den Rest ihres Lebens zu Tode schämen wird. Sie streichelt seinen Nacken, ihre Lippen bewegen sich auf seinem Gesicht und langsam hebt er die Arme, legt sie um ihren Körper ... und erstarrt.

»Josie!«

Nein! Bitte! Bitte lass das nicht auch falsch gewesen sein!

Sie hat jetzt schon keine Ahnung mehr, wie sie ihm in die Augen sehen soll. Wie soll das gehen, wenn sie sich zum Narren gemacht hat? *Bitte! Bitte! Nein, nein!*

Josie klammert sich an ihn, bereit, eher zu sterben, als ihn anzusehen. Nie wieder wir sie ihm in die Augen sehen können. Nie wieder! In Wahrheit ist dies gerade das Ende ihres Lebens.

Oh Gott! Bitte hilf ihr!

Doch ER hört sie nicht und Andrew auch nicht. Niemand hört sie, niemand hilft. Sie ist ganz allein ...

Starke, unnachgiebige Hände zwingen sie zurück. Weg von ihm, fort von ihrer einzigen Zuflucht ... Jetzt ist sie WIRKLICH ganz allein ... Eilig kneift sie die Augen zusammen und wartet auf die Demütigungen, die jetzt unweigerlich folgen werden. Er wird sie auslachen, sie fragen, was dieses Theater soll, was sie denn damit erreichen wollte ...

Josie, ich bin ein MANN!

Ja, Andrew, das Problem ist nur: Ich bin keine Frau, und das dürfte für eine gewisse Inkompatibilität sorgen, meinst du nicht auch?

Doch mindestens eine Minute lang sagt er überhaupt nichts. Nichts! Und das macht alles nur noch schlimmer! Immer grausamere Szenarien des jetzt Folgenden spielen sich in ihrem Kopf ab. Eines furchtbarer und demütigender als das Vorhergehende ...

Oh Gott, lass mich einfach verschwinden! Bitte!

Dann hört sie ihn knurren. »Josie, das ist kein Spiel!«

Spiel ...

Er hat sich über ihre seltsamen Aktionen amüsiert! Aber er klingt nicht amüsiert, eher beleidigt, sogar wütend.

Natürlich ist er das, schließlich wollte er eine Frau. Mit anderen Worten: nicht Josie. Er wusste es bloß bis heute nicht.

Sie zwingt sich, ihn anzusehen. Seine Augen sind groß und er ringt um seine Fassung. Wahrscheinlich versucht er, sein vernichtendes Urteil höflich zu formulieren. Denn höflich war er immer zu ihr ...

»Es tut mir leid«, flüstert sie.

Andrew presst seine Lippen aufeinander und wendet den Blick von ihr ab. Oh, das verwundert Josie nicht. Sie sah, was die Schönheitsgesandtschaft heute zu bieten hatte. Nein, da kann sie nicht mithalten. Er will sie nicht anschauen und dafür sollte sie dankbar sein. Ein großer Teil von ihr ist es auch - unendlich dankbar.

Aber ein ganz winziger Teil, ein verborgener, niemals gekannt und durch Mr. Champagner zum Leben erweckter, will weinen. Heulen bis zum Umfallen. Weil er hasst, was er sieht.

Weil alle anderen schöner sind als Josie. Sie hatte nie eine Chance! Wie kam sie überhaupt auf die dämliche Idee? Das wusste sie doch vorher! Sie hatte es ihm sogar gesagt! Und er wollte nicht auf sie hören!

Warum hat er sie nicht einfach in RUHE gelassen? Warum? Jetzt ist es zu spät. Für Josie.

Andrew schließt die Augen und sie hört ihn atmen. Ein – und aus – und ein ... Seine Fäuste sind geballt, sein Hemd ist offen. Dann wendet er ihr das Gesicht zu, die Augen noch immer geschlossen, auch, als er spricht, öffnet er sie nicht. Sie kann es ihm nicht verdenken ...

Seine Hände verschränken sich ineinander, als wolle er sich von einer unvermittelten, unbedachten Bewegung abhalten ...

»Josie ...«, beginnt er dann mit gepresster Stimme, hält mühsam seine Wut zurück. Immer der Gentleman. Sie schätzt, dafür muss sie wohl dankbar sein.

»Was du tust, ist absoluter Mist. Ich will das nicht. Nicht so ...«

Ja, ich weiß, Andrew. Ich dachte nur ... Ich dachte, ich könnte es. Ich war ein Idiot. Total durchgeknallt.

»Du willst mich nicht ...?« Es ist wohl an der Zeit, die Karten auf den Tisch zu legen. Die Dinge zu beschönigen hat keinen Sinn. In Wahrheit geht es doch überhaupt nicht schlimmer. Im Moment sieht sie keine Möglichkeit, nach diesem Abend weiter zu leben. Vielleicht, wenn sie sofort die Stadt verlässt, sich einredet, dass es nie geschehen ist, vielleicht ... Aber wie soll sie ohne ihn leben?

Wie?

Sein entsetztes Aufkeuchen reißt sie aus ihren Fluchtplanungen und er sieht sie an. »Josie, nein! Verdammt! Du hast keine Ahnung, wie sehr ...« Er schluckt. »Verdammt, du kannst dir nicht vorstellen, wie sehr ich das will! Bitte denke das nicht. Ich ...«

Sie müsste verwirrt sein, vielleicht sogar glücklich ... Mr. Champagner sorgt dafür, dass beides nicht eintrifft, auch, dass sie die Zurückweisung in Andrews Augen ignoriert. Josie vergisst den winzigen, unbedeutenden Umstand, dass sie gerade ihre Seele riskiert. Denn sie bietet sich an ... Unvermutet wirft sie sich an seinen Hals, presst ihre Lippen auf seinen Mund. Und wenn er sie danach fortschickt – ist es ihr egal. So was von!

JOSEPHINE! REISS DICH ZUSAMMEN! ODER DU WIRST DAFÜR BEZAHLEN.

Später ...

Er versucht, ihr zu entkommen – ohne Erfolg. Sie spürt den inneren Kampf in ihm, nur worum er ringt, weiß sie nicht. Dann kommt ein heiseres Flehen ... »Josie, bitte ...« *ja, bitte, Andrew ...* Seine Arme legen sich um sie ... »Oh verdammt, Josie ...«, wispert er und sie küsst ihn leidenschaftlich. *Oh ja, verdammt, Andrew ...* »Oh Josie«, stöhnt er verzweifelt und seine Hände vergraben sich in ihrem Haar ... *Andrew ...* »Josie ...«

Andrew ...

Das ist der Moment, in dem jeder vernünftige Gedanke sie verlässt ... Keine Josephine zu Hause ... fort, nach Argentinien gegangen, um Büffel zu jagen ... Josie und Mr. Champagner sind anwesend ... und die sind außer Kontrolle. Sie verteilt wilde Küsse auf jeden erreichbaren Teil, seine Lippen, Hals, Brust, auf sein wild klopfendes Herz ... Seine Haut ist süß und ... *rein ...*

(Was tust du da, um Himmels willen?)

Keine Ahnung und ehrlich gesagt, will sie auch nicht darüber nachdenken. Ehrlich. Nicht jetzt. Später ...

Später ...

Sein Stöhnen tief, leise, sinnlich ... große Hände auf ihrem Rücken ... Er umfasst ihren empfindlichen Nacken. Gänsehaut rieselt über ihren Körper, sie fühlt sich verletzlich und gleichzeitig geborgen, durch diese eine Geste. Eine verrückte Mischung.

Ihr Seufzen ... *Oh verflucht! Oh Andrew ...*

Er zieht sie auf seinen Schoß ... *endlich!* Sie schlingt ihre Beine um ihn, ihre Finger greifen in sein Haar, sie kämpft um die Vorherrschaft in seinem Mund, ... Danke, danke, Mr. Champagner. DANKE! ... reibt sich an ihm ... *oh – mein – Gott!* Verrückt! Sie ist wahnsinnig! Und es ist so gut. *So gut!*

...

»Josie!« Er ist wieder erstarrt.

»Nein« Sie seufzt es. Immer noch von diesem seltsamen Wahnsinn befallen. Ihr Mund bewegt sich wie von selbst, die Worte sprudeln hervor, ohne dass sie weiß, woher sie stammen ... »Bitte Andrew. Hör nicht auf! Bitte. Hör nicht auf! Bitte!«

Doch er hat bereits aufgehört ... Seine Stimme klingt flehend. *Flehend!* »Mach es nicht noch schwerer, als es schon ist ...«

Schlagartig ist Josies Verstand zurück. Vorbei! Versagt! Er hat ihr sogar zwei Chancen gegeben. Laut eigener Aussage ist das eine mehr, als jeder andere beschissene Versager jemals bekommen würde. Und sie hat es vergeigt ... Wie viel Zeit bleibt ihr noch? Keine Ahnung, aber es wird nicht viel sein. Auf jeden Fall zu wenig ...

Viel zu wenig.

Hilflos umarmt sie ihn – dankbar, dass er sie hierbei wenigstens nicht zurückweist. Die Tränen sind bereits da, als sie ihre Wange auf seine Schulter legt und aus dem Fenster in die Nacht hinaus sieht. Tröstend streichelt er ihr Haar ...

Immer der Gentleman ... Doch es ist auch neuer Auftrieb für ihre Tränen, die jetzt schneller laufen ...

»Josie?! Er klingt erschrocken. »Was hast du? Sag es, Baby. Ich kann dir helfen ...«

Wortlos schüttelt sie den Kopf. Er versucht, sich von ihr zu lösen, aber sie will ihn nicht ansehen. Nicht jetzt! Josie krallt sich an ihm fest, drängt sich an ihn, bereit, ihn nie wieder loszulassen. *Tröste mich, Andrew. Tröste mich!*

Hilf mir ...

»Was immer es ist. Du kannst mir alles sagen«. *Nicht bitten, Andrew. Trösten ... Du musst nicht bitten.* »Nein«, murmelt sie. »Kann ich nicht ...«

Er nickt. »Doch Baby. Alles. Egal, was es ist ...«

Sie schüttelt den Kopf, zwingt sich, zu sprechen, obwohl sie sich im Moment fühlt, als wäre gerade jemand gestorben. Leer. Und so unendlich traurig. »Nein, das kann ich dir nicht sagen ...« Hastig wischt sie mit dem Handrücken über ihre Augen. »Ich habe versucht, es dir zu zeigen, aber ...«

»Was wolltest du mir zeigen?« Total ahnungslos! Was immer sie glaubte zu tun, es war der absolute Mist! Oh Gott!

»Das kann ich dir nicht sagen. Deshalb wollte ich es dir ja zeigen ...« *Was eine selten dämliche Idee ist, Josephine. Zumindest in dem Punkt sind wir uns wohl einig, oder?*

»Josie, was wolltest du mir zeigen?« Sogar noch ahnungsloser ...

Resigniert verneint sie wortlos.

»Josie, sieh mich an!«

»Nein.«

Wieder umfassen seine Hände ihre Arme. Ihre Illusion, sie

könne sich gegen ihn erfolgreich zur Wehr setzen, bekommt einen massiven Dämpfer. Denn diesmal hilft kein Klammern, er zieht und Josie hat verloren. Hastig schließt sie die Lider.

»Mach die Augen auf!« Nicht mehr verzweifelt - jetzt ernst. Verzweifelt ist schlecht, ernst ist eine Katastrophe. Ernst ist endgültig.

Ohne ihn anzusehen, erteilt sie ihm eine wortlose Absage. Er seufzt und bevor sie seine Lippen spürt, weiß sie bereits, dass er da ist. Dieser Duft ist einmalig. »Mach *bitte* die Augen auf.« Bittend. Bittend kann man vorsichtig als Entwarnung bezeichnen. Er wird sie nicht gleich mit seinen Vorwürfen konfrontieren oder mit ihrem Versagen. Unsicher mustert sie ihn.

»Gut.« Er lächelt und dann ist er wieder ernst. »Was genau wolltest du mir zeigen?« Verdammt, sie hätte wissen müssen, dass dies eine Falle ist!

Himmel, wenn sie es sagen könnte, hätten sie das Problem doch nicht! Warum hört er ihr denn nicht zu? »Das kann ich dir nicht sagen«, haucht sie. Ihre Stimme kann Josie gerade nicht finden. Kurztrip nach Argentinien zur Büffeljagd und fröhlichem Häuten, möglicherweise.

Für eine lange, lange Minute starrt er sie ausdruckslos an, und als er wieder anhebt, klingt er nicht mehr nur ernst, sondern *todernst.*

»Egal, was du vielleicht denkst oder glaubst. Solange du mir das nicht sagen kannst, belügst du dich selbst.«

Scheiße!

Warum denn sprechen? Genügt es denn nicht, dass sie es ihm zeigt?

Ich kann das nicht sagen, Andrew! Ich kann nicht! Es kostet mich alles. ALLES! Alles, was ich bin, meinen Stolz, meine Seele! ALLES!

Krampfhaft versucht sie, an den Krallen vorbei zu schlucken ... Erfolglos.

Josie versucht es wieder. Erst beim dritten Versuch funktioniert es. Danke, Mr. Champagner.

Dann senkt sie den Kopf und konzentriert sich. Sie ruft sich das Gesicht dieser Lara zurück, sieht das Versprechen - die Drohung -

in deren Augen ... Viel kann Josie dem nicht entgegensetzen. Eigentlich nichts. Das Einzige, was sie überhaupt hat, ist Andrew. Im Moment zumindest ist er bei ihr.

Wie lange wird er bleiben, wenn sie nichts tut?

Ein Satz, Josie! Es sind nur Worte. Stell dir vor, sie würden etwas ganz anderes bedeuten. Stell dir einfach vor, es würde bedeuten: Trink einen Kaffee mit ihr, Andrew.

Und ich an deiner Stelle würde mich beeilen, bevor er die Geduld verliert. Du weißt, Geduld ist nicht seine Stärke! In der Küche hat er auch nicht ewig gewartet.

Josie! Komm schon! Nur Mut!

Wieder schluckt sie mit Schwierigkeiten.

Dann hebt sie langsam den Kopf und sagt die unverzeihlichen Worte:

»Ich will, dass du mit ihr schläfst, Andrew ...«

4

Es herrscht Totenstille.

Statt etwas zu erwidern, starrt er sie an, als wäre sie eine Fata Morgana. Schon kommen ihr wieder Zweifel. Sagt man das nicht so? War das falsch? Sagt man etwas anderes? Keine Ahnung, sie will sich auch lieber keine Alternativen dazu überlegen. Es genügt bereits, diese Worte von nun an in ihrem Kopf hämmern zu hören. Wie ein Mantra:

Ich will, dass du mit ihr schläfst, Andrew ... Ich will, dass du mit ihr schläfst, Andrew ...

Auch so etwas, was ab sofort jeder in ihrem Gesicht sehen wird ...

Du, Josephine Kent, hast die unverzeihlichen Worte gesagt! DU! Und das auch noch zu einem MANN!

Ja, schön, zu einem Bären wäre es ja auch noch dämlicher, oder? Wäre er wenigstens wütend oder enttäuscht, Himmel, selbst amüsiert würde sie verkraften. Aber das Schweigen in Verbindung mit dem starren Blick macht Josie wahnsinnig. Sie will sich winden, unter den Tisch kriechen oder aus dem Haus stürzen.

Denn er scheint zu sagen: *Du, Josie! Du hast die FALSCHEN WORTE verwendet! Sie sind unanständig! Du weißt, dass ich ein*

ANSTÄNDIGER Mensch bin! Noch nie in meinem ganzen Leben wurde ich derart beleidigt!

Als er nach einer weiteren Minute immer noch keine Anstalten macht, etwas von sich zu geben, entscheidet sie, dass er einfach nicht weiß, was er auf ihren lächerlichen Satz antworten soll. Seufzend senkt sie den Kopf, Tränen brennen wieder in ihren Augen, und ohne, dass sie es verhindern kann, brechen die nächsten Worte aus ihr heraus. »Ich weiß es. Du willst mich nicht ...«

Im nächsten Moment hat er abermals ihre Arme gepackt. »Sieh mich an, Josie!« Das ist ein Befehl und anstatt zu widerstehen, sieht sie auf und begegnet seinem todernsten Blick. Mist.

»Schwöre mir, dass du ehrlich bist. Schwöre mir, dass kein Opfer dahinter steckt. Oder dein Wunsch, mich *glücklich* zu machen. Oder sonst irgendein Scheiß. Schwöre!

Darauf ist sie vorbereitet. Das ist überhaupt das Einzige, wofür sie gerüstet ist, objektiv betrachtet. Alles andere ist ...

Später ...

Ihr Blick ist fest und der Ton trotz der Tränen auch. »Ich schwöre!«

Bitte, glaube mir. Sonst ist alles vorbei ...

Bitte glaube mir nicht, sonst ist alles vorbei ...

Er sagt nichts und er lächelt auch nicht. Todernst steht er auf. Im nächsten Moment hat er sie von der Couch gehoben. Doch bevor er sie nach oben trägt, in all das Chaos, das sie dort erwartet, sieht er ihr tief in die Augen.

»Ich hoffe, du spielst nicht mit ihr, Josie Kent«, bemerkt er leise. »Ich hoffe wirklich, dass du weißt, was du tust. Denn sonst sind wir beide verloren.«

Falsch, Andrew. ICH bin verloren. Nicht WIR. Es ist nur der Weg, den ich mir noch aussuchen kann.

Ich habe mich entschieden ...

5

Er schaltet kein Licht ein, als er sie zum Bett trägt.

Danke, Andrew ...

Nachdem er Josie auf das Bett gelegt hat, richtet er sich wieder auf und betrachtet sie. Sie zwingt sich, ihn nicht an sich zu ziehen und nicht die Augen zu schließen, sondern ihn anzusehen. Doch als nach einer Ewigkeit immer noch nichts passiert ist, hält sie ihm bittend die Arme entgegen.

Nicht mehr, Andrew!

Er lächelt nicht, als er sich neben sie legt.

»Ich liebe dich, Josie.«

»Ich liebe dich auch, Andrew.« Mechanisch und doch ehrlich. Wenn sie nichts mehr weiß, das schon.

»Du wirst sagen, wenn irgendetwas nicht in Ordnung ist?« *Niemals!* Josie nickt.

»Du vertraust mir?« *Ich kann nicht!* Josie nickt.

»Du bist dir ganz sicher?« *Einhundertprozentig!* Josie nickt.

Jetzt lächelt er und dann küsst er sie zärtlich, Josie ergreift die Gelegenheit, zieht ihn näher an sich, um zu küssen ... zu küssen und alles zu vergessen. Was sie getan hat, was noch vor ihr liegt ...

Es gibt leider kein Vergessen. Viel zu schnell verlässt er sie und steht auf. Vom Bett abgewandt beginnt er, sich auszuziehen. Verflucht, hätte sie sich keine Nacht ohne Vollmond aussuchen können?

Trotzdem danke, Andrew. Auch wenn es leider nicht funktioniert.

Nach jedem Kleidungsstück sieht er sie an und sie erwidert mit Mühe seinen Blick. Bis zu seinen Schuhen hält sie sogar durch. Dann versagt Josie auf ganzer Linie und sieht zur Seite. Er kommentiert es nicht - *danke Andrew* - sondern kommt wieder ins Bett und umfasst ihre schmalen Hüften, zieht sie an sich. Langsam ... Er atmet nicht ...

»In Ordnung?« Seine Stimme ist leise, sein Blick ernst und eindringlich. Josie nickt.

»Ich werde dir deinen Rock ausziehen, Josie. Okay?«

Nein! Doch Josie vollführt die erwartete Kopfbewegung. Er verschwindet, warme Hände lösen den Reißverschluss und ziehen den Rock über ihre Beine hinab, wofür sie ein wenig das Becken heben muss. Danach folgen die Schuhe, während sie inzwischen gegen ihre alten Gewohnheiten kämpft. *Atme, Josie. Atme!*

Dann ist er wieder neben ihr und betrachtet sie. Josie kämpft stärker ...

»Josie?«

NEIN! Sie zwingt sich, zu nicken. Und dann passiert es, seine behutsamen Finger haken sich in den Bund ihres Höschens und langsam, viel zu langsam, denn sie will schreien, gleitet der Stoff ihre Beine hinab ... dann ist sie beinahe nackt ... und so verletzlich ... Seinen Blicken, seinen Berührungen hilflos ausgeliefert. Jeden einzelnen Atemzug erkämpft sie sich. Jeden. Einzelnen. Sein Körper bettet sich wieder neben sie, nah - zu nah. Er streicht ihr über das Haar. Beruhigend, mitfühlend, tröstend. Und jetzt kämpft sie nicht nur um ihren Atem, sondern auch gegen die Tränen ...

Wie gern würde sie ihn hassen ...

Sie kann es nicht ...

Er lächelt, doch es erreicht nicht seine Augen.

»Hey.«

»Hey«, erwidert sie durch die turmhohen Wellen ihrer Panik.

Ein zärtlicher Kuss folgt. »Immer noch alles in Ordnung?«

Josie nickt und hebt mühsam ihre Mundwinkel. »Atme für mich, Josie«, flüstert er und Josie zwingt die Luft an den Eisenkrallen vorbei.

Dann nimmt er ihr Gesicht in seine Hände und küsst sie innig.

Atme, Josephine!

Fast schluchzt sie auf, weil es so tröstend ist. Er küsst sie, hält sie, lässt sie nicht allein, zumindest im Moment nicht ... Verzweifelt klammert sie sich an seinen starken Körper und sucht in seinem Kuss das Vergessen. *Vergiss, dass du nackt bist ... vergiss, was noch kommt ... lebe nur jetzt, in diesem Kuss, denn er bedeutet Heimat und Liebe und Geborgenheit und Andrew.* Als sein Kuss heftiger wird, kann sie ihr Stöhnen nicht zurückhalten und muss prompt für ihre Nachlässigkeit bezahlen.

Oh nein! Denn er lässt sie allein, löst sich von ihr und verwandelt sich in Mr. Brute, die Bestie. Sein Blick ist dunkel, gefährlich ... als er um sie herumgreift und der Verschluss ihres BH´s aufspringt. Er lässt sie mit den Augen nicht los, als er zuerst den einen Träger herunterstreift und dann den winzigen Rest, der sie noch vor dem Wahnsinn bewahrt hat, neben das Bett fallen lässt. Jetzt ist sie ihm schutzlos ausgeliefert ... Komplett.

Atme, Josephine!

Doch dann sind Andrews Arme zurück, sein weicher Blick beruhigend und hingebungsvoll. Sie lässt sich von ihm sanft auf den Rücken drehen ... und dann sind da - seine Lippen an ihrem Hals. Zärtlich gleiten sie über ihr sensibles Fleisch, ihre Hände verkrallen sich in dem Laken ... Sie schließt die Augen, dreht den Kopf zur Seite. Der Zwiespalt in ihr ist groß, aber das Prickeln seiner Berührungen noch viel stärker. Besonders als er weiter herabwandert, sie behutsam und so sorgfältig berührt, als würde sie an einer falschen Bewegung zersplittern - gut erkannt, denn so fühlt sie sich auch. Irgendwann kann sie nicht mehr sagen, wo Andrew beginnt und Mr. Brute aufhört. Trotz all ihrer guten Vorsätze vergisst Josie die Gefahr und gibt sich ganz dem Gefühl seines Mundes auf ihrer Haut hin, dem Gefühl seiner Hände, die sie halten.

JOSEPHINE!

Aber es IST schön, verdammt! DU WIRST DAFÜR BEZAHLEN!

Später ...

Als Andrews / Mr. Brutes Lippen beginnen, die atemberaubendsten Dinge mit ihr anzustellen, gelingt es ihr nicht, das nächste laute Seufzen zu verhindern. Da bleibt noch nicht einmal Zeit für Reue, denn ihr verräterischer Körper will ihn. Er drängt sich an ihn - genießt ihn.

Josie auch ...

Ihr Rücken biegt sich etwas durch, die Hände verkrampfen sich fester ...

Als Andrew dann dieses besondere Stöhnen von sich gibt, kehrt der Wahnsinn in vollem Maße zurück und ihr Verstand verabschiedet sich vollständig.

Lass mich! Ich zahle später. Ich will nicht denken! Lass mich! Lass mich! Nur dieses eine MAL. BITTE!

6

Josie bekommt es - ihr einziges Mal.

Und hätte sie noch einmal die Wahl, sie würde sich wieder so entscheiden. Was sie mit diesem Mann erlebt, ist alles wert.

Selbst den Tod.

Sie lässt sich in ihren Wahnsinn fallen, tief einsinken in die Wellen der unglaublichsten Emotionen, die jemals auf sie eingestürmt sind. Und über allem schwebt seine Stimme und sein Duft, seine Nähe, seine Wärme. Ihre Bewegungen werden nicht länger von ihrem Verstand gelenkt. Sie kommen von einem fernen Kontinent, unentdeckt bis zum heutigen Tag. Fähig und fordernd und wissend. Als hätten sie all die Jahre darauf gewartet, endlich von ihrer Existenz zu berichten ...

Sie hört sein Seufzen und ihr eigenes, während ihre Hände längst nicht mehr um seinen Hals liegen, sondern endlich seinen Körper erkunden. Die Brust ist muskulös, der leichte Flaum darauf lässt ihre Fingerspitzen kribbeln, seine Bauchmuskeln spannen sich an, als sie auch diese berührt. Wahnsinn - absoluter Wahnsinn. Doch plötzlich richtet er sich vor ihr auf - genau genommen zwischen ihren Beinen! Sein Blick ist glühend und warm, fordernd und zurückhaltend, als er ihre Unterschenkel ergreift und sie bestimmt zu sich zieht. Das ist der Moment, in dem sie die Bestie nicht mehr ignorieren kann. Schlagartig kehren die Eisenkrallen zurück und ihre Augen werden groß.

Eindringlich mustert er sie. »Keine Angst Josie! Okay?«

Sie verspürt keine Angst, denn Josie ist clever: Sie verbannt SEINE Existenz aus ihrem Kopf und lässt ihren Wahnsinn zurückkehren. Denn auch der Wahnsinn bedeutet vergessen ...

So viel, was sie berühren will. So viel unwiderstehliche Haut. So viele unwiderstehliche Muskeln, so viel Stärke, so viel ... Andrew! Sie drückt ihn von sich, sodass *er* jetzt auf dem Rücken zum Liegen kommt und das mit einem schockierten Keuchen. Bald sind ihre Hände nicht mehr genug, bald müssen die Lippen unterstützen, und während sie jeden Zentimeter dieser unglaublichen Haut erforscht, bewegt er sich nicht, seine Hände krallen sich in die Laken, die Augen sind geschlossen, sein Kopf andächtig zurückgelegt. Die Muskeln an seinem Hals treten hervor und sie leckt darüber, über die Mulde unter seiner Kehle, seine Brust ... Und sie kann nicht glauben, was für Geräusche sie ihm entlockt. Sie! Keine andere! Sie nimmt sich Zeit, ihn zu betrachten. Das perfekte Gesicht, der perfekte Körper ... prägt sich diesen Anblick, seinen Geschmack ein, schwört, es niemals zu vergessen. Ab sofort wird er immer bei ihr sein, wohin sie auch gehen wird.

Bald - aber noch nicht ...

Später ...

Als er die Augen aufschlägt, weiß Josie, dass der Zeitpunkt gekommen ist. Sein aufwühlender Blick spricht Bände. Doch es macht ihr nichts mehr aus. Sie weiß, sie wird leiden und das ist es ihr wert. Sie weiß, sie wird bezahlen. Ihre Entscheidung stand bereits fest, als sie die unverzeihlichen Worte sagte ... Er hat ihr so viel gegeben ... Sie ist bereit, ihm auch zu geben ...

Bestimmt übernimmt er wieder die Führung, lehnt sich über sie ... ist wieder zwischen ihren Beinen.

Seine Hände halten ihren Kopf. »Sieh mich an, Josie!«, gebietet er mit dieser dunklen, samtigen Stimme. Sie gehorcht.

»Du bist wunderschön.« Und schon wieder ist er so ernst. »Ich liebe dich. Nur dich.«

Sie schweigt, während sie gegen die Tränen kämpft. Nur allein diese Worte sind alles wert. Nur sie! Selbst wenn er lügt.

Danke Andrew! Für alles. »Du bist ehrlich zu mir?« Sie nickt.

»Willst du es immer noch?« Sie nickt.

Er schließt die Augen und sieht dabei aus, als hätte sie ihn gerade zum Master of the Universe ernannt - trotz des Grauens, das ihr bevorsteht, fühlt sie sich, als wäre sie soeben gekrönt worden.

Danke Andrew! »Keine Angst?« Sie schüttelt den Kopf.

Lächelnd küsst er sie. »Lügnerin.«

Erwischt!

Und wieder ist er ernst. »Du sagst, wenn irgendetwas nicht in Ordnung ist?«

Niemals« Sie nickt.

Seine Augen funkeln. »Okay, Miss Kent. So soll es sein.«

Er nimmt den Blick nicht von ihr, als seine warme Hand langsam hinabwandert. Obwohl Josie weiß, was jetzt folgt, obwohl sie darauf vorbereitet ist, zuckt sie zusammen, als er sie berührt. Und schlagartig sind ihre alten Gewohnheiten auch wieder da ... Scheiße!

Schon ist er alarmiert. »Josie atme!« Sie zwingt sich, auch noch das zu tun.

»Du musst atmen, Josie! Atme!«, beschwört er sie und Josie tut wieder das eigentlich Unmögliche.

Ein leises Lächeln umspielt seine Lippen, als er sie küsst. »Du fühlst dich so gut an«, wispert er. »So unglaublich gut. Und so bereit ...« Seine Finger bewegen sich zärtlich - der Counterpart zu seiner leisen, sanften Stimme. Unwillkürlich schließt sie die Lider.

»Entspann dich, Josie ...« Ein dunkles Hauchen an ihrem Ohr ... »Entspann dich. Keine Angst. Ich bin es. Ich liebe dich. Ich bete dich an. Niemals, niemals würde ich dir etwas Grausames antun. Vertrau mir. Bitte, Josie.«

Oh, Andrew!

Sie hält die Augen geschlossen, daher entgeht ihr offensichtlich, wie er seinen unter dem Bett versteckten Zauberstab hervorholt und irgendeine Magie heraufbeschwört. So in etwa muss es passiert sein, denn was sie in den nächsten Minuten erlebt, hat nichts, überhaupt nichts mehr mit Josephine Kent zu tun. Weder was sie empfindet, noch ihre Reaktionen darauf.

Seine Hand bewegt sich weiter einfühlsam, bedächtig, aber dennoch wissend. Der Stromschlag, der sie durchzuckt, erfolgt völlig unerwartet. Es ist so überwältigend, dass es ihr die Tränen in die Augen treibt.

WAS WAR DAS ... *WAS?*

Hilfe suchend krallt sie ihre Finger in seine muskulösen Schultern, sucht nach einer Erklärung für dieses unbeschreibliche Gefühl. Es ist einfach zu gut. Es gehört verboten. Zu schön ... *Oh mein Gott, zu schön!* Sie presst ihre Lippen aufeinander, um keinen Ton von sich zu geben.

Nein, alles nur nicht das ...

Alles! Alles! Ich gebe alles dafür! Bitte hör nicht auf, Andrew! Bitte! Bitte hör nicht auf ...

Sie hätte es fast laut gesagt, ihre Lippen bewegten sich, ohne dass ein Laut zu hören ist ... *Lass das nicht enden! Andrew, lass das um Gottes willen nicht enden! Denn wenn du damit aufhörst, dann muss ich darüber nachdenken, was ich tue. Und ich will noch nicht darüber nachdenken. Noch nicht!*

Später ...

Leider verschwindet irgendwann die Hand - Josie ist mittlerweile ein seelisches Wrack. Denn sie weiß, was jetzt kommt. Sie ist bereit. Er soll nur schnell tun. Schnell genug, damit ihr das Denken erspart bleibt. Weder über das, was eben geschah, noch über das, was jetzt gleich geschehen wird. In Erwartung des Schmerzes spannt sie sich unwillkürlich an, doch zunächst bleibt er aus. Stattdessen spürt sie wieder seine Hände an ihren Wangen. Eine ist feucht. Sie weiß, warum doch auch das gehört zu den Dingen, über die man besser nicht genauer nachdenkt.

»Josie.«

Nein, Andrew. Ich bin bereit. Tu es einfach!

Doch gleichzeitig weiß sie, dass er überhaupt nichts unternehmen wird, solange sie nicht tut, was er sagt. Weil er *ihr* Andrew ist und nicht eines dieser Schweine. Und weil er hofft ... immer noch. Zum ersten Mal nimmt sie ihm das nicht übel. Zum ersten Mal liebt sie ihn sogar dafür. Weil er so gut ist und weil er aus irgendeinem Grund, den das Universum nie begreifen wird, gut zu ihr ist und sie mag. Josie ist bereit, dafür zu bezahlen ...

»Sieh mich an!«, fordert er verhalten und herrisch.

Sie schlägt die Augen auf.

Er küsst sie, hebt den Kopf und mustert sie forschend. „Okay?"

Josies Nicken erfolgt in der gleichen Sekunde.

Ja, sie ist bereit.

7

Es tut höllisch weh!

Sie versucht, jeden Laut zu vermeiden, doch es gelingt ihr nicht. Oh Mist! Aber sie ist es ihm schuldig! Nach diesem Abend schuldet sie ihm alles. Und so beißt sie fester auf die Lippen, schwört, nicht mehr zu versagen. Doch er bewegt sich nicht mehr. Stattdessen küsst er sie und dann hört sie ihn erneut. Diesmal klingt er nicht ruhig, sondern triumphierend! Als hätte er gerade gesiegt, irgendetwas Wertvolles erworben oder gewonnen! Aber was er sagt, passt überhaupt nicht dazu. »Es tut ihr leid, Josie.«

Sie kann sich nicht auf ihn konzentrieren, denn in ihr brennt das Feuer, dennoch versucht sie, sich nichts anmerken zu lassen, beißt noch stärker auf ihre Lippen, kneift die Augen noch fester zusammen ...

Bis plötzlich der Schmerz verschwindet. Aber obwohl sie nicht versteht, warum, will sie sich ganz sicher nicht darüber beklagen. Bestimmt nicht.

»Sieh mich an, Josie.« Diesmal erwarten sie besorgte Augen.

»Tut es noch weh?« Sie schüttelt den Kopf.

Er wirkt nicht überrascht und küsst sie lächelnd, bevor er gelöst meint: »Ich schwöre dir, Josie, das ist das einzige Mal, dass ich dir wehgetan habe. Es tut mir so unendlich leid, glaube mir.«

Dann verblasst sein Lächeln und der Blick wird wieder todernst. Beinahe feierlich. Er umfasst ihre Schultern, sein Blick hält ihren und er tut es wieder. Sie muss ein weiteres Keuchen unterdrücken, sieht seine zusammengepressten Lippen und, wie er um seine Beherrschung kämpft.

Er tut es wieder und sie reißt die Augen auf. Kein Schmerz! Dafür ... dafür ...

Verzweifelt krallt sie sich an seinen Armen fest. Was, Andrew? Was? Er erstarrt. »Josie tue ich dir weh?«

»Nein!« *Hör auf zu fragen! Mach weiter!*

»Wirklich nicht?« Ihr Kopf fliegt hin und her. »Nein!«

WILLST DU DAS SCHRIFTLICH?

Wieder senkt sich sein Mund auf ihren und dann endlich ...

Ihre Fäuste sind geballt, sie presst die Lippen fest aufeinander, dennoch kann sie nicht verhindern, dass sie ihren Kopf wieder nach hinten wirft ...

Oh – mein – Gott!

Sie muss erkennen, dass auf ihre Lippen auch kein Verlass mehr ist – scheiß Mr. Champagner – denn sie hört ihr Stöhnen. Es klingt seltsam, gar nicht nach ihr ...

Während sie sich an ihm festklammert, hält auch der Wahnsinn wieder Einzug. Langsam aber sicher arbeitet er sich an die Oberfläche und diesmal verschwindet er nicht mehr. Das Gefühl, ihn in sich zu spüren, ist unbeschreiblich. Er scheint sie vollkommen auszufüllen. Sodass kein Millimeter Platz mehr ist. Alles für Andrew! Sie weiß, sie will mehr ... mehr ... vieles ... *Alles*! Und es gibt noch mehr ... sie weiß es – irgendwie ... deshalb zieht sie sich zu ihm hoch, umarmt ihn fest und versucht gleichzeitig, nicht zu viel von ihrem Wahnsinn preiszugeben ... Sie will nicht, dass er schlecht von ihr denkt. Aber es ist unfair!

Er ist unfair!

Er ist ... *ein Gott!*

Immer schneller bewegt er sich, immer höher treibt er sie in den Wahnsinn ... sie atmet in hektischen Stößen durch die Nase, spürt den Schweiß auf ihrer Stirn ... und als sie die Wahl hat zwischen implodieren oder explodieren, entscheidet sie sich für Letzteres. Sie weiß, sie wird bald genug dafür bezahlen ...

Später ...

Ihr Schrei hallt gleichzeitig mit seinem durch den Raum.

»ANDREW!«

»JA!«

Josie reißt die Lider auf und sieht in seine funkelnden, glücklichen Augen – oh Gott, sie macht ihn glücklich! Mehr will sie doch nicht! Und sie hat so viel mehr bekommen.

Danke!

Der Wahnsinn lässt sie ihre Fingernägel tief in seine Haut graben. Er stöhnt auf und schließt die Augen ...

Aber er treibt sie erbarmungslos weiter. Sie will etwas und sie weiß nicht was. Josie versucht ihren Mund zu halten, doch sie kann nicht. Denn das Gefühl in ihr, das sich tief, tief in ihr aufbaut, wird stetig stärker. Sie will Erlösung und sie weiß nicht, wie sie diese bekommen oder wie sie aussehen soll. Wie benommen betrachtet sie dieses absurd schöne Gesicht über sich. Seine zusammengepressten Lippen, die geschlossenen Augen mit diesen unendlich langen, dichten Wimpern. Sein verschwitzter Körper reibt sich an ihrer Haut, Andrew Norton ist IN IHR - und trotzdem ist es nicht genug ... sie will ihm noch näher sein, nur noch näher ... Weil das alles ist, was erstrebenswert ist ... alles ...

Doch dieser unmögliche, qualvolle, süße Wunsch wird immer größer. Es ist schön und gleichzeitig will sie, etwas anderes.

Irgendwann beginnt sie, stumm zu betteln:
Bitte! Bitte! Bitte!
Sie hat keine Ahnung, worum.
Er ist so tief in ihr. In ihrem Körper und ihrer Seele. Er vereinnahmt sie komplett für sich - dieser wunderschöne perfekte Mann. Und sie hört sich nur von weit, weit entfernt schreien ...
„Oh, Gott!" Das hat sie nicht aufhalten können. Niemals. Nichts mehr gehorcht ihrem Befehl.
Wie von Sinnen betrachtet sie ihn, als sich plötzlich seine Lippen öffnen, die Anspannung sein Gesicht verlässt, sein gesamter Körper erzittert und er tief stöhnt: »Josie!«
Dann ist er still, öffnet die Lider und sieht sie an, als würde er sie zum ersten Mal in seinem Leben erblicken. Seine Wangen sind gerötet, das Haar zerzaust, der Atem warm. Schweiß glänzt auf seiner Stirn. Auch so ein Bild, das sie nie wieder vergessen wird.
Verwirrung macht sich in seinen Augen breit, die sie nicht versteht, denn sie passt nicht zu ihm. Aber im Grunde ist es nicht wichtig.
Nichts ist das mehr.
Schwer atmend legt er sich neben sie, seine Brust hebt und senkt sich heftig, er starrt an die Decke - er scheint auch völlig neben sich zu stehen, na, da ist sie wenigstens nicht die Einzige. Nach einer Weile zieht er sie an sich und küsst ihre Stirn. »Das Josie ...« Er ist immer noch außer Atem, »ist Liebe.«
Ja. Andrew. Es ist DEINE Liebe – das hättest du hinzufügen sollen ...
Josie antwortet nicht, legt stattdessen ihre Wange an seine Brust und versucht, die Tränen wenigstens so lange zurückzuhalten, bis er eingeschlafen ist. Es dauerte nicht lange, bald hört sie seine regelmäßigen Atemzüge. Und erst jetzt wagt sie, zärtlich seine Haut zu küssen.
»Danke.«
Danke für alles, Andrew!

8

Sie wartet, bis sie sich wirklich sicher sein kann, dass er schläft. Dann küsst sie ihn sanft, streichelt ein letztes Mal seine Wange und steht auf.

Nichts ist mehr in ihr. Kein Hass. Kein Stolz. Nur noch Leere.

Josie wusste es bereits, als sie die unverzeihlichen Worte zu ihm sagte. Das allein ist mehr gewesen, als sie verteidigen kann. Und da war ihr noch nicht bewusst, was kommen würde. Jetzt, nach all dem, was sie gerade erlebt hat, gibt es keine Alternative.

Nie wieder wird sie einem Menschen ins Gesicht sehen können. Niemals Andrew. Niemals sich selbst. Zuviel von sich hat sie verraten. Zuviel von dem, was ihr Leben ausmachte, mit Füßen getreten. Doch sie bereut nichts. Sie hat die richtige Wahl getroffen.

Entweder ein langsamer Tod ohne Andrew.

Oder ein schneller mit ihm.

Sie hat mehr bekommen, als sie je für möglich gehalten hätte, und sie ist bereit, dafür zu zahlen.

Ohne hinzusehen, zieht sie sich sein Hemd über und geht ins Bad. Genauso zielstrebig tritt sie an seinen Schrank, meidet den Blick in den Spiegel und nimmt das, was sie braucht.

Kein letzter Blick zu ihm. Sie wird gehen - aber ohne gebrochenes Herz.

Angekommen in ihrem Zimmer, begibt sie sich ins Bad und verschließt sorgfältig die Tür. Er wacht nicht mehr sofort auf, wenn sie ihn verlässt, aber sie will jedes Risiko vermeiden. Nicht einmal Andrew kann sie zwingen, weiterzuleben ...

Mechanisch füllt sie das Wasserglas auf, öffnet das Röhrchen und schüttet den Inhalt in ihre Handfläche.

Sie steckt sich zwei von den winzigen Pillen in den Mund – Wasser – schlucken.

Beim nächsten Mal sind es fünf – Wasser – schlucken.

Zehn, zehn, noch einmal zehn ...

Wasser nachfüllen ...

Zehn, zehn ...

Josie weiß nicht, wie viele Tabletten es waren, doch sie bewältigt die Menge in erstaunlich kurzer Zeit. Wahrscheinlich stand immer fest, dass sie einmal so enden würde ...

Danach setzt sie sich auf den Boden und wartet ... Als sie die Tränen spürt, lässt Josie sie gewähren, weil daran nichts

Verwerfliches ist. Sie wird ihn nie wieder sehen - das ist ja wohl ein Grund zum Heulen. Er wird es nie verstehen, und erklären kann sie es ihm nicht. Wie soll sie ihm begreiflich machen, dass sie sich verraten hat? Gern verraten, ohne es eine Sekunde zu bereuen - aber dennoch verraten.

Vielleicht ist er ein wenig traurig. Doch er wird darüber hinwegkommen.

Ohne sie ginge es ihm bedeutend besser. Er ist vielleicht der hartherzige Mr. Brute, doch er droht nicht ständig, sich zu verletzen oder in Tränen auszubrechen, die Fassung zu verlieren ...

Für all das ist Josie verantwortlich, das ist ihr durchaus bewusst. Sie tut ihm nicht gut ...

Sie hat sein Leben in ein Chaos verwandelt ... nichts ist mehr so, wie zuvor. Und das tut ihr leid ... Alles, was sie ihm angetan hat, tut ihr leid ... Sie würde es gern ungeschehen machen, aber das liegt nicht in ihrer Macht.

Als sie merkt, dass sie schläfrig wird, legt sie sich auf die kühlen Fliesen und schließt die Augen. Sie ruft sein Bild zurück: der nackte, muskulöse Körper, das schöne Gesicht mit den geschlossenen Augen und dem leisen Lächeln ...

Und bevor sie einschläft, denkt Josie:

Verzeih mir, Andrew. Ich liebe dich ...

* * *

Nachwort

Das war das Ende von Feuer und Wasser und gleichzeitig der Auftakt für alles Nachfolgende, zu allererst natürlich den zweiten Band:

Urteil Leben, Hoffnung.

MEINE bescheidene Hoffnung ist, Sie gefesselt und Ihr Interesse geweckt zu haben, begierig darauf zu erfahren, was im Folgenden geschieht.

Wenn es an dem ist, dann freue ich mich und lade Sie ein, gemeinsam mit mir erneut in diese Welt abzutauchen, sobald der zweite Band erschienen ist.

In der Urteil–Leben–Reihe ist darüber hinaus eine Kurzgeschichte erschienen:

Creatio ex nehilo.

Dort wird Andrews Kindheit und Werdegang beschrieben. Wer wissen will, wie der DS zu Andrew kam, sollte sie nicht verpassen.

Ich wünsche Ihnen besinnliche Weihnachten, einen wundervollen Jahresausklang und erfolgreiche 2014!

Kera Jung, *Dezember 2013*

www.ingramcontent.com/pod-product-compliance
Lightning Source LLC
Chambersburg PA
CBHW071107160426
43196CB00013B/2494